# रहबरी के सवाल

*राजनीति के पैंतीस वर्षों की पड़ताल*

# रहबरी के सवाल

## चन्द्रशेखर

*साक्षात्कार*
रामबहादुर राय

*सहयोग*
मनोज कुमार झा

राजकमल प्रकाशन

*सहयोग : पी.एस. प्रसाद और एच.एन. शर्मा (युवावाणी ट्रस्ट)*

ISBN : 978-81-267-1069-0

**मूल्य** : ₹895



**पहला संस्करण** : 2005
**दूसरा संस्करण** : 2018

**प्रकाशक** : राजकमल प्रकाशन प्रा. लि.
1-बी, नेताजी सुभाष मार्ग, दरियागंज
नई दिल्ली-110 002

**शाखाएँ** : अशोक राजपथ, साइंस कॉलेज के सामने, पटना-800 006
पहली मंजिल, दरबारी बिल्डिंग, महात्मा गांधी मार्ग, इलाहाबाद-211 001
36 ए, शेक्सपियर सरणी, कोलकाता-700 017

वेबसाइट : www.rajkamalprakashan.com
ई-मेल : info@rajkamalprakashan.com

**मुद्रक** : बी.के. ऑफसेट
नवीन शाहदरा, दिल्ली-110 032

RAHBARI KE SAWAAL
*by* Chandrashekhar

तू इधर-उधर की न बात कर
ये बता कि कारवाँ क्यों लुटा
मुझे रहजनों से गिला नहीं
तेरी रहबरी का सवाल है।

**—फ़िराक़ जलालपुरी**

# जवाबों के जरिए

भारत के राजनैतिक नेतृत्व में अभी भी ऐसे कुछ लोग हैं जिन्हें हम बेझिझक विचारशील और दृष्टिवान कह सकते हैं, हालांकि यह अपेक्षा हमें हर राजनेता से होनी चाहिए, लेकिन बीते दशकों की जटिल समाज-राजनैतिक-आर्थिक प्रक्रियाओं के फलस्वरूप ऐसा नहीं है। तो भी कुछ नाम हैं जिन पर आज भी हम अपने भटकावों में भरोसा कर सकते हैं; जिनसे आशा कर सकते हैं कि वे पतवार को थामे रखेंगे। जो खुली आँखों से देखते हैं और निर्द्वंद्व भाषा में बोलते हैं। राजनीति से लेकर समाज-संस्कृति के विभिन्न क्षेत्रों में इस तरह के लोग मौजूद हैं।

'जवाबों के जरिए' शृंखला का उद्देश्य इसी दृष्टि और भाषा तक पहुंचना और तदनंतर उसे पाठकों तक पहुंचाना है। जितनी उत्सुकता से साधारण नागरिक अपने नेतृत्व से संवाद बनाना चाहता है, बेशक उतनी व्याकुलता उधर आज नहीं है, लेकिन कई पेचीदा और जरूरी सवालों के जवाब उनके पास अवश्य हैं। समय और लेखन-कौशल के अभाव के चलते भी वे अपनी बात किसी प्रामाणिक माध्यम से जनसाधारण तक नहीं पहुंचा पाते। 'जवाबों के जरिए' शृंखला को इसी उद्देश्य से डिजाइन किया गया है कि विभिन्न राजनैतिक, सामाजिक व आर्थिक मुद्दों पर हम अपने नेतृत्व का नजरिया जानें और राष्ट्रीय हित में मौजूदा संकटों के समाधान की दिशा में अग्रसर हों।

गौरतलब है कि इस शृंखला में राजनीति के अलावा संस्कृति, समाज और विज्ञान आदि क्षेत्रों के अग्रणी व्यक्तियों से भी संवाद किए जाएंगे, जो अपनी व्यावहारिक-सामाजिक व्यस्तताओं को लेखन के ऊपर प्राथमिकता देते हैं। इन पुस्तकों के माध्यम से हम उनके दृष्टिकोण और चिंता को पाठकों- नागरिकों तक पहुंचाएंगे।

आशा है पाठकगण को यह शृंखला उपयोगी लगेगी।

**—प्रकाशक**

# भूमिका

रामबहादुर राय ने चन्द्रशेखर से सवाल पूछ-पूछ कर यह किताब बना दी। सवाल पूछना किताब बनाने के लिए नहीं शुरू किया था। अपने अखबार के लिए महत्वपूर्ण घटनाओं और विकट समस्याओं पर चन्द्रशेखर की प्रतिक्रिया और सुविचारित राय जानने के लिए ही किया था और इरादा था तत्काल प्रकाशन। लेकिन जैसे-जैसे पत्रकारीय तात्कालिकता कम हुई और खुद चन्द्रशेखर दैनन्दिन राजनीति की उठापटक से अलग होते गए सवाल राजनैतिक-सामाजिक प्रवृत्तियों को विश्लेषण करके समझने और उन्हें हाल ही बीते अतीत से जोड़ने और इतिहास में देखने की इच्छा बढ़ती गई।

नतीजे में यह किताब बन गई जो न सिर्फ बिहार आंदोलन और इमरजंसी के बाद के राजनैतिक इतिहास को एक अलग नजरिए से देखती है, चन्द्रशेखर के जीवन और राष्ट्रीय राजनीति में उनकी भूमिका को भी बहुत स्पष्टता से उभारती है। उन पर लिखी गई और पैंतीस साल के कालखंड के आकलन पर बनाई गई किसी भी किताब में चन्द्रशेखर वैसे निकलकर नहीं आए हैं जैसे इन सवालों के जरिए। राजनीति के गंभीर अध्येताओं के लिए पिछले पैंतीस वर्षों को समझने और समझाने के लिए इसमें न सिर्फ प्रामाणिक जानकारी है, एक विश्वसनीय दृष्टिकोण भी है। विश्वसनीयता और प्रामाणिकता रामबहादुर राय की पत्रकारिता की जान है। अब उनके पास थोड़ा आहिस्ता चलता समय है और तात्कालिकता का उतना दबाव नहीं है तो अपने देश की राजनीति और समाज व्यवस्था को बदलने वाले इन पैंतीस वर्षों और इनके नायकों पर उम्मीद है कि वे कुछ और किताबें बना सकते हैं। सवालों के जरिए चन्द्रशेखर एक पुस्तकमाला की पहली किताब होनी चाहिए।

सवाल-जवाब के जरिए अपने समय और उसके प्रश्नों को समझने का तरीका बहुत पुराना है। सुकरात और अरस्तू ने इस विधा का इस्तेमाल किया ही, अपने यहां तो एक प्रश्नोपनिषद ही है जो कि बारह प्रमुख उपनिषदों में से एक है। उपनिषद का अर्थ ही साथ बैठकर समझना है और मानव जिज्ञासा प्रश्न से ही शुरू होकर पूरी होती है। रामबहादुर राय ने चन्द्रशेखर से ये सवाल इसलिए नहीं पूछे कि वे उनसे अपनी इच्छा का कुछ उगलवाना चाहते थे। इसलिए भी नहीं कि सवालों के तीर चला कर उन्हें भीष्म पितामह की तरह छलनी करना चाहते थे। इसलिए भी नहीं कि अच्छा उत्तर पाने के लिए मासूम बुद्धूपन का सवाल किया जाए। उनने पूरी कोशिश की है कि बोलें चन्द्रशेखर ही।

लेकिन यही एक खासियत नहीं है। हस्तक्षेप करते हुए बिना भी ये सवाल खंगालने में मदद करते हुए बहस में भागीदारी करते हैं और इसलिए इस किताब को पढ़ते हुए मुझे प्रश्नोपनिषद की याद आई। आप पाएंगे कि सवाल पूछने में रामबहादुर राय का रवैया हमारे आज के अखबारों और टीवी चैनलों के सवाल पूछने वालों से कितना अलग है। यह किताब अपने हाल ही के इतिहास को टटोलने और समझने में इसीलिए महत्व की साबित होगी क्योंकि यह किसी थीसिस या निष्कर्ष को स्थापित करने या किसी व्यक्ति का महिमागान करने के लिए नहीं है। पिछले पैंतीस वर्षों में अपनी जगह पक्की करने के लिए चन्द्रशेखर को इस किताब की जरूरत नहीं है। न रामबहादुर राय को चन्द्रशेखर के जरिए अपनी बात बनाने के लिए सवाल-जवाब की यह किताब बनाने की जरूरत थी।

अब सवालों के जरिए जो काम रामबहादुर राय ने नहीं किया, वह मैं भूमिका लिखने के बहाने क्यों करूं? यानी पिछले पैंतीस वर्षों की घटनाओं और उनमें चन्द्रशेखर की भूमिका और उनके किए-धरे पर मेरा जो सोचना और निष्कर्ष है उसे इस पुस्तक पर क्यों चस्पा करूं? इससे बचते हुए भी कुछ सवाल मेरे मन में उठे हैं। जैसे चन्द्रशेखर को अपने विचार और अपनी सोच का काम करने का पहला मौका सन् सतत्तर में मिला जब उन्हें लगभग पूरे गैर-कांग्रेसी विपक्ष की एक सत्तारूढ़ जनता पार्टी का अध्यक्ष बनाया गया। तब वे पचास बरस के थे। यानी न बहुत युवा न इतने वृद्ध कि नया कोई काम कर ही न सकें। कोई तीस बरस वे सक्रिय राजनीति में बिता चुके थे। समाजवादी पार्टियों में से होते हुए इंदिरा गांधी की ऐसी कांग्रेस में पहुंच गए थे जो समाजवाद के नाम पर कांग्रेस के पुराने और परंपरावादी नेतृत्व को किनारे करके आजादी के पहले की उस कांग्रेस जैसी होने में लगी थी जिसने कांग्रेस सोशलिस्ट पार्टी को जन्म दिया था।

लेकिन उस इंदिरा कांग्रेस ने न सिर्फ कांग्रेस सोशलिस्ट पार्टी के एक संस्थापक जयप्रकाश नारायण से टकराव मोल लिया, चन्द्रशेखर को भी इमरजंसी की जेल में भेज दिया। चन्द्रशेखर इस किताब में बता रहे हैं कि उनने यह कांग्रेस छोड़ी नहीं थी वे उससे निकाले गए थे। किस तरह यह कांग्रेस दिन-रात समाजवाद का जाप करते हुए भी इंदिरा गांधी की निजी सत्ताकांक्षा का हथियार बन गई थी। उस कांग्रेस के अंतर्विरोध इस पुस्तक में अच्छी तरह उजागर हुए हैं। लेकिन सन् सतत्तर में चन्द्रशेखर को मौका मिला था कि वे जनता पार्टी को एक सच्ची और कांग्रेस को विचारधारा और संगठन दोनों ही स्तरों पर चुनौती देने वाली समाजवादी पार्टी के रूप में स्थापित कर सकें। समाजवाद आखिर अपने स्वतंत्रता संग्राम का एक सपना था और इंदिरा गांधी ने उसे अपनी सत्ता का औजार बना कर दूषित कर दिया था। उसे चुनौती जयप्रकाश नारायण ने दी थी जिनकी समाजवादी निष्ठा में कोई संदेह था ही नहीं। जनता पार्टी इसी चुनौती और संघर्ष में से निकलकर बनी थी। चन्द्रशेखर उसे कांग्रेस के विकल्प के रूप में स्थापित करते हुए जनता राज को तीस साल के कांग्रेसी राज का सच्चा जनवादी विकल्प बना सकते थे।

उस जनता पार्टी और उसके राज का क्या हुआ, हाल ही का इतिहास है और सब जानते हैं। चन्द्रशेखर की अध्यक्षता का मुख्य कार्य जनता पार्टी और सरकार में मौजूद घटकों और नेताओं के मतभेद, मनभेद और झगड़े निपटाना ही होकर रह गया। इन्हीं की अध्यक्षता में वह पार्टी टूटी और सरकार भी गिरी। रामबहादुर राय ने इस किताब में पूछा है–"लोगों ने 1977 में सत्ता परिवर्तन से वैसी ही उम्मीद लगाई थी जैसे 1947 के सत्ता परिवर्तन से। यह भी माना गया कि सत्ता परिवर्तन अंततः व्यवस्था परिवर्तन का माध्यम बनेगा। लेकिन जनता पार्टी के शासन के दौरान पार्टी चलाने से लेकर सरकार चलाने तक ऐसा कुछ नहीं हो पाया।" चन्द्रशेखर इसके दो कारण बताते हैं। उन्हीं के शब्दों में–"आप दो दर्जन भी ऐसे नौजवानों के नाम नहीं बता सकते जो (संपूर्ण क्रांति) आंदोलन की धारणाओं को लेकर चले थे। मुझे याद है, विद्यार्थी आंदोलन से आए 52 नौजवानों ने टिकट के लिए आवेदन किया था। उनमें से 45-48 को मैंने कर्पूरी ठाकुर से कहकर टिकट दिलवाए। कई लोग चुनाव जीते और मंत्री भी बने...एक लड़का जो कॉलेज से जेल गया और अठारह महीने बाद एमपी, एमएलए हो गया वह तुरंत मंत्री बनना चाहता है। वह त्याग, बलिदान, कुरबानी, संपूर्ण क्रांति और जयप्रकाश नारायण सबको भूल गया।...दूसरे जनता पार्टी में ऐसा कोई नहीं था जो अपने को दूसरे के बराबर समझे। सब अपने को एक दूसरे से ऊपर समझते थे। मोरारजी भाई के बारे में कुछ कहना व्यर्थ है। चरण सिंह के बारे में कहना व्यर्थ है। जनसंघ के लोग शक्तिपुंज बनकर आए ही थे। सोशलिस्ट लोगों की आदर्शवादिता उनके सिर पर चढ़ी हुई थी। तो फिर क्या किया जा सकता था? उन घटनाओं को जब मैं याद करता हूँ तो आश्चर्य होता है कि सरकार आखिर अट्ठाईस महीने कैसे चल गई?"

यह सब सही हो सकता है लेकिन चन्द्रशेखर क्या सचमुच कुछ कर नहीं सकते थे?

फिर चन्द्रशेखर ने पैदल भारत यात्रा की थी। तब इंदिरा गांधी राज कर सकने की क्षमता के नारे पर वापस सत्ता में आई थीं। हमारी राजनीति में वह विचारधारा का अंत था। तब चन्द्रशेखर की भारत यात्रा और उसे मिले उत्साही जन-समर्थन से देश में बहुत उम्मीदें जगी थीं। तब फिर चन्द्रशेखर ऐसा कुछ कर सकते थे जो सन् सतत्तर में जनता पार्टी और जनता राज के जरिए कर नहीं पाए थे। वे कहते हैं–"मैंने प्रतिपक्षी एकता कायम करने की कोशिश की थी चूंकि अधिकतर नेताओं की दिलचस्पी जोड़-तोड़ की राजनीति में थी अतः एकता असंभव हो गई। कुछ नया करने का विचार मन में उठा और मैंने नेताओं के पास पहुंचने के बजाय आम आदमी के पास जाने का फैसला किया।...यात्रा के दौरान जिन बुनियादी चीजों की कमी उभरकर आई उसी अनुभव के आधार पर कहता आ रहा हूँ कि रोटी-कपड़ा-मकान, पढ़ाई और दवाई का माकूल इंतजाम किए बगैर देश को तरक्की के रास्ते पर नहीं लाया जा सकता।...मैं अपनी गलती मानता हूं कि भारत यात्रा के पश्चात इंदिरा गांधी के विरोध में विपक्षी एकता के प्रयासों में साथियों के दबाव में आकर मैं एक बार फिर सक्रिय हो गया। बस, वहीं गलती हो गई। सक्रिय राजनीति में लौटने के बाद उन बुनियादी मुद्दों पर मैं अधिक काम न कर सका।" जोड़-तोड़ की राजनीति की व्यर्थता समझने के बाद ही चन्द्रशेखर भारत यात्रा पर निकले थे। फिर उसी राजनीति में उनने भारत यात्रा की पुण्याई क्यों गंवा दी?

फिर चन्द्रशेखर सन् नब्बे में प्रधानमंत्री बन गए। वे कहते हैं–"जिस दिन मैंने शपथ ली सत्तर-पचहत्तर जगहों पर कर्फ्यू लगा हुआ था। युवक आत्मदाह कर रहे थे। ...दूसरी तरफ सांप्रदायिक दंगे हो रहे थे। मुझे सरकार बनाने और चलाने का कोई अनुभव नहीं था।...जो आग भड़क गई थी उस पर कुछ ठंडा पानी डाला जा सकता है, ऐसा मेरा विश्वास था।. ..मुझे इसमें संदेह नहीं था कि मेरी सरकार अधिक दिनों तक चलेगी। प्रधानमंत्री का पद मैंने कर्त्तव्यपालन की भावना से स्वीकार किया था।" सही है कि प्रधानमंत्री के रूप में चन्द्रशेखर आग ही बुझाते रहे। हालत सामान्य हुई तो फिर चुनाव आ गए क्योकि कांग्रेस उनकी सरकार चलाने के बजाय चुनाव करवाना चाहती थी। जो चन्द्रशेखर कभी मंत्री तक नहीं बने थे वे एकदम प्रधानमंत्री बने और आग ही बुझाते रह गए। उन्हें क्या काल ने अवसरों और संभावनाओं को ठोस परिवर्तनकारी कार्य में बदलने नहीं दिया? या उनमें ही ऐसे किसी अवसर के जवाब में ऊंचे उठने और बड़े हो जाने की क्षमता नहीं थी?

इन सवालों के जवाब हम आगे कभी खोजेंगे। अभी तो आप वह कागद कारे पढ़िए जो उनके अमृत महोत्सव पर लिखा था–

चन्द्रशेखर से मैंने पूछा था कि शाम को विज्ञान भवन में देने के लिए उनने क्या कोई भाषण तैयार किया है। वे बावजूद नहा लेने के बहुत थके हुए दिख और लग रहे थे। अभी उनने हमारे साथ भोजन किया था और हम सब चाहते थे वे घंटा-डेढ़ घंटा सो लें ताकि शाम को अमृत महोत्सव में ठीक-ठाक रह सकें। हम जाने के लिए उठे तो उनने बिना स्पष्ट हुए इतना ही कहा कि अभी कुछ बनाया नहीं है। और लोगों ने भी कुछ तैयार नहीं किया है।

तो इतना तो साफ था कि शाम को चन्द्रशेखर जो बोलेंगे वह उन्हें वहीं लगा या सूझा हुआ होगा। लेकिन सत्रह अप्रैल को विज्ञान भवन में जो हुआ वह तो हमारी सभी उम्मीदों से परे था। देश की साम्प्रदायिक हालत, गुजरात और अटल बिहारी वाजपेयी की भूमिका पर उन्हें क्या डर लग रहा है, इसका थोड़ा-बहुत अंदाज मुझे था। लेकिन चूँकि अटलजी आजकल शुरुआत किसने की यही बताने में लगे हुए हैं, इसलिए कहना होगा कि विज्ञान भवन में शुरुआत उन्हीं ने की और अगर अमृत महोत्सव को वे अपना खुलासा करने के अवसर में नहीं बदलते तो उनकी वह

धुलाई नहीं होती जो बाद में चन्द्रशेखर ने की। वह लोकसभा का सदन नहीं था और जैसा कि खुद अटलजी कह चुके थे, चन्द्रशेखर न पक्ष में हैं न विपक्ष में, वे निष्पक्ष हैं और वह उनकी वर्षगाँठ और उनका अमृत महोत्सव था। आखिरी बात कहने का मौका उन्हीं को मिलना था। और उस शाम इकट्ठे हुए देश के लगभग पूरे राजनैतिक वर्ग को चन्द्रशेखर ने कह दिया कि अटल बिहारी वाजपेयी जिस राष्ट्रीय स्वयंसेवक संघ में दीक्षित हुए हैं उसके बन्धन और उसकी सीमाओं से ऊपर नहीं उठ पा रहे हैं। प्रधानमन्त्री के नाते उनका जो राष्ट्रीय कर्त्तव्य है, उसे पूरा नहीं कर पा रहे हैं, फिर भी मैं इस्तीफा नहीं मांगता क्योंकि मैं जानता हूँ कि आप जाएँगे तो बदतर लोग आएँगे। बदतर के पहले बुरा होता है, भले ही चन्द्रशेखर ने वाजपेयी प्रशासन को बद नहीं कहा हो।

चूँकि अटलजी और चन्द्रशेखर के गुरु-शिष्य सम्बन्धों की चर्चा पहले से ही हो चुकी थी और चन्द्रशेखर अपने भाषण में जता चुके थे कि उनने कब, कैसे और क्यों उन्हें गुरुदेव कहना शुरू किया, इसलिए मामला गुरु-शिष्य पर तो आना ही था। लेकिन यह गुरु-शिष्य संवाद इतना गुरु-केन्द्रित हो जाएगा इसकी न उम्मीद थी, न यह वांछनीय था, न अमृत महोत्सव इसका उपयुक्त अवसर था। लेकिन फिर कहना होगा कि शुरुआत अटलजी ने की। उनने कहा कि उन पर आरोप है कि वे जहाँ जैसा अवसर होता है बोल देते हैं। बताया गया है कि दंगों के चौंतीस दिन बाद एक दिन के लिए गुजरात गए तो मुसलमान शरणार्थियों के सबसे बड़े कैम्प अमदाबाद के शाह आलम में उनने कहा कि अब वे विदेश क्या मुँह लेकर जाएँगे। फिर कंबोडिया और सिंगापुर में उनने कहा कि भारत एक अरब लोगों का देश है। हाल ही में हुई कुछ दुर्भाग्यपूर्ण घटनाओं को लेकर आपको भारत के प्रति विचलित नहीं होना चाहिए। लेकिन बारह अप्रैल को गोवा में भाजपा कार्यकारिणी में आए तो कहा कि सबकी शुरुआत गोधरा से हुई है। साबरमती एक्सप्रेस के डिब्बे में आग लगाकर इतने बच्चों, औरतों और आदमियों को जलाया नहीं जाता तो गुजरात में जो हुआ उसे टाला जा सकता था। फिर पूछा—गुजरात की घटनाएँ शुरू कैसे हुईं इसे भूलना नहीं चाहिए। आग लगाई किसने? आग फैली कैसे? फिर वे अमेरिकियों के बुशवाद पर आ गए और दावा किया कि जिहादी इस्लाम दुनिया-भर में आतंकवाद का संकट पैदा कर रहा है। मुसलमान जहाँ भी रहते हैं, शान्ति से नहीं रहते। हमें कोई धर्मनिरपेक्षता न सिखाए। ईसाइयत और इसलाम के आने के पहले से हम धर्मनिरपेक्ष हैं। हमने ईसाइयों और मुसलमानों को अपने-अपने धर्म का पालन करने दिया।

लेकिन विज्ञान भवन में उस शाम अटल बिहारी वाजपेयी कुछ और आगे बढ़ गए। गोवा में तो गुजरात के नरसंहार के लिए उनने मुसलमानों को दोषी ठहराया था और इसलामी जिहाद को दुनिया-भर में फैले आतंकवाद के लिए। लेकिन विज्ञान भवन में उनने कहा कि गोधरा के अग्निकांड के दूसरे दिन यानी अट्ठाईस फरवरी को पूरी संसद में अगर कड़ी से कड़ी निन्दा होती तो बाद में गुजरात में जो हिंसा हुई शायद नहीं होती। फिर उनने यह भी कहा कि निन्दा तो हुई लेकिन जैसी होनी चाहिए थी, नहीं हुई। अब दूसरे स्वयंसेवकों, संगठकों और प्रचारकों की तरह बोलते वक्त अटल बिहारी वाजपेयी भूल गए कि वही उस संसद के नेता हैं जिसे उनकी राय में गोधरा अग्निकांड की कड़ी से कड़ी निन्दा करनी थी। उस दिन बजट पेश होना था। संसद के नेता की जिम्मेदारी निभाते हुए वे गोधरा की भर्त्सना का प्रस्ताव रख कर वहाँ मारे गए लोगों के शोक में पाँच बजे तक सदन को उठाए रख सकते थे और फिर बजट पेश हो सकता था। अटलजी ने संसद के नेता और प्रधानमन्त्री होने के नाते अपना कर्तव्य तो किया नहीं। वे अपने संसदीय जीवन के चालीस साल की तपस्या का इतनी बार बखान कर चुके हैं। उन्हें याद नहीं आया कि उनका संसदीय कर्तव्य पहले गोधरा की भर्त्सना में संसद को एकजुट करना था। सदन के नेता और प्रधानमन्त्री होने के अपने कर्तव्य को भूल कर वे छुटभैए प्रचारक की तरह बोल रहे हैं कि

संसद ने कड़ी से कड़ी निन्दा की होती तो गुजरात में हिंसा नहीं होती। यानी गुजरात की मोदी सरकार की मौन और अकर्म सहमति से विश्व हिन्दू परिषद और बजरंग दल के प्रशिक्षित स्वयंसेवकों ने गोधरा का जो बदला गुजरात के निर्दोष मुसलमानों से लिया उसकी जिम्मेदारी और कोई नहीं वे अटल बिहारी वाजपेयी संसद पर डाल रहे हैं जो प्रधानमन्त्री होने के नाते उसके नेता हैं और जो बार-बार चालीस साल की अपनी संसदीय तपस्या की दुहाई देते रहते हैं। जब देश में ऐसे प्रधानमन्त्री हों तो उस बेचारे प्रचारक मुख्यमन्त्री नरेन्द्र मोदी को क्या बताया जाए जिसने कहा कि जब तक संसद का सत्र चलता रहेगा, गुजरात में साम्प्रदायिक हिंसा होती रहेगी।

संसद के सबसे अनुभवी और तपस्वी सदस्य और उसके नेता और प्रधानमन्त्री होते हुए जब स्वयंसेवक अटल बिहारी वाजपेयी अपने सम्प्रदाय की प्रतिहिंसा के लिए संसद को दोषी ठहराने से हिचकते नहीं और चन्द्रशेखर के अमृत महोत्सव के अवसर का भी इस्तेमाल अपने लोकतन्त्र विरोधी निष्कर्ष को स्थापित करने के लिए करते हैं तो पहले कभी विधायक-सांसद न रहनेवाले प्रचारक नरेन्द्र मोदी साम्प्रदायिक हिंसा के लिए संसद को दोषी क्यों न ठहराएँ? संघ लोकतन्त्र को फालतू चीज मानता है, यह तथ्य तो देश सतत्तर साल से जानता है। लेकिन उसके स्वयंसेवक जो अपने संसदीय जीवन की तपस्या को अपने प्रधानमन्त्री होने की सबसे बड़ी योग्यता बताते रहे हों वे भी संसद और लोकतन्त्र के बारे में इतने उच्च फासीवादी विचार रखते हैं और ऐसी मासूम बेशरमी से प्रकट कर सकते हैं यह लोकतान्त्रिक भारत ने पहली बार देखा है। प्रधानमन्त्री ने अपने सम्प्रदाय की प्रतिहिंसा और अपनी पार्टी की एक राज्य सरकार की घनघोर अकर्मण्यता के लिए संसद को दोष दिया है। इसके पहले भाजपा, संघ, विश्व हिन्दू परिषद और बजरंग दल सरकार की सहमति और अकर्मण्यता से किए गए मुसलमान नरसंहार की जिम्मेदारी उन सेकुलर पार्टियों और उदार हिन्दुओं पर डालते आ रहे हैं जिनने गोधरा में इसलामी आतंकवादी कार्रवाई की छाती फोड़ और माथा ठोककर निन्दा नहीं की। यानी देश की संसद, सेकुलर पार्टियाँ और उदार हिन्दू अगर मुसलमानों को मारपीट कर के काबू में नहीं रखेंगे तो संघ सम्प्रदायी प्रतिहिंसा की जिम्मेदारी उन्हीं की होगी। प्रधानमन्त्री से लेकर हर दूसरे छुटभैए स्वयंसेवक ने यह बात कह दी है। और हम मानते हैं कि हम एक लोकतान्त्रिक धर्मनिरपेक्ष गणराज्य हैं। चन्द्रशेखर को अगर अपने अमृत महोत्सव पर इतने अभिनन्दन के बावजूद ऐसा पवित्र आक्रोश और ऐसी पीड़ा हुई तो इसलिए कि वे संवेदनशील प्राणी हैं। वे स्वयंसेवक अटल बिहारी वाजपेयी की तरह गोधरा के मुसलमानों और गुजरात के हिन्दुओं में फर्क नहीं कर सकते। यह संघी संस्कार उन्हें नहीं मिला है। इसीलिए उनने अटल बिहारी वाजपेयी नाम के अपने गुरुदेव से कहा कि सर्वोच्च पद पर होते हुए भी जब आप देश का काम न कर पाएँ तो आपको हट जाना चाहिए।

लेकिन अटल बिहारी वाजपेयी को इसकी शर्म नहीं आती। वे अपनी सरकार को दिल्ली में और अपनी पार्टी को उत्तर प्रदेश में बचाए रखने के लिए बहुजन समाज पार्टी की मायावती की सरकार बनवा रहे हैं। उनने मोदी को हटाने के बजाए गुजरात में मुसलमानों की लाशों और उनके घरों, दुकानों और कारखानों की राख पर हिन्दू साम्प्रदायिक वोट लेने की प्रेरणा दी है क्योंकि गुजरात में इसके सिवाय भाजपा की सरकार नहीं बन सकती। सन् चौरासी में राजीव गांधी ने भी सिखों के नरसंहार पर वोट माँगे थे। तब चुनाव अनिवार्य थे क्योंकि न सिर्फ इन्दिरा गांधी की हत्या कर दी गई थी, लोकसभा का कार्यकाल भी पूरा हो रहा था। गुजरात में विधानसभा चुनाव फरवरी 2003 में होने हैं। लेकिन भाजपाई सरकार की सहमति से संघ सम्प्रदाय के प्रशिक्षित स्वयंसेवकों ने गोधरा का जो बदला गुजरात के मुसलमानों से लिया है, वह भाजपा को लगता है कि उसे दो तिहाई बहुमत दिला सकता है इसलिए गोवा में नरेन्द्र मोदी को कहा गया कि वे इस्तीफा न दें, विधानसभा भंग

करें और चुनाव करवा लें ताकि मुसलमानों के सुनियोजित नरसंहार को लोकतान्त्रिक मान्यता मिल सके। मोदी ने अब तक विधानसभा भंग नहीं करवाई है और भाजपा तत्काल चुनाव को टाल रही है तो उसका कारण तेलुगु देशम की चेतावनी है। भाजपा गठबंधन से बाहर होते हुए भी यह पार्टी चार साल से वाजपेयी सरकार को चला रही है। यह माँग कर रही है कि मोदी को हटाया जाए और साम्प्रदायिक चुनाव न करवाए जाएँ। अभी तक उसने समर्थन वापस नहीं लिया है। गुजरात में विधानसभा भंग करके चुनाव करवाने की घोषणा तेलुगु देशम को कगार से उस पार धकेल सकती है। इसलिए सावधानी बरती जा रही है। दिल्ली की सरकार बनाए रखना जरूरी है क्योंकि वह गई तो न गुजरात में मोदी बचेंगे न साम्प्रदायिक हिंसा की आग पर हिन्दुत्व का दलिया पकेगा। हिन्दुत्व की समृद्धि के लिए स्वयंसेवक वाजपेयी की सरकार अभी चलती रहनी चाहिए।

लेकिन पहले गोवा में और अब चन्द्रशेखर के अमृत महोत्सव में स्वयंसेवक अटल बिहारी वाजपेयी ने उदार, सहिष्णु और लोकतान्त्रिक हिन्दू होने के सभी स्वाँग उतार दिए हैं। वे समझ गए हैं कि इन स्वाँगों से न उनकी लोकतान्त्रिक नेताई चल सकती है, न वे और उनकी पार्टी सत्ता में रह सकती है। उनने मान लिया है कि शुद्ध और स्पष्ट हिन्दुत्व ही भाजपा में उनकी नेताई और भाजपा को सत्ता की होड़ में बनाए रख सकती है। इसलिए गोवा में वे भरी सभा में वह सब बोले जो संघनिष्ठ स्वयंसेवक बोल रहे हैं। हिन्दुत्व की मूल प्रेरणा और आदि शक्ति ही इसलाम और ईसाइयत से बदला लेने और उन्हें भारत में नाकुछ बना कर रखने की है। इसके दर्शन सावरकर, हेडगेवार और गोलवलकर से लेकर सुदर्शन तक में किए जा सकते हैं।

अगर आप न्यायमूर्ति जगदीश शरण वर्मा जैसे संस्कारविहीन और गँवार हिन्दू न हों तो आपको समझने में देर नहीं लगेगी कि हिन्दुत्व एक अहिन्दू, अधार्मिक और अभारतीय राजनैतिक अवधारणा है जिसे सावरकर ने पश्चिम यूरोप के नाजीवाद और फासीवाद से विकसित किया है। गोलवलकर ने हिटलर से प्रेरणा ली है। लेकिन हिन्दुत्व को भारत और धर्म की पाँच हजार साल की परम्परा से जोड़े बिना हिन्दुओं को भी स्वीकार नहीं करवाया जा सकता। इसलिए अटल बिहारी वाजपेयी गोवा में भाषण देते हैं कि हमें कोई धर्मनिरपेक्षता न सिखाए। ईसाइयत और इसलाम के उदित होने के पहले भी हम धर्मनिरपेक्ष थे और मुसलमानों और ईसाइयों को हमने अपना धर्म पालन करने की इजाजत दी। बेचारे स्वयंसेवक वाजपेयी यही याद नहीं रखते कि वह धर्म और वह भारतीय समाज हिन्दुत्ववादियों का नहीं है। इस हिन्दुत्व को सौ साल भी नहीं हुए और यह धर्म और हिन्दू समाज को उदार, सहिष्णु, बहुलतावादी और असंगठित होने के कारण कायर कहकर कोड़े मारता रहा है। हिन्दुत्व धर्म और भारतीय समाज को संगठित सम्प्रदाय और सैनिक समाज बनाने में लगा है क्योंकि वह मानता है कि उसके बिना ये बचेंगे नहीं। जिसे पाँच हजार साल पुराना और लगातार जीवित रहनेवाला धर्म और समाज संघ सम्प्रदाय बताता है, उसकी रक्षा का एकाधिकार भी वह अपना मानता है। धर्म और भारतीय समाज अगर हिन्दुत्व को स्वीकार नहीं करता तो इसलिए कि यह राक्षसी सम्प्रदाय है। गुजरात में उसके उत्पात सबने देख लिए हैं।

अटल बिहारी वाजपेयी इसी हिन्दुत्व को माननेवाले हैं, इसे तो जाननेवाले जानते ही थे। चन्द्रशेखर के अमृत महोत्सव में गुजरात की असंगठित प्रतिहिंसा के लिए उसी संसद को जिम्मेदार ठहरा कर जिसके वे नेता हैं अटल बिहारी वाजपेयी ने बता दिया है कि वे कैसे फासिस्ट हैं। इसे चन्द्रशेखर के अमृत महोत्सव की उपलब्धि मानना चाहिए कि जिस दिन वे पचहत्तर बरस के हुए उनने अपने गुरुदेव के फासीवादी चरित्र का उद्घाटन कर दिया। अटलजी गुरु इसी तरह गुड़ और बलियावाले शिष्य शक्कर हो जाते हैं। अपने शिष्यों से बचिए!

**–प्रभाष जोशी**

# पुरोकथन

इस पुस्तक का सम्बन्ध एक घटना से है। नवम्बर, 1993 की बात है। उत्तर प्रदेश विधानसभा के चुनाव अभियान के दौरान पटना हवाई अड्डे पर चन्द्रशेखर से अचानक भेंट हुई। अपने स्वागत-सत्कार से निकलकर जब वे चलने के लिए अपनी गाड़ी में बैठने लगे उस समय पूछा कि आप लोग कहाँ जा रहे हैं? हमने बताया कि सिताब दियरा होते हुए बलिया जाना है। उन्होंने साथ चलने के लिए कहा और जरूरी व्यवस्था के निर्देश दिए। वे उन दिनों एस.पी.जी. की सुरक्षा में थे। उस घेरे में पहुँचने पर नेता बन्दी जीवन के अभ्यस्त और एक हद तक अभिशप्त हो जाते हैं। हमने देखा कि वे अपवाद हैं। हमारे लिए जरूरी व्यवस्था इतनी ही करनी थी कि उनके साथ चलनेवाले एस.पी.जी. के अफसरों के बैठने का क्रम बदला जाना था। उन्होंने हमें (देवदत्त और मुझे) अपने साथ बैठाया। सिताब दियरा के सफर में करीब पाँच घंटे लगे। इतनी देर तक उन्हें लगातार सुनने का वह पहला ही अवसर था हालाँकि उनसे मिलने-जुलने का सिलसिला 1970 में शुरू हो गया था। मैंने महसूस किया कि चन्द्रशेखर विचार और सूचना के धनी हैं। जिसे वे दोनों हाथों से उलीचना भी चाहते हैं।

उस दिन उनके विचार जानने का अवसर मिला। तमाम राष्ट्रीय सवालों पर उनका नजरिया जो सुना उसमें नयापन था। धारणा के विपरीत जवाहर लाल नेहरू, सरदार पटेल, लालबहादुर शास्त्री और इन्दिरा गांधी के बारे में उनके विचार और अनुभव चौंकानेवाले थे। राष्ट्रीय सुरक्षा और स्वदेशी के सन्दर्भ में राष्ट्रीय स्वयंसेवक संघ के प्रति उनमें एक तरह का सराहना का भाव था। इस बारे में वे कई संभावनाओं की सूचना दे रहे थे। ऐसी अनगिनत बातें उन्होंने सुनाईं। उनमें अनेक उनके निजी अनुभव थे। जिनका राजनीतिक प्रसंग अत्यंत महत्त्वपूर्ण बना रहने वाला है। पूर्व प्रधानमन्त्री से यह सब सुनना एक पत्रकार के लिए सहज नहीं हो सकता, कई तरह की चुनौतियाँ अपने आप दिखने लगीं। सबसे पहले तो यह कि क्या यह सब छापा जा सकता है? भले ही वे जब बता रहे थे तो उनके हाव-भाव में यह नहीं था कि इसके छपने का कोई जोखिम हो सकता है। दिल्ली लौटने के बाद मैंने अपने प्रधान सम्पादक यानी प्रभाष जोशी को सब बताया। उनकी अनुमति पाकर व्यवस्थित सवाल-जवाब के लिए जब समय मांगा तो चन्द्रशेखर का रुख सकारात्मक रहा। जैसी बातचीत उनसे हुई वह उसी रूप में सिलसिलेवार जनसत्ता में छह दिन छपी, जिसे युवा भारत ट्रस्ट ने *चन्द्रशेखर से संवाद* में छापा।

सिताब दियरा के सफर को जब भी याद करने का मौका आता है तो मैं पाता हूँ कि चन्द्रशेखर में राजनीतिक बड़प्पन है। उनमें इतिहास बोध है। वे उसे भले ही राजनीति में उतार न पाए हों पर वह ऐसी जीवन दृष्टि है जो देश और समाज को बनाने के लिए जरूरी है। वे उसका संस्कार और परिष्कार हमेशा करते रहते हैं। उनके बारे में एक मत इसके विपरीत भी है। इस तरह का विचार रखनेवाले मानते हैं कि चन्द्रशेखर के विचार और व्यवहार को सामयिक घटनाएँ बहुत हद तक प्रभावित करती हैं। मुझे इसके लक्षण कम से कम उस दिन नहीं दिखे। अगर ऐसा होता तो हमारी बातचीत की दिशा व्यक्ति-केन्द्रित होती। वह मुलायम सिंह और कांशीराम के इर्द-गिर्द घूमती रहती जबकि ऐसा नहीं हुआ। यह कहने का एक कारण है। कुछ ही महीने पहले अचानक मुलायम सिंह ने अपनी पार्टी बना ली थी। सजपा के साथियों में से कइयों को अब तक पता नहीं है कि उन्होंने सपा क्यों बनाई ? कहा जाता है कि एक हवाई यात्रा में मुलायम सिंह की कांशीराम से मुलाकात हुई। उत्तर प्रदेश में चुनावी तालमेल पर चली चर्चा में कांशीराम ने साफ शर्त रख दी कि चन्द्रशेखर से नाता तोड़ो तभी कोई बात हो सकती है। मुलायम सिंह ने वही किया। वह क्या सामाजिक ध्रुवीकरण की लम्बी छलाँग थी ? या कि सत्ता की राजनीति के लिए गिरगिट सरीखा रंग बदलने का एक उदाहरण था ? इस बारे में अनेक मत हो सकते हैं। पर यह सच है कि सँवरा सम्मेलन में मुलायम सिंह ही थे जिन्होंने सजपा बनाने का प्रस्ताव रखा। उसे हमेशा के लिए अपनी पार्टी मानने का वादा किया। इस सन्दर्भ में उस दिन की बातचीत के आधार पर चन्द्रशेखर का आकलन होना चाहिए। हमें इसकी जानकारी थी। चर्चा आने पर वे यह जरूर कहते रहे कि जब राजनीति को जाति के आधार पर चलाने का प्रयास होगा तो धर्म की राजनीति उस पर हमेशा भारी पड़ेगी और पछाड़ देगी।

यह पुस्तक उस क्रम में एक नया प्रयोग है जिसका अवसर हमें चौदहवीं लोकसभा के चुनाव नतीजों ने दिया। नए और भिन्न प्रकार की राजनीतिक परिस्थिति से देश गुजर रहा है। यूपीए (संप्रग) और एनडीए (राजग) के दो पाटों में अदना आदमी पिस रहा है। वह आदमी वही है जिसे महात्मा गांधी ने अपनी ताबीज में पिरोया था। ऐसे समय में यथार्थ का सामना किसके जरिए करें ? यह सवाल जब भी उठता है तो एक ही चेहरा इस समय रह-रहकर सामने आता है। वह चन्द्रशेखर ही हैं। हमने अपना इरादा उनके सामने रखा। विचार था कि लम्बी बात हो। कई चरणों में भिन्न-भिन्न विषयों पर समूह में चर्चा हो। उसमें पत्रकार, राजनीतिक कार्यकर्ता, साहित्यकार और समाजशास्त्री रहें। मेरा विचार था कि उससे जो पुस्तक बने वह 'चन्द्रशेखर-अद्यतन' हो। पहले चरण में दो दिनों के लिए समय तय हुआ। उन्होंने ही ऐसी जगह चुनी जहाँ व्यवधान न हो। हमेशा वे समय से पहले उपस्थित रहते थे। पहले चरण की बातचीत पाँच घंटे चली जो सार्थक रही। रह-रहकर यह क्रम बढ़ता रहा। जो योजना थी उसे पूरी तरह निभाया नहीं जा सका। इसके कई उचित कारण हैं। पूरा खाका बनाकर बात करने के बजाय हर चरण में उसका उत्तरोत्तर विकास होता गया। इसके बावजूद हम यह नहीं कह सकते कि इसमें चन्द्रशेखर का पूरा राजनीतिक नजरिया आ गया है। इसमें उन्हीं विषयों का समावेश हो पाया है जिसे हमने चुना है और जरूरी माना है। ऐसा क्यों किया गया? इसका सीधा जवाब है

कि राजनीतिक शिक्षण के लक्ष्य से हम प्रेरित हैं। यह बताना उचित ही रहेगा कि उनसे जो प्रश्न किए गए हैं वे इसी अभिप्राय से हैं। प्रश्नों में जिज्ञासा है, किसी नजरिए के खंडन-मंडन की अगर कहीं बू आती हो तो उसकी उपेक्षा कर देनी चाहिए।

इसमें एक क्रम अपनाया गया है। विषय-वस्तु का पहले निर्धारण हुआ है। उसकी छानबीन की गई। उसमें बदलाव भी हुए। इसे विकास क्रम में देखा जाना चाहिए। उसके बाद प्रश्न बनाए गए। सही और सटीक प्रश्न के लिए जरूरी था कि चन्द्रशेखर के कर्म संसार को देखा जाए। उसे पलटने और पढ़ने से अपना काम समझ में आया। चन्द्रशेखर के अमृत महोत्सव पर सात पुस्तकें छपीं। उन पुस्तकों के अलावा अनेक पुस्तिकाएँ जगह-जगह छापी गई हैं। हर हफ्ते वे अंग्रेजी और हिन्दी में 'यंग इंडियन' के लिए लिखते हैं। 'जनसत्ता' में उनके कुछ इंटरव्यू छपे हैं। इन सबको खंगालने से प्रश्न निकले। इसे यूँ भी कह सकते हैं कि उनमें से प्रश्न ढूँढ़े गए। यह जानकारी इसके बगैर अधूरी ही रहेगी कि चन्द्रेशखर की जेल डायरियों के हर पन्ने पर राजनीतिक चरित्र-चित्रण मिलता है। चन्द्रशेखर की चारित्रिक दृढ़ता से रू-ब-रू होने के लिए अक्टूबर 1975 का वह पन्ना आपको पलटना पड़ेगा जो इस पुस्तक में है। यह सद्‌गुण भृगु मुनि के बलिया की मिट्‌टी के कण-कण में है।

चन्द्रशेखर की जेल डायरी के दो खंड हैं। उन्हें उस दौर का सन्दर्भ ग्रन्थ कहना उचित होगा जिसमें राजनीति का समाजशास्त्र और उसका राजनीतिक मनोविज्ञान आ गया है। कुछ निजी प्रसंग भी उसमें हैं। चन्द्रशेखर जिस शारीरिक व्याधि से इस समय कष्ट में हैं उसके लक्षण पटियाला जेल में प्रगट हो गए थे। जिन्हें इन्दिरा कांग्रेस को जानना हो वे जरूर उन हिस्सों को पढ़ें जो बताते हैं कि किस नेता के कौन से बयान का क्या निहितार्थ है। उन्हें नए सिरे से पढ़ने के बाद पत्रकार मित्र अमित प्रकाश की मदद ली। उन्होंने एक खंड का अध्ययन कर हमें उपयोगी हिस्से दे दिए। चन्द्रशेखर चाहें तो इन डायरियों का खुलासा कर तूफान ला सकते हैं। इस बारे में उनसे कुछ सवाल हमने पूछे। वे जवाब पुस्तक में हैं। कह सकते हैं कि वे सनसनी फैलाने में यकीन नहीं करते। अपनी अभिव्यक्ति के लिए जितना जरूरी है उतनी ही जानकारी वे देते हैं। इस गफलत में हमें या आपको नहीं रहना चाहिए कि वे जितना बता रहे हैं उतना ही जानते हैं। उनकी अपनी शैली है। वे मना करते हैं पर यह जाहिर नहीं होने देते कि कोई बहुत बड़ा रहस्य छिपा लिया है। किसी अन्वेषक के लिए यह अधूरा काम होगा। जो खोजने की जहमत उठाएगा वह उम्मीद कर सकता है कि कुछ न कुछ उसे हाथ लगना ही है। सवाल है कि क्या यह करने का धैर्य है ? चन्द्रशेखर इन दिनों भी यदा-कदा डायरी लिखते हैं। मत पूछिए कि उसमें क्या है ? हमने भी नहीं पूछा।

उनके पुराने इंटरव्यू की तीन पुस्तकें हैं। उन्हें पढ़ने से जिस राजनेता चन्द्रशेखर का व्यक्तित्व उभरता है उनकी बेबाकी और महाभारतकालीन सापेक्षता में निष्पक्षता को मान्यता प्राप्त है। इसमें एक और बात जोड़ी जा सकती है। उनके इंटरव्यू चाहे सातवें दशक के हों या हाल के दिनों के हों, तथ्य नहीं बदलते। सिर्फ समय बदलता है जिसके कारण एक नई समझ सामने आती है। तथ्य के मामले में यह बेजोड़ बात है। ऐसे राजनीतिक नेता कितने हैं ? 'रहबरी के सवाल' में उनके तथ्यों का समझ के रूप में नवीनीकरण हुआ है।

भारतीय राजनीति की सीमाओं को समझने में इससे मदद मिल सकती है। उसकी संभावनाओं को अधिक जनोन्मुखी बनानेवालों को इससे शोध की सामग्री तो मिलेगी ही वे यह भी अनुभव कर सकेंगे कि आजाद हिन्दुस्तान से उनका पूरा साक्षात्कार अभी होना है। जिसके लिए एक आईना चाहिए। राजनीति के यथार्थ को उसकी प्रक्रिया में समझाए जाने के लिए हमने इंटरव्यू को माध्यम के रूप में चुना है। जो वस्तुतः आईना ही है। यह चारों ओर नहीं घूमता। उस सफर को समझाता है जिस पर इस पुस्तक के पात्र के कदम पड़े हैं। अपने देश-काल को जानने का यह भी एक तरीका है।

भारत में 'इंटरव्यू' संवाद का सनातन माध्यम है। पश्चिम में पत्रकारिता की यह ऐसी देन है जिसे शुरुआत के दौर में हेय दृष्टि से देखा जाता था। उसकी यह उम्र मात्र 140 साल पुरानी है। याद दिला दें कि रुडयार्ड किपलिंग ने एक पत्रकार को इंटरव्यू देने से मना कर दिया था। उनकी पत्नी ने बाद में यह दर्ज किया कि वे इसे अनैतिक कार्य मानते हैं। पश्चिम में इंटरव्यू को कड़े संघर्ष के बाद मान्यता मिली। जिस इंटरव्यू को अब मान्यता प्राप्त है वह मीडिया में अक्सर दिखता है। जिससे लोग चिढ़ रहे हैं और भयभीत भी हैं वह इंटरव्यू का नया राक्षसी रूप है—स्टिंग ऑपरेशन। इसके विपरीत भारतीय परम्परा में संवाद की यह सुगम, सुबोध और शिक्षण शैली है जिसे ऊँचा मंच प्राप्त है। इसे सनसनीखेज बनाने के लिए कहीं का ईंट और कहीं का रोड़ा जोड़ना पड़ता है। जिस तरह राजनीतिक पुनर्व्यवस्था की जरूरत इन दिनों गहरे महसूस हो रही है उसके लिए विमर्श का हमें अपना कारगर ढंग ही पुनः अपनाना होगा। महात्मा गांधी ने *हिन्द स्वराज* में यही रास्ता दिखाया है। ऐसे अनेक उदाहरण हैं। उदयन वाजपेयी ने धर्मपाल से बातचीत प्रश्नोत्तर शैली में ही की है। जब-जब चन्द्रशेखर से बात हुई उन्होंने प्रश्नों की सूची नहीं मांगी। हमने अपनी जरूरत के लिए प्रश्न बनाए। बातचीत से पहले उसकी एक प्रति उन्हें दिखा देते थे। प्रश्नों को पढ़ने के बाद वे सवालों के लिए तैयार हो जाते हैं। उन्हें पहले से तैयारी करने की कोई जरूरत नहीं होती। सवाल जो भी हों। वे चन्द्रशेखर की जाँच और परख की आँच से पिघलते जाते हैं। वे इसकी कतई परवाह नहीं करते कि सवाल कौन पूछ रहा है। उनमें एक स्थायी भाव है कि जवाब तो मुझे ही देना है। अनुभव आता है कि ज्यादातर नेताओं के पास ऐसे कारणों का भंडार होता है जिसमें से कोई भी कारण चुनकर वे इंटरव्यू को या तो स्थगित कर देते हैं या मना कर देते हैं। इसके विपरीत चन्द्रशेखर के पास एक शस्त्रागार है जिसमें से जवाब निकलते हैं। हाँ, वे ही तय करते हैं कि किसका कब इस्तेमाल करना है। बातचीत के क्रम में यह बार-बार महसूस होता रहा कि सवाल-जवाब के दौरान चन्द्रशेखर की बौद्धिक क्षमता उछाल लेती है। वे सवाल की दिशा भी भाँप लेते हैं और उसे अपने जवाब में समेटने का इस तरह प्रयास करते हैं कि प्रश्नकर्ता को वह दोहराना न पड़े। इससे हमारा काम आसान हो गया है।

इस पुस्तक में अतीत के जहाँ उलझे सवाल हैं वहाँ भविष्योन्मुखी चिन्ता भी है। यक्ष प्रश्न का अध्याय वैसी चिन्ताओं से परिचित कराता है। एक बार चन्द्रशेखर ने बहुतों को चौंकाया था यह कहकर कि देश पर जब भी कोई विपदा आएगी तो उनकी नजर में बचानेवालों में राष्ट्रीय स्वयंसेवक संघ भी होगा। उसे भरोसे से देखा जाना चाहिए। यह

उन्होंने तब कहा था। अब वे बता रहे हैं कि राजग की सरकार ने संघ का वह बल कैसे चूस लिया है ? इसके कुछ सूत्र उनके जवाब में हैं। जो लोग यह जानना चाहते हैं कि क्या सोनिया गांधी ने वास्तव में कोई त्याग किया है, उन्हें इस पुस्तक से सही जानकारी मिलेगी।

यह पुस्तक सामूहिक प्रयास का परिणाम है। पत्रकार देवदत्त (जनसत्ता में छपनेवाले छद्मनामी देवदत्त नहीं, वे हैं जिन्हें लम्बे अर्से से पत्रकारिता जगत आदर दे रहा है) हमारे अगुआ रहे। मनोज झा के जिम्मे हर काम सौंप दिया जाता रहा। सन्तोष भारती और जीतेन्द्र बजाज अलग-अलग समय पर बातचीत में शामिल हुए। पुस्तक की तैयारी में प्रो. बलवान सिंह गौतम, अमर नाथ और संजय तिवारी, रामाशंकर कुशवाहा तथा मेवाड़ संस्थान के अशोक गदिया, अशोक सिंघल और अंकुर गर्ग ने मदद की। जब जरूरत पड़ी बातचीत को टेप से उतारने और टाइप करने के काम को कमलेश शाह और उमेश सिंह ने पूरा किया। मित्र एच.एन. शर्मा ने कुछ दिनों के लिए हमें अपना घर इस काम के लिए दे दिया। पत्रकार सुरेश शर्मा ने पांडुलिपि को पढ़ा और अपने सुझाव दिए जिससे पुस्तक में निखार आया। ओम प्रकाश श्रीवास्तव ने हमें 'यंग इंडियन' की पुरानी प्रतियाँ उपलब्ध कराईं। पुस्तक के छपने से पहले का खटराग इस तरह पूरा हुआ। हम चाहते थे कि चन्द्रशेखर के अमृत महोत्सव के अवसर पर दिए गए भाषणों में तीन (पी.वी. नरसिंह राव, अटल बिहारी वाजपेयी और चन्द्रशेखर) को इसमें दे दिया जाए। इसके लिए जब-जब याद दिलाया हर बार चन्द्रशेखर ने कोशिश की, लेकिन वह मिलने से रहा। यह पुस्तक अमृत महोत्सव के बाद के चन्द्रशेखर चिंतन का राजनीतिक दस्तावेज है। इसकी योजना, तैयारी और प्रकाशन में प्रभाष जोशी की रुचि प्रेरक रही। उन्होंने ही अपनी ओर से अशोक महेश्वरी से बात की जिससे यह पुस्तक समय पर छप सकी, उन्होंने पुस्तक की पांडुलिपि पढ़कर उपयोगी सुझाव दिए जिससे यह बेहतर बन सकी।

**—रामबहादुर राय**

# पुनर्कथन

प्रभाष जोशी की भूमिका और मेरा पुरोकथन पढ़कर 'रहबरी के सवाल' पुस्तक की कहानी जानी-समझी जा सकती है। इसे छपे हुए 13 साल गुजर गए हैं। उस साल एक दिन इसका तीन मूर्ति सभागार में लोकार्पण रखा गया था। अचानक उस शाम चंद्रशेखर की पीठ का पुराना दर्द उठा। वह असह्य था। इसलिए लोकार्पण स्थगित कर हम तीनमूर्ति के मेन गेट पर खड़े हो गए। आगंतुकों और आमंत्रितों को वहीं सूचना मिल जाए इसलिए हम वहाँ खड़े थे। तब तुरत-फुरत एसएमएस से सूचना देने का आजकल की तरह चलन भी नहीं था, हालाँकि मोबाइल फोन जरूर आ गया था। वह भी थोड़े लोगों के पास ही होता था। मुझे याद है, सबसे पहले शरद पवार पहुँचे थे। बड़ी गाड़ी की अगली सीट पर वे बैठे-ही-बैठे वापस लौटे।

इन सालों में कहीं-न-कहीं कोई न कोई सवाल पूछता रहा है कि 'रहबरी के सवाल' को कहाँ से प्राप्त कर सकते हैं। लोकार्पण न होने से पुस्तक के प्रचार पर कोई दुष्प्रभाव नहीं पड़ा। मेरा विचार था कि पुस्तक का शीर्षक हो—अद्यतन चंद्रशेखर। प्रभाष जी ने जो उचित समझा वह शीर्षक दिया। इसलिए 'रहबरी के सवाल' के नाम से पुस्तक जानी गई। कई बार मुझे लगता है किसी की सलाह पर लोकार्पण नहीं हुआ। यह कितना सच है, कह नहीं सकता। जिन चार पंक्तियों से यह शीर्षक निकला है वे पंक्तियाँ मित्र सुरेश शर्मा के अनुसार इस प्रकार हैं :

*तू इधर उधर की न बात कर*
*ये बता कि काफिला क्यों लुटा*
*मुझे रहजनों का गिला नहीं*
*तेरी रहबरी का सवाल है...*

**—फ़िराक़ जलालपुरी**

कहीं ऐसा तो नहीं था कि शीर्षक से ही चंद्रशेखर के मित्रों ने पुस्तक बिना पढ़े उसे गलत भाँप लिया। नेतृत्व श्रेणी के लोग इस पुस्तक के बारे में जो भी विचार रखते हों, वह उनका अपना है। चंद्रशेखर को जानने और मानने वाले इस पुस्तक में गहरी दिलचस्पी रखते हैं। वह बनी हुई है। पुस्तक की इसीलिए लोग माँग करते रहते हैं। राजकमल प्रकाशन में भी यह उपलब्ध नहीं थी।

इसके पुनः प्रकाशन से चंद्रशेखर के व्यक्तित्व से पाठक अवगत हो सकेंगे। इसमें उनके विचार हैं, जिससे उनका अनोखा व्यक्तित्व झलकता है। 2005 में वे किस सवाल पर क्या सोचते थे, वह इसमें है। इससे अनुमान लगाया जा सकता है कि आज चंद्रशेखर

होते तो सबसे अलग उनका स्वर होता। उसे जमाना ध्यान से सुनता। इसी अर्थ में इस पुस्तक 'रहबरी के सवाल' का महत्त्व स्थायी है। इसलिए ऐसा है क्योंकि चंद्रशेखर 2007 में अशरीरी हो गए। जब वे पूर्व प्रधानमंत्री की श्रेणी में आ गए थे तब से 2005 तक उन्हें उनके अनेक शुभचिंतकों और मित्रों ने एक सलाह दी। उसके लिए उनसे बहस की। अपनी बात मनवाने के लिए चंद्रशेखर के सम्मुख धारदार और ऐतिहासिक तर्क दिए कि आप घोषित कर दीजिए कि मैं दलीय राजनीति त्याग रहा हूँ। जब-जब ऐसा हुआ तब-तब उनके चेहरे पर जो भाव उभरता था वह नकार का होता था। उसे वे छिपाते नहीं थे। अवसर मिलते ही इस तरह के सुझाव को खारिज करने का ठोस कारण बता देते थे। अपने शुभचिंतकों को निरुत्तर करने की उनकी यह कला एक तरह से सहज अदा थी। लोग इसके कायल थे। वे चुप हो जाते थे। इसका मतलब यह नहीं है कि वे चंद्रशेखर से सहमत होते थे। आश्चर्य जरूर करते थे कि चंद्रशेखर ऐसा निर्णय क्यों कर रहे हैं। उनके अशरीरी हुए 11 साल हो गए हैं। अब लोग दूसरी बात पर आश्चर्य कर रहे हैं कि उन्होंने अपनी बनाई संस्थाओं को लंबे समय तक चलाए रखने के लिए अपने जीवनकाल में ही उचित व्यवस्थाएँ क्यों नहीं बनाईं।

चंद्रशेखर का नाम-धाम जब वे थे तब भी उनसे बड़ा था। संस्था के होकर वे कभी रहे नहीं। उनके नाम की संस्था भी कैसे सहज रीति से चल पाएगी? इस तरह के सवाल आज भी हैं। चंद्रशेखर से लंबे समय तक जो जुड़े रहे और उनके प्रति निष्ठावान रहे ऐसे मित्र एच.एन. शर्मा के सौजन्य से यह पुस्तक छप रही है। वे चंद्रशेखर की स्मृति कायम रखने के प्रयास और प्रयोजन में लगे रहते हैं। उनके ही प्रयास से हरियाणा के मुख्यमंत्री मनोहर लाल खट्टर ने 'चंद्रशेखर स्मृति वन' बनवाया है जहाँ भारत यात्रा केंद्र होता था। जहां भारत यात्रा केंद्र बना वह निर्जन और उजाड़ जगह थी। उसे हरी-भरी रमणीक स्थली चंद्रशेखर ने बनाई। सुप्रीम कोर्ट के आदेश से जब वह उनसे छिन गया तो चंद्रशेखर ने उसे जस का तस छोड़ दिया। उन्हें बहुतों ने सलाह दी कि वहाँ के दरवाजे, पत्थर और अन्य वस्तुएँ वे साथ ले जाएँ जिन्हें उन्होंने बड़े मन से अपने निवास में लगवाया था। चंद्रशेखर ने ऐसी सलाह देने वालों से बलियाटिक अंदाज में कहा कि क्या ये सामान मेरे बाप का था। ऐसा वे कभी-कभार करते थे। जैसे वहाँ से उनका कोई कभी नाता न रहा हो। यह उदाहरण इसलिए जरूरी है क्योंकि इसमें चंद्रशेखर की फकीरी दिखती है। इसका उल्लेख यहाँ इसलिए भी जरूरी है क्योंकि पिछले दिनों पूर्व मुख्यमंत्री अखिलेश यादव को अपना सरकारी आवास सुप्रीम कोर्ट के आदेश से छोड़ना पड़ा। मीडिया में तस्वीर के साथ खबर छपी है कि अखिलेश यादव ने दरवाजे, पत्थर और पता नहीं क्या-क्या सब उखड़वा लिए।

अशोक माहेश्वरी ने पहले की भाँति इस बार भी इसे उत्साह से प्रकाशित कर चंद्रशेखर को अद्यतन बनाया है।

**—रामबहादुर राय**

# क्रम


| 1. राजनीति के सोपान | 22-111 |
|---|---|
| समाजवादी समाज का सपना | 24 |
| कांग्रेस में | 34 |
| सम्पूर्ण क्रांति | 50 |
| जनता पार्टी | 53 |
| भारत यात्रा | 79 |
| जनता दल | 92 |
| प्रधानमंत्री काल | 100 |
| उत्तरार्द्ध—सजपा किसी के भी पीछे चलने को तैयार | 108 |
| **2. चौदहवीं लोकसभा और संसदीय प्रणाली** | **112-147** |
| चौदहवीं लोकसभा | 114 |
| संसदीय प्रणाली | 135 |
| **3. यक्ष प्रश्न** | **148-189** |
| स्वदेशी स्वराज | 150 |
| गठबंधन की राजनीति | 169 |
| इमरजेंसी का रहस्य | 173 |
| आंतरिक सुरक्षा | 181 |
| कश्मीर | 184 |
| नेपाल | 187 |

## 4. नजरिया 190-243

महात्मा गांधी 192
जवाहरलाल नेहरू 196
जयप्रकाश नारायण 205
इंदिरा गांधी 218
संघ-भाजपा 234

## 5. अंतरंग 244-257

अंतरंग 246

## 6. अनुलग्नक 258-323

**भाषण एवं लेख**
राष्ट्रीय मोर्चा सरकार के विश्वास मत पर भाषण 260
जनता दल (स) की सरकार के विश्वास मत पर भाषण 268
भारत की सामर्थ्य 282
क्षेत्रीय असंतुलन : एक विस्फोटक स्थिति 296

**पूर्व प्रधानमंत्री गण**
राजनीतिक मिलन के व्यावहारिक पहलू 299
इतिहास पुरुष बनेंगे या अंधेरे में खो जाएंगे 304
क्या करेंगे चार पूर्व प्रधानमंत्री 309
जनअसंतोष विद्रोह का रूप ले सकता है 314
पूर्व प्रधानमंत्रियों का बयान 321

**परिशिष्ट**
बिहार आंदोलन : कुछ अनजाने प्रसंग 324

अनुक्रमणिका 342

# राजनीति के सोपान

'राजनीति के सोपान' शीर्षक अध्याय में चंद्रशेखर जी के अब तक के जीवन का संक्षिप्त खाका प्रस्तुत किया गया है। बलिया जिले की इब्राहीम पट्टी गांव में पिता सदानंद सिंह के घर पैदा हुए चंद्रशेखर ने किस तरह से बचपन में सामाजिक असमानताओं को महसूस किया और बाद में उसे मिटाने के लिए छात्र जीवन में ही समाजवादी राजनीति में कैसे सक्रिय हो गए, इसका वृत्तांत 'समाजवादी समाज का सपना' शीर्षक बातचीत में है। समाजवादी पार्टी में उन्होंने क्या भूमिका निभाई तथा बाद में क्यों कांग्रेस में शामिल हुए, इसका ब्यौरा भी इस अध्याय में है। कांग्रेस में रहते हुए चंद्रशेखर ने उसके कार्यक्रमों को जनोन्मुख बनाने का प्रयास किया। वे बेशक कांग्रेस में थे लेकिन आम लोगों से सीधे जुड़ाव के कारण जेपी के आंदोलन से उनकी सहानुभूति थी। इसीलिए जब श्रीमती गांधी ने आपातकाल लगाया तो वे भी जेल में डाल दिए गए। आपातकाल जब खत्म हुआ तो जनता पार्टी बनी। चंद्रशेखर की बातचीत में नए दल के गठन के बारे में अनेक नए तथ्य सामने आए हैं। जनता पार्टी की सरकार बनने और उसके बिखर जाने की पूरी गाथा सामने आई है। भारत-यात्रा का समग्र वृत्तांत प्रस्तुत किया गया है। जनता दल के निर्माण की परिस्थितियां बतायी गयी हैं। प्रधानमंत्री बनने और पद छोड़ने के ऐतिहासिक कारणों का खुलासा किया गया है। चंद्रशेखर कहते हैं : मेरी सरकार गिराने के लिए खुफिया पुलिस का बहाना बनाया गया था। वह अकेला कारण नहीं है। बात कुछ और भी है। ब्रिटेन के एक अखबार ने लिखा था कि चंद्रशेखर की सरकार चूंकि कांग्रेस की बैसाखी पर है इसलिए कुछ फैसले नहीं लेगी लेकिन सरकार जिस तरह से फैसले ले रही है, उससे ऐसा लगता है कि जवाहरलाल नेहरू के बाद यह सबसे प्रभावी सरकार है। चंद्रशेखर की सरकार के बारे में ऐसी उच्च धारणा निश्चय ही कांग्रेस के लिए खतरे की घंटी थी, इसलिए कांग्रेस का उससे किनारा करना कोई आश्चर्यजनक नहीं था। 'सजपा किसी के भी पीछे चलने को तैयार है' शीर्षक बातचीत में प्रधानमंत्री पद से हटने के बाद की उनकी सामाजिक सक्रियता और सोच सामने आई।

# समाजवादी समाज का सपना

**सक्रिय राजनीति में आने से पूर्व आपने किस प्रकार के हिंदुस्तान का स्वप्न देखा था? जीवन के किन मूल्यों को साकार करने हेतु आपने इसे माध्यम बनाया? कहां तक वे सपने पूरे हुए?**[1]

यह तो नहीं कह सकता कि सक्रिय राजनीति में आने से पहले मूल रूप से मेरी मूर्त कल्पना क्या थी—एक नए भारत की। लेकिन जिस पृष्ठभूमि में मैं पला और जिस तरह के समाज में मैं बढ़ा, उसमें मैंने निकट से गरीबी और विवशता को देखा था। राजनीति में आने के पहले मेरे मन में यही भाव जगते थे कि कोई ऐसा दिन आए, जब लोगों की विवशता, लोगों की निर्धनता और बढ़ती हुई विषमता मिट सके। राजनीति में पूरी तरह से आने के पहले स्वयं बचपन में हमने बहुत से ऐसे अनुभव किए और दूसरों को देखा, जिसमें लोग निर्धनता के कारण विवश होकर इस प्रकार की जिंदगी बिताते रहे, जहां पर बेबसी के अलावा और कुछ नहीं था।

मुझे आज भी स्मरण हो आता है, जब मैं छोटा था, पांचवें दर्जे का विद्यार्थी था। मेरे पैर में बड़ा फोड़ा हुआ, दो लोगों ने हाथ पकड़ा, दो लोगों ने पैर और गांव के जर्राह (गांव में जो लोग पहले फोड़ों का इलाज करते थे) के पास ले गए। वहां नाई के छुरे से उस फोड़े का ऑपरेशन हुआ। वह दृश्य आज भी प्रायः मेरी आंखों के सामने आ जाता है। बड़ा हुआ और जब मैं कॉलेज का विद्यार्थी था, मेरी मां को हैजा हुआ और बिना किसी डॉक्टर की सहायता के वह इस दुनिया से चल बसीं। वहां दूर-दराज गांवों में बसे हुए लोगों की बेबस जिंदगी...यह सब अनुभव हमें इस बात के लिए हमेशा प्रेरित करता रहा कि ऐसा समाज बनना चाहिए, जहां मानव इन विवशताओं से मुक्ति पा सके।

इसीलिए प्रारंभ में मैंने समता के समाज की कल्पना किसी पुस्तक के ज्ञान से नहीं, किसी राजनीतिक दर्शन के कारण नहीं, जीवन के अनुभवों के कारण की

थी। इसीलिए जब सक्रिय राजनीति में आया, तो स्वाभाविक रूप से मेरा झुकाव उन प्रवृत्तियों की ओर हुआ। उस सामाजिक दर्शन ने मुझे आकर्षित किया, जो समता के समाज की कल्पना करता है, जो यह समझता है कि शोषणविहीन समाज की रचना, मानव का उद्देश्य होना चाहिए। इसीलिए शोषण के विरुद्ध, विषमता के विरुद्ध हमारे मन में स्वाभाविक आक्रोश है और समता के लिए हमारे मन में एक लगाव है। और इस तरह मैंने ऐसे समाज का सपना देखा था, जिसकी कल्पना हमारे समाजवादी मनीषियों ने की थी।

मैं यह तो नहीं कह सकता कि वह समाज कहीं आज भी दिखाई पड़ता है, लेकिन प्रयास हम अवश्य कर रहे हैं कि इस दिशा में आगे बढ़ सकें। मेरे लिए यह कहना तो बहुत कठिन है कि उसमें कुछ बड़ी सफलता मुझे मिली है, लेकिन इतना विश्वास के साथ जरूर कह सकता हूं कि उस कल्पना को मैंने अपनी आंखों के सामने से कभी ओझल नहीं होने दिया और अपनी सीमाओं के अंदर मैंने हमेशा भरपूर प्रयत्न किया। उस समाज की स्थापना के लिए जो किया जा सके, वह मैं करूं, ऐसा मेरा हमेशा प्रयत्न रहा। गांव के दुख-दर्द और बेबसी के चित्र मैं कभी भूल नहीं पाया।

इसी प्रयत्न में कभी-कभी मैं उन लोगों के साथ संघर्ष में आ गया, जो सत्ता के ऊपर हावी थे, जो समाज में स्थायित्व के नाम पर यथास्थिति बनाए रखना चाहते थे। स्थायित्व के नाम पर यथास्थिति को बनाए रखने की कल्पना का मैंने हमेशा विरोध किया है। इस प्रयास के विरुद्ध संघर्ष किया है। इसमें कठिनाइयां आईं, लेकिन इस प्रयास से ही मुझे एक संतोष मिलता है कि मैंने जो कुछ सोचा था, उसके साथ उसी दिशा में बढ़ने का प्रयास कर रहा हूं। कितनी सफलता मिलेगी, यह तो भविष्य ही बताएगा। इसका मूल्यांकन तो दूसरे लोग ही कर पाएंगे।

### समाजवाद के लिए काम करने का फैसला कब और कैसे लिया?

1948 में मैं इलाहाबाद विश्वविद्यालय आया और बी.ए. में दाखिला लिया। उस समय इलाहाबाद विश्वविद्यालय हमारे यहां का सबसे अच्छा विश्वविद्यालय माना जाता था। उसी समय बलिया में सतीश चंद्र कॉलेज में बी.ए. की पढ़ाई प्रारंभ हुई थी। गौरीशंकर राय और दूसरे मित्रों ने वहां प्रवेश लिया था। उस समय हम लोग बलिया की राजनीति में प्रभावकारी ढंग से हिस्सा लेने लगे थे। गौरीशंकर ने खबर भेजी कि मैं बलिया वापस आ जाऊं ताकि राजनीति में पूरा हिस्सा ले सकूं। मुझे भी बात अच्छी लगी। घरवालों को भी यह बात भा गई। पढ़ाई का खर्च

भी कम लगेगा। मैं इलाहाबाद छोड़कर बलिया आ गया। वहीं से मैंने बी.ए. किया। उसके बाद मैंने राजनीति शास्त्र में एम.ए. करने के लिए इलाहाबाद विश्वविद्यालय में प्रवेश लिया। मैं एक छोटे शहर से इलाहाबाद जैसे बड़े शहर में पहुंचा था, लेकिन जल्दी ही मैंने खुद को वहां के माहौल के अनुरूप ढाल लिया। मैं किसी भी नये माहौल में जाता हूं तो एक-दो दिन में ही सब सहज हो जाता है। जल्द ही मेरे लिए नये माहौल में कोई असुविधा नहीं रह जाती। मैं खुद को उसके अनुकूल बना लेता हूं। चुनौतियों के समाधान के लिए सक्रिय हो जाता हूं। 1951 में मैंने निर्णय लिया कि सोशलिस्ट पार्टी में रहकर समाजवाद के लिए काम करेंगे। यह भी मन बना लिया कि पूरा समय राजनीतिक काम में ही लगाना है। लेकिन जीवन-यापन के लिए कुछ पैसा तो चाहिए। यह कैसे होगा, बहुत सोचने के बाद मुझे एक समाधान सूझा। बलिया में मेरे एक परिचित थे—विश्वनाथ तिवारी। वे जिला बोर्ड में क्लर्क थे। जो पैसा मिलता था उससे एक होटल चलाते थे। उस होटल में समाजवादी, कांग्रेसी तथा राष्ट्रीय आंदोलन से जुड़े लोग खाना खाते थे। वे बहुत स्नेह से जगन्नाथ शास्त्री, गौरीशंकर राय और मेरे लिए घी डालकर खाना परोसते थे। मैंने निर्णय लिया कि जीवन-यापन के लिए इसी तरह का एक छोटा- सा होटल खोलना ठीक रहेगा। आंदोलन के साथियों को खाना भी मिल जाया करेगा। एक दिन मैं कटरा में टहलते हुए एक किताब की दुकान पर गया। अचानक मुझे वहां एक किताब दिखी : 'हाउ टु रन ए स्माल होटल'! यह एक पुरानी किताब थी, तीन रुपये की। किताब खरीदकर मैं होस्टल आया। उसे पढ़ने लगा। किताब दिलचस्प थी। लेकिन पढ़ने के बाद पता चला कि ऐसा होटल खोलने के लिए तो एक मिलियन डॉलर चाहिए। इतने पैसे का इंतजाम कहां से होगा? इसलिए मैंने होटल खोलने का इरादा छोड़ दिया।

इसके बाद मैंने निर्णय लिया कि लेखक बनूंगा। मैं हिंदी बहुत अच्छी लिखता था। मैंने इसकी कोशिश शुरू की। एक लेखक थे गोरखनाथ चौबे। वे नई किताबें लिखने के साथ ही हिंदी में रूपान्तर भी करते थे। उस समय हिन्दी में राजनीतिशास्त्र की किताबों की बड़ी मांग थी। मैं चौबे जी के यहां गया। उनसे निवेदन किया कि क्या मैं लिखने का कुछ काम कर सकता हूं? उन्होंने मुझे प्रोत्साहित किया और पता नहीं, किस विषय पर एक लेख लिखने को दिया। अगले दिन मैं लेख लिखकर ले गया। चौबे जी बहुत प्रसन्न हुए। कहा, बहुत अच्छा लिखा है। आप किताब लिखिए। उन्होंने किताब लिखने के लिए कोई विषय दिया। लेकिन जब मैं चलने लगा तो कहा : देखिए, किताब तो लिखेंगे आप। इसके लिए मैं आपको पैसा भी दूंगा। लेकिन वह किताब छपेगी मेरे नाम

से। मैं भौंचक रह गया। होस्टल लौटकर सोचने लगा, यह तो अजीब है। समाजवादी समाज बनाने के संघर्ष के लिए नौकरी नहीं कर रहा हूं, शोषण रोकने की बात कर रहा हूं, लेकिन यहां तो पहले मेरा ही शोषण शुरू हो गया। इसलिए मैंने लेखक बनने का इरादा भी छोड़ दिया। इसके बाद थोड़े दिन तो मैं बहुत मुसीबत में रहा। इन मुसीबत के दिनों में कुछ लोगों द्वारा दिये गये स्नेह की याद आज भी है। बस्ती के एक पंडित जी थे, पृथ्वीनाथ। वे हिंदू होस्टल में मेस चलाते थे। उनके मेस में मैं था। बाहर जब रद्दी खाना खाते-खाते परेशान हो जाते थे, तो दोस्तों से कहते थे कि कहीं अच्छा खाना खाने चलें। हम पृथ्वी महाराज के मेस में पहुंच जाते। वे हमें बड़ी लगन और प्यार से खिलाते थे। दाल में घी डाल देते थे। आरएसएस वाले इसका विरोध करते। वे कहते थे, हम लोगों को पृथ्वीनाथ मुफ्त में क्यों खिलाते हैं। उत्तर में पृथ्वीनाथ मेरे बारे में कहते थे : 'इतने दिन से होस्टल में हूं। एक ही बाबू ऐसे मिले जिनको जो भी बिल मैंने दिया, उसको लेकर कोई सवाल नहीं किया। जितना मांगता हूं, वे उतना ही पैसा दे देते हैं। इसलिए इनके लिए मेरे मन में बहुत इज्जत है।' उन दिनों मेस चार्ज 25 रुपया मासिक लगता था।

**आप समाजवाद का सपना संजोए राजनीति में आए। राजनीति के पहले कड़वे अनुभव के बारे में बताइए ?**

1951 में विश्वविद्यालय छोड़ने के बाद मैं सोशलिस्ट पार्टी में पूरा समय देकर काम करने लगा। कुछ ही दिनों में मैं इलाहाबाद सोशलिस्ट पार्टी का सेक्रेटरी बन गया। गेन्दा सिंह ने मुझे नियुक्त किया था। छः-सात महीने काम करते बीते थे। वे बड़ी कठिनाई के दिन थे। कोई पूछने वाला नहीं। पार्टी में अधिकतर बड़े वकील थे, पैसे वाले थे। पार्टी को ख्याति प्राप्त करने का साधन मानते थे। दिन-रात गरीबों, मजदूरों और किसानों के बीच में काम करने वाले कार्यकर्ताओं के लिए उनके यहां कोई स्थान नहीं था। मैं पुस्तक पढ़कर और गरीबी का अनुभव करके इस विश्वास से पार्टी में आया था कि गरीबों को इज्जत की जिंदगी दिलाने में पार्टी अगुवाई करेगी, पर वास्तविकता कुछ और दिखाई पड़ी। मन विद्रोह कर उठा। इसलिए जब 1952 का चुनाव हुआ तो उसमें हमारी लड़ाई वकीलों से हुई। होलटाइमर वर्कर्स के स्थान पर वकीलों को टिकट दिया जाने लगा। मोतीलाल जी आजादी की लड़ाई में जेल गये थे। बड़े कर्मठ थे। दिन-रात संगठन के काम में लगे रहते थे। उनके टिकट को लेकर वकीलों ने बड़ा विरोध किया। मैंने मोतीलाल जी का समर्थन किया। एक वकील थे सतीशचंद्र खरे। खरे साहब बहुत अच्छे वकील थे। उनका

बड़ा योगदान था। 1942 में जब बलिया में कोई वकील स्वतंत्रता संग्राम सेनानियों की वकालत करने नहीं आया तो वे महीनों बलिया जाकर रहे और वहां उनकी पैरवी की। मैं उनका आदर करता था। सतीशचंद्र खरे को पार्टी ने टिकट दिया। मुझे यह संदेह था कि वे अंत में चुनाव से हट जाएंगे। मैं इस तरह के टिकट बंटवारे के बहुत खिलाफ था। अंत में मेरी बात सही साबित हुई। वे बैठ गये। उस समय सोशलिस्ट पार्टी में टिकट देने से पहले हर जिले के लोगों को बुलाया जाता था। उससे पहले पर्यवेक्षक जाते थे। जयप्रकाश जी के अभिन्न मित्र एम.पी. सिन्हा बड़े करीने वाले आदमी थे। वे यूपी पार्लियामेंट्री बोर्ड के सेक्रेटरी थे। वे इलाहाबाद गए। पार्टी के लोगों की मीटिंग बुलाई गई। मोतीलाल के सवाल पर मेरी उनसे कुछ झड़प हो गई। वकीलों ने तो उनका बड़ा स्वागत-सत्कार किया था, लेकिन मैंने सिन्हा साहब से कहा कि वे कल आए और आज सब निर्णय स्वयं करने लगे। यहां हम लोगों ने पार्टी बनाई है। आपने और इन वकीलों ने बनाई। जब यहां पार्टी कुछ नहीं थी तो मैंने इसे बनाया। इसके लिए क्या-क्या किया, यह सिर्फ मैं जानता हूं। आप चुप रहिए और मेरी जो राय है, वहां बता दीजिए। मुझे आगे बात करने की जरूरत नहीं।

**राममनोहर लोहिया के साथ आपके काफी खट्टे-मीठे अनुभव रहे हैं। उनसे पहली मुलाकात कब और कैसे हुई?**

लोहिया से मेरी पहली मुलाकात 1952 में ही हो गई थी। वे चुनाव-प्रचार करने आए थे। इस दौरान एक बड़ी मजेदार बात हुई। मैं शहर पार्टी का सेक्रेटरी था। लोहिया साहब ने मुझसे पूछा : इस जिले में किसका जोर ज्यादा है? मैंने कहा : आले हसन का। आले हसन एक मुख्तार थे। बड़े मशहूर थे। उनके मुवक्किलों ने हिंदी, उर्दू में हजारों पर्चे बांटे थे। उनके प्रचारक मुख्तार साहब से कहते थे कि सब लोग आप ही के नाम की चर्चा करते हैं। वे उत्साहित होकर कहते थे कि इन पर्चों को ले जाओ और बड़ी संख्या में बांटो। उनके समर्थक पर्चों का गट्ठर ले जाते थे। वे उसे बांटते थे, या फेंक देते थे, कौन जाने! लोहिया जी ने आले हसन के क्षेत्र में कार्यक्रम के बाद मुझसे कहा कि चंद्रशेखर, आले हसन का जोर अंदर-अंदर है क्या? बाहर तो कुछ दिखाई नहीं दिया।

लोहिया जी की सबसे बड़ी विशेषता यह थी कि नए-नए विचार देते थे। उनके व्यक्तित्व की दूसरी दिलचस्प विशेषता यह थी कि उन्हें पैसे से लगाव नहीं था। व्यक्तियों से भी उनका कोई खास लगाव नहीं था। उनमें यायावर की प्रवृत्ति बहुत ज्यादा थी। आज मन हुआ तो यहां गए, कल कहीं और।

मैंने बलिया में एक सम्मेलन किया था—ददरी के मेले के मौके पर। आचार्य नरेन्द्रदेव को उसमें जाना था। आचार्य पत्रकार पी.डी. टंडन के यहां इलाहाबाद में पीड़ित थे। सुबह उनसे मिलने पहुंचा। आचार्य दमा के रोग से बीमार थे। रात में उन्हें दमे का दौरा पड़ा था। उन्हीं के पास डॉ. लोहिया बैठे थे। आचार्य ने मुझसे कहा कि मेरी तबीयत ठीक नहीं है, अब मैं बलिया नहीं जा सकूंगा। डॉ. लोहिया बैठे हैं, इन्हें लेकर बलिया जाइए। लोहिया ने मुझसे कहा कि मुझे तो कलकत्ता जाना है। मैं बलिया कैसे जा सकता हूं? मैंने लोहिया जी से कहा कि बलिया का कार्यक्रम करके अगले दिन कलकत्ता पहुंच जाएंगे। उन्होंने कहा कि इतनी जल्दी कैसे पहुंचूंगा?

लोहिया को यात्रा की बहुत जानकारी रहती थी। मैंने कहा : पंजाब मेल आपको बक्सर में मिल जाएगी। वह गाड़ी वहां से छः-सात बजे चलती है, जो आपको सुबह आठ-नौ बजे कलकत्ता पहुंचा देगी। उन्होंने कहा, लेकिन बलिया से बक्सर मैं कैसे जाऊंगा, सड़क बहुत खराब है! मैंने उनसे कहा कि आपके लिए जीप की व्यवस्था हो जाएगी। उस समय जीप मिलना बहुत मुश्किल होता था। तय करने के बाद मैं बलिया लौट आया। निश्चित तारीख को मैं लोहिया जी को लेने के लिए स्टेशन पहुंचा। इलाहाबाद से छोटी लाइन की एक गाड़ी आती थी उसी से वे आए। गाड़ी विलम्ब से बलिया पहुंची। सात बजे सवेरे आती थी, नौ बजे पहुंची। स्टेशन पर उतरे तो उनके चेहरे पर तनाव था। पता नहीं उन्हें किसने क्या खबर दे दी थी। उन्होंने उतरते ही पूछा कि क्या मेरे लिए जीप का इंतजाम किया है? मैंने 'हां' कहा। स्टेशन पर उनके सम्मान में कार का प्रबंध था। हम स्टेशन से बाहर निकले। जब कार में बैठने लगे तो उन्होंने मुझसे पूछा कि चंद्रशेखर, मेरा अभी कोई प्रोग्राम तो नहीं है। मैंने कहा कि अभी तो नहीं है, ग्यारह बजे है। लोहिया जी का तेवर बदल गया। कहने लगे, इतने कम समय में मैं तैयार कैसे हो पाऊंगा? मैंने कहा कि अभी तो दो घंटे हैं। तैयार होने में इससे ज्यादा समय क्या लगेगा! मैंने स्वाभाविक ढंग से यह बात कही। उस समय तक मैं यह अनुमान भी नहीं कर सकता था कि तैयार होने के लिए दो घंटे से अधिक समय क्यों चाहिए। हमने उनके ठहरने का इंतजाम एक बड़े शरीफ आदमी राय बहादुर सुदर्शन सिंह जी के यहां किया था। हम राय बहादुर के दरवाजे पर पहुंचे । वे बड़े जमींदार थे। उनके घर के सामने बरामदा था। हम बरामदे में गए। घर में घुसने से पहले लोहिया ने अचानक पूछा : जीप कहां है जिससे मैं बक्सर जाऊंगा? मैंने उनसे कहा कि डॉ. साहब, जीप तो आपको शाम को चाहिए। वे मेरी बात लगभग अनसुनी करते हुए बोले : झूठ बोलते हो, किसी जीप का इंतजाम नहीं

है। झूठ बोलकर लोग कार्यक्रम बनवा लेते हैं। मैं चुप रहा। फिर उन्होंने जब यह बात दो-तीन बार दोहराई तो मेरे लिए चुप रहना असंभव हो गया। मैंने उनसे कहा, डॉ. राममनोहर लोहिया, केवल आप ही ईमानदारी के पुतले नहीं हैं, मैंने आपको बुलाया नहीं था, मैंने आचार्य को बुलाया था। उनके कहने पर आप आए हैं। आप मेहरबानी करके तशरीफ ले जाइए। वे शायद समझ गए कि मैं झूठ नहीं बोल रहा था। आगे मैंने कहा : आप आ गए, इसके लिए धन्यवाद। लेकिन अब कृपा करके जाइए और जरा औरों की भी इज्जत रखिए।

आज खुद मुझे अपने उस कथन पर आश्चर्य होता है कि कैसे अपने अत्यंत युवा दिनों में मैंने एक वरिष्ठ व्यक्ति को साफ और दो टूक बात कह दी। मैं समझौतापरस्त नहीं हूं, मैं खुद को झूठा कहा जाना बर्दाश्त नहीं कर सका। लोहिया से गर्म बातचीत के बाद मैं बरामदे से नीचे उतर आया। वहां एक लड़का खड़ा था। मैंने उससे कहा कि देखो, वहां जीप खड़ी है। उसमें लोहिया जी को बिठाओ और उन्हें बक्सर पहुंचा दो। लोहिया जी मुझे एकटक देखते रहे। गए नहीं। थोड़ी देर बाद तैयार होकर ग्यारह बजे मीटिंग में पहुंचे। तीन-चार सभाएं थीं, वे सब में गए। मैं उन सभाओं में नहीं जा पाया क्योंकि मुझे लोगों के ठहरने-खाने का इंतजाम करना था। बाद में मुझे पता चला कि लोहिया ने काफी अच्छे भाषण दिये।

मैं आपको एक और घटना बताऊं। प्रतापगढ़ में पीएसपी का कैंप लगा हुआ था, उसमें डॉ. लोहिया भाषण कर रहे थे। उन्होंने तर्क दिया कि लड़के को अगर तैराकी सिखानी है तो उसे पानी में छोड़ो। अगर हरदम हाथ पकड़े रहोगे तो वह कभी तैरना नहीं सीखेगा। जब वह तैरने में दो घूंट पानी पिएगा तो सीख जाएगा। इसलिए आपको खतरा मोल लेना पड़ेगा। इसके बाद उन्होंने कहा कि सवाल पूछिए। मैंने कहा, लोहिया जी, एक संदेह है मेरे मन में। आपने तैराकी के सिलसिले में तीन बिंदु बताए, एक चौथा बिंदु भी है। उसकी चर्चा आपने नहीं की। उन्होंने पूछा कि वह क्या है? मैंने बताया कि एक है तैराकी सीखने वाला, दूसरा सिखाने वाला, तीसरा है पानी और चौथा बिंदु है नेचर ऑफ वाटर, जिसकी आपने चर्चा नहीं की। अगर पानी की धारा तेज हो और उसमें लड़के को छोड़ दीजिए तो वह बह जाएगा। मान लीजिए, ठहरा हुआ पानी हो और उसमें मगरमच्छ हों तो लड़के को निगल जाएंगे। आज हिंदुस्तान की राजनीति में बड़े-बड़े मगरमच्छ हैं। इस पर लोहिया निरुत्तर हो गए। मुझे उन्हीं दिनों लग गया था कि डॉ. लोहिया एक दिन पार्टी तोड़ेंगे।

**आपकी राजनीतिक यात्रा में कई पड़ाव रहे हैं—सोशलिस्ट पार्टी से पीएसपी, वहां से फिर कांग्रेस, वहां से पुनः जनता पार्टी। ये पड़ाव क्या राजनीति में शीर्ष तक पहुंचने के माध्यम मात्र थे या नए मूल्यों की खोज के प्रयास?[2]**

कई कारण हैं। मैं नहीं जानता कि ये परिवर्तन कहां तक ऊंचे पदों को प्राप्त करने के लिए हुए। दूसरे लोग ही इसका सही मूल्यांकन कर पाएंगे। जब मैं शुरू में राजनीति के बारे में सोचने-समझने लगा, मुझे याद है, तब सबसे पहले मैं कम्युनिस्ट आंदोलन से प्रभावित हुआ था। लेकिन कम्युनिस्ट लोगों के बीच जो आपसी होड़ और एक-दूसरे के लिए द्वेष-वैमनस्य का भाव मैंने देखा, स्नेह का अभाव देखा, तो मुझे साम्यवाद से एक प्रकार की विरक्ति हुई। खास तौर से सोवियत संघ में जिस प्रकार से एक-दूसरे का कत्ल किया गया, एक-दूसरे पर आरोप-प्रत्यारोप लगाए गए, उससे मेरे मन में कम्युनिस्ट आंदोलन के प्रति बचपन में ही (जब इस दिशा में सोचना शुरू किया था) एक विरोध पनपा। मैं नहीं कह सकता कि वह विरोध या विरक्ति बहुत सोच-समझ का परिणाम था, लेकिन मानव, मानव के प्रति घृणा रखे, अपने ही साथियों के साथ विश्वासघात करे, तो फिर उस समाज में या उस दर्शन में कहीं कोई कमी है, ऐसा मुझे लगा। प्रारंभ में मेरे मन में ऐसे ही भाव जगे थे।

उसके बाद मैं समाजवादी लोगों के संपर्क में आया, जहां मानव मूल्यों की हिफाजत की बात थी और समता के लिए प्रयास करने की भी बात थी। यहां मनुष्य को शोषण से मुक्ति दिलाने की बात थी। साथ ही उसके अधिकारों को या कहूं कि उसकी स्वतंत्रता को भी अक्षुण्ण रखने का दावा था। यही वजह थी कि उस आंदोलन की ओर मैं आकृष्ट हुआ। शुरू में मैं सोशलिस्ट पार्टी में था। फिर प्रजा सोशलिस्ट पार्टी में गया। प्रजा सोशलिस्ट पार्टी से हमारा मतभेद उस समय हुआ, जब पार्टी ने अशोक मेहता को योजना आयोग (प्लानिंग कमीशन) के उपाध्यक्ष बनने से रोकने की बात की। उस समय मैंने यह नहीं सोचा था कि इसका परिणाम क्या होगा। लेकिन यह बात मेरी समझ में नहीं आई कि 1950 में सोशलिस्ट पार्टी ने पंडित जवाहरलाल नेहरू की इसलिए आलोचना की थी कि उन्होंने योजना को एक पार्टी का काम बना दिया, जबकि यह सभी लोगों का मिला-जुला प्रयास होना चाहिए था ताकि देश का सम्यक् विकास हो। 1964-65 में अगर पंडित जवाहरलाल नेहरू अपनी पुरानी भूल को सुधार रहे थे, तो उसे हमें स्वीकार करना चाहिए, मेरा यह कहना था।

बहुत-से लोगों को शायद यह मालूम नहीं कि मैं उस समय प्रजा सोशलिस्ट पार्टी में अशोक मेहता के विचारों का विरोधी था। फिर भी मैं यह समझता था

कि योजना आयोग में सम्मिलित होने का उनका निर्णय सही था। सैद्धांतिक आधार पर हम उसका विरोध नहीं कर सकते। जब हमने आवाज उठाई, तो प्रजा सोशलिस्ट पार्टी के लोगों ने एक सीमा के बाहर आलोचना या कहूं कि साफगोई से बातें करना पसंद नहीं किया और मुझे पार्टी से निलंबित कर दिया। पार्टी छोड़ने के बाद 6-8 महीने तो मैं बाहर रहा। उसके बाद मैंने कांग्रेस पार्टी में सम्मिलित होना स्वीकार किया। लेकिन उस समय भी जो लोग सत्ता में थे, उनके साथ निकट का संबंध होते हुए भी, मैं सत्ता के नजदीक न जा सका। शायद यह मेरी अपनी कमजोरी रही होगी। अगर सत्ता में पहुंचने का ही मानस होता, वही दृष्टिकोण और गंतव्य होता तो 1975 में जेल जाना मेरे लिए कोई अनिवार्य नहीं था। मेरे सामने दो विकल्प थे—या तो मैं जेल जाता, या इंदिरा गांधी का सहयोगी और सहभागी बन करके उछलकर सत्ता में उनके साथ कुछ करता, या उसमें सम्मिलित होता। लेकिन उस समय भी मैंने कांग्रेस नहीं छोड़ी। इंदिरा गांधी से हमने कहा था कि जयप्रकाश नारायण के साथ टकराव की राजनीति न करें। इसमें देश का हित नहीं और इससे कांग्रेस पार्टी का भी हित नहीं, लेकिन कार्यकारिणी समिति (वर्किंग कमेटी) का सदस्य होते हुए भी मुझे जेल भेज दिया गया। मेरी तरफ से कांग्रेस पार्टी छोड़ने का कोई सवाल नहीं था।

जब मैं 1977 में जेल से छूटकर आया, तो किसी पार्टी में जाने का कोई फैसला नहीं लिया था, लेकिन तभी इंदिरा गांधी की सरकार ने चुनाव का ऐलान कर दिया। इस आधार पर चुनाव का ऐलान किया कि उन्होंने आपातकाल में जो कुछ किया, वह सही था। आपातकालीन स्थिति पर जनता की स्वीकृति मिल जाए, इसके लिए ये चुनाव हुए। हमारे पास कोई विकल्प नहीं था, सिवाय इसके कि जनता पार्टी में सम्मिलित हों। जनता पार्टी में सम्मिलित हुआ, तो उसके अध्यक्ष के रूप में जो उत्तरदायित्व थे, उनका निर्वाह करने का मैंने भरपूर प्रयास किया। मैं यह स्वीकार करता हूं कि उस समय भी बहुत-सी ऐसी बातें थीं, जिनसे मैं सहमत नहीं था। कोई भी संगठन बहुतों की राय से चलता है। बहुत का आदर किया जाए तभी चलता है। हमारे मन की या किसी व्यक्ति विशेष की व्यक्तिगत बात मानी जाए तो फिर लोकतंत्र की कल्पना ही समाप्त हो जाती है।

आप देखेंगे कि मेरे राजनीतिक जीवन में जो भी परिवर्तन आए, वे मैंने जानबूझकर नहीं किए। यह कह सकते हैं कि परिस्थितियों ने हमको कुछ इस तरह धकेल दिया कि हम अपनी जिद पर अड़े रहे और जिद का परिणाम यह हुआ कि मुझे कई ऐसे लोगों का कोपभाजन होना पड़ा, जो सत्ता

के शीर्ष पर थे। किसी का वरदहस्त प्राप्त करने के लिए या किसी से कोई सहयोग प्राप्त करने के लिए मैंने पार्टी में कोई परिवर्तन नहीं किया या एक पार्टी से दूसरी पार्टी में नहीं गया। अब वे कदम शीर्ष पर पहुंचने के साधन मात्र रहे या मूल्यों के प्रति प्रतिबद्धता की राजनीति थी, इसका सही निर्णय तो दूसरे लोग ही कर सकते हैं।

# कांग्रेस में

**डॉ. लोहिया एवं पीएसपी से आपके मतभेद किन बुनियादी प्रश्नों पर हुए? तब कांग्रेस की नीतियों ने ही आपको क्यों आकर्षित किया?**

डॉ. लोहिया से मतभेद के कारण मैंने प्रजा सोशलिस्ट पार्टी नहीं छोड़ी। पार्टी तो बहुत बाद में छोड़ी। डॉ. लोहिया तो 1955 में ही प्रजा सोशलिस्ट पार्टी छोड़ चुके थे। मैं यह तो नहीं कहूंगा कि डॉ. लोहिया से मतभेद था, क्योंकि उनका व्यक्तित्व बहुत बड़ा था। लेकिन जिस तरह से राजनीति में व्यक्ति पर आक्षेप एवं आरोप की राजनीति डॉ. साहब चला रहे थे, वह मेरी प्रकृति और प्रवृत्ति से मेल नहीं खाती थी।

राजनीति में सिद्धांतों के सवाल पर मतभेद हो सकते हैं, लेकिन इसका यह अर्थ नहीं होना चाहिए कि हम लोग एक-दूसरे के खून के प्यासे हो जाएं, या एक-दूसरे पर इस प्रकार कीचड़ उछालें कि हमारे लिए कोई ईमान ही न रह जाए। मैं मानता हूं कि राजनीति हमारे जीवन का 10-12 प्रतिशत हिस्सा ही हो सकता है। 80 प्रतिशत तो मानव ऐसा ही होता है, जिसमें व्यक्तिगत संबंध, एक-दूसरे के लिए सद्भाव, स्नेह और ममत्व होता है। यही मूल्य हमारे जीवन को एक दिशा में ले जाते हैं। अगर इनसे विहीन हमारा जीवन हो और केवल राजनीतिक मतभेदों के कारण हम एक-दूसरे के बारे में कुछ भी अच्छा न सोच सकें तो यह एक दुर्भाग्यपूर्ण स्थिति होगी।

जहां तक कांग्रेस में जाने का सवाल है तो वह एक अलग किस्सा है। इंदिरा गांधी के यहां उस जमाने में गुरुपद स्वामी, इंद्रकुमार गुजराल, अशोक मेहता तथा कुछ अन्य लोग रोज शाम को बैठते थे। इन लोगों के कई बार कहने पर एक दिन मैं इंदिरा गांधी से मिलने गया। वे लोग उनके लॉन के बाहर बैठे थे। मेरी इंदिरा गांधी से बात हुई। इंदिरा गांधी ने मुझसे सवाल किया : 'चंद्रशेखर, क्या आप कांग्रेस को समाजवादी मानते हैं?'

मैंने कहा, 'मैं नहीं मानता कि कांग्रेस समाजवादी संस्था है, पर लोग ऐसा कहते हैं।'

'फिर आप कांग्रेस में क्यों आए?'

'क्या आप सही उत्तर जानना चाहती हैं?'

'हां, मैं यही चाहती हूं।'

'मैंने प्रजा सोशलिस्ट पार्टी में 13 साल तक पूरी क्षमता और ईमानदारी से काम किया। दल को मैंने पूरी निष्ठा से समाजवाद के रास्ते पर ले जाने की कोशिश की, लेकिन काफी समय तक काम करने के बाद मुझे लगा कि वह संगठन ठिठक कर रह गया है। पार्टी कुंठित हो गई है, बढ़ती ही नहीं है। अब यहां कुछ होनेवाला नहीं है। फिर मैंने सोचा कि कांग्रेस एक बड़ी पार्टी है। इसी में चलकर देखें, कुछ करें।'

'लेकिन यहां आने के बाद आप क्या करना चाहते हैं?'

'मैं कांग्रेस को सोशलिस्ट बनाने की कोशिश करूंगा।'

'और अगर न बनी तो?'

'इसे तोड़ने का प्रयास करूंगा। क्योंकि यह जब तक टूटेगी नहीं तब तक देश में कोई नई राजनीति नहीं आएगी। पहले तो मैं प्रयास यही करूंगा कि यह समाजवादी बने, पर यदि नहीं बनी तो इसे तोड़ने के अलावा कोई रास्ता नहीं बचेगा।'

'मैं आपसे सवाल पूछ रही हूं और आप मुझे इस तरह का उत्तर दे रहे हैं?'

मैंने झिझकते हुए कहा : 'सवाल आप पूछ रही हैं तो उत्तर भी आपको दूंगा।'

'पार्टी तोड़ने से आपका क्या मतलब है? इससे क्या होगा?'

'देखिए, कांग्रेस बरगद का पेड़ हो गई है। इसकी फैली छांव में कोई दूसरा पौधा विकसित नहीं होगा। इस बरगद के नीचे कोई पौधा पनप नहीं सकता। इसलिए जब तक यह पार्टी नहीं टूटेगी, कोई क्रांतिकारी परिवर्तन नहीं होगा।'

इंदिरा गांधी विस्मित-सी मुझे देखती रह गईं। बाद में भी मैंने इंदिरा गांधी से सदा स्पष्ट बातें कीं। उनसे अपना मन्तव्य कभी नहीं छिपाया।

**आपको ऐसा लगता है कि 1969 में 'युवा तुर्क' के रूप में इंदिरा गांधी ने आप लोगों का उपयोग कर अपना काम बनाया था?**

1969 की पिछली घटनाओं को देखते हुए आज कोई कहे तो यह बात सही हो सकती है। लेकिन 1969 में हम लोग समझते थे कि जो कांग्रेस का पुराना नेतृत्व है, वह कोई परिवर्तन नहीं लाना चाहता है। वह यथास्थिति (स्थायित्व)

को बनाए रखना चाहता है। सामाजिक परिवर्तन के किसी भी कार्यक्रम को स्वीकार करने के लिए उस समय का वह नेतृत्व तैयार नहीं था। इंदिरा गांधी ने उस समय एक पहल की और उन्होंने कम-से-कम एक अभिव्यक्ति दी कि वे परिवर्तन की राजनीति चाहती हैं। स्वाभाविक था कि जितने युवक थे, या जितने लोग कांग्रेस पार्टी के अंदर परिवर्तन के पक्षधर थे, उन्होंने उनका साथ दिया। अब दोनों तरफ से बातें हुईं। परिवर्तन की राजनीति को आगे बढ़ाने के लिए प्रधानमंत्री का उपयोग हमने किया और इंदिरा गांधी ने कांग्रेस के अंदर अपनी राजनीति को बढ़ाने के लिए उपयोग किया युवा शक्ति का।

अब दोष जहां इंदिरा गांधी का है, वहीं हमारा भी है। 1971 के आम चुनावों के बाद (चूंकि आज मैं नहीं कह रहा हूं) उसी समय, उन लोगों को संबोधित करते हुए मैंने एक लेख में लिखा था कि परिवर्तन की बात करनेवाले जितने लोग हैं (जिन्हें आप युवा तुर्क कहते हैं), उनको ध्यान में रखना चाहिए कि इंदिरा गांधी उन कार्यक्रमों को (जिन कार्यक्रमों के आधार पर हमने उनका समर्थन किया था) लागू करें। इसके लिए नए लोगों को बाध्य करना चाहिए। युवकों को इसी में शक्ति लगानी चाहिए। लेकिन हमारे अधिकतर साथी यह समझते थे कि सत्ता में सहभागी होकर ही वे इंदिरा गांधी के माध्यम से समाजवादी समाज की रचना करेंगे। आपको अगर याद हो तो 1971 से लेकर 1975 तक मेरा यह विवाद कांग्रेस पार्टी में चलता रहा। युवा तुर्क विशेषण का इस्तेमाल इंदिरा गांधी ने नहीं किया, जो युवा तुर्क थे, उन्होंने भी इंदिरा गांधी की शक्ति का उपयोग किया। उनमें से अधिकांश लोग सत्ता की राजनीति में अच्छी तरह से शामिल थे और उन्होंने उसका अच्छी तरह से उपभोग किया।

यह कहना सही नहीं है कि उन्होंने ही इसका लाभ उठाया। हमारे मित्रों ने भी लाभ उठाया। मैंने तो बार-बार यह कहा और इसी कारण एक समय ऐसा आया कि इन लोगों के बीच भी मैं अपने को अकेला अनुभव करने लगा। उसके लिए न मुझे कोई क्षोभ है, न दुख। लेकिन जब हम राजनीति की व्याख्या करें तो दोनों पहलुओं को ध्यान में रखना चाहिए। इंदिरा गांधी उपयोग नहीं कर पातीं, यदि हम लोग अपने मार्ग पर स्थिर रहते, अपनी उस परंपरा को बनाए रखते, जिसमें हम कार्यक्रमों और सिद्धांतों को लागू करने के लिए संघर्ष कर रहे थे। लेकिन सत्ता में साझीदार होना और सिद्धांतों एवं कार्यक्रमों की बात करना यह ऐसी बात है जिसे हमारे कुछ मित्र करने में बहुत दक्ष हैं। उस समय भी वे यही करते रहे। 1977 के बाद भी, जब जनता पार्टी की सरकार बनी तो ऐसे लोगों की संख्या

कम नहीं दिखाई पड़ती। आप देखें तो ऐसे लोग बहुत थे जो ऐसी राजनीति को हमेशा बढ़ावा देते रहे। मैं तो इसमें कभी उनके साथ नहीं रहा।

**आपने 'जेल डायरी' में लिखा है कि 'मैंने कांग्रेस छोड़ी नहीं, निकाला गया हूं। कारण इंदिरा गांधी और देवकांत (देवकांत बरुआ) को मालूम है।' क्या उन कारणों के बारे में आज विस्तार से बताना चाहेंगे?**

कोई खास कारण मुझे तो नहीं बताया गया था लेकिन कुछ बातें समझने की होती हैं। जिन कारणों से मैं वहां से हटा या हटाया गया, वह तो आज की पार्टियों में जस-के-तस हैं, बल्कि रोग बढ़ा ही है। अंधभक्ति की परंपरा थी। एक खास व्यक्ति या नेता जो कहे, उसे ही मानना है। उनकी बातों को ही सराहना है चाहे वह गलत ही क्यों न हो। ये बातें मुझे स्वीकार्य नहीं थीं। मैं यह नहीं कहता कि सब कुछ गलत था या सही। पार्टी में कुछ लोगों को लगने लगा कि यह आदमी कुछ गड़बड़ है। इसे ठीक करना चाहिए। अगर एक बड़े आदमी के सामने मुझ जैसा छोटा राजनीतिक व्यक्तित्व वाला आदमी किसी बात को लेकर प्रतिरोध करे तो गुस्सा स्वाभाविक ही है। इसके आगे मैं कुछ नहीं कहना चाहता। शायद उचित भी नहीं होगा।

> *"आज संसद के पांच कांग्रेसी सदस्यों ने कम्युनिस्ट पार्टी के विरुद्ध वक्तव्य दिया। आकाशवाणी ने इसका प्रसारण किया। वक्तव्य देने वालों में शंकरदयाल, अजीज इमाम जैसे लोग हैं। बिना संकेत के तो ये लोग ऐसा कर नहीं सकते। यदि ऐसा साहस करते भी तो आकाशवाणी द्वारा इसका प्रचार नहीं किया जाता। जिस भाषा का प्रयोग किया गया है वह अधिकारी मुझसे यह कह रहे थे कि कम्युनिस्ट लोगों की दशा अब बिगड़ती जा रही है। इंदिरा गांधी की दृष्टि में वे गिर रहे हैं तो क्या इससे मेरे साथ उनके संबंधों में सुधार नहीं होगा? उनके मतानुसार, मेरे और इंदिरा के बीच कटुता पैदा करने के लिए कम्युनिस्ट लोग ही उत्तरदायी हैं। चाहे कम्युनिस्ट मित्रों और उनके समर्थकों ने जो भी भूमिका अदा की हो, मैं ऐसा मानता हूं कि मेरे प्रति इंदिरा गांधी का कोप अन्य कारणों से है। जहां ज्यादातर लोग उनके बिना राष्ट्र के अस्तित्व को ही संकटग्रस्त मानते थे, मैं अपने को इस मंतव्य से अलग पाता था। साथ ही उनकी नीतियों और कार्यप्रणाली से भी असहमति थी। मेरे जैसा व्यक्ति ऐसा साहस करे, यह इंदिरा गांधी सहन नहीं कर सकती*

*थीं। कम्युनिस्ट मित्रों की क्या स्थिति होगी, इसमें मुझे कभी संदेह नहीं रहा।"*

*8 दिसम्बर, 1976*

**कांग्रेस पार्टी में आप जैसे समांतर सोच रखने वालों के लिए जगह नहीं थी?**
अपनी बातों को रखने का अधिकार तो मुझे है ही। दूसरे लोग इससे खतरा महसूस करे तो क्या कहा जाए! ऐसा तो वही लोग करते हैं जिनका अपना कोई वजूद नहीं होता, कोई आधार नहीं होता। ऐसे लोग आंतरिक तौर पर बहुत कमजोर होते हैं। जनता में उनकी पकड़ शून्य होती है। ऐसे में चाटुकारिता के सिवा बचता ही क्या है! मेरा स्वभाव कभी किसी से छिपा नहीं रहा।

*"इंदिरा गांधी के राजनीतिक शिष्टाचार की यह प्रमुख धुरी है। इसी के सहारे वे लोगों को चौंका देनेवाले निर्णय लेकर राजनीति में एक असमंजस की स्थिति बनाये रखती हैं। आवश्यकता पड़ने पर नाटकीय ढंग से कोई अप्रत्याशित कदम उठा लेती हैं। ऐसा इसलिए संभव हो पाता है क्योंकि उनके सहयोगियों में कोई कुछ कहने का साहस ही नहीं करता। अनेक अवसर ऐसे आये, जब मैंने अनुभव किया कि उनकी भृकुटि को देखकर ये बड़े नेता या तो चुप हो जाते हैं या अपने विचार बदल देते हैं। कितनी बार अकेले होते हुए भी मैंने इसका प्रतिकार करने का प्रयास किया। किंतु सब चुपचाप सुन लेते थे। होता वही था जो इंदिरा गांधी का संकेत होता था। प्रायः उन्हें बोलने की भी आवश्यकता नहीं पड़ती थी। यह तब की बात है जब स्थिति सामान्य समझी जाती थी। ऐसे में कहना ही क्या?"*

*10 मई, 1976*

## जेल डायरी से...

*"देवकांत बरुआ ने आज कहा कि इस निर्णय से इंदिरा गांधी राष्ट्र की एकमात्र नेता उभरकर सामने आयी हैं। अगर वह नेता हैं तो पहले भी थीं और अब भी हैं। इस निर्णय से कौन से चार चांद उनमें लग गए, यह बात समझ में नहीं आती। इस निर्णय से एक ही बात स्पष्ट होकर सामने आयी है कि संसद का बड़ा बहुमत, जो उनके पक्ष में है, उनके चुनाव को बचाने के लिए उपयोग में लाया गया यह कानूनी तौर पर ठीक है। साथ ही यह*

*भी बात कही गयी है कि अति उत्साह में स्वामिभक्ति दिखाने के लिए कई बार संवैधानिक सीमाओं का अतिक्रमण किया गया, जिसकी भर्त्सना उच्चतम न्यायालय ने की है। मैं एक बात के लिए इनकी प्रशंसा अवश्य करूंगा कि चाहे जैसे भी हो, इन नेताओं ने न्यायपालिका के महत्व और मर्यादा पर जोर दिया है। कम से कम यह शुभ लक्षण है। पता नहीं बदलते कितनी देर लगती है!"*

**8 नवम्बर, 1975**

*"कांग्रेस पार्टी तो जैसे अवसर की तलाश में रहती है कि इंदिरा गांधी के नेतृत्व में आस्था व्यक्त करे। आज फिर समाचार आया कि कांग्रेस संसदीय दल ने सर्वसम्मति से उनके नेतृत्व में अडिग विश्वास व्यक्त किया। इस प्रस्ताव के पारित होने के तुरंत बाद वे सभा भवन में आयीं और सदस्यों ने खड़े होकर, तालियां बजाकर और नारे लगाकर उनका स्वागत किया। यही नाटक बार-बार दोहराया जाता है और इसका बड़े पैमाने पर आकाशवाणी द्वारा प्रसारण किया जाता है, यह केवल इस विश्वास से किया जाता है कि देश की भोली-भाली अशिक्षित जनता को इससे प्रभावित किया जा सकता है। इसमें थोड़ी सफलता भी मिलती है, पर यह कब तक चलेगा? कांग्रेस के नेता सदस्यों को जनता के बीच जाने को कहते हैं। और उन्हें उनके कर्तव्यों और अधिकारों के प्रति जागरूक और चेतन करने के लिए कहते हैं। यदि यही काम हो जाए, तो सारी पोल खुल जाए। कौन चाहता है जनता को जागृत करना? पड़ी रहे अपनी अज्ञानता और उदासीनता में, यही आज की राजशक्ति की सबसे बड़ी पूंजी है, जिसके सहारे शासन में बने रहने की आशा ये कर सकते हैं। इन्हें नहीं चाहिए शिक्षित जनता, उसमें जागरण की बात से ही ये भयाक्रांत हो जाते हैं। स्वतंत्र विचार पनपे, इससे कांप उठते हैं। जो कहते हैं, ठीक उसके विपरीत आचरण करना इनका स्वभाव बन गया है। लेकिन इस कार्य को जिस कुशलता से इंदिरा गांधी संपादित करती हैं, उसका आसानी से दूसरा उदाहरण मिलना कठिन है। आज देश का धनिक समाज संतुष्ट है। उद्योगपति राहत की सांस ले रहे हैं। साथ ही निर्धन मजदूर को भी सपनों के सब्जबाग दिखाए जाते हैं। राजेश्वर राव भी मुदित मन बधाई देते हैं और के.के. बिड़ला भी आह्लादित होकर फूलों का उपहार देते हैं। शायद आज के भारत में ऐसा ही नेतृत्व सफल हो सकेगा, पता नहीं इस अभिनय का*

पटाक्षेप कब होगा और इतिहास का दूसरा अध्याय कब प्रारंभ होगा, आज तो यही स्थिति है।''

**8 नवम्बर, 1975**

''आज ही देवकांत बरुआ ने चंडीगढ़ में होने वाले कांग्रेस अधिवेशन के लिए प्रस्ताव बनाने के लिए जो समिति बनाई है उसमें जगजीवनराम का नाम नहीं है। अपने को क्रांतिकारी वामपंथी कहने वाले मित्रों का भी कहीं जिक्र नहीं। आज मैं यह सोच रहा था कि केवल मेरे कार्यसमिति में रहने से कितनी असुविधा इन नेताओं को होती थी। मेरा नाम रखना इनके लिए आवश्यक कहा जाता था, फिर उसे संतुलित करने के लिए दूसरे युवक मित्रों को रखा जाता था। वे इस बात में अपने को गौरवान्वित मानते थे कि इन नेताओं के संकेत पर मेरा विरोध करें। आज मैं नहीं, तो अब इनकी आवश्यकता नहीं रही। पता नहीं, यह बात इनकी समझ में अब भी आती है या नहीं। इसी के साथ एक और समाचार आया कि विधिमंत्रालय में सचिव लोगों की एक समिति बनी है, जो इस बात पर विचार कर रही है कि संविधान में युगीन आवश्यकताओं को ध्यान में रखते हुए कौन से व्यापक प्रबंध किये जाएं। पता नहीं इरादा क्या है? किंतु इतना तो स्पष्ट है कि अधिक से अधिक अधिकार सरकार के हाथों में देने और लोकभावना को पूर्णतः नियंत्रित करने का प्रयास किया जाएगा। ऐसा लगता है कि कांग्रेस पार्टी सब कुछ अंगीकार कर लेगी। क्या मालूम, न्यायपालिका कब तक स्वतंत्र रह सकेगी, उस पर भी कौन से बंधन लगाये जाएंगे! सब मिलाकर लोकशाही के लिए अनिश्चितता की स्थिति और चिंताजनक होती जा रही है। आज के इन समाचारों की पृष्ठभूमि में मैं सोचता रहा कि व्यक्तियों का क्या होगा, यह तो उतना महत्वपूर्ण नहीं, किंतु यदि उसे चुपचाप स्वीकार कर लेने की स्थिति बनी रही, तो यह एक भयंकर बात है। बहुगुणा के हटने में निश्चित रूप से उन लोगों का हाथ होगा जो जमीन के सवाल पर उनके रुख के पीड़ित थे। मंगलदेव विशारद समिति की रिपोर्ट के बाद से पेचीदगियां अधिक बढ़ गयी थीं। व्यक्तिगत कारण तो थे ही, पर इस बात से आपसी तनाव बहुत बढ़ गया। कम्युनिस्ट दोस्तों ने बहुगुणा को बहुत सराहा और चढ़ाया भी। पता नहीं अब वे कैसे पैंतरा बदलते हैं! इंदिरा गांधी के कृपा-कटाक्ष पर जीवित ये निरीह प्राणी कर भी क्या सकते हैं? कोई दलित ढूंढ़ रहे होंगे और स्वनामधन्य पंडित केशवदेव मालवीय जो

*कुछ दिन पहले सिद्धांत में विश्वास न रखने वालों को पार्टी छोड़ देने के लिए ललकार रहे थे, अब बचे-खुचे बालू से ही तेल निकालने की कोशिश करते नजर आएंगे। कैसे-कैसे जीव हैं, हमारे यहां की राजनीति में! यदि सतही तौर पर देखा जाये तो मेरे जैसे व्यक्ति को इससे संतुष्ट होना चाहिए, पर इसके दूरगामी परिणाम कितने भयंकर हो सकते हैं, यह सोचकर अत्यंत चिंता होती है। वह भी इसलिए कि जान पड़ता है कि प्रतिरोध और प्रतिकार की शक्ति ही इन मित्रों में नहीं रह गयी है। परिणामस्वरूप निर्बाध गति से मनमानी करने की प्रवृत्ति और प्रबल होगी। उसके कारण देश को बड़ी कीमत चुकानी होगी। मैंने इन मित्रों से हर बार इस ओर संकेत किया। उन्होंने इसे स्वीकार भी किया, किंतु कोई मुंह खोलने का साहस नहीं करता। उनकी इस कमजोरी ने स्थिति को और भी बिगड़ने दिया। यदि सही बातें स्पष्ट रूप से की गयी होतीं, तो इंदिरा गांधी इस सीमा तक नहीं जातीं। उनका क्या दोष है! वे तो ऐसा मानती हैं कि यही सही रास्ता है। इसके लिए उनको उन साथियों की सहमति प्राप्त है। बार-बार इतिहास में वही प्रक्रिया दोहराई जाती है। व्यक्ति विशेष के मन में उसके चारों ओर घूमनेवाले लोग यह विश्वास पैदा कर देते हैं कि वह विलक्षण व्यक्तित्व है, इतिहास उसी के चारों ओर चक्कर लगाता रहेगा, पर ऐसा होता नहीं।"*

**28 नवम्बर, 1975**

*"आज पटना में विश्व फासिस्ट विरोधी सम्मेलन हो रहा है। देवकांत बरुआ उसके अध्यक्ष हैं। अध्यक्षीय भाषण में उन्होंने गुंडागीरी की परिभाषा दी, उसकी भर्त्सना की। पटना में देवकांत बरुआ के श्रीमुख से यह उपदेश वहां के लोगों को कितना मनोरंजक लगता होगा। उनकी ख्याति और उनका यह वक्तव्य। करनी और कथनी लोगों के सामने होगी। वाह रे राजनीति की विडंबना! कौन कब क्या कहेगा और क्या करेगा, कोई नहीं जानता। यदि शब्दों में प्रतिरोध की शक्ति होती तो कितने नेतागण की जिह्वा पर आने से वे इनकार कर देते। पर न उनमें यह शक्ति है और न इन महापुरुषों में उनका उपयोग करने में कोई हिचक। कुछ भी कहें। कौन रोक सकता है! आज तो इतिहास को अपनी मुट्ठी में इन्होंने बांध रखने का इरादा कर रखा है। जहां यह सम्मेलन हो रहा है, उस स्थान का नाम ललित नारायण नगर है। वहां पर डांगे साहब का भी भाषण हुआ है। दुंदुभि बजाने के काम में इन्होंने*

सबको मात दे रखी है। दूसरे कम्युनिस्ट नेता थोड़ा संकोच भी करते हैं। कभी-कभी कुछ आर्थिक सवालों, उनसे संबद्ध असंगतियों और कमियों की ओर संकेत भी करते हैं, पर उनकी भूमिका तो मध्ययुगीन चारणों और बांदियों की तरह हो गयी है। विरुदावली के अतिरिक्त इन्हें कुछ और सुहाता ही नहीं। द्वंद्वात्मक भौतिकवाद का यह अनूठा गुणात्मक परिवर्तन अपने में अद्वितीय है। वैसे तो पहले भी इन्होंने अपनी इस विलक्षण प्रतिभा का प्रमाण अंग्रेज सरकार को लिखे गये पत्रों में दिया है। यह इनके साथियों का कहना है। पर हम तो इनके रूप को अभी समझ पा रहे हैं। इधर कुछ दिनों से एक अन्य विभूति की चर्चा बार-बार सुनने को मिली। आज उनके द्वारा की गई सेवाओं हेतु उन्हें किसी पदक से सम्मानित किया गया है। ये हैं रमेश चंद्रा। मेरा भी इनसे एक घंटे के लिए संपर्क हुआ था। वह दिन मैं नहीं भूल सकता। हवाना (क्यूबा) जाने की बात थी। तीन महाद्वीपों का सम्मेलन। भारत सरकार के विदेश विभाग की ओर से मुझे जाने को कहा गया, पता नहीं केशवदेव मालवीय ने कहा था या राजा दिनेश सिंह ने। पहले मुझे थोड़ी झिझक हुई, फिर मैंने राजा दिनेश सिंह के आग्रह पर जाना स्वीकार किया। विदेश जाने के लिए आवश्यक कागजात थे ही। स्वास्थ्य संबंधी प्रमाण-पत्र चाहिए था। मुझसे कहा गया कि मैं रमेश चंद्रा से मिल लूं, वे बड़ी आसानी से प्रबंध कर देंगे। थियेटर कम्युनिकेशन बिल्डिंग के उनके कार्यालय में उनसे मिला। पहली मुलाकात थी। बिना हिचक उन्होंने मेरे सामने दो सुझाव रखे। पहला, चालीस रुपया जमा करूं और स्वास्थ्य संबंधी प्रमाणपत्र तुरंत उनसे ले लूं। प्रमाणपत्र उनके पास पर्याप्त संख्या में थे। केवल मेरा नाम भर देना था, दूसरा यह कि संसद सदस्य के नाते मुझे अधिक विदेशी मुद्रा स्वीकृत हुई है। मैं पूरी ले लूं, ताकि दूसरे साथियों का काम चले। मैं अवाक् रह गया। मुझे लगा कि पहले परिचय में ही इस व्यक्ति ने मुझसे ऐसी बात कहने का साहस कैसे किया। मुझे क्या मालूम था कि वह विश्व की महान विभूतियों में से एक है। अपने स्वभाव के कारण मैं अपने को रोक नहीं सका। मैंने कहा कि घूस देकर मुझे प्रमाणपत्र नहीं लेना है, विदेशी मुद्रा का प्रबंध दूसरों के लिए मैं नहीं कर सकता। यह काम वित्त मंत्रालय का और रिजर्व बैंक का है। उन्होंने कुछ नियम बताये कि बिना उस प्रमाणपत्र के मैं नहीं जा सकूंगा। बिना हिचक मैंने उत्तर दिया कि ऐसा ही मान लीजिए कि मैं नहीं जा रहा हूं। मैंने एक मित्र से

सलाह ली और उनकी सहायता से नगरपालिका की एक महिला डॉक्टर ने मुझे टीका लगाकर एक प्रमाणपत्र बना दिया और उसने यह भी कहा कि यह नियमानुकूल है। मैं यात्रा कर सकता हूं। यात्रा के दिन पालम हवाई अड्डे पर जब रात को पहुंचा, तो वहां मेरी अरुणा आसफ अली से भेंट हुई। वे उस प्रतिनिधिमंडल की नेता थीं। मेरे पास आईं। बहुत स्नेह से मुस्कराकर मुझसे उन्होंने कहा, 'चंद्रशेखरजी! मैं नहीं जानती थी कि आप इतने गांधीवादी हैं।' यह कहते हुए उन्होंने वह प्रमाणपत्र मेरे हाथों में दिया। मैंने उन्हें बताया कि मैंने प्रमाणपत्र ले लिया है। उन्होंने कहा कि इसे भी रख लीजिए। फिर उन्होंने इस बारे में मुझसे कोई जिक्र नहीं किया। उस सारी यात्रा में और हवाना के पूरे प्रवास में अरुणा आसफ अली के व्यक्तित्व से मैं अत्यंत प्रभावित हुआ। कई विवाद उठे। हर समय उन्होंने जितना संयमित और विवेकपूर्ण रुख अपनाया, उससे मेरे मन में उनके प्रति आदर बढ़ गया। लालबहादुर शास्त्री की अचानक मृत्यु के कारण बाकी लोगों को हवाना में ही छोड़कर, मैं अरुणा आसफ अली के साथ लौटा, इस कारण वापसी यात्रा में भी उनके ममतामय सौजन्य और स्नेह का अनुभव मैं अधिक निकट से कर सका।''

**4 दिसम्बर, 1975**

''पटना में हो रहे फासिस्ट विरोधी सम्मेलन में ऐसा लगता है, कुछ घपला हुआ है। कांगेस के कुछ मित्रों ने अपनी नाराजगी जाहिर की है कि कम्युनिस्ट पार्टी के लोगों को आवश्यकता से अधिक महत्व दिया जा रहा है। देवकांत बरुआ ने भी बहुत कुछ सील कर इस बारे में बात की है, फिर ऐसा लगता है कि उन अफवाहों में कुछ सच्चाई है कि इंदिरा गांधी अपने को इनसे कुछ अलग दिखाने की चेष्टा कर रही हैं। सीताराम केसरी ने अनुरोध के बावजूद सम्मेलन में भाषण नहीं दिया, यह समाचार किसी पत्र में देखा। केसरी भी लाजवाब आदमी है। उसकी अपनी सीमाएं हैं, पर राजनीति के दांवपेंच में माहिर है। वक्त के मुताबिक माहौल समझकर रुख अख्तियार करता है। यदि उसकी चले, तो बहुत मौकों पर वह गलतफहमियां बढ़ने से रोक सके, बहुत-सी अप्रिय बातें न हों, पर यदि कोई नहीं सुनता तो करे क्या? बहुत से आदर्शवादी बनने वाले लोगों से यह बहुत बेहतर है। मुझसे सदा स्पष्ट बातें उसने कीं और मुझे कभी उसकी बातों से या क्रियाकलापों से कोई शिकायत नहीं रही न आज है।

हमारे बहुत से मित्र इस बात का बुरा मानते थे, पर मुझे वह अन्य लोगों से अधिक विश्वसनीय जान पड़ता है। कम्युनिस्ट पार्टी के लिए कोई विकल्प नहीं रह गया। विश्व राजनीति में रूस और भारत की मित्रता अनिवार्य-सी है। जब तक वह बनी हुई है, कम्युनिस्ट मित्रों को सरकार का समर्थन करना ही है। इसमें यदि कुल्हाड़ी उनके सिर पर भी गिरे, तब भी वे कर ही क्या सकते हैं? बिना उस आधार के यहां उनका अस्तित्व ही नहीं रह सकेगा। यह सब करने के बाद भी उनके भविष्य के बारे में एक बड़ा प्रश्नवाचक चिन्ह लगा हुआ है। यदि वे ऐसा मानते हैं कि इंदिरा गांधी को वे अपनी राह पर ले जा सकेंगे, तो इससे बड़ी गलतफहमी और कुछ नहीं हो सकती। पर वे बेचारे अंत तक इसी आशा से लटके रहेंगे।'

*6 दिसम्बर, 1975*

"इस एक साल में देश ने ऐसी करवट ली, जिससे सब कुछ उलटी दिशा में चल पड़ा, सारी मान्यताएं, जो राजनीतिक आचार की आधारशिला थीं, भुला दी गईं। आज उनकी पूर्णाहुति चंडीगढ़ में कर दी गई। जिस प्रकार ललितनारायण मिश्र के कार्यों की सराहना की गई, जिस प्रकार संजय के नेतृत्व को उछाला गया, जिस प्रकार इंदिरा गांधी ने अपने भाषण में अहं की अभिव्यंजना की, उसके बाद यह स्पष्ट हो गया कि 1976 का साल इस देश के लिए कौन-सा वरदान लेकर आ रहा है। प्रधानमंत्री ने विरोधी दलों पर जो-जो तीखे प्रहार किये, उससे बहुत आश्चर्य नहीं हुआ। किंतु जिस प्रकार अपने साथियों की बुजदिली का जिक्र किया, उससे यह भी साफ हो गया कि कुछ और लोगों को पदच्युत करने या अपमानित करने पर उतारू हैं। पता नहीं, यह बात उनकी समझ में आती है या नहीं। विदेशी शक्तियों पर इतना कटु प्रहार तो केवल इस कारण किया गया कि आंतरिक नीतियों में जो निहित स्वार्थ के लोगों का सहयोग लेने का प्रयास किया जा रहा है, इन निरर्थक साहसपूर्ण भाषणों से उसको संतुलित किया जा सके। हमारे देश में वामपंथियों का एक बड़ा समूह है, जो विदेश नीति में अपनाये गये इस रुख के बदले घरेलू मामले में हर ढुलमुल नीति का समर्थन करने को तैयार रहता है। जहां तक विदेश नीति का प्रश्न है, उस पर इस प्रकार के सार्वजनिक भाषण का कोई बहुत प्रभाव पड़ता नहीं। आज इंदिरा गांधी के भाषण में जोश था, और बौखलाहट भी कम नहीं थी, क्या यह नववर्ष के लिए राष्ट्र के नाम संदेश था या अंतर्राष्ट्रीय महिला वर्ष के

*अंतिम दिन स्त्री शक्ति का प्रदर्शन? जो भी हो, संकेत अच्छे नहीं। ये अशुभ लक्षण हैं आनेवाले दिनों के लिए।''*

**31 दिसम्बर, 1975**

*''आज कांग्रेस कार्यसमिति ने संविधान में किए जाने वाले संशोधन के संबंध में स्वर्ण सिंह समिति की रिपोर्ट पर विचार किया। जो सुझाव दिए गये हैं, उनके अनुसार संविधान में व्यापक संशोधन होगा। उच्च न्यायालयों के अधिकारों में भारी कटौती होगी। उच्चतम न्यायालय पर भी बहुत कुछ प्रतिबंध लग जाएगा। संविधान संशोधनों को चुनौती नहीं दी जा सकेगी और अन्य विधेयकों की वैधता की जांच के बारे में भी उच्चतम न्यायालय के सात न्यायाधीशों की पीठ में सुनवाई हो सकेगी। वह भी निर्णय दो-तिहाई बहुमत से होना चाहिए। चुनाव के मुकदमे न्यायालयों की परिधि से बाहर होंगे। उनका निर्णय एक समिति द्वारा होगा जिसमें संसद के प्रतिनिधि और राष्ट्रपति द्वारा मनोनीत सदस्य होंगे। इस प्रकार यह समिति पूरी तरह बहुमत प्राप्त राजनीतिक दल के पक्ष में होगी। सरकारी सेवा-संबंधी मामलों का निर्णय इसके लिए नियुक्त ट्रिब्यूनल द्वारा किया जाएगा। मौलिक अधिकारों के बारे में प्रत्यक्षीकरण की याचिका सुनने का अधिकार उच्च न्यायालयों को होगा, किंतु आपातकालीन स्थिति में इसे भी समाप्त कर दिया गया है। इन सुझावों में कुछ ऐसे हैं, जो आवश्यक हैं, किंतु जिस प्रकार न्यायालयों के अधिकारों को सीमित करने का प्रयास हो रहा है और जिस वृत्ति का परिचय थोड़े दिनों में संसद ने दिया है उससे अनेक भयंकर संभावनाओं को अस्वीकार नहीं किया जा सकता। चुनावों में धांधली पर कोई अंकुश नहीं रह जाएगा। ऐसी स्थिति में सारी लोकशाही को ही खतरा पैदा हो सकता है। कानून-व्यवस्था, शिक्षा और कृषि में अब केंद्र को सामान्य रूप से हस्तक्षेप करने का अधिकार हो जाएगा। इस प्रकार राज्यों द्वारा अधिकार एवं सत्ता प्राप्त करने की मांग को ठेस लगेगी। इन सब सुझावों के पीछे उद्देश्य कितने भी उच्च हों, केंद्र को अधिक से अधिक अधिकार देकर सत्ता के विकेंद्रीकरण की बात को पीछे धकेला जा सकता है। यह स्वस्थ विकास नहीं है।''*

**13 अप्रैल, 1976**

*"हां, आज यह देखने को अवश्य मिला कि बीस-सूत्री राष्ट्रीय सम्मेलन में संजय गांधी के भाषण को अधिक महत्त्व दिया गया था। विद्याचरण शुक्ल के सहयोगी मित्रों का केवल नाम छपा था कि उन्होंने भी भाषण दिया। एक पत्र में देवकांत बरुआ के उद्घाटन भाषण का भी जिक्र था। शीर्षक संजय के भाषण का था। पिछले एक महीने में प्रेस की स्वतंत्रता और स्वस्थ परंपरा का यह उदाहरण नित्य देखने को मिलता है। आज तो संजय ने कांग्रेस के संसद सदस्यों को फटकार भी लगाई थी कि वे निठल्लापन छोड़कर अपने क्षेत्रों में जनसंपर्क के लिए काम करें। समाचारपत्रों का यह स्वरूप और आकाशवाणी का यह प्रचार, दोनों में क्या तालमेल है, यह साधारण समझ का व्यक्ति तो समझ नहीं सकता। एक बात अवश्य स्पष्ट है कि भारत सरकार के प्रसारण विभाग के लोग यह अच्छी तरह जानते हैं कि देश के तीन प्रतिशत लोग भी समाचार नहीं पढ़ते। आकाशवाणी का प्रसारण तो अब अधिकांश लोग सुनते हैं। इसलिए इस प्रकार के समाचार से वे लोगों के मन में यह बात बैठाना चाहते हैं कि समाचारपत्रों पर नियंत्रण दलित, उपेक्षित वर्गों के हित में किया गया है। पता नहीं यह मिथ्या प्रचार किस सीमा तक प्रभावकारी होगा ! किंतु थोड़े समय के लिए लोगों को भुलावे में रखा ही जा सकता है। ऐसा करने के लिए इन मित्रों को अपने को भी भुलाये रखना होता है। तभी तो भारत का भविष्य इंदिरा गांधी के हाथों से क्रमशः संजय के कंधों पर छोड़ने का जो अभिनव प्रयास हो रहा है, उसमें भी ये मित्र सहयोगी नहीं, एक कार्यकर्ता के रूप में, या स्वयंसेवक की हैसियत से काम करने को तत्पर दिखाई देते हैं। जो अपने स्वत्व को इस सीमा तक समाप्त कर सकता है, उसे केवल किसी सहारे को ही आशा रह जाती है। वह चाहे जिस ओर लुढ़का दिया जाये, उधर ही लुढ़क जाता है। इन मित्रों की इस मनःस्थिति पर तरस आता है। इस दुर्दशा से अपने को अलग रख पाना स्वयं में एक अपराध है। अच्छा ही हुआ, मुझे इस स्थिति का सामना नहीं करना पड़ा अन्यथा इस दुर्गति में मैं स्वयं को संभाल नहीं पाता।"*

**2 फरवरी, 1976**

*"आज नंबूदिरीपाद का एक वक्तव्य देखने को मिला, जिसमें उन्होंने कम्युनिस्ट पार्टी मार्क्सवादी के हाल में लिये गये उस निर्णय का हवाला दिया, जिसके तहत न्यूनतम कार्यक्रम के आधार पर कम्युनिस्ट पार्टी और*

कांग्रेस के प्रगतिशील तत्त्वों के साथ सहयोग किया जा सकता है। उस वक्तव्य में उन्होंने युवक कांग्रेस का विशेष रूप से उल्लेख किया है। मैं ऐसा समझता हूं कि उनका संकेत केरल युवक कांग्रेस की ओर होगा। जिन कार्यक्रमों का उल्लेख था, वे बहुत हद तक संतोषजनक हैं। यदि इस प्रकार का कोई प्रयास हो और उसमें कुछ सफलता मिले, तो कदाचित् राजनीति को कोई नयी दिशा मिल सके। किंतु अपनी सारी बातों के बावजूद कम्युनिस्ट पार्टी किसी इस प्रकार के प्रयास में सहयोग दे सकेगी, यह कहना कठिन है। यों तो कम्युनिस्ट नेता कभी-कभी सरकारी नीतियों के विरुद्ध आवाज उठाते रहे हैं, किंतु वह केवल औपचारिक विरोध है। कांग्रेस सरकार के सहारे अपना प्रभाव बढ़ाने के लालच से वे अपने को सुगमतापूर्वक मुक्त नहीं कर सकेंगे। इस पार्टी के अधिकांश नेता इस प्रकार के राजनीतिक जीवन के आदी हो गये हैं। उनका भी इससे उतना ही प्रबल लगाव है जितना कांग्रेस के साथियों की सत्ता के सहारे सुख पाने की लालसा, पर अच्छा है कि कोई इस प्रकार की बात प्रारंभ हो, क्योंकि आज नहीं तो कल, इन सबों को निराश तो होना ही है। उस समय शायद ये भी कुछ स्वतंत्र बुद्धि से सोच सकें। अमेरिकी व्यापारी दल के नेता श्री फ्रीमैन के वक्तव्य और उनकी भारतीय अर्थव्यवस्था में विदेशी पूंजी लगाने की संभावनाओं की बात से कम्युनिस्ट लोग और उनके समर्थक कुछ चिंतित जान पड़ते हैं। फिर भी अपने को इस भुलावे में रखना चाहते हैं कि यह सब जो हो रहा है, इसमें सरकार का कोई हाथ नहीं। इस कारण इसके संपादन में सरकारी सहायता और स्वीकृति मिलने की बात ही नहीं उठती। किंतु यह बात वे ऊपरी मन से कहते हैं, अंदर से तो हिल उठे हैं।''

**6 फरवरी, 1976**

''हर रोज कोई न कोई यह बात दोहरा जाता है कि आखिर आपको क्यों जेल में रखा गया है, सरकार छोड़ती क्यों नहीं! मैं कोई उत्तर दे नहीं पाता, क्योंकि मेरे पास कोई उत्तर है ही नहीं, जो ये समझ सकें। फिर मैं केवल यही कहता हूं कि मुझे क्या मालूम, इंदिरा गांधी जानें कि कब तक हमें जेल में रखकर उन्हें संतोष होगा। वैसे तो वे तब तक किसी को रिहा नहीं करेंगी जब तक उनकी समझ में उनकी सत्ता की सुरक्षा असंदिग्ध नहीं हो जाती। आज इंदिरा गांधी का भरतपुर में दिया गया भाषण आकाशवाणी से

*प्रसारित हो रहा था। यही बातें उन्होंने फिर दोहराईं कि वे विरोध पक्ष से अपेक्षा रखती हैं कि वे संयम से काम लें। वे उनकी जबान बंद नहीं करना चाहतीं। ये बातें उनके मुंह से कोरी प्रवंचना जान पड़ती हैं। केंद्र अधिक सुदृढ़ रहे, तभी राष्ट्र की एकता रह सकती है, इस बात को नित्य प्रधानमंत्री दोहराती हैं। किंतु उनके केन्द्र का अर्थ है कांग्रेस और वह भी, वह कांग्रेस जो 'इंदिरा को इंडिया' समझे। केंद्र की शक्ति की बात लोगों ने दोहराई है। पर उनके मानस के अनुरूप उसके अर्थ में अंतर हो जाता है। फ्रेंको ने भी सबल केंद्र की बात कही थी। इसी तर्क के बल पर उन्होंने स्पेन की एकता बनाये रखी। समृद्धि भी आयी। यही बात मुसोलिनी, हिटलर और सालाजार ने भी की थी। उनके इस नारे के पीछे एक व्यक्ति की महत्त्वाकांक्षा छिपी थी। ऐसी महत्त्वाकांक्षा जिसके सामने और सब कुछ गौण था। न कोई सिद्धांत, न कोई नैतिकता, न मानवीय अधिकारों का कोई मूल्य। केवल बलपूर्वक शक्ति संचय करना। उसका उपयोग इस विश्वास से करना कि भविष्य केवल उनके हाथों सुरक्षित है। फिर परिणाम जो हुआ, सबने देखा। इसके विपरीत दूसरे लोगों ने वही शक्ति प्राप्त की, किंतु लोगों को विश्वास में लेकर, उनकी भावनाओं का आदर करते हुए। मसलन युद्ध के दिनों के चर्चिल हों, चाहे अमेरिका में रूजवेल्ट या भारत में पं. नेहरू हों। इन्होंने भी राष्ट्र को सबल बनाया था, पर दमन के सहारे नहीं, लोगों के सहयोग और सहकार से। कम्युनिस्ट देशों में भी तानाशाही रही, पर कम से कम संगठन की मर्यादा को बनाये रखा गया। स्तालिन ने उसका अतिक्रमण किया तो उसकी लाश कब्र में से खोद निकाली गयी। पर आज प्रधानमंत्री केवल विरोध पक्ष को शांत करके शांत नहीं रहना चाहतीं। केवल उनके हाथों में शक्ति देकर ही देश सुरक्षित रह सकता है, उनके इस भ्रम को कौन मिटाये, केवल इतिहास ही निर्णय करेगा।''*

**8 फरवरी, 1976**

*''गुजरात सरकार को कल विधानसभा में अपना बहुमत सिद्ध करने का अवसर मिल गया। किंतु हितेंद्र देसाई अपनी रट लगाये हुए हैं। आज सनत मेहता ने कर लगाये जाने की आलोचना की है। देखें, कांग्रेस के लोग अपने प्रयास में कहां तक और कब तक सफल होते हैं। आज गोवा सरकार को भी समाप्त करने की मांग कांग्रेस की ओर से उठाई गई। आरोप हर जगह एक ही है कि प्रधानमंत्री बीस-सूत्री कार्यक्रम को लागू करने में*

*ढिलाई बरती जा रही है। कोई यह पूछने वाला नहीं कि 1971 से लेकर आज तक कार्यक्रमों को लागू करने की बात क्यों नहीं आयी? कार्यक्रम बने, वादे किये गये, वक्तव्यों की भरमार हुई, पर मंसूबे कभी अमली जामा नहीं पहन सके। कौन दोषी है इस सबके लिए ? क्या वे लोग भी त्यागपत्र देंगे ? अगर कार्यक्रमों को लागू न करने के अपराध में सरकारों को हटाया जाना स्वीकार कर लिया जाये तो इंदिरा गांधी की सरकार को एक दिन भी बने रहने का अधिकार नहीं है, आज यह कहने की हिम्मत कौन करे?"*

***13 फरवरी, 1976***

# संपूर्ण क्रांति

**संपूर्ण क्रांति आंदोलन का देश की राजनीति पर आपने क्या प्रभाव देखा?[3]**
दो बातें थीं। एक तो नौजवानों में उत्साह था, उनके मन में आशा थी। लेकिन संपूर्ण क्रांति का जो सिद्धांत चलाया जयप्रकाश ने, उसका बेहतरीन निष्कर्ष नहीं आया। उनके पास समय भी नहीं था। जयप्रकाश बीमार हो गये थे। मुझे याद है कि जब पहली बार जेपी ने विद्यार्थियों के आंदोलनों को समर्थन दिया, तो 'जाति तोड़ो' आंदोलन से शुरुआत की। उन्होंने मुझसे आग्रह किया कि मैं अपने गांव में 'जाति तोड़ो सम्मेलन' आयोजित करूं। सम्मेलन का आयोजन किया गया। उसमें नेपाल के नेता वीपी कोइराला समेत देश के अधिकांश लोगों ने हिस्सा लिया। इसमें गौरतलब यह है कि उस समय 'जाति तोड़ो' आंदोलन में जिन लोगों ने हिस्सा लिया था, आज उसमें से अधिकांश लोग अपनी-अपनी जाति का नेतृत्व कर रहे हैं। अपनी विरादरी के नेता बने फिरते हैं।

किसी व्यक्तित्व विशेष के चुंबकीय आकर्षण से लोग उसकी ओर मुखातिब हो जाते हैं, किंतु उसके ओझल होने या कई बार उसके रहते हुए ही उससे मुंह फेर लेते हैं। जयप्रकाश के साथ ठीक यही हुआ। गांधी के कई वरिष्ठ शिष्यों ने भारत-पाक मुद्दे पर उन्हें इसी तरह अलग-थलग कर दिया। जयप्रकाश को सबसे ज्यादा भरोसा नौजवानों पर था। उन्होंने नौजवानों की बदौलत एक नये भारत के निर्माण की रूपरेखा खींची थी। उन्होंने यह कहा कि संपूर्ण क्रांति को उसी तरह घर-घर ले जाएंगे, जैसे गांधी ने अंत्योदय को ले जाना चाहा था। कुछ ऐसे युगपुरुष होते हैं जो दूर की सोच लेते हैं, खाका खींच लेते हैं, पर उसे क्रियान्वित करने के लिए कोई ठोस जमीन तैयार नहीं कर पाते। संपूर्ण क्रांति के साथ भी यही हुआ। चुनाव होते ही सारी भागदौड़ सत्ता में हिस्सेदारी पर केंद्रित हो गयी। मैं यह दावे के साथ कह सकता हूं कि सबसे ज्यादा धोखा उन्हें नौजवानों ने ही दिया। जयप्रकाश के साथ आंदोलन में कूदे नौजवान जल्दी ही सत्ता की चकाचौंध

में फंस गये। बात 1977 के आम चुनावों के बाद बिहार विधानसभा चुनाव के समय की है। मैं जनता पार्टी के अध्यक्ष की हैसियत से पटना में था। टिकट वितरण का कार्य चल रहा था। मेरे समक्ष कुल 64 नौजवानों के विवरण टिकट के लिए दिये गये। मैंने इसमें 58 लोगों को टिकट दिया क्योंकि जयप्रकाश नौजवानों को आगे लाना चाहते थे। चुनाव के बाद जब मैं दुबारा पटना गया तो उसमें अधिकांश लोग मेरे पास आये और मुझसे शिकायत की कि उन्हें मंत्री-पद नहीं दिया जा रहा है। मुझे बहुत दुख हुआ और मैंने उन्हें कहा कि मैं तो स्वयं 1962 से सांसद हूं लेकिन मंत्री कैसे बना जाता है, यह अभी तक नहीं सीख पाया तो आपकी क्या मदद करूं ? बेहतर होगा कि यह समस्या आप किसी और नेता के समक्ष रखें।

**1973 में क्या हुआ था? क्या आज की स्थिति की तुलना 1973 से की जा सकती है?**

कांग्रेस की हुकूमत कई राज्यों में थी। दिल्ली में कांग्रेस पार्टी का वर्चस्व था। इंदिरा गांधी का व्यक्तित्व बहुत बड़ा था। आज के राजनीतिज्ञों में कोई उनके मुकाबले में नहीं था। इंदिरा गांधी के मन में यह अहंकार आ गया था कि देश को जैसे चाहें वैसे चला सकती हैं। उन्होंने सबको नजरअंदाज करना शुरू कर दिया। 1973 में 'गरीबी हटाओ' के नारे के भुलावे में लोगों ने साथ दिया तो कांग्रेस के लोगों ने सोचा कि उनका वर्चस्व हमेशा के लिए कायम हो गया। दूसरे जितने लोग हैं, देश को बर्बादी की ओर ले जा रहे हैं। हम ही अकेले बचानेवाले हैं। मैंने उस समय भी कहा था कि यह प्रवृत्ति अच्छी नहीं है। इस प्रवृत्ति से बचना चाहिए।

वर्ष दो हजार चार में कांग्रेस कमेटी की बैठक के बाद अखबार, एक व्यक्ति या कुछ व्यक्तियों की जिस तरह प्रशंसा कर रहे हैं, ये बातें कह करके उस आदमी की जड़ में कुठाराघात कर रहे हैं। यही घटना इंदिरा गांधी के जमाने में भी हुई थी और परिणति वहां पहुंच गयी थी जहां कुछ लोगों ने कहना शुरू कर दिया था कि 'इंदिरा इज इंडिया'। किस कारण से, किस बुद्धिमानी, किस समझ से ये बातें की जाती हैं, यह मेरी समझ में नहीं आता है। जो कुछ पंजाब और हरियाणा के बीच सतलज यमुना नहर के पानी बंटवारे को लेकर विवाद हुआ, कांग्रेस उस पर कोई निर्णय नहीं ले सकी। आप निर्णय नहीं लेंगे तो समाज और देश निर्णय नहीं लेगा, ऐसा नहीं है। आज नहीं लेगा, कल लेगा, कल नहीं लेगा तो परसों लेगा। जो कुछ मणिपुर में हुआ और हो रहा है,

गृहमंत्री ने कहा कि स्थिति सुधर रही है। वास्तविक स्थिति क्या है? छात्रों ने पाठ्य-पुस्तकों का बहिष्कार किया और कांग्रेस पार्टी की तरफ से बयान आया कि भारतीय जनता पार्टी इसका फायदा उठा रही है। भाजपा कुछ भी करेगी, भारतीय वस्तुओं का बहिष्कार तो नहीं करेगी। मैं भारतीय जनता पार्टी के किसी भी नीति से सहमति नहीं रखता हूं, फिर भी यह कह रहा हूं। लेकिन उस पर इस प्रकार का लांछन लगाकर लोगों की नजरों में क्या बनाना चाहते हैं? और उससे क्या लाभ कमाना चाहते हैं? यह समाज और देश को बांटने का एक दूसरा रास्ता है। जिस काम के लिए आपकी नजरों में बीजेपी दोषी है, उसी काम को परोक्ष रूप से आप कर रहे हैं।

# जनता पार्टी

**आप 1977 में चंडीगढ़ गये थे। कृष्णकांत चुनाव लड़ रहे थे। आपका भाषण हुआ था। क्रांतिकारी भाषण था। आपकी बात सुनकर लगा कि क्रांति होने वाली है। कुछ लोग लगे हुए हैं। जनता पार्टी ने चुनाव भी जीता, मगर बाद में लगा कि यह क्या हो गया है? उस समय सरकार में जो लोग थे, उनको देखकर तो ऐसा नहीं लगता था कि उनके मन में संपूर्ण क्रांति का कोई भाव है?**

जब मैं पटियाला की जेल में था तो मुझसे मिलने दो मित्र आये। उन्होंने मुझे बताया कि जयप्रकाश सारी पार्टियों को मिलाकर नयी पार्टी बनाना चाहते हैं। इसके लिए जेपी ने तमाम नेताओं से बात की, लेकिन कोई सफलता नहीं मिली। इससे वे बहुत दुखी और निराश हुए। जयप्रकाश चाहते थे कि नयी पार्टी बननी चाहिए और बाद में उन्होंने निर्णय लिया कि नयी पार्टी की घोषणा वे स्वयं करेंगे, कोई पार्टी आये या न आये। और उस पार्टी के अध्यक्ष के तौर पर मेरा नाम उनके जेहन में था। मैंने अपने मित्रों से कहा, मैं अध्यक्ष जरूर बन जाऊंगा, लेकिन जेपी को मेरी एक सलाह जरूर दे दीजिएगा कि इस समय वे ऐसा न करें। इस समय जरूरत इस बात की है कि किसी तरह इंदिरा गांधी को हराया जाए।

सहमति बनाने की जरूरत है और सहमति इंदिरा गांधी को हराने के नाम पर ही बन सकती है, क्योंकि इंदिरा गांधी ने जनतंत्र को समाप्त किया है। जनतंत्र की रक्षा आज सबसे बड़ा सवाल है। इस बात को मैं जेल से छूटने के बाद भी कहता रहा। हर सवाल का एक समय होता है। उस समय अगर अन्य सवालों को उठाया जाता तो एकता नहीं होती। सौभाग्य से देश के लोगों ने उस समय स्वीकार किया कि किसी भी तरह देश में जनतंत्र को स्थापित करना है। द्वितीय विश्वयुद्ध के बाद कई देशों ने जनतंत्र के माध्यम से देश चलाने की कोशिश की मगर असफल हो गये। इसी देश में जनतंत्र सफल हुआ। बाहर के देशों में उन दिनों यही बहस होती थी कि लोकशाही का इकलौता टिमटिमाता तारा भी बुझ

गया। मैंने अपनी जेल डायरी में बार-बार इस बात को लिखा है कि मतभेद हो सकते हैं, लेकिन चुनौती स्वीकार करने के लिए देश को सामान्य बनाना जरूरी है। सामान्य स्थिति बहाल करने के लिए एक ही प्रश्न था। जनतंत्र के न रहने से लोग प्रताड़ित हो रहे थे। उस समय मैंने बार-बार कहा कि जब कभी चुनाव होंगे, इंदिरा गांधी की हार तय है। एक दिन रामनाथ गोयनका ने कहा कि वह मुझसे बात करना चाहते हैं। मैं उनके बहुत खिलाफ था। मैंने उनसे कहा कि मेरे पास अभी समय नहीं है। जब भी समय होगा, मैं उनके अखबार के दफ्तर में आ जाऊंगा।

एक दिन रात में जब पहुंचा तो वे अपने पत्रकार बंधुओं के साथ बैठे थे। उन्होंने मुझसे पूछा कि चुनाव में क्या होगा? मैंने कहा कि हमारी सरकार बनेगी। उन्होंने पूछा, कैसे? मैंने कुछ आंकड़े दिए। जब जोड़ा गया तो आधे से कम हो गया। गोयनका ने कहा कि यह तो आधा भी नहीं हो रहा है। बहुमत तो दूर की बात है। फिर मैंने पेंसिल उठाई और उन आंकड़ों को काटते हुए कहा कि सरकार हमारी ही बनेगी, निश्चित रूप से बनेगी। गोयनका ने कहा कि 'शर्त लग जाए। अगर आपकी सरकार बन गयी तो 10 लाख रुपये दूंगा।' जब सरकार बन गयी तो मैंने उनको कहा कि कहां हैं 10 लाख? तो उन्होंने दो लाख रुपये गांव के अस्पताल के लिए दिये, आठ लाख अभी तक नहीं आए।

आज भी राजनीतिक पार्टियां वही गलतियां कर रही हैं। मेरा मानना है कि अधिक से अधिक सहमति बनाने की जरूरत है। आज जो बिखराव दिख रहा है, उससे किसी को फायदा होने वाला नहीं है।

खैर, जब सरकार बनाने की बात आयी तो जयप्रकाश ने मुझसे पूछा कि किसको प्रधानमंत्री बनाएं? मैंने पूछा कि उम्मीदवार कौन-कौन हैं? उन्होंने कहा कि तीन लोग हैं, मोरारजी भाई, चरण सिंह और जगजीवन बाबू। मैंने उनसे कहा कि चाहे जिसे बनाएं, मोरारजी को प्रधानमंत्री न बनाएं। उन्होंने पूछा, क्यों? मैंने कहा कि वे सेल्फ ओपिनियटेड आदमी हैं। अपनी बात चलाना चाहेंगे, जबकि जरूरत इस बात की है कि सबको साथ लेकर चला जाए। चरण सिंह ने कहा कि उन्हें मोरारजी मंजूर हैं, लेकिन जगजीवन राम नहीं। क्योंकि उम्र में भी छोटे हैं और उन्होंने आपातकाल का समर्थन भी किया था। मोरारजी प्रधानमंत्री बने। जब सरकार बनी तब मंत्रियों की पहली सूची में मेरा नाम था, लेकिन मैं मंत्री नहीं बना। जयप्रकाश बहुत रुष्ट हुए। यह सोचकर कि मैंने चुनौती को स्वीकार नहीं किया। मैंने जयप्रकाश से कहा कि जिसे मैं पार्टी के लिए त्रासदी समझता हूं, उस सरकार में मैं मंत्री बनने जाऊं? अखबारों ने लिखा कि चंद्रशेखर हमेशा

प्रधानमंत्री पद पर नजर लगाये रहते हैं।

प्रधानमंत्री पद पर मेरी कोई नजर नहीं थी। मैं राजनीति विज्ञान का छात्र रहा हूं और जानता हूं कि कोई भी मंत्री प्रधानमंत्री की इच्छा पर ही मंत्री बना रह सकता है। मेरा दुर्भाग्य रहा कि जितने भी प्रधानमंत्री बने, सबसे मेरी असहमति रही। उस समय जिन लोगों ने मिलकर जनता पार्टी बनायी थी, उन्हें न तो संपूर्ण क्रांति से कोई मतलब था और न ही समाज परिवर्तन से। उन्हें राजपरिवर्तन और सरकार परिवर्तन से मतलब था। सरकार में आ गये, इच्छा पूरी हो गई। बदलने की उनकी इच्छा नहीं रही। सब पुराने ढांचे के पोषक थे। सरकार में आने के लिए नए नारे को अपना लिया था। जनता पार्टी में संपूर्ण क्रांति की कल्पना स्पष्ट नहीं थी। लेकिन उस समय के नेताओं की नीयत स्पष्ट थी। इससे आपको आश्चर्य हुआ, मुझे कोई आश्चर्य नहीं हुआ।

**आश्चर्य से ज्यादा निराशा हुई?**

निराशा तो सबको हुई, जो उस आंदोलन में थे। यह बात मैंने भैरोसिंह शेखावत से भी की थी। तब वे राजस्थान के मुख्यमंत्री थे। उन्होंने राजस्थान हाउस में एक डिनर दिया। वहां के.के. दत्त शर्मा भी मौजूद थे। एक अखबार वाले ने मुझसे पूछा कि सरकार चलेगी? हमने कहा कि सरकार तो चलेगी ही। इसके पीछे चार बातें हैं : 'पहला है मोरारजी भाई की सोच। मोरारजी भाई के लिए सबसे बड़ा सवाल है शराब बंद करो और पेशाब पियो। देश का यह कोई कार्यक्रम नहीं हो सकता है। दूसरी चौधरी चरण सिंह की बात है। कहते थे, अंग्रेजों के राज में अर्थव्यवस्था की स्थिति बहुत अच्छी थी, अब खराब हो गई है। तीसरी है हमारा घटक जनसंघ। जनसंघ वालों ने कभी कोई किताब नहीं पढ़ी। बस, दो ही किताबें पढ़ी हैं : 'हेडगेवार की जीवनी' और 'थॉट ऑफ गुरुजी'। उसी में सब कुछ ढूंढ़ते रहते हैं। उसमें न ही राजनारायण हैं और न ही अर्थव्यवस्था लिखी हुई है और घबराये हुए रोज सवाल पूछते हैं। चौथे हैं हमारे सोशलिस्ट। सोशलिस्ट लोग लोहिया के चेले हैं। हमारे एक मित्र हैं जगदीश त्रिवेदी। एक बार गोरखपुर में मीटिंग चल रही थी। सभी प्रमुख लोग मौजूद थे। जगदीश ने भाषण में लोहिया के बारे में कहा कि हमारे जैसे लाखों माता-पिता लोहिया के सदैव ऋणी रहेंगे। जगदीश ने कहा कि हमारा एक बेटा है जो मानसिक रूप से स्वस्थ नहीं है। एक्टर बनने के लिए बंबई जाना चाहता है। मैं बंबई नहीं भेजना चाहता था। लोहिया की बड़ी कृपा हुई है कि हर जिले में एक दफ्तर खोल दिया है, यहीं सारे दिख जाते हैं। सोशलिस्ट लोग उनको पकड़कर बैठाने लगे। जब हम गोरखपुर गये तो हमने

उनसे पूछा कि तुमने ऐसा भाषण क्यों किया? उन्होंने कहा कि राजनारायण भाषण देता है कि आजादी के बाद कुछ नहीं हुआ है। अरे यह कहो कि गरीबी कम नहीं हुई, रोजगार नहीं मिला। अगर आजादी नहीं आयी होती तो यहां उर्दू बाजार बनता क्या? यह कहना कि कुछ नहीं हुआ है, कोई पागल ही कह सकता है।

मैं ये सारी बातें इसलिए कह रहा हूं कि कुछ बातें हमें समझनी चाहिए और जरूरत पड़े तो कहनी भी चाहिए। हमसे अधिकतर लोग नाराज इसलिए थे कि समझते सभी कुछ थे, कहते नहीं थे। पता नहीं क्यों? परिवर्तन की नीयत नहीं थी। आज भी देश की कोई ऐसी समस्या नहीं जिसका समाधान नहीं हो सके—बशर्ते नीयत सही हो और हम मिलकर काम करें।

**आपने जो कहा था, वह सच साबित हुआ लेकिन उस समय के कुछ लोग सिर्फ सत्ता परिवर्तन चाहते थे। किन कसौटियों के आधार पर आपने यह अनुमान लगाया?**

उस समय एक ऐसा वातावरण बनाया जा रहा था जिसमें हम वही काम कर पा रहे थे जिसको इंदिरा गांधी बढ़ावा दे रही थीं। समाज को पाटने का काम उस समय नहीं हो रहा था और समाज में आमूल परिवर्तन तब तक नहीं हो सकता, जब तक समाज में एक राय न हो या एक बड़ा वर्ग संकल्पबद्ध होकर काम न करे। उस सारे आंदोलन को आप देखें तो पता चलेगा कि एक आदमी के विरुद्ध बात करने के अलावा और कुछ नहीं रह गया था। उस व्यक्ति ने भी अपने विरुद्ध बात करने के लिए लोगों को पर्याप्त अवसर दिए पर जानबूझकर नहीं। यह उनके व्यक्तित्व का हिस्सा था।

मैं आपको बताऊं, हिंदुस्तान की हालत अगले वर्षों में 1974 से बुरी हो जाएगी। यह मन की कमजोरी है कि चुप रहना ही ठीक समझता हूं। आज देश के टूटने के संकेत स्पष्ट हो रहे हैं, इसके पीछे एक ही कारण है, यह होड़ कि हम किस प्रकार सत्ता में आएं और इस प्रकार के गीत गाएं कि आठ वर्षों के बाद कांग्रेस सत्ता में आयी है और किसी व्यक्ति विशेष ने यह लाजवाब काम किया है। इससे बड़ी विडंबना और कुछ नहीं हो सकती। सरकार में आने के लिए कांग्रेस को बहुमत नहीं मिला और देश के एक बड़े हिस्से में कांग्रेस का नाम ही नहीं है। आज देश को तोड़ने के संकेत उन राज्यों से मिल रहे हैं जिन राज्यों में कांग्रेस की हुकूमत है—चाहे पंजाब हो या मणिपुर। और यह तब हो रहा है जब केंद्र और राज्य में एक ही पार्टी की सरकार है। इस तरह की घटनाएं अनायास नहीं होतीं। आने वाले दिनों का संकेत ऐसी ही बातों से मिलता है।

**आपने हमेशा सहमति बनाने की कोशिश की है। आपने यह भी प्रयास किया कि इंदिरा गांधी और जयप्रकाश नारायण में संवाद हो पाए। वह प्रयास कहां पहुंचा?**

जनतांत्रिक तरीके से मिली हुई सत्ता को जब हम व्यक्तिगत मानने लगते हैं तो बहुत सारी कठिनाइयां होने लगती हैं। इस बात को समझने की जरूरत है। यही कठिनाई इंदिरा गांधी के साथ थी। जनता पार्टी के साथ भी थी। सत्ता में बने रहने के लिए न जाने देश से कितना विश्वासघात किया जाता है। सरकार में पांच वर्ष किसी तरह निकाल ले जाना यह बड़ी भारी उपलब्धि मानी जाती है। सौ दिन, दो सौ दिन गिना जाता है।

**1977 में प्रधानमंत्री चुनने में जेपी की एक प्रमुख भूमिका थी। क्या आप महसूस करते हैं कि उन्होंने गलत व्यक्ति को प्रधानमंत्री चुना?**

पूर्व प्रधानमंत्री मोरारजी देसाई हमारे बुजुर्ग थे, उनके बारे में क्या कह सकता हूं! मैंने अपने विचार उस समय बदल दिए थे। आपको याद होगा कि मुझे भी मंत्री बनने को कहा गया था। जब मैं नहीं बना तो जयप्रकाश ने मुझसे सवाल पूछा कि क्या बात है? मैंने उनसे कहा कि आप मेरे विचार जानते हैं। मैं उस मंत्रिमंडल का सदस्य नहीं बन सकता और यह कहना गलत है कि मैं मंत्रिमंडल में जाऊंगा और वहां से प्रधानमंत्री को सुधारूंगा, क्योंकि संसदीय जनतंत्र में मंत्री रहना प्रधानमंत्री की इच्छा पर निर्भर करता है। अगर आप प्रधानमंत्री से इस हद तक सहमत नहीं हैं कि आप उसके साथ सरकार चला सकें तो ऐसे मंत्रिमंडल में शामिल होना न तो नैतिकता है, न ईमानदारी।

मैं मानता हूं कि जिसके विचारों से मेरी कोई सहमति नहीं है, उसके मंत्रिमंडल में मुझे क्यों शामिल होना चाहिए? एक के बाद एक, चाहे इंदिरा गांधी हों, मोरारजी भाई हों या विश्वनाथ प्रताप हों—जो लोग प्रधानमंत्री बने, किसी के भी विचारों से मेरा इतना साम्य नहीं था कि मैं उनके साथ काम कर सकूं और मैं यह बिलकुल नहीं मानता कि जिसके मंत्रिमंडल में जाएं, उसी की जड़ खोदने की कोशिश करें। इसलिए अगर कोई मंत्री यह कहता कि वह गया था किसी की सरकार को सुधारने के लिए तो मैं उसकी बात मानने को तैयार नहीं हूं। संसदीय जनतंत्र में यह नामुमकिन है। इसीलिए मैं किसी के मंत्रिमंडल में नहीं गया। इसमें न कोई त्याग की बात थी, न कुर्बानी की और न ही मैंने सपने में भी सोचा था कि ऐसा करने से प्रधानमंत्री बन जाऊंगा। छः महीने के लिए बन गया, वह अलग बात है।

**जिस तरह से 1977 में हुआ था, 1989 में हुआ। फिर 1996 में भी हुआ ऐसा क्यों होता है?**

ऐसा इसलिए होता है क्योंकि महात्मा गांधी के आंदोलन के अलावा इस देश में कोई ऐसा आंदोलन नहीं हुआ जिसने सत्ता परिवर्तन के साथ-साथ सामाजिक परिवर्तन के लिए काम किया हो। महात्मा गांधी चूंकि स्वतंत्रता की लड़ाई लड़ रहे थे इसलिए कुछ पीड़ितों को भी स्पर्श किया। महात्मा गांधी जो रास्ता बताते थे, वह आधुनिक भारत के लोगों को स्वीकार नहीं है।

**जयप्रकाश नारायण तो चाहते थे कि समाज को बदलना है। उस समय जो चुनकर आये थे, उनमें अधिकतर उन्हीं के नाम पर जीते। वे चाहते तो सरकार कुछ अलग किस्म की बन सकती थी।**

दो बातें हुईं। पहला तो जयप्रकाश नारायण का स्वास्थ्य ठीक नहीं था। दूसरा, सरकार बनने के बाद जो लोग सरकार से बाहर रहते हैं, उनकी उपेक्षा होती है। यही महात्मा गांधी के साथ हुआ और जयप्रकाश नारायण के साथ भी यही हुआ। ऐसा नहीं कि मैं उनके व्यक्तित्व को छोटा मान रहा हूं। महात्मा गांधी जैसा व्यक्तित्व तो बिरले होते हैं लेकिन आजादी के बाद सत्ता को नजदीक आते देख नेहरू, पटेल और मौलाना आजाद ने भी गांधी के विचारों को नकार दिया। जयप्रकाश नारायण के विचारों को उसी तरह हम सबने नकारा। मैंने जयप्रकाश नारायण से आंदोलन के दौरान ही कहा था कि ये जो लोग और नौजवान आ रहे हैं, वे सरकार में आने के लिए आये हैं, समाज बदलने के लिए नहीं और आपकी संपूर्ण क्रांति और पार्टीविहीन डेमोक्रेसी की बात मुझे समझ में नहीं आती है और जब पार्टीविहीन डेमोक्रेसी की बात सोचता हूं तो याह्या खान याद आते हैं।

**जनता सरकार के पतन के क्या कारण थे? इसके पीछे पार्टी के लोगों की निजी महत्त्वाकांक्षा, विचारों में अंतर, मध्य जाति की राजनीति या मोरारजी देसाई की निजी असफलता रही ?[4]**

केंद्र में जनता सरकार के गिरने के कई कारण थे। आपने जिन कारणों का जिक्र किया, उनमें से कई सही हैं। मुझे लगता है कि मुख्य वजह कुछ लोगों की निजी महत्त्वाकांक्षा रही। इस बात से कोई इनकार नहीं कर सकता कि पार्टी में विचारधारा का अंतर था। जब मार्च या फरवरी, 1977 में पार्टी का गठन हुआ, तब सभी जानते थे कि जिन संघटकों ने जनता पार्टी को खड़ा किया था, उनकी विचारधाराओं में असमानता है। लेकिन उस समय यह तय किया गया कि अतीत

के अनुभवों से शिक्षा लेते हुए सभी संघटक आपस में मिलकर काम करेंगे और पार्टी में वांछनीय एकता लाने के लिए एक-दूसरे का साथ देंगे। सत्ता में आने के लिए दबाव बनाए जाने लगे। हालांकि जयप्रकाश और आचार्य कृपलानी की मदद से आम सहमति के आधार पर संसद में नेता का चुनाव हो सकता था, लेकिन हमारे कुछ वरिष्ठ साथी इस निर्णय से कभी सहमत नहीं हुए। इसका परिणाम यह हुआ कि जब कैबिनेट का गठन हुआ, उसके पहले दिन से लेकर अंतिम दिन तक मतभेद तथा असंतोष जारी रहा। इस अवधि में कई ऐसे मौके आए जब नेतृत्व-प्राप्ति के लिए लोगों के स्वार्थों के बीच टकराव हुआ। आपसी मतभेद दूर करने के प्रयास किए गए और अस्थायी रूप से ही, हम इस संकट से सफलतापूर्वक उबर आए। परंतु हम इस समस्या का स्थायी हल नहीं निकाल सके। इस तरह, मेरे अनुसार निजी महत्त्वाकांक्षा असफलता की मुख्य वजह रही।

विचारधारा पर विचार करें तो हम पाएंगे कि कुछ लोग पार्टी में आरएसएस की स्थिति के सवाल पर ज्यादा चिंतित थे। शुरू में हलका प्रतिरोध हुआ और इस प्रश्न को उठाया गया। जिन लोगों ने यह मसला उठाया था, उन दिनों वे जनसंघ और आरएसएस के साथ न सिर्फ अपने मतभेद दूर करने को तैयार थे बल्कि वे भिन्न राज्यों में सत्ता को नियंत्रित करने में सक्रिय साझीदार भी थे। लेकिन सभी जानते थे कि आरएसएस जिसका अपना 50 साल का इतिहास है, अचानक नहीं बदलने वाला। यहां सहनशीलता और सहभागिता की आवश्यकता थी। मैंने अपने उन साथियों को, जो जनसंघ से संबद्ध थे, मनाने की पूरी कोशिश की। यह अन्याय होगा यदि मैं यह स्वीकार न करूं कि उस समय जनसंघ वालों में शुरू से लेकर आखिरी तक सभी ने मिल-जुलकर काम किया और एक-दूसरे का साथ दिया। जब भी संगठन या प्रशासन में कोई समस्या उठ खड़ी होती, वे बहुत ही सृजनात्मक और सकारात्मक व्यवहार रखते थे। लेकिन साथ ही राज्य स्तर और जिला, विभागों के स्तर पर जब वे शक्तिशाली इकाई बनने लगे, तब एक-दूसरे को असफल करने की कोशिशें करने लगे। जो लोग शुरू से आरएसएस के विरोधी रहे, उनके दिमाग में इस स्थिति ने तनाव पैदा किया और शंका बढ़ाई। लेकिन मुझे सबसे ज्यादा आश्चर्य इस बात का है कि अगर स्थिति यह थी तो राजनारायण के सरकार से इस्तीफा देने के बाद भी समस्याएं बढ़ती क्यों चली गईं? अविश्वास प्रस्ताव के बाद की घटनाओं को देखें तो पाएंगे कि राजनारायण और चौधरी चरण सिंह को सरकार से इस्तीफा देने के लिए कहा गया था। इन दोनों सज्जनों के स्वभाव से तंग आकर सिर्फ मोरारजी देसाई ही नहीं, बल्कि पूरे कैबिनेट ने इस बात से सहमति जताई कि उन्हें सरकार से बाहर कर दिया जाना चाहिए।

मैं इस घटना के विस्तार में नहीं जाना चाहता। बेशक उस समय न तो मैं इस घटना में सहायक था और न ही मुझसे इस विषय पर संपर्क किया गया था। लेकिन अगर आप उस समय हमारे दोस्तों और सहायकों के रुख पर विचार करेंगे तो पाएंगे कि सभी राजनारायण और चौधरी चरण सिंह पर क्रोधित थे, क्योंकि चौधरी चरण सिंह ने अपने सारे कैबिनेट सहयोगियों को 'असहायों की मंडली' घोषित कर दिया था। मैंने पाया कि उनमें से कुछ लोगों को प्रधानमंत्री के इस कदम पर घोर आपत्ति थी। अतः चौधरी चरण सिंह और राजनारायण को वापस सरकार में बुलाने का सवाल उठाया गया। काफी लंबे सलाह-मशविरे और आग्रह के बाद मोरारजी देसाई ने चौधरी चरण सिंह को सरकार में वापस बुला लिया और राजनारायण की जगह रवि राय को रख लिया। लेकिन जिस दिन चौधरी साहब को सरकार में वापस लिया गया, उसी दिन शाम को उत्तर प्रदेश के मुख्यमंत्री ने अपने चार सहयोगियों को हटा दिया। जो सहयोगी और साथी यह कहते थे कि अगर प्रधानमंत्री संसद भंग करने के अपने अधिकार का प्रयोग करते हैं तो इससे पार्टी की एकता को ठेस पहुंचेगी, वही बाद में यह कहते हैं कि मुख्यमंत्री को अपने सहायक चुनने की स्वतंत्रता होनी ही चाहिए। यह चौंकाने वाली बात है। यह एक अनूठी बहस है। जहां प्रधानमंत्री को अपने कैबिनेट के सहयोगियों को चुनने की पूरी स्वतंत्रता नहीं है, वहीं एक मुख्यमंत्री स्वतंत्र है कि वह जब चाहे, जिसे चाहे, अपने कैबिनेट में रखे या निकाल दे। इस परंपरा को चौधरी चरण सिंह और उनके सहयोगियों ने आगे बढ़ाया। इस तरह पार्टी में कोई नियम नहीं रह गया था, बल्कि सत्ता के महत्त्वपूर्ण पदों को हासिल करने के लिए यह एक प्रयोग था।

एक अन्य बात भी ध्यान में रखनी होगी कि 1977 के चुनाव के बाद इस देश को एक विशेष दिशा में ले जाने की कोशिश की गई। बिहार में पिछड़े वर्गों के लिए आरक्षण से काफी तनाव उत्पन्न हुआ, जो जरूरी नहीं था और उसका कोई औचित्य भी नहीं था। मैं उन लोगों में से हूं जो आरक्षण नीति का घोर समर्थन करते हैं। पर उस समय गलतफहमी हुई और मैंने समझा कि पार्टी का यह निर्णय उचित है और यह सही नीति है जिसके द्वारा उपेक्षित जाति और वर्गों को आगे बढ़ाया जा सकता है। लेकिन इन जातियों की आर्थिक स्थिति पर विचार नहीं किया गया, बल्कि हमारे कुछ मित्रों ने आरक्षण को अपने राजनीतिक प्रभाव को बढ़ाने का शस्त्र बना लिया। मैं इन बातों से भी सहमत हो जाता लेकिन तभी केंद्र और कुछ राज्यों में पार्टी के अंदर उस आधार पर गुट बनने लगे। अतः यह इस संकट के रूप में आया पर मैं नहीं समझता कि जनता पार्टी या देश की

राजनीति पर इसका दूरगामी प्रभाव होगा। हां, केंद्रीय स्तर पर यह तनाव कुछ हद तक वर्तमान है। अतः इन सारी बातों पर ध्यान देना होगा।

मैं मोरारजी देसाई को दोषी नहीं ठहराऊंगा। लेकिन मोरारजी देसाई का अपनी पार्टी के सहयोगियों के साथ अजीब व्यवहार रहा। आप इस बात से इनकार नहीं कर सकते कि वे पार्टी या सरकार में अच्छे लोगों को ही लाना चाहते थे, किंतु कभी दबाव में आकर वे दूसरे दृष्टिकोणों पर भी विचार करते थे। समस्या यह थी कि उनके सहयोगियों ने अपने असंतोष को कभी भी उनके सामने प्रकट नहीं किया बल्कि उनकी पीठ पीछे कानाफूसी करते रहे। एक या दो बार मैंने मोरारजी देसाई से कहा कि उन्हें कैबिनेट के अपने लोगों से भी विचार-विमर्श कर लेना चाहिए। तब वे बड़े ही विश्वास से जवाब देते थे कि उन्होंने कभी भी बिना अपने सहयोगियों की सलाह के कुछ नहीं किया है। एक बार मैंने कुछ वरिष्ठ सहयोगियों से इस संदर्भ में मोरारजी देसाई से बात करने को कहा, पर आश्चर्य कि वही दोस्त जो पीछे शिकायत करते थे, चुप रह गए। स्थिति यह थी और मोरारजी देसाई इस तरह की स्थितियों के लिए नहीं बने थे। उन्होंने भारत के स्वतंत्रता संग्राम में सक्रिय भागीदारी की थी और जहां जिस क्षेत्र में उन्होंने काम किया, वहां अग्रणी और महत्त्वपूर्ण भूमिका निभाई। यहां वे सभी के साथ सामंजस्य स्थापित नहीं कर पाये और इसका परिणाम हुआ कि धीरे-धीरे वे अलग-थलग पड़ गए।

एक बात और थी कि इस बुजुर्ग व्यक्ति ने कभी भी किसी के साथ अपनी कुर्सी के लिए सौदेबाजी नहीं की। उन्होंने अपने सिद्धांतों के साथ कभी समझौता नहीं किया जबकि चार या पांच दलों वाली टीम के नेता होने के लिए सिर्फ सिद्धांत और दृष्टिकोण ही महत्त्वपूर्ण नहीं होते, बल्कि कुछ हद तक एक सीमा के भीतर समझौते भी जरूरी हो जाते हैं। लेकिन वे कहीं झुकनेवाले नहीं थे। अतः इन सब वजहों का भी योगदान रहा। दूसरी बात यह थी कि वे देश की बदलती परिस्थितियों को समझने और ग्रहण करने को तैयार नहीं थे। उन्हें लोगों की इच्छा की भी बहुत जानकारी नहीं थी। इसलिए विभिन्न अभिलाषाओं वाले लोगों को खुश करनेवाला कोई निर्णय वे नहीं ले सके। उनमें यही कुछ कमियां थीं, जिससे इनकार नहीं किया जा सकता। लेकिन एक बात कहनी पड़ेगी कि इस व्यक्ति ने बेहद गर्व के साथ प्रधानमंत्री का पद ग्रहण किया और बहुत ही स्वाभिमान के साथ इस पद को छोड़ा। अपनी सत्ता को बनाए रखने के लिए कभी खुद को किसी के सामने नहीं झुकाया, इस बात के लिए उन्हें कभी पछतावा नहीं हुआ क्योंकि उनके मन में भगवान के प्रति गजब की आस्था थी कि जो होता है, ईश्वर की

मर्जी से ही होता है। इस आस्था की वजह से उन्हें सारी स्थितियों पर ज्यादा अफसोस नहीं हुआ। लेकिन वह व्यक्ति जो प्रधानमंत्री की कुर्सी पर है, उसे सिर्फ अपनी संतुष्टि के बारे में नहीं सोचना चाहिए, बल्कि यह भी देखना चाहिए कि इस निर्णय का देश और पार्टी पर क्या दूरगामी प्रभाव पड़ेगा। अगर मोरारजी देसाई ने अपने सिद्धांतों को देश के हित के लिए थोड़ा लचीला बनाया होता तो आज जनता पार्टी और देश को इस बड़ी विपत्ति का सामना नहीं करना पड़ता।

**आरएसएस और जनसंघ की इस संकट में क्या भूमिका थी? क्या यह सच है कि पार्टी के आदेश पर मधु लिमये ने आरएसएस से संबंधित कोई सूचना भेजी थी? क्या राष्ट्रीय कार्यकारिणी के कई सदस्यों ने दोहरी सदस्यता को लेकर सवाल उठाए थे?**

मैं मधु लिमये की सूचना के बारे में ठीक-ठाक नहीं जानता। मधु लिमये ने निजी तौर पर पार्टी में हो रही सामूहिक बहस में आरएसएस से संबंधित इस मसले को कई बार उठाया था, लेकिन वास्तविकता यह है कि कृष्णकांत इस मसले को राष्ट्रीय कार्यकारिणी तक ले गए। सरकार के गठन के तुरंत बाद ही उन्होंने इस मुद्दे पर सबका ध्यान खींचा और तब हम राष्ट्रीय कार्यकारिणी की बैठक में मिले। मधु लिमये भी ऐसा किए जाने के पक्ष में थे। मगर चौधरी चरण सिंह, राजनारायण और कर्पूरी ठाकुर ने कहा कि इस समय इस विषय पर विचार करने की कोई जरूरत नहीं है। क्योंकि उस समय उन लोगों का जनसंघ से करीबी रिश्ता था। अटल बिहारी उस कार्यकारिणी में शामिल नहीं हो पाए थे। जब तक हम लोग जेल से बाहर आते, उसके पहले ही वे लोग इस बात पर सहमत हो गए कि आरएसएस के किसी मसले पर कोई विचार-विमर्श नहीं होगा। सुरेंद्र मोहन ने इस बात की पुष्टि की। ओमप्रकाश त्यागी जो जनसंघ के सदस्य थे और प्रतिनिधित्व भी करते थे, उन्होंने कहा कि आरएसएस के विषय में कोई बात नहीं उठायी जानी चाहिए क्योंकि उस समय वह एक प्रतिबंधित संगठन था। अतः यह सच है कि यह सवाल उठाया गया और कृष्णकांत तथा मधु लिमये जैसे लोग इस मसले को संगठन में लाना चाहते थे। ज्यादातर मित्र जो इस मुद्दे से जुड़े हुए थे, उनका सोचना था कि यह व्यर्थ का विवाद है और हमें ऐसी बातों पर अपनी ऊर्जा खर्च नहीं करनी चाहिए जो पार्टी में एकता और भाईचारा लाने की बजाय उसमें तनाव उत्पन्न करे। यह कहना उचित नहीं होगा कि आरएसएस की कोई भूमिका नहीं थी।

मेरे विचार से इस संकट के दो कारण थे : पहला, कुछ लोगों का अपनी हर

बात को सही ठहराना। कुछ मित्र महसूस करते हैं कि वे जो कुछ कहते हैं, वही सच है, वहीं सिद्धांत है, वही अंतिम फैसला है, किसी और दृष्टि से उस पर विचार करने या दूसरों की बात सुनने के लिए बिलकुल तैयार नहीं होते। दूसरा, उन दोस्तों को बर्दाश्त नहीं करना जो आरएसएस के विरुद्ध प्रचार कर रहे थे। मैं यह विचार रखता हूं कि यदि आपने जनसंघ से अपने हाथ मिलाए हैं तो चाहे यह सही हो या गलत, आपको उन्हें पूरा समय देना चाहिए ताकि वे खुद को बदल सकें। वे भारतीय राजनीति की मुख्यधारा के अंश हैं और उन्हें जनतांत्रिक ढांचे में ही काम करना है। आरएसएस से जुड़े कार्यकर्ताओं को अपना तरीका बदलना ही होगा। मेरा अनुभव यह है कि उस समय जनसंघ के नेता, प्रशासनिक मसलों पर जब भी विवाद होता था, उसे आपस में सुलझा लेते थे। केंद्रीय स्तर पर तो ऐसा होता था, परंतु राज्य स्तर पर ऐसा नहीं कहा जा सकता क्योंकि यहां वे लोग खुद को स्थापित और अपने प्रभाव क्षेत्र को विस्तृत करने के प्रयास में लगे थे। लेकिन अब सिर्फ जनसंघ का ही विरोध नहीं था, बल्कि कई दूसरे विरोध भी थे। सभी समूहों को मिलाने की बजाय वे एक-दूसरे पर शासन करना चाहते थे। लेकिन आरएसएस के एक समूह ने, जो राज्य स्तर पर या स्थानीय स्तर पर जनता पार्टी में महत्त्वपूर्ण स्थान रखता था, समय के साथ बदलने की जरूरत महसूस नहीं की। अतः इसी तरह की प्रवृत्ति ने संगठन में तनाव बढ़ाया और संगठन पर और अधिक दबाव डाला। अटल बिहारी वाजपेयी ने यह महसूस किया कि अगर आरएसएस को भारतीय राजनीति में कोई उद्देश्य पूरा करना है तो उसे अपनी भूमिका बदलनी होगी। कुछ लोग ऐसे थे जो यह विचार रखते थे कि आरएसएस को बिलकुल परिवर्तित नहीं होना चाहिए। उनका यह कहना था कि आरएसएस ही एकमात्र ऐसा अनुशासित और देशभक्त संगठन है जो देश की सेवा कर रहा है। लेकिन हमारा इतिहास ऐसा नहीं कहता। आरएसएस के बहुत से लोग जिन्होंने ब्रिटिश साम्राज्यवाद के खिलाफ लड़ाई लड़ी थी, उनके साथ नहीं थे। हो सकता है कि कुछ ने भारतीय राष्ट्रीय आंदोलन में भाग लिया हो, लेकिन उनकी संख्या बहुत कम थी। अतः उनका दावा करना कि देशभक्ति में उनकी कोई मिसाल नहीं है और वे राष्ट्रीय गौरव के प्रतीक हैं, गलत है। इस तरह की बातें दूसरों को सिर्फ परेशान ही कर सकती हैं।[5]

### क्या जनसंघ में दो समूह थे?

दो समूह थे या तीन, मैं नहीं कह सकता, लेकिन जनसंघ में विचारधाराएं दो जरूर थीं। आरएसएस तथा जनसंघ के भीतर विचारों का खूब मंथन होता। जब जनसंघ

था, उस समय भी उसकी कार्यकारिणी समिति में आरएसएस की भूमिका को लेकर विवाद थे क्योंकि संभवतः लोग नहीं जानते थे कि चाहे भारतीय मजदूर संघ हो या विद्यार्थी परिषद, कभी जनसंघ के नियंत्रण में नहीं रहे। जनसंघ का एक हिस्सा हमेशा सोचता था कि उन्हें यह साफ कर देना चाहिए कि वे आरएसएस के युवा तथा मजदूर संगठन हैं। वे इस बिंदु पर असहमत थे। आने वाले दिनों में यह विवाद और गहराता चला गया क्योंकि जनता पार्टी में कई और लोग शामिल होते गए। जो मित्र आरएसएस की भूमिका के विरुद्ध थे, उन्होंने कुछ देर इंतजार किया। शायद उन्हें इस बात का एहसास हुआ होगा कि इस समय आरएसएस की भूमिका पर बात करना असंगत है। आरएसएस के प्रभावशाली लोग उस समय बहुत सकारात्मक तरीके से पेश नहीं आ रहे थे। अतः यह समस्या उत्पन्न हुई।[6]

**क्या आपको लगता है कि सरकार को उखाड़ फेंकने में पैसे की कोई भूमिका थी?**

कुछ पूंजीपतियों ने इस नाटक में बहुत महत्त्वपूर्ण भूमिका निभाई। दिल्ली की राजनीति जानती है कि इसमें पैसे की कुछ भूमिका जरूर थी। मैं नहीं जानता कि यह भूमिका इस संकट के लिए किस हद तक जिम्मेदार थी। लेकिन इतना जरूर कहूंगा कि कुछ उद्योगपतियों ने जिस तरह से काम किया है, उससे संसदीय प्रजातंत्र पर कई सवाल उठ खड़े हुए। अगर उद्योगपतियों की इस प्रवृत्ति पर अंकुश नहीं लगाया गया तो हमारा भविष्य संकटमय हो जाएगा।

**जनता पार्टी के टूटने के हर मौके पर क्या कोई अंतर्राष्ट्रीय फैक्टर भी काम कर रहा था? ऐसी चर्चा थी कि मास्को मोरारजी भाई से बहुत नाराज था!**

ऐसा मुझे पता चला कि किसी राजदूत ने प्रधानमंत्री से कहा कि आप सावधान रहें, मास्को आपकी सरकार गिराना चाहता है।

**पार्टी के टूटने में मोरारजी देसाई की क्या भूमिका रही है? क्या वे नहीं चाहते थे कि पश्चिम बंगाल में सीपीएम तथा जनता पार्टी और कश्मीर में नेशनल कांफ्रेंस तथा जनता पार्टी का चुनावी गठबंधन हो?**

वास्तविकता तो यह है कि इन दोनों मामलों में उनकी कोई प्रत्यक्ष भूमिका नहीं थी। मेरा यह विचार था कि पश्चिम बंगाल में सीपीएम के साथ तथा कश्मीर में नेशनल कांफ्रेंस के साथ हमारा चुनावी गठबंधन हो। सीपीएम के साथ इस विषय

पर मेरी बातचीत भी हुई और हम कुछ प्रस्तावों पर सहमत भी हो गए थे, किंतु राज्य के नेतृत्व ने सब कुछ जानबूझकर तहस-नहस कर डाला। विशेषकर पी.सी. सेन असहयोग का रुख अपनाये हुए थे। वे सोचते थे कि जनता पार्टी अपने बलबूते पर चुनाव का रुख मोड़ देगी। उनके मित्रों तथा सलाहकारों ने भी उनके विचार से सहमति जताई। उस समय मैंने सी.बी. गुप्ता को पश्चिम बंगाल का पर्यवेक्षक नियुक्त किया। वे भी वहां जाकर पी.सी. सेन से सहमत हो गए और सीपीएम के नेतृत्व को परखने का कोई प्रयास नहीं किया। यह बेहद आश्चर्य वाली बात थी कि कोई जिम्मेदार व्यक्ति इस तरह की गैर-जिम्मेदाराना हरकत करे। यह दुर्भाग्यपूर्ण था। अशोक मेहता, भानुप्रताप सिंह और नानाजी देशमुख–तीनों व्यक्ति कश्मीर गए और जब वे वापस लौटे, तब मैंने सोचा कि शेख अब्दुल्ला के साथ गठबंधन होगा। पुनः उनका मूल्यांकन अपने रास्ते से भटक गया, क्योंकि वहां हमारे कुछ साथी यह सोचते थे कि शेख बहुत प्रभावशाली नहीं रह गए हैं इसलिए वे सीट जीत नहीं पाएंगे। मैं इस मूल्यांकन से सहमत नहीं था, इसीलिए मैंने शेख अब्दुल्ला के वित्तमंत्री से दो-तीन बार बात की। वे हर तरह से हमारी मदद को तैयार थे। लेकिन इधर इन लोगों ने रिपोर्ट तैयार कर पार्टी को दे दी। यहां के नेतृत्व–जनता पार्टी के तीन वरिष्ठ नेता मोरारजी देसाई, जगजीवन राम और चौधरी चरण सिंह–ने भी अपने यही विचार प्रकट किए। देसाई ने दूसरों द्वारा प्रकट किए गए विचारों का समर्थन किया। उन्होंने इसकी शुरुआत नहीं की, बल्कि जब मैंने पहल की तो उन्होंने इस प्रस्ताव पर मुझे अपना समर्थन नहीं दिया। इस हद तक तो वे जरूर कसूरवार थे लेकिन वे प्रत्यक्षतः जिम्मेदार नहीं थे।[7]

**जब राष्ट्रीय कार्यकारिणी में दोहरी सदस्यता के सवाल को उठाया गया तो एच. एन. बहुगुणा का क्या पक्ष था?**

उस समय बहुगुणा ने चुप्पी साध ली। वे बहुत उत्साहित नहीं थे क्योंकि दूसरे राज्यों में बहुगुणा जनसंघ के नेताओं के साथ मामलों को सेट करने में लगे हुए थे। बाद में राष्ट्रीय कार्यकारिणी में चार-पांच महीने बाद यह प्रश्न फिर उठा। वे राष्ट्रीय कार्यकारिणी में ही इसका फैसला चाहते थे। मैं भी कोई फैसला चाहता था किंतु यदि वे लोग यह चाहते होते तो फैसला हो चुका होता। बहुगुणा ने इस मसले को संसदीय समिति में भेजने का सुझाव दिया। इसे संसदीय समिति में भेज दिया गया। उन्होंने यह सुझाव दिया कि मोरारजी देसाई को इस मसले को लेकर नेताओं के साथ विचार-विमर्श कर इसके हल की जिम्मेदारी दी जानी

चाहिए। मोरारजी देसाई को ऐसा हल निकालना चाहिए था, जिससे सभी सहमत हों, परंतु उन्होंने न तो कोई सलाह दी, न ही कोई हल निकाला और न ही कभी संबंधित लोगों से बात की।

**जनता पार्टी में आपके कुछ मित्र सोशलिस्ट विचारधारा से जुड़े हुए थे। वे संघ के मुद्दे को देश के लिए बड़ी समस्या समझ रहे थे। इसके बारे में आपका क्या कहना है?**

इसके बारे में मेरे पास कहने को कुछ नहीं है। यह समस्या के बारे में उनकी समझ है। एक विचार उन लोगों में यह भी था कि वे कांग्रेस से जुड़कर समस्या का समाधान करने के लिए तैयार हैं। उनमें से एक भूतपूर्व कांग्रेसी नेता, जो जनता पार्टी के नेता हैं, उनसे मैंने सवाल किया कि पिछले 30 सालों में न केंद्र, न राज्य के कैबिनेट में कोई जनसंघी सदस्य था। 1967 को छोड़कर जब कुछ राज्य सरकारों में जनसंघी मंत्री थे, तो क्या इस देश में सांप्रदायिकता खत्म हुई? समस्या को साफ नीति और कार्यक्रम के आधार पर खत्म करना है। मैं नहीं समझता कि संघ या कोई अन्य समूह सम्मिलित रूप से बनाई गई सोच को प्रभावित कर सकेगा। अगर संघ से असहमति रखनेवाले हमारे दोस्त रचनात्मक कार्यक्रम पेश करते हैं तो वे इन सांप्रदाद्कि ताकतों से लड़ने में ज्यादा सक्षम होंगे। सांप्रदायिकता एक नारा है जो सरकार या सरकार के बाहर चंद लोगों के खिलाफ उपयोग किया जाता है। मैं अनुभव करता हूं कि मेरे कुछ दोस्त पार्टी में इस समस्या को राजनीतिक नारा बनाने की कोशिश कर रहे हैं। वे भले ही सोचते हों कि यह सब करके पार्टी और समाज की सेवा कर रहे हैं, पर यह ठीक नहीं है। अगर संघ पार्टी को गलत रास्ते पर जाने के लिए प्रभाव डालता है तो मैं समझता हूं कि इसको चिन्हित किया जाए और पूरी पार्टी का समर्थन लिया जाए।

**लोगों ने 1977 के सत्ता परिवर्तन से वैसी ही उम्मीद लगाई थी, जैसी 1947 के परिवर्तन से। यह भी माना गया कि सत्ता परिवर्तन अंततः व्यवस्था परिवर्तन का माध्यम बनेगा। लेकिन जनता पार्टी के शासन के दौरान पार्टी चलाने से लेकर सरकार चलाने तक ऐसा कुछ नहीं हो पाया, इसी निराशा ने मौजूदा संक्रमण को जन्म दिया?**

हमारे कुछ अनुभव ऐसे हैं, जिनको सार्वजनिक तौर पर बताना मेरे लिए बड़ा कठिन है। इसके लिए उन लोगों के बारे में बात करनी होगी जो उस समय सरकार चला रहे थे। वह एक बहुत दुखद प्रसंग है। आप लोग जो जानते हैं,

उतना काफी नहीं है। हुआ क्या, 1975-77 यानी आपातकाल में संघर्ष का काल बहुत छोटा था। लोग 18 महीने जेल में रहे और बाद में जो भी मैदान में गया, चुनाव जीतकर आया। जीतकर सिर्फ एमपी-एमएलए नहीं, मंत्री भी बन गए। न उन्होंने संघर्ष को समझा, न समाज और न ही समस्याओं की पेचीदगी को। उसने आंदोलन की मंजिल, जिसकी आप बात कर रहे हैं, को भी नहीं समझा था।

आंदोलन के पहले हमने जयप्रकाश नारायण से एक बात कही। लोगों के विचारों को देखते हुए आप अगर सोच रहे हों कि लोग आंदोलन करेंगे, इंदिरा गांधी अगर आपको जेल भेज देंगी इसकी प्रतिक्रिया में जगह-जगह सभाएं होंगी, लोकसभा और राज्यसभा में हंगामा मचेगा, विधानसभाओं में शोर मचेगा और जनमत तैयार होगा, तो यह नहीं होगा। आपकी आवाज बंद कर दी जाएगी। संपूर्ण क्रांति के नारे के पीछे चलनेवाले आज जो विरोधी पक्ष के लोग हैं, उनमें से अधिकांश को संपूर्ण क्रांति की कल्पना से कोई मतलब नहीं है। उस क्रांति की भावना से उनका कोई लगाव नहीं है। ये लोग आपके सहारे सत्ता तक पहुंचना चाहते हैं। वे लोग भले ही सफल हो जाएं, आपको निराशा ही हाथ लगेगी और यह बात मैंने जयप्रकाश नारायण से अकेले में नहीं, दस लोगों के बीच में कही थी।

मैंने जयप्रकाश और इंदिरा गांधी को चिट्ठियां भी लिखी थीं। इंदिरा गांधी को लिखा कि कम्युनिस्ट नेता आपका जयप्रकाश से टकराव कराने की जो कोशिश कर रहे हैं, वह पिछले दरवाजे से सत्ता में आने की उनकी साजिश मात्र है। आप और जयप्रकाश नारायण का टकराव देश के लिए घातक है। जयप्रकाश सत्ता के लिए नहीं लड़ रहे हैं, इसलिए सत्ता की ताकत से उन्हें दबाया नहीं जा सकता और जयप्रकाश अकेले भी अगर मरने को तैयार हो जाएंगे तो आप अपनी सत्ता को नहीं बचा पाएंगी। इसलिए इस लड़ाई को बंद कीजिए। आपकी राजशक्ति और जयप्रकाश की नैतिक शक्ति से देश को संकट से उबारा जा सकता है। जयप्रकाश को मैंने दूसरा पत्र लिखा कि आपके साथ के लोगों को सत्ता चाहिए, उन्हें संपूर्ण क्रांति नहीं चाहिए। इसलिए इंदिरा गांधी को समझाइए।

मेरी बात लोगों ने नहीं सुनी और आज वे दोनों नहीं हैं, तब मैं कह रहा हूं। इसमें मुझे थोड़ी कामयाबी भी मिली। वह भी सिर्फ इतनी कि इंदिरा गांधी ने जयप्रकाश नारायण को चिट्ठी लिखी। लेकिन दोनों के साथ के लोगों ने तनाव बढ़ाया, क्योंकि इन लोगों का नेतृत्व इसी बात पर निर्भर करता था कि इंदिरा गांधी और जयप्रकाश नारायण लड़ते रहें, बाद में आपातकाल लगा और मैं भी जेल गया। दूसरी दिक्कत और है। आप दो दर्जन भी ऐसे नौजवानों के नाम नहीं बता सकते

जो आंदोलन की धारणाओं को लेकर चले थे। मुझे याद है, 18 महीने के बाद विद्यार्थी आंदोलन से आए 52 नौजवानों ने टिकट के लिए आंदोलन किया था।

उनमें से 45-48 लोगों को मैंने भी कर्पूरी ठाकुर से कहकर टिकट दिलवाया था। इसमें कई लोग चुनाव जीते और मंत्री भी बने। सरकार बनने के तुरंत बाद जनता पार्टी के अध्यक्ष की हैसियत से पटना गया। वहां रात को एक बैठक हुई। वहां भाषण में किसी ने कहा कि सही लोगों का प्रतिनिधित्व सरकार में नहीं हो पाया है। आधे घंटे के बाद मैंने कहा कि मंत्री बनने और बनाने की कला मुझमें नहीं है, यह बात किसी और से जानिए। और उस दिन मुझे बड़ी निराशा हुई। एक लड़का जो कॉलेज से जेल गया और 18 महीने बाद एमपी, एमएलए हो गया, वह तुरंत मंत्री बनना चाहता है। वह त्याग, बलिदान, कुर्बानी, संपूर्ण क्रांति और जयप्रकाश नारायण--सबको भूल गया है। इस आंदोलन की यह बहुत बड़ी कमजोरी थी, वह स्वीकार करना चाहिए।

दूसरे वहां (जनता पार्टी में) कोई ऐसा नहीं था, जो अपने को दूसरे के बराबर समझे। सब अपने को एक-दूसरे से ऊपर समझते थे। मोरारजी भाई के बारे में कुछ कहना व्यर्थ है। चरण सिंह के बारे में कहना व्यर्थ है। जनसंघ के लोग शक्तिपुंज बनकर आए ही थे। सोशलिस्ट लोगों की आदर्शवादिता उनके सिर पर चढ़ी हुई थी, तो फिर क्या किया जा सकता था! उन घटनाओं को जब मैं याद करता हूं तो आश्चर्य होता है कि सरकार आखिर 28 महीने कैसे चल गई! और इन्हीं अनुभवों के आधार पर मैं कहता हूं कि आज की परिस्थिति में भारत जैसे देश में सरकार चलाना बहुत हिम्मत और स्पष्ट विचारों की मांग करता है। उसमें हमेशा इस बात के लिए तैयार रहना होगा कि हो सकता है, कल ही सरकार से बाहर जाना पड़े। आज की जैसी सरकार चलानी हो तो अलग बात है।

लेकिन उस आंदोलन की एक बहुत बड़ी उपलब्धि थी। वह यह कि दुनिया यह मान चुकी थी कि भारत में जनतंत्र मर गया है, जो दोबारा पनप नहीं सकता। ऐसी स्थिति में दोबारा जनतंत्र लौटना इस आंदोलन की सबसे बड़ी उपलब्धि माना जा सकता है। 18 महीने की इमरजेंसी ने भारत में फिर से लोकतंत्र ला दिया, यह कोई छोटी उपलब्धि नहीं है और जयप्रकाश नारायण से मैंने कहा था कि अब आप किसी को कोई सलाह मत दीजिए। जिंदगी के अंत में आपने करीब-करीब वह सब पा लिया है, जो महात्मा गांधी ने पाया था। इसलिए अब आप खुद को इससे अलग कर लीजिए। मैंने कहा, सरदार पटेल और पंडित नेहरू ने गांधीजी को अस्वीकार कर दिया था, आज के नेता आपको स्वीकार नहीं करेंगे और आपका स्वास्थ्य भी ठीक नहीं है।

**आपने 1977 के बाद की घटनाओं का जिक्र किया, पर विरोधी दलों के कुछ नेताओं की जो मानसिकता बन गई है कि कैसे भी मिल जाओ, बाकी काम अपने-आप हो जाएगा, यह मानसिकता कैसे ठीक होगी?**[8]

इस पर मेरा दृष्टिकोण स्पष्ट है। मैंने बार-बार कहा कि मिल सकते हैं, मिलकर शायद आज की सरकार को हटा भी सकते हैं, लेकिन लोगों के सामने जो वायदा करते हैं, उन्हें ऐसे पूरा नहीं कर पाएंगे। इसके लिए दृढ़ इच्छाशक्ति आवश्यक है। इसके लिए नीतियों में निष्ठा चाहिए। बिना कार्यक्रमों और नीतियों में निष्ठा हुए किसी अभीष्ट पर पहुचंना असंभव है। तिकड़म करके तात्कालिक सफलता तो पा सकते हैं, पर नए समाज के निर्माण की ओर कोई कदम नहीं बढ़ा सकते हैं। पर इस संदर्भ में यह बात ध्यान रखिए कि ऐसी बातें कौन लोग करते हैं। मैं किसी व्यक्ति विशेष का नाम नहीं लेना चाहता। अगर विरोध पक्ष के नेताओं को आप देखें तो 1984 के दिसम्बर के चुनाव के बाद से लेकर जब यह सवाल उठने लगा कि हमको किसी तरह एक होकर राजीव गांधी को हराना चाहिए। इनमें से अधिकांश लोग वे हैं, जो उन दिनों में राजीव गांधी के रूप में नया मसीहा देखते थे, जो यह समझते थे कि राजनीति में नया प्रकाश लेकर राजीव गांधी आए हैं। जो उस समय उनके साथ रहकर चापलूसी कर रहे थे, मैं उनकी बात नहीं कहूंगा, पर जो विरोध पक्ष में थे, उनमें से अधिकांश की यही भूमिका थी। मैंने आपसे ही एक बार कहा था कि 1984 में जो नृशंस दंगे हुए और हजारों निस्सहाय लोगों की जिस तरह हत्याएं हुईं, उससे किसी के दिल में अगर दर्द, पीड़ा और करुणा नहीं उपजती है, तो ऐसा व्यक्ति जनतांत्रिक ढंग से देश का नेतृत्व नहीं कर सकता है। यह मेरी मान्यता है।

अगर आपकी प्रतिक्रिया मानव की पीड़ा के प्रति एक निष्ठुर व्यक्ति की है तो मैं नहीं समझता कि एक गरीब देश को बनाने के लिए आप लाखों अमीरों की नाराजगी मोल ले सकते हैं। मुझे दुख इस बात का है कि विपक्ष की राजनीति करनेवाले लोग एक साधारण-सी बात नहीं समझते कि राजनीति केवल दिमाग से या चालाकी से नहीं होती है। यह दिल और दिमाग दोनों से होती है। समता की राजनीति दिल से ज्यादा होती है। बहुत पहले जिलास ने कहा था कि समाजवाद बीस प्रतिशत सिद्धांत है और अस्सी प्रतिशत आचरण है। अगर आचरण में आप खरे नहीं उतरते तो सिद्धांत की बात करनेवाले बहुत-से लोग आए और चले गए। जिन लोगों ने मानव पीड़ा के सवालों पर अपने को कभी व्यक्त नहीं किया, उन लोगों से अचानक यह आशा कर लेना कि कल वे समता के समाज के लिए संघर्ष करने लगेंगे या इसके रचयिता होंगे, यह राजनीति की सबसे बड़ी भूल होगी। मैं

इस बात से सहमत हूं कि मात्र एकता से शायद सरकार को हटाया जा सके, पर यह परिवर्तन अर्थहीन साबित होगा। हां, मैं इस बात से सहमत हूं कि यह सरकार जिस रास्ते पर चल रही है, वह विनाश का मार्ग है। पर मात्र हराने से समस्याओं का समाधान नहीं होगा। जब तक हम गरीब और गरीबों की समस्याओं से जुड़े नहीं हैं, हम सरकार तो बना सकते हैं, गरीबों के भले की सरकार नहीं बना सकते।

**आम तौर पर यह माना जाता है कि 1980 में जनता पार्टी का विभाजन दोहरी सदस्यता* के सवाल पर हुआ। क्या यह वास्तव में सही है?**

सवाल तो यही उठाया गया था। इस विवाद को लोग इस हद तक ले गये कि पार्टी टूट गयी। लेकिन इसके पीछे और कौन-कौन-सी शक्तियां काम कर रही थीं, चर्चाएं तरह-तरह की थीं। कुछ तो समाजवादियों ने और कुछ संघ के लोगों ने इसे मुद्दा बना दिया। मोरारजी ने कोई फार्मूला नहीं दिया था। सबने मिलकर फार्मूला तैयार किया था। फार्मूला सीधा था कि जो लोग पार्टी में रहेंगे, वे संघ के लिए नियमित रूप से काम नहीं करेंगे। यह समाजवादी और संघ के कुछ लोगों की आम राय थी। लेकिन कुछ लोग जो इधर-उधर दोनों जगह रहना चाहते थे, उन्हें समझौता मंजूर नहीं था। मामला इतना बढ़ गया कि मैंने बाला साहब देवरस से कहा कि मैं आपसे बात करना चाहता हूं। नागपुर एयरपोर्ट पर उनसे बात हुई। वे मेरे विचार से सहमत थे। मैंने और रज्जू भैया ने एक वक्तव्य पर संयुक्त हस्ताक्षर किये। लेकिन दोनों तरफ से कुछ लोग थे, जिन्होंने इसका विरोध किया।

**जनता पार्टी के टूटने की घटना पहले भी हो चुकी थी। उससे इसका किस प्रकार से संबंध है? 1979 में चरण सिंह को निकाल दिया गया था। मधु लिमये की भूमिका क्या थी?**

मैं तो यह कहूंगा कि लोग ज़रा बढ़ा-चढ़ाकर कहते रहे हैं। जो व्यवहार चरण सिंह के साथ जनता पार्टी में हो रहा था, वह उचित नहीं था। जिस दिन उन्हें हटाया गया, उस दिन मेरी तबीयत ठीक नहीं थी। मैं घर पर ही था।

एक मीटिंग में यह फैसला लिया गया था। जब मीटिंग खत्म हो गयी तो उसमें उपस्थित दो-तीन लोग हमारे पास आये। कहा कि फैसला हो गया है। मैंने कहा, चिट्ठी भेजने के बाद सूचना देने का क्या मतलब है? मैं उस फैसले के बहुत खिलाफ था। क्योंकि दोनों के झगड़े तो होते रहते थे। जगजीवन राम किसी झगड़े में नहीं पड़ते थे। लेकिन वह चला। मैं नहीं समझता कि उसका अस्सी के

विभाजन से कोई लेना-देना है। हां, खटास उसी से पैदा हुई थी और खटास ऐसी हुई कि राजनारायण के साथ-साथ तीन-चार लोगों को निकाल भी दिया गया। काफी लोगों ने मोरारजी से कहा कि वे चरण सिंह को वापस ले लें। मोरारजी नहीं माने। कुछ लोग मेरे पास आकर कहने लगे कि आप मोरारजी से कहिए। मैंने मना कर दिया। जब काफी जोर देने लगे तो मैंने कहा कि एक शर्त पर मैं मोरारजी से बात करूंगा। मेरे कहने के बाद अगर वे नहीं माने तो मैं पार्टी छोड़ दूंगा। थोड़ी देर लोग चुप रहे। फिर बोले, अगर आप इस्तीफा दे देंगे तो हम लोग भी पार्टी छोड़ देंगे। फिर हुआ कि मेरे साथ कौन जाएगा? नानाजी देशमुख का नाम आया। मैंने नानाजी से कहा कि आप चलिए। अगले दिन हम लोग मोरारजी के घर पहुंचे। मैं बैठा ही था कि मोरारजी ने कहा कि चंद्रशेखर, आप भी उन लोगों की बातों में आ गये! अगर चरण सिंह को वापस ले लिया तो यह सरकार नहीं चल पाएगी। हमने कहा कि सब लोग चलाना चाहेंगे तो सरकार चलेगी ही, बस आपका सहयोग चाहिए। जब मैंने बहुत आग्रह किया तो उन्होंने कहा कि ठीक है, चारों को भी ले लूंगा। इस बात से संजीव रेड्डी बहुत क्षुब्ध थे। शाम को जब मैं एक शादी में पहुंचा तो श्यामनंदन मिश्र ने कहा कि चंद्रशेखर, यह आप क्या कर रहे हैं! चौधरी चरण सिंह ने वापस नहीं जाने का मन बना लिया है। मैंने वहां दो-चार लोगों से बात की और फिर गाड़ी में बैठकर सीधे चरण सिंह के यहां पहुंचा। मैंने चौधरी साहब से कहा कि सुना है कि आप पुनर्विचार कर रहे हैं? उन्होंने गुस्साते हुए कहा कि किसने कहा? मैंने कहा, श्यामनंदन ने। उन्होंने कहा, बुलाओ उसे…।

**दोहरी सदस्यता विवाद ने जनता पार्टी बनते ही जन्म ले लिया था। 1980 में ऐसा क्या हुआ कि जनसंघ को बाहर आना पड़ा?**

चौधरी चरण सिंह के हटने के बाद जनसंघ को यह समझ में आ गया कि पार्टी का जो आधार था, वह टूट रहा है। जनसंघ का आधार बड़ा था, इससे कोई इनकार नहीं कर सकता। जयप्रकाश नारायण प्रभावशाली नहीं रह गये थे। दोहरी सदस्यता के नाम पर दो-एक लोग परेशानी खड़ी कर रहे थे। यह समस्या जनसंघ ने खड़ी नहीं की थी।

**इसमें जगजीवन राम की भूमिका थी क्या?**

जगजीवन राम की भूमिका शुरू से ही गड़बड़ रही। एक तरफ तो वे जनता पार्टी में थे, दूसरी तरफ इंदिरा गांधी से भी बात कर रहे थे। जब यह बात मोरारजी

को पता चली तो वे सीधे जगजीवन राम के घर पहुंच गये। वहीं से मुझे फोन किया और फौरन जगजीवन राम के घर आने को कहा। वहां पहुंचा तो वे कहने लगे कि इन लोगों ने यूपी में लोकसभा टिकट के लिए कोई समझौता किया था। समझौता कराने में आडवाणी और सुरेन्द्र मोहन भी थे। मुझसे न तो किसी ने बात की थी और न ही हम जानते हैं।

**1980 का चुनाव बाबू जगजीवन राम के नेतृत्व में लड़ा गया था। ऐसा सोचा गया था कि उन्हें आगे कर जनता पार्टी पुनः सत्ता में वापस आ सकती है। क्या पराजय की वजह से जगजीवन राम का रुख बदला?**

जगजीवन राम को जब लीडर बनाने की बात हुई तो मैंने उसका विरोध किया। मैंने सार्वजनिक रूप से कहा कि अगर जगजीवन खड़े होंगे तो उनके विरुद्ध मैं खड़ा होऊंगा। मीटिंग में समाजवादी नहीं थे। कुछ लोगों ने आपस में बात की कि चंद्रशेखर ऐसे तो नहीं मानेंगे सो एक चिट्ठी जयप्रकाश नारायण से लिखवा ली जाए। जयप्रकाश नारायण की एक चिट्ठी मिली, उसमें लिखा था कि आप इसमें मदद कीजिए, नहीं तो पार्टी टूट जाएगी।

सच्चिदानन्द ने मुझे चिट्ठी लिखी कि मैं चुनाव न लड़ूं। मैंने भी एक पत्र लिखा। जब जेपी को चिट्ठी मिली तो वे रोने लगे। कहने लगे कि यह किसने मुझसे दस्तखत करा लिये? मैं तो 1977 में चाहता था कि चंद्रशेखर प्रधानमंत्री बने। ब्रह्मानंद टेप रखते थे। सारा कुछ टेप कर लिया और मेरे पास आकर कहने लगे कि मैं जा रहा हूं प्रेस कांफरेंस करने। वहीं सबको टेप सुनाऊंगा। मैंने उन्हें ऐसा करने से मना किया, क्योंकि सभी यही सोचते कि जेपी से बेहोशी की हालत में कुछ लोगों ने दस्तखत करवा लिये। उस समय इंदिरा गांधी ने मुझे बुलाया और कहा कि हम जगजीवन राम को मदद कर सकते हैं लेकिन एक शर्त पर। वे कहने लगीं, छः महीना वह रहे, उसके बाद चुनाव।

**ऐसा कैसे हुआ कि जगजीवन रामजी के मामले में तीन बार आपने उनकी ब्लैकमेल या दबाव की राजनीति स्वीकार कर ली? जुलाई 1979 में उन्होंने कहा, या तो मुझे नेता बनाइए, या मैं पार्टी छोड़ता हूं। नवंबर के पहले हफ्ते में उन्होंने कहा कि उनको टिकट बांटने में पूर्ण अधिकार मिले, नहीं तो पार्टी छोड़ देंगे। 28 नवंबर से 2 दिसंबर के बीच उनकी मांग थी कि मात्र उन्हें प्रक्षेपित किया जाए अन्यथा वे पार्टी छोड़ देंगे। आपने यह सब कैसे मान लिया?[9]**

तीनों बातें कोई अलग-अलग महत्त्व नहीं रखतीं। पहली बात ही महत्त्व रखती है

यानी उनको नेता बनाने का सवाल था। उस समय मैं ऐसा समझता था कि इस निर्णय से पहले पार्टी को कुछ सोचना चाहिए। लेकिन पार्टी के बहुत-से लोगों ने समझा कि जगजीवन बाबू के पार्टी का नेता बनने से बहुत लाभ होगा। उन लोगों ने एक काम यह भी किया कि जयप्रकाश नारायण से एक पत्र ले आए। किन परिस्थितियों में पत्र लिया गया, यह मैं अब नहीं कहना चाहता। लेकिन एक बार जब जयप्रकाश नारायण का पत्र आ गया तो मेरे लिए यह उचित नहीं था कि उनकी अनचाही इच्छा का भी उल्लंघन करता। यद्यपि मैं जानता था कि जयप्रकाश नारायण से एक ऐसी परिस्थिति में पत्र लिया गया जो किसी के लिए भी गरिमापूर्ण नहीं था। जब मैंने एक बार तय कर लिया कि अब जगजीवन राम नेता हैं तो उसके बाद बार-बार अड़चनें डालना मेरे लिए मुश्किल होता। जब वे सारे अधिकार पाने के लिए दबाव डाल रहे थे और कुछ लोगों ने इसका विरोध करना चाहा। तब मैंने कहा कि जब आपने इनको नेता चुना तब आपने कुछ नहीं सोचा तो बीच में यह सवाल उठाने से कोई लाभ नहीं है। जो निर्णय बिना पूर्व विचार के हम लेते हैं, उसके बुरे परिणामों के लिए हमें तैयार रहना चाहिए। मीठी-मीठी गप और कड़वी-कड़वी थू, यह नहीं चलता है। यह ठीक है कि यह सब स्वीकारना मेरे स्वभाव के विपरीत है, पर सही या गलत अगर किसी निर्णय के साथ में हो गया तो मैं बीच में रोज-रोज लाभ के लिए बदलता रहूं, यह भी मेरे स्वभाव में नहीं है। जब उनको नेता माना था तो सारी कीमत चुकाने के लिए पार्टी को तैयार रहना चाहिए था, नहीं तो पहले ही उनके बारे में विश्लेषण करके उनको नेता बनाना चाहिए था।

**भारतीय जनता पार्टी की स्थापना संबंधी एक बुकलेट में इस बात का उल्लेख है कि मोरारजी ने कोई फार्मूला तैयार किया था?**

सरासर गलत है। मोरारजी का कोई फार्मूला ही नहीं था। फार्मूला था तो इतना ही कि किसी तरह से मामला टल जाए। अगर पार्लियामेंट्री बोर्ड की बैठक हुई होती तो मैं तो उसमें जरूर उपस्थित होता।

**इससे यह निष्कर्ष निकाल सकते हैं कि इन लोगों ने पहले से तय कर लिया था कि जनता पार्टी से निकलना है?**

चरण सिंह के हटने के बाद पार्टी तो कमजोर हो गयी थी। जनसंघ के लोगों ने समझा कि उसमें रहने का कोई अर्थ नहीं है और सोशलिस्ट लोग भी काफी नाराज थे। राजनारायण और मधु लिमये तो बहुत ही नाराज थे।

**भाजपा बनाने का औचित्य उस समय था या नहीं? यह विचारधारा की टकराहट की वजह से हुआ या सिर्फ पावर पॉलिटिक्स?**

अब पार्टी छोड़ी थी तो कुछ तो बनाना ही था। कुछ लोगों से मेरी भी बात हुई थी। जो जिम्मेदार लोग हैं, वे नयी पार्टी के पक्ष में नहीं थे और इन लोगों को कोई विचारधारा से लेना-देना नहीं है। इन लोगों की कोई विचारधारा नहीं है। हां, संघ की एक दीर्घकालीन सोच तो थी ही। लेकिन 1977 में सत्ता का स्वाद चखने के बाद इन लोगों में भी उसके प्रति लिप्सा बढ़ गयी। एनडीए की सरकार के छः वर्षों के शासन के बाद तो यह बात पूरी तरह स्थापित हो चुकी है। अब तो संघ भी शायद विचार कर रहा होगा कि भाजपा बनाने का औचित्य था या नहीं।

## जेल डायरी से...

> *"सोचता रहा कि रात किस तरह आशंका से इंदिरा गांधी ने मुझे गिरफ्तार कराया। बहुत बार इस पर सोचा, पर आज यह बात बार-बार मन में आयी कि उनकी चाटुकारिता में लगे लोगों में क्या कोई नहीं जो उन्हें समझा सके? आज यह सोचकर भी चिंतित रहा कि बाहर जाऊंगा तो क्या करूंगा। राजनीति में क्या करना होगा। क्या सभी पार्टियों के मेल-जोल से जो संगठन बनेगा, उसका खुलकर समर्थन करना मेरे लिए संभव होगा? यदि नहीं तो फिर कांग्रेस के साथ कैसे रहा जाये? किस आधार पर? जो कुछ इन्होंने किया है, जिस प्रकार कुछ मित्रों को निष्कासित किया है, उसके बाद कौन आधार रह जाता है, कि उनके साथ फिर काम किया जा सके? बातें तो होती हैं, पर विरोध पक्ष से मिलकर। इंदिरा गांधी कोई रास्ता निकालेंगी, ऐसा मुझे नहीं लगता। आज इसी तरह के सवालों से माथापच्ची करता रहा। कुछ राह नजर नहीं आई। फिर ऐसा लगने लगता है कि बाहर जाकर मन का संताप और बढ़ जाएगा। और फिर इतनी जल्दी भी क्या है? थोड़ी प्रतीक्षा की जाये। कुछ न कुछ राह निकलेगी। देखें, ऊंट किस करवट बैठता है! यदि चुनाव हुए तो कांग्रेस की बुरी हालत होगी, पर पता नहीं निष्पक्ष चुनाव भी संभव हो पाएंगे या नहीं? यदि कांग्रेस की हार हुई तो उसके बाद जो चित्र बनेगा, क्या वह अधिक उज्ज्वल होगा? जो लोग दूसरी तरफ हैं, उनसे तो मुझे कोई आशा दिखती नहीं। उस दिन तोमर कह रहा था कि राजनीति में मेरी स्थिति बहुत अच्छी है, यदि लोकशाही रही तो। लेकिन*

*मुझे तो एक अजीब उलझन दिखाई देती है। पर इससे क्या? बाहर जाकर कुछ और भी तो किया जा सकता है। पर सामने पड़ने पर लोग थोड़ा झेंपेंगे अवश्य। कितने लोग तो सामने आना ही नहीं चाहेंगे, यह सब खयाल आज ऐसे आ रहे हैं जैसे मन कह रहा हो कि दस-पांच दिन में ही बाहर जाना हो। इसका कोई आधार तो दिखाई नहीं देता। इस समय तो पूरी तरह चुप्पी है। उच्चतम न्यायालय के निर्णय के बाद फिर कुछ चहल-पहल होगी।"*

***16 अक्तूबर, 1975***

*"विरोधी दलों के लोग कोई संयुक्त मोर्चा बनाना चाहते हैं। वही पुराना ढंग, जिसकी असफलता अनेक बार सिद्ध हो चुकी है। बस, अपना अस्तित्व बनाये रखना चाहते हैं। अपनी मान्यताओं से चिपटे रहना चाहते हैं। साथ ही यह भी अरमान संजोये बैठे हैं कि उनकी जो तस्वीर जनता के दिलों में है, उसे रखते हुए वे कांग्रेस को पराभूत कर कोई विकल्प प्रस्तुत कर सकते हैं। इसमें ये लोग हम लोगों की भी साझेदारी चाहते हैं। यह न केवल सैद्धांतिक दृष्टि से अमान्य है, बल्कि राजनीतिक व्यावहारिकता को भी ध्यान में रखते हुए आत्मघाती है। आज इस संबंध में कृष्ण ने मेरी राय पूछी थी। संक्षेप में मैंने यही कहा कि इस प्रकार के किसी मोर्चे में अपने को सम्मिलित करना ठीक नहीं होगा। यह सही है कि कुछ ऐसे प्रश्न अवश्य हैं जिन पर हम अपनी आवाज अन्य लोगों से मिला सकते हैं। पर कांग्रेस द्वारा उठाये गये प्रगतिशील कदमों और हम लोगों के प्रति अपनाये गये रुख के कारण कांग्रेस का अंधविरोध किसी भी प्रकार उचित नहीं होगा। यदि सारे विरोधी दल यह समझ लें कि आज के राजनीतिक परिवेश में उनकी भूमिका समाप्तप्राय-सी है, और अब एक नये आंदोलन का श्रीगणेश होना आवश्यक है, तब कुछ भविष्य के लिए उद्देश्यपूर्ण कदम उठाये जा सकते हैं अन्यथा कभी-कभी ऐसे भी अवसर आते हैं कि राजनीति में प्रतीक्षा करना अधिक श्रेयस्कर होता है। यदि पूरा अधिनायकवादी ढांचा लादने की कोशिश है, तब तो केवल भूमिगत आंदोलनों के लिए ही स्थान रह जाता है। वह एक लंबा संघर्ष होगा। कदाचित् उसमें हम लोग बहुत कुछ कर भी नहीं सकेंगे। मानसिक रूप से हम उसके लिए तैयार नहीं। यदि लोकतंत्र के लिए सांस लेने का अवसर रखा जाता है, तो फिर नये रूप से राजनीतिक शक्तियों का संयोजन होगा ही। उसके लिए थोड़ा धैर्य*

*से काम लेना होगा। मुझे यह भी ज्ञात हुआ कि जेपी अविलंब विलीनीकरण के पक्ष में हैं, जिसकी संभावना दिखाई नहीं देती। यदि यह संभव भी हो तो, प्रश्न यह उठेगा कि किन आधारों पर यह विलीनीकरण होता है? कौन-सी मौलिक मान्यताएं स्वीकृत होती हैं? आर्थिक क्षेत्र में कौन-सी दिशा अपनाने का निर्णय होता है और किन सामाजिक शक्तियों का सहारा लेकर भविष्य को संवारने का प्रयास? उसके अनुरूप संरचना प्रस्तुत करने के लिए क्या पहल की जाती है? ये गूढ़ प्रश्न हैं। इनका उत्तर उन दिग्भ्रमित नेताओं के पास नहीं, जिनकी निर्बलताओं का लाभ उठाकर इंदिराजी ने जनसमर्थन प्राप्त किया था। पर खेद है कि ये लोग इस वास्तविकता को आज भी स्वीकार करने के लिए तैयार नहीं। इन प्रश्नों पर मेरे विचार अत्यंत स्पष्ट हैं। पहले जो मेरी राय थी, उसमें कोई परिवर्तन अब भी नहीं हुआ है, पर यदि बाहर जाकर इन बातों को चाहूं, तो विरोधी पक्ष के नेता मुझसे कहीं अधिक रुष्ट होंगे, अपेक्षाकृत इंदिरा गांधी के। अंतर इतना अवश्य है कि वे जेल नहीं भेजेंगे, जो काम इंदिरा गांधी कर सकीं। एक तो शासन-शक्ति उनके हाथ में नहीं है और दूसरे, इस प्रकार के बदले की भावना भी शायद उनमें नहीं होगी।"*

**20 दिसम्बर, 1975**

*"जनसंघ की कार्यसमिति ने सभी विरोधी पक्षों को मिलाकर एक संगठन बनाने के विचार का स्वागत किया है। उनके मतानुसार आज की राजनीतिक स्थिति में कांग्रेस के विरुद्ध एक राष्ट्रीय विकल्प बनाने का विचार अत्यंत महत्त्वपूर्ण और युक्तिसंगत है। किंतु वे भी अपने दल का अस्तित्व समाप्त करने के बारे में कोई निर्णय लेने में अपने को असमर्थ पाते हैं, क्योंकि उनके अधिकांश नेता विभिन्न जेलों में हैं। उनकी बात तर्कसंगत है और वास्तविकता के अनुरूप। जब अन्य पक्ष के लोगों ने इस दिशा में अपना रुख प्रकट कर दिया है तो फिर जनसंघ के लोगों की पहल कितनी कारगर होगी, यह कहना कठिन है। जनसंघ के सामने अन्य प्रश्न भी उपस्थित होंगे। राष्ट्रीय स्वयंसेवक संघ की जो दीक्षा, मान्यता और संगठन है, उसे दृष्टि में रखते हुए यह मानना बड़ा कठिन है कि वे लोग सहज ही अपना अस्तित्व समाप्त करने के लिए तैयार हो जाएंगे। हो सकता है, उनके कुछ युवक अन्य प्रकार सोचते हों, किंतु पूरा संगठन तो अपनी मान्यताओं पर अडिग रहेगा। उसी आधार पर देश की राजनीति को*

*संचालित करने का प्रयास करेगा। आपातकालीन स्थिति की घोषणा करके इंदिरा गांधी ने एक बार इन सारे राजनीतिक दलों में मिलने की इच्छा अवश्य पैदा कर दी है क्योंकि आज प्रत्येक दल के सामने अपने अस्तित्व की सुरक्षा का प्रश्न है। अन्यथा विचारों की भिन्नता और आचरण में गहरा अंतर रखते हुए इन सभी पक्षों का एक साथ मिलना असंभव ही लगता है। यदि सरकार अधिनायकवादी रुख अपनाए और ये सब लोग मिलें भी, तो तत्काल कुछ कर नहीं सकते। यदि चुनाव की घोषणा हो जाये, तो फिर उसी पुरानी प्रतिद्वंद्विता में फंसकर रह जाएंगे।''*

***19 मई, 1976***

*''विरोधी पक्ष के नेताओं ने यह विचार व्यक्त किया है कि वे सामान्य स्थिति लाने के लिए प्रधानमंत्रीजी से बात करने को तैयार हैं। उन्होंने यह भी कहा कि वे हिंसा और तोड़फोड़ की राजनीति में विश्वास नहीं करते और चाहते हैं कि जनतांत्रिक ढंग से काम करने के लिए सबकी सहमति से कोई आचार संहिता बने, प्रायः सभी प्रमुख व्यक्तियों ने मान लिया है। जयप्रकाश नारायण ने भी इस प्रयास की सफलता के लिए कामना की है। आज समाचारपत्रों में इसका संक्षिप्त विवरण प्रकाशित हुआ। आकाशवाणी ने तो इसका कोई जिक्र नहीं किया। किंतु बीबीसी ने अवश्य इसे अपने प्रसारणों में महत्त्व दिया। आज कुलदीप नैयर का एक लेख प्रकाशित हुआ, जिसमें यह संकेत था कि इस बैठक की पृष्ठभूमि में कुछ और बातें हैं, जिनके आधार पर ये नेता एकत्र हुए हैं। इसका तो कुछ पता नहीं किंतु सरकार की ओर से क्या प्रतिक्रिया होती है, इससे अनुमान लग जाएगा। मेरा तो खयाल है कि इंदिरा गांधी इसे नजरअंदाज कर देंगी। कुछ दिनों बाद फिर वही अपने पुराने आरोप दोहरा देंगी। यदि ऐसा नहीं हुआ तो इसे मैं आशाहीन परिवर्तन मानूंगा। उनके स्वभाव के अनुरूप तो यही होगा कि इस समय इसे कोई महत्त्व नहीं दें, बाद में भले कुछ करने की सोचें।''*

***16 दिसम्बर, 1976***

---

* संगठन कांग्रेस, समाजवादियों और जनसंघ सभी के कार्यकर्ताओं के एक साथ जेल में रहने और परस्पर सम्पर्क से विचार उभरा कि इमरजेंसी और कांग्रेस सरकार के अत्याचारों के विरुद्ध संघर्ष करने के लिए एक नई पार्टी गठित की जाए। जेल से बाहर भी यह आवाज पहुँची और जगह-जगह बैठकें होती रहीं ! चौधरी चरण सिंह तथा जयप्रकाश नारायण जेल से बाहर आ गए थे। जनसंघ की ओर से राज्यसभा के सदस्य श्री ओमप्रकाश जी त्यागी देशभर में दौरा करते हुए बैठकों में भाग लेते थे। इस चर्चा में कई प्रकार के स्वर उठ

रहे थे, जैसे चौधरी चरण सिंह द्वारा आपत्ति उठाई गई कि नई पार्टी में रा.स्व. संघ से सम्बन्धित लोगों को नहीं लिया जाना चाहिए।

इस बात को कभी स्वीकार नहीं किया गया। श्री ओमप्रकाश त्यागी ऐसे कठोर शब्द कहकर एक बैठक से उठकर चले आए थे कि If so, hell with your new party. श्रीमान अटलजी ने भी स्पष्ट रूप से ऐसी कोई शर्त मानना अस्वीकार कर दिया था। उल्लेखनीय है कि भूमिगत कुछ लोग दिल्ली के पंजाबी बाग के एक घर में मिल रहे थे। जनसंघ और राष्ट्रीय स्वयंसेवक संघ दोनों के कुछ प्रमुख व्यक्ति उपस्थित थे। अटलजी की ओर से एक छोटा-सा लिखित सन्देश मिला था। उन्होंने अन्य बातों के साथ यह लिखा था कि मैंने उन लोगों को अर्थात् दूसरे दलों के नेताओं को स्पष्ट कह दिया है कि हम किसी ऐसी पार्टी में शामिल नहीं होंगे जिसमें राष्ट्रीय स्वयंसेवक संघ के लोगों को सम्मिलित होने पर रोक हो। इन बातों का उल्लेख करने का अभिप्राय यह है कि प्रारम्भ से ही यह बात स्पष्ट कर दी गई थी। अतः यह साफ है कि जब जनता पार्टी बनी तो दूसरे दलों द्वारा यह बात स्वीकार की जा चुकी थी कि राष्ट्रीय स्वयंसेवक संघ के स्वयंसेवकों के जनता पार्टी में शामिल होने पर कोई आपत्ति किसी को भी नहीं होगी। जनता पार्टी बनी। श्री मोरारजी देसाई उसके अध्यक्ष और प्रधानमन्त्री भी बने। जनता पार्टी का विधिवत् गठन और नामांकन 1977 के लोकसभा चुनाव के पश्चात् ही हो पाया था। वैसे लोक दल के हलधर के चुनाव चिन्ह पर चुनाव लड़ा गया था। जनसंघ की ओर से देसाई मन्त्रिमंडल में श्रीमान अटल बिहारी वाजपेयी और श्री लालकृष्ण आडवाणी प्रमुख थे। श्री वाजपेयी जी के विदेश मन्त्रित्व काल में पाकिस्तान से अच्छे रिश्ते पनपना प्रारम्भ हुआ था। यद्यपि प्रधानमन्त्री को लोगों ने यह कहकर भड़काया था कि जनसंघ के आदमी को विदेशमन्त्री पद सौंपना खतरे से खाली नहीं है। श्री आडवाणी जी ने सूचना और प्रसारण मन्त्री का भार संभाला था। उन्होंने ही सर्वप्रथम आकाशवाणी और दूरदर्शन को स्वायत्तशासी बनाने की ओर कार्य का श्रीगणेश किया था। प्रसिद्ध पत्रकार श्री वी.जी. वर्गीज के संयोजकत्व में कमेटी बनाई गई थी। चुनाव प्रचार के लिए आकाशवाणी और दूरदर्शन पर पार्टियों को समय देने की परिपाटी का प्रारम्भ भी उन्होंने ही किया था।

सरकारी कार्यों में हमारे लोग तन्मयता से जुटे थे परन्तु जनता पार्टी में आन्तरिक रस्साकशी कष्टदायक थी। जनता पार्टी में जनसंघ के लोगों को तनाव झेलना और आरोपों का सामना करना पड़ता रहा। दोहरी सदस्यता का मुद्दा बनाकर अन्य लोग जनसंघ को दबाने और राष्ट्रीय स्वयंसेवक संघ का सेवादल का रूप देकर मिटाने का प्रयास करते रहे। यद्यपि जैसा कि ऊपर लिखा जा चुका है कि इमर्जेंसी के दौरान नई पार्टी बनाने पर वार्ता के दौरान ही बात साफ हो गई थी कि राष्ट्रीय स्वयंसेवक संघ के कार्यकर्ताओं को जनता पार्टी में शामिल होने पर कोई रोक नहीं होगी। फिर भी आगे चलकर स्वार्थ और राजनीति के कुछ नेताओं ने दोहरी सदस्यता को प्रमुख मुद्दा बना डाला। श्री मोरारजी देसाई ने बीच का रास्ता निकालने का प्रयास जरूर किया। बात लगभग तय भी हो गई थी। मोरारजी-फार्मूला स्वीकार किया जाना संभव भी दिख रहा था। परन्तु मुख्यतः समाजवादी नेता और कुछ मोरारजी समर्थकों ने ठीक निर्णय के समय विचार बदल दिया। संभवतः उनकी धारणा यह थी कि जनसंघ के लोग जनता पार्टी में ही बने रहेंगे। उनका यह अनुमान गलत था। उल्लेखनीय है कि श्री चन्द्रशेखरजी की अध्यक्षता में हुई जनता पार्टी की पार्लियामेंटरी बोर्ड की बैठक में राष्ट्रीय स्वयंसेवक संघ के कार्यकर्ताओं पर रोक लगाए जाने का प्रस्ताव पहले ही पारित किया जा चुका था। श्री मोरारजी भाई के फारमूले को नकारते हुए कार्यसमिति की बैठक में इसी प्रस्ताव पर मोहर लगाई थी। अतः जनसंघ के लोग सहर्ष बाहर निकल आए।

***(भारतीय जनता पार्टी का जन्म, पृ. 17-18, भारतीय जनता पार्टी, नई दिल्ली)***

# भारत-यात्रा

**बुनियादी मुद्दों को लेकर समाज को आंदोलित करने तथा प्रेरित करने के लिए आपने भारत एकता यात्रा की थी। उसके क्या परिणाम रहे? उसमें अचानक ठहराव क्यों आया?**
पहले तो मैं आपको यह बताऊं कि भारत-यात्रा का विचार कैसे आया। केंद्र में जनता पार्टी की सरकार के रहते हुए हम विवादों में घिरे हुए थे। नित्य नई समस्याएं उभरती रहीं। एक का समाधान हो, तब तक दूसरी सामने आ जाती थी। पार्टी की अध्यक्षता का बड़ा तीखा अनुभव था। समस्याएं जनता के सवाल को लेकर नहीं, नेताओं के आपसी विवाद को लेकर थीं। यह नित्य-प्रति का एक काम बन गया था। बाहर कुछ कहना उचित नहीं था। मन में एक प्रकार की घुटन महसूस कर रहा था। कई बार सोचा कि सब कुछ छोड़कर सीधा जनता के बीच चला जाऊं, पर पार्टी के प्रति मोह, अपनी जिम्मेदारी की बात, संकल्प को निभाने का सवाल और शायद अपनी कमजोरी भी रही होगी। समस्याओं में उलझा रहा, उस समय निर्णय नहीं ले सका। पार्टी टूटने के बाद फिर वे विचार मेरे मन में आए पर उस समय निर्णय लेने का अर्थ होता, एक पलायनवादी प्रवृत्ति का प्रतीक। अब पार्टी फिर से सक्रिय हो गई थी। कर्नाटक में पार्टी की सरकार बन गई थी। पार्टी के कार्यकर्ताओं में आशा का नया संचार हुआ था। ऐसे समय में कुछ नया कदम उठाना उपयुक्त जान पड़ा।

इसी बीच कुछ युवक मुझसे मिलने के लिए आए। एंथोनी और राजन विशेष रूप से सक्रिय थे। इनका पार्टी से कोई संबंध नहीं था, पर ये सामाजिक चेतना से पूर्ण युवक थे, जो समाज में परिवर्तन की आवश्यकता में विश्वास करते थे। इन्होंने दक्षिण भारत के कुछ हिस्सों में विशेषकर केरल में एक सर्वेक्षण किया था। कुछ लोगों का नाम लेकर उन्होंने जनता से सवाल पूछा था और उनका निष्कर्ष था कि यदि मैं दक्षिण से उत्तर तक पैदल चलकर लोगों से संपर्क करूं तो उसका

असर जनमानस पर पड़ेगा। उनकी बात का मेरे ऊपर असर पड़ा। कुछ अजीब अनुभूति भी हुई। जो बात मैं इतने दिनों से सोच रहा था, वही बात ये युवक मुझे बता रहे थे। बिना मेरे विचार जाने हुए। एक अजीब संयोग था। मैंने डॉ. सरोजिनी महिषी और किशोरलाल से कहा कि दक्षिण भारत जाकर यह पता लगाना चाहिए कि यदि ऐसा कार्यक्रम बनाया जाए तो क्या असर होगा। ये लोग चले गए और लौटकर आए। इनके विचार में यह एक कष्टकारी और निरर्थक प्रयोग था।

इन लोगों ने उस समय दक्षिण भारत में अन्ना डीएमके और डीएम के नेताओं का जिक्र किया। उसमें लगाए गए साधन की बात की, उसकी तुलना में हमारा कार्यक्रम फीका रहेगा। उसका उपहास होगा। मैंने उनकी बात सुन ली पर मैं उससे सहमत नहीं हो सका और इसी कारण बिना किसी को बताए मैंने सुधीन्द्र भदौरिया को दक्षिण भारत भेजा और कहा कि वहां जाकर वह पार्टी नेताओं और विशिष्ट लोगों से मिलने के स्थान पर युवकों, विद्यार्थियों और श्रमिकों के संगठनों से संपर्क करें और उनकी प्रतिक्रिया का आकलन करें कि यदि हम लोग कन्याकुमारी से यात्रा शुरू करें तो लोगों का सहयोग मिलेगा या नहीं। इस बारे में मुझे अलग सलाह दी गई। जिन नौजवानों ने दक्षिण जाकर सर्वे किया, उनकी राय थी कि यात्रा शुरू कर देनी चाहिए। पार्टी के बड़े-बूढ़े नेताओं का मत अलग था। हमने सोचा कि पदयात्रा शुरू करने में ज्यादा अड़चन नहीं है क्योंकि उसमें बहुत साधन की जरूरत नहीं पड़ती।

सन 1980 में जनता पार्टी की हार के बाद मैंने प्रतिपक्षी एकता कायम करने की कोशिश की थी। चूंकि अधिकतर नेताओं की दिलचस्पी जोड़-तोड़ की राजनीति में थी। अतः एकता असंभव हो गई। कुछ नया करने का विचार मन में उठा और मैंने नेताओं के पास पहुंचने के बजाय आम आदमी के पास जाने का फैसला किया। 6 जून, 1983 को केरल से जब मैं चला तो लोगों में गजब का उत्साह था। एक नौजवान सुकेतु शाह ने पद-यात्रा की पूरी रूपरेखा तैयार की थी। गांव-गांव, कस्बे-कस्बे के लोग बड़ी तादाद में साथ में चलते और वहां की वास्तविक स्थिति से रूबरू कराते थे। एक घटना मुझे अब भी याद है। तमिलनाडु के पहाड़ी क्षेत्र के एक गांव के बाहर पगडंडी पर एक बुढ़िया लालटेन लेकर खड़ी थी। जब मैं उसके पास पहुंचा तो उसने सिर्फ यही कहा कि आजादी के 40 साल बीत गये, पर पीने का पानी अब तक नहीं मिला। आखिर कब दोगे पानी? मैं 3700 कि.मी. का सफर तय कर दिल्ली आया तो पहली ही मीटिंग में मैंने पानी का सवाल खड़ा किया। आपको बताऊं कि इस सवाल पर अखबारों में तरह-तरह

की टिप्पणियां भी छपीं। यह भी कहा गया कि इतनी साधारण बात जानने के लिए पूरे देश की यात्रा करने की क्या जरूरत थी? लेकिन अगर मेरी बात उसी समय गंभीरता से ली गई होती तो देश के हर नागरिक को आज स्वच्छ पेयजल उपलब्ध होता। यात्रा के दौरान जिन बुनियादी चीजों की कमी उभर कर आई, उसी अनुभव के आधार पर मैं कहता आ रहा हूं कि रोटी-कपड़ा-मकान, पढ़ाई और दवाई का माकूल इंतजाम किए बगैर देश को तरक्की के रास्ते पर नहीं लाया जा सकता। सरकारी आंकड़े चाहे जो तस्वीर पेश करें, पर देश की अधिकांश आबादी आज भी इन बुनियादी चीजों से महफूज है। जहां तक ठहराव की बात है, मैं अपनी गलती मानता हूं कि भारत-यात्रा के पश्चात् इंदिरा गांधी के विरोध में विपक्षी एकता के प्रयासों में साथियों के दबाव में आकर मैं एक बार फिर सक्रिय हो गया। बस, वहीं गलती हो गई। सक्रिय राजनीति में लौटने के बाद उन बुनियादी मुद्दों पर मैं अधिक काम नहीं कर पाया।

**भारत-यात्रा के दौरान बड़ी तादाद में युवा वर्ग आपके साथ था। उसे साथ लेकर नहीं चल सके?**

हां, यह एक गलती हुई। एक बड़ी गलती। पदयात्रा में बहुत लोग हमारे साथ थे। अगर उनको हम मुख्य काम में लगाते और नित्य की राजनीति से अलग रखते तो शायद एक नयी शक्ति पैदा होती। लेकिन मैं खुद चुनावी राजनीति में फंस गया, इसका अफसोस है।

**उस प्रक्रिया को आगे बढ़ाने की कोई योजना है? आज ऐसी शक्तियां बिखरी हुई हैं?**

हां, ऐसी शक्तियां हैं। ऐसे लड़के हैं जिनमें आदर्शवाद भी जिंदा है। लेकिन ऐसे लड़कों को मैं साथ नहीं रख पाऊंगा, क्योंकि उम्र बढ़ने के साथ-साथ परिवार की जिम्मेदारियां भी बढ़ती हैं। लोगों की आकांक्षाएं बढ़ जाती हैं। सुविधाएं मिलती नहीं हैं।

**आपमें जबर्दस्त राजनीतिक प्रतिभा है, लेकिन जब लीडरशिप की बात आती है या दिशा निर्देश देने की बात आती है तो आप कह रहे हैं कि आप अपने लोगों को लगाए नहीं रख पाते?**

उनकी जो न्यूनतम बुनियादी आवश्यकताएं हैं, वे मैं पूरी नहीं कर सकता। इसके लिए कहीं न कहीं समझौता करना पड़ता। मैं वह नहीं कर पाया। इसलिए लोगों

को छूट देनी पड़ी। इससे मुझे प्रसन्नता नहीं होती। मुझे लगता है कि लड़कों के लिए कुछ करूं।

**भारत-यात्रा से आपको जो प्रसिद्धि मिली थी, क्या प्रधानमंत्री-पद उसका अंतिम मुकाम था?**

नहीं। भारत-यात्रा एक सफल कार्यक्रम था और उसे मैं दूसरे रूप में आगे बढ़ाना चाहता था। मुझसे एक भूल हुई कि इस पदयात्रा के बाद मित्रों के कहने पर राजनीतिक पार्टियों के गठबंधन में शामिल हो गया। लोगों के कहने पर कई बार मैं गलतियां कर बैठता हूं। इसीलिए आज जो लोग मुझसे कहते हैं कि थोड़ा नरम हो जाइए तो मैं समझता हूं कि नरम होने का मतलब है—गलत होना।

**भारत-यात्रा के दिलचस्प अनुभवों के बारे में बताएं।**

मैंने साढ़े तीन हजार रुपये के साथ पद-यात्रा की शुरुआत की थी। दिल्ली पहुंचते-पहुंचते हमारे पास साढ़े सात लाख रुपये जमा हो गए थे। इसमें सबका योगदान था। हर विचारधारा और पंथ के लोगों ने मदद की। हर दल ने सहयोग दिया। शुरू में ही यह बात स्पष्ट कर दी गई थी कि यात्रा में जो पैसा जमा होगा, वह पार्टी की मदद में खर्च नहीं होगा। उसका इस्तेमाल ग्रामीण विकास के कार्यक्रम को चलाने के लिए होगा। भोंड़सी में भारत-यात्रा केंद्र बनाने का विचार बाद में आया। सबसे पहला केंद्र हमने आरकाट (तमिलनाडु) में बनाया। सेलम (तमिलनाडु) से थोड़ी दूर पर वह जगह है। जयप्रकाश नारायण ऑपरेशन के बाद एक महीने के लिए वहीं आराम करने के लिए रुके थे। यात्रा के दौरान जब हम एक गांव में आराम कर रहे थे तो कोई मुझसे मिलने आए। मुझे कहा गया कि विश्वनाथन आए हैं। उद्योगपति हैं। वे जेपी के प्रशंसक थे। उन्होंने मुझसे कहा कि जब आप लोगों ने सरकार बनाई, उस समय मैं आपसे नहीं मिल सका। जेपी यहां से चले गए। अब आपने जो काम शुरू किया है, वह जेपी की भावनाओं के अनुरूप है। इसलिए मैं यहां आया हूं कि अगर मेरे लिए कोई आपका आदेश है तो मैं उसका पालन करूंगा। उन्हीं विश्वनाथन ने पद-यात्रा का साहित्य और पोस्टर छपवाने में हमें सहयोग किया। अब वे नहीं रहे। जेपी के प्रति उनकी निष्ठा असीम थी।

थोड़े दिनों के बाद तय हुआ कि यात्रा का एक पोस्टर छापा जाए। शिवकाशी में छपवाने का प्रबंध हुआ। विजय राघवन हमारी पार्टी के नेता थे, उन्होंने तमिलनाडु की यात्रा के लिए बहुत काम किया। पोस्टर के लिए जितना कागज चाहिए था,

उससे डेढ़ गुना अधिक कागज विश्वनाथन ने अपने कारखाने से उन्हें दिलवाया। उससे हमें कुछ बचत हुई। लेकिन पोस्टर की छपाई का पैसा एकमुश्त देना था। उसकी सख्त जरूरत थी लेकिन कहीं से पैसे मिलने के आसार नहीं थे, पर उसी समय कर्नाटक से बी.एल. शंकर ने पैसे इकट्ठे करके हमारी समस्या का समाधान किया। यात्रा के दौरान ऐसी अनेक घटनाएं हुईं, जिन पर आमतौर पर यकीन नहीं किया जा सकता। यात्रा में संयोग ऐसा बना कि जब जहां जैसी जरूरत पड़ी, अभाव नहीं रहा। जाड़े के दिन थे, इसलिए यात्रियों को हलके और छोटे होलडाल की जरूरत थी। ऐसे 40 होलडाल हमको चाहिए थे। उन्हीं दिनों राष्ट्रीय कार्यसमिति की बैठक के लिए बंगलौर जाना पड़ा। रात साढ़े 12 बजे बंगलौर के कावेरी कंटीनेटल होटल में पहुंचने के बाद मैंने स्वागत कक्ष में कहा कि आठ बजे सवेरे तक मुझे कोई फोन न दें। सवेरे आठ बजे के तुरंत बाद संतोष तुलसियान का फोन आया। उन्होंने रात्रि भोजन का निमंत्रण दिया। मैंने कहा कि हेगड़े से पूछ लो, मुझे कोई आपत्ति नहीं। उन्होंने कहा कि बात कर ली है, वे तैयार हैं। मैंने उनसे फोन पर ही कहा कि पदयात्रियों के लिए फोम वाले होलडाल चाहिए। एक-दो नहीं, पचास। उन्होंने कहा कि मैं देखता हूं। अगर यहां मिल जाएगा तो साथ लेकर आता हूं। अगर कम पड़ेंगे तो बम्बई से जहाज से मंगवा लेता हूं। आप तो परसों जाएंगे। तब साथ लेते जाइएगा। इसकी सूचना मैंने भाई वैद्य को दी। जब वे उसी दिन सवेरे चाय पीने के लिए आए तो उन्हें यकीन नहीं आया। व्यंग्य में कहने लगे कि आपको हनुमान ने भेज दिया होगा। मैंने कहा, हनुमान की परीक्षा मत लिया करो। होलडाल ले चलना भूल मत जाना। जब होलडाल होटल में आ गए, वे हतप्रभ रह गए। ऐसी कई घटनाएं उस यात्रा में घटी हैं।

एक जगह हम लोग रात को जहां रुके, वह छोटी जगह थी—एक छोटे-से स्कूल का बरामदा। वहां बादल छाए थे, बिजली चमक रही थी, हम बाहर मैदान में थे। डर था कि रात को मूसलाधार बारिश होगी। वहां पिछले तीन दिनों से पानी बरस रहा था। भाई ने पहले ही अपना बिस्तर बरामदे में लगा लिया था। वे वहीं से बोले, अब हनुमान से कहिए कि पानी न बरसने दें या रात भर भीगते रहें। मैंने कहा, चुपचाप सो जाओ, सुबह तक पानी नहीं बरसेगा और यही हुआ। सवेरे जब हम लोग चले तो पानी बरसने लगा। सबसे विचित्र घटना मध्य प्रदेश में हुई। हम लोग कुछ दिनों में दिल्ली पहुंचने वाले थे, पोस्टर शिवकाशी में छपकर तैयार थे। विजय राघवन परेशान एक गांव में आए। दोपहर का विश्राम था। उन्होंने कहा, प्रेसवाले को जब तक एक लाख रुपये नहीं दिए जाएंगे, वह पोस्टर नहीं देगा। एक ऐसी मुसीबत थी जिसका कोई समाधान नहीं दिखाई देता था। हम लोग ऐसी जगह थे, जहां से किसी को फोन नहीं किया जा सकता था। मेरे मित्र

भाई वैद्य तो चमत्कार पर यकीन नहीं करते थे और मेरे वरिष्ठ सहयोगी थे, उनको सलाह के लिए बुलाया गया। उन्होंने कहा कि यह आपकी परीक्षा है। अगर आज पैसे मिल गए तो आप चमत्कार में विश्वास करने लगेंगे। बंगलौर से विजय राघवन एक चिट्ठी लेकर आए थे। उन्होंने वह चिट्ठी मुझे दी, बी.एल. शंकर ने लिखी थी। उन्होंने लिखा कि जब मैं बंगलौर में था तो मैंने लोगों से आर्थिक सहायता के लिए अनुरोध किया था, बहुतों के पास पैसा नहीं था, वे खाली हाथ सभा में आए थे। बाद में उन लोगों ने सहायता की रकम बी.एल. शंकर को दे दी। शंकर ने लिखा था कि एक लाख से कुछ अधिक रुपए उनके पास एकत्र हो गए हैं, उनका मैं क्या करूं? मैंने उस वाक्य को रेखांकित किया और हाशिए में लिख दिया, इसे विजय राघवन को दे देना। मैंने वह पत्र भाई वैद्य को दिखाया। थोड़ी देर के लिए वे हतप्रभ थे, फिर वही अड़ियलपन। मैंने उनसे अवश्य कहा था, देख लिया हनुमान का चैक।

**इस यात्रा के दौरान आपकी सेहत ने पूरा साथ दिया?**

इस यात्रा के दौरान मेरा स्वास्थ्य पूरी तरह ठीक नहीं रहा। एक बार पैर में मोच आ गई, उससे सूजन आ गई और उसकी वजह से काफी दर्द रहा, पर यात्रा रुकी नहीं। जिस दिन कर्नाटक से महाराष्ट्र में प्रवेश किया, उस दौरान मैं एक बार बीमार भी पड़ा। रास्ते में एक जगह पड़ी कागल। मुझे जोरों से भूख लगी थी। वैसे तो मैं नहाने के बाद ही खाना खाता था लेकिन उस दिन सबके साथ भोजन पर बैठ गया। करीब एक हजार लोग हमारे साथ थे। वहां पर बाजरे की रोटी और आमटी जमकर खाई। उसके बाद नहाकर मैं सो गया। गेस्ट हाउस में मेरे साथ पंकज था। रात में तीन बजे मुझे बड़ी बेचैनी महसूस हुई, नींद खुल गई। मैं करवटें बदलता रहा। जब बर्दाश्त से बाहर हुआ तो पंकज को जगाया और कहा कि डॉक्टर को बुलाओ।

तब तक सुबह के पांच बज गए थे। डॉक्टर सिद्धू आए और उन्होंने मेरी जांच की, वे भी उस दिन पदयात्रा में थे। पता चला कि मुझे गंभीर अपच हो गया है। डॉक्टर ने आराम करने की सलाह दी, लेकिन मैंने कहा कि मैं चल सकता हूं। डॉक्टर की राय नहीं थी, लेकिन मैं यात्रा में चला। 12 किलोमीटर दूर दिन के विश्राम की जगह थी। सिद्धू मेरे साथ थे, वहां मैं फिर बीमार पड़ा। सब लोग वहां ठहर गए और मुझे सिद्धू कोल्हापुर ले आए, वहां एक डॉक्टर को दिखाया गया। डॉक्टर ने कहा कि कुछ खा लीजिए, तबियत खराब हो गई है। मैंने कहा, खाने की मेरी इच्छा बिलकुल नहीं है। मुझे याद है, डॉक्टर ने छाछ मंगवाया। उसके

बाद दवा दी। उसे लेकर मैं सो गया। साढ़े पांच बजे जब मैं जगा तो मुझे भूख लगी थी। इस दौरान रेडियो ने खबर दी कि मैं बीमार पड़ गया हूं, इसलिए पद-यात्रा स्थगित हो गई है, हालांकि रेडियो को हमारी ओर से कोई सूचना नहीं दी गई थी। इस खबर से अफरा-तफरी मची। लोग हमारे पास दौड़े आए और पूछने लगे कि क्या करें? क्या पद-यात्रा स्थगित हो गई? मैंने कहा, नहीं। अपने साथियों को मैंने सूचना भिजवाई कि मैं आता हूं। शाम को यात्रा स्थल पर पहुंचा। जो यात्रा दो बजे शुरू होनेवाली थी, वह थोड़ी देर से शुरू हुई और आधी रात को हम कोल्हापुर पहुंचे।

**भारत-यात्रा के दौरान कोई ऐसा वाकया जो दिल को छू गया हो?**
यात्रा के दौरान दिल को छूनेवाला एक वाकया आज भी मुझे याद है। रात का समय था। पहाड़ी रास्ता था जो जंगल से होकर गुजर रहा था। एक बूढ़ी महिला अपनी झोपड़ी के आगे लालटेन लेकर खड़ी थी। इस दृश्य ने मेरी संवेदना को झकझोर दिया। यात्रा चाहे केरल से निकली या तमिलनाडु से या कर्नाटक या महाराष्ट्र से, कोई गांव, शहर या कस्बा ऐसा नहीं मिला जहां भाषा ने रुकावट डाली हो। भाषा, धर्म, जाति, क्षेत्र और ऐसी पहचानें हमारी यात्रा में मददगार ही बनीं। वह यात्रा भारत को जानने की भक्ति से भरी साधना थी। भारत को जानने का सीधा-सा मतलब उन लोगों को जानना है जो यहां रहते हैं, जो रोज-ब-रोज जीवन की हकीकतों से जूझते हैं। उनके इस संघर्ष का हमें साक्षी होना था।

यह था अपना निश्चय। उस पद-यात्रा में राजनीतिक मकसद ढूंढ़ना भी दूर की बात थी। मुझे याद है कि इस बात को मैंने कई तरह से अपने साथियों को समझाया और यही सबको बताने की कोशिश की। जो लोग राजनीतिक मकसद खोज रहे थे, वे अपनी नजर से ही इसे देखकर धारणा बना रहे थे। उनके लिए प्रार्थना ही की जा सकती है। उनसे सहानुभूति ही होती है, कितनी संकीर्ण भावनाओं से ग्रसित थे ये लोग! मैंने पाया कि हर जगह लोग सहयोग देने के लिए तत्पर थे।

**जिन दिनों आप पटियाला की जेल में थे, वहां की कुछ खाली जगह में बगीचा विकसित कर दिया था। क्या भारत-यात्रा केंद्र की प्रेरणा वहीं से मिली थी?**
भारत-यात्रा केंद्र की प्रेरणा वहां से नहीं मिली थी। जिन दिनों जेल में था, करने को कुछ भी नहीं होता था। खाली समय में कुछ पढ़-लिख लेता था। बागबानी करना अच्छा लगता था। मन लगता था और समय भी कट जाता था। इसका

कारण संभवतः मेरा ग्रामीण पृष्ठभूमि से होना ही था। जब हम प्रजा सोशलिस्ट पार्टी (यूपी) के सेक्रेटरी हुए तब हमने कार्यालय के आस-पास बहुत पेड़ लगाये। बगीचा भी बनाया। पेड़ लगाने का शौक हमेशा से रहा है।

**भारत-यात्रा केंद्र विकसित करने के पीछे क्या सोच थी?**

भारत-यात्रा केंद्र विकसित करने के दो मुख्य प्रेरणास्रोत थे : पहला, भारत-यात्रा समाप्त करने के बाद मैंने पांच मुख्य बिंदुओं को क्रमबद्ध किया जो कि आनेवाले दिनों में भारत के लिए सामाजिक व आर्थिक दृष्टि से अत्यंत महत्त्वपूर्ण होनेवाले थे। मुझे यह आभास था कि आनेवाले दिनों में ये समस्याएं विकराल रूप धारण कर सकती हैं। ये थे—पानी, कुपोषण, शिक्षा, स्वास्थ्य और सामाजिक समरसता। मेरे दिमाग में यह बात भारत-यात्रा के दौरान घर कर गयी थी कि इन समस्याओं पर कुछ काम करना है। दूसरी बात भारत-यात्रा के दौरान एकत्र किए गए पैसों की उपयोगिता को लेकर थी। जब मैंने भारत-यात्रा की शुरुआत की तब अखबारों के माध्यम से तरह-तरह के प्रचार किए गए। यहां तक प्रचार किया गया कि यात्रा के लिए किसी ने लाखों रुपये दिए हैं, जबकि हकीकत यह थी कि दिल्ली से रवाना होते वक्त मेरी जेब में कुल साढ़े तीन हजार रुपये थे। उन्हीं दिनों हमारे मित्र हरिमोहन ने कहा कि मैं दस हजार रुपये भेज रहा हूं, कुछ काम आ जाएंगे। एक मित्र इंदू भाई ने भी कहा कि 'हमारा कोई आदमी कन्याकुमारी में आपको दस हजार रुपये देगा।' हमने सोचा कि कुछ पैसे मिल जाएंगे तो ठीक ही रहेगा। लेकिन वहां पहुंचने पर उन्होंने पैसे नहीं दिए। मेरे पास वही साढ़े तीन हजार रुपये थे और साधन कुछ भी नहीं था। पार्टी ऑफिस में एक मेटाडोर गाड़ी हुआ करती थी। राय नामक व्यक्ति उसका ड्राइवर था। मैंने उससे कहा कि चार-पांच महीने के लिए चल सकते हो? उसने कहा, 'हां साहब! जहां कहेंगे, वहां चलेंगे।'

उन लड़कों को मैंने पैसे देकर भेज दिया और कहा कि यात्रा में पच्चीस लोगों से ज्यादा नहीं रखना है। लेकिन तमिलनाडु पहुंचते-पहुंचते संख्या पचास के लगभग हो गयी। तमिलनाडु के जनता पार्टी के तमाम नेता इस यात्रा के खिलाफ थे। जब केरल पहुंचे तो एक बड़े लेखक के घर ठहरने का प्रबंध था। सुबह एक सोशलिस्ट मित्र हमारे पास आए। कहने लगे, आपने कहा था, पच्चीस लोग आएंगे। यहां तो पचास से ज्यादा पहुंच गए हैं। इतने लोगों का इंतजाम नहीं हो पाएगा। और कैसे-कैसे लड़कों को साथ में ले आए हैं! खाने में मीट-मछली मांगते हैं। उनकी बातें सुनकर बुरा लगा। मैंने सहयात्रियों को पहले ही कह दिया था कि जो कुछ भी मिले, शांति से खा लेना। उस समय मैंने किसी से कुछ नहीं

कहा। रास्ते में सुबोधकांत सहाय और सुनील से पूछा कि किसने खाने में मीट-मछली की मांग की थी? वे लोग हंसने लगे। सुबोध ने कहा कि 'मामला आप तक पहुंच गया!' उन लोगों ने कहा कि 'पद्मनाभन से हम लोगों ने कहा कि तटीय क्षेत्र से गुजर रहे हैं। मछली खिलाओगे या नहीं?' उन्होंने रास्ते के किनारे से चार-छः मछलियां खरीद ली थीं और जहां ठहरा था, वहीं वे मछलियां खा रहे थे। मैंने उन लोगों से कहा कि और किसी ने भी मांग की थी? सुबोधकांत ने कहा कि हम दोनों ने ही खाया है। मुझे उनकी बातें सुनकर बड़ा आश्चर्य हुआ। मेरे मित्र बड़े भारी सोशलिस्ट बनते थे और इतनी छोटी-सी बात पर नाराज हो गए। मुझे बुरा लगा। जब पहले गांव में पहुंचे तो हमारे साथ सौ-डेढ़ सौ लोग थे। मैंने एक भाषण किया और वहां के लोगों से कहा कि अगर हो सके तो आप लोग कुछ पैसों से मदद करें। लोगों ने पचास पैसे, एक रुपया करके दिया। कुल ढाई सौ रुपये इकट्ठे हुए। पूरी यात्रा के दौरान चार-छः जगह हम लोगों को अपना इंतजाम करना पड़ा। सब जगह गांववालों ने या शहरवालों ने इंतजाम किया। जब मैं दिल्ली पहुंचा तो मेरे पास साढ़े सात लाख रुपये थे। उस पैसे को लेकर सुब्रह्मण्यम स्वामी ने हंगामा खड़ा कर दिया। उनका कहना था कि पैसे पार्टी फंड में जमा होने चाहिए। हमने कहा कि इसमें तो बीजेपी, कम्युनिस्ट लोगों ने भी पैसे दिए हैं। वे हंगामा करते रहे हैं। मैंने तय कर लिया था कि उन पैसों को पार्टी कार्यों में नहीं लगाना है। पहले मेरे दिमाग में आया कि प्रमुख धार्मिक स्थानों पर एक-एक गेस्ट हाउस बनाया जाय। पहला तमिलनाडु में बनाया। फिर सोचा, इतने लोग कहां से आएंगे, संसाधन कैसे जुटाया जाएगा? फिर खयाल आया कि कुछ रचनात्मक कार्य किए जाएं और पांच प्वाइंट को लेकर आगे काम करने का निश्चय किया। भारत-यात्रा केंद्र बनाने के पीछे यही सोच थी।

**भारत-यात्रा केंद्र को लेकर सुप्रीम कोर्ट में शिकायत की गयी और कोर्ट का जो फैसला आया, उसके बाद आपने देश की जनता के सामने अपनी बातों को क्यों नहीं रखा?**

सुप्रीम कोर्ट के निर्देश पर अफसरों ने जो रिपोर्ट तैयार की, उसमें सारी बातें कही गयी थीं। रिपोर्ट में यह भी कहा गया है कि अब भी वहां नब्बे हजार पेड़ लगे हुए हैं।

**शिकायत करने की वजह क्या थी?**

एक वकील हैं बी.एल. बढेरा। उन्होंने ही शिकायत की थी। जैन कमीशन के

समक्ष मुझे बुलाया गया था। बढेरा मुझसे ऊटपटांग सवाल पूछ रहे थे। मैंने उन्हें डांट दिया। एक बार वे मुझसे मिलने आये। कहने लगे कि आप मुझे पागल कहते हैं, इत्यादि-इत्यादि। पता नहीं कैसे-कैसे लोग हैं दुनिया में। अच्छे कामों की सराहना में भी इन्हें तकलीफ होती है।*

**भारत-यात्रा केंद्र एक आंदोलन का रूप नहीं ले सका। क्या वजह रही?**

हमारे पास साधन नहीं थे। उस जमाने में भारत-यात्रा केंद्र का इतना जोर था कि लोग जमीन देने लगे थे। लेकिन हमने ली नहीं। राजस्थान में डेढ़ सौ एकड़ जमीन और चालीस कमरे का एक बंगला दिया गया। सक्रिय राजनीति में होने की वजह से मैंने भारत-यात्रा केंद्र के लिए बहुत ज्यादा समय नहीं दिया। भारत-यात्रा समाप्ति के पश्चात् मैंने सोचा कि राजनीति से अलग हटकर कुछ रचनात्मक कार्यों में समय दिया जाए। मैं पार्टी अध्यक्ष-पद से इस्तीफा देना चाहता था। लेकिन लोगों का काफी दबाव था। मैं ऐसा नहीं कर सका। आज मुझे उस बात का अफसोस होता है। लगता है, बड़ी गलती हो गई। क्योंकि अगर देश-निर्माण में लगना है तो जनता से सीधा संपर्क साधना होगा। ऐसे मुद्दों को लेकर आगे बढ़ना होगा जिनसे जनता का सीधा सरोकार हो। सरकार जब इस तरह के कार्यों में आ जाती है तो लोगों का दिमाग सरकार की तरफ चला जाता है। कार्य पीछे छूट जाते हैं। लोग सोचते हैं कि पैसा मिलेगा। सारा ध्यान पैसे पर केंद्रित हो जाता है। ऐसे कार्य स्वेच्छा से ही हो सकते हैं। भारत-यात्रा केंद्र प्रारंभ करने से पहले मैंने कई स्वयंसेवी संस्थाओं के बारे में जानकारी इकट्ठा करने की कोशिश की। जो जानकारी मुझे मिली, वे अच्छी नहीं थीं। आज भी मैं कहता हूं कि मेरा अपराध इतना ही था कि मैंने सरकार से किसी प्रकार की कोई सहायता नहीं ली।

आज तमाम स्वयंसेवी संस्थाएं सरकार से पैसे ले रही हैं। बाहर के देशों से भी पैसे आते हैं। बिना सहायता के चलाना भी मुश्किल है। वैसे जब गांधीजी लोगों के बीच में रहकर काम कर रहे थे तब सरकार नाम की तो चीज ही नहीं थी। अगर हम राजनीतिक पचड़े में नहीं पड़े होते तो मुझे भी लोग दिल खोलकर समर्थन करते। कुछ लोगों ने किया भी। मैं ही ध्यान नहीं दे सका।

**आपने जो नया केंद्र विकसित किया है, उसका लक्ष्य क्या है?**

लक्ष्य तो वही है। लेकिन पहले जैसी शारीरिक क्षमता नहीं रह गयी है। केवल बुद्धि से काम नहीं होता है। इस तरह के कार्यों के लिए शरीर से भी स्वस्थ रहना उतना ही जरूरी है।

**जिन लोगों के लिए आपका कार्य प्रेरणादायी रहा है, उनमें से कितने लोग आज आपके साथ जुड़े हैं?**
कुछ लड़के आज भी काम कर रहे हैं। लेकिन इतना इंतजाम तो होना ही चाहिए कि वे खाना खा सकें और जिंदा रह सकें। आज हम वह भी नहीं कर पाएंगे। आदमी अपने अनुभवों से ही सीखता है। आज इस बात का एहसास है कि इतने जगह हाथ-पैर फैलाने के बजाय सीमित केंद्रों पर काम किए होते तो शायद कुछ नौजवान को जोड़कर अच्छा काम कर रहे होते।

**भोंडसी के भारत यात्रा केंद्र का क्या हुआ?**
* भोंडसी गांव पंचायत के निमंत्रण पर भारत यात्रा केंद्र बनाने का फैसला चंद्रशेखर ने 2 अप्रैल, 1984 को किया, तब वह स्थान काफी उजाड़ था। वहां झाड़झंखाड़ ही था। लोग वहां आना भी नहीं चाहते थे। भुवनेश्वरी में भारत-यात्रा केंद्र ग्रामीण विकास का एक उदाहरण पेश करने के लिए बना। ''उसकी हर ईंट वहां नव-निर्माण की गवाह है। आसपास के लोगों ने इसमें बड़ी मदद की।'' सालों की मेहनत से उसे चंद्रशेखर ने विकसित करवाया। हाल के वर्षों में वह लोगों के आकर्षण का केंद्र बना। इससे ही राग और द्वेष पैदा हुआ जो जनहित याचिका में बदला। उस पर अदालत ने अपना फैसला सुनाया। उस फैसले से भारत यात्रा केंद्र को गांव पंचायत के हवाले कर दिया गया। इस तरह 2002 से भारत यात्रा केंद्र को उसके हाल पर छोड़ दिया गया है।

# सुप्रीम कोर्ट के फैसले के बाद...

## अब नया केंद्र बनाने में जुटे चंद्रशेखर

यहां नजारा बदला हुआ है। भारत-यात्रा केंद्र पुलिस पहरे में है। हर थोड़ी दूर पर ऊंघती पुलिस टुकड़ी नजर आती है। पुलिस यहां पहले भी होती थी। तब वह पूर्व प्रधानमंत्री या उनके राजनीतिक मेहमानों के सुरक्षा बंदोबस्त में चौकस नजर आती थी। अब जो पुलिस है वह जमीन-जायदाद की रखवाली के लिए है। पुलिस से ही वीरानी टूट रही है। नहीं तो इस पूरे परिसर में सन्नाटा पसरा है। लगता है यह और बढ़ेगा। उसकी शुरुआत शनिवार को हो गई है। भारत-यात्रा केंद्र का अस्तित्व जल्दी ही खत्म हो जाएगा। वह भोंड़सी ग्राम पंचायत में शनिवार को विलीन होने के लिए तैयार हो गया है। इस पर राज्य सरकार के अफसर भी हैरान हैं। भारत-यात्रा केंद्र एक आंदोलन की स्मृति में बना। वह जमीन-जायदाद में बदल दिया गया है। उस पर कब्जा लेने की औपचारिकता पूरी करने के बाद

हरियाणा के मुख्य सचिव एल.एम. गोयल ने पूर्व-प्रधानमंत्री चंद्रशेखर से शिष्टाचारवश भेंट की। उन्हें इसके लिए अधिक परिश्रम नहीं करना पड़ा। यह मुलाकात पास के ही कलाकेंद्र के सामने हुई।

बात शुरू करते ही मुख्य सचिव ने सफाई दी, 'मैंने अफसरों को हिदायत दी है कि पूरा इलाका वैसे ही हरा-भरा बना रहना चाहिए, जैसा आज है। एक भी पेड़ कटे नहीं। हरियाली बनी रहे।' उनके इस कथन में सब कुछ आ गया है। कहने की जरूरत नहीं है कि राज्य सरकार के जिम्मे जो काम आया है, उसे वह निभा नहीं सकेगी। इसका थोड़ा अनुमान मौके पर मौजूद अफसरों को था। तभी एक सिरे से सब चंद्रशेखर के सामने विनत थे। सफाई दे रहे थे। चंद्रशेखर ने उनसे भारत-यात्रा केंद्र के बारे में कोई बात नहीं की। उन्होंने अफसरों को चाय और पानी के लिए पूछा। थोड़ी देर उनके साथ सड़क पर ही कुर्सी पर बैठे। लेकिन उनका मन तो सामने की उस ढलान पर था जहां एक ट्रैक्टर काम कर रहा था। कला केंद्र की सीढ़ियों के दोनों तरफ ढलान बनाने के काम में कई मजदूर और भारत-यात्रा केंद्र के लोग लगे हुए थे। चंद्रशेखर उनको बता रहे थे कि कहां की मिट्टी उठाकर किधर डालनी है। कई बार तो ऐसा हुआ कि चंद्रशेखर ने खुद फावड़ा संभाल लिया। जब-जब वे यह काम कर रहे थे, वहां मौजूद प्रेस फोटोग्राफरों को काम मिल जाता था।

यह सब चल ही रहा था कि भारत-यात्रा केंद्र की जायदाद का अधिकार प्राप्त कर अफसरों की टोली कला केंद्र की ओर आई। कब्जा देने और लेने के काम से चंद्रशेखर दूर थे। इस काम को एच.एन. शर्मा देख रहे थे। वे ही वहां मुख्य सचिव को कब्जा देने पहुंचे थे। एक सूची बनी है जिसमें ब्यौरा है कि भारत-यात्रा केंद्र के परिसर में कितने मकान हैं और क्या-क्या है। जो हिसाब माना गया है उसमें 52 एकड़ जमीन पर भारत-यात्रा केंद्र का परिसर है। यह परिसर 1983 में गांव पंचायत के प्रस्ताव से बनना शुरू हुआ। तब इस इलाके में रेतीली जमीन थी। पानी का दूर-दूर तक दर्शन नहीं होता था। चंद्रशेखर ने अपनी जीवनी में लिखा है कि शुरुआती दिनों में यहां झींगुर की भी आवाज सुनाई नहीं पड़ती थी। अब जो परिसर राज्य सरकार के कब्जे में आ गया है, उसमें अपने पूरे पंख फैलाए दर्जनों मोर दिखाई देते हैं। सैकड़ों फलदार पेड़ हैं। उनकी गिनती सब मिलाकर 6817 है। उनमें सैकड़ों आंवले के पेड़ हैं। आम के पेड़ हैं। इमारती लकड़ियों वाले पेड़ हैं। एक बड़ी गोशाला भी वहां है।

इस परिसर की चाबी अफसरों को सौंपते हुए एच.एन. शर्मा ने कुछ निवेदन किया। जैसे यह कि रोज संत रविदास मंदिर और बाबा धाम में आरती होनी

चाहिए। पहाड़ियों की तलहटी में पुराना एक मंदिर रहा है। उसे संत रविदास मंदिर माना जाता है। आसपास के लोग आकर उसमें रोज पूजा-पाठ करते हैं। भारत-यात्रा केंद्र बनने के बाद वह स्थान अधिक व्यवस्थित और लोकप्रिय हुआ। एच.एन. शर्मा के मुताबिक बहुत दिनों बाद कल वहां अंधेरा रहा। दीप भी नहीं जला। उसी तरह बाबा धाम की चिंता करने वाला कोई नहीं था। केंद्र बनने के बाद अवधूत भगवान राम वहां टिके थे। उनकी यादगार में चंद्रशेखर ने जो स्थान बनवाया, उसे बाबा धाम कहा जाता है। यह स्थान उस जगह के ठीक सामने है जहां चंद्रशेखर ने अपना ठिया बनाया था। पूरा परिसर और वह स्थान देखकर हरियाणा के मुख्य सचिव अभिभूत थे। उन्हें जो कुछ बताया गया था, उससे भिन्न उन्होंने देखा। यह देखा कि सालों की अनवरत मेहनत और कल्पनाशीलता ने अरावली की तलहटी में उद्यान बना दिया है। यह कभी असंभव दिखता था।

एक तरफ हरियाणा राज्य सरकार के प्रतिनिधि कब्जा लेने का काम पूरा कर रहे थे तो दूसरी तरफ उससे उदासीन चंद्रशेखर एक गूलर के पेड़ तले बैठकर अपने नए केंद्र को बनाने में जुटे थे। जहां वे बैठे थे, वह नाला है। एक वहां चौकी पड़ी है। उस पर पूर्व सांसद वीरेंद्र सिंह अकेले बैठे थे। कुर्सियों पर चंद्रशेखर के अलावा ओमप्रकाश श्रीवास्तव और चितरंजन सिंह सहित कई लोग थे। कला केंद्र के सामने की यह जगह सालों से उपेक्षित थी। एक दशक पहले लखनऊ में मशहूर कला प्रोफेसर रणवीर सिंह बिष्ट ने यहां अपना डेरा डाला था। हफ्तेभर रहकर उन्होंने महात्मा गांधी के कुछ चित्र बनाए। तभी उन्होंने चंद्रशेखर से कहा था कि एक कलाकेंद्र यहां बनवाओ। उनकी सलाह पर कुछ साल पहले यह केंद्र बनना शुरू हुआ। वह आधा-अधूरा ही है। भारत-यात्रा केंद्र से बेदखल होने के बाद चंद्रशेखर यहीं धुनी रमाने के इरादे में दिखते हैं। 19 सालों की स्मृति का कोई अवसाद उनके चेहरे पर नहीं है। अगर है तो भविष्य का एक इरादा। उसे पूरा करने के लिए चंद्रशेखर यहां धूल-धक्कड़ से भरे हुए हैं। 75 के चंद्रशेखर का यह नया रूप है।

*(रामबहादुर राय, जनसत्ता, 1 जुलाई, 2002)*

# जनता दल

**जनता दल कैसे और किन परिस्थितियों के कारण अस्तित्व में आया?**

जनमोर्चा के कुछ नेता एक सपना देख रहे थे कि जल्दी ही उसके एक करोड़ सदस्य हो जाएंगे। संसदीय राजनीति का तकाजा था कि एक नया दल बने ताकि चुनाव से पहले उसे अपना संगठन और सिद्धांत बनाने के लिए कम से कम एक साल मिल जाए। मुझे यह भी सूचना मिली कि मुझे अलग-थलग करने का प्रयास चल रहा है। हेमवतीनंदन बहुगुणा की राय थी कि हमें अपना अलग मोर्चा बनाना चाहिए। मेरा प्रयास था कि मोर्चा की बजाय दल बने तो बेहतर होगा। इसके लिए पहला कदम जो उठा, वह सही दिशा में था। जनता पार्टी, लोकदल-अजीत, कांग्रेस-स और जनमोर्चा की एक समन्वय समिति बनी। इसमें एक कमी रह गई। लोकदल-ब नहीं आ पाया। लोकदल-ब यानी बहुगुणा। उन दिनों देवीलाल के लोकदल के अध्यक्ष हेमवतीनंदन बहुगुणा थे। शरद पवार के कांग्रेस में शामिल हो जाने के बाद जो पार्टी बची थी, उसका नेतृत्व कांग्रेस-स के नाम पर के.पी. उन्नीकृष्णन कर रहे थे।

राजनीति घटनाचक्र तेजी से घूम रहा था। कुछ नेताओं को यह लगने लगा कि समन्वय समिति की बजाय एक नई पार्टी की जरूरत है। मैं पूना के परनवाडी सम्मेलन से ही जनता पार्टी की अध्यक्षता छोड़ने का आग्रही था। मैंने बहुत पहले पार्टी में बता रखा था कि मैं अध्यक्ष-पद पर नहीं बने रहना चाहता। फिर सवाल उठा, किसको अध्यक्ष बनाया जाए? इंदुभाई पटेल आए। उन्होंने कहा कि वे अध्यक्ष का चुनाव लड़ना चाहते हैं। मैंने कहा कि आप लड़िए, मैं समर्थन करूंगा। आप दंडवते और हेगड़े से हां करवा लीजिए। वे लौटकर आए और कहने लगे कि वे लोग मान गए हैं।

उन दिनों रामकृष्ण हेगड़े बीमार थे। मैं उनको देखने गया। मैंने उन्हें बताया कि इंदुभाई आए थे। उनसे कह दिया है कि अगर आप लोगों की

सहमति हो तो मैं समर्थन करूंगा। रामकृष्ण हेगड़े से बंगलौर अस्पताल में मेरी बात हुई। उन्होंने मुझे बताया कि इंदुभाई आए थे, उनसे किसी नाम पर तो बात नहीं हुई। उनसे मैंने यह कहा कि जो नाम आप चाहेंगे, कर्नाटक के लोगों से मैंने कह दिया है, वे उसी नाम का समर्थन करेंगे। सम्मेलन स्थल पर पहुंचा तो मालूम हुआ कि कई उम्मीदवार खड़े हो गए हैं। इसकी चर्चा बहुत थी। मैंने कहा कि मैं अध्यक्ष नहीं बना रहना चाहता। किसी और को बना दीजिए। मैंने भारत-यात्रा केंद्र में 10-15 दिन रहकर एक झोंपड़ी बनाई थी। उसी में ठहरा था। रात को 11 बजे बीजू पटनायक आए। उन्होंने कहा कि चंद्रशेखर, यदि तुम अध्यक्ष नहीं बनोगे तो मैं पार्टी छोड़ दूंगा। मैंने उनसे कहा कि लोग सर्वसम्मति से तैयार हो जाएं और अपने नाम वापस ले लें तो मैं आपकी बात मान लूंगा।

स्वामी अग्निवेश का नाम भी उम्मीदवारों में था। बापू कालदाते चुनाव अधिकारी थे। बापू कालदाते ने इस फार्मूले के कारण सभी उम्मीदवारों के नाम वापस कर दिए, लेकिन स्वामी अग्निवेश ने कहा कि उन्होंने अपना नाम वापस नहीं लिया है। उन्होंने उम्मीदवार बने रहने की घोषणा की। चुनाव हुआ। स्वामी अग्निवेश को कुछ वोट मिले।

यह पृष्ठभूमि है जिसे जनता दल के बनने से पहले ही हलचलों को समझने के लिए ध्यान में रखना चाहिए। सूरजकुंड में देवीलाल ने विपक्षी दलों का सम्मेलन किया। उसमें नौ दलों के नेता आए। वहां भाजपा भी आमंत्रित थी। भाजपा की ओर से अटल बिहारी वाजपेयी बैठक में थे। वहां विपक्षी एकता पर परामर्श हुआ। सितम्बर, 1987 में वह बैठक हुई थी। सूरजकुंड की एकता दिल्ली पहुंचते-पहुंचते बिखर गई। इस एकता के प्रयास में निजी राजनीति अधिक थी। चौधरी देवीलाल जो प्रयास चला रहे थे, उसमें भाजपा का स्थान महत्त्वपूर्ण था। उन्होंने बोट क्लब पर एक रैली की। वे चाहते थे कि विश्वनाथ प्रताप सिंह आएं लेकिन मंच पर भाजपा की मौजूदगी के कारण वे नहीं आए। कुछ दिनों बाद एक मोर्चा बनाने का फैसला हुआ। उसमें जनता पार्टी के नेताओं की ज्यादा हिस्सेदारी थी। जनता दल बनने से पहले सात दलों ने मिलकर राष्ट्रीय मोर्चा बनाया। एनटी रामराव, देवीलाल, रामकृष्ण हेगड़े, के.पी. उन्नीकृष्णन, अजित सिंह, दिनेश गोस्वामी, विश्वनाथ प्रताप सिंह, रामधन, मधु दंडवते, मोरासोली मारन और पी. उपेन्द्र की कोशिशों से राष्ट्रीय मोर्चा की समन्वय समिति बनी। उसके बाद बना जनता दल जिसमें चार दल शामिल हुए।[10]

**जनता दल बनने के बाद ही आपसी मतभेद उभरकर सामने आने लगे। क्या कारण थे?**

उस वक्त जो वातावरण था, उसमें कोई गलतफहमी पैदा न हो, यही मेरा प्रयास था। कुछ लोग नहीं चाहते थे कि मैं जनता दल के बनने में कोई भूमिका निभाऊं। वे उस समय चल रही सारी तिकड़म से दुखी थे। मेरे कई मित्र जैसे सैयद शहाबुद्दीन, सुब्रह्मण्यम स्वामी, इंदुभाई पटेल और एच.डी. देवगौड़ा ने जनता दल के बनते वक्त सैद्धांतिक सवाल उठाए। 11 अक्टूबर को जे.पी. का जन्मदिन पड़ता है। 1988 में उसी दिन बंगलौर के सम्मेलन में जनता दल बना। जे.पी. की मृत्यु के बाद हर साल मैं 11 अक्टूबर को सिताबदियरा जाता रहा हूं। उस साल पहली बार ऐसा हुआ, जब मैं नहीं गया। मुझसे कहा गया कि आप अगर नहीं रहेंगे तो भारी गलतफहमी पैदा हो जाएगी। जनता दल तो बन गया लेकिन नेताओं में ताल-तिकड़म चलता रहा।

महीने भर बाद जनता पार्टी ने जनता दल में विलय का फैसला किया। जनता दल की जितनी प्रमुख समितियां थीं, मैं उनमें सदस्य था। जैसे पार्लियामेंट्री बोर्ड, कार्यसमिति और अन्य। हर समिति में बातचीत होती थी। जनता दल के नेता मन से नहीं चाहते थे कि मैं उसमें रहूं। दल की एकता और एकजुटता के लिए मैं उसमें साक्षी भाव से बना रहा।

जनता दल के नेताओं की इस राजनीतिक पहल से मेरी असहमति थी। भाजपा से समझौता करके चुनाव लड़ने के पक्ष में मैं नहीं था। मेरा मानना था कि इस तरह के समझौते के दूरगामी परिणाम अच्छे नहीं होंगे। जनता दल के नेताओं के दिमाग में राज हथियाने की बात सर्वोपरि थी, इसलिए मेरी सलाह उनके गले नहीं उतरी। मैंने भी इसको मुद्दा नहीं बनाया। यह मेरी कमजोरी थी। जनमत के सामने झुक जाने की मेरी आदत नहीं, पर मित्रों की हरकतों से मैं बहुत खिन्न था। कई बार ऐसा होता है, जब राजनीति में यश कम मिलता है और अपयश ज्यादा। जिनकी मदद करिए, वे ही अपयश के माध्यम बनते हैं।

उन्हीं दिनों एक उपचुनाव हो रहा था उत्तर प्रदेश के बुलंदशहर में। एक दिन मेरे पास बेनीप्रसाद माधव आए, कहा, मैं सारी जिंदगी बनारसीदास के खिलाफ रहा हूं। लेकिन अगर चुनाव जीतना है तो उन्हें खड़ा करना चाहिए। मैंने कहा, चलिए, बहुगुणा से बात करता हूं। बात हुई। मैंने उन्हें बताया कि बेनीमाधव कह रहे हैं कि बनारसीदास चुनाव जीत जाएंगे। हंसी-मजाक भी हुआ। बहुगुणा ने कहा कि बनारसीदास को लड़ा दो, बेनीमाधव उनसे अपना बदला निकाल लेगा। बेनीमाधव ने कहा कि बदला लेने की नीयत से नहीं कह रहा हूं, बनारसीदास

चुनाव जीत जाएंगे। बहुगुणा ने कहा कि एक लाख रुपये चुनाव फंड में दूंगा। मैंने कहा, बहुगुणा, सोचकर बोलिए। उन्होंने कहा, हां, मैं सोचकर बोल रहा हूं। मैंने कहा कि मैं भी कुछ करूंगा। इस तरह बनारसीदास उम्मीदवार बने। बहुगुणा ने एक लाख रुपये तो नहीं दिए, चंद्रजीत यादव ने दिए। वे उस समय हमारे साथ थे। एक लाख रुपये शरद पवार ने दिए। इसके अलावा दो-तीन लाख रुपये मैंने जुटाए। बनारसीदास के चुनाव का खर्च हम लोगों ने मिल-जुलकर उठाया। वे लोकसभा के सदस्य हो गए।

उस समय मधु दंडवते और रामकृष्ण हेगड़े ने मुझसे कहा कि सैयद शहाबुद्दीन को राज्यसभा में टिकट देना चाहिए। मैंने कहा कि सत्येन्द्र नारायण सिंह उर्फ छोटे साहब शहाबुद्दीन के बहुत खिलाफ हैं। उनकी मौजूदगी में सैयद शहाबुद्दीन को उम्मीदवार बनाया गया। मैंने हेगड़े से कहा कि सत्येन्द्र बाबू को समझा पाना मुश्किल है, उनसे आप अलग से बात कर लें। मैंने कहा कि चुनाव के लिए पैसा चाहिए और मैं इस समय पैसे नहीं जुटा सकूंगा तो हेगड़े ने कहा कि मैं कुछ करूंगा। मैं उसी बीच पटना गया था। वहीं हमारी पार्टी के एमपी राजमंगल मिश्र मिले। बुजुर्ग आदमी थे। उन्होंने कहा कि छोटे साहब से मिल लीजिए। मैं उनके साथ गया। छोटे साहब ने नाराजगी जाहिर की। फिर उन्होंने कहा कि चुनाव के लिए पैसा चाहिए और बताया कि पटना के सम्मेलन के एक लाख रुपये बचे हुए हैं। उसका चुनाव में इस्तेमाल हो जाए। मैंने उनसे पूछा कि और कितना पैसा चाहिए? उन्होंने कहा कि एक लाख रुपये और चाहिए। मैंने कहा कि आप खर्च कर लीजिए, बाद में प्रबंध हो जाएगा। उन्होंने कहा कि मैं तो कर नहीं सकता। बात हो गई। मैं हवाई अड्डे आया। सूर्यदेव सिंह मुझे छोड़ने आए। मैंने उनसे कहा कि मुझे एक लाख रुपये दे सकते हो? उन्होंने पूछा कि आपको क्या जरूरत पड़ गई? मैंने कहा कि जरूरत मत पूछो, दे सकते हो क्या? उन्होंने कहा, जरूर दे सकता हूं लेकिन यह बताइए कि कहीं आप इसे छोटे साहब को तो नहीं देने जा रहे हैं? यदि ऐसा है तो सैयद शहाबुद्दीन के विरुद्ध इस्तेमाल होगा। मैंने कहा कि चाहे कुछ भी हो, तुम एक लाख रुपये छोटे साहब को पहुंचा दो। उन्होंने एक लाख रुपये पहुंचा दिए। सैयद शहाबुद्दीन चुनाव हार गए। छोटे साहब ने उन्हें हरवाने में अपनी ताकत लगाई। मैंने उनको प्रदेश अध्यक्ष-पद से हटा दिया।

हंगामा मचा। छोटे साहब ने बयान दिया कि हमको पैसा दिया गया। विडंबना यह कि जिसने पैसा लिया, वही बयान दे रहा है। इसी प्रसंग में एक बार बनारसीदास ने भी उलटा बयान दिया। मैंने उनसे पूछा कि आपको अपनी

बात याद है जब आपने मुझसे कहा था कि मैं जवाहरलाल नेहरू, एस.के. पाटिल और चंद्रभानु गुप्त के साथ रहा हूं पर जिस उदारता का परिचय आपने दिया, मैंने वह कभी नहीं देखी, तो कहने लगे कि मेरी मजबूरी थी। मैं आज तक समझ नहीं पाया कि नेता चाहे जो भी हो, वह मजबूरी में क्यों बयान देता है? मैं मुड़कर देखता हूं तो मुझे लगता है कि जनता दल के बनते वक्त हेमवतीनंदन बहुगुणा ज्यादा सही थे। वे कहा करते थे कि जनता दल ज्यादा दिन नहीं टिकेगा।[11]

**क्या आप मानते हैं कि जनता दल भावनात्मक मुद्दों को आधार मानकर बनाया गया था?**

मैं भी यह महसूस करता था कि जनता दल भावनात्मक सवालों पर बनाया जा रहा है जो उसके स्वस्थ विकास के लिए उचित नहीं होगा। उस समय इन बातों को उठाने का वह सही समय नहीं था। अगर यह सवाल मैं उठाता तो कहा जाता कि जनता दल के बनने को मैं रोक रहा हूं। जनता दल उस समय की जरूरत बन गया था। उसके बनने में सहयोग करना ही मैंने सर्वथा उचित माना। जनता दल 1977 की जनता पार्टी का प्रतिरूप नहीं था। उसका अगला कदम था। सामाजिक और राजनीतिक प्रक्रिया में जनता दल जिस यथार्थ पर खड़ा था, वहां से वह आम आदमी के वास्तविक मुद्दों पर ज्यादा ध्यान दे सकता था। लेकिन मूल सवालों की तरफ जनता दल के नेताओं का रूझान नहीं था। वे जोड़-तोड़ में ज्यादा वक्त दे रहे थे। जनता दल के बनने के वक्त मोरारजी की राय थी कि जनता पार्टी का नाम बने रहना चाहिए। हमारे कुछ मित्र जनता दल के बनने का अलग-अलग कारणों से विरोध कर रहे थे। मैंने उन्हें समझाया लेकिन वे नहीं माने। जनता दल की कुछ कमजोरियां थीं। कुछ लोग उसमें ईर्ष्या और द्वेष की राजनीति से ग्रस्त थे।

> "मैं व्यक्तियों को तो याद दिलाना चाहूंगा—एक माननीय मधु दंडवते को और एक माननीय चौधरी देवीलाल को। इन्हें याद होगा, जब बंगलौर में बड़े नेताओं की मीटिंग हुई, उस समय मुझसे कहा गया कि आप विश्वनाथ प्रताप सिंह का नाम अध्यक्ष-पद के लिए प्रस्तावित कीजिए। अजीत सिंह, आपको याद होगा, मैंने कहा, मैं केवल नाम का विरोध नहीं करूंगा, पर इस नाम का समर्थन या प्रस्ताव मैं कभी नहीं कर सकता हूं।"

*(राष्ट्रीय मोर्चा सरकार के विश्वास मत पर भाषण, 7 नवंबर, 1990)*

**1989 में लोकसभा चुनाव के बाद आप वी.पी. सिंह के प्रधानमंत्री बनने के विरुद्ध क्यों थे? क्या आप इसी कारण नेता पद का चुनाव लड़ना चाहते थे?**
मैं नेता पद का चुनाव इसलिए लड़ना चाहता था क्योंकि मैं एक खास व्यक्ति को नेता बनाए जाने को पार्टी के हित में नहीं मानता था। हो सकता था, मैं हार जाता, पर मेरे चुनाव लड़ने से ये लोग भयभीत क्यों थे? देखिए, मैं जिसे अपना नेता नहीं मानता, उसे 'सिंबोलिक' विरोध प्रदान करना मेरा राजनीतिक धर्म था। कम से कम भविष्य में मुझ पर यह आरोप तो नहीं लगेगा कि मैंने उनका तब समर्थन किया था और अब समर्थन नहीं करता। इसीलिए मैं देवीलाल के नाम के लिए चुनाव न लड़ने पर सहमत हो गया था।

**सेंट्रल हॉल में पार्टी के नेता पद का चुनाव हुआ था। देवीलाल ने जो किया, उस हादसे को आप कैसे देखते हैं?**
मुझे देवीलाल से कोई शिकायत नहीं है। मुझे शिकायत है मधु दंडवते और बीजू पटनायक से। ये लोग इस स्तर तक उतर जाएंगे यह मैंने नहीं सोचा था। मुझे वी.पी. सिंह से भी शिकायत नहीं है। देवीलाल और वी.पी. सिंह के बारे में मेरी धारणा न पहले अच्छी थी, न बाद के दिनों में अच्छी हो सकती थी। ये लोग उसी हद तक जा सकते थे। हम तो उस स्तर तक नहीं उतरे। लाख प्रचार हुआ कि 'राजा नहीं फकीर है, देश की तकदीर है', लेकिन हम जानते थे, वी.पी. सिंह क्या हैं। देवीलाल क्या हैं। दिक्कत यह है कि हम ढिंढोरा नहीं पीटते। एक स्तर पर पहुंच जाने के बाद व्यक्ति से कुछ अपेक्षाएं होती हैं। मेरा मानना है, उसपर हमें खरा उतरने की कोशिश करनी चाहिए।

**विश्वनाथ प्रताप सिंह की सरकार कैसे गई?**
राष्ट्रीय मोर्चा की सरकार दो बैसाखियों पर टिकी थी—भाजपा और कम्युनिस्ट। लालकृष्ण आडवाणी की गिरफ्तारी के बाद भाजपा ने 23 अक्टूबर, 1990 को विश्वनाथ प्रताप सिंह सरकार से अपना समर्थन वापस ले लिया। अटल बिहारी वाजपेयी समर्थन वापसी की चिट्ठी लेकर राष्ट्रपति आर. वेंकटरामन के यहां गए थे। भाजपा के समर्थन वापस लेने के बाद विश्वनाथ प्रताप सिंह ने राष्ट्रपति से तीन हफ्ते का समय मांगा। वे जानते थे कि बहुमत सिद्ध नहीं कर पाएंगे। आखिरकार सात नवंबर को विश्वनाथ प्रताप सिंह की सरकार विश्वास मत में हारने के बाद चली गई। चौधरी देवीलाल सरकार से हट गए थे। उन्हें विश्वनाथ प्रताप सिंह ने उप-प्रधानमंत्री पद से हटा दिया था। जो कारण बताए गए, उनका

औचित्य मेरी समझ में नहीं आया। उनके बारे में कहा गया कि वे हर कदम पर सरकार का विरोध कर रहे थे। कोई न कोई बयान दे देते थे। इसे भितरघात माना गया। पद से हटाए जाने के बाद देवीलाल बहुत हताश और निराश थे। वे अपमानित महसूस कर रहे थे। बेहद दुखी थे। पता नहीं, प्रधानमंत्री ने इस बारे में किसी और से राय ली या नहीं। मुझे तो इसकी भनक भी नहीं थी। रात को ही देवीलाल के यहां से फोन आया। मैंने कहा, बहुत बुरा हुआ। इस तरह से उन्हें हटाना उचित नहीं था। अगर किसी बात पर मतभेद था तो देवीलाल जैसे वरिष्ठ व्यक्ति से त्यागपत्र ले लेना चाहिए था। पद से हटाए जाने के बाद उन्होंने एक भारी रैली की। उसमें मैं भी शामिल हुआ। लोग कहते हैं कि वह उस समय की सबसे बड़ी रैली थी। इसके बाद घटनाचक्र तेजी से घूमा। रैली के बाद 5 नवंबर, 1990 को देवीलाल ने समाजवादी जनता दल बनाया।

उन दिनों जो परिस्थितियां थीं, उसे किसी भी पैमाने पर असाधारण ही कहा जाएगा। खून-खराबे का दौर था। युवक आत्मदाह कर रहे थे। मंडल आयोग की सिफारिशों को लागू करने के बहाने सत्ता की राजनीति की जा रही थी। उसकी समाज में भयानक प्रतिक्रिया हुई थी। असल में देवीलाल को नीचा दिखाने के लिए मंडल का नारा लगाया गया। भाजपा ने सोचा कि अब इसके विकल्प के रूप में धर्म की बात उठाई जाए। इसीलिए रथयात्रा की योजना बनी। इन सब घटनाओं से किसको नफा-नुकसान हुआ, यह अलग बात है लेकिन भारतीय राजनीति में विघटनकारी ताकतों को बल मिला। रथयात्रा से भावनाएं भड़कीं। समाज की एकजुटता में दरार आई। मुझे बताया गया कि भाजपा के नेता विवादित स्थान पर पूजा करने का अवसर चाहते हैं। अगर ऐसा हो जाए तो आंदोलन खत्म हो सकता है। मैंने मुलायम सिंह से कहा कि इन नेताओं को हेलीकॉप्टर से भेजकर पूजा करवा दीजिए। इस झगड़े को मत बढ़ाइए। मुलायम सिंह ने मेरी बात नहीं मानी। आज की हालत देखकर लगा है कि उनकी समझ ठीक थी। प्रधानमंत्री कार्यालय से उस समय परस्पर विरोधी संकेत दिये जा रहे थे। इससे मामला पेचीदा होता गया। भाजपा के लिए कोई विकल्प नहीं बचा था सिवा इसके कि सरकार से समर्थन वापस ले ले।

उस वक्त नेतृत्व परिवर्तन कर सरकार बचाने का भी एक विकल्प था, लेकिन उसके लिए विश्वनाथ प्रताप सिंह तैयार नहीं हुए। मुझे इतना ही पता था कि इस तरह की बातें चल रही हैं। जनता दल जब टूटा तो उसका कोई सांसद उस समय चुनाव नहीं चाहता था। मैंने नेताओं से तो बात नहीं कि लेकिन किसी और को नेता चुनकर सरकार बनाई जाए, इसका मैं समर्थक था। लेकिन जो अतिउत्साही

लोग थे, वे यह समझते थे कि विश्वनाथ प्रताप सिंह ही आखिरी व्यक्ति हैं। सही बात यह है कि कांग्रेस के लोग भी उस समय देवीलाल के नेतृत्व में सरकार बनाना चाहते थे। मुझसे जब यह चर्चा किसी ने की तो मैंने कहा कि आप उन्हीं के नेतृत्व में सरकार बना दीजिए। इस समय अगर चुनाव होगा तो बहुत खून बहेगा। बात बिगड़ जाएगी। इसलिए चुनाव अभी न कराकर देवीलाल को ही प्रधानमंत्री बना दिया जाए।

**सरकार गिराने को लेकर आप पर भी उंगलियां उठी थीं?**

क्या मैंने सरकार को कोई नुकसान पहुंचाया है? वी.पी. सिंह ने खुद ही अपनी सरकार गिराई। सरकार को गिराने से बचाने का कोई विकल्प नहीं था। वी.पी. सिंह की नैतिकता क्या यही कहती है कि जिस जगह पर वे नहीं टिक पाए, वहां किसी को भी वे टिकने न दें। मैंने उन्हें कोई हानि नहीं पहुंचाई। मैंने हमेशा उन्हें समझाया कि वे जो कर रहे हैं, वह ठीक नहीं है। मैंने उन्हें विहिप और भाजपा से वादाखिलाफी की सलाह नहीं दी थी। आडवाणी को अपना समर्थन वापस लेने की सलाह मैंने नहीं दी थी। वी.पी. सिंह ने आडवाणी से खुद कारसेवा में हिस्सा लेने को कहकर अध्यादेश वापस क्यों ले लिया?

**अब आप विश्वनाथ प्रताप सिंह को प्रधानमंत्री के रूप में कैसे आंकते हैं?**

मैं जिस तरह विश्वनाथ प्रताप सिंह को आंकूंगा, वह असलियत के नजदीक नहीं होगा। किसी प्रधानमंत्री को आंकने के लिए उसके प्रति जनमत का क्या रुख है, उस पर जाना होगा। प्रधानमंत्री के बारे में उन विद्यार्थियों का क्या रुख है, जो उन्हें कंधों पर बैठाकर कभी दिल्ली यूनिवर्सिटी में घुमाते थे? उनके बारे में अखबारवालों की क्या धारणा है, जो उनको नया मसीहा और फकीर मानते थे? उनके बारे में भारतीय जनता पार्टी का क्या रुख है, जो उन्हें देश का मसीहा मानती थी? उनके बारे में वामपंथी पार्टी की क्या राय है, जो उनके 'नेचुरल एलाई' थे? देश के बुद्धिजीवियों की, अध्यापकों की क्या राय है और गरीब तबके के लोग आज उनसे कितना सम्मोहित हैं? आकलन इन लोगों से पूछकर लगाइए और उसी के आधार पर आप वास्तविकता के नजदीक होंगे और उसी को मेरा आकलन भी मान लीजिए। मेरी राय से आकलन मत करिए।

# प्रधानमंत्री काल

**विपरीत परिस्थितियों के बावजूद आपने प्रधानमंत्री का पद क्यों संभाला?**
मुझे समस्याओं के अलावा कुछ भी नहीं मिला। अर्थव्यवस्था डांवाडोल थी। कानून और व्यवस्था बदतर थी। लोगों का विश्वास खत्म हो चुका था। चारों ओर तनाव का माहौल था। लोगों में परस्पर विश्वास की भावना घट गई थी। सब तरफ हिंसा का माहौल था। हमारी गलियों में आए-दिन दंगों के दृश्य दिखाई दे रहे थे। जब मैंने सरकार का कामकाज संभाला तब देश की ऐसी ही बुरी स्थिति थी। वास्तविकता यह है कि इसी कारण मैंने सरकार बनाने का फैसला किया। कांग्रेस ने भी समर्थन का आश्वासन देते हुए कहा कि देश बहुत खराब दौर से गुजर रहा है और स्थितियों को दुरुस्त करने के लिए वह मिलकर काम करने के लिए तैयार है। मैंने जिम्मेदारी संभाल ली थी। मेरा जनता पर जबर्दस्त विश्वास था और आज भी है। मैंने जो पहला काम किया, वह यह कि सदाशयता और भाईचारे की भावना से काम करने की अपील करके लोगों को शांत करने की कोशिश की। मुझे यह कहते हुए खुशी हो रही है कि इसका प्रभाव व्यापक और बड़ा ही सकारात्मक था। मैं यह नहीं कहता कि स्थितियां अपेक्षा से अधिक सुधर गई थीं, लेकिन इतना जरूर है कि लोगों में व्याप्त रोष शांत हो रहा था। हम किसी तरह लोगों को शांत करने में आखिर कामयाब हुए। आर्थिक मोर्चे की बात की जाए तो यहां भी नेताओं ने वास्तविक स्थितियों को ध्यान में रखे बगैर लोगों में लंबी-चौड़ी आशाएं भर दी थीं। समय बड़ा मुश्किल था। आर्थिक मोर्चे पर भी हमने बदहाल स्थितियों पर अंकुश डाला और इसको पटरी पर ले आने की आशा कर रहे थे। दुर्भाग्यवश तभी असमय चुनाव आ गया और एक बार फिर हमारे सामने चंद समस्याएं खड़ी हुईं।

प्रधानमंत्री पद की शपथ मैंने 11 नवंबर, 1990 को ली। उस दिन 70-75 जगहों पर कर्फ्यू लगा हुआ था। युवक आत्मदाह कर रहे थे। वे मंडल आयोग की

सिफारिशों के खिलाफ भड़क गए थे। दूसरी तरफ सांप्रदायिक दंगे हो रहे थे। मुझे सरकार बनाने और चलाने का कोई अनुभव नहीं था, लेकिन मेरा विश्वास था कि अगर देश के लोगों से सही बात कही जाए तो देश की जनता देश के भविष्य के लिए सब कुछ करने के लिए तैयार रहेगी। जो आग भड़क गई थी, उस पर कुछ ठंडा पानी डाला जा सकता है, ऐसा मेरा विश्वास था। कठिनाइयों के बावजूद मुझे लगा कि कोई न कोई रास्ता जरूर निकल सकता है, भले ही वह अस्थायी हो। मुझे इसमें संदेह नहीं था कि मेरी सरकार अधिक दिनों तक चलेगी। प्रधानमंत्री का पद मैंने एक प्रकार से कर्तव्य-पालन की भावना से स्वीकार किया था। उस समय वी.पी. सिंह की सरकार देश को जिस रास्ते पर ले जा रही थी, वह खतरनाक रास्ता था। उससे देश विनाश की ओर जा रहा था। मैं उसे बदल सकता था। इसका विश्वास मुझे था।

**आपके कांग्रेस से वैचारिक मतभेद थे। फिर आपने कांग्रेस से समर्थन क्यों लिया था?**

यह नीतियों के स्तर पर निर्भर करता है। जनादेश ही सफलता का मूल मंत्र नहीं है। वी.पी. सिंह को तो जनादेश मिला था, उसका वे क्या कर सके? मैंने पहले ही कहा कि जनता का साथ आपके कार्यों से ही निर्धारित होगा। वी.पी. सिंह का भाजपा की मदद से सरकार बनाना देशभक्तिवाला काम था? क्या देश के बारे में सोचना गलत था, वह भी उस समय, जब देश संकट में हो? वी.पी. सिंह की सरकार द्वारा समर्थन खोने पर कौन सरकार बनाने की स्थिति में था? हम सभी चाहते थे कि तुरंत चुनाव न हों। उन परिस्थितियों में हमारा देश इसे झेल नहीं पाता। वी.पी. सिंह बहुमत नहीं जुटा पाए। राजीव गांधी सरकार बनाना नहीं चाहते थे। अगर चाहते भी तो बिना जनता दल के सहयोग के सरकार नहीं बना सकते थे।

**प्रधानमंत्री के रूप में आपकी प्राथमिकताएं क्या थीं?**

अपनी प्राथमिकताएं तय करते वक्त मैं इस मानसिक बोझ से नहीं दबा कि सरकार कितने दिन चलेगी। जीवन के बारे में शुरू से एक दृष्टिकोण रहा है। उसे सरकार पर भी लागू करना होगा, ऐसा मेरा विचार था। जीवन अपने हाथ में नहीं है। अपने वश में कर्म है। जीवन लंबा चल सकता है, वह कल भी समाप्त हो सकता है। दोनों स्थितियों में यह मानता हूं कि कोई व्यक्ति इतिहास का आखिरी व्यक्ति नहीं है। वह सारी समस्याओं का समाधान नहीं कर सकता।

जितना हो सके, उतना पूरी लगन से प्रयास करना चाहिए। मैं लोगों से सुनता हूं कि कांग्रेस के नेता उन दिनों कहा करते थे कि वे मेरी सरकार को कम से कम ग्यारह महीने चलने देंगे। अचानक उनका इरादा बदला तो इसकी कोई वजह होगी। इस बारे में कुछ बातें कही जाती हैं। कांग्रेस के कुछ नेता शायद यह सोचते थे कि वे जैसा चाहेंगे, वैसा सरकार को चलाएंगे। मेरा रुख यह था कि उनकी उचित बातें मानूंगा। जिसे ठीक नहीं मानता, उसे पूरा नहीं कर सकता। शुरू में नियुक्तियों का मामला आया। जहां मैंने गलत सिफारिश देखी और पाया कि यह आदमी उस पद के लायक नहीं है, उसे विनम्रतापूर्वक मना कर दिया। हर ठीक सिफारिश को मैंने माना। जहां कठिनाइयां थीं, उन्हें बताकर अस्वीकार भी करना पड़ा।

प्रधानमंत्री के नाते मैंने अफसरों को पूरी छूट दी। उनसे कहा कि वे बात-बात पर सलाह लेने न आया करें। वे अपनी जिम्मेदारी समझें और निभाएं। एक दिन साउथ एवेन्यू में कुछ अधिकारी आए। उनमें प्रवर्तन निदेशालय और केंद्रीय जांच ब्यूरो के अफसर थे। मुझे बताया गया कि बहुत जरूरी बात है, कुछ अफसर मिलने आए हैं। मैंने उनको बुलवाया। अत्यंत सवेरे आए थे। मैंने पूछा, क्या बात है? उन्होंने कहा कि चंद्रास्वामी विदेश से आ रहे हैं। उन्हें गिरफ्तार करना चाहते हैं। मैंने कहा कि मुझे क्या करना है? उन अफसरों ने कहा कि ऐसे मामलों में प्रधानमंत्री से सलाह ली जाती है। मैंने उनसे कहा, मेरा एक ही जवाब है कि अगर आप जरूरी समझते हैं और हर पहलू से यह सही है तो अपनी जिम्मेदारी पर फैसला लीजिए। अगर आप सही फैसला लेंगे तो कोई व्यक्ति आप पर दबाव नहीं डालेगा। अगर बदले की भावना से काम करेंगे तो उसकी जवाबदेही भी आप पर होगी। प्रधानमंत्री से सलाह कभी मत लीजिए, यह उनका काम नहीं है।

**ऐसे कौन-से कारण थे जिसकी वजह से आपको इस्तीफा देने के लिए बाध्य होना पड़ा?**

संसदीय प्रजातंत्र गिनती का खेल है। कांग्रेस के समर्थन के आधार पर इस सरकार का गठन हुआ था। यह एक अल्पमत सरकार थी। कांग्रेस के समर्थन के बिना इस सरकार का संसद में बने रहना मुश्किल था। कांग्रेस ने कुछ निजी कारणों से सदन का बहिष्कार किया। हालांकि उन्होंने आधिकारिक तौर पर अपना समर्थन वापस लिए जाने की घोषणा नहीं की थी। विपक्ष की उपस्थिति में राष्ट्रपति को दिए जाने वाले धन्यवाद प्रस्ताव पर मत प्रकट किए गए। मैं नहीं चाहता था कि इस विषय पर सरकार को असफलता का सामना करना पड़े। उस समय सदन

में अपने साथ उस पार्टी का न होना, जो समर्थन का दावा करती है, मेरे लिए बड़ा ही विचित्र था। हमारी पार्टी के सरकार में बने रहने के नैतिक आधार को ठेस पहुंचाना उनका एकमात्र उद्देश्य था। इसलिए मैंने अपने पद से इस्तीफा दे दिया।

**सरकार के बहिष्कार के कारणों के बारे में जरा विस्तार से बताएं।**

पहले मैं उन स्थितियों के बारे में बताना चाहूंगा जब सरकार का गठन हुआ था। मैं और कांग्रेस पार्टी दोनों ने स्थिति की गंभीरता को समझा कि तुरंत चुनाव देश के हित में नहीं हैं। अतः हमने साथ काम करने का निश्चय किया। यह सच है कि हमने किसी साझा योजना के बारे में बात नहीं की। कांग्रेस ने बिना किसी शर्त के समर्थन दिया था। सरकार बनने के दो या तीन महीनों के बाद सरकार के प्रति उनके दृष्टिकोण में परिवर्तन होने लगा। मैं उस मुद्दे के बारे में बात नहीं करूंगा जिस पर उनका विरोध था क्योंकि किसी विशेष मुद्दे पर अपना मत प्रकट करने का उनको पूरा अधिकार था। रविवार की सुबह मुझे बताया गया कि हरियाणा पुलिस के दो जवान राजीव गांधी के घर के पास संदिग्ध अवस्था में घूम रहे हैं। मैंने तुरंत उनकी छानबीन करने के आदेश दिए। लोकसभा में इसे रखा। कांग्रेस के सभी नेता मेरे इस कदम से संतुष्ट थे। उसी शाम मुझे एक पार्टी में राजीव गांधी मिले। मैंने उनसे कहा कि ऐसा होना शर्मनाक है और मैं इस पर पूरा ध्यान दे रहा हूं। अगली सुबह जब मैं संसद गया तब मुझे सूचना दी गई कि वे लोग सभा का बहिष्कार करने वाले हैं। यह हरकत मुझे बचकानी लगी। मुझे विश्वास नहीं हुआ। बाद में जब सदन में उन्होंने कहा, तब मैं स्तब्ध रह गया कि इतनी छोटी-सी बात पर वे इतने उत्तेजित हो गए! जबकि हमने साफ तौर से यह कहा था कि हम इसकी हर तरह से छानबीन करेंगे और दोषी व्यक्ति को दंड देंगे। वे मुझ पर कुछ ऐसी सलाह लादना चाहते थे, जिसे मानना मेरे लिए मुश्किल था। मेरे पास दूसरा कोई उपाय नहीं था। या तो मैं उनकी सलाह मान लेता जो असंभव था, या मैं कोई कड़ी बात कहूं, जो नहीं कहना चाहता। अतः मैंने सोचा कि उस बात को जो बिलकुल अनुचित है, स्वीकार करने के बजाय इस्तीफा देना ज्यादा अच्छा है।

मेरी सरकार को गिराने के लिए एक बहाना बनाया गया था। खुफिया पुलिस का बहाना था। वह अकेला कारण नहीं है। आखिरी और निर्णायक कारण कई हो सकते हैं। ब्रिटेन के एक अखबार ने लिखा कि यह जो सरकार है, उसके बारे में शुरू में धारणा थी कि यह कांग्रेस की बैसाखी पर है, इसलिए कुछ फैसले नहीं

लेगी, लेकिन सरकार जिस तरीके से फैसले ले रही है, ऐसा लगता है कि जवाहरलाल नेहरू के बाद यह सबसे प्रभावी सरकार है।

राज्यपालों की नियुक्ति के सवाल पर भी मतभेद उभरे। मैं चाहता था कि हितेन्द्र देसाई को गवर्नर बनाना चाहिए। कांग्रेस का तर्क था कि इससे गुजरात में उनका दलीय गणित गड़बड़ा जाएगा। इसी तरह अनुसूचित जाति-जनजाति आयोग के अध्यक्ष का सवाल आया। कांग्रेस चाहती थी कि मैं रामधन को हटाकर किसी और व्यक्ति को अध्यक्ष बना दूं। जो नाम दिए गए, वे सुखदेव प्रसाद और महावीर प्रसाद के थे। मैंने कहा कि कांग्रेस में इससे अधिक योग्य लोग हैं, उनके नाम दीजिए, नहीं तो रामधन ही अध्यक्ष रहेंगे। ब्रिटेन में उच्चायुक्त की नियुक्ति जरूरी थी। विद्याचरण शुक्ल ने एक लिस्ट बनाई थी, उसमें रामनिवास मिर्धा का नाम था। राजीव गांधी इस नाम पर सहमत थे। बाद में वहां भी राजस्थान के गणित का सवाल उठा। मैंने बिना सलाह किए राष्ट्रपति की सहमति से लक्ष्मीमल्ल सिंघवी को भेजा।

कैबिनेट सेक्रेटरी बनाने के सवाल पर भी मतभेद हुआ। पहले जिस व्यक्ति का नाम सुझाया गया, वह मेरी राय में लोगों को साथ लेकर काम करने की योग्यता नहीं रखता था। एक दूसरे व्यक्ति का नाम दिया गया। उन सज्जन के एक नामी-गिरामी औद्योगिक घराने से संबंध थे। मेरे एक वरिष्ठ मित्र भी उनके पक्ष में थे, पर उन्हें मैं कैबिनेट सेक्रेटरी के पद पर नियुक्त नहीं कर सकता था। मैंने वरिष्ठता के आधार पर ही हर नियुक्ति की।

पुलिस की जासूसी का बहाना बनाने वालों ने यह नहीं सोचा था कि मैं इस्तीफा दे दूंगा। लोकसभा में मैं जवाब देने के लिए खड़ा हुआ, उस समय देवीलाल ने मुझसे पूछा कि राजीव गांधी बात करना चाहते हैं, मैं जाऊं? मैंने कहा, जरूर जाइए और अपनी प्राइम मिनिस्टरी की बात करके आइएगा। मेरे दिन इस पद पर पूरे हो गए हैं। लोकसभा में भाषण करने के बाद मैंने अपनी सरकार का इस्तीफा सौंप दिया। उसी रात मेरे पास प्रस्ताव आया कि आप दोबारा शपथ लीजिए। आपकी सरकार में कांग्रेस भी शामिल हो जाएगी। मैंने कहा कि मेरा काम हो गया। यह प्रस्ताव शायद इसलिए आया कि लोग तुरंत चुनाव नहीं चाहते थे।

**क्या आपको उस घटना के होने की आशंका नहीं थी?**

मैं यह नहीं कहता कि जो भी हुआ, वह आशा के विपरीत था। लेकिन ऐसी छोटी-सी बात पर वे अपना समर्थन वापस ले लेंगे, यह आशा के विपरीत था। देश के सामने इससे भी जरूरी कई अन्य समस्याएं थीं जिन पर उनका ध्यान नहीं गया।

**भागवत प्रकरण पर संसद में चर्चा की जाए या नहीं, इसको लेकर जो सर्वदलीय समिति बनी थी, उसकी अध्यक्षता करने से आपने इनकार क्यों कर दिया था?**
समिति बनने से पहले मैं लोकसभा में अपनी राय व्यक्त कर चुका था। मैंने कहा था कि सुरक्षा जैसे संवेदनशील मामले में थोड़ी एहतियात बरती जानी चाहिए। उस पर खुली चर्चा न तो उचित है, न ही देश हित में है। बहस की मांग जायज थी। भागवत प्रकरण से जुड़े दस्तावेजों को कुछ वरिष्ठ राजनेतागण देख-समझकर निर्णय लेते तब तो बात समझ में आती है, लेकिन बिना दस्तावेज देखे और मामले को समझे-बूझे संयुक्त संसदीय समिति (जेपीसी) के गठन का मुझे कोई औचित्य नहीं समझ आ रहा था। जब सभी दलों के नेता अफवाहों के आधार पर ही अपनी राय बना चुके थे, तब सर्वदलीय समिति बनाना और उसकी अध्यक्षता की जिम्मेदारी लेने का मुझे कोई तुक नहीं दिखा। इसीलिए मैंने उस सर्वदलीय समिति की अध्यक्षता स्वीकार नहीं की।[12]

**भागवत प्रकरण से संबंधित दस्तावेजों को देखने-पढ़ने के बाद खुद आपका निष्कर्ष क्या है?**
दस्तावेजों को देखने-पढ़ने की नौबत ही नहीं आई थी। दस्तावेजों को देखने का सवाल उठा था लेकिन भागवत के हलफनामे और 'महान' नेताओं की बयानबाजियों के चलते सब कुछ ठहर-सा गया। कांग्रेस और वामपंथी अड़ गए कि दस्तावेज देखने के बाद भी हम संयुक्त जांच समिति (जेसीपी) की मांग करेंगे। ऐसे में कोई मूर्ख सरकार ही होगी जो दस्तावेज भी दिखा दे और जेपीसी की मांग भी स्वीकार कर ले। हां, एक बात पर मेरी राय बिलकुल स्पष्ट थी। एडमिरल भागवत की बर्खास्तगी के तौर-तरीके या निर्णय-प्रक्रिया में खामी हो सकती थी लेकिन इसको लेकर नौसेना प्रमुख या उनके परिवार के लोग अखबारों में बयानबाजी करने लगे, इसकी इजाजत कतई नहीं दी जा सकती थी। भागवत को आपत्ति थी तो उन्हें अपनी आपत्तियों को राष्ट्रपति के समक्ष रखना चाहिए था। वे राष्ट्रपति से न्याय की अपील करते तो बात समझ में आती लेकिन इसके बजाय समाचारपत्रों के जरिये आंदोलन की घोषणा करना ऐसा अनुचित कार्य था, जो भविष्य के लिए भयावह साबित हो सकता था।[13]

**जब आप प्रधानमंत्री थे, तब भागवत नौसेना उप-प्रमुख थे। कहा जा रहा है कि उस समय भी आपने राष्ट्रपति से इनकी बर्खास्तगी की सिफारिश की थी?**
नहीं, यह बात सही नहीं है। मुझे अपनी याददाश्त पर भरोसा है। अगर मैंने ऐसा

किया होता तो यह घटना याद जरूर रहती। हां, मैंने उस समय एक नौसेना अधिकारी के बारे में जरूर कहा था लेकिन वह भागवत नहीं, कोई और था। मसला भी बर्खास्तगी का नहीं, दूसरा था। दरअसल, उस अधिकारी ने कोई राजनीतिक वक्तव्य दे दिया था, जो मुझे उचित नहीं लगा, इसलिए मैंने अपने रक्षा सचिव से कहा कि उन अधिकारी महोदय से पूछा जाना चाहिए कि उन्होंने ऐसा वक्तव्य क्यों दिया? ध्यान रहे कि यह बात मैंने राष्ट्रपति से नहीं, अपने रक्षा सचिव से कही थी। वह मसला भी बेहद मामूली था।[14]

**अकसर रक्षा सौदों में दलाली या कमीशनखोरी का सवाल उठता रहता है, आखिर सच क्या है?**

देश के सभी वरिष्ठ पत्रकार और सांसद भली भांति जानते हैं कि रक्षा सौदों में कमीशन लिया जाता है और दिया भी जाता है। विश्व के सारे देशों में कमीशन की प्रथा कायम है। भारत में भी ऐसा होता है। आज से नहीं, 1947 से ही यह प्रथा चली आ रही है। यह कमीशन कौन लेता है, कितना लेता है और अंततः हजारों करोड़ की धनराशि कहां जाती है, इसका कोई आधिकारिक लेखा-जोखा नहीं रखा जाता। कमीशन की प्रथा इसलिए भी समाप्त नहीं हो सकती क्योंकि दुनिया की सभी बड़ी रक्षा कंपनियों और सरकारों ने इसे वैधता प्रदान कर रखी है। ऐसे में किसने कितना कमीशन खाया, इसकी मुझे कोई जानकारी नहीं। चूंकि मेरे जमाने में कोई सौदा नहीं हुआ था, इसलिए कम से कम मैं कह सकता हूं कि मैंने कोई कमीशन नहीं खाया है। लेकिन यह कहना कि कमीशन नहीं लिया जाता, सरासर झूठ है।[15]

**क्या आपने प्रधानमंत्रित्व काल के दौरान इस पर रोक लगाने का प्रयास किया था?**

झूठ बोलने की मेरी आदत नहीं है। मैंने कमीशनखोरी पर रोक लगाने का कोई प्रयास नहीं किया था। हां, एक बात मैंने कही थी, जो उस समय के राष्ट्रपति द्वारा दिए गए अभिभाषण में भी मौजूद है। कोई चाहे तो उसे पढ़ सकता है। दरअसल, अपने अधिकारियों से गहन विचार-विमर्श के बाद मैंने कमीशन में मिलने वाली धनराशि के जरिए एक 'नेशनल रिकंस्ट्रक्शन फंड' (राष्ट्रीय पुनर्निर्माण कोष) बनाने का प्रस्ताव रखा था ताकि कमीशन की राशि को कानूनी रूप दिया जा सके। कमीशनखोरी या भ्रष्टाचार के किसी भी मामले में शुरू से ही मेरी स्पष्ट मान्यता रही है कि यह काम संसद का नहीं, जांच एजेंसियों का

है। इसीलिए बोफोर्स प्रकरण पर जब पत्रकारों ने मुझसे पूछा था तो मैंने कहा था, 'दिस इज ए पुलिस सब-इंस्पेक्टर्स जॉब, प्राइम मिनिस्टर हेज नथिंग टू डू विद् इट।' मेरे इस वाक्य पर काफी बवाल मचा था। मजेदार किस्सा तो तब सामने आया जब सीबीआई डायरेक्टर जोगिन्दर सिंह बोफोर्स दस्तावेजों का बक्सा लेकर भारत लौटे और उस पर संसद में बहस शुरू हुई। जसवंत सिंह ने बोफोर्स दस्तावेजों को सदन के पटल पर रखने की मांग की तभी तत्कालीन कानूनमंत्री रमाकांत खलप ने उठकर सदन को सूचना दी कि वी.पी. सिंह के जमाने में ही भारत और स्विस सरकार के बीच एक सहमति-पत्र पर इस आशय से हस्ताक्षर हो चुके हैं कि यह दस्तावेज सिर्फ पुलिस देख सकती है, संसद या अखबार के लोग नहीं। यदि दस्तावेजों को देखने के बाद पुलिस को लगे तो वह मामले को अदालत के हवाले कर सकती है। सारे सांसद चुप रह गए।[16]

# सजपा किसी के भी पीछे चलने को तैयार

**मौजूदा परिस्थिति में जनआंदोलन की क्या संभावना है? जिन हालात में आंदोलन पैदा होते हैं, क्या वे अभी मौजूद हैं?**

मैं आपको बताऊं कि आंदोलन तो अब तक खड़ा हो गया होता लेकिन नेतृत्व करनेवाली जो ताकतें थीं, वे कुंठित हो गईं। कुछ कुंठित हो गईं विरोध की राजनीति में रहने और जाति की सीमा में सीमित हो जाने के कारण। इन सवालों पर जो जनआंदोलन चला सकती हैं, वे ताकतें राजसत्ता के मोह में अपंग हो गई हैं। जो पहले था, वह आज कारगर नहीं रह गया है। नया बनाने में बहुत पीड़ा और संघर्ष से गुजरना पड़ेगा। इस प्रक्रिया में देश को बहुत कुछ खोना पड़ सकता है। कुछ ताकतें राजनीतिक विखंडन के कारण असहाय हैं। न्यूनतम आम सहमति का अभाव है। हमारा ध्यान विधानसभा और संसद पर ज्यादा है। हमने राजनीति को आम आदमी की समस्या से हटाकर जज्बातों से जोड़ दिया है। राजनीति को इस दुष्चक्र से निकालना होगा वरना देश को बहुत कुछ खोना पड़ेगा।

मनुष्य की वेदना जब एक हद से अधिक बढ़ जाती है तो आंदोलन पैदा होते हैं। नेतृत्व उसे एक स्वरूप देता है। आंदोलन की दिशा अराजक और हिंसक भी हो सकती है और रचनात्मक भी।

**सरकार की आर्थिक नीतियों के दुष्परिणामस्वरूप किन वर्गों में ज्यादा गुस्सा है?**

दो वर्गों पर ज्यादा असर पड़ा है : किसान और नौजवान। इनमें रोष फैल रहा है। इनमें यह अहसास पैदा हुआ है कि हमें पीछे लौटना होगा। सरकार ने गलत राह ले ली है। किसानों को अगले खतरे का अहसास हो गया है। इसी तरह शिक्षा नीति के दुष्परिणामस्वरूप और बेरोजगारी के कारण नौजवानों में बेचैनी है। इलाहाबाद में इन वर्गों को आवाज मिली है। यथास्थिति को तोड़ने का सिलसिला प्रारंभ हो सकता है। लेकिन इसमें अभी बाधाएं बहुत हैं।

**क्या इसका अर्थ हम यह समझें कि पचास सालों में जो राजनीतिक औजार बने, वे भोथरे हो गए हैं?**

मैं ऐसा नहीं मानता। वे भोथरे नहीं हुए हैं। तेज हो गए हैं। पर उलटी दिशा में इस्तेमाल किए जा रहे हैं। उनकी दिशा बदल गई है। वे चुनावी राजनीति तक सीमित हो गए हैं। इस प्रक्रिया में आम आदमी के प्रति हमारी संवेदना मर-सी गई है। आज भाषा ही बदल गई है। राजनीति का हमने गलत अर्थ समझ लिया है। उसे तात्कालिकता से जोड़ दिया है। कुछ ऐसे लोग राजनीति में आ गए हैं जिन्हें आज के अलावा कल दिखाई नहीं पड़ता। राजनीति केवल आज के लिए नहीं होती। वह भविष्य के लिए होती है। आज की राजनीति कल के निर्माण की भूमिका है।

**जो आंदोलन आप खड़ा करना चाहते हैं, उसका लक्ष्य क्या है?**

जो लोग सीमित दायरे से बाहर आ सकते हैं, उन्हें एकत्र कर एक ऐसी शक्ति पैदा की जाए जो जनशक्ति के सहारे समाज को बदलने की दिशा में प्रयास करे।

**इसका क्षेत्र क्या है?**

वह बहुत बड़ा है, पर बिखरा हुआ है। नौजवान, किसान, कारीगर, दलित और आदिवासी, उग्रवादी रास्ता अपनाए समूह—सब इसमें आते हैं। समाज के चेतन वर्ग का बड़ा हिस्सा और श्रमिक वर्ग का पूरा हिस्सा उसके दायरे में आता है।

**इन समूहों तक आप कैसे पहुंचेंगे?**

काम मुश्किल है। छोटे दायरे से प्रयास करने का इरादा है। किस हद तक हम पहुंच पाएंगे, यह दो बातों पर निर्भर करता है : परिस्थितियां क्या रूप लेती हैं और लोगों का कितना सहयोग मिलता है।

**इलाहाबाद में विशेष *'राष्ट्रीय सम्मेलन' बुलाने की जरूरत आपने क्यों महसूस की?**

मैं दो साल से लगातार प्रयास करता रहा हूं कि जो लोग सरकार की आर्थिक नीतियों के विरोध में हैं, वे एकजुट होकर चलें। इसके लिए जिस किसी ने कदम उठाया, मैंने साथ दिया और समर्थन किया। ऐसा लगा कि कहीं न कहीं लोगों के मन में झिझक है। उन कारणों में मैं नहीं जाना चाहता। मैंने सोचा कि लोग कुछ भी न करें तो क्या मैं भी चुप रह जाऊं। इसलिए मैंने तय किया कि सजपा का विशेष अधिवेशन बुलाया जाए। सजपा की ताकत कम थी लेकिन आवाज

उठाने के लिए ज्यादा ताकत की जरूरत नहीं होती। मैंने देखा कि कोई भी एक होकर काम नहीं कर रहा है तो एकाकी प्रयास के लिए विशेष सम्मेलन बुलाया। सम्मेलन हमारे लिए एक इम्तिहान था। मैंने सोचा कि देखें, कितने लोग इस सवाल पर एक साथ आते हैं।

**लगता है कि इलाहाबाद के विशेष सम्मेलन को आपने निराशा के क्षण में बुलाने का फैसला किया। क्या वह मानसिक अवस्था अभी कायम है?**
जो प्रयास चलाया जा रहा था, उससे कुछ सफलता मिलती मुझे नहीं दिखाई पड़ी। उस प्रयास में आप लोग भी शामिल थे। इस मायने में निराशा कह सकते हैं। लेकिन मैं निराश नहीं हूं। पहले से मेरी धारणा है कि इस सवाल पर संघर्ष आसान नहीं है। इलाहाबाद सम्मेलन के बाद मुझे लगता है कि हम आवाज उठा सकते हैं और उस आवाज को लोग सुनेंगे। वे लोग भी सुनने के लिए मजबूर हो जाएंगे जो हमारे प्रयास को पलायनवाद का पर्याय मानते हैं।

**बुद्धिजीवियों के प्रयास को आपने सीधे जनता में ले जाने का फैसला क्यों किया?**
परिस्थितियों के मद्देनजर वह प्रयास नगण्य था। मुझे यह समझ में आया कि हम लोग केवल विचार-मंथन कर रहे हैं। जनजागरण का काम उन तरीकों से नहीं हो सकता। मुझे दुख के साथ कहना पड़ता है कि छोटे-छोटे समूह अपनी भूमिका का निर्णय नहीं कर पा रहे हैं। अगर हम छोटे दायरे में फंसे रहे तो निर्णायक कदम उठाना असंभव हो जाएगा।

**क्या यह गैरदलीय प्रक्रिया की सीमाएं हैं?**
मैं ऐसा नहीं मानता। हम उसे गैरदलीय जरूर कह रहे थे, लेकिन हमारी आशा दल के नेताओं पर केंद्रित थी। दल के ढांचे से जुड़कर हम आंदोलन का प्रयास करना चाहते थे। अगर बुद्धिजीवी खुद को सीधे जनता से जोड़े तो नई राजनीतिक शक्ति पैदा हो सकती है। इसका एक उदाहरण मैं दे सकता हूं। मैंने मिर्जापुर में देखा है। आनंद शेखर ने यह काम कर दिखाया है। वहां जाति और धर्म की दीवारें टूट गई हैं।

*(16 अक्टूबर, 2000, जनसत्ता, रामबहादुर राय की बातचीत)*

---

*सजपा का यह सम्मेलन 15 अक्टूबर को शुरू हुआ था। इसमें एक राजनीतिक प्रस्ताव मंजूर किया गया है। उसे राजकुमार जैन ने पेश किया। इस प्रस्ताव में आंदोलन की जरूरत महसूस की गई है। सम्मेलन का

मत है, 'समय आ गया है कि सरकार की आत्मघाती नीतियों के खिलाफ प्रबल जनमत तैयार किया जाए ताकि उसे उन नीतियों से विरत किया जा सके या फिर उसे उखाड़ फेंका जाए।' इसे चंद्रशेखर ने अपने भाषण में विस्तार दिया। उन्होंने कहा कि नई जागृति पैदा करनी है। आंदोलन की चेतना फैलाने में वे छुआछूत के विरुद्ध हैं। वे तो यहां तक कह रहे हैं कि सजपा किसी के भी पीछे चलने को तैयार है। जो साथ आएंगे, उनसे कंधा से कंधा मिलाकर चलेंगे। कोई साथ न हो तो अकेले चलो। एक शेर के हवाले उन्होंने कहा कि 'मैदाने इम्तिहान से मत घबराना'।

चंद्रशेखर ने कहा कि हालत जिस तेजी से बिगड़ने लगी है, मैंने अपना फर्ज समझ कर इसे बुलाया। नहीं तो दो साल बाद राष्ट्रीय सम्मेलन की जरूरत थी। तीन महीने पहले ही कुरुक्षेत्र में पार्टी का अधिवेशन हुआ था। जो काम कांग्रेस को करना चाहिए, उसका बीड़ा सजपा ने उठा लिया है। चंद्रशेखर ने कहा कि सजपा के कार्यकर्ता घर-घर जाकर कहेंगे कि बुरे दिन आ सकते हैं। इससे जग जाओ। उन्होंने अपने सहयोगियों से कहा कि एक क्षेत्र चुन लो, वहीं डेरा डालो। लोगों में जाओ।

उस वक्त मंच पर रामप्रकाश गुप्त, सरकार के एक मंत्री सुखपाल पांडे और उनके सहयोगी सांसद डी. पी. यादव मौजूद थे, जो जनबसपा से हैं। डी.पी. यादव ने आंदोलन को सहयोग का वचन दिया। खुले सम्मेलन में मुलायम सिंह यादव का पत्र पढ़कर सुनाया गया। उन्हें आना था। लालू प्रसाद नहीं आ सके। वे आने के लिए तैयार थे। पंजाब पीपुल्स पार्टी ने अपना सजपा में विलय करने की घोषणा कर माहौल बनाया। अनेक स्वतंत्र संगठनों के प्रतिनिधियों ने आर्थिक आजादी की लड़ाई में पूरी ताकत से हिस्सेदारी का इरादा जताया।

*(रामबहादुर राय, जनसत्ता, 16 अक्टूबर, 2000)*

# चौदहवीं लोकसभा और संसदीय प्रणाली

'चौदहवीं लोकसभा और संसदीय प्रणाली' शीर्षक खंड में चंद्रशेखर ने भारतीय संसद की लोकतांत्रिक परंपरा में पैदा हो रहे गतिरोध तथा वर्तमान संयुक्त प्रगतिशील गठबंधन सरकार की सीमाओं की ओर संकेत किया है। भारतीय संसद की गरिमा कायम रखने के लिए जरूरी है कि इस प्रसंग में चंद्रशेखर की चिंताओं और सुझावों पर विचार किया जाए।

उनके अनुसार देश में जिस तरह की परिस्थिति बन गई है, उससे लग रहा है कि आगामी दिनों में देश के सामने और भी बड़ी चुनौतियां खड़ी हो सकती हैं। कांग्रेस के नेतृत्व वाली यूपीए सरकार बदले की कार्रवाइयों पर उतर आयी है। वे कहते हैं कि मैं जिस कांग्रेस को जानता हूं उसका स्वभाव बदला लेने का नहीं था। इन दिनों ऐसी घटनाएं हो रही हैं जिनसे शंका होती है कि केंद्र में कोई सरकार काम भी कर रही है या नहीं? शंकराचार्य जयेन्द्र सरस्वती के साथ जो व्यवहार हो रहा है, वह किसी भी सभ्य समाज के लिए कलंक का विषय है। राज्य सरकार अगर बदले की भावना से कार्रवाई कर रही है तो केंद्र अपनी जिम्मेदारी से मुक्त नहीं हो सकता।

सोनिया गांधी द्वारा कथित रूप से प्रधानमंत्री पद ठुकराए जाने को वे त्याग नहीं मानते। उनका कहना है कि 13 अप्रैल को जब 14वीं लोकसभा का परिणाम आया तब सोनिया गांधी प्रधानमंत्री बनने को तैयार थीं। बेटा-बेटी भी समर्थन कर रहे थे। 17 अप्रैल को जब यूपीए की लीडर चुनी गई तब भी प्रधानमंत्री बनने को तैयार थीं। लेकिन 18 अप्रैल को राष्ट्रपति महोदय से मिलने के बाद अचानक क्या हो गया? मैं तो इसे करिश्मा ही समझता हूं कि कलाम साहब (राष्ट्रपति ए.पी.जे. अब्दुल कलाम) के दर्शन मात्र से कोई व्यक्ति त्यागी हो जाता है।

'संसदीय प्रणाली' शीर्षक बातचीत में चंद्रशेखर वर्तमान संसदीय प्रगति में सुधार की सलाह देते हैं। वे कहते हैं, 'एक बार वोट देकर कोई पांच वर्षों के लिए छूट जाए, इसका लोकशाही में कोई मतलब नहीं है, प्रतिनिधि अगर लोगों की इच्छाओं के अनुसार काम नहीं करते तो उनका कोई अधिकार नहीं कि अपने पद पर बने रहें। राज चलाते रहें। जनता को और अधिकार दिए जाने चाहिए अपने प्रतिनिधियों के क्रियाकलापों की निगरानी के लिए, साथ ही शासन में सीधे रूप से हिस्सा लेने के लिए। संपूर्ण क्रांति आंदोलन के दौरान जेपी का एक सपना यह भी था। चंद्रशेखर उसे पूरा करने की याद दिलाते दिखाई देते हैं।

# चौदहवीं लोकसभा

**चौदहवीं लोकसभा चुनाव की तारीखों की औपचारिक घोषणा से काफी पहले ही चुनाव अभियान उफान पर था। क्या पहले इस तरह का अनुभव रहा है?**
लोकसभा के जल्दी चुनाव की अटकलों ने देश के राजनीतिक क्षेत्र में भ्रम की स्थिति पैदा कर दी थी और इसके चलते जाने-माने नेता भी अवसरवादी रवैया अपनाने से नहीं चूके। अनेक मुद्दों पर अपने पहले के रुख को भी आसानी से बदलने की कोशिश की। इससे पता चलता है कि वह अपने तात्कालिक राजनीतिक उद्देश्य के लिए अपने पहले के विचार को भी कितनी चतुराई से पलट सकते हैं। यह स्थिति दुखद है। लेकिन इस प्रकार की प्रवृत्ति से कोई भी दल अछूता नहीं है। कांग्रेस पार्टी का द्रमुक के साथ गठबंधन एक आश्चर्यजनक घटना थी। अगर द्रमुक फिर पहले की तरह तमिल ईलम की मांग का समर्थन करना शुरू कर देती है तो इससे कांग्रेस पार्टी के लिए पुनः जटिल स्थिति पैदा हो सकती है। मिलाप चंद जैन आयोग की रिपोर्ट में करुणानिधि और उनकी पार्टी के विरुद्ध टिप्पणी की गयी थी और उसके चलते ही कांग्रेस पार्टी ने केंद्र की संयुक्त मोर्चा सरकार को गिरा दिया था और वह इस कारण कि मोर्चा सरकार ने द्रमुक के मंत्रियों को हटाने से इनकार कर दिया था। सोनिया गांधी ने सार्वजनिक रूप से इस पर क्षोभ व्यक्त किया था और इसके बाद कांग्रेस ने मोर्चा सरकार के लिए संकट की स्थिति पैदा कर दी थी, जो उसके गिरने का कारण बनी।

चुनाव पूर्व किसी ने चुनाव आयोग का ध्यान इस ओर दिलाया कि राजग सरकारी खर्च पर बड़े-बड़े विज्ञापन छपा कर सरकार की उपलब्धियों के नाम पर अपना चुनाव प्रचार कर रहा है। चुनाव आयोग ने कहा, यह अनुचित है। बजाय इसके कि सरकार में बैठे लोग चुनाव-आयोग की सलाह को उसकी गरिमा के अनुकूल स्वीकार करते, तत्कालीन प्रधानमंत्री ने इसके जवाब में कहा कि चुनाव आयोग जो कुछ कह रहा है वह उसके लिए ठीक है और हम जो कुछ कर रहे

हैं, वह हमारे लिए ठीक है। इसका क्या अर्थ निकाला जाए? कहते हैं कि कानून की एक भाषा होती है और उसका एक मंतव्य होता है। बहुत बार केवल भाषा की खोल पकड़कर बैठने से अंतर्निहित मंतव्य का ठीक उलटा अर्थ निकलता है। आचार संहिता लागू होने की औपचारिक तिथि की घोषणा न होने का बहाना लेकर सरकार ऐसा ही कर रही थी। इसे स्थिति को व्यंग्य ही कहा जाएगा कि यह सब उस पार्टी के नेतृत्व में किया गया जो वर्षों तक राजनीति में नैतिकता और शुचिता की बात करती रही है।

**चौदहवीं लोकसभा चुनाव की घोषणा निर्धारित समय से पूर्व हुई थी। जब आपने लोकसभा चुनाव की घोषणा सुनी तो पहली प्रतिक्रिया क्या थी?**

तत्काल तो मन में ख्याल आया कि चुनाव न लड़ूं। पार्टी की हालत बहुत खराब थी। मेरी तबियत भी ठीक नहीं थी। बलिया की सड़कों की हालत बहुत खराब है, मैं दौरा नहीं कर सकता था। पर मैंने तय किया कि चुनाव लड़ना चाहिए। लोग यह न समझें कि मैं हारने के डर से चुनाव नहीं लड़ रहा। अपने नजदीकी मित्रों से कहा कि अगर जीत गया तो कोई बात नहीं, वैसे इस संसद में मेरी कोई उपयोगिता नहीं और अगर हार गया तो रिटायर होने का अच्छा बहाना मिल जाएगा।

चुनाव प्रचार के दौरान दो-चार दिनों के लिए बलिया गया। लोगों ने कहा कि यहां-वहां भाषण कीजिए। यह कहते हुए कि मैं भाषण नहीं करूंगा, उन लोगों की बात खारिज कर दी। कुछ एक जगहों पर गया, दो-चार शब्द बोले। मैंने इस बार भी बलिया के लोगों से कहा कि मैं आपकी सड़क नहीं बनवा सकता, नाली ठीक नहीं करा सकता। यह सारा मेरा काम नहीं है। जो यह सब कर सकता हो आप उन्हीं को वोट दीजिए। न जाने क्यों मन में यह ख्याल बार-बार आ रहा था कि यह लोकसभा बहुत बुरी होगी। हमने नजदीकी मित्रों से कहा था कि भाजपा हार जाएगी और चंद्रबाबू नायडू के जीतने का तो सवाल ही नहीं उठता है। लोगों ने पूछा, क्यों? मैंने कहा कि ये लोग देश की जनता को भूल रहे हैं। दो-चार सीटें जीत जाते हैं तो इन्हें लगता है कि यह देश बदल रहे हैं। यह देश अब भी गांधी का देश है। जिसने गरीब को भुला दिया, उसके लिए कोई जगह नहीं है। इंदिरा गांधी ने एक बार 'गरीबी हटाओ' का नारा दिया तो आसमान पर चढ़ गयीं। उसके बाद उन्होंने सत्ता अपने हाथ में लेने की कोशिश की तो धूल में मिल गयीं। उनसे बड़ा व्यक्तित्व अटल बिहारी और आडवाणी का नहीं है। लेकिन ये बातें इनकी समझ में नहीं आती हैं।

**चौदहवीं लोकसभा पिछली लोकसभा से किस मायने में भिन्न है?**

कभी-कभी तो लगता है कि यह लोकसभा है या कोई मजमा। पहले की लोकसभाएं अच्छी हों या बुरी, कम-से-कम लोकसभा के कर्तव्यों के निर्वाह का प्रयास होता था। इस लोकसभा में किसी की ओर से कर्तव्य के निर्वाह की कोई गुंजाइश नहीं है।

संसद का पिछले दिनों संपन्न संक्षिप्त अधिवेशन देश में संसदीय संस्थाओं के कामकाज की दृष्टि से अशुभ संकेत का सूचक रहा। राष्ट्रपति के अभिभाषण पर धन्यवाद प्रस्ताव बिना चर्चा के पारित हो गया। इस संबंध में प्रधानमंत्री, विपक्ष के नेता और सदन के अध्यक्ष की ओर से एक भी शब्द नहीं कहा गया। पूरे अधिवेशन के दौरान हंगामा बना रहा। लेकिन इसे समाप्त करने के लिए सत्ता पक्ष तथा विपक्ष के बीच समझौता कराने का कोई प्रयास नजर नहीं आया। संसद के कामकाज के सुचारु संचालन के लिए बुनियादी बात पक्ष-विपक्ष की आपसी बातचीत हुआ करती है लेकिन इसके लिए कोई कदम नहीं उठाया गया। कम से कम लोगों को तो ऐसी किसी बातचीत की जानकारी नहीं मिली। लेकिन इसके विपरीत मीडिया के जरिये लोगों को यह जानकारी जरूर मिल गयी कि देश के सर्वोच्च राजनीतिक मंच पर जनता का प्रतिनिधित्व करने वाले विभिन्न राजनीतिक गुटों के बीच एक-दूसरे के प्रति तिरस्कार की कड़वी भावना है।

प्रधानमंत्री इसे चुपचाप देखते रहे और संसद के दोनों सदनों के पीठासीन अधिकारी भी मूक दर्शक बने रहे। इसे इन पदों पर बैठे लोगों के द्वारा अपने दायित्व का निर्वाह नहीं कर सकने के रूप में ही देखा जाएगा। इन लोगों की अपनी सीमाएं हो सकती हैं किंतु अपने दायित्व का निर्वाह नहीं कर सकने के लिए दोषी वही माने जाएंगे। इसका दोष किसी दूसरे पर नहीं मढ़ा जा सकता। पिछली लोकसभा में विपक्ष ने लगातार दो वर्ष तक एक मंत्री का बहिष्कार करने का अनूठा तरीका अपनाया। मंत्री को इस अवधि में अपनी बात कहने का कभी अवसर नहीं दिया गया। संबंधित मंत्री को जब कभी अध्यक्ष की ओर से बोलने के लिए कहा गया, विपक्ष ने 'वाकआउट' किया और उसके सदन से चले जाने के बाद ही मंत्री अपनी बात कह पाया तथा सदन की कार्यवाही में भाग ले सका। अब चौदहवीं लोकसभा में पक्ष-विपक्ष के स्थान बदल गये हैं और कल का विपक्ष आज सत्ता पक्ष में तथा कल का सत्ता पक्ष आज विपक्ष में पहुंच गया है। बदले हालात में वर्तमान सत्ताधारी ग्रुप को टकराव की स्थिति के बारे में विपक्ष से बात कर सकना नैतिक दृष्टि से कठिन महसूस हो रहा है। अध्यक्ष भी अपने आपको असहाय पा रहा है और वह विपक्ष पर किसी प्रकार का नैतिक दबाव नहीं डाल

पा रहा है। इसके चलते ही राष्ट्रपति के अभिभाषण के प्रति धन्यवाद प्रस्ताव को सर्वसम्मति से बिना चर्चा के पारित कराने के लिए किसी प्रकार की सहमति बनानी पड़ी, लेकिन इससे देश में संसदीय लोकतंत्र के कामकाज के बारे में निराशाजनक तस्वीर ही सामने आयी।

चौदहवीं लोकसभा की शुरुआत यदि आनेवाले कल का संकेत है, तो चुनौती-भरे समय में संसदीय व्यवस्था का विफल हो जाना निश्चित है। देश के सामने आगे के दिनों में और अधिक गंभीर चुनौतियों की स्थिति आ सकती है, इसके संकेत विभिन्न क्षेत्रों से मिल रहे हैं। हमारे पड़ोस की घटनाएं हमारे लिए कोई सुखद स्थिति नहीं पेश करतीं। अंतर्राष्ट्रीय स्थिति भी अच्छी नहीं है और इसे देखते हुए शिथिलता की गुंजाइश नहीं रह जाती। देश के भीतर बेरोजगारी और युवाओं का असंतोष बढ़ रहा है। सांप्रदायिक टकराव की स्थिति अपनी जगह पर है और इसी के साथ संसदीय संस्थाओं के आपसी अविश्वास तथा संसद की प्रतिष्ठा को गिराने की लगातार कोशिशें हमारे लिए चिंताजनक स्थिति पैदा करती हैं।

हमारे लिए यह बड़ी चुनौती है, जिसका सामना मिल-जुलकर करना है। ऐसी परिस्थिति में सांसदों के बीच आपसी टकराव, अविश्वास तथा एक-दूसरे के प्रति कटुता की भावना जारी रहने से स्थिति और बिगड़ सकती है। अच्छा होगा कि संबंधित लोग समय रहते अपने रुख और कामकाज के तरीकों में सुधार लाएं।

**क्या आप मानते हैं कि पूरी की पूरी राजनीतिक प्रक्रिया संवेदनहीन हो गयी है?**
नहीं, मैं यह नहीं कहता कि राजनीतिक प्रक्रिया संवेदनहीन हो गयी है। लेकिन जो संवेदनशील लोग हैं, उनकी बातें कोई सुनने को तैयार नहीं है। भारत में ऐसी राजनीति जिसमें गरीब का महत्त्व नहीं है, अर्थहीन ही मानी जाएगी। आज राजनीति में धन का महत्त्व है, बाहुबल का महत्त्व है। उसका गरीबों से कोई सरोकार नहीं है। इसलिए बहुत-से लोग संवेदनशील होंगे, मगर उनकी बात कोई सुनता ही नहीं है। क्षेत्रवार राजनीति को एक बार गौर से देखिए। जो लोग आज राजनीति को नियंत्रित करते हैं, चाहे वे किसी भी पार्टी के हों, संवेदनहीन सोच के हैं। लेकिन राजनीति में यह स्थायी तत्त्व नहीं है। कल बदल जाएगा।

**आनेवाले दिनों में किसी राष्ट्रीय आंदोलन की संभावना है क्या? कोई लीडरशीप उभरकर सामने आ सकती है?**
इस लोकसभा में बहुत-से नौजवान लड़के चुनकर आये हैं। ज्यादातर अभिजात वर्ग से आते हैं। सब पढ़े-लिखे लोग हैं। इनसे आशा थी कि संसद में प्रभावशाली नजर

आएंगे। पहले अधिवेशन में सारे लड़कों, चाहे कांग्रेस से हों या भाजपा से, ने मौन साध रखा था। मैं नहीं जानता, वे क्या करेंगे। संभव है, संसद के अंदर की हवा देख घबरा गये हों; या यह भी हो सकता है कि गंभीरता से सोच रहे हों! जब मैं पहली बार चुनकर आया था तो पंद्रह दिनों के भीतर अपने को अभिव्यक्त करने लगा था। सात दिनों के बाद ही मैंने गंगा बाबू से कहा कि भूपेंद्र गुप्ता रोज गाली देते हैं, जवाब क्यों नहीं देते हैं? उन्होंने कहा कि बोलना मत, नहीं तो वह और गाली देगा। मैंने कहा, हम लोग किसलिए आए हैं? इस लोकसभा में जो नौजवान चुनकर आये हैं, उनके व्यवहार में शिष्टाचार की कोई कमी नहीं है। लेकिन इनमें से कोई आंदोलन खड़ा करने की क्षमता रखता हो, कम से-कम अभी तो नजर नहीं आ रहा है।

**चौदहवीं लोकसभा में मंत्रियों के दागी होने का मसला गंभीरता से उभरा है। आपका अनुभव क्या कहता है? क्या पहले कभी ऐसा हुआ है?**

दागी तो रहे हैं, लेकिन इस नमूने के मंत्री नहीं रहे हैं। ऐसी कोई घटना पहले तो नहीं हुई कि किसी मंत्री के नाम वारंट हो और वह भागता रहा हो। प्रधानमंत्री मौन साधे हो और संसद न चले। ऐसा तो पहले कभी हुआ नहीं। पूरे घटनाक्रम पर गौर करें तो यह बात साफ दिखाई देती है। पहले तो दागी मंत्रियों का मामला विपक्ष ने उठाया।

उन्हें सुनहरा मौका तब मिला जब शिबू सोरेन के विरुद्ध गैर-जमानती वारंट जारी कर दिया गया। जार्ज फर्नांडीज के मामले में कांग्रेस ने उनके संसदीय बहिष्कार का जो अस्त्र इस्तेमाल किया था, वैसा ही कुछ दागी मंत्रियों के बारे में करने का मन संभवतः राजग ने बनाया था। लेकिन उसमें भी आशा की एक किरण थी कि संसद चलती रहती और दागी मंत्रियों का बहिष्कार जारी रहता। इसी बीच एक-दूसरे राज्य मंत्री के खिलाफ एक पुराने मामले में अदालत ने गैर-जमानती वांरट जारी किया। अभी वे अपनी जमानत पर पैरवी में लगे थे कि बिहार सरकार ने उनके विरुद्ध लंबित मामलों को वापस ले लिया। असल में लगभग चार वर्ष पूर्व चुनाव आयोग ने जन प्रतिनिधित्व कानून में संशोधन कर यह व्यवस्था करने का सुझाव दिया था कि जो 'चार्जशीटेड' व्यक्ति हैं, उन्हें चुनाव लड़ने से वंचित कर दिया जाय। उस समय बिना अपवाद के सभी दलों ने इस प्रकार के संशोधन का विरोध किया था। बाबरी मस्जिद ध्वंस मामले में चार्जशीट होने के बाद आडवाणी तथा अन्य अभियुक्त जिस राजनीतिक अपराध के तर्क का सहारा ले रहे थे, आज शिबू सोरेन उन्हीं के नक्शे कदम पर चल रहे हैं। उनका

तर्क यही है कि जो भी संहार 28-29 वर्ष पहले हुआ था, वह एक राजनीतिक आंदोलन के चलते हुआ था। क्या उनके तर्क को आज आडवाणी तथा उनके दल के लोग स्वीकार करेंगे?

इन प्रश्नों पर राजनीतिक दलों को बिना पूर्वग्रह के विचार करना चाहिए और संसद से बढ़कर विचार-विमर्श का और कौन-सा माध्यम हो सकता है? लेकिन संसद को विचार-विमर्श के बजाय हो-हल्ला या नारेबाजी का मंच बनाने से तो दोनों ही पक्ष न केवल अपना, बल्कि पूरी जनतांत्रिक प्रणाली का ही मखौल उड़ा रहे हैं।

**दागी मंत्री को लेकर क्या पहले कभी कोई ध्रुवीकरण हुआ है?**

जिस स्तर का ध्रुवीकरण हो रहा है, ऐसा तो कभी हुआ नहीं। आज जैसे लोग भी नहीं थे। आज कांग्रेस को बहुत बुरा लग रहा है। राष्ट्रीय जनतांत्रिक गठबंधन के सांसद लगातार हल्ला कर रहे हैं। लेकिन इसी कांग्रेस ने ढाई वर्षों तक जॉर्ज फर्नांडीज का बॉयकाट किया। कांग्रेस को दागी मंत्री कहने का क्या अधिकार है? संविधान के हिसाब से जॉर्ज पर तो कोई रोक नहीं थी।

**शिबू सोरेन का नाम पहले दागी मंत्रियों में नहीं था। एक अखबार में रिपोर्ट छपी और वे दागी मंत्रियों की सूची में शामिल हो गये। आपकी जानकारी क्या है?**

1975 में आदिवासियों का कोई आंदोलन हुआ था। वहां झगड़ा हो गया। गोलियां चल गईं और दस लोग मारे गये। उसमें मुकदमा चला। मुकदमे में उनका भी नाम था। अब एनडीए ने इसको जोर-शोर से उछाल दिया। शिबू का कहना है कि वह एक राजनीतिक आंदोलन था। भाजपा इससे सहमत नहीं है, लेकिन बाबरी मस्जिद ढहाने का जो काम हुआ, वह राजनीतिक था। वैसे, दोनों ही तरफ से जो भी तर्क दिया जाए, शिबू सोरेन का आचरण निम्न श्रेणी का रहा है। जिस समय यह मामला प्रकाश में आया, उनको तत्काल इस्तीफा दे देना चाहिए था और कांग्रेस पार्टी का नेतृत्व इस मुद्दे पर असफल रहा। सरकार चलाने के लिए सब कुछ स्वीकार करते जाएं, यह सही नहीं है।

**इस घटना का दलीय प्रणाली पर क्या प्रभाव पड़ेगा?**

मैं आपसे पूछता हूं, क्या सही मायने में दलीय प्रणाली अब रह गयी है? क्या राजनीतिक पार्टियां अपनी भूमिका सही मायने में निभा रही हैं? उनके आचरण

और व्यवहार से दलीय प्रणाली का सम्मान बढ़ रहा है? कभी किसी ने सोचा था कि कांग्रेस पार्टी की यह गति होगी? हमारे जैसा व्यक्ति कभी नहीं सोचता था कि भारतीय जनता पार्टी इस स्तर तक उतर आएगी। आज दलीय प्रणाली व्यक्तिगत प्रणाली हो गई है। पहले भी ऐसा हुआ है। लेकिन बाह्य रूप से या रोज के काम में कभी आभास नहीं होने दिया गया। क्या ऐसा कोई देश चल सकता है, जहां प्रधानमंत्री के बारे में यह बात आये कि उनको कोई दूसरा व्यक्ति चला रहा है? प्रधानमंत्री, 'शासनाध्यक्ष' का पद एक ऐसा पद है जहां व्यक्ति हरदम अकेले है। कोई उनका सहायक हो सकता है, सलाहकार हो सकता है। लेकिन अंतिम निर्णय लेने में वह व्यक्ति बिलकुल अकेला है। लेकिन वर्तमान प्रधानमंत्री निर्णय लेने में अकेले नहीं हैं, निर्णय न लेने में अकेले हैं। मनमोहन सिंह एक समझदार व्यक्ति हैं। उनमें असीम क्षमता है, लेकिन क्षमता रहकर ही क्या होगा, जब उस क्षमता का कोई उपयोग ही न करे। संसदीय प्रणाली में मैंने तो आज तक कभी नहीं सुना जब एक वित्तमंत्री अपने भाषण में यह कहे कि देश की जनता ने प्रधानमंत्री को नहीं, किसी तीसरे व्यक्ति को जनमत दिया है। कम से कम इतनी समझ तो उनमें होनी ही चाहिए कि वे क्या कह रहे हैं। किसी की तारीफ करने में किसी को संसदीय प्रणाली का अपमान करने का कोई अधिकार नहीं। चापलूसी करने का अधिकार तो है लेकिन उसकी भी सीमाएं हैं।

इसमें कोई संदेह नहीं है कि संसद में कुछ माननीय सदस्य ऐसे हैं जो वर्तमान संसदीय प्रणाली के ही विरुद्ध हैं। वर्तमान प्रणाली उनके लिए विजातीय है। निश्चय ही संसद का कार्य ठप्प होने से उन्हें प्रसन्नता होती होगी और संसद के बाहर निकलकर वे इसे बड़ा पुरुषार्थ मानकर अपनी पीठ ठोकते होंगे। जनता के मन में संसद के लिए जितनी घृणा पैदा होगी, उनके लिए उतनी ही बड़ी सफलता होगी।

**चौदहवीं लोकसभा के पहले ही सत्र में सांसदों के हंगामे के कारण कार्यवाही बाधित हुई। लोकसभा अध्यक्ष लाचार दिखे!**

स्पीकर लाचार बिलकुल नहीं हैं। स्पीकर संसद सदस्यों से भी ज्यादा बोलते हैं। पहली बार मैंने किसी स्पीकर को इतना ज्यादा बोलते देखा है। स्पीकर कम बोले, समस्याओं पर बोले और ऐसा बोले जिससे समस्याएं सुलझे। ऐसा न लगे कि वह एक ओर अपनी शक्ति लगा रहा है। जब स्पीकर सांसदों से बहस करने लगे तो वह न तो स्पीकर रह जाता है और न ही अपने पद की महत्ता को कायम रख पाता है। लोकसभा की कार्यवाही में सुचारु रूप का निरंतर अभाव हो रहा है।

अवास्तविक मुद्दों पर शोर-शराबा और टकराव आम बात हो गयी है। जो पक्ष इस समय सत्तारूढ़ है, उसने एक गलत परंपरा पिछली लोकसभा में डाली। तत्कालीन रक्षामंत्री जार्ज फर्नांडीज का लगातार बहिष्कार किया। वे लोग, जो बहिष्कार की राजनीति कर रहे थे, अब सत्ता में हैं। लोकसभा में सुचारु व्यवस्था बनाना उनके वश का नहीं है। वे अपना नैतिक अधिकार खो चुके हैं। ऐसी स्थिति में लोकसभा अध्यक्ष की भी गरिमा गिर रही है। इन सब बातों का कुप्रभाव संसदीय व्यवस्था पर पड़ रहा है। लोग इसकी प्रभावोत्पादकता में संदेह करने लगे हैं। यह ऐसी विचित्र हालत है जिसका सरल हल नहीं दिखता। एक तरफ हम दुनिया का सबसे बड़ा लोकतांत्रिक देश होने का दावा करते हैं और यह अवास्तविक नहीं है तो दूसरी तरफ हमारे आचरण से संसदीय प्रणाली में आस्था डिगने का खतरा पैदा हो गया है। यह खतरा बढ़ सकता है, अगर जनभावनाओं को समझे बगैर काम होता रहा। सत्ता और विपक्ष की जिम्मेदारी है कि वे जनभावनाओं को समझें और अपनी क्षमता भर उन्हें पूरा करने का प्रयास करें। इस तरह का प्रयास होता दिख नहीं रहा है और स्पीकर सोमनाथ चटर्जी के व्यवहार से तो यह लगता है कि वे लोकतंत्र का अंत करने के बीज डाल रहे हैं।

**स्पीकर ने एक बयान दिया कि मैं कुछ कहना चाहता था लेकिन विपक्ष ने मौका नहीं दिया। क्या यह विपक्ष की बुद्धिहीनता थी कि स्पीकर के इशारे को नहीं समझ सका?**

इस बार तो मैं संसद कम गया हूं। लेकिन जब जाता हूं, देखता हूं, सांसद वेल में चले जाते हैं। मैं इसका प्रबल विरोधी रहा हूं। मैं कभी वेल में नहीं गया, वाकआउट नहीं किया। मैंने देखा है कि जब ऐसा होता है तो स्पीकर खूब बोलते हैं। लगता है, उनको भाषण करने का मौका नहीं मिलता है। बोलते तो सबसे ज्यादा वही हैं। संसद में एक सदस्य अगर सबसे ज्यादा बोला होगा तो वह स्पीकर साहब हैं। अब तक की मान्यता रही है कि 'स्पीकर सेलडम स्पीक्स, बट अवर स्पीकर आलवेज स्पीक्स।'

**दागी मंत्री का मसला कैसे हल हो?**

सही मायने में जो चुनकर जाए और प्रधानमंत्री उन्हें मंत्री बना दें तो संसदीय परंपरा में उनको बर्दाश्त करना चाहिए। नहीं तो इसका कोई अंत नहीं है। हां! प्रधानमंत्री या मुख्यमंत्री को अपना मंत्रिमंडल बनाते समय इन बातों का ध्यान रखना चाहिए।

**क्या यह मान लिया जाए कि राजनीति का अपराधीकरण कोई गंभीर मुद्दा नहीं रह गया है?**

गंभीर मुद्दा है। अत्यंत गंभीर मुद्दा है। लेकिन इससे निकलने का कोई आसान रास्ता नहीं है। हालांकि सार्वजनिक पदों पर बैठे आपराधिक छवि वाले लोगों पर अगर रोक नहीं लगती तो तानाशाही को बल मिलेगा। ऐसी परिस्थितियों में जनतांत्रिक मूल्य समाप्त हो जाएंगे। मान लीजिए, कभी ऐसा हो कि संसद में सभी अपराधी ही चुनकर चले आएं तो? हालांकि विश्वास रखें, जब कोई मामला ज्यादा गंभीर हो जाता है तो देश की जनता उसी में से कोई न कोई रास्ता निकाल लेती है।

**राजनीतिक आंदोलन करनेवालों पर भी भारतीय दंड संहिता की वही धाराएं लगती रही हैं जो सुनियोजित ढंग से अपराध करने वाले अपराधियों पर लगती रही हैं। क्या यह औपनिवेशक परंपरा का परिणाम है?**

दुनिया के किसी भी देश में राजनीतिज्ञों और अपराधियों के लिए अलग-अलग कानून की व्यवस्था नहीं है। अगर ऐसा हो गया तब तो अपने नागरिकों के अंदर भी भेदभाव पैदा हो जाएगा। जनतंत्र की मूल धारणा ही समाप्त हो जाएगी। ऐसे में महत्त्वपूर्ण यह है कि सरकार में बैठी पार्टी का रवैया किस तरह का है। मान लीजिए, शिबू सोरेन ने मामला उछलने के बाद पहले ही दिन इस्तीफा दे दिया होता तो ऐसी नौबत नहीं आती। इस्तीफे के बाद मामला थम गया होता और उनको जमानत मिलने में भी आसानी होती। सरकार में बैठी पार्टी और विपक्ष के नीतिशास्त्रों पर निर्भर करता है कि राजनीतिक आंदोलन को वे क्या स्वरूप देना चाहते हैं। इसके पीछे उनकी मंशा क्या है।

**इस राजनीतिक व्यवस्था में आंदोलनों के लिए कितनी जगह है?**

राजनीतिक आंदोलन के लिए जगह संविधान नहीं देता, न्यायपालिका नहीं देती। राजनीतिक आंदोलन लोगों की पीड़ा और समस्याओं के कारण पैदा होते हैं। सरकार में बैठी पार्टी और न्यायपालिका इन पीड़ाओं की ओर ध्यान न दे तो उनका अंत हो जाएगा। हां, कोई तानाशाह हो जाए तो अलग बात है। लेकिन भारत जैसे देश में तानाशाही नहीं चल सकती।

**मतलब असफल राजनीतिक आंदोलन क्राइम बन सकता है, मगर सफल राजनीतिक आंदोलन नहीं?**

हां, ऐसा हो सकता है। मगर आज जो राजनीतिक आंदोलन सफल होते दिख रहे हैं, वे राजनीति को क्राइम बनाने के लिए ही होते हैं।

**शिबू सोरेन मामले का राजनीतिक संदर्भ क्या है?**
अगर शिबू सोरेन मंत्री नहीं होते तो यह सवाल ही नहीं उठता। मेरा व्यक्तिगत मानना है कि इस मामले को इतना तूल नहीं देना चाहिए था। अगर किसी ने दिया तो कम से कम सरकारी पार्टी को मामले को इस तरह लटकाना नहीं चाहिए था।

**भगोड़े मंत्री का कोई और वाकया आपको याद हो?**
कोई वाकया याद नहीं। कोई मंत्री भगोड़ा हुआ हो, यह पहली बार सुना है।

**चौदहवीं लोकसभा में सौ से ज्यादा सदस्यों ने स्वयं बताया है कि उन पर आपराधिक अभियोग चल रहे हैं। क्या यह जानकारी आपको चौंकाती है?**
मुझे यह जानकारी नहीं चौंकाती। निर्वाचन आयोग के फैसले और उस पर न्यायपालिका की स्वीकृति के बाद तो ऐसे तथ्य सामने आने ही थे। यही सवाल मुझसे 1977 में पूछा जाता तो मैं कहता कि मुझ पर आपराधिक मुकदमा चल रहा है, क्योंकि मुझ पर आरोप लगाया गया कि मैंने सेना को विद्रोह के लिए उकसाया। हर आदमी अपने अधिकार को दिखाने के लिए कोई न कोई आदेश निकाल देता है, यह नहीं सोचता कि इसके दुष्परिणाम क्या होंगे।

**इससे इमेज वाला संकट पैदा हो गया है?**
जिन पर आपराधिक मुकदमे थे, उनके बारे में सभी अखबारों ने विस्तार से छापा। सभी जीत गये। इमेज का कोई पैरामीटर है क्या? जिनकी चुनाव क्षेत्र में इमेज ठीक है, वे जीत जाते हैं।

**इसका राजनीतिक प्रक्रिया पर क्या प्रभाव देख रहे हैं?**
इसका राजनीतिक प्रक्रिया पर एक ही प्रभाव होगा कि लोगों के मन में राजनीति के प्रति घृणा का भाव पैदा होगा, जो अशुभ है। चाहे निर्वाचन आयोग हो, न्यायपालिका हो या कोई अन्य संस्थान हो—सबको अधिकार पार्लियामेंट से ही मिलता है। अगर पार्लियामेंट की मर्यादा गिरेगी तो इनमें किसी की भी मर्यादा नहीं बचेगी। पड़ोसी देश का उदाहरण सामने है। पार्लियामेंट भंग कर दी गयी। एक जनरल चीफ हो गया। सभी जजों की एक ही दिन में छुट्टी कर दी गई। अनजाने में हम लोग भी धीरे-धीरे उसी अवस्था की ओर जा रहे हैं।

**यह दिखता है कि सत्ता पक्ष की दिलचस्पी सदन को चलाने में नहीं है और विपक्ष भी बाधा डाल रहा है। सदन में जिस तरह से हंगामा हो रहा है, उससे एक प्रश्न यह उठता है कि विपक्ष का स्वरूप कैसा हो? और ऐसे में कोई रास्ता निकाला जा सकता है क्या?**

मामला उलटा हो गया है। सत्तापक्ष नहीं चाहता कि संसद चले और यह बात विपक्ष के समझ में नहीं आ रही। अगर सत्तापक्ष की इच्छा संसद को चलाने में होती तो बजट पर भाषण होता या नहीं? बजट में जो प्रस्ताव रखे गये, उन पर बहस हुई क्या? लालू यादव ने रेल यात्रा में सुविधाएं बढ़ा दीं लेकिन रेल भाड़े में वृद्धि नहीं हुई। कोई तो पूछता, संसाधन कहां से आएगा? सत्तापक्ष जो चाहता है, वह अखबार में छप जाता है। विपक्ष को मर्यादित ढंग से जनसमस्याओं को उठाना चाहिए। लेकिन विपक्ष तो सरकार को मदद ही दे रहा है कि संसद में कोई मुद्दा ही न उठे, केवल हो-हल्ला होता रहे।

संसद के कामकाज से उसके विधायी अधिकारों के बारे में शासन के विभिन्न अंगों के प्रति चाहे वह न्यायपालिका हो या कार्यपालिका, जनता में विश्वास की भावना बनती है। लेकिन अगर संसद की ही विश्वसनीयता खत्म हो जाए तो इससे अराजकता की स्थिति पैदा होती है। सत्ता में पहुंचा कोई एक राजनीतिक दल या कई राजनीतिक दलों का समूह, अल्पमत की आवाज को दबा सकता है किंतु बहुमत द्वारा अपनी बात को मनवा लेना ही लोकतंत्र का मूल तत्त्व नहीं होता। इसके विपरीत लोकतंत्र में राजनीतिक नेतृत्व तथा राजनीतिक पार्टियों का यह नैतिक दायित्व बनता है कि वह हर पक्ष को विचार-विमर्श तथा चर्चा का अवसर दे और आम राय बनाने की कोशिश करे। संसद के कामकाज से विचारों की बेरोक अभिव्यक्ति तथा सार्थक चर्चा झलकनी चाहिए। लोग देश की सर्वोच्च राजनीतिक संस्था की ओर आस्था की दृष्टि से देखते हैं। संसद के पिछले अधिवेशन की घटनाओं को उसके दूरगामी असर की दृष्टि से देखना और इस पर गंभीरता के साथ विचार करना अधिक उपयोगी होगा। अगर आपसी कटुता जारी रही तो लोग संसद को ही हिकारत की नजर से देखने लगेंगे और देश तथा लोकतंत्र के लिए गंभीर खतरा पैदा होगा।

संसद की कार्यवाही व्यवस्थित ढंग से चले, यह साझी जिम्मेदारी सभी राजनीतिक दलों की है। लेकिन जो लोग सत्ता में हैं, उनकी जिम्मेदारी देश की समस्याओं को समझने और उसके प्रति अपनी प्रतिबद्धता दिखाने में अन्य दलों से कहीं अधिक बढ़ जाती है। चुनाव के दौरान नाराजगी में एक-दूसरे की आलोचना कर लेने की बात समझी जा सकती है, लेकिन चुनाव के बाद अपेक्षा

की जाती है कि सभी दल दूसरे ढंग से सोचेंगे और देश की समस्याओं के हल के प्रति अपनी गंभीरता दिखाएंगे। किसी भी परिपक्व राजनीतिक व्यवस्था में राजनीतिक दलों से इसी प्रकार की अपेक्षा की जाती है।

**इसमें कोई वैचारिक या सैद्धांतिक फैक्टर तो कारण नहीं?**

न तो भाजपा को किसी विचारधारा से मतलब है और न कांग्रेस को। अगर विचारधारा पर कोई पार्टी चले तो इस तरह के टकराव नहीं होंगे। संसदीय प्रणाली में किसी भी पार्टी का पहला सिद्धांत होना चाहिए कि संसद चले और संसद विचार-विनिमय का एक केंद्र बने। संसद टकराव के लिए नहीं है। टकराव तब हो जब सीमाएं पार हो जाएं—जैसे आपातकाल की घोषणा हुई, टकराव हो तो बात समझ में आती है।

**आप इंदिरा गांधी के शासनकाल और राजीव गांधी के शासनकाल में विपक्ष की भूमिका के बारे में क्या सोचते हैं?**

देखिए, विपक्ष की भूमिका शासक के बदलने से नहीं बदलती। विपक्ष की भूमिका इस बात पर निर्भर करती है कि देश की हालत क्या है। लोगों की आवश्यकताएं क्या हैं और सरकार इन्हें कहां तक पूरा कर पाती है। मगर हमारे देश का दुर्भाग्य यह रहा है कि अधिकतर सरकारों ने जनता के बुनियादी सवालों की तरफ कम ध्यान दिया है। उन सरकारों ने कोशिश की है कि देश को ऐसे सवालों में उलझाया जाए कि जनता की भावनाएं भड़कें। यह श्रीमती गांधी के शासनकाल में भी हुआ था। मैं जब श्रीमती गांधी के साथ था, तब मैंने उनसे कहा था कि इस तरह के काम से शायद चुनाव जीता जा सकता है, हुकूमत में बना रहा जा सकता है, लेकिन लोगों का सहयोग और सहकार नहीं पाया जा सकता। यदि सही मायने में जनतंत्र चलाना है तो लोगों का ऐच्छिक सहयोग और सहकार अनिवार्य है। इसके बिना देश नहीं चलेगा। अगर चलाने की कोशिश की जाएगी तो आंदोलन भड़केंगे। तब दमन की शक्तियों का सहारा लेना पड़ेगा, परिस्थितियां बिगड़ेंगी। लेकिन एक बात है कि इंदिरा गांधी काम कुछ करें, बात हरदम गरीब की करती रहती थीं। राजीव गांधी ने बड़ी खूबी से इस दिखावे को या इस मुखौटे को उतार दिया। वे दावा करते रहे कि देश को 21वीं सदी में ले जाना है। जिस देश में 65 फीसदी लोग निरक्षर हों, 50 फीसदी लोग गरीबी की रेखा से नीचे हों, जहां पर 80 फीसदी लोग बीमार पड़ने पर दवा नहीं करवा पाते हों, जहां 2.5 करोड़ पढ़े-लिखे नौजवान आज भी

बेरोजगार हों, उस देश को 21वीं सदी में ले जाने की बात बेमानी थी। ऐसी कोशिश होनी चाहिए थी कि 21वीं सदी आते-आते हम अपने देश के किसी भी व्यक्ति के चेहरे पर उदासी नहीं रहने देंगे। कोई बिना पानी के नहीं रहेगा। हमारे देश में कोई निरक्षर नहीं रहेगा। अगर इन उद्देश्यों को लेकर और इस मंजिल को सामने रखकर हम अपनी नीतियां बनाते तो हम समझते कि हम सही मायने में 21वीं सदी में जा रहे हैं, क्योंकि मेरे मत से हमारी सबसे बड़ी संपदा हमारी जनशक्ति है, लेकिन इसके उलटे हमारी सरकारें देश को 21वीं सदी में ले जाने के लिए परमाणु बम, कंप्यूटर, सोफिस्टिकेटेड टेकनोलॉजी आदि की बात करती रही हैं।

श्रीमती गांधी भी बाहर से मदद लेती थीं। कभी-कभी यह लगता था कि वे किसी राष्ट्र की तरफ झुकाव रखती हैं। लेकिन इंदिरा गांधी ने नीति-निर्धारण में कभी ऐसी स्थिति नहीं आने दी, जहां नीति का फैसला हमारी सीमाओं के बाहर हो या बाहर की आर्थिक और राजनीतिक शक्तियां हमें नीतियों को निर्धारित करने में मजबूर कर सकें। यह सामर्थ्य इंदिरा गांधी ने कभी नहीं खोई, लेकिन राजीव गांधी जो नीतियां अपना रहे थे, उसका यह परिणाम हुआ कि आगे चलकर नीति-निर्धारण इनके हाथ में नहीं रहा। इंदिरा गांधी ने बराबर स्वदेशी और स्वावलंबन पर जोर दिया। बराबर छोटे उद्योगों को बिगड़ने से रोकने के लिए कदम उठाए। भले ही कोई बड़ा सहारा उन्हें न मिला हो, लेकिन उनका विनाश भी नहीं होने दिया, जबकि राजीव गांधी की नीतियों से हमारे मौलिक सिद्धांत और आदर्श समाप्त होने लगे।

**संसद सदस्य क्या सदन में कम दिलचस्पी लेते दिख रहे हैं?**

1962 में मैं जब संसद पहुंचा तो वहां थे अटल बिहारी वाजपेयी, गंगा बाबू (गंगा शरण सिंह), भूपेश गुप्ता, मैथिलीशरण गुप्त, वाई बी चव्हाण, सुरेंद्रनाथ द्विवेदी, टी. टी. कृष्णमाचारी। आज दो तरह के सदस्य चुन कर आ रहे हैं। पहला, जो चुन कर तो आये हैं लेकिन उन्हें संसदीय प्रणाली में विश्वास नहीं है। दूसरा, जिन्हें संसदीय प्रणाली में विश्वास तो हैं पर इसके प्रति आकर्षण नहीं है। मैं अपना ही उदाहरण देता हूं। मैं संसद में जाता हूं , लेकिन सवाल नहीं पूछता। ऐसा भी नहीं कि मैं किसी से प्रश्न करूं और उससे देश का भला हो जाए। आज जो संसद में कहा जाता है, उसके बाद प्रेस से बातचीत की और फिर भूल गये। इसके लिए हम सब लोग जिम्मेदार हैं।

**आप इथिक्स कमेटी के अध्यक्ष थे। आपकी सिफारिशों पर सत्तापक्ष और विपक्ष ध्यान दे रहा है?**

बिलकुल नहीं। अच्छी-सी किताब छप गयी है। यह तय हुआ कि एक रिपोर्ट तैयार की जाए। रिपोर्ट बन गयी। पुराने नियम एवं मान्यताओं के साथ-साथ नये प्रस्ताव भी शामिल किए गए। उसके बाद लोकसभा से स्वीकृत कराया गया। फिर सभी विधानसभा अध्यक्षों, विपक्ष के लीडरों, सत्तापक्ष के लीडरों की एक बैठक हुई। उसमें भी सर्वसम्मति से स्वीकृत कर लिया गया। मान सबने लिया, लागू एक ने भी नहीं किया।

**ऐसे सांसदों का एक वर्ग आ रहा है जो करोड़पति होने के कारण संसद पहुंचे हैं। यह किस राजनीतिक संस्कृति का प्रतीक है? ऐसे सांसदों की निष्ठा संसद के प्रति और गरीबों के प्रति कैसी होगी?**

आजकल संसद में या तो बाहुबली जा रहे हैं या धनपति। पहले पैसा होना महत्त्वपूर्ण नहीं माना जाता था। संसद में ही नहीं, उसके बाहर भी। सारी मान्यताएं बड़ी तेजी से बदल रही हैं। जहां तक निष्ठा की बात है, वह कई बातों पर निर्भर करती है। पहले भी पैदाइशी करोड़पति सांसद रहे हैं। गरीबों की ओर खासा ध्यान रहता था। राजघराने से आये लोगों में भी काफी मान्यताएं थीं।

**आप आज की राजनीति को एक अच्छी दिशा और स्वरूप देने की सोच रखते हैं। इस चुनाव में काफी नये लोग चुनकर आये। आपके पास पार्टी का एक प्लेटफार्म है। एक प्रशिक्षण के तौर पर ही आपने नये लोगों को क्यों नहीं उतारा? एक शुरुआत तो होती।**

जब तक हम पार्टी चला रहे थे तब तक कोई ऐसा सांसद नहीं आया जो बिलकुल नया हो। उनको किसी प्रकार के प्रशिक्षण की आवश्यकता नहीं थी। पहले ऐसी कोई समस्या नहीं थी जो आज दिखती है। इसलिए कोई जरूरत नहीं महसूस हुई।

**आपने देश के पॉलिटिकल सिस्टम को काफी नजदीक से देखा है। कहां गड़बड़ी है? कौन जिम्मेदार है?**

मेरा मानना है कि पहले का राजनीतिक ढर्रा अवास्तविक था। गांधी, कम्युनिस्ट और सोशलिस्टों ने कहा, कुर्बानी करो। समय के साथ परिस्थितियां बदल गयी हैं। आजादी के बाद लोग नई-नई राह ढूंढ़ने लगे। राजनीति में भी खास उद्देश्यों से आने लगे। इसके लिए मैं किसी को दोष नहीं देता। जब प्रवृत्ति बदलती है

और उसके अनुरूप साधन नहीं मिलता है, जहां मिलता है उस तरफ बढ़ते हैं। हमारे साथ के कई लोगों ने पार्टियां बदलीं। रहन-सहन का स्तर बदला। मैंने कभी किसी को रोका नहीं।

**चौदहवीं लोकसभा चुनाव के मौके पर सौ-डेढ़ सौ उम्मीदवार उतार सकते थे। क्या आपने इसके बारे में सोचा था?**
मैंने सोचा और कोशिश भी की। चुनाव महंगे हुए हैं। लोकसभा के चुनाव में एक उम्मीदवार को दस लाख से कम देने का तो सवाल ही नहीं उठता है। अगर सौ उम्मीदवार मैदान में उतारते हैं तो दस करोड़ रूपया चाहिए। हालांकि मुझे अनुभव हुआ कि दस करोड़ तो नहीं लेकिन अगर कोशिश की होती तो दो-चार करोड़ का इंतजाम हो सकता था। बिना मांगे ही मुझे लोगों ने काफी सहयोग किया और मैंने विभिन्न पार्टियों के उम्मीदवारों को भी पैसा दिया। मैं किसी का नाम नहीं लेना चाहता।

**इसका मतलब हम अमेरिकी सिस्टम की तरफ बढ़ रहे हैं जहां पैसा और अन्य साधन हों तो आप चुनाव जीत सकते हैं?**
यह तो मैं नहीं कह सकता। उतना पैसा तो यहां खर्च नहीं होता है। पर लोकसभा चुनाव में चालीस-पचास लाख तो खर्च होता ही है। चुनाव आयोग ने ही पच्चीस लाख की सीमा तय की हुई है।

**कर्नाटक में लोकसभा चुनाव से पहले जनता दल के गुट और जनता पार्टी के बीच विलय की बात हुई थी?**
लोकसभा चुनाव से पहले विलय की बात हुई थी। बोम्मई और देवगौड़ा में बातचीत हुई थी, जिसे हेगड़े साहब ने आशीर्वाद दिया था। मैं बंग्लूर गया हुआ था। मैंने हेगड़े को फोन किया। उन्होंने कहा कि मैं दिल्ली जा रहा हूं। किसी ने मुझसे कहा कि वे बीजेपी में शामिल हो रहे हैं। मैं हवाई अड्डे पर उनके आने से आधे घंटे पहले पहुंच गया। हवाई जहाज के पास जाकर हेगड़े से कहा कि कुछ भी करना मगर बीजेपी में शामिल मत होना। उन्होंने कहा कि प्राथमिकता होगी, कांग्रेस से बात करूं। मुझमें दिक्कत यह है कि मैं दूसरों को देखकर अपने राजनीतिक निर्णय नहीं लेता। चौदहवीं लोकसभा के परिणामों की घोषणा के बाद 13 तारीख को मैं सोनिया गांधी से मिला। मुझे किसी ने कहा कि सोनिया गांधी से मिलना है। मैं मिला। मुझे जो समझ में आया, वह कहा।

मैंने उनसे कहा, सबसे मिल लीजिए, मगर सुरजीत और करुणानिधि से बचकर चलिएगा।

**क्या सोनिया गांधी ने प्रधानमंत्री पद का त्याग किया है?**

तेरह तारीख को जब चौदहवीं लोकसभा का परिणाम आया तब सोनिया गांधी प्रधानमंत्री बनने को तैयार थीं। जब कांग्रेस की नेता चुनी गयीं, तब तो बेटा-बेटी भी समर्थन कर रहे थे। सत्रह तारीख को जब यूपीए की लीडर चुनी गयीं, तब भी प्रधानमंत्री बनने को तैयार थीं। अट्ठारह तारीख को राष्ट्रपति महोदय से मिलने के बाद क्या हो गया? मैं तो इसे करिश्मा ही समझता हूं कि कलाम साहब (राष्ट्रपति ए.पी.जे. अब्दुल कलाम) के दर्शन मात्र से कोई व्यक्ति त्यागी हो जाता है। लोकतंत्र की सबसे बड़ी कमजोरी यह है कि हम सोचते कुछ और हैं, कहते दूसरी बात हैं। हमारी स्थिति यह है कि जिस काम को हम नहीं कर सकते, नहीं कर सकते। मुझे क्या पागल कुत्ते ने काटा था कि प्रधानमंत्री पद से इस्तीफा दे दिया था? मुझे लगने लगा कि राजीव गांधी के साथ मिलकर सरकार नहीं चलाई जा सकती है। राजीव गांधी ने सौ लोगों से कहा कि हमने तो समर्थन वापस लिया नहीं है। राजीव गांधी का बयान तमाम अखबारों में छपा। राजीव गांधी ने मुझसे कहा कि आपके कहने से मैं पीएम ऑफिस में एक चपरासी भी सस्पेंड नहीं करा सकता। अगर एक प्रधानमंत्री अपने पद पर बने रहने के लिए एक चपरासी के साथ अन्याय कर सकता है तो वह देश के साथ भी अन्याय कर सकता है। इसे कुछ लोग जज्बात कहेंगे, कुछ लोग बेवकूफी। सिस्टम में गड़बड़ी नहीं है। हम लोग गड़बड़ हो गये हैं। हम लोग मतलब, ऑपरेटर। एक-डेढ़ महीने में ही मनमोहन सरकार से लोगों का मोह भंग होने लगा है। किस आधार पर इतनी बड़ी आशा थी? कोई ऐसा विश्लेषण नहीं जो उनके लिए इस्तेमाल न हुआ हो। वे योग्य व्यक्ति हैं। हमारे मित्र हैं। हमारे पचहत्तरवें जन्मदिन पर अटलबिहारी वाजपेयी आये थे। अटलबिहारी वापजपेयी ने अपने भाषण में कहा कि चंद्रशेखर हमसे इस्तीफा मांगते हैं। फिर उन्होंने गुजरात का प्रसंग छेड़ दिया। मुझे भी मौका मिल गया। मैंने अटलबिहारी वाजपेयी से कहा कि कभी-कभी तो मन में आता है कि आपसे इस्तीफा मांगूं। लेकिन आपके बाद जो सरकार आएगी, वह और भी बुरी होगी। आडवाणी भी बैठे थे। लोगों ने सोचा, मेरा इशारा आडवाणी की तरफ है। मेरे दिमाग में सोनिया गांधी ही थीं। हम सेकुलरिज्म से प्रभावित होने वाले नहीं हैं। जो सेकुलरिज्म हमारे मित्र विश्वनाथ प्रताप सिंह, सोमनाथ चटर्जी और मधु दंडवते को प्रभावित करता है, उसका कोई मतलब नहीं है।

**क्या आप मानते हैं कि अटल बिहारी वाजपेयी और सोनिया गांधी में आपसी राजनीतिक समझदारी थी?**

जब तक अटल बिहारी वाजपेयी प्रधानमंत्री थे, हमसे छुपाकर कुछ भी करें, अटल बिहारी और सोनिया गांधी एक थे और आज भी सोनिया गांधी और अटल बिहारी एक हैं।

**इसे थोड़ा विस्तार से बता दें।**

नहीं, मैं इससे ज्यादा कुछ नहीं कहूंगा। सोनिया गांधी कभी इस हैसियत में तो नहीं रहीं कि अटलबिहारी वाजपेयी को डरा सकें, मगर जब सोनिया गांधी ने अटलबिहारी वाजपेयी से कुछ कहा, उन्होंने उपकृत करने की पूरी कोशिश की और आज अटलबिहारी वाजपेयी की मर्जी के खिलाफ सोनिया गांधी नहीं जा सकती हैं। पॉलिसी के स्तर पर तो दोनों एक ही हैं। कभी कोई अंतर नहीं रहा। पॉलिसी के लिहाज से दोनों अमेरिका के साथ हैं। देश में कोई ऐसी घटना नहीं जिसकी खबर हमें न हो। अगर कोई बात या गतिविधि होती है तो उसी सरकार का कोई आदमी हमें बता देता है। एक घटना सुनाता हूं। एक बार सीताराम केसरी मेरे पास पहुंचे। कहने लगे, लोग आपकी बहुत शिकायत करते हैं। हमने पूछा, क्या कहते हैं? तो उन्होंने कहा कि मैं इंदिरा गांधी के बहुत खिलाफ हूं। हमने पूछा कि कौन लोग कह रहे थे? उन्होंने नाम बताने से इनकार कर दिया। फिर मैंने कहा कि तुम नहीं बताओगे तो मैं ही बता देता हूं। उन्होंने कहा, आप यह कहकर पूछना चाहते हैं, मगर मैं झांसे में नहीं आनेवाला हूं। मैंने केसरी से कहा कि परसों तुम और तुम्हारे साथ दो आदमी बैठे थे। दो मिनट तो वह चुप बैठा रहा, फिर उठ कर चला गया। दो दिन के बाद आया और पूछने लगा, आपसे किसने कहा? हमने केसरी से कहा कि जाकर इंदिरा गांधी से कह दो कि अगर अकेले आदमी से बात करती हैं तो समझ में आती है। लेकिन दो आदमी हैं तो उसमें एक आदमी हमारा है। वस्तुतः यह देश निष्कपट लोगों का देश है। घपला करनेवाले ऊपर के कुछ लोगों को यह गलतफहमी है कि देश वे लोग चला रहे हैं।

**चौदहवीं लोकसभा में कई लोग हार गये, लेकिन तुरंत राज्यसभा में पहुंच गये। इसको आप किस रूप में देखते हैं?**

शायद उन्हें लगता हो कि उनके बिना देश नहीं चल सकता? वैसे यह कोई नई बात नहीं है। 1984 में बहुत लोग हार गये। बाद में राज्यसभा में पहुंच गये।

मैं भी चुनाव हार गया था। एक सज्जन ने मुझसे कहा कि आप भी राज्यसभा में आ जाइए और हम भी आते हैं। हमने उनसे विनम्रतापूर्वक कहा कि आप ही राज्यसभा में जाएंगे क्योंकि आपके बिना देश नहीं चल सकता। राजनीति में कोई व्यक्ति अपरिहार्य नहीं होता। कोई मर ही गया तो क्या हो जाएगा? यह तो मान ही लें कि हारना एक 'पॉलिटिकल डेथ' नहीं है।

**मायावती लोकसभा छोड़कर राज्यसभा में पहुंच गयीं, क्या कारण हो सकता है?**
मैं नहीं जानता। अनेक कारण हो सकते हैं। इस तरह के फैसलों में कभी-कभार तात्कालिकता काम करती है।

**चौदहवीं लोकसभा चुनावों से केंद्र की सत्ता में बदलाव आया। एक गठबंधन सरकार (एनडीए) की विदाई हुई और दूसरे गठबंधन (यूपीए) ने सत्ता संभाली। जिस बदलाव की उम्मीद थी, वह पूरा होता नहीं दिख रहा है। ऐसा लगता है कि देश एक राजनीतिक संकट के दौर से गुजर रहा है। इस सरकार के सामने की चुनौतियों को आप किस प्रकार देखते हैं?**
लोकसभा के पिछले चुनाव से केंद्र की सरकार में बदलाव आया था। इस परिवर्तन से लोगों में आशा की नई भावना पैदा हुई थी। एक प्रमुख राजनीतिक दल की अध्यक्ष ने अपनी पहल से ऐसी भावना पैदा की जिसे मीडिया ने बड़े त्याग के रूप में देखा। इनमें से कुछ ने तो उनकी तुलना महात्मा गांधी और जयप्रकाश नारायण से भी कर डाली। उनके अनुसार इससे उनके (अध्यक्ष) लिए इस देश को नये युग में पहुंचाने में अपनी ऐतिहासिक भूमिका निभाने का दरवाजा खुल गया। प्रधानमंत्री पद के लिए एक सुप्रसिद्ध अर्थशास्त्री तथा ईमानदार बुद्धिजीवी के चयन ने उनके नेतृत्व में अतिरिक्त कौशल का माद्दा देखा गया। लेकिन आज ये सभी आशाएं धीरे-धीरे समाप्त हो रही हैं और लगता है कि एक राष्ट्र के रूप में अभी हम अपनी कल्पनाओं की ही दुनिया में विचरण कर रहे हैं।

मुझ जैसे व्यक्ति को केंद्र में नई सरकार के आने से बड़ी राहत मिली। लेकिन थोड़े ही अरसे में आज मुझे लगने लगा है कि मेरा एक साधारण-सा बयान सत्य साबित हो गया और देश राजनीतिक संकट के मुहाने पर खड़ा हो गया। इससे यह नहीं समझा जाना चाहिए कि मैं किसी भी तरह जो सरकार चली गयी है, उसके फिर लौटने का स्वागत करता। जो सरकार चली गयी, अपने कामों और अपने दृष्टिकोणों से उसने देश को एक संकट के कगार पर

खड़ा कर दिया था और अगर वह बनी रहती तो देश में प्रतिगामी और फूट पैदा करने वाली शक्तियों को ही मजबूत करती। परंतु उस सरकार ने जो चार सालों में किया था, लगता है कि वर्तमान सरकार सिर्फ चार महीनों में ही उससे आगे निकल गयी।

सरकार का एक मंत्री एक स्वतंत्रता सेनानी के विरुद्ध कुछ अपमानजनक टिप्पणी करता है और सत्तारूढ़ दल की अध्यक्ष उसे नकारने के बजाय केवल यह कहना उचित समझती है कि वह मंत्री का व्यक्तिगत विचार था। परंतु मामला केवल टिप्पणी करने का ही नहीं था बल्कि एक ऐसे व्यक्ति की, जिनका हमारे स्वतंत्रता संग्राम में महत्त्वपूर्ण स्थान था, पत्थर की पट्टिका पर अंकित कुछ उक्तियों को हटाने का भी था। जिस व्यक्ति को लेकर विवाद उत्पन्न किया गया, संभव है कि हम उसके कुछ विचारों और कुछ कार्यों से सहमत न हों, परंतु उसको लोगों की निगाह में गिराने का कोई औचित्य नहीं है, जैसा मंत्री ने किया था। इससे बचा जा सकता था। लेकिन यह कोई अकेला मामला नहीं है। एक वरिष्ठ और महत्वपूर्ण मंत्री ने यह आरोप लगाया कि लोकसभा में विपक्ष के नेता एक पड़ोसी देश में एक आपराधिक षड्यंत्र के मुलजिम और भगोड़े हैं। सत्तारूढ़ गठबंधन के किसी भी नेता में यह साहस नहीं है कि वह इस तरह की खतरनाक प्रवृतियों पर अंकुश लगा सके। संभव है कि आपत्तिजनक और भोंडी भाषा का इस्तेमाल इलेक्ट्रॉनिक मीडिया और कुछ अन्य लोगों को, जो राजनीति और राजनीतिक कार्यकर्ताओं को एक मनोरंजन और उपहास का पात्र समझते हैं, यह मनोरंजक लग सकता है। परंतु भविष्य का यह तकाजा है कि देश ऐसी प्रवृत्तियों पर ज्यादा गंभीरता से विचार करे। जनता के एक वर्ग का समर्थन हासिल करने की दृष्टि से अपने विरोधी को नीचा दिखाने का क्रियाकलाप कुछ फायदेमंद लग सकता है परंतु लंबे दौर में इसके परिणाम विनाशकारी ही होंगे।

**वर्ष 2004 कई महत्त्वपूर्ण राजनीतिक एवं अन्य घटनाओं के लिए याद किया जाएगा। आप इन घटनाओं का आकलन किस प्रकार करते हैं?**

पहली बार कोई गैर-राजनीतिक आदमी प्रधानमंत्री बना है। यह देश के लिए शुभ होगा या अशुभ, इसके बारे में अभी कुछ नहीं कहा जा सकता। इसका एक असर यह होगा कि राष्ट्रीय जनजीवन में राजनीतिक लोगों का महत्त्व धीरे-धीरे कम होता जाएगा। बीते साल की यह सबसे अधिक गौर करने लायक और चिंताजनक देन है। इसके लिए वे लोग कम जिम्मेदार नहीं हैं जो राजनीति में हैं। राजनीति वास्तव

में हो ही नहीं रही है। मैं राजनीति का विद्यार्थी हूं। हमने जिसे राजनीति समझा, उसका वास्ता देश के आम लोगों के दुख-दर्द से है। इस मायने में राजनीति अति गंभीर और दायित्वपूर्ण क्षेत्र है। राजनीति में लिये गये हर छोटे-बड़े फैसले का देश की अस्मिता और यहां रह रहे करोड़ों लोगों की जिंदगी से सीधा सरोकार है। सत्ता के लिए एक बेमेल और बेतुके गठबंधन के प्रधानमंत्री मनमोहन सिंह हैं। यह भ्रम नहीं रहना चाहिए कि देश की जनता ने यूपीए गठबंधन को चुना है। सच यह है कि जनता ने राजग को हराया। अकसर यह कहा जाता है कि मनमोहन अधिक दबाव पड़ने पर प्रधानमंत्री की कुर्सी छोड़कर अलग हो जाएंगे। मैं यह समझ नहीं पाता हूं कि ऐसा क्यों कहा जाता है? अगर उन्हें पद छोड़ना होता तो वे स्वीकार ही क्यों करते? शुरुआत में इस सरकार से आम आदमी ने कुछ आशाएं बना ली थीं, वे टूट रही हैं। इस सरकार के मंत्री कई भाषाओं और विविध स्वरों में बोल रहे हैं। उनमें नीतिगत मसले भी हैं। इससे भ्रम पैदा हो रहा है। अभी हाल ही की घटना है। रक्षामंत्री का जो बयान था, वह गृहमंत्री के बयान से मेल नहीं खाता था। ऐसी विरोधाभासी परिस्थिति में राष्ट्रीय सुरक्षा को लेकर चिंतित होना बहुत स्वाभाविक है। ऐसे बहुत थोड़े लोग हैं जो यह मानते हैं कि इस समय देश में सब कुछ ठीक-ठाक चल रहा है।

आगामी दिनों में देश के सामने अनेक बड़ी चुनौतियां खड़ी हो सकती हैं। इसके संकेत विभिन्न क्षेत्रों से मिल रहे हैं। सत्तारूढ़ गठबंधन और विपक्ष के रवैये से लगता है कि वे उसे सही रूप में समझ नहीं पा रहे हैं। इस कारण संकट अधिक बड़ा हो सकता है। यूपीए सरकार बदले की कार्रवाई पर उतर आयी है। गठबंधन का नेतृत्व कांग्रेस कर रही है। मैं जिस कांग्रेस को जानता हूं, उसका स्वभाव कभी बदला लेने का नहीं होता था। अगर असावधानी और नासमझी में उसने कभी ऐसे कदम उठाये तो उसके नतीजे बहुत खराब हुए। आपातकाल की घटनाएं गवाह हैं। उन्हें अपवादस्वरूप ही देखा जाना चाहिए। इन दिनों ऐसी घटनाएं हो रही हैं जिनसे मन क्षुब्ध हो जाता है। केन्द्र में कोई सरकार काम कर रही है या नहीं, यह सवाल उन घटनाओं में पैदा होता है। कांची मठ के शंकराचार्य जयेन्द्र सरस्वती को हत्या के आरोप में जेल में डाल दिया गया। उनके साथ जिस तरह का दुर्व्यवहार हो रहा है, वह किसी सभ्य समाज के लिए कलंक का विषय है। मैं नहीं जानता कि उनका हत्या में कोई हाथ है या नहीं। उन पर आरोपों की छानबीन इस तरह नहीं होनी चाहिए, जैसी हो रही है। उन्हें दोषी मानकर परेशान किया जा रहा है। ऐसे नाजुक मामले में केंद्र सरकार का रवैया तमाशबीन का है। प्रधानमंत्री और गृहमंत्री के बयान

पढ़कर मुझे हैरानी होती है। वे यह बताना चाहते हैं कि उनकी इसमें कोई भूमिका नहीं है। उन्हें फिर यह भी बताना चाहिए कि भारत सरकार का अस्तित्व क्यों है? जयेन्द्र सरस्वती एक व्यक्ति मात्र नहीं हैं। वे शंकराचार्य के पद पर हैं। उनके साथ कम से कम ऐसा व्यवहार होना चाहिए जिसे सभ्य समाज स्वीकार करता है। राज्य सरकार अगर बदले की भावना से कार्रवाई कर रही है तो केंद्र अपनी जिम्मेदारी से मुक्त नहीं हो सकता।

# संसदीय प्रणाली

**आप देश के वरिष्ठतम राजनीतिज्ञों में से एक हैं। वर्तमान व्यवस्था का क्या अनुभव रहा है और क्या भविष्य देखते हैं?**
मैं इस व्यवस्था से पूरी तरह निराश और दुखी हूं। कभी-कभी ऐसा लगता है, जैसे राजनीति के कुएं में भांग पड़ गयी है। देश के जनप्रतिनिधियों का व्यवहार संसद और विधानसभाओं में अपने निर्वाचकों के बीच और दुनिया के दूसरे देशों में उपहास का विषय बन रहा है। देश की पत्र-पत्रिकाओं में व्यंग्यकारों के लिए हमारी प्रतिनिधि संस्थाएं प्रिय विषय बन रही हैं। संसद और विधानसभाओं के आम सदस्य को कौन कहे, जो लोग हाल तक सरकार के उच्च पदों पर आसीन रहे हैं, उनका आचरण भी इसका अपवाद नहीं है।

देश और विदेश में भी हमारे नेता गाहे-बगाहे यह याद दिलाने से नहीं चूकते कि भारत दुनिया का सबसे बड़ा जनतांत्रिक देश है। हम इस पर गर्व भी करते हैं। इसमें कोई संदेह नहीं कि अनेक झंझावातों के बीच 55 वर्षों से अधिक समय से हमने देश में चुनी हुई संसदीय प्रणाली को बनाये रखा है। लेकिन यह देखकर अफसोस होता है कि समय बीतने के साथ संसदीय प्रणाली चलाने के लिए जो परिपक्वता आनी चाहिए, उसके बजाय संसदीय व्यवहार में निरंतर गिरावट आ रही है। ऐसा भी नहीं है कि संसद सदस्यों को इसका अहसास न हो। संसद के स्वर्ण जयंती अधिवेशन में संसद की गरिमा बनाये रखने का जो संकल्प लिया गया था, उससे सभी सदस्य वाकिफ हैं। जब भी लोकसभा या राज्यसभा में अध्यक्ष या उपाध्यक्ष का चुनाव होता है, उस समय विभिन्न दलों के नेताओं द्वारा संसद की कार्यवाही सुचारु रूप से चलाने का जो आश्वासन पीठासीन अधिकारी को दिया जाता है, अब वह एक रस्मी कार्यवाही ही मालूम होती है। अखबारों की सुर्खियों में जब यह समाचार आता है कि 'संसद या विधानसभा के अमुक सदन में हो-हल्ले के साथ हाथापाई की नौबत' या 'सदन के मार्शल के साथ मारपीट में

अमुक सदस्य घायल हो गया' तो निश्चय ही हर उस व्यक्ति की गर्दन शर्म से झुक जाती है, जो देश की संसदीय प्रणाली पर गर्व करता है।

यह भी ध्यान रखने की बात है कि इसके लिए किसी एक दल या गठबंधन को दोष देना निरर्थक है। जो लोग संसद की कार्यवाही का बराबर अवलोकन करते हैं, उनसे यह बात छिपी नहीं है कि जब भी कोई दल सत्ता से च्युत होकर विपक्ष में आता है तो ऐसा लगता है कि जैसे सत्ता में रहते हुए उसने जो कुछ कहा था, उसे उसने एकदम से विस्मृत कर दिया है। फिर भी मैं इसे राष्ट्रीय दुख नहीं समझता। इस समस्या को हम लोग दूर करें या न करें, देश की जनता हल करेगी। इस व्यवस्था में देश की जनता का भी निजी हित छिपा है। इसको कोई दबा नहीं सकता। यही गलती इंदिरा गांधी ने की थी। अगर इमरजेंसी नहीं लगी होती तो कौन हटा सकता था उन्हें? आज नहीं तो कल प्रतिक्रिया तो होगी ही।

**यह दलीय प्रणाली का जन्मगत दोष है या विकृति? इसमें सुधार की कोई उम्मीद?**

दलीय आधार पर बनी सरकारें अपने दलीय स्वार्थों के प्रति जागरूक रहती हैं परंतु सार्वजनिक हितों की अनदेखी कर दलीय स्वार्थों की पूर्ति के प्रयास को अनदेखा नहीं किया जा सकता। विभिन्न वर्गों को लुभाने के लिए जो घोषणाएं वित्तमंत्री द्वारा की जाती हैं, उनके बारे में बहुत कुछ लिखा जाता है। उनमें कुछ बातें ऐसी होती हैं जिनके दूरगामी परिणाम होते हैं। वित्त आयोग की सिफारिशों को स्वीकार करने के बाद राज्य सरकारों पर जो दबाव पड़ता है, उससे सभी परिचित हैं। कई राज्य सरकारें तो इस स्थिति में पहुंच जाती हैं कि उन्हें अपने कर्मचारियों को समय से तनख्वाह देना भी कठिन हो जाता है। रिजर्व बैंक ने ऐसी सरकारों के लिए समय-समय पर ओवर ड्राफ्ट की सुविधा भी बंद कर दी। सरकारी कर्मचारियों की मांगों के समर्थन में या विरोध में बहुत कुछ कहा जा सकता है, परंतु उनके साथ बैठकर विचार-विमर्श के द्वारा ऐसा रास्ता निकालना कठिन नहीं, कदम-कदम पर जो राज्य सरकारों पर बढ़ने वाले बोझ को दृष्टि में रखकर निकाला जाता, लेकिन अपने को बनाए रखने के लिए हर प्रकार के समझौते करने वाली सरकार से इसकी अपेक्षा नहीं की जा सकती। कर्जों के बोझ से दबी हुई सरकार, जिसके राजस्व का 24 प्रतिशत केवल कर्जों की ब्याज की अदायगी में चला जाता हो, उसके द्वारा इस प्रकार की घोषणाएं केवल यही जाहिर करती हैं कि जनता के व्यापक हितों की उसे कोई चिंता नहीं है।

दलीय प्रणाली को सुधारने की कोई उम्मीद फिलहाल तो नजर नहीं आती है।

कुछ राजनीतिक दलों के लोगों, मैं उनका नाम नहीं लेना चाहता, की प्रतिभा उसे सुधारने से कम होती है और बिगाड़ने से उनकी प्रतिभा निखरती है। भाजपा नेता यह दिखाने में लगे रहे कि उनके प्रधानमंत्री का कद देश के प्रथम प्रधानमंत्री पंडित जवाहरलाल नेहरू से भी बड़ा है। मुझे यह कहने में कोई संकोच नहीं है कि पंडित नेहरू से हमारे अनेक मतभेद थे, लेकिन संसदीय प्रजातंत्र को पुष्ट करने में उनका जो योगदान था, उसे नकारा नहीं जा सकता। प्रथम लोकसभा में विपक्ष संख्याबल की दृष्टि से कमजोर था। पंडित नेहरू के लिए किसी भी तरह की संसदीय मर्यादा को तोड़ना और संसद से उसकी स्वीकृति प्राप्त कर लेना आसान था। परंतु जिस किसी को भी उन दिनों की संसद की कार्यवाही देखने का, पढ़ने का अवसर मिला होगा, वह इस बात को स्वीकार करेगा कि उन्होंने प्रत्येक मर्यादा का पालन किया। जाहिर है कि दलीय प्रणाली को एक अवसर तब मिलेगा जब ये सभी लोग फेल होंगे और यह अवसर जरूर मिलेगा। भले हम लोग न रहें।

**दलीय प्रणाली की खामियां जो इन दिनों नजर आ रही हैं, उन्हें दूर करने में स्वदेशी राजनीति की कोई भूमिका हो सकती है?**

स्वदेशी राजनीति की ही भूमिका होगी। लेकिन स्वदेशी राजनीति को हर मायने में स्वदेशी होना होगा। उसका कदम यह होना चाहिए कि हमें अपने मूल से प्रेरणा लेनी चाहिए। स्वदेशी का मतलब सिर्फ बनाना और पहनना नहीं। यह भी विचित्र बात है कि हम लोग स्वदेशी की बात करते हैं और मंदिर के लिए झगड़ा करते हैं। अरण्य संस्कृति से हम लोग मंदिर संस्कृति में आ गये। जब हम गांव में रहते थे तब हर साल कोई न कोई साधु आता था, वहां रहता था और मूल की बातें बताता था। आज तो साधु नहीं हैं, कुछ हैं तो मठ बनाकर बैठे हैं।

**मूल का मतलब क्या है?**

मूल का मतलब व्यक्ति की तलाश से है। पहले व्यक्ति प्रकृति को समझने की कोशिश करता था। उसके समीप जाता था। कोई कंप्यूटर नहीं था, मगर सौ वर्ष का कैलेंडर तैयार कर लेते थे और यह भी बता देते कि ग्रहण कब लगेगा। मूल का संबंध मान्यताओं से है। उन मान्यताओं को आज के संदर्भ में बनाने की कोशिश कीजिए। कुछ लोग समाज के लिए काम करने के नाम पर तैयार किये जाएं। महात्मा गांधी ने यही किया था।

**आज जिस तरह से राष्ट्रीय पार्टियां कमजोर हो रही हैं, उनकी भूमिका कम हो रही है। राजनीतिक गुरुत्वाकर्षण का केंद्र अधोमुखी हो चला है। कहीं हम पार्टी-विहीन (पार्टीलेस) राजनीति की ओर तो नहीं बढ़ रहे हैं?**
पार्टीलेस की ओर अभी तो नहीं जा रहे हैं, लेकिन जा सकते हैं। पार्टीलेस डेमोक्रेसी बहुत पुरानी बात है। पर उस परिस्थिति में इस देश को कोई नहीं चला सकता। यह एक विचित्र देश है। ऐसी स्थिति अचानक नहीं आयी है। यह प्रक्रिया बहुत दिनों से चल रही है। तमिलनाडु में पावर सेंटर जयललिता की तरफ जा रहा है या करुणानिधि की तरफ। महाराष्ट्र में शिवसेना की तरफ जा रहा है या कांग्रेस या फिर शरद पवार की ओर। व्यक्ति आधारित पार्टियां बन रही हैं और यह उसी का परिणाम है।

**पिछले कुछ वर्षों में राजनीति की अवमानना बहुत हुई है। समाज में राजनेता का मान बहुत कम हुआ है, विशेषकर समाज के पढ़े-लिखे वर्गों में। क्या इसका कारण समाज में चल रही कोई अराजनीतिकरण की प्रक्रिया है?**
आज राजनीति करने के दो ही उद्देश्य रह गए हैं : समाज में लोगों का समर्थन कैसे मिले, कुछ भी, कैसे भी करके। चाहे गलत करके, चाहे सही करके। दूसरा, पैसा कैसे मिले? आज की राजनीति दो चीजों पर आधारित है। पहला पैसे पर, दूसरा असरदार लोगों के समर्थन पर। वैसे मेरा मानना है कि अगर यह न किया जाए तो उससे उतना ही लाभ मिलता है जितना और किसी तरीके से। अराजनीतिकरण की यह प्रक्रिया कोई एक व्यक्ति नहीं चला रहा है। जब हम जनता से दूर हो जाते हैं, उनकी समस्याओं पर कम ध्यान देते हैं, ऐसे में गैर-राजनीतिक गतिविधियां चलने लगती हैं। गांधीजी ने कहा कि राजनीति सिर्फ भाषण देना नहीं है। कुछ रचनात्मक काम भी करना चाहिए। अब रचनात्मक कार्य कोई करता है? अगर करता है तो गैर-सरकारी संस्था चलाता है। एनजीओ को चलाने के लिए वह सारी तिकड़म चाहिए जो सरकारी संस्थाओं में चलते हैं और अगर इसे अस्वीकार कर दीजिए तो सबसे गये गुजरे आदमी हैं। हम राजनीति नहीं, राजनीति की सौदागीरी का काम करते हैं। 'वी आर नॉट लीडर्स, डीलर इन पार्टीज'।

**इस प्रक्रिया पर शासन-प्रणाली की खामियों और नौकरशाही की भूमिका का कितना असर है?**
नहीं, शासन-प्रणाली में कोई दोष नहीं है। शासन-प्रणाली को दोषी वह कह सकता

है जो इसे नहीं चला सकता। गुलामी के दिनों की बात कुछ और थी। लेकिन आज किसी भी सरकारी अधिकारी को आप स्पष्ट निर्देश दें तो वह उसकी अवहेलना नहीं कर सकता। अगर हम उसको कुछ गलत करने के लिए प्रेरित करते हैं तो वह गलत करता है। पर आप अगर उनका इस्तेमाल ही नहीं कर सकते तो फिर दोष देना बेकार है। यह अधिकार अधिकारी को होना चाहिए कि अगर हमसे गलती हो जाए तो उसको हमारे सामने लाए। दुर्भाग्य से या सौभाग्य से मैं भी सरकार में रहा हूं लेकिन एक भी अफसर ऐसा नहीं मिला जिसने हमारे कहे की अवहेलना की हो और जब मुझसे गलतियां हुईं तो मैंने स्वीकार भी किया। न हमें ब्यूरोक्रेसी का डर था। न ही किसी को डराने की कोशिश ही की। ब्यूरोक्रेसी बहुत बुद्धिमान है, कमजोर भी है।

हमारे यहां अफसरशाही सबसे बदनाम तबका है, लेकिन चार-पांच माह के दौरान मैंने उन्हें समाज के सबसे जिम्मेदार हिस्से के रूप में पाया। मेरा तो यही अनुभव है। हां, यह मैं जरूर महसूस करता हूं कि हमें अपनी सनक या कल्पना के आधार पर उनके विचारों को निर्देशित करने की कोशिश नहीं करनी चाहिए। हमें उनसे बेबाक और ईमानदार राय देने को कहना चाहिए और इरा बारे में फैसला तो राजनीतिक नेतृत्व को ही करना है। लेकिन वे जिम्मेदारी लेने से भागते हैं और इसे दूसरों पर थोपने की कोशिश करते हैं। ऐसी प्रवृत्ति नहीं होनी चाहिए।

**क्या राजनीतिक निर्णय की प्रक्रिया में जनता की सक्रिय भागीदारी हो सकती है?**

यह कल्पना की उड़ान हैं। 120 करोड़ की जनसंख्या है। इनकी भागीदारी विभिन्न स्तरों पर तो संभव है, लेकिन केंदीय स्तर पर उनसे सलाह ली जाती है तो राज नहीं चलेगा—चाहे और जो चले।

**लेकिन नीचे के स्तरों पर भी भागीदारी नहीं हो पाती है?**

नीचे की भागीदारी नहीं हो पाती क्योंकि ऊपर के लोग सत्ता को विकेंद्रित नहीं करना चाहते हैं। सांसदों और विधायकों को अपने क्षेत्र के विकास के लिए पैसा मिलता है। वहां भागीदारी हो सकती है। लेकिन पैसा कहां जाता है? अगर हम ही लोग गड़बड़ करने लगेंगे, तब तो।

**सत्ता के विकेंद्रीकरण की बाधाएं क्या हैं?**

दो वजहें हैं : पहला, हम लोग सही निर्णय नहीं लेते हैं। दूसरा, हम लोग

विकेंद्रीकरण की बात से घबराते हैं। मैं एक घटना आपको बताता हूं। एक बार सरकार ने तय किया कि पॉलिटिकल सफरर को पेंशन दिया जाना चाहिए। कौन पॉलिटिकल सफरर हैं, इस पर विचार किया जा रहा था। मुझे भी बुलाया गया। मैंने कहा कि देश के तमाम अखबारों में एक विज्ञापन निकालें कि देश में जितने भी पॉलिटिकल सफरर आपके इलाके में हैं, उनका नाम-पता पास के हाईस्कूल, पुलिस स्टेशन, तहसील पर दे दें और पंद्रह दिनों के बाद हम लोगों से जानना चाहेंगे कि इसमें कोई छूट तो नहीं गया है, या कोई नाम गलत तो नहीं आ गया है! कोई गलत होगा तो लोगों में ईर्ष्या इतनी है कि कहेंगे कि झूठ बोलता है। लेकिन एक मंत्री ने कहा कि नहीं, सारे नाम सीधे हमारे पास आने चाहिए।

महात्मा गांधी ने सत्ता के विकेंद्रीकरण की बात कही थी। बहुत-सी चीजें, जो गांव के स्तर पर की जा सकती हैं, उनका निर्णय जनसाधारण दिल्ली या प्रदेश की राजधानी में बैठे लोगों की अपेक्षा ज्यादा अच्छा करेगा। महात्मा गांधी के दर्शन से बहुत मतभेद हो सकते हैं, पर गांव के लोगों को सत्ता में ज्यादा अधिकार देने की बात सही थी। उसके लिए अब प्रयास होना चाहिए। शुरू में, 1950 में पंचायती राज पर बहुत जोर दिया गया था। पंचायती राज की कुछ कमियां देखी जाएं तो वे कमियां संसद और विधानसभा की भी हैं। लेकिन हमारे समाज में दिक्कत यह होती है कि अगर संसद या विधानसभा में कोई कमी दिखे और कोई कहे कि इस कमी को हटा दिया जाए तो वह लोकशाही का दुश्मन बता दिया जाता है। पर गांव-पंचायत में कोई कमी रह जाए तो खुलेआम यह प्रचार किया जाता है कि गांव पंचायतें निरर्थक हो गई हैं। उनकी कोई जरूरत नहीं है। दरअसल हमारा समाज अभिजात वर्गों द्वारा संचालित होता है। इसकी एक झलक इस बात से मिलती है।

1920-21 में महात्मा गांधी ने जब कांग्रेस का कार्यक्रम बनाया था तो कहा था कि हर कांग्रेस कार्यकर्ता का यह कर्तव्य है कि वह गांव में जाकर अनपढ़ लोगों को साक्षर बनाए। 1936 में जब पहली कांग्रेसी सरकार बनी तो उसने भी गांव-गांव में प्रौढ़ शिक्षा के केंद्र स्थापित किए थे। लेकिन मुझे आश्चर्य होता है कि जब से हमारी पंचवर्षीय योजनाएं बननी शुरू हुईं और जब हमने पूरा गणतंत्र स्थापित किया, तब से यह बात बिलकुल भुला दी गई कि आज के वैज्ञानिक युग में जो साक्षर नहीं हैं, वे अपने अधिकारों और कर्तव्यों के प्रति सजग और सचेत भी नहीं रह सकते। इसलिए जरूरत है कि अगर जनता को आप सही मायने में लोकशासन का प्रहरी मानते हैं, तो उनको साक्षर-सचेत बनाना पड़ेगा और मुझे तो ऐसा लगता है कि हम लोग जो आज के समाज में ऊंचे स्थानों पर पहुंच गए

हैं, 70 फीसदी अनजान लोगों को सजग और सचेत नहीं करना चाहते। जबकि उनके सजग और सचेत हुए बिना वे अपने अधिकारों का उपयोग तो कर नहीं सकेंगे, साथ ही यह हुआ कि किसी समय अगर संसदीय जनतंत्र पर खतरा पैदा हुआ तो वे हमारे सहायक भी नहीं हो सकेंगे। इसी तरह बहुत-सी ऐसी ताकतें, जो संसदीय जनतंत्र से फायदा उठाती हैं लेकिन असल में उसकी जड़ काटने की कोशिश करती हैं, उनको जनता का सहज समर्थन मिल जाता है।

एक बार वोट देकर पांच वर्षों की कोई छूट मिल जाए, इसका लोकशाही में कोई मतलब नहीं है और न ही यह मतलब कभी हो सकता है। मैं यह मानता हूं कि किसी समय अगर जनाक्रोश मुखर हो कि प्रतिनिधि उनकी इच्छाओं के अनुसार काम नहीं कर रहे हैं तो जन-प्रतिनिधियों को कोई अधिकार नहीं है कि अपने को पद पर बनाए रखें और जनता चाहे, न चाहे, राज चलाते रहें। इसलिए अब हमारे देश में ही नहीं, जहां भी लोकशाही चलती है, संसद और व्यवस्थापिका सभाएं हैं, वे अवधि के पहले खत्म होती हैं और फिर जनमत लिया जाता है। मैं तो ऐसा मानता हूं कि जनता को तो और अधिक अधिकार दिए जाने चाहिए– अपने प्रतिनिधियों के क्रियाकलापों की निगरानी करने के लिए, साथ ही शासन में सीधे रूप में हिस्सा लेने के लिए।

**सरकारी तंत्र में रहकर भी बहुत लोगों ने रचनात्मक कार्य करने की कोशिश की थी। इस तंत्र की क्या कमजोरियां आपको दिखती हैं? क्या ऐसा लगता है कि तंत्र के शीर्ष पर बैठे लोगों ने हिंदुस्तान की राजनीतिक एकता कायम रखने में गलतियां कीं?**

पुराने अनुभव की ओर ले चलना चाहूंगा। महात्मा गांधी ने एक बार कहा था कि रचनात्मक कार्यकर्ता चाहे खादी बेच रहे हों, चाहे गौ-सेवा में लगे हों, चाहे हरिजन-सेवा में लगे हों, जरूरत पड़ने पर आजादी के आंदोलन के सिपाही होंगे। इस तरह गांधीजी ने बहुत बड़ी सेना तैयार की। मेरा मानना है कि गांधीजी के अध्यवसाय से तैयार इस सेना को आजादी आने के बाद राष्ट्र-निर्माण के कार्यों में इस्तेमाल करना चाहिए था। लेकिन ऐसे लाखों कार्यकर्ता, जो निर्माण के काम में लग सकते थे, उनको नौकरशाही का पुर्जा बना दिया गया। किसी को इंस्पेक्टर बनाया, किसी को राशन की दुकान दी, किसी को सरकारी नौकरी दे दी। मान्य व्यवस्था का अंग बनाने से वे बड़ी दिक्कत में फंस गए। न तो वे उस व्यवस्था के अंग बन पाए, न ही सीखे हुए गुणों का इस्तेमाल कर पाए। स्वयंसेवी संस्थाओं की बात करें तो उन्हें कागजों में उलझाया गया। उनमें रिटर्न तैयार करने और

उन्हें देशी व विदेशी संस्थाओं की मदद लेने की होड़ बढ़ती गई। बहुत कम संस्थाएं हैं जो बिना मदद के चल रही हैं। और जब हम मान्य व्यवस्थाओं से मदद लेते हैं तो उनकी बुराइयों के खिलाफ न बोलने पर मजबूर हो जाते हैं। इस मायने में महात्मा गांधी की फिर याद आती है। उन्होंने मान्य संस्थाओं की कोई परवाह नहीं की। सभी मान्य व्यवस्थाओं की सीमाओं को तोड़ दिया। इसलिए मैं उन्हें सही मायने में क्रांतिकारी मानता हूं।

**न्यायपालिका और विधायिका में टकराव की स्थिति देखने को मिल रही है। झारखंड पर सुप्रीम कोर्ट के निर्देश के बाद टकराव की स्थिति बन गयी थी। लोकतंत्र के ये स्तंभ मजबूती से खड़े रहने की अपेक्षा आपस में टकराव की ओर बढ़ रहे हैं। मीडिया आम आदमी के बजाय व्यावसायिक हितों की सुरक्षा में अधिक रुचि ले रहा है। इन परिस्थितियों में लोकतंत्र का भविष्य क्या है?**

यह बहुत अच्छा प्रश्न है। देखिए संसद सबसे बड़ी है। इस देश में संसद को मछली बाजार और नेताओं को भ्रष्टाचार का मसीहा करार देने का अधिकार किसी को नहीं है। न्यायपालिका का अस्तित्व तभी तक है जब तक संसद मजबूत हो। हमारे पड़ोसी देश का उदाहरण हमारे सामने है। जहां पर भी संसद कमजोर हुई है, वहां न्यायपालिका स्वतंत्र नहीं रह सकी है। हमारा विरोध सिर्फ इस बात का रहा है कि राजनीतिक लोग भ्रष्ट हैं, संसद भ्रष्टाचार का अड्डा है, ऐसा कहना लोकतंत्र की जड़ पर कुठाराघात है। अगर जड़ ही नहीं रहेगी तो शेष क्या बचेगा? लोकतंत्र में अगर संसद को निकाल दें तो फिर शेष क्या रहता है? और जहां तक आम आदमी के हित का सवाल है, मुझे एक घटना याद आ रही है। पिछले किसी सत्र के दौरान सदन में खड़े होकर एक सदस्य ने सदन से गुहार की कि उसे एक औद्योगिक घराने की ओर से जानमाल की हानि की लगातार धमकी दी जा रही है। इतना ही नहीं, उसके किसी रिश्तेदार का अपहरण भी कर लिया गया है। सच बताऊं, यह सुनकर किसी सदस्य को गुस्सा नहीं आया। किसी ने सदन में खड़ा होकर यह नहीं मांग की कि उस पूंजीपति को बेनकाब किया जाए और उसके खिलाफ आपराधिक मुकदमा दर्ज कर कार्यवाही की जाए। आखिर मुझसे नहीं रहा गया। मैं खड़ा हुआ और मैंने कहा कि उसका नाम बताया जाए? उसके खिलाफ कार्यवाही की जाएगी। लेकिन वह भुक्तभोगी सदस्य अब तक न तो मेरे पास आया और न ही धमकाने वाले का नाम बताया। कुछ दिन बाद उस पूंजीपति का एक पुत्र मेरे पास आया और कहा कि हमने उस सांसद की पार्टी के अध्यक्ष से बात कर ली है और उनकी गलतफहमी दूर कर दी है।[17]

**देश की मौजूदा स्थिति के बारे में आम लोगों को समझाया या बताया जाए तो स्थिति बदल सकती है? क्या आप स्पष्ट करना चाहेंगे कि लोगों को मौजूदा स्थिति बतलाने का वह रास्ता क्या होगा?**

देखिए, दो बातें हैं : संसदीय राजनीति का अपना एक अलग महत्त्व है, जिसे आप नजरअंदाज नहीं कर सकते हैं। पर आज संसद में जो कुछ हो रहा है, उसके प्रति लोगों का विश्वास बहुत कम हो गया है। मैं संसद की अवमानना नहीं करना चाहता, पर मैं बताना चाहूंगा कि जब तीस वर्ष पहले मैं संसद में आया था, तब संसद में कोई सवाल उठता था तो आज की सुविधाएं नहीं होते हुए भी, गांव-गांव में उनकी चर्चा होती थी। पर आज संसद में जो सवाल उठते हैं, उनके बारे में साधारणजन को कोई दिलचस्पी नहीं होती क्योंकि अधिकतर सवाल भ्रष्टाचार के बारे में आते हैं, ऐसे सवालों के बारे में उठते हैं, जो करोड़ों-अरबों का मामला होता है। जो आदमी भूख से तड़प रहा है, उसे करोड़ों-अरबों का ज्ञान नहीं होता और उसको इसमें कोई दिलचस्पी नहीं होती। संसद की अपनी सीमा हो गई है। मैं उसे छोटा करके नहीं देखना चाहता।

दूसरी बात, जहां तक आंदोलन का सवाल है तो आंदोलन आजकल ऐसा शब्द हो गया है जिसका बहुत दुरुपयोग हो रहा है। सवेरे थाने के सामने जाकर धरना देना, गिरफ्तार हो जाना, यह क्रांतिकारिता और आंदोलन की परिभाषा हो गई है। लेकिन मैं चाहता हूं कि हम फिर एक बार पीछे मुड़कर देखें। गांधीजी ने 1915 में अपनी राजनीतिक गतिविधियां शुरू की थीं और छह वर्ष बाद 1921 में उन्होंने एक आंदोलन चलाया। उस आंदोलन को वापस लिया तो नौ वर्षों तक इंतजार करते रहे। इन नौ वर्षों तक उन्होंने जनता में जागृति और चेतना पैदा करने का काम किया, संगठन का काम किया—चाहे वह हरिजन सेवा के नाम पर, चाहे स्वराज के नाम पर, चाहे खादी के नाम पर, चाहे गौ सेवा के नाम पर। 1930 के आंदोलन के बाद उन्होंने 1940 में व्यक्तिगत सत्याग्रह चलाया। इस बीच हुए छोटे-मोटे आंदोलनों की बात छोड़ दीजिए। फिर 1942 में 'करो या मरो' का नारा दिया। हर आंदोलन के पहले महात्मा गांधी वर्षों तक जनजागृति और संगठन के काम करते थे।

जनजागृति के जो काम होते थे, उसमें वह जगह-जगह जाते थे। एक-एक दरवाजे पर जाकर लोगों को समझाते थे, तब बहुत सुविधाएं नहीं थीं, फिर भी इतने बड़े देश में उन्होंने एक बड़ा काम किया।

अब हम लोगों ने उस पैमाने पर काम नहीं किया। मैंने खुद देखा है अपने अनुभवों से। जब मैंने पद-यात्रा की, उसके लिए बड़ा संगठन नहीं था। कोई मेरे

साथ नहीं था, फिर भी छः महीने के दौरान गांव-गांव से, घरों से लोग निकलकर आए। ऐसा लगता है कि आज भी जो उनके दरवाजे पर जाएगा, लोग उसके प्रति जुड़ेंगे। होता यह है कि हम लोगों को इकट्ठा करते हैं किसी बड़े शहर में, किसी बड़ी जगह। यह जुलूस और रैली की जो राजनीति है, यह केवल अपने शक्ति प्रदर्शन के लिए है, जनशक्ति के संगठन के लिए नहीं। राजनीतिक पार्टियों की शक्ति के लिए जो भी आंदोलन होगा, वह आंदोलन क्षणिक प्रभाव के लिए होगा और उससे कोई दूरगामी परिणाम नहीं निकलेगा। जनशक्ति को संगठित करने के लिए जो आंदोलन होगा, उसका असर बहुत धीरे-धीरे होगा। उसका क्रमिक विकास होगा, लेकिन एक बार उससे जो लोग जुड़ेंगे, उसके दूरगामी परिणाम निकलेंगे। हमें इसी तरह का काम करना है।

## जेल डायरी से...

*''राजनीतिज्ञों का यह एक ऐसा वर्ग है, जो हमेशा हुकूमत के साथ रहना पसंद करता है। ये कुछ व्यक्ति नहीं, एक जघन्य प्रवृत्ति के प्रतीक हैं। और इनकी उपस्थिति संसार के हर कोने में है। इनका न कोई सिद्धांत है, न कोई मित्र। येन-केन-प्रकारेण अपने को कुर्सियों पर बनाये रखना इनका स्वधर्म है। इस उद्देश्य की पूति के लिए ये सब कुछ दांव पर लगा सकते हैं—मानवीय मूल्यों, आत्मसम्मान, निष्ठा, मैत्री-जैसे शब्द इनके लिए निरर्थक हैं। इनके अंदर कोई ऐसा भाव नहीं, जो इनकी आत्मा को छू सके। ये जीव इन भावनाओं से परे हैं और इसी कारण वे प्राप्त पदों को अपनी सफलता मानते हैं।''*

***16 अगस्त, 1975***

*''भारतीय राजनीति में एक जड़ता आ गयी है। इसका अंत होता दिखाई नहीं देता। यहां बहुत देर तक लोग बहुत कुछ सहन कर सकते हैं। साधारण जन जो अज्ञान और अभाव के शिकार हैं, उनकी बात तो छोड़ दीजिए, सजग-सचेत, पढ़े-लिखे और बुद्धिजीवी भी परिस्थितियों से कितनी आसानी से समझौता कर लेते हैं, सब कुछ भाग्य-भरोसे, भगवान का भरोसा, अपना कुछ नहीं। कितनी हेय स्थिति है! पर इसे लोग स्वीकार कर ही रहे हैं। कभी-कभी यह देख बड़ी निराशा होती है। फिर ऐसा लगता है कि यह महान देश कितने दिन यों ही बना रहेगा! इस सबका अंत तो होगा ही, यहां के लोगों ने पुरुषार्थ दिखाया है, आवश्यकता पड़ने पर कुर्बानी भी दी है। निरंकुश शासकों का विरोध भी किया है। दासता के दिनों में लोगों ने संगठित होकर*

साम्राज्यवादी शक्ति के विरुद्ध संघर्ष किया है, फिर इसे कैसे भुलाया जा सकता है। आज भी कितने लोग अपनी बलि चढ़ा रहे हैं। सफलता-असफलता का प्रश्न उनके समक्ष नहीं। आदर्शों में आस्था और नये भविष्य में विश्वास ही उन्हें शक्ति प्रदान करता है अन्यथा ये क्यों इस प्रकार अपने प्राणों की आहुति देते? आज किसी ने फिर यह बात चलायी कि नक्सलवादी लोग पुनः सक्रिय हो रहे हैं। ब्रह्मानंद रेड्डी ने भी कुछ ऐसा ही संकेत किया था, तो फिर क्या पहले जैसे ही इन युवकों की निर्मम हत्या का एक नया दौर प्रारंभ होगा? कौन समझा सकता है इस सरकार को? अब तो पहले की तरह स्थिति भी नहीं रही। अब तो कुछ कहने का अवसर भी जाता रहा। सब कुछ सरकारी प्रतिबंध का शिकार हो गया। फिर ऐसी दशा में लोग अतिवादी मार्ग अपनाएं तो कोई क्या समझाये उनको? अब तो ऐसा लगता है कि सरकार स्वयं इस प्रकार का वातावरण तैयार करना चाहती है, ताकि उसे दमन का अवसर प्राप्त हो सके। आज 'इलस्ट्रेडेड वीकली' में बड़ौदा डाइनामाइट कांड के संबंध में एक रिपोर्ट देखने को मिली। उसमें फर्नांडीज को पूरी तरह लपेटा गया है। जी.जी. पारिख जैसे लोगों को समेटने की कोशिश की गयी है। जिस किसी ने फर्नांडीज की किसी भी प्रकार की सहायता की, उसे महान षड्यंत्र में सहभागी बनाने का प्रयास हो रहा है। ठाकुर को भी घसीटा गया है। जो नजरबंदी कानून के अंदर गिरफ्तार न हो सका, वह देशद्रोही, अराजकतावादी, हिंसा और विध्वंस को उकसाने वाला है, यह परिभाषा है सरकार की। किस आरोप के तहत कोई गिरफ्तार किया जा रहा है, यह बताने का कोई उत्तरदायित्व इन पर नहीं है। फरमान हुआ, तो फिर जेल के सींखचों में बंद रहिए और यदि लुक-छिप कर बाहर रहने का प्रयास किया, तो फिर इस प्रकार के आरोपों का सामना कीजिए। जार्ज को पिछले दिनों में जिस प्रकार चित्रित करने का प्रयास सरकार की ओर से किया गया है, वह अत्यंत हेय एवं हास्यास्पद है। अब जी.जी. जैसे व्यक्ति को भी इसी रंग में रंगने का प्रयास हो तो फिर शांतिमय, अहिंसक, जनतांत्रिक राजनीति के लिए कोई स्थान नहीं रह जाता। देखना है, अब इसका अंत कहा होता है। महाराष्ट्र में दादा वसंतराव पाटिल के विरुद्ध भी अभियान चलाया जा रहा है। वह काफी तेजी से चल रहा है। आश्चर्य इस बात से हुआ कि प्रभाकर कुंटे भी प्रतिक्रियावादियों की सूची में आ गये। कम से कम 'पेट्रियॉट' समाचारपत्र के अनुसार। प्रजा सोशलिस्ट पार्टी से संबद्ध होने की बात की याद दिलाई गई है। यह आरोप हम सब लोगों पर है। नारायणदत्त तिवारी, जसवंत मेहता,

*विट्ठल गाडगिल ऐसे लोग इस समय अपवाद हैं। गुजरात में छबील मेहता भी जोरों पर हैं। जगदीश जोशी, नागेश्वर शाही आदि के भी पौ बारह हैं। जो लोग चाटुकारिता सीख सके, वे सर्वगुणसंपन्न हैं, अन्य लोगों के लिए तो जितने भी राजनीतिक गालियां दी जा सकती हैं, दी जा रही हैं।''*

**19 अप्रैल, 1976**

*''कभी-कभी मन कटुता से भर जाता है। कितना सहे कोई? क्या-क्या सुनना पड़ता है! भ्रष्ट लोग निःस्वार्थ सेवा का उपदेश देते हैं। दुराचारी सदाचार का महत्त्व समझाते हैं। राजनीति के सहारे स्वार्थ-सिद्धि करने वाले सिद्धांतों की दुहाई देते हैं और दूसरों से उसका अनुगमन करने के लिए उद्‌बोधन करते हैं। यह सब निर्बाध गति से चल रहा है। इतना ही हो तो उसे नजरअंदाज भी कर दिया जाये, लेकिन ये लोग इतना ही नहीं करते। जो भी उनसे सहमत नहीं, देशद्रोही हैं, समाज-विरोधी हैं, प्रतिक्रियावादी हैं। ऐसे लोग जो अपनी निर्बलताओं, विवशताओं का उल्लेख करते नहीं सकुचाते थे, सहानुभूति प्राप्त करना चाहते थे, आज वे ही इस प्रकार सिंहनाद कर रहे हैं मानो इतिहास उनकी मुट्ठी में हो! लोगों के जीवन और भविष्य पर उनका पूरा अधिकार हो! ऐसा अधिकार जिसको कोई चुनौती नहीं दे सकता। ऐसे जब निजी अनुभव हों तो मन कैसे न उद्वेलित हो? विद्रोह की भावना क्यों न जगे? यदि उसकी अभिव्यक्ति में भी अवरोध हो, विवशता हो तो एक अजीब उदासी और निराशा का भाव मन में उठता है, फिर यह खयाल आता है कि क्या यही सब कुछ है, क्या वर्तमान ही शाश्वत है, क्या परिवर्तन संभव नहीं, यदि न भी हो तो क्या ये चंद लोग जो चारण बन कर जीविकोपार्जन करने के लिए विरुदावली बखान कर रहे हैं, ये ही समाज का संपूर्ण अंग हैं? फिर ध्यान जाता है उन लोगों की ओर जिन्होंने स्नेह दिया है, सम्मान दिया है, जिनके मन में अब भी एक आदर का भाव है। भावुकता ही सही, जिनसे आज भी बहुत-सी आशाएं लगी हुई हैं। आज जो दूसरों के संकेत पर अपने को हास्यास्पद बना रहे हैं उनमें भी तो अनेक होंगे, जिनमें ममत्व अब भी शेष होगा। सब तो कृतघ्न नहीं, कुछ तो होंगे ही जिन्हें अतीत अब भी याद हो। फिर यह सोचकर तरस आती है, अपनी व्यथा कम हो जाती है। भरोसा बढ़ता है। समाज को उसके सही रूप में आंकने की प्रवृत्ति फिर सजग हो उठती है। सोचता हूं कि संघर्ष के पथ की यह अनिवार्य प्रक्रिया है। इससे बच निकलने के लिए सोचना कायरता है, यथार्थ से मुख मोड़ना है।''*

**19 नवम्बर, 1976**

"दासता के विरुद्ध संघर्ष की कहानी सदा एक संदेशा लेकर लोगों के मन-प्राणों को अनुप्राणित करती रही है। सब कुछ न्यौछावर करते रहो, इस आशा में कि यह बलिदान कभी-न-कभी रंग लाएगा। यदि लालसा है तुरंत कुछ पाने की तब तो निराशा ही हाथ आएगी। किंतु भविष्य में आस्था हो तो फिर एक अद्‌भुत आत्मसंतुष्टि की अनुभूति होती है। कितने लोगों ने आनेवाली पीढ़ियों के जीवन को सुखमय बनाने के लिए उत्पीड़न और दमन का सामना किया। मृत्यु का वरण किया। किसी भी राष्ट्र के जीवन में एक बार नहीं, अनेक बार ऐसे अवसर आते हैं, चाहे विदेशी प्रभुत्व से मुक्ति पाने के लिए संघर्ष हो, चाहे राष्ट्र की सीमाओं की सुरक्षा का प्रश्न हो या मानव अधिकारों अथवा सार्वजनिक जीवन की मर्यादाओं को बचाने की बात हो, हर समय संघर्ष का स्वरूप भले ही भिन्न हो, कुछ लोगों को कष्ट तो उठाना ही होता है। कितने लोगों को प्राणों की आहुति भी देनी पड़ती है। जेल में कितने देशों के राष्ट्रीय संघर्षों की गाथा पढ़ने का अवसर मिला। परिस्थितियां भिन्न थीं सो संघर्ष का रूप एक-दूसरे से अलग रहा, किंतु उनकी अगुवाई करनेवालों की कठिनाइयां प्रायः एक जैसी रहीं। उनकी बलिदान की भांवना में कोई अंतर नहीं और उत्पीड़कों द्वारा अपनायी गयी नीतियां भी प्रायः समान ही रहीं। मिथ्या प्रचार, लोगों में आपसी मतभेद पैदा करने का प्रयास, जनहित में काम करने का दावा और अपने को ही राष्ट्र का प्रतीक समझ लेने का अंह सत्ता में आसीन लोगों के बीच समान रूप से पाया जाता है। सभ्यता का विकास हुआ, किंतु मानव की इन विकृतियों में कोई अंतर आया नहीं जान पड़ता। साथ ही दमन की शक्तियों का राज्य के हाथों में असीम विकास हुआ। किंतु आवश्यकता पड़ने पर उसे चुनौती देने की मानव-चेतना की दुर्दमनीय शक्ति भी उसी के अनुसार विकसित होती रही। कभी-कभी क्षणिक रूप में ऐसा आभास होता है कि लंबी अवधि के कारण समाज कुंठित हो गया है, किंतु अचानक नयी शक्तियों का अभ्युदय होता है, जो यथास्थिति को समाप्त कर समाज को नयी दिशा में आगे ले जाने में समर्थ होती है। यदि सारे मानव इतिहास का यही क्रम रहा है तो अब उसमें पूर्ण विराम आने से रहा। समाज प्रगति के पथ पर बढ़ेगा ही—थोड़ा समय भले ही लगे। इस जेल में कैदी कलाकार जसबीरजी हैं, उनसे यही सोचकर मैं कह रहा था कि इस कोठरी में आगे 'सत्यमेव जयते' अवश्य लिख दें। यह भी एक सहारा है।"

**5 दिसम्बर, 1976**

# यक्ष प्रश्न

'यक्ष प्रश्न' के अंतर्गत चंद्रशेखर की वैचारिक दुनिया उद्घाटित हुई है। आज के समय में इन विचारों की गहरी प्राथमिकता है। इस खंड में उन्होंने स्वदेशी स्वराज, गठबंधन की राजनीति, आपातकाल का अंतिम रहस्य, आंतरिक सुरक्षा, कश्मीर तथा नेपाल आदि के प्रसंग में आज उठ रहे सवालों का उत्तर दिया है। ये उत्तर एक सार्थक समाधान के लिए क्रांतिकारी पहल करते हैं। 'स्वदेशी स्वराज' के अंतर्गत चंद्रशेखर विनिवेश के बारे में कहते हैं : सरकार सार्वजनिक उपक्रमों के विनिवेश को आक्रामक ढंग से चला रही है। इसे अगर जारी रखा गया तो भारत में राज्य की भूमिका ही बदल जाएगी और सरकार देश की जनता के प्रति अपने दायित्व से अलग हो जाएगी। बाजारोन्मुखी अर्थव्यवस्था स्वीकार करने से कमजोर वर्ग की कठिनाइयाँ बढ़ेंगी।

'गठबंधन की राजनीति' के अंतर्गत चंद्रशेखर उसे मजबूत लोकतंत्र के लिए एक सार्थक स्थिति नहीं मानते। उसे एक काम चलाऊ व्यवस्था-भर मानते हैं। गठबंधन एक व्यवस्था मात्र है। यह लोकतांत्रिक स्थिति के अनुकूल नहीं है। गठबंधन की सार्थकता तभी है जब शामिल पार्टियां देश की समस्याओं पर एकमत हों और उसके समाधान के लिए संयुक्त कार्यक्रम अपनाएं। अगर यह नहीं तो इसे प्रजातांत्रिक गठबंधन नहीं कहेंगे। इसको केवल सत्ता में भागीदारी कहा जाएगा। 'कश्मीर' शीर्षक बातचीत में चंद्रशेखर को पूरा विश्वास है कि कश्मीर समस्या का समाधान हो सकता है और भारत-पाकिस्तान की दुश्मनी खत्म हो सकती है। प्रधानमंत्री रहते हुए इस सिलसिले में उन्होंने नवाज शरीफ से बात भी की थी और उन्हें अपनें तर्कों से सहमत किया था। चंद्रशेखर का कहना है कि कश्मीर समस्या इसलिए नहीं सुलझ रही क्योंकि इसमें राष्ट्रीय और अंतर्राष्ट्रीय स्तर पर लोगों के निजी हित जुड़े हुए हैं। वे कहते हैं, अपने सामरिक हितों के कारण अमेरिका क्यों चाहेगा कि भारत से पाकिस्तान के संबंध अच्छे हों? ठीक उसी तरह जैसे हिंदुत्व चलानेवालों के लिए कश्मीर समस्या न सुलझे तो बेहतर है। धर्मनिरपेक्ष भी दिखावे के लिए कश्मीर समस्या का हल ढूंढ़ते हैं। अगर हिंदुस्तान-पाकिस्तान का झगड़ा न रहे तो आधे राजनीतिज्ञों का काम ही खत्म हो जाएगा।

नेपाल में नरेश ने जिस तरह सारी सत्ता अपने हाथ में ले ली है, उससे वे निराश नहीं हैं। वे कहते हैं, नेपाल में जनतांत्रिक शक्तियों की जीत निश्चित है। लेकिन इसके लिए प्रजातंत्र में विश्वास करनेवाले सभी दलों में पूर्ण सामंजस्य ऐतिहासिक आवश्यकता है। लेकिन नेपाल के राजनीतिक दलों को यह सत्य हृदयंगम करना होगा कि प्रजातंत्र अंततः देश की मिट्टी और पानी से ही ऊर्जा प्राप्त करके पनपता है।

# स्वदेशी स्वराज

**स्वदेशी को केवल अर्थव्यवस्था से संबंधित मान लिया गया है। स्वदेशी की पूरी कल्पना क्या होनी चाहिए?**

स्वदेशी को केवल अर्थव्यवस्था से जोड़कर लोगों को भरमाने की बात हो रही है। वे लोग स्वदेशी की अवधारणा को समाप्त करना चाहते हैं। स्वदेशी की अवधारणा को छोड़ने का सबसे बड़ा अभिशाप यह है कि मनुष्य में हीन भावना आती है। सबसे पहले तो कहना चाहते हैं कि सब असहाय लोग हैं। हमारे पास अभाव के अलावा कुछ नहीं है। हम लोगों के पास कुछ भी ऐसा नहीं है जिसके कारण दुनिया के सामने सिर ऊंचा कर रह सकें। लेकिन दुनिया के कम ही देश होंगे जो अपने अतीत पर इतना गौरव के साथ देख सकते हैं जितना कि भारत। इतने लोग और विचार पैदा हुए जो सारी दुनिया को राह दिखाने वाले हैं। उन सब बातों को भुलाया जा रहा है। स्वदेशी को मिटाने की कोशिश कुछ लोगों को इसलिए भी करनी पड़ी कि सारी अवधारणा को समाप्त किया जाए। उनके लिए हमारी संस्कृति, ज्ञान की परिधि, कला, हमने जो वैज्ञानिक क्षेत्रों में उन्नत की है, उन सबको भूल जाएं। भारत की उपलब्धियों की सारी बातें भुलायी जा रही हैं। हमें तो कभी-कभी लगता है कि भगवाकरण के खिलाफ जो आंदोलन है, वह भी इसका एक हिस्सा है। जो कुछ कहिए, भगवाकरण हो जाता है। अगर हम स्वदेशी को आगे बढ़ाना चाहते हैं तो हमें अपनी सभ्यता पर, संस्कृति पर, विश्व में योगदान आदि पर अभिमान होना चाहिए। लेकिन दिक्कत है कि इस काम को कोई नहीं करता। जो लोग भारतीय संस्कृति पर अभिमान करने की बात करते हैं, वही लोग इसे संकुचित बना रहे हैं। हजारों वर्षों से इस देश ने हर धर्म, संप्रदाय का समान आदर किया है। कोई भी देश अपने मूल से हटकर विकसित नहीं हो सकता है। एक समाज का निर्माण करनेवाला वृक्ष के समान होता है। जिस तरह वृक्ष की जड़ें अंधेरे से और टहनी, पत्तियां सूर्य की रोशनी से ऊर्जा लेती हैं, एक समाज

निर्माता अपने अतीत से शक्ति लेता है। हम अपनी जड़ों को ही काट रहे हैं तो पत्तियां और फल कैसे आएंगे और महात्मा गांधी ने जो किया उसे हम दकियानूसी समझ रहे हैं।

**आपने स्वदेशी को परिभाषित किया कि अपने जो प्राकृतिक संसाधन हैं, उनका संयोजन किया जाए, वही स्वदेशी है। यह इतना सीधा है फिर हो क्यों नहीं पाता है?**

महात्मा गांधी ने कहा था कि जो अपने देश में है, उसी पर विश्वास करो। थोड़े दिनों में जब तुम विकसित हो जाओगे तो दुनिया खुद तुम्हारे पास आएगी। यही देश था, ईस्ट इंडिया कंपनी को हमने नहीं बुलाया था, खुद व्यापार करने आयी थी। आज रोज हम चिल्लाते हैं कि हमारे पास विदेशी मुद्रा बहुत हो गयी। अगर ऐसा है तो रोना क्यों रो रहे हो? ऋण क्यों चाहिए? विदेशी मुद्रा है, हम खर्च नहीं कर सकते। क्या अर्थ है इसका?

महात्मा गांधी ने एक बार कहा था कि आजादी के बाद कांग्रेस को स्वयंसेवी संस्था बन जाना चाहिए। जब महात्मा गांधी ने आंदोलन चलाया तो लाखों ऐसे लोगों को पैदा किया जो अपने घर के बजाय समाज के बारे में सोचते थे। आजादी के बाद आजाद भारत की सरकार ने स्वतंत्रता सेनानियों को राशन की दुकानें दीं, नौकरी दी, ठेकेदारी दी। महात्मा गांधी ने रचनात्मक कार्य करने वालों का जो समूह तैयार किया, उसको हमने छिन्न-भिन्न कर दिया। आज भारत का स्वयंसेवक समाज क्या कर रहा है? खादी के जितने भी आश्रम बने, सारी जमीन महात्मा गांधी को दान में मिली थी। खादी के नेता महात्मा गांधी की बात करते हैं, सादगी की बातें करते हैं, तपस्वी जीवन जीने की बातें करते हैं। खादी के धुरंधर लोगों को देखिए। एक लाख की जमीन एक हजार में अपने परिवार वालों को बेच दी।

दुर्भाग्यवश हमारी प्राथमिकताएं कई तरह से गलत रही हैं। भारत गरीब नहीं है। हमारे पास खनिज सम्पदा है, हमारे पास उपजाऊ जमीन है, हमारे पास श्रम-शक्ति है तो कोई ऐसा कारण नहीं कि हम गरीब बने रहें। 200-250 वर्ष पहले भारत दुनिया के सबसे धनी देशों में से था। लेकिन अब वह दुनिया के सबसे गरीब देशों की श्रेणी में आ गया है क्योंकि औपनिवेशिक शक्तियों ने श्रम-शक्ति तथा प्राकृतिक संसाधनों के बीच सन्तुलन को बिगाड़ दिया। उन्हें लोगों की आशाओं और आकांक्षाओं से कुछ वास्ता नहीं था। उन्होंने इच्छाशक्ति पैदा करने की कोशिश नहीं की। यह जिम्मेदारी अब आप पर है। हमें ऐसी ही आवश्यक परिस्थितियां बनानी होंगी, जिनसे इच्छाशक्ति पैदा हो।

**क्या बाहर की एजेंसियों का भारत की अर्थ-नीति पर बहुत ज्यादा प्रभाव होता है? आप सरकार में रहे हैं? क्या निर्णय लेना कठिन होता है?**

1980 से, जब से वाशिंगटन कांसेंसस बना, तब से आज तक लगातार इस देश में इस बात को फैलाया जा रहा है। जिस समय मैं थोड़े समय के लिए प्रधानमंत्री बना, विश्व बैंक के एक बड़े अधिकारी आए और हमें अपनी थ्योरी समझाने लगे। हमने उनको कहा कि यह देश इसको स्वीकार नहीं करेगा। उन्होंने तुरन्त मुझसे कहा कि "अगर आज से अन्तर्राष्ट्रीय मुद्राकोष और विश्व बैंक आपको एक पैसा न दें, कोई ऋण या ग्रांट न दें, तो आप क्या करेंगे?" मैंने कहा कि "मैं इस कार्यालय से उठकर ऑल इंडिया रेडियो और दूरदर्शन जाऊंगा और देश के लोगों से कहूंगा कि ये लोग हमारा हाथ मरोड़ना चाहते हैं। देशवासियो, आज इसी समय से मैं इस देश में सारे आयात को बंद कर रहा हूं सिवाय पेट्रोलियम और दवाइयों के, जो जरूरी हैं।" उन्होंने कहा, "आप यह कर सकते हैं?" मैंने कहा कि "क्यों नहीं कर सकता? आपको इस देश की जानकारी नहीं है। आप इस देश की वास्तविकता को नहीं जानते। इस देश का तीस-पैंतीस फीसदी आदमी ऐसा है जो केवल नमक और साल में एक बार कपड़ा खरीदने के लिए बाजार में जाता है। आप जो बाजार बना रहे हैं, उस बाजार से संबंध रखने वाले केवल पांच और दस फीसदी लोग हैं। इस देश के 90 फीसदी लोग आपके बाजार से कोई रिश्ता नहीं रखते।" मैंने उनसे कहा कि "हम आपका आयात बंद कर देंगे। हमें कठिनाई होगी, मैं जानता हूं लेकिन इस देश का गरीब उस दिक्कत को बर्दाश्त कर लेगा। आप हमारे बाजार को भूल जाएं, आप हमारे यहां नहीं आ रहे हैं।" वहां से बाहर निकलकर उन्होंने सनत मेहता को फोन किया और कहा कि जब तक चंद्रशेखर यहां हैं, इस देश में कुछ नहीं हो सकता। तीन वर्ष बाद सनत मेहता ने यह बात मुझसे कही। हमारे देश में 35 प्रतिशत लोग बाजार से सिर्फ कपड़ा और नमक खरीदते हैं। आप हमारी मदद को यहां नहीं आते हैं। आप अपने उद्योगों को बचाने के लिए यहां आते हैं।

**पिछली सरकारें जो स्वदेशी के विरोध में काम करती रही हैं, उनका तर्क तो यही है कि वैश्वीकरण आवश्यक है। क्या हम इससे बच नहीं सकते?**

इसका जवाब सरकार से पूछिए। हम क्या कहें? मेरी समझ में ही नहीं आया कि यह बीमारी चली क्यों? एक तरफ कहते हैं कि विदेशी व्यापार में एक प्रतिशत भी लेना-देना नहीं है। दूसरी तरफ उसी के लिए हम लोग मरे जा रहे हैं। व्यापार के लिए लड़ रहे हैं। अपनी इज्जत के लिए लड़ रहे हैं। दरअसल हम लोग मीडिया के प्रभाव से कुछ ज्यादा ही प्रभावित हैं। मुझे याद है कि कुछ समय पहले

एक डिजाइनर आये, कहा कि समय आ गया है अब दिल्ली हिंदुस्तान का पेरिस बने। हमने कहा, बना दो भैया, पेरिस बना दो। यहां औरतों को पहनने के लिए कपड़ा नहीं है, तुम पेरिस बनाने की बात करते हो।

सन् 2000 की जनवरी के पहले सप्ताह में मैंने देश के प्रधानमंत्री को एक पत्र लिखा जिसमें मैंने कहा कि प्रधानमंत्रीजी, 9-10 वर्ष हो गए इन नीतियों को चलाते हुए, एक बार तो बैठकर ज़रा सोचिए कि हमने क्या पाया? क्या खोया? इसके आधार पर और लोगों से भी बात करके एक बार इस पर पुनर्निरीक्षण करने की जरूरत महसूस होती है। उन्होंने पत्र का जवाब नहीं दिया। मेरी उनसे व्यक्तिगत बातें हुईं। उन्होंने कहा कि यह बात सही कहते हैं। सोचना जरूरी है। लेकिन उन्होंने सोचा नहीं।

आज जो नीतियां इस देश में चल रही हैं और जिनके कारण भारत इस हालत में पहुंचा है, उसके पीछे यही मानसिकता है। हम भी दुनिया से होड़ लेने की कोशिश कर रहे हैं। यह होड़ इसलिए नहीं है कि मानवता को सुखमय बना सकें, आपस में भाईचारा पैदा कर सकें, बल्कि इसलिए है कि हमारे पास भी हथियारों का जखीरा हो, हमारे पास भी दौलत हो, हम भी दुनिया को दिखा सकें कि हम भोग की कितनी बड़ी जिन्दगी जी सकते हैं। आज इसी होड़ में हम दुनिया के उन देशों से मिले हुए हैं जो बाजार की इस होड़ को चला रहे हैं।

हमारे एक नौजवान मित्र हैं। पहले वह कम्युनिस्ट थे, बाद में हमारे साथ आ गए। वह एक कवि हैं। बलिया जिले के एक गांव में रहते हैं। अभी मैं हाल में जयप्रकाश नारायण के गांव जा रहा था तो मैंने देखा कि सड़क पर झोला लिये खड़े हैं। मैंने अपनी गाड़ी रुकवाकर उन्हें अपने पास बैठा लिया। मैंने गाड़ी में उनसे पूछा कि ''कोई नई कविता लिखे हो?'' उन्होंने कहा, ''नहीं, मैंने कोई नई कविता नहीं लिखी।''

मैंने कहा कि ''लिखी तो जरूर होगी, कुछ सुना दो।''

उन्होंने कहा कि ''सुनकर आपको बुरा लगेगा, चार लाइनें लिखी हैं।'' मैंने कहा कि ''वही चार लाइनें सुना दें।'' उन्होंने कहा कि ''आप अपने पर न समझ लें।'' मैंने कहा, ''कोई हर्ज नहीं, यदि मैं अपने पर भी समझ लूंगा तो अपने को समझने में कुछ हमको ताकत मिलेगी।'' उन्होंने कहा :

*''अपने भी कुछ ऐसे निकले,*
*उनसे सच तो सपने निकले।*
*दुनिया को बाजार बनाकर,*
*अपने भी खुद बेचने निकले।''*

आज कुछ लोग इस देश को बाजार बनाना चाहते हैं। बुनियादी सवाल यह है कि क्या हम उसको स्वीकार कर लें? क्या हम उसको मंजूर कर लें? इस देश के पूंजीपतियों को हमारी आवाज अच्छी नहीं लगती। जिनको रोज न्यूयॉर्क और वाशिंगटन की गलियां दिखाई देती हैं, उनको गरीब झोंपड़ी की आवाज सुनाई नहीं देती और इसलिए यह आन्दोलन जो हम और आप सोच रहे हैं, यह आसान नहीं है। महात्मा गांधी के जमाने में आजादी की लड़ाई लड़ना आसान था, क्योंकि हमारे सामने दुश्मन साफ दिखाई दे रहा था। हमारे सामने विदेशी हुकूमत थी। हम समझते थे कि हमारी मर्यादा और इज्जत के साथ खिलवाड़ किया जा रहा है। लोगों के अरमान जगाने की हम कोशिश कर सकते थे।

**वैश्वीकरण की नीति बहुत सोच-समझकर लंबी प्रक्रिया के बाद बनी है?**

वी.पी. सिंह के जमाने में विश्व बैंक की एक रिपोर्ट आयी थी। वह रिपोर्ट मुझसे छिपाई गयी। सात महीने मैं सरकार में रहा। चुनाव के बीच में ही मुझे पता चला कि विश्व बैंक की कोई रिपोर्ट आयी है। मैंने मोहन धारिया से कहा कि भाई, रिपोर्ट मंगवाओ। पहले समरी भेज दी गयी। बाद में रिपोर्ट दी गयी। उस रिपोर्ट के आधार पर अजित सिंह ने एक औद्योगिक नीति सदन में रखी थी। हमने उसका विरोध किया था। मेरा समर्थन अकेले विजय कुमार मल्होत्रा ने किया। वह रिपोर्ट पड़ी रही। लेकिन नरसिंह राव की सरकार बनने के बाद ही हर पंद्रह दिनों पर उस रिपोर्ट के एक-एक अध्याय के आधार पर एक-एक पालिसी का स्टेटमेंट आने लगा। मैंने एक चिट्ठी लिखी। मैंने कहा कि यह कैसी रिपोर्ट, जिसे सात महीने तक मुझसे छिपाया गया और बाद में उसी के आधार पर नीतियां निर्धारित की जा रही हैं? नरसिंह राव उन दिनों बड़े जोश में थे। उन्होंने एक जांच का आदेश दिया। जांच हुई। उस रिपोर्ट की कुल 13 कॉपियां आयी थीं और उन लोगों को दी गयी थीं जो किसी न किसी रूप में विश्व बैंक की नीतियों का समर्थन करते हैं।

यह कोई अचानक नहीं हुआ। 1980 के साल में अमेरिका के विद्वान लोग बैठे, जिसमें राजनेता और तकनीकी वैज्ञानिक भी शामिल थे। उन्होंने इस बात पर विचार किया कि दुनिया को किस रास्ते पर ले जाना है। आप जैसे पढ़े-लिखे लोग जानते हैं कि उसे 'वाशिंगटन कांसेंसस' कहा जाता है। वाशिंगटन में नीतियां बनीं, जिन पर आज हमारी सरकार चल रही है। 'वाशिंगटन कांसेंसस' दुनिया का कांसेंसस नहीं था। अमेरिका को किस राह पर ले जाना है और दुनिया को एक बाजार बनाना है, जिसमें अपनी नीतियों को चलाना है, यह उस बैठक में तय किया गया।

**आज की तारीख में आप बताना चाहेंगे कि उस रिपोर्ट को मुख्यतः किसने छिपाया?**
तेरह लोगों के पास रिपोर्ट थी, जिनमें से एक आदमी प्रधानमंत्री कार्यालय में भी थे।

**गांधीजी के समय स्वदेशी के प्रति तो आकर्षण था। आज स्वदेशी के सामने चुनौती है। आज की परिस्थिति में स्वदेशी की बात कैसे आगे बढ़े?**
यह आसान काम नहीं है। इसके लिए दो बात करनी पड़ेगी। पहला 'समुच्चय' में विश्वास करना पड़ेगा। जब आप एक व्यक्ति विशेष में विश्वास करने लगेंगे तो आप में संकीर्णता आ जाएगी। यह संकीर्णता की भावना हमें स्वदेशी से दूर ले जाती है। हमारी सभ्यता और संस्कृति सबके योगदान में विश्वास करने वाली रही है। हमने किसी को तिरस्कृत नहीं किया। यह एक ऐसा देश है, जहां तुलसी और कीनाराम की एक ही साथ पूजा कर दी गयी। यह वह देश है जहां महात्मा बुद्ध भगवान में विश्वास नहीं करते थे, ब्राह्मणों ने उन्हें ही भगवान बना दिया, ताकि कोई यह न सोचे कि कोई भी भावना या विचारधारा तिरस्कृत है और हम लोग जब विद्यार्थी थे तब कहा जाता था कि हिंदू शब्द तो मुसलमानों ने दिया है और हिदू का मतलब डाकू, चोर, बदमाश होता है। अब हिंदू संस्कृति हो गयी। जब मैं मीडिल स्कूल में पढ़ता था तब आर्य कहलाने में तो गर्व महसूस होता था लेकिन हिंदू कहलाने से दुखी होते थे। अब हिंदू राष्ट्र एकात्मतावाद चल गया। कहां से चला, पता नहीं।

**कुछ चीजों पर आम सहमति होनी चाहिए, लेकिन अभी तो मतभिन्नता है। अपनी जो मूल बातें हैं, उस पर आम सहमति होनी चाहिए। लेकिन हमको यह कहा जा रहा है कि विश्व व्यवस्था से जुड़ना अनिवार्य है?**
आप विश्व व्यवस्था से जुड़ ही नहीं सकते। अगर आप अपने पड़ोसी से जुड़ नहीं सकते तो विश्व व्यवस्था से कैसे जुड़ेंगे?

**पिछले 40-50 वर्षों को देखें तो कृषि का सतत तिरस्कार हो रहा है। क्या यह भी स्वदेशी के विरोध का एक हिस्सा ही है?**
एक जमाने में कृषि काफी उन्नत थी, जब हरित क्रांति हुई। एक जमाने में हम लोग विदेश का अनाज खाते थे। किसानों ने बड़ी मेहनत की। इन्होंने देश को बहुत हद तक आत्मनिर्भर बनाया। याददाश्त के आधार पर मैं आपको एक बात कहता हूं। अमेरिका ने एक कमीशन बनाया जिसके अध्यक्ष थे ब्रांड साहब। वे

जर्मनी के समाजवादी थे। वे एशिया के सारे गरीब देशों में घूमे। इसके बाद उन्होंने एक रिपोर्ट तैयार की कि इन गरीब देशों में जहां विकास के लिए कोशिश हो रही है, औद्योगीकरण अभी नहीं होना चाहिए। यहां के लोगों को खेती, पॉलट्री, फिशरी आदि पर ध्यान केंद्रित करना चाहिए। उस समय हमारे यहां हरित क्रांति नहीं हुई थी। आज देखिए, अमेरिका विश्व में कृषि उत्पादकों का सबसे बड़ा निर्यातक है। उन्होंने ही एक रिपोर्ट तैयार की जिसमें लिखा कि भारत ही एकमात्र देश है जो निकट भविष्य में कृषि उत्पादों के निर्यात में अमेरिका को चुनौती दे सकता है। सारी धारणाएं बदल गयी हैं। धीरे-धीरे यह हो गया कि यह खेती करना बेकार है। जब उदारीकरण का दौर प्रारंभ हुआ तो बात चली कि फ्लोरिकल्चर हो, मशरूम पैदा होनी चाहिए। यह नया अनुभव नहीं है। लेटिन अमेरिका के अनेक देशों ने यही किया और बर्बाद हो रहे हैं।

**हमारे साथ के जो देश हैं वहां तो ऐसा नहीं हुआ। चीन ने काफी उन्नति की। वियतनाम, थाइलैंड ने की?**

चीन और वियतनाम में कम्युनिस्ट सरकारें थीं। वहां ऐसे लोग नहीं थे जो अपने को हीन मानते थे। वे वैसे देश हैं, जहां सरकार ने देश की अस्मिता के प्रति लोगों में एक जागृति पैदा की। गांधी ने जब आंदोलन शुरू किया तो गोखले ने गांधी से कहा कि गांव में जाओ, वहीं से तुम्हें आजादी की शक्ति मिलेगी। अब हम वह शक्ति फ्रेंच रिवोल्यूशन और सोवियत रिवोल्यूशन से लेना चाहते हैं। फ्रांस का आदमी तो यहां आकर लड़ेगा नहीं।

**जिनेवा में कृषि पर एक समझौता हुआ है। ये जो कोशिशें चल रही थीं उन पर मुहर लग गयी है। समझौते पर जो कमलनाथ का बयान आया, उस पर आप क्या सोचते हैं?**

मैं यह नहीं जानता कि कमलनाथ ने क्या बयान दिया। माफ कीजिए, मैं इन सबके बयान को पढ़ता ही नहीं हूं, क्योंकि यह इनका अपना बयान ही नहीं है। यह बयान तो उनको लिखकर दे दिया जाता है। बस, पढ़ देते हैं। चाहे अफसर लिखते हों या कोई बाहरी ही लिख कर देता हो। हमारे देश की खेती के बारे में जो अंतर्राष्ट्रीय क्षेत्रों में बात करते हैं, उनका खेती के बारे में क्या ज्ञान है? जो गांव का विकास करना चाहते हैं, गांव की जिंदगी से कितने परिचित हैं? देश के चुने हुए किसानों को बुलाकर इनके भाषण को समझा दीजिए तो वे कहेंगे कि आदमी है कि पागल!

**हमारे देश में अनाज का उत्पादन 200 किलोग्राम प्रतिव्यक्ति के आसपास होता है तो हम आत्मनिर्भर कहते हैं। चीन 450 किलोग्राम के आसपास होते हुए भी आत्मनिर्भर नहीं मानता है?**

जो आत्मनिर्भर कहते हैं, उनसे इसका जवाब पूछिए। ऐसा तो वे कहते हैं जिन्हें कष्ट नहीं है। जिन्हें कष्ट है, वे ऐसी बात नहीं करते । गांव का कोई नहीं कहता कि हम आत्मनिर्भर हैं। गरीब के बच्चे जो तरह-तरह की बीमारियों के शिकार हैं, वे तो आत्मनिर्भर नहीं हैं। आत्मनिर्भरता तो योजना आयोग के आंकड़ों में है। हमारे देश में अरबों एकड़ जमीन ऐसी है जिसे खेती के उपयोग में लाया जा सकता है और करोड़ों लोग बेरोजगार हैं, मेहनत कर सकते हैं। पर इन बातों का जिक्र करना अपराध माना जाता है।

जब मैं सरकार में था तो एक राष्ट्रीय पुनर्निर्माण कोष बनाया और कहा कि जो लोग कमाते हैं, वे अपनी आय का एक प्रतिशत इसमें दें। प्रधानमंत्री की तनख्वाह का एक हिस्सा भी जाएगा। जो कमाता है, वह इस राष्ट्र से कुछ तो पाता है, तो एक प्रतिशत देने में क्या हर्ज है? दूसरा, मैंने कहा कि शिक्षित लोगों को कहा जाए कि वे 40 करोड़ लोगों को साक्षर बनाएं। गांधीजी कहते थे, हर एक पढ़ा-लिखा आदमी गांव में जाकर एक आदमी को हस्ताक्षर करना सिखाए। हमारे देश में 5 करोड़ से अधिक लड़के-लड़कियां हैं जो नौकरी की तलाश में हैं। 40 करोड़ से अधिक ही हैं, जो निरक्षर हैं। मैंने प्रोफेसर यशपाल को कहकर वीसी की एक मीटिंग बुलवायी थी। 21 वीसी ने भाग लिया। उन लोगों ने कहा कि अगर सरकार थोड़ी व्यवस्था कर दे तो हम अपने रिसर्च स्कॉलर और लेक्चरर समूह को इस काम में लगाएंगे।

**कुछ अमेरिकी लेखकों ने भी वैश्वीकरण के बारे में लिखा है कि अमेरिका के हित में मुहिम चलायी जा रही है। हमारे देश में ऐसी आवाज क्यों दब जाती है?**

आज हमारी राजनीति में दुर्भाग्यवश अधिकतर ऐसे लोग हैं जो उन्हीं नीतियों से प्रभावित हैं और सिर्फ बाह्य रूप से प्रभावित नहीं हैं, मानसिक रूप से इतने प्रभावित हैं कि कठिन समस्या से गुजरने की समझ उनमें नहीं रह गयी है। ऐसा समय हर कौम के इतिहास में आता है। ऐसा नहीं था कि हिंदुस्तान में बहादुरों की कमी थी, समझदार लोगों की कमी थी। लेकिन दस हजार अंग्रेज आए और यहां कब्जा कर लिया।

**संघ और स्वदेशी मंच ने दो-तीन सालों तक स्वदेशी का सिलसिला चलाया। आप भी गए थे। फिर ऐसी कौन-सी बात हो गयी कि जिससे आरएसएस के लोग भी पीछे हट गये?**
हम गये और जाने को भी तैयार थे। एक मीटिंग हुई गुजरात के गांधी मैदान में। उसमें आर्थिक प्रस्ताव संघ ने पास किया। उस आर्थिक प्रस्ताव का सारा दृष्टिकोण यही था कि जो उदारीकरण हो रहा है, वह सही है। उसके बाद मैंने मुरलीधर और वीरेंद्र सिंह से कहा कि मैं संघ परिवार में कोई फूट नहीं डालना चाहता, इसलिए आप लोग मुझे निमंत्रण मत दिया कीजिए। अगर आप लोग कहेंगे तो मैं जाऊंगा लेकिन उससे कोई लाभ नहीं है। आपसी विवाद से संघर्ष नहीं हो सकता। संघर्ष करना है तो मन की एकरूपता होनी चाहिए।

**स्वदेशी की बात जो संघ की अन्य संस्थाओं के माध्यम से हो रही है, उसमें एकरूपता अभी नहीं दिखती?**
जब सरकार थी तब तो नहीं थी। अब फिर एकरूपता आ जाएगी। अर्थनीति के सवाल को लेकर आज नहीं तो कल एकरूपता आएगी और ऐसी शक्तियां पैदा होंगी जो इन्हीं सवालों को लेकर लड़ेंगी। पर यह स्वदेशी जागरण मंच करेगा, इसमें दुविधा है। पहले आशा थी, अब दुविधा है। जिस तरह से पिछले चार-पांच सालों में इनका सरकारीकरण हुआ है, उससे बहुत निराशा है।

**भारतीय जनता पार्टी एवं राष्ट्रीय स्वयं सेवक संघ राष्ट्रीय गौरव और स्वदेशी की बात करते हैं और आप भी। आपके और उनके बीच इस मुद्दे पर क्या फर्क है?**
दो बातों पर मूल मतभेद है। पहला सवाल है, राष्ट्र है क्या? राष्ट्र सिर्फ एक भौगोलिक सीमा नहीं है। राष्ट्र एक राज्य के लोग नहीं हैं। राष्ट्र वह है जिसमें हम समूची जनशक्ति की उसकी समुच्च उपलब्धि को संस्कृति कहते हैं। किसी जाति या धर्म या समुदाय की सामूहिक उपलब्धि ही संस्कृति है। यह संस्कृति राष्ट्र बनाती है। हमारे और भाजपा एवं आरएसएस में यह अंतर है। वे राष्ट्र को सीमित करते हैं, पर राष्ट्र अतीत की जड़ों के माध्यम से एक निरंतरता की प्रक्रिया से जुड़ा रहता है। राष्ट्र किसी कालावधि में जड़ बनकर नहीं रहता है। अगर वह जड़ बन जाता है तो वह पतनोन्मुखी संस्कृति कहलाती है। वह संस्कृति बचती भी नहीं है। भारतीय संस्कृति इसलिए बची रही क्योंकि यह कभी जड़ नहीं हुई, न पतनोन्मुखी बनी। इस संस्कृति ने हर अच्छी चीज को अपने में समाहित किया, चाहे वह जहां से भी आई। भाजपा और आरएसएस का यह विचार नहीं है।

भाजपा-आरएसएस राष्ट्र को आगे बढ़ने से पहले ही उसे मानसिक रूप से तोड़ देते हैं। उनकी राष्ट्र की कल्पना खंडित कल्पना है।

दूसरा, जब राष्ट्र के गौरव की बात होती है तो उसे वे अलग करके सोचते हैं। धर्म और भाषा की बात होती है तो एक बात है। अर्थनीति की बात है तो दूसरी नीति है। इसलिए जब आर्थिक नीतियां बनीं तब भाजपा की प्रतिक्रियां दूसरी थीं। आरएसएस के कुछ लोगों की प्रतिक्रिया जरूर दूसरी थी, पर तात्कालिक राजनीतिक लाभ के लिए समझौता करने में उनको भी कोई संकोच नहीं हुआ। इन दोनों सवालों और राष्ट्र की समुच्च शक्ति को खंडित करने के सवाल पर अंतर है। आर्थिक नीतियों के सवाल पर और राष्ट्र की मर्यादा को दूसरों के हाथ गिरवी रखने के सवाल पर कोई समझौता नहीं होना चाहिए। पंजाब के सवाल पर भाजपा की अनुभूति में बहुत फर्क है। बाबरी मस्जिद और रामजन्म भूमि के सवाल पर उनके और हमारे बीच में अंतर है। मैं नहीं कहता कि लोग मेरी बात मान लेंगे।

लेकिन यदि आप मुझसे पूछते हैं तो अंतर इतना स्पष्ट और गहरा है, जिसे आप आसानी से नहीं कह सकते कि यह मामूली अंतर है।

**विश्व का आर्थिक व सामरिक परिदृश्य भी बदल रहा है। उसके साथ ही नये खतरे उत्पन्न हो रहे हैं। एकतरफा वैश्वीकरण और उसकी आड़ में विकासशील देशों के संसाधनों का शोषण बढ़ता जा रहा है। पिछले एक दशक में आये बदलावों को आप किस तरह देखते हैं?**

यह दुःख, विषाद और दुर्भाग्य की बात है कि वैश्वीकरण के नाम पर विकसित देशों द्वारा विकासशील देशों पर भीषण प्रहार किये जा रहे हैं। कृषि के मोर्चे पर ही देखें तो विकसित देश अपने यहां के किसानों को भारी सब्सिडी देकर खेती करवाते हैं, जिससे उनकी उपज सस्ती दर पर विकासशील देशों को भेजी जाती है। दूसरी तरफ उनकी झंडाबरदार बहुराष्ट्रीय कंपनियां ऊंचे ब्याज पर ऋण देकर औद्योगिक खेती का नारा बुलंद कर रही हैं। खाद्यान्न की बजाय नकदी फसलों की खेती पर जोर दिया जा रहा है। परिणाम आपके सामने हैं। अफ्रीका के किसान जो केले की खेती में लगे थे, आज भुखमरी के कगार पर हैं क्योंकि वहां उनकी लागत से आधे दाम पर केले बाजार में मौजूद हैं। आंध्र प्रदेश में किसान आत्महत्या कर रहे हैं। मेरा यह मानना है कि वैश्वीकरण के समर्थकों को देश का खयाल नहीं है। किसी भी देश की अर्थव्यवस्था प्राकृतिक संसाधनों पर आधारित उत्पादन और उसके उपभोग के आधार पर चलती है लेकिन वर्तमान विश्व

अर्थव्यवस्था शेयर बाजार और सूचना तकनीकी पर आधारित है। यह कितने दिन चल सकती है, यह सोचने की बात है। लेकिन साथ ही मैं यह भी कहूंगा कि जो लोग पहले कांग्रेस और संयुक्त मोर्चा सरकार में थे, जिन्होंने आर्थिक सुधारों को स्वयं गति दी थी, वही लोग अगर स्वदेशी का झंडाबरदार बनें अथवा जिन्होंने विनिवेश आयोग को आमंत्रित किया, वही बहुराष्ट्रीय कंपनियों का विरोध करें तो यह सिर्फ पाखंड होगा। इससे कोई रचनात्मकता नहीं निकलेगी। मैं तो यह कहूंगा कि भारत की अस्मिता, स्वतंत्रता, संप्रभुत्ता, स्वाभिमान, लोकतंत्र, परंपराओं, मान्यताओं को सुरक्षित रखने व यशस्वी बनाने के लिए भूमंडलीकरण के विरुद्ध नए सिरे से खड़ा होना चाहिए। अपनी खेती, अपने किसानों को बचाये रखने के लिए हमें आगे आना चाहिए। इन अर्थों में गांधीजी आज भी उतने ही प्रासंगिक हैं। हमारे गांव मजबूत होंगे, गांव की अर्थव्यवस्था मजबूत होगी, हमारे श्रम और हुनर को जब प्रतिष्ठा मिलेगी तो निश्चित रूप से देश आगे बढ़ेगा। एक नये भारत के निर्माण की सच्ची आधारशिला गांव से ही रखी जा सकती है, जहां भारत की आत्मा बसती है। हजारों साल से यह देश तमाम उथल-पुथल, उतार-चढ़ाव, हानि-लाभ का साक्षी रहा है। ऋषियों-मुनियों के इस देश को राम, कृष्ण, बुद्ध, नानक, कबीर, विवेकानंद, अरविंद जैसे तमाम नायकों-महानायकों ने महत्त्वपूर्ण योगदान देकर बचाया है, बढ़ाया है। आज जरूरत है देश में व्याप्त भूख, गरीबी, बेरोजगारी, भ्रष्टाचार जैसी समस्याओं से एकजुट होकर लड़ने की।[18]

**क्या इस अधोगति के लिए हमारे सार्वजनिक क्षेत्र भी जिम्मेदार हैं?**

यह दुर्भाग्य की बात है कि जिन उद्देश्यों के लिए सार्वजनिक क्षेत्र की शुरुआत की गई थी, उन उद्देश्यों को पाने में यह क्षेत्र विफल रहा। हमने सार्वजनिक क्षेत्र की शुरुआत इसलिए की कि कुछ महत्त्वपूर्ण क्षेत्रों में निवेश करने को निजी क्षेत्र तैयार नहीं था, क्योंकि तमाम पूंजी प्रधान उद्योगों में निवेश की दर बहुत ऊंची और उत्पादन की अवधि बहुत ज्यादा होती है जिससे तुरंत लाभ की प्राप्ति संभव नहीं होती। निजी क्षेत्र के लोग बहुत जल्दी लाभ पा लेना चाहते हैं। इसलिए वे उपभोक्ता वस्तुओं से संबंधित उद्योगों में निवेश करना चाहते हैं। इसकी जिम्मेदारी सार्वजनिक क्षेत्र को उठानी पड़ी। हमारे औद्योगिक विकास के इतिहास के इस पहलू को अनेक लोगों ने बड़ी ही आसानी से भुला दिया है और जब देखिए तब, इसकी आलोचना करने में लगे हुए हैं। पर इस आधार पर सार्वजनिक क्षेत्र की अकर्मण्यता को भी माफ नहीं किया जा सकता। अकुशलता, आवश्यकता से अधिक कर्मचारी तथा कुल पूंजी विनिवेश की हद तक घाटे का सामना करना

सार्वजनिक क्षेत्र की प्रमुख कमजोरियां हैं। इन सब खामियों के लिए अकेला प्रबंधन ही जिम्मेदार नहीं है, बल्कि वर्तमान में सार्वजनिक क्षेत्र के उद्यमों में जो कुछ हो रहा है, उन सबके लिए काफी हद तक हमारी सरकार जिम्मेदार है।

इस सरकार के अस्तित्व में आने के तुरंत बाद मैंने उद्योग मंत्रालय से सार्वजनिक क्षेत्र की ईकाइयों की कार्य-प्रणाली का ब्यौरा मांगा। यह जानकर मैं बहुत विस्मित और दुखी हुआ कि कई महीनों ही नहीं, बल्कि सालों से सार्वजनिक क्षेत्र की 80 से भी ज्यादा ईकाइयां किसी भी प्रबंध निदेशक से वंचित रहीं। ये ईकाइयां इतने सालों तक उपेक्षित क्यों रहीं, ऐसा क्यों हुआ? मैं ऐसा नहीं मानता कि इन संगठनों को संभालने के लिए योग्य व्यक्तियों की कमी है। हमारे पास ऐसे जिम्मेदार लोगों का अभाव नहीं है, बल्कि सार्वजनिक क्षेत्र उदासीनता का शिकार है।

संसद में सार्वजनिक क्षेत्र की ईकाइयों का एक आयोग पहले से ही है। लेकिन आयोग के रहते ऐसा कैसे संभव हुआ और इसको किस तरह बर्दाश्त कर लिया, ऐसी उदासीनता मेरी समझ के बाहर है। अगर यहां निजी क्षेत्र का सवाल होता तो इस तरह की उपेक्षा नहीं होती।

इस क्षेत्र के महत्त्व को स्वीकारने के पीछे कोई अव्यावहारिक दृष्टिकोण नहीं है, बल्कि यह हमारी अर्थव्यवस्था की सफलता के लिए बेहद जरूरी है। मैं नहीं जानता कि निजी क्षेत्र इस देश के लिए कितना महत्त्वपूर्ण है, न ही मैं इस बहस में पड़ना चाहता हूं। पर यह सच है कि वित्तीय विनियोग और वित्तीय सहायता देनेवाली प्रायः सभी इकाइयां सार्वजनिक क्षेत्र की ही हैं यानी किसी उद्योग में पैसा तो सार्वजनिक क्षेत्र लगाता है और उसका प्रबंध निजी क्षेत्र के हाथ में सौंपा जा रहा है। अगर आप निजी क्षेत्र की असफलता के कारणों पर गौर करेंगे तो पाएंगे कि इनकी दशा सार्वजनिक क्षेत्र की तरह ही शोचनीय है।

सार्वजनिक क्षेत्र का परीक्षण संसद, सरकार तथा लेखा परीक्षक द्वारा किया जाता है। निजी क्षेत्र का भी परीक्षण किया जाता है किन्तु यह नाममात्र का परीक्षण होता है, जिसका उद्देश्य महज खानापूर्ति होती है और यह सच्चाई किसी से छुपी नहीं है कि निजी क्षेत्र के लिए ऑडिट रिपोर्ट कैसे तैयार करवाई जाती है। इस तरह की धांधली सार्वजनिक क्षेत्र में संभव नहीं है। लेकिन निजी क्षेत्र की कमियां निकालने से हमें कोई फायदा नहीं होने वाला। हमें इस बात पर विचार करना होगा कि सार्वजनिक क्षेत्र को सक्षम कैसे बनाया जाए।

जब मेरी सरकार थी, मैंने अतिरिक्त सचिव या संयुक्त सचिव स्तर के एक अधिकारी से सार्वजनिक क्षेत्र की प्रत्येक इकाई का विस्तृत ब्यौरा मांगा। मुझे

बताया गया कि इनमें से कई ईकाइयों को पुनर्जीवित नहीं किया जा सकता। मुझे उनकी वास्तविक स्थिति पता नहीं थी, मगर हमने इसकी जानकारी पाने की भरपूर कोशिश की क्योंकि केवल तभी हम इन ईकाइयों को दयनीय स्थिति से उबारने में सफल होते। मेरा लक्ष्य था कि संसद का बजट सत्र शुरू होने के पहले हम इनकी वास्तविक स्थिति से पूर्णतः परिचित हो जाएं ताकि इसकी चर्चा सत्र के दौरान की जा सके। हम हर जगह स्थितियों को सुधारने पर चर्चा करते रहे, लेकिन दुर्भाग्य से आकलन के लिए बुनियादी बातों पर भी गौर नहीं किया जा सका।

**भारत सरकार के रवैये के बारे में आप क्या सोचते हैं?**

मैं मानता हूं कि प्रबंधन में विशेषज्ञता प्राप्त लोग ही सार्वजनिक क्षेत्र का प्रबंध देख रहे हैं। ऐसे लोग सिर्फ निजी क्षेत्र के लिए ही उपलब्ध हैं, ऐसा मैं कतई मानने को तैयार नहीं हूं। विश्व के दूसरे हिस्सों में भी निजीकरण के मुद्दे पर बहस हो रही है। अब यूनाइटेड किंगडम को ही ले लीजिए, वे लोग किसी निजी और सार्वजनिक क्षेत्र के पचड़े में न पड़ कर अपनी औद्योगिक इकाइयों को पेशेवर प्रबंधन के हाथों सौंप रहे हैं। हम इस बात पर विचार क्यों नहीं करते कि हम भी सार्वजनिक क्षेत्र की चुनिंदा ईकाइयों को पेशेवर प्रबंधकों को सौंप कर इस समस्या से लंबे समय के लिए छुटकारा पा लें? सरकार को ऐसे प्रबंधन का निर्णय लेने की पूरी छूट देकर इनकी मदद करनी चाहिए। दुर्भाग्य से हुआ यह है कि सार्वजनिक क्षेत्र की ईकाइयों पर सरकारी तंत्र हावी रहा है। इस विभाग के पदाधिकारियों तथा सरकार में इनसे संबंधित मंत्रियों का रवैया यह रहा है कि वे उद्योग भवन में बैठे-बैठे ही सारी नीतियों का संचालन करते हैं। इस तरह की प्रवृत्ति पर अंकुश लगाया जाना चाहिए। मौके पर तैनात अधिकारियों को निर्णय लेने की पूरी स्वतंत्रता होनी चाहिए। गलतियां तो किसी से हो सकती हैं। चाहे वह राजनीतिज्ञ हो, किसी व्यवसाय से जुड़ा व्यक्ति हो अथवा सरकारी अमले का कोई बड़ा अधिकारी।

इस क्षेत्र में व्याप्त समस्या का दूसरा पहलू यह है कि राजनीतिक हस्तक्षेप की मारी अफसरशाही इन ईकाइयों के काम-काज में सबसे बड़ी बाधा बन गई। अखिल भारतीय प्रशासनिक सेवा के अधिकारियों को उनकी क्षमताओं पर बिना विचार किए सार्वजनिक क्षेत्र की ईकाइयों का प्रशासन चलाने के लिए तैनात कर दिया जाता है। आईएएस अधिकारियों द्वारा इन इकाइयों का प्रबंधन करने के खिलाफ मैं नहीं हूं किन्तु ऐसा करते समय उनकी पसंद, क्षमता और प्रतिभा का

भी खयाल रखना चाहिए। ज्यादातर मैंने यही देखा है कि जो अधिकारी प्रशासनिक क्षेत्र में कुशल नहीं होता और अपने वरिष्ठ अधिकारियों द्वारा पसंद नहीं किया जाता, उसे सार्वजनिक क्षेत्र में भेज दिया जाता है। सार्वजनिक क्षेत्र को चलाने का यह तरीका गलत है।

इस क्षेत्र के लिए अभी कितना कुछ किया जाना बाकी है। सार्वजनिक क्षेत्र को अच्छी तरह से चलाने के लिए सोची-समझी रणनीति बनाना आवश्यक है। मैं आज इस स्थिति में नहीं हूं कि आपको बता सकूं कि सरकार इस दिशा में क्या कदम उठा सकेगी, लेकिन इतना जरूर कहूंगा कि इसकी निंदा हमारी अर्थव्यवस्था और देश दोनों के हित में नहीं होगी।

**विनिवेश की मौजूदा नीति में क्या दोष है?**

सरकार सार्वजनिक उपक्रमों के विनिवेश को आक्रामक ढंग से चला रही है। विनिवेश के गम्भीर नीतिगत निहितार्थ हैं। इसका अर्थ केवल एक या दूसरे उपक्रम को बंद करना नहीं है। विनिवेश की इस नीति को अगर जारी रखा गया तो भारत में राज्य की भूमिका ही बदल जाएगी और सरकार देश की जनता के प्रति अपने दायित्व से अलग हो जाएगी। भारत जैसे बड़े देश में अगर सार्वजनिक हित तथा गरीब जनता की चिन्ता की जगह बाजारोन्मुख अर्थव्यवस्था को जारी रखा गया तो इससे कई तरह की विसंगतियां पैदा होंगी और पिछले पचास वर्षों से चली आ रही नीतियों को छोड़ना पड़ेगा। बाजारोन्मुखी अर्थव्यवस्था को स्वीकार करने से समाज के गरीब और कमजोर वर्ग की कठिनाइयां बढ़ेंगी। क्षेत्रीय संतुलन, आत्मनिर्भरता तथा पिछड़े वर्गों के हितों की रक्षा जैसे राष्ट्रीय मुद्दों का कोई स्थान नहीं रह जाएगा। देश के अविकसित क्षेत्रों में औद्योगिकीकरण को बढ़ावा देने का काम विकास के दायरे से बाहर हो जाएगा और इसके गम्भीर सामाजिक तथा आर्थिक परिणाम होंगे।

इन सब बातों को ध्यान में रखकर विनिवेश के मुद्दे पर राष्ट्रीय चर्चा आवश्यक हो गई है। लेकिन सरकार ने विनिवेश की प्रक्रिया को निहित स्वार्थ को लाभ पहुंचाने का अस्त्र बना लिया। यह सच्चाई इस बात को देखने से उजागर हो रही है कि किन लोगों को शेयर बेचे जा रहे हैं। शेयर खरीदारों और विनिवेश के बारे में सरकार के अंतर्राष्ट्रीय सलाहकारों का चयन करने में राष्ट्रीय हितों को नजरअंदाज कर व्यक्तिगत तथा राजनीतिक हितों को ध्यान में रखकर पक्षपात किया जा रहा है। इस प्रकार के अनुभव पूरी दुनिया में देखे जा सकते हैं। सरकार ने इस मामले में दूसरे देशों के अनुभवों की उपेक्षा की है और विनिवेश आयोग

को खत्म हो जाने दिया है। अब विनिवेश के पूरे मामले को मंत्रिमंडल की एक समिति देख रही है। इस प्रक्रिया में पारदर्शिता नहीं है और सार्वजनिक उपक्रमों की परिसंपत्ति का हस्तांतरण उसके वास्तविक मूल्य का आकलन किए बिना ही कर देने का खतरा बढ़ गया है।

सार्वजनिक उपक्रमों के खात्मे से उनकी जगह निजी उद्योगों का खुलना और निजी एकाधिकारवाद का मजबूत होना लाजमी है। यह निजी एकाधिकार बहुराष्ट्रीय कंपनियों का हो सकता है और कभी-कभी बड़े भारतीय उद्योग भी इसमें आ सकते हैं। विनिवेश की प्रक्रिया बढ़ने के साथ-साथ अब यह देखने को मिल रहा है। मॉडर्न फूड इंडस्ट्रीज लिमिटेड दुनिया की सबसे बड़ी बहुराष्ट्रीय कंपनी को बेच दी गई। एयर इंडिया तथा इंडियन एयरलाइंस के साथ भी यही होनेवाला है। मॉडर्न बेकरी जब स्थापित की गई थी तब उसका लक्ष्य औद्योगिक मजदूरों के लिए चावल के विकल्प में सस्ते दर पर डबलरोटी उपलब्ध कराना था। अब जबकि उसे बहुराष्ट्रीय कम्पनी ने ले लिया है वह उच्च तथा मध्यम वर्ग के लोगों की जरूरतों को ही पूरा करेगी और उसका कोई सामाजिक उद्देश्य नहीं रह जाएगा। एयर इंडिया मात्र एयरलाइंस नहीं है, बल्कि उसके साथ भारत के लोगों की भावनाएं जुड़ी हुई हैं। ऐसा इसलिए कि उसके ऊपर राष्ट्रीय ध्वज का चिन्ह बना हुआ है। एयर इंडिया एक प्राइवेट हाथ में दी जा रही है। सबसे बुरी बात यह है कि इसे एक विदेशी एयरलाइंस को सौंपा जा रहा है। यह हमारे लिए बहुत दुख की बात होगी। जब किसी विदेशी साझीदार को किसी उपक्रम में लाया जाता है तो वह अपनी शर्तें लादने का प्रयास करने लगता है। यह तथ्य सर्वविदित है कि बड़े औद्योगिक घराने तथा सत्ता के निजी केंद्र किसी देश की राजनीतिक व्यवस्था को भी प्रभावित करने लगते हैं। हमारे संविधान में जो राज्य के लिए नीति-निर्देशक सिद्धांत निर्धारित किए गए हैं, उसमें आर्थिक सत्ता के केंद्रीयकरण और निजी एकाधिकार की वृद्धि को रोकने की आवश्यकता पर जोर दिया गया है। आर्थिक सत्ता के विकेंद्रीकरण को सार्वजनिक हित के विरुद्ध बताया गया है।

**विनिवेश की प्रशंसा में मीडिया भी साथ दे रहा है। ऐसा क्यों है और इसका फल क्या होगा ?**

भारत का राजनीतिक तथा प्रशासनिक नेतृत्व मीडिया तथा बाजारोन्मुखी अर्थव्यवस्था द्वारा फैलाई गई इस भ्रांति का शिकार हो रहा है कि सार्वजनिक उपक्रम बेकार हैं। यह प्रचार अत्यन्त दुर्भाग्यपूर्ण है। सार्वजनिक उपक्रमों के कर्मचारी अधिक जवाबदेह बनाए जाएं, इस बात को सभी स्वीकार करेंगे। लेकिन

इसके साथ सच्चाई यह भी है कि इन उपक्रमों में राजनीतिक तथा प्रशासनिक कारणों से बहुत अधिक कर्मचारी भर्ती कर लिए गए हैं। इन उपक्रमों के घाटे में चलने का एक बड़ा कारण यह भी है।

शुरू में सरकार की नीति घाटा देनेवाले सरकारी उपक्रमों के शेयरों को बेचने की थी किन्तु उसका वास्तविक इरादा जल्दी ही सामने आ गया। सरकार विनिवेश से चालू वित्तीय वर्ष में दस हजार करोड़ रुपया एकत्र करना चाहती थी। अपने प्रारंभिक कदमों से वह इस नतीजे पर पहुंच गई कि इस लक्ष्य को प्राप्त नहीं किया जा सकता। इसलिए वह लाभ देनेवाली सार्वजनिक कंपनियों के भी शेयर बेचने के प्रयास में लग गई ।

यह बात भुला दी गई कि सार्वजनिक उपक्रम किसी की व्यक्तिगत संपत्ति नहीं हैं। इन्हें उन लोगों को जिन्हें अपने वर्तमान कदमों के दूरगामी परिणामों की समझ नहीं है, बेचने का कोई अधिकार नहीं है। अब इस प्रकार के कदमों के विरोध का समय आ गया है।

**क्या विनिवेश पर सुप्रीम कोर्ट के फैसले का कोई असर पड़ा ?**

उच्चतम न्यायालय ने हिंदुस्तान पेट्रोलियम कारपोरेशन लि. और भारत पेट्रोलियम कारपोरेशन लि. के विनिवेश और निजीकरण के मामले में जो निर्णय दिया, उसने एक बार फिर इस बात को उजागर किया कि वर्तमान केंद्रीय सरकार जन आकांक्षाओं तथा संसद की प्रभुसत्ता की उपेक्षा किस सीमा तक कर रही है। उच्चतम न्यायालय के सामने विनिवेश तथा निजीकरण के संबंध में एक ही सीमित मुद्दा था कि क्या बिना संसद की मंजूरी के उक्त दोनों तेल कंपनियों का निजीकरण किया जा सकता है, जबकि दोनों कंपनियों का राष्ट्रीयकरण संसद के अधिनियमों द्वारा किया गया है? उच्चतम न्यायालय ने ठीक ही कहा कि वह विनिवेश की आम नीति के बारे में कोई अभिमत नहीं प्रकट कर रहा है। जो सीमित मुद्दा उच्चतम न्यायालय के सामने था, उसके बारे में सभी जानकार लोगों ने सरकार को संसद में और बाहर आकर चेताया था कि उक्त कंपनियों का निजीकरण संसद को दरकिनार करके नहीं किया जा सकता। देश के एक पूर्व अटार्नी जनरल ने भी अपनी स्पष्ट कानूनी राय दे दी थी कि संसद की मंजूरी के बिना इन कंपनियों का निजीकरण नहीं किया जा सकता। इस संदर्भ में विचार करने पर वर्तमान अटार्नी जनरल की राय, जिसको सरकार अपने बचाव में उद्धृत कर रही थी, बेतुकी थी। उच्चतम न्यायालय के इस फैसले ने एक और मुद्दे पर फैली धुंध को साफ करने में मदद की । वह मुद्दा विनिवेश और निजीकरण के

बीच फर्क का है। किसी सार्वजनिक उद्योग के कुछ शेयरों की बिक्री के लिए तो तर्क दिये जा सकते हैं, लेकिन पचास प्रतिशत से अधिक शेयरों को बेचकर कंपनी का मालिकाना किसी व्यक्ति या निजी कंपनी को हस्तांतरित कर देना, कंपनी के चरित्र को ही बदल देना है।[19]

**क्या आप महसूस करते हैं कि उदारीकरण को गलत संदर्भ में पेश किया जा रहा है?**

उदारीकरण का अर्थ तो यह होता है कि लोगों को नौकरशाही के अनावश्यक हस्तक्षेप और औपचारिकताओं से छुटकारा दिया जाए। इसका अर्थ यह कदापि नहीं होता कि सरकार अपनी मूलभूत जिम्मेदारियों को छोड़ दे। उदारीकरण में प्रशासनिक शक्तियों का इस्तेमाल बेहतर उत्पादक ढंग से करना होता है। इसमें निर्णय लेने की पहल और क्षमता का विकेंद्रीकरण होता है। यह प्रक्रिया अभी शुरू ही नहीं हुई है। सरकार के लोग आर्थिक सुधारों के दूसरे चरण का अर्थ यही लगाते हैं कि उद्योग और संगठित व्यापार को और कौन-सी सुविधाएं देनी हैं, जबकि इसका सीधा संबंध आम आदमी की जरूरतों को ध्यान में रखकर कदम उठाने से संबंधित होना चाहिए।

विश्व आर्थिक उदारीकरण के दौर से गुजर रहा है। मैं जानता हूं कि उदारीकरण का दायरा बहुत लंबा-चौड़ा है और उदारीकरण अनिवार्य है, मगर हमें यह भी याद रखना है कि उदारीकरण किसके लिए? और उदारीकरण किसका? मैं समझता हूं, उदारीकरण लालफीताशाही को समाप्त करने के लिए होना चाहिए। मेरा मानना है कि उदारीकरण उन लोगों का हस्तक्षेप समाप्त करने के लिए हो, जिन्हें हमने प्रबंधन के मामले में हस्तक्षेप का व्यापक अधिकार दे रखा है। उदारीकरण का यह मतलब कतई नहीं कि हम अपने बहुत सीमित संसाधनों को व्यर्थ में बरबाद कर दें। मैं समझता हूं कि भारत जैसे तीसरी दुनिया के देश में, जहां संसाधन बहुत सीमित हैं, उदारीकरण से जुड़े सभी विभागों का एक ही लक्ष्य हो सकता है कि उत्पादन की प्रक्रिया को सरल बनाया जाए, महत्त्वपूर्ण मुद्दों पर फैसले लेने में देरी नहीं हो, ताकि लोगों को यह अनुभव हो सके कि अनावश्यक हस्तक्षेप के कारण उन्हें असहाय महसूस करने की जरूरत नहीं। लेकिन अगर आप उन क्षेत्रों में उदारीकरण को मंजूरी देते हैं, जिन क्षेत्रों में हमारे सीमित साधन व्यर्थ चले जाते हैं तो मुझे यह कहते हुए अफसोस है कि आप अपना भविष्य दांव पर लगा रहे हैं, इसे गिरवी रख रहे हैं और सच पूछिए तो हो यही रहा है। उत्पादन, खासकर उपभोक्ता वस्तुओं को होड़ लगाकर बेचने की कुशलता और

दक्षता का प्रदर्शन कर हम समाज में किस मनोविज्ञान को जन्म दे रहे हैं? हम समाज के एक बहुत छोटे वर्ग की इच्छाओं को पूरा करने में जुटे हैं। हमारी सभी नीतियों का लक्ष्य यही है। उदारीकरण के पक्ष में दलील पेश की जाती है कि इससे हमारा निर्यात बढ़ेगा, लेकिन सवाल है, किन उत्पादों का? उदारीकरण से आयात को बढ़ावा मिलने की भी बात की जाती है, किन्तु आयात उन वस्तुओं का नहीं किया जाना चाहिए जो इस देश के लिए अनिवार्य नहीं हैं, बल्कि उन्हीं वस्तुओं-उत्पादों का करना होगा जिससे हमें अपने लोगों की वर्तमान समस्याओं को खत्म करने में मदद मिलनेवाली है।

अब समय आ गया है कि हम उन प्रभावों की प्रकृति का लेखा-जोखा करें जिन्होंने देश को पूर्व निर्धारित रास्ते से हटाया है। हमें इस बात का विश्लेषण करने की आवश्यकता है कि उदारीकरण से किन लोगों को लाभ हुआ। इतना तो तय ही है कि आम जनता, लघु तथा कुटीर उद्योग तथा किसान इससे लाभान्वित नहीं हुए हैं, यह आशा भी सही नहीं निकली कि नई आर्थिक नीतियों से रोजगार बढ़ेंगे। इन नीतियों के लाभ और हानि दोनों पर बहस की जरूरत है। एक सार्थक बहस के लिए यह भी जरूरी है कि वस्तुस्थिति से संबंधित आंकड़ों को इकट्ठा कर उनका ठीक-ठाक विश्लेषण किया जाए।

## क्या यूपीए सरकार उद्योगों को बचाने में तत्पर दिख रही है?

लघु उद्योगों का देश की आर्थिक प्रगति में महत्त्वपूर्ण योगदान रहा है। परंतु उन्हें कठिन परिस्थितियों का सामना करना पड़ रहा है। फलस्वरूप वे अपनी पूरी क्षमता से उत्पादन प्रायः नहीं कर पाते और अकसर उन्हें बंद करने की नौबत भी आ जाती है। इन उद्योगों के सामने वित्तीय उपलब्धता, सुधरी हुई टेक्नोलॉजी और उचित संरक्षण का अभाव है। लघु उद्योगों के विस्तार और विकास में कई प्रमुख बाधा हैं, जिनमें उचित समय पर वित्तीय सहायता नहीं मिलना, कच्चे माल की अनुपलब्धता, बिजली तथा ढांचागत कमियां, नियम-कानूनों का बढ़ा हुआ जंजाल और बिक्री में किसी भी प्रकार की मदद न मिलने को गिनाया जा सकता है। 2001-02 में लघु उद्योगों की जो अखिल भारतीय गणना की गयी थी, उसके अनुसार पंजीकृत कार्यक्रम ईकाइयों की लगभग साठ प्रतिशत बंद हो गई जबकि इसके पूर्व की गणना में यह बंदी 52 प्रतिशत थी।

यूपीए के न्यूनतम साझा कार्यक्रम में इस क्षेत्र के लिए कुछ अच्छी बातें कही गई हैं। इसे वामपंथी दलों का समर्थन भी प्राप्त है, परंतु अभी तक इस क्षेत्र को फिर से अपने पैरों पर खड़ा करने के लिए कुछ भी ऐसा नहीं किया गया है

जिसका उल्लेख किया जा सके। देश में बिजली की कमी है। इसे देखते हुए यह अपेक्षा करना मुश्किल ही लगता है कि इस क्षेत्र को मांग के अनुसार बिजली दी जा सकेगी।

इस संदर्भ में यह ध्यान देने योग्य है कि आर्थिक सुधारों के लागू होने के बाद नई आयात नीति के कारण लघु उद्योगों को विदेश से आयातित वस्तुओं से कड़े मुकाबले का सामना करना पड़ रहा है। हर बजट के बाद कुछ नए लघु उद्योग बंद हो जाते हैं और इस तरह बेरोजगारों की संख्या में बढ़ोतरी होती है। आवश्यकता इस बात की है कि 1977 की जनता सरकार ने लघु उद्योगों को जो सुविधाएं और संरक्षण दिया था, उसे फिर से लागू किया जाए। हम उम्मीद करते हैं कि यूपीए सरकार लघु उद्योगों की समस्याओं की ओर तत्काल ध्यान देगी और इन्हें अकाल मृत्यु से बचाएगी।

# गठबंधन की राजनीति

**संविद से गठबंधन की राजनीति प्रारंभ हुई, अर्थात 1967 से जो दौर चला, उसके राजनीतिक पाठ क्या हैं?**

मिली-जुली सरकारों को चलाना आसान नहीं होता। फ्रांस, जर्मनी, इजराइल जैसे देश, जो राजनीतिक बाध्यताओं के कारण इस प्रयोग में अग्रणी रहे हैं, उनका अनुभव भी यही बताता है। भाजपा के लोग अपनी मिली-जुली सरकार के प्रबंध कौशल की प्रशंसा करते नहीं थकते। वे इस बात के लिए अपनी पीठ थपथपाते रहते हैं कि उन्होंने अधिक समय तक मिली-जुली सरकार सफलतापूर्वक चलायी। लेकिन इस तथाकथित सफलता के पर्दे के पीछे की कहानी छिपी हुई नहीं है। घटक दलों के नेताओं को बारंबार रूठने-मनाने का दौर और उसके लिए राजग के संयोजक की चेन्नई से कोलकाता तक की भागदौड़ की कहानी ज्यादा पुरानी नहीं है। पूर्व प्रधानमंत्री अटल बिहारी वाजपेयी ने काफी दिनों तक अपना दर्द छिपाये रखा। परंतु राजग शासन के दौरान घटकों की खींचातानी से आजिज आकर उनके इस्तीफे की धमकियों और उनकी मान-मनौवल के समाचार भी मीडिया में छन-छन कर आते रहे। राजग में शामिल भाजपा और पुराने समाजवादियों के सिद्धांतों और कार्यक्रमों की जो छीछालेदार राजग शासन के दौर में हुई, चार-साढ़े चार साल के अखबारों और पत्रिकाओं के अंक उसके गवाह हैं। चुनावों के दौरान अटल जी का दर्द भी आखिरकार खुलकर सामने आ ही गया और एक चुनाव सभा में उन्होंने भाजपा को बहुमत देने की अपील इस आधार पर की कि वे रोज-रोज की खींचतान से आजिज आ गये हैं।

जब येन-केन-प्रकारेण सत्ता में बना रहना ही उपलब्धि के तौर पर पेश किया जाता है तो ऐसी स्थिति को अस्वाभाविक नहीं कहा जा सकता। संयुक्त प्रगतिशील गठबंधन की सरकार को तो अभी एक माह भी नहीं हुआ है। इसलिए उसके काम-काज के बारे में टिप्पणी करने का कोई औचित्य नहीं है। नयी सरकार

के बारे में जो लोग खंडित जनादेश की बात उठा रहे हैं, वे इस तथ्य को नजरअंदाज कर देते हैं कि 1991 के बाद के चुनावों में जनादेश बराबर खंडित ही आते रहे। भारत की राजनीति में अपने लंबे इतिहास के कारण कांग्रेस ने अपनी एक पहचान बना रखी थी। उसका एक अखिल भारतीय स्वरूप था। 1967 के आम चुनाव से एक-एक राज्य में कांग्रेस की पकड़ ढीली पड़ती गयी। इसका लाभ किसी दूसरे अखिल भारतीय दल को न मिलकर क्षेत्रीय, भाषाई और जातीय आधार पर गठित स्थानीय दलों को मिला। स्वभावतः भारतीय राजनीति का वर्तमान खंडित रूप उसी का प्रतिबिंब है। द्विदलीय प्रणाली, जिसे संसदीय जनतंत्र की सफलता के लिए आवश्यक समझा जाता है, उसके विकास की सफलता निकट भविष्य में दिखाई नहीं देती। इसलिए आज के संदर्भ में इसे उठाने की कोई प्रासंगिकता नहीं है। जैसा प्रायः कहा जाता है, राजनीति संभावनाओं का खेल है। इस खंडित जनादेश के बावजूद एक ऐसे नेतृत्व की आवश्यकता बराबर रहेगी जिसकी सोच अखिल भारतीय हो तथा जो जनता की मौलिक समस्याओं के बारे में संवेदनशील हो। जो बड़ा दल ऐसी मिली-जुली सरकारों का नेतृत्व करता है, उसकी यह विशेष जिम्मेदारी होती है। क्षेत्रीय और जातीय दबावों के बीच एक सार्वदेशिक संतुलन बनाये रखना कोई आसान काम नहीं है। जनता की अशिक्षा, भुखमरी, बेकारी व स्वास्थ्य जैसी मौलिक समस्याओं की अनदेखी कर स्थायित्व का नारा कितना निरर्थक और राजनीतिक दृष्टि से हानिकारक होता है, इसका अनुभव भाजपा को हो रहा है। वर्तमान सरकार के लिए भी इसमें एक सबक है। खोखले नारों और दूर भविष्य के सुहाने सपनों से जनता अब बहलने वाली नहीं है। जनता अपनी वर्तमान त्रासद स्थिति से छुटकारा पानी चाहती है। इसके लिए उसके मन में छटपटाहट है। बारंबार सरकारों का उलटना और पुराने जनप्रतिनिधियों को बड़ी संख्या में नकारना इसी छटपटाहट का प्रकटीकरण है।

देश की जनतांत्रिक व्यवस्था में ऐसे उदाहरणों की कमी नहीं है, जब जनता ने पुराने नेतृत्व से ऊब कर नये नेतृत्व को प्रबल बहुमत से लोकसभा में पहुंचाया--केवल इस आशा में कि नया नेतृत्व उसकी आशाओं और आकांक्षाओं के अनुरूप काम करेगा। लेकिन जब नये नेतृत्व ने पुराने ही ढर्रे पर चलना शुरू किया तो उसे नकारने में जनता को बहुत समय नहीं लगा।

**कांग्रेस केंद्रित गठबंधन यूपीए सरकार की क्या संभावना देखते हैं?**

पहले तो कांग्रेस की क्या संभावना है? जिस तरह से अटलजी ने गठबंधन की सरकार चलायी, उसी तरह से कांग्रेस चला सकती है क्या? अटलजी के गठबंधन

की सरकार चलाने के पीछे दो कारण थे। पहला उनका व्यक्तित्व । इसे कुछ लोग स्वीकार करें या न करें। दूसरा उनका किसी भी आर्थिक या राजनीतिक सवाल से कोई लेना-देना नहीं था।

जहां तक गठबंधन का सवाल है, गठबंधन एक व्यवस्था मात्र है। यह लोकतांत्रिक सिद्धांतों के अनुकूल नहीं है, चाहे वह भारत की बात हो या दुनिया के अन्य किसी देश की। जनतंत्र में होता यह है कि यदि कोई भी पार्टी बहुमत में नहीं आती है तो एक समझौते के आधार पर कुछ पार्टियां परस्पर सहयोग करने को तैयार हो जाती हैं। पर इसके लिए कुछ चीजों का होना आवश्यक है। पहली बात यह है कि देश के सामने जो समस्याएं हैं, उन समस्याओं पर एक मत हो। दूसरी बात यह है कि सिद्धांतों के लिए क्या कार्यक्रम अपनाये जाएं। तीसरी, अगर कोई कठिन समस्या आये तो आपसी सुझाव व सहमति होनी चाहिए। अगर यह नहीं है तो वह प्रजातांत्रिक गठबंधन नहीं है, केवल सत्ता में भागीदारी है। आज जो हो रहा है, वह केवल सत्ता में भागीदारी है।

बीच में राष्ट्रीय सरकार की अवधारणा को लेकर भी बहस छिड़ी थी। इस सवाल के तहत कुछ तथ्यों को ध्यान में रखा जाना चाहिए। आज जो भी नेता हैं, वह यह कहते हैं कि उनकी सरकार कुछ दिन और रह जाती तो अयोध्या मामले का हल निकल जाता, लेकिन कोई भी नेता किसी सरकार को दो दिन टिके रहने नहीं देता। चार प्रधानमंत्री आये और चले गये। एक ने भी चार मिनट मुझसे बात नहीं की कि किस आधार पर यह सब होगा। शरद, मुलायम व भैरोसिंह शेखावत, जो उस समय वरिष्ठ पदों पर थे, उनसे भी बात नहीं की। सारे दस्तावेज गृह मंत्रालय में पड़े हैं। क्यों नहीं उस रास्ते पर चला गया? वे समस्या का समाधान नहीं चाहते। समस्या को बनाये रखकर राजनीति की सौदागीरी करना चाहते हैं। जब आप राष्ट्रीय सरकार बनाएंगे तो सौदागरों का माहौल खत्म हो जाएगा।

**आपके कहने से समझ में आ रहा है कि कांग्रेस आंतरिक बोझ से ही इस सरकार को गिरा देगी?**

कांग्रेस न गिराएगी और न बचाएगी। जब तक चल रहा है, समझिए, चल रहा है। कांग्रेस में न गिराने की ताकत है और न रखने की।

**यूपीए सरकार की प्राथमिकता क्या हो?**

आर्थिक सुधारों के बारे में बहुत कुछ ऐसा है जिस पर नये सिरे से सोचने की

जरूरत है। 'सुधार जारी रहेंगे' जैसे पुराने जुमलों को बारंबार दोहराने से स्थिति में बहुत अंतर आने वाला नहीं है। बेहतर यही होगा कि नयी सरकार इस बात का आकलन करे कि आर्थिक सुधारों को लागू करते वक्त जो अपेक्षाएं की गयी थीं, वे कहां तक पूरी हुई हैं और अगर पूरी नहीं हुई हैं तो उनमें खामी कहां है। इस पर गंभीरता से जनप्रतिनिधि विचार करें। अगर नयी सरकार दस-बीस फीसदी लोगों की सुख-सुविधा को ही ध्यान में रखकर आर्थिक नीतियां बनाने और चलाने की कोशिश करेगी तो जनता का मोहभंग होने में देर नहीं लगेगी और ऐसे मोहभंग का क्या परिणाम होता है, इसे हाल के चुनावों में हम देख चुके हैं। हम उम्मीद करते हैं कि वर्तमान सरकार पुरानी गलतियों को दोहराने की कोशिश नहीं करेगी।

# इमरजेंसी का रहस्य

**आपातकाल के निर्णय के पीछे इंदिरा गांधी की अपनी समझ और रणनीति थी या यह फैसला सलाहकारों का था?**

जो रुख इंदिरा गांधी ने अपनाया था, वैसे में उनके पास कोई और रास्ता नहीं बचा था। ऐसा भी नहीं था कि सारी परिस्थितियां अचानक प्रकट हो गयीं। अगर इंदिरा जी को प्रधानमंत्री बने रहना था तो आपातकाल के अलावा और कोई दूसरा रास्ता नहीं था। इंदर कुमार गुजराल हमारे पुराने मित्रों में से हैं। गुजराल इंदिरा गांधी के सलाहकारों में से एक थे। एक दिन गुजराल हमारे पास आए। उन्होंने कहा कि आपका और इंदिराजी का समझौता हो जाना चाहिए। हमने कहा कि समझौते की कोई बात ही नहीं है। हम लोग दो रास्तों पर चल रहे हैं। इंदिरा गांधी के लिए ऐसा करना मजबूरी ही थी। हमने गुजराल से कहा कि थोड़े दिन बाद यह खबर पढ़ोगे कि मैं ट्रक से दबकर मर गया या जेल चला गया। गुजराल कहने लगे कि आप ऐसा क्यों सोचते हैं? इंदिरा गांधी को जवाहरलाल नेहरू ने ट्रेनिंग दी है। मैंने उनसे कहा कि मैं जवाहरलाल को व्यक्तिगत रूप से नहीं जानता। उनसे मेरा कोई परिचय भी नहीं था। मैंने तो अपनी विवशता जाहिर कर दी। मैंने गुजराल से कह दिया कि 'न तो मैं बदलने वाला हूं, न ही वो।' इस मुलाकात के पंद्रह दिनों के भीतर इमरजेंसी लग गयी।

**आपातकाल से पहले आपकी मुलाकात इंदिरा गांधी से हुई थी? आपने चुनाव को लेकर इंदिरा गांधी को किसी प्रकार की सलाह दी थी?**

मैंने चुनावों को लेकर कोई सलाह तो दी नहीं थी। हां, एक ही दिन मैंने जयप्रकाश नारायण और इंदिरा गांधी को खत लिखा था। इंदिरा गांधी को अंग्रेजी में और जयप्रकाश नारायण को हिंदी में पत्र लिखा। मैंने जेपी को लिखा कि 'जो लोग आपके साथ आ रहे हैं, उनका संपूर्ण क्रांति से कोई लेना-देना नहीं है। ये लोग आपके साथ

सिर्फ इसलिए हैं ताकि इनको 'पावर पॉलिटिक्स' में हिस्सेदारी मिल सके और ये नौजवान नेता आने वाले दिनों में जातियों के नेता हो जाएंगे। अंतिम लक्ष्य तक पहुंचने के लिए ये लोग आपको भी भूल जाएंगे।' इंदिरा गांधी को लिखा कि 'कम्युनिस्ट आपको आगे बढ़ा रहे हैं। आपके और जेपी के बीच झगड़ा होगा तो देश का भारी नुकसान होगा। आदर्शों और सिद्धांतों पर आपका उनसे मतभेद नहीं है।' मैंने एक सार्वजनिक बयान दिया कि देश को आज जेपी की 'मॉरल ऑथिरिटी' और इंदिरा गांधी की 'स्टेट पावर' की जरूरत है। दोनों को मिलाकर देश का भला हो सकता है। अन्यथा देश पर खतरों के बादल मंडरा रहे हैं। किसी ने मेरी बातों को गंभीरता से नहीं लिया। एक समय लग रहा था कि जेपी और इंदिरा गांधी में समझौता हो जाएगा। जब समझौता करीब-करीब फाइनल स्टेज में पहुंच गया तो हमारे मित्र रामनाथ गोयनका और गंगा बाबू ने उसमें अड़ंगा लगा दिया। जयप्रकाश नारायण का वेलूर के एक अस्पताल में ऑपरेशन हुआ था। मैं उनसे मिलने गया। हमारे साथ कृष्णकांत भी थे। रामनाथ गोयनका जयप्रकाश नारायण की देख-रेख कर रहे थे।

जेपी ने मुझे बुलाया। उन्होंने कहा कि आप रुक जाइए कुछ जरूरी बात करनी है। मैंने उनसे कहा कि डॉक्टर ने आपको बात करने से मना किया है। आप सात-आठ दिन आराम कीजिए। जेपी ने आग्रहपूर्वक कहा कि नहीं, तब तो आप इधर-उधर की राजनीति में फंस जाएंगे। मैंने उनसे कहा कि अगले सप्ताह आता हूं फिर बैठ कर बात करूंगा। जेपी ने कहा, आने का वादा करते हो? मैंने आपसे कुछ कहा हो और नहीं किया, ऐसा तो अभी तक हुआ नहीं, यह कहकर मैं वापस आ गया। फिर अगली बार मिलने से पहले मैंने सोचा कि इंदिरा गांधी से जरा मिलकर कुछ बात की जाए। अखबारों में मेरे और इंदिरा गांधी के झगड़ों के बारे में अकसर खबरें छपा करती थीं। हकीकत इनसे इतर थी। मेरा इंदिरा गांधी के साथ कभी झगड़ा नहीं हुआ। मैंने मद्रास जाने से पहले इंदिरा गांधी के सेक्रेटरी शेषन, प्रधानमंत्री के दफ्तर को फोन किया। इंदिरा गांधी से मिलने का समय मांगा। शेषन ने विनम्रतापूर्वक पूछा कि कल सुबह आएंगे? मैंने उनसे कहा कि शाम चार बजे मद्रास जाना है और उसके पहले मिलना जरूरी है। इस पर शेषन ने हंसते हुए कहा कि फिर समय क्यों पूछ रहे हैं, आ जाइए। मैं सीधे संसद भवन पहुंचा। इंदिरा गांधी से कहा कि 'मैं जेपी से मिलने मद्रास जा रहा हूं। आपसे जानना चाहता हूं कि आप जेपी से झगड़ा करना चाहती हैं या मेलजोल का विचार है?'

उन्होंने तुरंत जवाब दिया कि मैं तो झगड़ा नहीं करना चाहती। मैंने उनसे पूछा कि क्या मैं जेपी से बात करूं? इंदिरा गांधी से बात कर मैं जेपी से मिलने

गया। जेपी से बात भी हुई। मद्रास से लौटने के बाद इंदिरा गांधी ने मुझे बुलाया। उन्होंने मुझसे पूछा कि अब आपकी क्या राय है? मैंने इंदिरा गांधी से कहा कि आपने जो जयप्रकाश नारायण के बारे में बयान दिया है उसे लेकर उन्हें एक पत्र लिखें। इंदिरा गांधी ने पूछा कि क्या जेपी इस पर पुनर्विचार करेंगे? मैंने कहा कि जेपी अवश्य जवाब देंगे। इंदिरा गांधी अच्छे मूड में दिख रही थीं। उन्होंने कहा कि मैं जेपी को अभी पत्र लिखती हूं। इंदिरा गांधी ने जेपी को पत्र भिजवाया। बाद में मुझे बताया कि "एक अच्छा-सा पत्र मैंने जेपी को भेज दिया है।" इंदिरा गांधी का पत्र पढ़कर जेपी बहुत प्रसन्न हुए। रामनाथ गोयनका ने पत्र देखने के बाद कहा कि सब तो ठीक है लेकिन इंदिरा गांधी ने पूंजीपतियों और जेपी के संबंधों को लेकर जो कहा था, उसके बारे में कुछ नहीं लिखा है। उन्होंने उमाशंकर दीक्षित से एक बयान दिलवा दिया। उन्होंने जेपी की खूब तारीफ की लेकिन हमारे मित्रों ने जेपी के कान भर दिये। जेपी भावुक आदमी थे। नाराज हो गये। अस्पताल से निकलकर जब पटना पहुंचे तो वहां जबर्दस्त स्वागत हुआ। उसके बाद समझौते का सवाल नहीं रह गया था।

**जब जयप्रकाश नारायण दिल्ली आये तो इंदिरा गांधी से मुलाकात हुई थी। क्या वजह रही कि मुलाकात किसी सकारात्मक परिणाम तक नहीं पहुंच सकी?**

एक दिन किसी ने कहा कि जयप्रकाश नारायण दिल्ली आये हुए हैं। जेपी जब भी दिल्ली आते थे तो मुझे पहले ही खबर कर देते। मुझे यह सुनकर आश्चर्य हुआ। खैर, मैं उनसे मिलने गया। वे गांधी शांति प्रतिष्ठान में रुके हुए थे। जयप्रकाश नारायण ने मुझसे कहा कि बड़ी दुविधा में हूं। समझ में नहीं आ रहा है कि क्या करूं? मैंने पूछा, बात क्या है? एक पेचीदा बात है लेकिन मुझसे कहा गया है कि मैं आपको न बताऊं। अगर ऐसा करता हूं तो खुद को बहुत बुरा लगेगा। मैंने कहा कि अगर आपको मना किया गया है तो मत बताइए। मेरी भी कोई दिलचस्पी नहीं है। उन्होंने एक कागज निकालकर मुझे दिया। जयप्रकाश नारायण ने कहा कि आप इसे पढ़कर अपनी राय बताइए। मैंने कागज पढ़कर उनसे कहा कि अगर इंदिरा गांधी की ओर से यह प्रस्ताव रखा गया है तो आपको समझौता कर लेना चाहिए। जयप्रकाश नारायण ने कहा कि आप सोचकर बताइए। मैंने तुरंत कहा कि इसमें सोचने की कोई बात नहीं है क्योंकि समझौते के लिए इससे अच्छा कोई दूसरा रास्ता नहीं हो सकता। उस ड्राफ्ट में वे सारे मुद्दे थे जिनको लेकर बिहार आंदोलन चल रहा था। बिहार विधानसभा तुरंत निलंबित करने का प्रस्ताव था और थोड़े दिनों बाद उसे भंग करने की बात थी। और यह

भी लिखा था कि उसके थोड़े दिनों बाद चुनाव करवा लिया जाये। और भी कई बातें लिखी हुई थीं। मैंने जयप्रकाश नारायण से कहा कि बर्खास्तगी के लिए दबाव न डालें। पहले सस्पेंशन ऑर्डर निकलने दीजिए। फिर जयप्रकाश नारायण ने कहा कि एक और बात करना चाहता हूं। इंदिरा गांधी को यह मालूम है कि आप हमारे नजदीकी हैं। फिर इंदिरा गांधी ने यह ड्राफ्ट आपके माध्यम से क्यों नहीं भिजवाया और यह क्यों कहा गया कि आपको न मालूम हो? मैंने कहा कि इसका जवाब तभी दे सकता हूं जब आप मुझे यह बताएं कि यह ड्राफ्ट लेकर कौन आया था? जेपी चुप हो गये। थोड़ी देर बाद बताया कि श्यामबाबू और दिनेश सिंह लेकर आये थे। मैंने कहा कि इसके आधार पर समझौता नहीं होगा। इसका प्रयोजन केवल इतना है कि यह लोगों को मालूम होना चाहिए कि आपसे बात हो रही है। मुझसे यह ड्राफ्ट गोपनीय रखने का कारण स्पष्ट है। अगर मेरी जानकारी में यह ड्राफ्ट होता और मेरे द्वारा भेजा जाता तो मैं इस बात पर जोर देता कि एक बार सहमति हो जाने के बाद प्रधानमंत्री इसे स्वीकार करें। अगर नहीं मानतीं तो इसको सार्वजनिक रूप से कहता।

जेपी से जब बात हो रही थी, उस समय शाम के 7.30 बज रहे थे। नौ बजे उनको इंदिरा गांधी से मिलना था। जयप्रकाश नारायण इंदिरा गांधी के पास गये। इंदिरा गांधी ने कहा कि बाबूजी को भी बुला लो। बाबूजी मतलब जगजीवन राम। वे पहले ही ड्राफ्ट पढ़ चुके थे। फिर भी इंदिरा गांधी ने बाबूजी से ड्राफ्ट पढ़वाया। उन लोगों का ड्रामा देखिए। पढ़ते ही जगजीवन राम ने कहा कि विधानसभा निलंबित करने तक की बात ठीक है लेकिन ड्राफ्ट में विधानसभा भंग करने की बात क्यों है? इसके बारे में अभी से वादा क्यों किया जाए? किसी के कहने मात्र से विधानसभा को भंग कैसे किया जा सकता है? ड्राफ्ट से इसे निकाल दें। इंदिरा गांधी और जयप्रकाश नारायण चुप हो गये। जयप्रकाश नारायण चुपचाप पांच-सात मिनट बैठे रहे फिर उठकर चले आये। उस एक घटना से देश का बड़ा भारी नुकसान हुआ। आज की स्थिति देखने के बाद तो यह स्पष्ट हो ही गया है।

आज की राजनीति में अवसरवादी राजनीतिज्ञों की संख्या कुछ ज्यादा ही हो गयी है, जिसका परिणाम हमें भुगतना ही होगा। पहले भी अवसरवादी राजनीतिज्ञों की अतिमहत्त्वाकांक्षाओं का परिणाम देश भुगत चुका है। अब धीरे-धीरे पुरानी बातें खुलकर सामने आने लगी हैं और जनता उसके परिणामों को समझ रही है। आज की राजनीति को देखने से लगता है कि आज नहीं तो कल देश से लोकतंत्र समाप्त हो जाएगा। जहां राजनीति इस स्तर पर पहुंच जाए, वहां लोकतंत्र नहीं टिक सकता। बेनजीर और नवाज एक-दूसरे को गाली देते रहे और मुशर्रफ साहब

आ गये। ऐसी ही हालत में जनरल इरशाद भी आये थे। यही हालत नेपाल में है। सोनिया गांधी को लोकतंत्र की क्या समझ है! कांग्रेसी कहते हैं 'सोनिया गांधी जिंदाबाद' और उन्हें लगता है, इसी को लोकतंत्र कहते हैं।

**इस स्थिति तक हम कैसे पहुंचे?**

क्या कीजिएगा? अयोग्य लोग महत्त्वपूर्ण जगहों पर पहुंच गये हैं। पत्रकारिता का भी यही हाल है। इलेक्ट्रॉनिक मीडिया ने और बेड़ा गर्क किया है। दूसरा कारण जरा ज्यादा कठोर है। जो लोग आज राजनीति में आ रहे हैं, उनकी दिलचस्पी भारत को जानने की नहीं है। अच्छी अंग्रेजी बोलने को ये लोग सबसे बड़ा गुण मानते हैं। इससे देश का भला हो सकता है क्या? इसका निर्णय जनता ही करे तो बेहतर है।

***इस बातचीत से आपातकाल के लागू होने का रहस्य पता चलता है तो नीचे के पैरे से आखिरी दिनों की हलचलों पर थोड़ी रोशनी पड़ती है।***

*"उन दिनों यह चर्चा भी थी कि कुछ लोगों ने सरकार के पास माफीनामा भेजा है। उनमें कुछ बड़े नेताओं का नाम भी लिया जाता था। बाद में मुझे जो सूचना मिली, उससे एक सदमा लगा कि यदि इंदिरा गांधी आपातकालीन स्थिति को समाप्त नहीं करतीं और चुनाव की घोषणा नहीं होती तो बहुत-से लोग किसी प्रकार मुक्त होना चाहते थे। कितनी निर्बल थी इन मित्रों की संकल्पशक्ति! आज उन्हीं में से कुछ अपने शौर्य और साहस का बखान करते नहीं थकते। यह सुनकर यही भाव मन में आता है कि किस प्रकार अपने को धोखे में रखने में ये लोग तनिक भी नहीं सकुचाते और समाज भी उन्हें किस प्रकार मान्यता देता है!"*

***चंद्रशेखर, जिंदगी का कारवां, पृष्ठ संख्या 108***

*"चुनाव नतीजे के बाद मैं एक बार फिर इंदिरा गांधी से मिला। उनसे पूछा कि इमरजेंसी लगाने की सलाह आपको किसने दी थी? आखिर वे इस हद तक क्यों गई? जब हम लोग मिले तो थोड़ी देर चुप्पी छाई रही। मैंने चुप्पी तोड़ते हुए पूछा : इंदिरा गांधी, आप कैसी हैं? उन्होंने कहा कि ठीक हूं। फिर उन्होंने कहा : आप कैसे हैं? मैंने भी 'ठीक हूं' का औपचारिक उत्तर दिया। मैंने उसके बाद पूछ ही लिया कि आप इस हद तक कैसे चली गईं?*

*उनका जवाब था : चंद्रशेखर जी, लोगों ने मुझे गलतफहमी में डाल दिया। इसीलिए उन्होंने आर.के. धवन के द्वारा दिये गए पत्र मुझे दिखाए, जिनमें उन्हें गलत सलाह दी गई थी।"*

**चंद्रशेखर, *जिंदगी का कारवां*, पृष्ठ संख्या 111-112**

## जेल डायरी से...

*"आज अकाली दल के सूत्रों से यह समाचार मिला कि विरोधी पक्ष के नेता शीघ्र ही राष्ट्रपति से मिलकर आपातकालीन स्थिति समाप्त करने के लिए अनुरोध करनेवाले हैं। देश की स्थिति के बारे में कोई विवरण राष्ट्रमंडलीय संसदीय अधिवेशन के प्रतिनिधियों में वितरित करने का भी कार्यक्रम है। इन्हें ऐसा विश्वास है कि उच्चतम न्यायालय के निर्णय के पूर्व ही इंदिरा गांधी विरोधी दलों से बातचीत के आधार पर कोई समझौता करनेवाली हैं, पर मुझे ऐसी कोई संभावना दिखाई नहीं देती। जो परिस्थिति है, उसमें इंदिरा गांधी के लिए ऐसी कोई विवशता नहीं है कि वे इस प्रकार का कदम उठाएं। कम से कम प्रकट रूप में तो कुछ ऐसा दीखता नहीं। यह आशा करना कि अचानक उनमें हृदय-परिवर्तन हो गया है, कुछ लोगों की कामना जरूर हो सकती है, वास्तविकता तो नहीं लगती। यह संभावना हो सकती है कि कुछ लोगों से बातचीत करके थोड़े-से लोगों को जेल से रिहा कर दिया जाये, यह सिद्ध करने के लिए कि सरकार प्रतिशोध की भावना से किसी हठवादिता पर नहीं अड़ी हुई है।"*

***29 अक्टूबर, 1975***

*"आज जस्सू (जसवंत सिंह मेहता) फिर आया। मैंने उससे कहा कि वह जो चाहे करे, किंतु मेरी ओर से कुछ भी नहीं करे। यदि मुझे प्रधानमंत्री से कोई बात करनी होगी तो जेल से बाहर होने के बाद ही करूंगा। मैं इतना अवश्य पूछना चाहता हूं कि यह सब रोष किस बात पर है? मोहन का पत्र मुझे दिखाया। बाद में उसने उन बातों का भी जिक्र किया जो उसके और ॱइन के बीच हुई थी। मोहन अत्यंत साहसी है और आशावादी भी। मेरी समझ में उसकी बातें न पहले आती थीं, न अब।"*

***4 जनवरी, 1977***

*"आज ब्रह्मानंद ने प्राण और किशोर के विचारों के बारे में जो सूचना दी,*

*वह कल जस्सू द्वारा दी गयी सूचना के बिलकुल विपरीत है। संयोगवश मैंने अपने विचारों को बदला नहीं क्योंकि मुझे कुछ ऐसा लग रहा था कि इसमें आत्मसम्मान की बलि चढ़ानी होगी, यदि इन मित्रों की भावनाओं से मैं प्रभावित हो जाऊं। आज इससे दुखद आश्चर्य हुआ कि जो मेरे विचार थे, उसी का प्रतिपादन वे भी करते हैं पर जस्सू ने उसका दूसरा अर्थ कैसे लगाया, यह कुछ समझ में नहीं आता। जस्सू की बातों से मोहन बहुत प्रभावित हुआ है। मोहन के पत्र से जस्सू भी संतुष्ट जान पड़ता है। बड़ी आशा से उसने प्रधानमंत्री से मिलने का कार्यक्रम बनाया था। पता नहीं उसका यह मनसूबा पूरा हुआ या नहीं। सामान्यतः प्रधानमंत्री जस्सू को यह गौरव नहीं देना चाहेंगी कि वह मध्यस्थ बनकर पहल करे। यदि वह मिल भी सका तो उसका कोई परिणाम निकलनेवाला नहीं। यदि उसे थोड़ा भी उत्साहवर्द्धक संकेत मिला होता तो जस्सू आज फिर मिलने आया होता। पर आज उसका पता नहीं लगा, इस तरह की बातों पर हंसी भी आती है और दुख भी होता है। क्या करे कोई इन परिस्थितियों में, यह निर्णय कर पाना कठिन हो जाता है। ये बेचारे दोनों तरफ की दुविधा में पड़े हुए हैं।''*

**5 जनवरी, 1977**

*''मोहन से थोड़ी देर के लिए बात हुई। अपने पत्र की बात कर रहा था, मैं क्या कहूं उससे। उसके अनुसार उसने पत्र को इस शर्त के साथ दिया था कि उसका सार्वजनिक रूप से प्रचार न हो, पर जस्सू कब मानने वाला था! उसे तो औरों को बताना ही था कि वह कुछ सक्रिय भूमिका निभा रहा है। मुझे आश्चर्य केवल एक बात पर होता है कि मोहन अब भी कैसे विश्वास करता है कि इंदिरा गांधी को उसके सहयोग की अपेक्षा है? सारे पत्र की भाषा और भाव से यही परिलक्षित होता है मानो किसी गलतफहमी में रूठे हुए दो व्यक्ति एक-दूसरे को समझाने और अपनी सद्भावना और ममत्व का परिचय देने का प्रयास कर रहे हों। राजनीति के निर्मम दांवपेंच में उसका कितना स्थान है, यह तो उसे बहुत पहले जान लेना चाहिए था।''*

**6 जनवरी, 1977**

*''सरकार हमें यहां इसलिए ले आयी है कि कोई बातचीत हो सके। ये पूछते रहते हैं कि अभी शीघ्र कोई निर्णय हो सकेगा या नहीं? यह एक ऐसा प्रश्न*

है जिसका उत्तर मेरे पास तो है नहीं। सरकार के इरादों से मैं पूरी तरह अनभिज्ञ हूं। मैं सोच भी नहीं सकता कि हम लोगों से भला क्या बात करनी होगी सरकार को? क्या आधार हो सकता है किसी भी बातचीत का? मैं तो इस संभावना को निराधार मानता हूं। कारागार से मुक्त करने की बात हो सकती है, किंतु बातचीत चलाने का न कोई अर्थ है और न सरकार के लिए कोई आवश्यकता ही। हम लोगों द्वारा बात करना अशोभनीय है और अनुचित भी। इस तरह तरह-तरह की चर्चाएं तो चल ही रही हैं।

आज से संगठन कांग्रेस की कार्यसमिति की दिल्ली में बैठक हो रही है, जिसमें विरोधी पक्ष के लोगों की एकता के प्रश्न पर विचार किया जाएगा। साथ ही इंदिरा गांधी ने अशोक को जो पत्र लिखा है, उस पर भी विचार होगा। उस पत्र से प्रधानमंत्री का मंतव्य स्पष्ट रूप से समझ पाना कठिन है, इसलिए उसके आधार पर आगे के लिए योजना बनाना अवास्तविक होगा। उस पत्र की भाषा से ऐसा नहीं लगता कि इंदिरा गांधी विरोधी पक्ष के लोगों से बात करने को तैयार हैं। उससे तो केवल यही आभास मिलता है कि वे पूर्ण आत्मसमर्पण चाहती हैं। कोई सम्मानजनक रास्ता निकालने की न उनकी इच्छा है और न उसकी आवश्यकता। बरुआ ने विरोधी पक्ष के अस्तित्व की विसंगतियों का बखान किया। इंदिरा गांधी उस भाषा का प्रयोग नहीं करतीं। किंतु भाव वही प्रकट करती हैं—कुछ अधिक चतुराई के साथ। ऐसी स्थिति में बातचीत के लिए कोई राह ढूंढ़ पाना सुगम नहीं होगा। विरोधी पक्ष के लोगों के बीच एकता की बात इतने दिनों से चल रही है पर कुछ प्रगति होती नहीं दीख पड़ती। यदि ये सब लोग मिल भी जाएं तो जो प्रवृत्ति दिखाई देती है, उससे तो यही आभास मिलता है कि यह एकता कुछ अधिक स्थायी नहीं हो सकेगी। इन लोगों में कुछ नया उत्साह ही पैदा कर सकेगी। किंतु जो भी हो, भारतीय राजनीति का यह एक ऐसा अध्याय है जिसे अनदेखा नहीं किया जा सकता। इस दिशा में शीघ्र कोई निर्णय हो तो भविष्य के लिए कोई राह निकले, अन्यथा इसी उधेड़बुन में पड़े रहकर राजनीतिक शक्तियों का कोई नया ध्रुवीकरण संभव नहीं हो सकेगा। परिणाम जो भी हो, यह नित्य की चर्चा एक किनारे लगनी ही चाहिए।''

*8 जनवरी, 1977*

# आंतरिक सुरक्षा

**आंतरिक सुरक्षा पर केंद्र सरकार क्या अपना दायित्व पूरा कर रही है?**

आंतरिक सुरक्षा की समस्या बहुआयामी है और संभवतः उसका समाधान भी अलग-अलग क्षेत्रों में अलग-अलग होगा। मसलन पूर्वोत्तर के सीमांत इलाकों की समस्या क्षेत्रीय एवं जनजातीय अस्मिताओं से जुड़ी है। भारत जैसे बहुलतावादी राष्ट्र में इन अस्मिताओं को मान्यता देकर मामले को सुलझाने में कोई दिक्कत नहीं आनी चाहिए। नागालैंड में बातचीत की जो प्रक्रिया शुरू की गई, वह सही दिशा में उठाया गया कदम था। वर्तमान सरकार भी उसे जारी रख रही है, यह उचित है। असम के विभिन्न जातीय समूहों के संबंध में थोड़ी सावधानी के साथ इस नीति को लागू करने में कोई दिक्कत नहीं होनी चाहिए। लेकिन संबंधित पक्षों को भी यह बात स्पष्ट रूप से समझनी चाहिए कि भले ही इसे बातचीत के लिए एक शर्त के रूप में न रखा जाए, परन्तु राष्ट्र की प्रभुसत्ता सौदेबाजी का विषय नहीं हो सकती। देश के संवैधानिक ढांचे में ऐसे जनजातीय समूहों के पारंपरिक जीवन और विशिष्ट सांस्कृतिक पहचान की रक्षा के लिए पहले से ही प्रावधान मौजूद हैं। उसके दायरे में ऐसी समस्याओं के समाधान की पूरी गुंजाइश है। मिजोरम की समस्या जिस प्रकार हल की गई, वह एक उदाहरण है।

परंतु देश के भीतरी भागों और विशेषकर आदिवासी इलाकों में नक्सली समस्या का बढ़ता दायरा ऐसा प्रश्न है जिस पर एक अलग सोच की जरूरत है। उत्तरप्रदेश, बिहार, झारखंड, उड़ीसा, छत्तीसगढ़, महाराष्ट्र में समाज के वंचित तबकों के विभिन्न उग्र वामपंथी संगठनों की ओर झुकाव को केवल कानून-व्यवस्था की समस्या या कुछ दिग्भ्रमित युवाओं की समस्या समझना एक भारी भूल होगी। पुलिस और प्रशासन इस तरह की समस्याओं को कानून-व्यवस्था की समस्या ही समझता है। थोड़े दिनों पूर्व उत्तर प्रदेश के नौगढ़ इलाके में नक्सलपंथियों द्वारा किए गए बारूदी सुरंग के विस्फोट में पीएसी के 17 जवानों की मौत ने शासन

और प्रशासन दोनों को ही बुरी तरह झकझोर दिया। उसके बाद उत्तरप्रदेश, बिहार, झारखंड और छत्तीसगढ़ के पुलिस अधिकारियों की जो संयुक्त बैठक हुई। उसमें मुख्यतः कानून-व्यवस्था का दृष्टिकोण ही परिलक्षित हुआ। ऊपर से देखने पर भले ही यह कानून-व्यवस्था की समस्या लगती हो, लेकिन इसकी जड़ें हमारी सामाजिक-आर्थिक संरचना में निहित हैं। विश्व के समृद्ध देशों से होड़ लेने के चक्कर में हमारे नीति-निर्माता अपने देश की वास्तविकताओं से आंख मूंद कर चलना चाहते हैं। अपनी ही जगह जमीन से बेदखल, गरीबी का दंश झेलते हुए आदिवासी या खेतिहर मजदूर तथा स्कूलों और कॉलेजों से निकलकर हाथ में डिग्री-डिप्लोमा लिए छोटी-छोटी नौकरियों के लिए सरकारी दफ्तरों और औद्योगिक संस्थानों में भटकते नौजवान—जिनके लिए भविष्य के सब द्वार बंद दिखाई देते हैं—राष्ट्रीय और अंतर्राष्ट्रीय संगठन वास्तविकताओं की ओर हमें सचेत करते रहते हैं। परंतु नीति-निर्माता और शासक केवल विकास-दर की औसत और शेयर बाजार के उतार-चढ़ाव पर अपनी निगाहें टिकाए एक सुखद भविष्य की तस्वीर बनाते रहते हैं। वे यह समझ ही नहीं पाते या समझना ही नहीं चाहते कि पूंजी के वैश्विक प्रवाह के साथ-साथ गरीबी का भी वैश्वीकरण हो रहा है। अविकसित और विकासशील देशों के बीच बढ़ती खाई और स्वयं इन देशों में अमीरों और गरीबों के बीच सुख-सुविधाओं का बढ़ता अंतर वंचितों के अंदर बेचैनी की ऐसी ज्वाला धधका रहा है जो ज्वालामुखी के लावे की तरह फूट रहा है। पड़ोसी देश नेपाल में माओवादियों की बढ़ती हुई गतिविधियां अब हमारे सीमांत पर भी दस्तक दे रही हैं। पुलिस और प्रशासन कंटीले तार लगाकर इस बाढ़ को रोकना चाहते हैं। संभव है कि इससे नशीली दवाओं और हथियारों की तस्करी रोकने में मदद मिले; परंतु विचारों का प्रवाह तो इससे नहीं रुकता। यह तथ्य अब किसी से छिपा नहीं है कि नेपाल के माओवादियों और भारत के विभिन्न नक्सली गुटों के बीच अच्छा तालमेल है। अपने देश के विभिन्न नक्सली गुट भी आपस में समन्वय बनाने के प्रयास में हैं। नेपाल के माओवादियों का भारत विरोधी प्रचार और उत्तर प्रदेश के महाराजगंज, बलरामपुर, सिद्धार्थनगर और बहराइच से लगे इलाकों में उनकी बढ़ रही गतिविधियां निश्चय ही चिंतनीय हैं। उत्तरांचल के पिथौरागढ़ से सटे इलाके में माओवादियों के प्रशिक्षण शिविरों की जानकारी भी शासन को है। आंध्रप्रदेश, झारखंड, छत्तीसगढ़ और बिहार के कुछ इलाकों में नक्सलपंथी समानांतर सरकार चलाने का प्रयास करते रहते हैं। पीपुल्स वार ग्रुप और एमसीसी के विलय के बाद उत्तरप्रदेश के सोनभद्र, मिर्जापुर और चन्दौती जिलों के कुछ भागों में वे ऐसा ही प्रयास कर रहे हैं। यह समस्या ऐसी नहीं है कि जिसे पुलिस और प्रशासन

के भरोसे छोड़ दिया जाए। केंद्र और प्रदेश की सरकारों को चाहिए कि अंतर्राष्ट्रीय श्रम संगठन और कामनवेल्थ ह्यूमन राइट्स इनीशिएटिव द्वारा देश में बढ़ती हुई गरीबी और उससे उत्पन्न समस्याओं के बारे में जो रिपोर्ट दी गई है, उन्हें ठंडे बस्ते से निकालकर देखें। तीन साल पूर्व ही इनीशिएटिव ने अपनी रिपोर्ट में कहा था कि ग्रामीण गरीब दलितों की आमदनी 225 रुपये प्रतिमाह से भी कम है। तथाकथित विकसित राज्यों महाराष्ट्र और तमिलनाडु में भी यही हाल है। उत्तरांचल समेत उत्तर प्रदेश उसी श्रेणी में हैं। आजादी के पांच दशक बीतने के बाद भी अगर इन तबकों को सामाजिक-आर्थिक न्याय नहीं मिल रहा है तो इनका चरमपंथी आंदोलनों की ओर झुकना क्या कोई आश्चर्य की बात है? पुलिस महकमा और प्रशासन तो बारूदी सुरंगों की विस्फोट से सावधान हो रहा है। क्या हमारा राजनीतिक नेतृत्व भी अपनी जिम्मेदारियों का अहसास करेगा?

**'रॉ' का एक बड़ा अफसर अमेरिका में शरण लिए हुए है। पिछली सरकार के एक बड़े आदमी ने उसके बारे में जानकारी छुपाई और उसे देश से जाने दिया?**
'रॉ' का जो अधिकारी देश छोड़कर लापता हो गया, उसके बारे में 'रॉ' को जानकारी हो गयी थी कि वह किसी दूसरे देश को आवश्यक सूचनाएं उपलब्ध करा रहा था। इसके बावजूद उक्त अधिकारी का पलायित हो जाना निश्चित रूप से गंभीर चिंता का विषय है। 'रॉ' के अलावा भी जो खुफिया एजेंसियां हैं, उनकी भी हालत बहुत अच्छी नहीं मालूम होती। कारगिल युद्ध के बाद यह तथ्य उजागर हुआ था कि सैन्य खुफिया तंत्र में उचित तालमेल का अभाव था। उसकी कीमत देश को लगभग 500 जवानों और अफसरों की जान से चुकानी पड़ी थी।

जो समाचार छन-छनकर आ रहे हैं, उनसे पता चल रहा है कि प्रधानमंत्री 'रॉ' की वर्तमान स्थिति से चिंतित हैं। इसमें कोई संदेह नहीं है कि खुफिया तंत्र के बारे में काफी गोपनीयता बरती जाती है। परंतु जब उस तंत्र की कमियां समाचार माध्यमों से देश के सामने आती हैं तो सरकार का कर्तव्य हो जाता है कि वह देश की जनता को विश्वास में ले और उसे अवगत कराये कि उन खामियों के लिए जिम्मेदार कौन लोग हैं और यह बताए कि उनके विरुद्ध क्या कार्रवाई की गयी। इससे जहां जनता के मन में देश की सुरक्षा को लेकर उभरती आशंकाएं दूर होंगी, वहीं खुफिया तंत्र में काम करने वाले अपनी जिम्मेदारी के प्रति अधिक सतर्कता से काम करेंगे।

'रॉ' सहित अन्य खुफिया एजेंसी के पुनर्गठन के प्रश्नों को दलीय चश्मों से देखने की बजाय उन्हें एक राष्ट्रीय परिप्रेक्ष्य में देखा जाए और इन पर एक आम सहमति बनाने का प्रयास किया जाए।[20]

# कश्मीर

**भारत-पाकिस्तान की बातचीत चल रही है। इसका ऐतिहासिक संदर्भ क्या है? भारत-पाकिस्तान समस्या का हल क्या संभव है?**

हल तो होगा। कब और कैसे होगा, यह विश्वास के साथ कहना मुश्किल है। हिंदुस्तान हो या पाकिस्तान, जो भी हल करने चला, यह सोचकर नहीं चला कि समस्या को हल करना है। जिस दिन यह प्रवृति खत्म हो जाएगी, हल का रास्ता उसी दिन निकलेगा। सार्क सम्मेलन में मेरी मुलाकात नवाज शरीफ से हुई। हम अकेले थे। मैंने कहा कि नवाज साहब, कोई भी पाकिस्तानी प्रधानमंत्री लोंगों को कश्मीर नहीं दिला सकता और जो लड़ाई के बारे में सोचते हैं तो मैं आपको बता दूं कि लड़कर तो आप कभी कश्मीर ले नहीं सकते हैं क्योंकि लड़ाई में तो कभी जीतेंगे नहीं। कुछ लोगों को मार भले ही सकते हैं। मामला हमने और आपने शुरू नहीं किया है। मामला उसी दिन शुरू हुआ जिस दिन देश दो हिस्सों में बंट गया। हमने उनसे कहा, हमारे लिए कश्मीर जमीन का सवाल नहीं है, सवाल सिद्धांतों का है। और जिस दिन हम आपको कश्मीर देंगे, उस दिन एक ही सवाल उठेगा कि क्या बारह करोड़ मुसलमान भी साथ जाएंगे? नवाज शरीफ कहने लगे, यह कैसे हो सकता है? पर भारत की कोई भी सरकार अगर कश्मीर देगी, उसको उसी दिन यहां हिंदू राष्ट्र बनाने के लिए तैयार रहना पड़ेगा और जब हिंदू राष्ट्र बनेगा तो मुसलमान बेचारा कैसे रहेगा? हमने उनसे पूछा कि आपके पास रास्ता हो तो बताएं? तो वे बोले, रिश्ते कैसे सुधरेंगे? हमने उनसे साफ शब्दों में कहा कि कश्मीर भूल जाइए और दोस्ती की शुरुआत पंजाब से करें। हमने उनको दस-पंद्रह लोगों की सूची दी और कहा कि वे लोग आपके देश में छिपे हैं। इन्हें कहिए, आकर बात करें और अगर बातचीत सफल नहीं होती तो जहां से ये लोग आएंगे, वहां उन्हें सुरक्षित पहुंचा दिया जाएगा। पहले दिन कश्मीर पर बात शुरू होती है। दूसरे दिन कहते हैं कि हम बात पर अड़े रहेंगे। समस्या तो पंजाब में भी थी।

इससे अलग ही सही रास्ता निकला न! समस्या तो हल हुई। अच्छा है, हल हो गयी। कश्मीर पर बातचीत हो रही है, समस्या का समाधान खोजा जा रहा है। लेकिन कश्मीरी पंडित कश्मीर से बाहर हैं। यही बात अगर हम कहें तो तुरंत सभी कहने लगेंगे कि संघी हो गये हैं। कश्मीर समस्या सुलझाने के लिए खुली बातचीत होनी चाहिए और उन लोगों को बातचीत करनी चाहिए जो थोड़ा खतरा मोल लेने को तैयार हों।

**कश्मीरी पंडितों की बात कोई नहीं कर रहा है?**
कोई नहीं करेगा। क्योंकि लोग समस्या का हल नहीं चाहते। तीन लोगों को इराक में बंधक बना लिया तो इतना सब कुछ हुआ। अखबारों ने लिखा, जो सात लाख हैं, उन्हें कोई पूछ ही नहीं रहा है।

**कश्मीर समस्या हल करने में अमेरिका की क्या भूमिका हो सकती है?**
अमेरिका जो भी करेगा, अपने हितों को ध्यान में रखकर ही करेगा और वही कर भी रहा है। अमेरिका को सबसे ज्यादा खतरा चीन से है। वह चीन में अपनी पैठ बनाना चाहता है। इसके लिए उसे नेपाल और कश्मीर जैसी जगहों पर पैर जमाने के लिए जगह चाहिए और यह तभी संभव है जब लड़ाई हो। इस देश की एक बड़ी समस्या है कश्मीर। अमेरिका क्यों चाहेगा कि पाकिस्तान से भारत के संबंध अच्छे हों? ठीक उसी तरह जैसे हिंदुत्व चलानेवालों के लिए कश्मीर की समस्या न सुलझे तो बेहतर। जो धर्मनिरपेक्ष होने का दावा करते हैं, वे भी दिखावे के लिए ही कश्मीर की समस्याओं का हल खोजते रहते हैं। दोनों अलग-अलग दिखते हैं लेकिन लक्ष्य एक ही है। अगर हिंदुस्तान-पाकिस्तान का झगड़ा न रहे तो आधे राजनीतिज्ञों का तो काम ही खत्म हो जाएगा। हमारे यहां आधे का खत्म होगा तो पाकिस्तान में एक-तिहाई का काम खत्म हो जाएगा।

**हाल ही में एक राष्ट्रीय पत्रिका में नवाज शरीफ का साक्षात्कार छपा। उन्होंने कहा है कि पाकिस्तानी सेना ने मई महीने में ही हमला किया था, इस जानकारी को वाजपेयी सरकार ने देश से छुपाया। बाकी जो कुछ हुआ, वह भी अमेरिकी दबाव के कारण?**
हमारे एक मंत्री मेरी मौजूदगी में किसी और से बात कर रहे थे। उन्होंने बताया कि बुश ने कैसी कॉफी पिलायी और यह बताते हुए वे काफी आह्लादित थे। अटलबिहारी वाजपेयी को व्हाइट हाउस में उसी कमरे में ठहराया गया, जहां कभी

जवाहरलाल को ठहराया गया था। अटलबिहारी वाजपेयी की बड़ी तारीफ हुई। अखबारों ने भी खूब छापा। टॉलबोट की सोलह बार जसवंत सिंह से बातचीत हुई। जसवंत सिंह के कमरे में टॉलबोट की सोलह तस्वीरें लगायी गयीं।

**अमेरिकी दबाव में काम कर रहे हैं? इनकी कोई मजबूरी है या मानसिकता?**
मानसिकता है, कमजोरी नहीं है। हमारे देश में ऐसी कोई चीज नहीं है, जिसके लिए किसी के दबाव में आएं, सिवाय कश्मीर के। लोग समझते नहीं कि आप लाख गुलामी कीजिए, कश्मीर पर आपके साथ वे कभी नहीं रहेंगे।

**यह मानसिकता लीडरशिप की है या नौकरशाही के स्तर पर भी यही समस्या है?**
ब्यूरोक्रेट बहुत ही जल्दी प्रभावित हो जाते हैं। ब्यूरोक्रेसी के खिलाफ कुछ बोलने में लीडरशिप बहुत घबराती है। उनकी गलतफहमी यह है कि वही विद्वान हैं, सब कुछ जानते हैं। नटवर सिंह सारी दुनिया के बारे में जानते हैं लेकिन अपने देश को नहीं जानते। सारी दुनिया को जानकर क्या करेंगे? सारी दुनिया के विदेशमंत्री तो नहीं हैं।

**कश्मीर के बारे में फार्मूले आते रहते हैं। इधर से भी, उधर से भी। उनसे कोई ईमानदारी होती है कि नहीं?**
जब आप ऐसे सवाल पूछते हैं तो हमें जवाब देने में डर लगता है। फार्मूला तो संघ वालों ने भी दे दिया है। जम्मू और लेह-लद्दाख हमारी हो जाये। घाटी को सॉफ्ट स्टेट बना दिया जाये। सीज फायर लाइन पर यूएनओ का बल तैनात कर दिया जाए। यह फार्मूला अभी तक जिंदा है।

**जो शिमला-समझौता हुआ था, उसमें हम लोगों से कुछ कमजोरी रह गयी थी? क्या इंदिरा गांधी कुछ दबाव में आयीं?**
मुझे मालूम नहीं। लेकिन इंदिरा गांधी को जितना मैं जानता हूं, वे किसी के दबाव में झुकने वाली नहीं थीं। दबाव से उनको कोई झुका नहीं सकता था। अब विचारों में मतभेद हो सकते हैं।

# नेपाल

**नेपाल की मौजूदा स्थिति के राजनीतिक संकेत क्या हैं?**

भारतीय जनमानस नेपाल नरेश द्वारा उठाए गए जनतंत्र विरोधी कदम से आहत है। हमने इसके पूर्व भी नेपाल की स्थिति पर चिंता प्रकट की थी। हम यह आशा कर रहे थे कि विश्व जनमत को देखते हुए नेपाल नरेश अपने कदम को पीछे हटाएंगे और नेपाल की बिगड़ती हुई स्थिति को संभालने की कोशिश करेंगे। परंतु जो संकेत मिल रहे हैं, वे यही बताते हैं कि नेपाल नरेश दुनिया के दूसरे तानाशाहों की तरह अपने को सर्वशक्तिमान समझकर और अधिक तेजी से जनतांत्रिक शक्तियों को कुचलने का अभियान जारी रखना चाहते हैं।

प्रेस-सेंसरशिप, भारतीय समाचार चैनलों पर पाबंदी, तानाशाही पूर्ण कदमों का विरोध करनेवालों के खिलाफ पुलिस और फौज का इस्तेमाल, अपने बल पर माओवादी संकट से निपटने के इरादे का इजहार—यह सब यही प्रकट करता है कि राजा एक खामख्याली के दौर से गुजर रहे हैं। राजशाही के विरुद्ध असंतोष और उसे पूरी तौर से समाप्त करने की आवाजें कोई आज एकाएक उठनी नहीं शुरू हुई हैं। लेकिन भारत समेत दुनिया के दूसरे देश यह समझकर एक वैधानिक राजतंत्र का समर्थन करते रहे कि यह नेपाल में बहुजातीय समाज को एक रखने में सहायक हो सकेगा। वैधानिक राजतंत्र के समर्थक, जिसमें नेपाल के सभी प्रमुख राजनीतिक दल गिने जा सकते हैं, एक आशा पाले हुए थे कि अंततोगत्वा नेपाल का राजतंत्र ब्रिटेन के राजतंत्र की तरह एक वैधानिक प्रमुख की भूमिका अदा करेगा। नेपाल नरेश ने एक फरवरी को जिस तरह देउबा सरकार को बर्खास्त कर सत्ता अपने हाथ में ली, उसने इसे दुराशा ही साबित किया। माओवादी तो पहले से ही राजतंत्र के खात्मे की मांग कर रहे थे। बदली परिस्थितियों में अगर भंग संसद में प्रतिनिधित्व पाए हुए दूसरे दल भी यह मांग करने लगें तो कोई आश्चर्य नहीं होगा। नेपाल नरेश ने स्वयं अपने व्यवहार से यह साबित कर दिया है कि

किसी प्रजातांत्रिक व्यवस्था और संविधान के अंतर्गत वे काम नहीं कर सकते। इसका परिणाम अंततोगत्वा क्या होगा, इसके बारे में इतिहास के किसी भी विद्यार्थी को संशय नहीं होगा।

**भारत की क्या भूमिका हो?**

भारत नेपाल में घट रही घटनाओं का मूकदर्शक नहीं रह सकता। केवल इसलिए नहीं कि नेपाल हमारा पड़ोसी देश है। नेपाल से हमारे रिश्ते एक पड़ोसी के रिश्तों से अधिक गहरे और आत्मीय हैं। कहने के लिए नेपाल और भारत दो देश हैं; परंतु इतिहास, भूगोल, भाषा, संस्कृति ने हमें एक ऐसे बंधन में बांध रखा है जो केवल सरकारों की संधियों का मोहताज नहीं है। बिना रोकटोक आवागमन, रहने-बसने की आजादी, वाणिज्य-उद्योग की अबाध छूट, दोनों देशों की विशेष स्थिति के द्योतक हैं। इन संबंधों को बहुत कुछ लिपिबद्ध भी किया जा चुका है। भारत सरकार ने नेपाल को दी जाने वाली सैनिक मदद को स्थगित कर उचित ही फैसला किया है। जो फौज अपने ही शांतिप्रिय नागरिकों को कुचलने में इस्तेमाल की जा रही हो, उसे सशक्त बनाने की वकालत कोई सिरफिरा राजनीतिज्ञ ही कर सकता है। उम्मीद की जानी चाहिए कि भारत-सरकार अपने इस दबाव को तब तक बरकरार रखेगी, जब तक कि नेपाल में प्रजातंत्र की बहाली नहीं हो जाती। भारत इस तथ्य को नजरअंदाज नहीं कर सकता कि नेपाल की घटनाओं के साथ उसकी सुरक्षा का प्रश्न भी जुड़ा हुआ है।

**नेपाल की जनता और उसके प्रतिनिधि इस दौर में क्या करें?**

वर्तमान स्थिति नेपाल के उन राजनीतिक दलों के लिए चुनौती है जो संसदीय जनतंत्र में विश्वास करते हैं। खासतौर से नेपाल के सबसे बड़े राजनीतिक दल नेपाली कांग्रेस के लिए। नेपाली कांग्रेस का जनतंत्र की स्थापना के लिए किया गया संघर्ष स्वर्णिम अक्षरों में लिखा गया है। परंतु ऐसा लगता है कि सत्ता-प्राप्ति के बाद जनता की जो अपेक्षाएं नेतृत्व से थीं, उनमें कहीं न कहीं कमी रह गई। वर्तमान नेपाल नरेश ने नेपाली कांग्रेस में सत्ता के आपसी संघर्ष का पूरा फायदा उठाया और उसकी चरम परिणति एक फरवरी को तब हुई, जब नेपाल नरेश ने प्रजातंत्र का लबादा फेंक कर सारी सत्ता अपने हाथ में ले ली। उम्मीद करनी चाहिए कि नेपाली कांग्रेस के नेता इससे सबक लेंगे। इसे शुभ लक्षण ही कहा जाएगा कि प्रजातंत्र की पुनर्स्थापना के लिए नेपाल के छः दलों ने एक संयुक्त मोर्चा बनाया है। नेपाल में जनतांत्रिक शक्तियों की जीत निश्चित है। प्रजातंत्र

में विश्वास करनेवाले सभी दलों में पूर्ण सामंजस्य आज की ऐतिहासिक आवश्यकता है। नेपाल के प्रजातंत्र में भारत की दिलचस्पी बराबर बनी रहेगी और नेपाल में प्रजातंत्र की बहाली के संघर्ष को उसका भरपूर समर्थन भी मिलता रहेगा। नेपाल के राजनीतिक दलों को इस सत्य को हृदयंगम करना होगा कि प्रजातंत्र अंततोगत्वा देशी मिट्टी और पानी से ही ऊर्जा प्राप्त करके पनपता है। किसी बाहरी बैसाखी के सहारे उसे चिरंजीवी बनाना संभव नहीं होगा।[21]

# नजरिया

'नजरिया' के अंतर्गत चंद्रशेखर ने गांधी, नेहरू, जयप्रकाश नारायण और इंदिर गांधी जैसे व्यक्तित्वों और संघ-भाजपा जैसे संगठनों पर टिप्पणियां की हैं। जिन व्यक्तित्वों के बारे में उन्होंने अपने विचार दिए हैं, अपने समय को उन व्यक्तित्वों ने निर्णायक ढंग से प्रभावित किया है। गांधी के बारे में वे कहते हैं : भारत समेत सभी विकासशील देश इस समय नव-साम्राज्यवाद के दंश झेल रहे हैं। अबाध उपभोक्तावाद, भोगवाद, गलाकाट प्रतियोगिता और शोषित-पीड़ित वर्ग के प्रति घोर संवेदनहीनता नवसाम्राज्यवाद के चिन्ह हैं। ऐसे में गांधी का स्मरण वैयक्तिक और सामूहिक दोनों स्तरों पर ऐसे मार्ग की ओर प्रेरित कर सकता है जो मानवीय गरिमा सुरक्षित रखते हुए प्रगति की ओर ले जा सकता है। नेहरू के बारे में उनका कहना है : नेहरू ने संसदीय संस्थाओं को एक मर्यादा दी। उन्होंने आचरण और सोच दोनों में सही बातों को कहने का साहस किया, जिसका हमारे राजनीतिक और सामाजिक जीवन में अभाव है। सवाल गरीब का हो या धार्मिक उन्माद का–इन सवालों पर उन्होंने कभी समझौता नहीं किया। जयप्रकाश नारायण के बारे में वे कहते हैं : बहुत-से लोगों को ऐसा भी लगा कि जेपी समाजवाद के रास्ते से भटक गए। उन्होंने समाजवाद और क्रांति के बारे में तलस्पर्शी चिंतन किया। उन्होंने भारतीय संस्कृति की समन्वयमूलक उदात्त धारणाओं को समाहित करते हुए ऐसे भारत की तस्वीर पेश करने की कोशिश की जिसमें प्रत्येक मनुष्य अपने निहित सर्वोत्तम गुणों को मूर्त रूप दे सके। उनका यह चिंतन सारी दुनिया के लिए समाज-रचना की प्रेरणा देनेवाला था। इंदिरा गांधी से असहमतियों के बावजूद चंद्रशेखर उनके गुणों के उल्लेख से भी नहीं चूकते। कहते हैं: इंदिरा का मन और दिल पूरी तरह गरीबों के साथ था। लेकिन उनमें वह क्षमता नहीं थी कि गरीबी हटाने के क्रम में जो प्रतिरोध उठता, उसका मुकाबला करतीं। उसकी तैयारी उनके पास नहीं थी।

इस खंड के अंत में संघ और भाजपा पर अपनी राय व्यक्त करते हुए वे कहते हैं: भाजपा तथा संघ परिवार का लक्ष्य देश के वातावरण को सांप्रदायिक रंग देना और धर्म-निरपेक्ष समाज के ताने-बाने को, जिसकी व्यवस्था संविधान में की गई है, तोड़ना है। अटलजी चंद्रशेखर के अच्छे मित्रों में हैं लेकिन प्रधानमंत्री के रूप में अटलजी ने उन्हें बहुत निराश किया, इसे भी कहने से वे नहीं चूकते।

# महात्मा गांधी

**आपने महात्मा गांधी को किस रूप में देखा-समझा और क्या उनसे नई पीढ़ी को परिचित कराने की कोशिश हो रही है?**

गांधी को समझने और समझाने के लिए महात्मा गांधी के दिमाग को समझना बहुत जरूरी है। महात्मा गांधी को समझने के लिए हम लोगों को अपना व्यवहार और आचरण बदलना होगा। गांधीवाद को समझने के लिए बुनियादी बात यह है कि सभी नागरिकों के बीच समानता का भाव हो। हमने काफी पढ़ा लेकिन गांधी को तब समझे, जब हम संसद पहुंचे। वहां हमने देखा, ऐसे लोग जिन्हें समाज को कुछ भी कहने का अधिकार नहीं है, भाषण दे रहे थे। गांधी को न किसी ने समझने की कोशिश की, न समझाने की। गांधी से नयी पीढ़ी को परिचित कराने के लिए सबसे पहले गांधी की सभी संस्थाओं की अंतरात्मा को बरकरार रखना होगा। यह सिर्फ गांधी के साथ ही नहीं हुआ है। आजकल के लड़के जो दून स्कूल और अजमेर स्कूल से पढ़कर निकल रहे हैं, उन्हें गांधी को समझाने के लिए आपके काम भी उसी तरह के होने चाहिए। किताब पढ़ाकर गांधी को नहीं समझाया जा सकता है। गांधी ने पहला काम किया कि आभिजात्य वर्ग से अपने को अलग कर हीन भाव रखने वाले या हीन समाज से जोड़ा। जब गांधी आश्रम को गांधी चलाते थे तो लोग पीठ पर रखकर खादी बेचते थे। अब गांधी आश्रम और खादी ग्रामोद्योग को देखें। बदलाव होना चाहिए। लेकिन यह न हो कि गांधी के विचारों का प्रचार न हो।

**यशवंत सिन्हा ने अपने पहले बजट भाषण में गांधी को उद्धृत किया था। लेकिन पूरा बजट और कार्यकाल गांधीजी के उसूलों के खिलाफ था। केवल नाममात्र के लिए लोग गांधीजी को याद कर रहे हैं।**

अकेले में आपको जवाब दूंगा। जो मुझे छोड़ सकता है, वह...।

**यह प्रवृति कैसे रुकेगी?**

नहीं रुक सकती। जब तक ऐश्वर्य और पैसा जीवन का सार रहेगा, गांधी को भुलाते रहेंगे। लेकिन जब तक गरीबी रहेगी, गांधी याद किये जाएंगे। हमारे राष्ट्रीय जीवन में जो बहुत-सी विसंगतियां हैं, उनमें एक यह भी है कि हम महापुरुषों को एक उच्च आसन पर बैठा देते हैं और यदि उनका कोई अनुकरण करने की बात करता है तो यही उत्तर दिया जाता है कि वे 'महात्मा' थे, 'महापुरुष' थे, उनका अनुकरण भला हमारे जैसा साधारण व्यक्ति कैसे कर सकता है? राम, कृष्ण, ईसा, बुद्ध या हजरत मुहम्मद—सभी के अनुयायियों की यही स्थिति है। जो इस लीक से हटकर चलना चाहते हैं, उन्हें 'सनकी' की श्रेणी में डाल दिया जाता है। महर्षि अरविंद ने एक बार हमारे इसी दोहरे चरित्र की ओर इंगित करते हुए कहा था कि भारत को अगर प्रगति करना है तो उसे इस दोहरे चरित्र से छुटकारा पाना होगा। लेकिन इससे छुटकारा पाने की जगह हम उसी दलदल में और धंसते चले जा रहे हैं।

भारत ही नहीं, आज दुनिया जिन व्याधियों से पीड़ित है, महात्मा गांधी ने उन्हें लगभग 100 वर्ष पूर्व ही पहचान लिया था। 1908-09 में जब गांधीजी ने 'हिंद स्वराज्य' लिखा था, तब विज्ञान और प्रौद्योगिकी ने इतनी तरक्की नहीं की थी। उस समय परमाणु विज्ञान भी अपने विध्वंसक रूप में सामने नहीं आया था। पश्चिम की औद्योगिक 'सभ्यता' को उन्होंने 'शैतानी सभ्यता' कहा था। गांधीजी ने बारंबार चेताया कि शरीर सुख के लिए विज्ञान और प्रकृति का दोहन विनाशकारी रास्ता है। गांधी ने यह भी कहा था कि जो कुछ वे कह रहे हैं, वह कोई नयी खोज नहीं है, बल्कि भारत के ऋषियों ने हजारों वर्ष पूर्व जिस सत्य को पहचाना था, उसी को दोहरा रहे हैं।

उन सत्यों को उन्होंने वर्तमान संदर्भों से जोड़ने का अनूठा काम किया। 'स्वेदशी' और 'स्वावलंबन' के पीछे उनका पूरा दर्शन था। व्यक्ति की बुनियादी अच्छाई में उनका विश्वास अटूट था और उसी के आधार पर उन्होंने अपनी अहिंसात्मक रणनीति तैयार की। उन्होंने यह भी कहा कि किसी कमजोरी के कारण नहीं बल्कि भारत का जो अंतर्निहित पौरुष है, उसी के बल पर अहिंसा की बात होती है। उन्होंने यह भी बताया कि क्षमा और अहिंसा शक्तिशाली का आभूषण है—कमजोर और कायर का नहीं। लेकिन उनका बल आत्मिक था। वह किसी बाह्य शक्ति पर आधारित नहीं था।

इसमें कोई संदेह नहीं है कि आज का भारत गांधी के सपनों के भारत से बहुत दूर जा चुका है। ग्रामस्वराज्य, स्वदेशी, स्वावलंबन जैसे शब्द केवल

वाग्-विलास के विषय बनकर रह गये हैं। ऐसा भी नहीं है कि देश एकाएक गांधी के रास्ते से हट गया। उनके जीवनकाल में ही उनके राजनीतिक अनुयायी उनके रास्ते को अव्यावहारिक समझने लगे थे। 1945 और 1948 के बीच पंडित जवाहरलाल नेहरू और गांधी के पत्राचार को जिन्होंने पढ़ा होगा, वे भली भांति जानते हैं कि गांधी को उसी समय आभास हो गया था कि जिसे उन्होंने अपना उत्तराधिकारी घोषित किया था, वह उनकी स्थापनाओं से सहमत नहीं है। संभवतः तत्कालीन कांग्रेस नेताओं ने गांधी के रास्ते से नहीं, बल्कि अपने रास्ते से भारत के विकास की यात्रा शुरू की। अगर भारत के संविधान के कुछ नीति-निर्देशक तत्त्वों को छोड़ दें तो उसमें दूर-दूर तक गांधी के विचारों का समावेश कहीं दिखाई नहीं देता।

लेकिन इससे गांधी की महत्ता पर कोई असर नहीं पड़ता कि आज का भारत उनके रास्ते पर चल रहा है या नहीं। जो लोग भी अन्याय और अत्याचार के खिलाफ लड़ रहे हैं, गांधी उनके लिए आशा की एक किरण की तरह हैं। मार्टिन लूथर किंग या नेल्सन मंडेला जब गांधी से प्रेरित होने की बात करते हैं तो इसमें आश्चर्य की कोई बात नहीं है, क्योंकि गांधी सही मायने में एक विश्व नागरिक थे। उनके उपदेश और कर्म केवल भारत के लिए नहीं बल्कि संपूर्ण मानवता के लिए थे।

साम्यवादी सभ्यता का केंद्र सोवियत यूनियन अपनी विसंगतियों के कारण छिन्न-भिन्न हो गया। पूंजीवाद ने विश्व को दो महायुद्धों में झोंका और विकसित प्रौद्योगीकी तथा परमाणविक संहार अस्त्र के बल पर वह संसार को अपने प्रभाव क्षेत्र में लेने के लिए आतुर है।

भारत समेत सभी विकासशील देश इस समय नवसाम्राज्यवाद के दंश को झेल रहे हैं। अबाध उपभोक्तावाद, भोगवाद, गलाकाट प्रतियोगिता और शोषित-पीड़ित वर्ग के प्रति घोर संवेदनहीनता नवसाम्राज्यवाद के चिह्न हैं। दुर्भाग्यवश अन्य देशों की तरह भारत का सत्ताधारी वर्ग भी इसी अंधी दौड़ में शामिल हो गया है। ऐसी स्थिति में गांधी का स्मरण वैयक्तिक और सामूहिक दोनों स्तरों पर किंकर्तव्यविमूढ़ समाज को निश्चय ही एक ऐसे मार्ग की ओर प्रेरित कर सकता है, जो मानवीय गरिमा को सुरक्षित रखते हुए प्रगति की ओर ले जा सकता है।

यह खासतौर से ध्यान रखने की बात है कि गांधी किसी चामत्कारिक पुरुष की तरह पैदा नहीं हुए थे। एक अत्यंत साधारण मनुष्य अपने आत्मबल को पहचान कर किस ऊंचाई तक पहुंच सकता है, गांधी उसके सबसे अच्छे उदाहरण हैं। उनके व्यक्तित्व का क्रमिक विकास प्रत्येक व्यक्ति के लिए प्रेरणादायक है।

अनुभव यही बताता है कि केवल व्यक्ति या केवल राज्य-व्यवस्था बदलने से समाज का वांछित परिवर्तन संभव नहीं है, इसीलिए गांधी ने व्यक्ति और व्यवस्था दोनों के साथ-साथ परिवर्तन पर जोर दिया। समाज परिवर्तन में दिलचस्पी रखने वालों के लिए यह एक अचूक नुस्खा है।

हमारा देश आज हिंसा-प्रतिहिंसा, सांप्रदायिक-जातीय विद्वेष तथा आर्थिक-सामाजिक असमानता से उपजे हिंसात्मक आंदोलनों से जूझ रहा है। इन सबके ऊपर नवसाम्राज्यवाद की आर्थिक गुलामी का कसता हुआ शिकंजा। अगर इन समस्याओं से निजात पाना है तो निश्चय ही गांधी के स्वदेशी, स्वावलंबन, अपरिग्रह और अहिंसा की भावना को पुनः जाग्रत् करना होगा।[22]

**गांधी और संसदीय राजनीति का आपस में कोई संबंध है?**

गांधी और संसदीय राजनीति में संबंध है, यदि संसदीय राजनीति अपनी मूल धारणा पर चले। गांधी मानते थे कि सभी समस्याओं का समाधान बातचीत से होना चाहिए। लेकिन सत्ता के बल पर सब कुछ करा लेंगे, ऐसी सोच आये, तो गांधी का कोई मतलब ही नहीं है।

# जवाहरलाल नेहरू

**लोकतांत्रिक परंपराओं को दिशा देने में पंडित नेहरू की भूमिका को आप कैसे देखते हैं?**

जब मैं संसद में आया, तो नेहरू प्रधानमंत्री थे। उन दिनों कई बार मुझे बहस में हिस्सा लेने का मौका मिला। उनसे वाद-विवाद भी हुआ। लेकिन व्यक्तिगत रूप से जवाहरलाल नेहरू से कभी मैं मिला नहीं। पहली बार मुझे याद है कि राज्यसभा में प्रतापसिंह कैरों से संबंधित कोई सवाल उठा था। उस सवाल को लेकर मैंने प्रश्न पूछा। उसका जो जवाब पंडित जवाहरलाल नेहरू ने दिया, वह सही नहीं था। वह स्मृति के आधार पर बोल रहे थे। मैंने चुनौती दी कि प्रधानमंत्री संसद को गुमराह कर रहे हैं, वह जमाना दूसरा था। डॉ. जाकिर हुसैन साहब राज्य-सभा के अध्यक्ष थे। उन्होंने कहा कि कल जब प्रश्नों का समय समाप्त हो जाए तो आप इस सवाल को उठाइए।

कांग्रेस कार्यसमिति ने प्रतापसिंह कैरों के बारे में एक कमेटी नियुक्त की थी। उसने एक रपट दी थी। मेरा सवाल इसी रपट से संबंधित था। लोगों ने कहा कि उस रिपोर्ट को सदन के सामने रखा जाए। पंडित नेहरू ने यह कहा था कि वह पार्टी की अपनी रिपोर्ट है, उसे सदन में रखना ठीक नहीं होगा। मैंने इसी को चुनौती दी थी। जब प्रश्न का समय समाप्त हो गया तो पहली बार मेरी दिनेश सिंह से मुलाकात हुई। दिनेश सिंह उस समय उपमंत्री थे। हमारे मित्र थे, नाथपै। उन्हें लेकर वह राज्यसभा की लॉबी में आए और कहा कि पंडितजी यह पूछ रहे हैं कि उस नौजवान मित्र से यह पूछिए कि वह किस आधार पर हमारे वक्तव्य को चुनौती दे रहे थे। मैंने उनसे कहा कि वह गुप्त रिपोर्ट नहीं थी। रिपोर्ट कार्यसमिति में रखी गई। उस पर बहस हुई। लेकिन प्रधानमंत्रीजी ने कहा कि चूंकि वह गुप्त रिपोर्ट है, इस कारण संसद में नहीं रख सकते। वह कैरों साहब को बचाने की कोशिश कर रहे थे। उन दिनों हम प्रजा सोशलिस्ट पार्टी में थे।

दूसरे दिन जब सदन में प्रश्न आया तो मैं समाचारपत्रों की प्रतिलिपि सदन में लाया। उनमें उल्लेख था कि कार्यसमिति की मीटिंग जवाहरलाल नेहरू के घर हुई, उसमें वह खुद मौजूद थे। इस बैठक में इस रिपोर्ट पर बहस हुई। मैंने यह कहा कि अध्यक्ष महोदय, इस रिपोर्ट पर बहस हुई, रिपोर्ट भी छपी, लेकिन लोगों ने इस पर ध्यान नहीं दिया। कल प्रधानमंत्री उस रिपोर्ट पर चर्चा नहीं करना चाहते थे, क्योंकि रिपोर्ट में कैरों साहब के खिलाफ टिप्पणी की गई थी।

उस समय राजनीतिक वातावरण ही दूसरा था। जोश में मैंने कुछ और भी कहा, पंडित नेहरू उठे और उठते ही उन्होंने अंग्रेजी में कहा कि मैं याददाश्त के आधार पर जवाब दे रहा था। मुझसे गलती हुई। मैं सदन में इसके लिए माफी चाहता हूं। लेकिन अपने नौजवान दोस्त से यह कहना चाहता हूं कि जान-बूझकर मैंने कुछ नहीं कहा और जब वह स्वयं कहते हैं कि रिपोर्ट अखबारों में छप चुकी है तो फिर छिपाने का कोई मतलब ही नहीं था। अगर वह चाहें तो रिपोर्ट की प्रति सदन के पटल पर रखी जा सकती है, लेकिन उसका कोई लाभ नहीं है, क्योंकि अध्यक्ष महोदय, रिपोर्ट समाचारपत्रों में छप चुकी है।

वह मामला समाप्त हो गया।

उससे पहले जब चीन ने आक्रमण किया था, तब हमारी एक-दो बार झड़प हुई थी। ऐसी झड़पें हुईं, लेकिन मैं व्यक्तिगत रूप से कभी जवाहरलाल नेहरू से मिला नहीं। यह घटना मैंने इसलिए बताई कि जवाहरलाल नेहरू जैसा व्यक्तित्व, उनके जैसा प्रभावशाली प्रधानमंत्री (चाहे उनमें और जो कुछ कमजोरियां हों, नीतिगत सवालों पर हम उनकी आलोचना कर सकते हैं) जहां तक सार्वजनिक जीवन में आचरण और व्यवहार का सवाल है और संसदीय मर्यादाओं के निर्वाह का प्रश्न है, उन्होंने उसकी परम्परा विकसित की। इसी उदाहरण से आप समझ सकते हैं कि तब से हमारे राजनीतिक और संसदीय जीवन में कितनी बड़ी गिरावट आ गई है।[23]

**क्या नेहरू के विचार आज की राजनीति में भी उतने ही प्रासंगिक हैं?**

वस्तुतः राजनीति में दो तरह की प्रासंगिकता होती है। एक तो वह राजनीति है, जो समस्याओं के समाधान से जुड़ी हुई है। उस बिना पर मैं नहीं समझता कि नेहरूजी की नीतियों से समस्याओं का समाधान हो पाता। इसमें मुझे सन्देह है। लेकिन संसदीय जनतंत्र जहां तथ्यों व वास्तविकताओं और राजनीति की मूलभूत समस्याओं से जुड़ा हुआ है, वहां इसकी जड़ें बहुत मजबूत होती हैं, जब कुछ औपचारिकताओं का और कुछ परम्पराओं और मर्यादाओं का निर्वाह करने के लिए

एक परम्परा डाली। दुर्भाग्यवश, हम वास्तविक समस्याओं से जूझने की आज जो क्षमता प्राप्त कर सकते थे, वह तो नहीं कर पाए लेकिन जो औपचारिकताएं और परम्पराएं थीं, उनका भी निर्वाह करने में असमर्थ हो गए हैं। मैं ऐसा समझता हूं कि पंडित जवाहरलाल नेहरू ने प्रधानमंत्री की हैसियत से संसदीय संस्थाओं को एक मर्यादा दी, उसकी परिधि के अंदर समस्याओं पर बहस करने की छूट दी। उनको बढ़ावा दिया और आज भी इस बात की बड़ी प्रासंगिकता है। समस्याएं तो शायद थोड़े दिन इंतजार कर सकती हैं, लेकिन अगर लोगों का यह विश्वास टूट जाए कि संसदीय संस्थाएं उनकी आकांक्षाओं को अभिव्यक्त करने में समर्थ नहीं हैं तो मैं नहीं समझता कि जनतंत्र का जो भी माहौल आज हमें दिखाई पड़ता है, उसे बनाए रखना संभव होगा। मैं जब यह बात कहता हूं, तो कुछ लोग समझ सकते हैं कि मैं निराशावादी हूं, भविष्य को महज अंधकार की दृष्टि से देख रहा हूं, लेकिन मुझे कभी-कभी भय लगता है। समस्याएं जटिल होती जाएं, लोगों के अंदर निरुत्साह की भावना आए तो स्थिति विस्फोटक होती है। लोगों के मन की आकांक्षाएं पूरी नहीं होती हैं, उसके कारण उनमें निराशा की भावना पैदा होती है। ऐसी स्थिति में अगर संसदीय संस्थाएं भी अपनी मर्यादा को छोड़ कर लोगों का यह विश्वास भी न रख पाएं कि उनके द्वारा उनकी भावनाओं की अभिव्यक्ति हो रही है तो ऐसे ही समय में अराजकतावादी शक्तियों को बल मिलता है। समाज में जो एक शृंखला है, जो जोड़े हुए है सबको, उसके टूट जाने का बड़ा भारी भय पैदा हो जाता है। जवाहरलाल नेहरू ने संसदीय संस्थाओं को मजबूत बनाकर एक बड़ा मौलिक कार्य किया।[24]

**नेहरू के व्यक्तित्व के दूसरे पहलू क्या हैं?**

पंडित नेहरू ने जहां आधुनिक दुनिया से होड़ लेने के लिए भारत को प्रेरणा दी, वहां उनके मन में या कम-से-कम उनकी अभिव्यक्ति में गरीब के सवाल को राजनीति से जोड़ने का सदैव एक प्रयास रहा। उन्होंने एक बार कहा था कि अगर भूमि सुधारों को तेजी से लागू नहीं किया गया तो गांवों से एक ऐसी आंधी उठेगी, जिसमें हमारे शासन के तंत्र चरमराकर टूट जाएंगे या उड़ जाएंगे। भूमि सुधार तो वह नहीं कर पाए, लेकिन समस्या को समझने में उनकी दृष्टि कम-से-कम बिलकुल साफ रही।

जवाहरलाल नेहरू में अदम्य साहस था। वह साहस व्यक्तिगत रूप से अपने जीवन में उन्होंने उतारा था। किसी भी उग्र भीड़ के सामने वह अकेले खड़े हो सकते थे। मैं नहीं कहता कि यह हर आदमी को करना जरूरी है, लेकिन जनतंत्र

में जो व्यक्ति अपने ही लोगों से शंकालु हो, इतना भयभीत हो कि वह उनके बीच न जा सके, वह बहुत दिनों तक जनतंत्र को कायम नहीं रख सकता, व्यक्तिगत सुरक्षा के लिए राज्य की जो दमनकारी शक्तियां हैं, उन पर विश्वास करना पड़े तो उससे एक ऐसी मानसिकता पैदा होती है कि धीरे-धीरे यह व्यक्ति लोगों द्वारा स्वेच्छा से दिए गए सहयोग पर निर्भर नहीं रहता, बल्कि राजसत्ता के सहारे दमन की शक्तियों का उपयोग कर अपने को सत्ता में बनाए रखने का प्रयास करता है। यह मैं किसी व्यक्ति के बारे में नहीं कह रहा। ये मानवीय भावनाएं हैं, जिनसे हममें से कोई परे नहीं है। अगर हर दिन हम बंदूक के साए में रहेंगे तो बंदूक का इस्तेमाल करना हमारा एक स्वाभाविक धर्म हो जाएगा। हमारी वृत्ति बन जाएगी। वह वृत्ति व्यक्ति के लिए नहीं, समाज के लिए घातक सिद्ध हो सकती है, खासकर तब, जब वह व्यक्ति शासन के ऊंचे पद पर हो।

ये बातें किसी-किसी को रोमांटिक दिखाई पड़ेंगी, लेकिन मैं समझता हूं कि अंदर से जब तक बहुत अधिक आत्मविश्वास न हो, तब तक कोई आदमी ऐसा नहीं कर सकता। इस आत्मविश्वास की बहुत कमी आज हम लोगों में, राजनेताओं में (मैं सिर्फ सरकारी पक्ष की बात नहीं करता, विरोधी पार्टी के नेताओं में भी) दिखाई पड़ती है। कभी-कभी मैं सोचता हूं कि आज हम इस हालत में पहुंच गए हैं कि जहां न केवल सरकारी पक्ष में कुर्सियों पर बैठे हुए लोग बंदूक के साए में रहने के लिए विवश हैं, बल्कि विरोधी पक्ष के लोग भी बंदूक के साए में चलने में किसी तरह की ग्लानि या अवमानना महसूस नहीं करते। यह संकट की स्थिति हैं। मैं नहीं जानता कि आज जवाहरलाल नेहरू की उस साहसिकता का कोई अर्थ हमारे राजनीतिक जीवन में काम करने वाले लोगों के ऊपर है या नहीं। लेकिन कहीं-न-कहीं साहस दिखाना पड़ेगा। आज उस तरह के व्यक्तिगत साहस की प्रासंगिकता बहुत बढ़ी है—विचारों की अभिव्यक्ति में और अपने आचरण में भी।

आचरण और सोच—दोनों में पंडित जवाहरलाल नेहरू ने कम-से-कम सही बातों को कहने का साहस किया, जिसका अभाव आज हमारे राजनीतिक और सामाजिक जीवन में भी दिखाई पड़ता है। चाहे वह सवाल गरीब का हो या धार्मिक उन्माद का, पंडित जवाहरलाल नेहरू ने इन सवालों पर कभी कोई समझौता नहीं किया।[25]

**धर्मनिरपेक्षता के बारे में नेहरू का नजरिया किस प्रकार भिन्न था? क्या अल्पजन के बारे में वह बिलकुल सैद्धांतिक था, या अधिक व्यावहारिक था?**

धर्मनिरपेक्षता को उन्होंने अपने जीवन में उतारा था और न केवल अपने जीवन

में उतारा था, बल्कि इसके लिए बराबर प्रयास भी किया था। धर्म व्यक्ति का अपना निजी साधन है—भगवान तक पहुंचने के लिए या ईश्वरत्व के नजदीक जाने के लिए। लेकिन धर्म को सामाजिक और आर्थिक जीवन में अगर डालने की कोशिश की जाती है तो धर्म भयावह हो जाता है। यह बात जवाहरलाल नेहरू ने अपने जीवन में उतारी और लोगों के मन में इस बात को बैठाने के लिए निरन्तर प्रयास किया। आज दुःख की बात है कि हमारे राजनेताओं का दृष्टिकोण जो भी हो, लेकिन उनके बारे में हमारे समाज के अल्पमत के लोगों के मन में अविश्वास है। पहले से उनमें मानसिक तनाव बना हुआ है। अगर राजनेताओं से भी इनका विश्वास टूट गया तो निराशा और निरुत्साह का जन्म स्वाभाविक है। जब इस तरह की निराशा पैदा होती है, तो उससे तरह-तरह की उन्मादी प्रवृत्तियों को बल मिलता है। इसलिए हम देख रहे हैं कि अल्पमत के सवाल पर सफाई से बात न करने के कारण अल्पसंख्यकों का जो विश्वास टूट रहा है, वह हमारे भविष्य के लिए एक खतरनाक बात सिद्ध हो सकती है। ऐसे सवालों पर जवाहरलाल नेहरू ने कोई समझौता नहीं किया। इसमें शायद बहुत दूर तक वह सफल नहीं हुए, लेकिन लोगों का मनोबल न टूटे, इसके लिए उन्होंने निरंतर प्रयास किया। इसमें वह बहुत हद तक सफल भी रहे।

किसी भी राष्ट्र या कौम के लिए सबसे भयावह स्थिति वह होती है जब लोगों का दिल टूट जाता है। मैंने कई बार कहा कि कोई भी देश बाहरी ताकतों के दबाव से नहीं टूटता, आतंकवादियों के कारण नहीं टूटता, देश तब टूट जाते हैं जब लोगों के दिल टूट जाते हैं। आज हिंदुस्तान के लोगों का दिल टूट रहा है—न केवल गरीब, आदिवासी या हरिजनों का, बल्कि अल्पमत के लोगों की समस्याओं का भी समाधान नहीं हो रहा। उनकी बातों का जिक्र तक करना हम भूल गए हैं, इसलिए लोगों के दिल टूट रहे हैं। इन टूटे हुए दिलों को अगर जोड़ना है तो जो समाज के नेता हैं, उनको अपने अंदर इंसान का दिल पैदा करना होगा। कम-से-कम लोगों के जज्बात को समझकर उसको प्रकट करने की क्षमता, साहस और शक्ति जुटानी पड़ेगी। आज उसका बड़ा अभाव हमारे सामाजिक-राजनीतिक जीवन में दिखाई पड़ता है। पंडित जवाहरलाल नेहरू ने प्रधानमंत्री या राष्ट्र के स्वतंत्रता-संग्राम के सेनानी के रूप में इन बातों को समझा था। इसे समझकर अपने जीवन में उतारने की कोशिश की थी। मैं समझता हूं कि कभी-कभी ऐसे गुणों से आदमी बहुत दिनों तक समाज के लोगों के विश्वास को बनाए रखने में सफल हो पाता है। पंडितजी ने यह काम अपने जीवन में किया।

आज जो लोग शासन में हैं, उनके ऊपर से छः माह या साल-भर में लोगों का विश्वास टूट जाता है, इसका कारण है कि खुद शासकों के मन में आत्मविश्वास नहीं है, इसलिए वे दूसरों के मन में विश्वास कैसे पैदा करेंगे जिसे हम राजनीतिक समझ मानकर मौके-मुताबिक अपनी बातों को बदलने का कौशल कहते हैं? उससे तात्कालिक सफलता तो मिल जाती है, लेकिन इस प्रक्रिया में हम अपने अंदर की उस शक्ति को समाप्त कर देते हैं, जिस शक्ति के सहारे करोड़ों के मन के विश्वास को बनाए रखा जा सकता है। अपने व्यक्तित्व को बढ़ाने के लिए समय के अनुसार अपनी बातों को बदलते रहना एक राजनीतिक कौशल हो सकता है, लेकिन समाज को एक नई दिशा में ले जाने के लिए करोड़ों लोगों का सहयोग पाने और शक्ति जुटाने की क्षमता का प्रतीक नहीं हो सकता, जवाहरलाल नेहरू ने यह बात समझी थी।[26]

**नेहरू के आर्थिक विचारों से आप कितने सहमत हैं?**

आज भी लोग कहते हैं कि पंडित जवाहरलाल नेहरू ने कृषि, छोटे उद्योगों को ज्यादा बढ़ावा नहीं दिया, बड़े उद्योगों-योजनाओं के चक्कर में पड़े रहे। उन्होंने अंधाधुंध पश्चिमी देशों की नकल की। मैं नहीं कहता कि इस प्रक्रिया में सभी सही बातें हुईं। लेकिन एक बात समझने में लोग भूल करते हैं। भारत जैसा विशाल देश जिसकी आबादी आज 80 करोड़ है, वह अपनी बुनियादी जरूरतों, मौलिक आवश्यकताओं के लिए दूसरे देशों पर निर्भर नहीं रह सकता। अगर ऐसे देश को अपने पैरों पर खड़ा होना है तो कुछ बड़े उद्योगों-प्रोजेक्ट्स को अपने हाथ में लेना आवश्यक है। चाहे वह बिजली बनाने का काम हो, चाहे रेल और पानी के जहाज बनाने का काम या फिर इस्पात का सवाल हो। इन चीजों-सवालों के ऊपर बड़े कारखानों को बनाना आवश्यक था।

पंडित जवाहरलाल नेहरू ने प्रारम्भ में ही इस बात को समझा। यह बात नहीं है कि भारत जैसे देश में जहां साधन कम हैं, वहां इस तरह के कार्यों में साधनों का सही उपयोग हुआ। ऐसे उद्योग जब लगते हैं तो उसमें पैसे ज्यादा लगते हैं, उत्पादन में देर होती है। पैसे बहुत दिनों तक उसमें फंसे रहते हैं। दूसरे विकास के कामों में थोड़ी अड़चन पड़ती है, लेकिन स्वावलंबन को (जो हमारे राष्ट्रीय आंदोलन का बड़ा हिस्सा था) भविष्य में भी हम बनाए रख सकें, इस बात को समझकर जवाहरलाल नेहरू ने यह काम किया।

दूसरी एक और बात कही जाती है कि पंडित नेहरू ने अंधाधुंध कम्युनिस्ट देशों की नकल की। सार्वजनिक क्षेत्र को लेकर यह सवाल उठाया जाता है। सही

बात यह है कि जिस जमाने में ये उद्योग लगे थे, जैसे लोहे का कारखाना, उस जमाने में हमारे देश का कोई उद्योगपति इन क्षेत्रों में जाने के लिए तैयार नहीं था, क्योंकि वे लोग समझते थे कि इन क्षेत्रों में पैसा अधिक लगेगा, उत्पादन देर से होगा। मुनाफा कम होगा। हमारे यहां के उद्योगपति उन्हीं क्षेत्रों में जाना चाहते हैं, जहां साधन कम लगें, मुनाफा तत्काल हो। मुनाफा जरूरत से ज्यादा हो। कभी-कभी तुलना की जाती है कि निजी उद्योगों में बहुत ज्यादा विकास हुआ। सार्वजनिक उद्योग के जितने उत्पाद थे, उनका उपयोग निजी उद्योगों ने किया। इन साधनों का इस्तेमाल करके ही वे आगे बढ़े और अपने को लाभकारी सिद्ध कर सके। जब तक सर्वांगीण दृष्टि से हम विचार नहीं करेंगे, एकांगी दृष्टि अपनाएंगे तो नेहरू की सोच में हमेशा यह लगेगा कि उन्होंने एकांगी दृष्टि अपनाई।

उनके चिन्तन में एक कमजोरी थी, जो अप्रिय है, लेकिन वास्तविकता है। दुनिया का इतिहास यह बताता है कि कभी भी उस व्यक्ति ने (चाहे वह राजपुरुष हो या संत-महात्मा या कोई बड़ा भारी उद्योगपति हो या विचारक) गरीबी की समस्या का हल नहीं किया है, जिसने गरीबी का खुद अनुभव नहीं किया है। जवाहरलाल नेहरू के व्यक्तित्व में यह बड़ी कमी थी। जवाहरलाल नेहरू नया भारत बनाना चाहते थे। गरीबों के लिए बनाना चाहते थे, लेकिन गरीबी को उन्होंने जाना नहीं था। भारत को बिना समझे हुए वह नए भारत को बनाना चाहते थे। अतीत का इतिहास उन्होंने पढ़ा था। वर्तमान में उन्होंने लोगों के साथ बड़ा निकट का सम्पर्क किया था, लेकिन हमारे जनजीवन या सार्वजनिक जीवन की यह सबसे बड़ी कमजोरी है कि जो नेता हो जाता है, वह जीवन की वास्तविकताओं से दूर हो जाता है। जवाहरलाल नेहरू पंडित मोतीलाल के पुत्र थे। उन्होंने गरीबी को देखकर आंसू बहाना तो सीखा था, लेकिन गरीबी की अनुभूति उनमें नहीं थी। इस कारण उनकी नीतियां तो सही दिशा में जा सकती थीं, लेकिन उनके क्रियान्वयन में वह तीखापन, पैनी दृष्टि, वह लगाव नहीं था। इसी कारण सही नीतियों को अपनाकर भी उन्हें क्रियान्वित करने में वह सदैव असफल रहे। सबसे बड़ी कमजोरी उनके आर्थिक चिन्तन की यही थी। वह सही दिशा में सोचते थे, लेकिन वह अपनी सोच को तार्किक परिणिति तक ले जाने में विफल रहे। गरीब से उनका सम्पर्क केवल राजनीतिक या सार्वजनिक जीवन में महत्व पाने का था। उनके मानस को झकझोरने की ताकत तो इससे आ सकती थी, लेकिन उस मानस में वह तीव्रता लाने की बात कभी न हो सकी, जो किसी लालबहादुर शास्त्री या कामराज में होती। सरदार

पटेल के विचारों से मैं असहमत हूं, लेकिन सरदार पटेल के मन में किसान के लिए, गरीब के लिए काम करने की मन की तीव्रता ज्यादा पैनी थी, अपेक्षाकृत पंडित जवाहरलाल नेहरू के। विचारों की दृष्टि से वह अपने वर्ग के घेरे से बाहर नहीं आ सके, यही उनकी सबसे बड़ी कमजोरी थी।

आज देश में जो कमियां दिखती हैं, उनके लिए कुछ लोग सारा दोष जवाहरलाल नेहरू पर मढ़ते हैं। लेकिन यह उनकी अकेली कमजोरी नहीं थी। अगर महात्मा गांधी को छोड़ दिया जाए तो जितने लोग विदेशों से शिक्षा प्राप्त करके आए और उस माहौल में रहे, यह उन सबकी भूल का परिणाम है। वे लोग भारतीय सभ्यता-संस्कृति की, उसके अतीत की भूरि-भूरि प्रशंसा करते नहीं थकते थे, लेकिन वे कभी भी अपने को आधुनिक दुनिया की चकाचौंध से अलग नहीं कर सके। पंडित जवाहरलाल नेहरू उन्हीं में से थे। उन्होंने भारतीयता के बारे में इतना वर्णन किया, गंगा की प्रशंसा करते हुए वह कभी नहीं अघाए, जहां उन्होंने *भारतीय इतिहास की झलक* से लोगों के मन को उद्वेलित किया, वहीं एक आश्चर्य है कि पंडित जवाहरलाल नेहरू पाश्चात्य जगत की चकाचौंध से अपने को अलग नहीं रख सके। नतीजा यह हुआ कि जो कुछ विरासत थी अंग्रेजी साम्राज्यवाद की, उसे समाप्त करने का काम जो 1947 में हो सकता था, वह उन्होंने नहीं किया। नौकरशाही जो ब्रिटिश शासन में आई; वह जनता की सेवा करने नहीं। वह स्वतंत्र भारत में और मजबूत हुई। वह भाषा, जो हमारे करोड़ों लोगों के मन में एक हीनता का भाव पैदा करने आई थी, हमें नए युग की पहचान कराने नहीं बनी रही।

मुझे आश्चर्य होता है कि आज भी हमारे देश में लोग यह कहते नहीं थकते कि बिना अंग्रेजी के कुछ नहीं हो सकता। जापान बिना अंग्रेजी के आगे बढ़ सकता है, जर्मनी में अंग्रेजी जाने बिना लोग दुनिया की सबसे बड़ी-बड़ी चीजें कर सकते हैं, फ्रांस तरक्की कर सकता है, लेकिन भारत अंग्रेजी के बगैर आगे नहीं बढ़ सकता! यह हमारी गुलामी की जो मानसिकता है, इसका असर किसी-न-किसी रूप में जवाहरलाल पर था।

1947 में उन्हें जो शक्ति मिली थी, उस शक्ति का उपयोग एक नया समाज बनाने के लिए जवाहरलाल नहीं कर सके। अपने बाल्यकाल से युवावस्था तक अर्जित जो उनका संस्कार था, वह उनके लिए बड़ी भारी बाधा बन गया था! यह बात सही है कि आज चाहे नौकरशाही हो या शिक्षा-प्रणाली हो या हमारी शासन-प्रणाली हो, इन सबमें जो विकृतियां आई हैं, उनमें पंडित जवाहरलाल नेहरू की सोच का बहुत बड़ा असर है।[27]

## जेल डायरी से...

*"अपने जीवन में जवाहरलाल नेहरू ने देश की जनता का दिल जीत लिया था। राजनीतिक आलोचना के प्रति उनके मन में कोई ऐसा दुर्भाव नहीं था। वे बदला लेने के लिए कुछ भी करने पर उतारू नहीं होते थे। इधर जो कुछ मैंने अध्ययन किया है, उससे यह अवश्य ज्ञात होता है कि जिनसे उनका मतभेद था और जिसने उनकी सत्ता को थोड़ी भी चुनौती देने का प्रयास किया, उन्हें जवाहरलाल नेहरू ने क्षमा नहीं किया। उनकी मृत्यु के बाद भी– सरदार पटेल और राजेंद्र बाबू की मृत्यु के बाद–उनके अंतिम संस्कार में उनका न जाना, इसी मनोवृत्ति का द्योतक है। अपने अहम् की संतुष्टि के अनुरूप वह अपनी सामाजिक एवं राजनीतिक मान्यताओं में परिवर्तन नहीं करते थे, क्योंकि उनका अपना जीवन दर्शन था, उनकी अपनी आस्थाएं थीं। सार्वजनिक जीवन के कुछ आधारभूत मूल्यों का उन्होंने निर्वाह किया। कठिन से कठिन समय में धीरज एवं संयम बनाये रखा। देश में संसदीय जनतंत्र की मर्यादा को बनाये रखा। जवाहरलाल नेहरू ने जो कुछ राष्ट्र को दिया, उसको ठेस पहुंचाने का काम इंदिरा गांधी ने किया। राष्ट्र के उत्थान की कामना और सदिच्छा भले ही उनके मन में हो, किंतु जो कुछ वे आज कर रही हैं, वह राजनीतिक आचरण नेहरू परंपरा से किसी प्रकार मेल नहीं खाता। जवाहरलाल नेहरू के व्यक्तित्व की विशेषता यह थी कि उनके विरोधी भी उनकी निष्ठा, ईमानदारी और राष्ट्रीय गर्व की भावनाओं की सराहना किये बिना नहीं रह सकते थे। संसद और उसके सदस्यों को उन्होंने मान-सम्मान दिया, वहां व्यक्त भावना का आदर किया। आलोचनाओं का प्रति-उत्तर दमन से नहीं, दूसरे पक्ष की सहमति प्राप्त करने के प्रयास से दिया।"*

**14 नवम्बर, 1976**

# जयप्रकाश नारायण

**जेपी से पहली भेंट आपकी कब और कहां हुई?**

1946 में जब जेपी जेल से रिहा हुए थे, तभी मैंने उन्हें पहली बार देखा था। इलाहाबाद विश्वविद्यालय से एम.ए. करने के तुरंत बाद मैं 1951 में उनसे व्यक्तिगत रूप से मिला। वे एक समाजवादी नेता के रूप में इलाहाबाद जिले के दौरे पर थे। उस समय इलाहाबाद में समाजवादी पार्टी बेहद कमजोर स्थिति में थी। समाजवादी पार्टी के केंद्रीय कार्यालय ने मुझे जेपी के कार्यक्रम का प्रबंध करने का निर्देश दिया था। जेपी उस दिन बहुत व्यस्त रहे। जब कार्यक्रम खत्म हो गया तो रात में उन्होंने किसी से कहा कि वे उस व्यक्ति से मिलना चाहते हैं, जिसने सारे कार्यक्रम का आयोजन किया था। यह उनसे मेरे निजी संबंधों की शुरुआत थी। उसके बाद धीरे-धीरे हमारे संबंध अंतरंग होते चले गये।

पहला निकट संपर्क 1954 में हुआ, जब जेपी मेरे गांव आए थे। रात को वहां रुके भी। दो-तीन दिन बलिया जिले का उन्होंने दौरा किया था। मेरे पिछड़े गांव में न रहने की अच्छी व्यवस्था, न खाने-पीने का उत्तम प्रबंध। उस समय कोई रास्ता भी नहीं था। खेत की मेड़ों को काट कर हमने जीप गुजरने के लिए चार मील रास्ता बनवाया था। भारी भीड़ जुटी थी। जेपी चार-पांच घंटे देर से पहुंचे। वे सभा देखकर प्रसन्न हुए, पर उन्होंने कहा कि रास्ता बहुत खराब था। इससे कुछ और देर हो गयी।

**ऐसे कुछ और संस्मरण होंगे?**

अतीत की घटनाओं को याद करना बहुत पीड़ादायक होता है। किंतु जब जेपी और प्रभावती सिताबदियरा में रहते थे, उस समय की कुछ मीठी यादें भी हैं। जब भी जेपी वहां जाते थे, मैं एक समाजवादी कार्यकर्ता के नाते पहले से विराजमान रहता। मुझे याद है कि वे हर कार्यकर्ता का व्यक्तिगत रूप से खयाल रखते थे।

अगर ठंड है तो रात में वह हर व्यक्ति के पास जाकर देखते थे कि ठंड से बचने के लिए उसके पास पर्याप्त कंबल या रजाई है कि नहीं। अगर कोई बीमार पड़ जाता तो उसके इलाज का प्रबंध करते थे और हमेशा उसके स्वास्थ्य के बारे में पूछताछ करते रहते थे। मुझे इस संदर्भ में एक घटना याद आ रही है। बलिया जिले में 1942 की क्रांति के हीरो महानंद मिश्रा आंख की बीमारी से परेशान थे। जेपी बलिया में ही थे। उनके दोस्तों ने जेपी से कहा कि महानंद मिश्रा को अच्छे इलाज की जरूरत है। जेपी उन्हें अपने साथ पटना ले गये। 1942 में दी गयी यातना के कारण महानंद मिश्रा की टांग बेहद कमजोर हो गयी थी। वे बहुत धीरे-धीरे चल पाते थे। इसी वजह से पटना रेलवे स्टेशन पर वे जेपी से पीछे रह गये। जेपी स्टेशन से बाहर निकलने लगे तब उन्हें याद आया कि मिश्रा भी उनके साथ थे। अब वे वापस स्टेशन पर आकर उन्हें खोजने लगे। स्टेशन पर खड़े लोग यह देखकर आश्चर्य चकित थे कि वे व्यग्रता से किसको ढूंढ़ रहे हैं और फिर महानंद मिश्रा के मिल जाने पर उन्होंने उनका हाथ पकड़कर उनसे पीछे छूट जाने का कारण पूछा। उसी समय वे यह जान सके कि महानंद मिश्रा की टांग बहुत कमजोर है। उन्होंने अपने पार्टी सहयोगियों से उनका विशेष खयाल रखने को कहा।

मेरा एक दोस्त था मुस्तफा—1942 की क्रांति का एक वीर था। देश के विभाजन के बाद उसके ज्यादातर रिश्तेदार पाकिस्तान चले गये। बहुत ऊंचे पद का लोभ दिये जाने के बावजूद वह युवक पाकिस्तान नहीं गया। विश्वविद्यालय में वह सबका हीरो था। परीक्षा पास करने के बाद नौकरी पाना चाहता था लेकिन उसे कोई नौकरी नहीं मिल सकी। मैं मुस्तफा को लेकर जेपी के पास गया। जेपी यह जानकर दुखित हुए कि मुस्तफा जैसे लड़के को नौकरी नहीं मिल सकती है, तब तो स्वतंत्रता मिलने का कोई अर्थ ही नहीं है। उन्होंने लालबहादुर शास्त्री को एक पत्र लिखा जो उस समय रेलमंत्री थे। लालबहादुर शास्त्री ने आवेदन पत्र को रेल अधिकारियों के पास भेज दिया, किंतु छह महीनों तक कोई कार्यवाही नहीं हुई। तब जेपी आजमगढ़ जिले में अपने चुनावी दौरे पर थे। मैं और मुस्तफा फिर उनसे मिले। जेपी ने तुरंत रफी साहब को पत्र लिखा। मुझे उस पत्र के शब्द अच्छी तरह याद हैं, 'मेरे प्यारे रफी साहब, अगर आप मुस्तफा जैसे व्यक्ति को नौकरी नहीं दिला सकते तो हमें खुद पर शर्म आनी चाहिए। अगर आप कुछ नहीं कर सकते तब मैं भाई साहब (मतलब जवाहरलाल नेहरू) से कहता हूं।' रफी साहब ने मुस्तफा की नौकरी का इंतजाम कर दिया। इस तरह की कई कहानियां हैं।

खासकर, जब आपातकाल की घोषणा हुई और जेपी को गिरफ्तार कर लिया

गया, मैं संसद मार्ग पुलिस स्टेशन गया, जहां उन्हें ले जाया गया था। वहीं पर मैंने जाना कि मेरे खिलाफ भी गिरफ्तारी का वारंट जारी किया गया था। मैंने जेपी को बताया, तब वे मुस्कराये और कहा, तुम्हें भी गिरफ्तार किया जा सकता है? ये लोग पागल हो गये हैं? यू.एन.आई. के एक संवाददाता ने उनकी प्रतिक्रिया पूछी। उन्होंने कहा, 'विनाशकाले विपरीत बुद्धि'। मैं जेल से रिहा होकर जब जेपी से मिलने गया तो उन्होंने आंखों में आंसू भरकर कहा कि मैंने जेल के अधिकारियों से प्रार्थना की थी कि तुम्हें चंडीगढ़ स्थानांतरित किया जाये। मैं यहां बहुत अकेला महसूस कर रहा हूं। किंतु जेल के अधिकारियों ने प्रार्थना को ठुकरा दिया। उन्होंने 1932 में लाहौर किले में अपने बंदी दिनों की याद करते हुए कहा कि 'ब्रिटिश सरकार ने मुझे और राममनोहर लोहिया से मिलने की इजाजत दे दी थी। इसमें इनको क्या परेशानी थी, जिन्होंने मुझे तुम्हारे साथ रहने की इजाजत नहीं दी?'

मुझे एक और घटना याद आ रही है। जनता सरकार के बनने के तुरंत बाद की बात है। जेपी कुछ नाराज दिख रहे थे। उन्होंने मुझे एक सूचना भिजवाई कि मैं मंत्री क्यों नहीं बना। मैं बंबई गया और उनको सरकार में शामिल होने के बारे में अपने विचार बताए। वे मेरे इस दृष्टिकोण से सहमत नहीं थे। फिर तुरंत कहा कि तुमने अच्छा किया है। उसके बाद उन्होंने अपने किसी साथी को सुझाया कि चंद्रशेखर को जनता पार्टी का अध्यक्ष बनाना चाहिए। मैंने यह बात जानी तो अपने एक मित्र ब्रह्मानंद को साथ लेकर जेपी के पास गया और उनसे अनुरोध किया कि वे ऐसी सलाह किसी को न दिया करें। इसके अलावा मैंने उनको बताया कि उनकी सिफारिश पर मुझे जनता पार्टी का अध्यक्ष बना दिया जाएगा, तब मैं अवश्य लज्जित महसूस करूंगा और यदि आपका अनुरोध नहीं माना गया, तब यह आपका अपमान होगा।

जेपी ने कहा, 'क्यों वे मेरा अनुरोध नहीं मानेंगे?' मुझे याद है कि मैंने और ब्रह्मानंद ने उन्हें एक कहानी सुनाई कि 1947 में जब आजादी मिली तब गांधीजी ने जवाहरलाल नेहरू को सलाह दी कि आचार्य नरेंद्र देव को कांग्रेस का अध्यक्ष बना दिया जाए। लेकिन जवाहरलाल नेहरू ने उनकी सलाह नहीं मानी। मैंने जेपी को बताया कि न तो आप महात्मा गांधी हैं, न मैं आचार्य नरेंद्र देव और न ही वर्तमान नेता जवाहरलाल नेहरू। यह राजनीति का खेल है और आपको इससे अलग ही रहना चाहिए। उस दिन से मैंने चाहे वह जनता पार्टी के अंदर का हो या बाहर का, किसी भी राजनीतिक मुद्दे से जेपी को बाहर रहने का आग्रह किया। लेकिन दुर्भाग्यवश किसी न किसी के द्वारा उनका नाम ले ही लिया जाता था। लेकिन जेपी से मैं जब भी मिला, वे इसी बात पर चिंतित रहते थे कि समाज

के गरीब वर्ग के लिए कुछ किया जा रहा है या नहीं। उन्होंने कभी जनता पार्टी के क्रियाकलापों पर बात नहीं की, बल्कि हमेशा राष्ट्र की समस्याओं पर विचार-विमर्श करते रहे।[28]

**जन्मशती वर्ष में जेपी किस रूप में विशेष तौर पर आपको याद आए?**

जेपी की जन्मशताब्दी वर्ष पर पूरे वर्ष देश भर में उनकी स्मृति में आयोजन किये गये। स्वाभाविक था कि उनके जीवन, कार्यों और उनके विचारों पर नये संदर्भों में चर्चा हो। उनके जीवनकाल में और उनके देहावसान के बाद जहां उनके प्रशंसकों की बहुतायत है, वहीं सैद्धांतिक आधार पर उनके आलोचक भी रहे हैं। उनके प्रखर देशप्रेम, सर्वस्व त्याग की भावना और सिद्धांतनिष्ठा पर अंगुली उठाने वाला तो शायद ही मिले। परंतु समय-समय पर विभिन्न प्रश्नों पर अपनी बेबाक राय के कारण उनकी आलोचना अवश्य हुई। कितनी ही बार लोगों ने कहा कि वे अपने किसी सिद्धांत पर अडिग नहीं रहे। सतही तौर पर देखने पर ऐसा भ्रम होता भी है। अमेरिका में अपनी पढ़ाई के दौरान वे कट्टर मार्क्सवादी बने और बाद के दिनों में सोवियत यूनियन में सर्वसत्तावादी 'सर्वहारा की तानाशाही' की विकृतियों के प्रकाश में उन्होंने जनतांत्रिक समाजवाद को अपनाया और थोड़े ही दिनों में देश में प्रचलित संसदीय जनतंत्र से भी उनका मोहभंग हो गया और वे सर्वोदय के एक बड़े व्याख्याकार के रूप में सामने आये और जीवन के अंतिम कुछ वर्षों में उन्होंने संपूर्ण क्रांति की वकालत की। व्यक्तियों के बारे में भी उनके आकलन बदले।

ऊपरी तौर से यह भले ही एक विरोधाभासी विचार-यात्रा दिखाई देती हो। दरअसल यह एक क्रमिक विकास था। उन्होंने स्वयं कहा है कि जीवन के प्रारंभिक दिनों में ही 'स्वतंत्रता' के लक्ष्य को उन्होंने अपनाया था। प्रारंभ में स्वतंत्रता का अर्थ था विदेशी दासता से मुक्ति। परंतु जैसे-जैसे अनुभव क्षितिज बढ़ता गया, इस स्वतंत्रता ने शोषण से मुक्ति का रूप लिया और इसकी परिणति मानव मात्र की उन सभी बंधनों से मुक्ति में हुई जो उनके आत्मिक विकास में बाधक है। इस स्थापना का सीधा अर्थ था कि उनकी सोच का केंद्रबिंदु मनुष्य था। मार्क्स की तरह उन्होंने भी देखा कि वर्तमान सभी व्यवस्थाओं में मनुष्य एक बड़ी मशीन में एक नगण्य पुर्जे की तरह है। इसे यों भी कह सकते हैं कि एक बहुत बड़ी भीड़ में वह एक अनाम चेहरे की तरह है, जिसकी कोई अलग पहचान नहीं है। मार्क्स यह देखने के लिए जीवित नहीं रह सके कि मनुष्य की गरिमा को पुनः स्थापित करने का जो सपना उसने देखा था, उसके नुस्खे पर चलने का

उसका ठीक उलटा परिणाम मिला। स्वाभाविक था कि वर्तमान व्यवस्था में खोई हुई मनुष्य की गरिमा को पुनः स्थापित करने के लिए जेपी नये रास्तों की तलाश करते और उन्होंने यह साहस दिखाया भी।

हम सब अनुभव करते हैं कि हम जिस जनतंत्र की वकालत करते हैं, उसमें जन अमूर्त हो गया है और उसके नाम पर स्याह-सफेद करने का अधिकार चंद लोगों की मुट्ठी में चला गया है। इसमें कोई संदेह नहीं कि अन्य किसी भी व्यवस्था के अभाव में जनतंत्र में बहुमत का आदर ही मान्य है। लेकिन अगर वह बहुमत नैतिकता के सभी मानदंडों को तोड़कर हासिल किया जाये तो जनतंत्र का मूलाधार ही गायब हो जाता है। फिर तो जनतंत्र या तो भीड़तंत्र हो जाता है या फिर वह थोड़े से लोगों के स्वार्थ-साधन का हथियार बन जाता है।

जेपी ने संसद और विधानसभाओं को ऐसा ही हथियार बनते देखा। उन्होंने भारतीय राजनीति के पुनर्निर्माण की एक वैकल्पिक व्यवस्था दी। यह पुनर्निर्माण ग्राम आधारित है, क्योंकि उनका मानना था कि ग्राम एक ऐसी इकाई है जहां व्यक्ति इस जनतांत्रिक व्यवस्था में सीधे हिस्सेदार हो सकता है और रोजमर्रा की व्यवस्था में उसकी सतत भागीदारी हो सकती है। सीढ़ी-दर-सीढ़ी जिला, राज्य और केंद्र में इन्हीं इकाइयों का प्रतिनिधित्व हो।

दलीय व्यवस्था पर आधारित संसदीय प्रणाली को जनतंत्र की पूर्णता में वे बाधक समझते थे। आज के संदर्भ में यह अव्यावहारिक लग सकता है। इस माने में उन्हें स्वप्नदर्शी भी कह सकते हैं। लेकिन जो नयी दुनिया का सपना देखते हैं, शायद वही नयी दुनिया बना भी सकते हैं। अति व्यावहारिकता मनुष्य को स्थापित व्यवस्था से चाहे वह कितनी भी गलाघोंटू हो, समझौता करने के लिए प्रेरित करती है। और इसी समझौता करने की प्रवृत्ति के कारण वह जघन्य से जघन्य कृत्यों का मूक दर्शक बना रहता है और निरंतर होनेवाले अन्याय की ओर से आंखें मूंदे हुए येन-केन-प्रकारेण अपने स्वार्थ-साधन की चिंता में डूबा रहता है परंतु जेपी को मनुष्य की अंतर्निहित अच्छाई में अटूट विश्वास था। लेकिन इस अच्छाई को एक सामाजिक आयाम देने के लिए वे ऐसे संस्थानों के विकास के पक्षधर थे, जो उसके नैतिक सद्गुणों को विकसित कर सके और उसका सामाजिक और वैयक्तिक इस्तेमाल कर सके। काफी पहले वे इस नतीजे पर पहुंच गये थे कि केवल आर्थिक समृद्धि मनुष्य में इन नैतिक सद्गुणों को विकसित नहीं कर सकती। महात्मा गांधी की तरह वे भी मानते थे कि उपभोग की अबाध प्रतियोगिता व्यक्ति एवं समाज दोनों के लिए ही हानिकारक है। ऐसी होड़ के वातावरण में एक सहयोगी समाज की कल्पना करना भी मुश्किल है।

कुछ लोगों को यह विचित्र लग सकता है कि जो जेपी दलविहीन राजनीति के पक्षपाती थे, उन्होंने स्वयं जनता पार्टी बनाकर उसको सत्ता में पहुंचाया। इसका मुख्य कारण यह था कि वे हवाई किले बनाने वाले दार्शनिक नहीं थे। जिस समाज में रहते थे, उसके सरोकारों से वे जीवंत रूप से जुड़े थे। जिस आदर्श राजनीति की कल्पना वे करते थे, वह एकाएक प्रकट होनेवाली कोई व्यवस्था नहीं थी, बल्कि निरंतर शिक्षण और संघर्ष ही उसे लाने का रास्ता था। अन्याय और अनाचार के विरूद्ध आजीवन वे संघर्ष करते रहे। जहां वे बांग्लादेश की स्वाधीनता हेतु अंतर्राष्ट्रीय जनमत जाग्रत् करने के लिए देश-विदेश में घूमे, वहीं गुजरात, बिहार और केंद्र की सरकारों से भी टकराने में उन्होंने कोई हिचकिचाहट नहीं दिखाई और आपातकाल की काली छाया से उन्होंने देश को मुक्त कराया।[29]

एक तरफ 1942 का वह ऐतिहासिक पुरुष है, जिसने अपने देश की जनता को सशस्त्र विद्रोह के लिए ललकारा था और दूसरी तरफ संत-तुल्य जयप्रकाश हैं, जिनके सामने डाकुओं ने आत्मसमर्पण किया था। उनकी छवियों के बीच कोई मेल दिखता नहीं। किंतु इन दोनों छवियों की पूर्ण अभिव्यक्ति उनके व्यक्तित्व में विद्यमान है। बौने राजनीतिज्ञों द्वारा उछाले जानेवाले कीचड़ का उनकी करुणा पर रंचमात्र भी प्रभाव नहीं पड़ता था। अत्यंत प्रतिकूल परिस्थितियों में भी उनका संकल्प लेशमात्र भी डिगता नहीं था। मानवीय मूल्यों का यह जो अनूठा सम्मिश्रण उनके व्यक्तित्व में हुआ है, उसी के कारण वे प्रतिकूल परिस्थितियों में और बवंडरों के बीच भी अटल-अविचल रह सके हैं। बिना किसी फल की कामना के सत्य और नैतिकता के कठिन मार्ग पर 'एकला चलो' की सच्ची गांधीवादी अभिरुचि की इससे अधिक ठोस अभिव्यक्ति और क्या हो सकती है?

संस्कृत का एक सुभाषित है, जिसका भावार्थ है कि जीवित वही है जिसकी कीर्ति जीवित है। इस पैमाने पर देखें तो लोकनायक जयप्रकाश नारायण 'जेपी' आज भी जीवित हैं। उनका भौतिक शरीर तो कब का पंचतत्त्व में विलीन हो गया, परंतु उनका यशःशरीर आज भी लाखों का प्रेरणा स्रोत है। सामान्यतया राजनीति को सत्ता का ही खेल समझा जाता है और राजनीतिक क्षेत्र में काम करनेवाले नेता-कार्यकर्ता उसी खेल में लिप्त रहते हैं। बिरले ही ऐसे व्यक्ति होते हैं, जो कमलवत उसमें रहते हुए भी उससे निर्लिप्त रहते हैं। निकट भूत के इतिहास पर गौर करने पर गांधी और जयप्रकाश उन्हीं बिरले व्यक्तियों के रूप में उभरते हैं। इन दोनों की ही महानता के अनेक आयाम हैं। उनके विचारों और कृतित्व के बारे में बहुत कुछ लिखा जा चुका है और अब भी लिखा जा रहा है, परंतु उनके व्यक्तित्व को समग्रता में समेटना एक मुश्किल काम है।

जेपी की मार्क्सवाद से गांधीवाद तक की यात्रा रोमांचक, हृदयग्राही और कुछ मायने में विस्मयकारी है। 40 के दशक की युवा पीढ़ी ने उनमें लेनिन की छवि देखी थी और 1946 में उनकी जेल से रिहाई के बाद 'भारत का लेनिन-जयप्रकाश' अत्यंत लोकप्रिय नारा था। परंतु 1954 आते-आते उन्होंने अपनी उस मानस-मूर्ति को स्वयं तोड़ दिया। वे 'सर्वोदयी' हो गये और फिर जीवनदानी। हमारे जैसे अनेक लोगों को जो उनके नेतृत्व में काम कर रहे हैं थे, यह परिवर्तन ठीक नहीं लगा था। अनेक तरह की भ्रांतियां भी फैलीं। लेकिन इन सबकी परवाह किये बिना जेपी अपनी 'विचार-यात्रा' पर आगे बढ़ते गये। कार्यकर्ताओं का उनसे स्नेह-संबंध बना रहा और उनके मन के कहीं भीतर यह क्षीण आशा भी बनी रही कि शायद जेपी लौटें और फिर समाजवादी आंदोलन का नेतृत्व करें।

बहुत लोगों को ऐसा भी लगा कि जेपी समाजवाद के रास्ते से ही भटक गये। परंतु उन्होंने समाजवाद और क्रांति दोनों ही के बारे में तलस्पर्शी चिंतन किया और उस चिंतन से उन्होंने भारतीय संस्कृति की समन्वयमूलक उदात्त धारणाओं को समाहित करते हुए एक ऐसे भारत की तस्वीर प्रस्तुत करने की कोशिश की, जिसमें प्रत्येक मनुष्य अपने में निहित सर्वोत्तम गुणों को मूर्त रूप दे सके। उनका वह चिंतन न केवल भारत बल्कि पूरी दुनिया के लिए एक नयी समाज-रचना की प्रेरणा देने वाला था।

इसी के साथ यह भी ध्यान में रखने की बात है कि 1974-75 में जो लोग जेपी को अपने द्वारा कल्पित गांधीवादी खांचे में रखना चाहते थे, उन्हें भी जेपी ने निराश किया। गांधी की 'अन्याय के विरुद्ध सतत संघर्ष 'की मूल धारणा को उन्होंने नये ढंग से पेश किया। जेपी ने बारंबार यह रेखांकित करने की चेष्टा की थी कि क्रांति मात्र सत्ता परिवर्तन नहीं है, बल्कि जीवन के प्रत्येक क्षेत्र में आमूल-चूल परिवर्तन की एक सतत प्रक्रिया है। इसीलिए उन्होंने अपनी इस अवधारणा को 'संपूर्ण क्रांति' का नाम दिया और यह भी कहा कि यह केवल एक-दो दिन या एक-दो साल में पूरा होनेवाला लक्ष्य नहीं है। इसके लिए तो निरंतर संघर्ष और रचना की प्रक्रिया को चलाना होगा। इसके लिए उन्होंने संगठन और प्रचार पर भी पर्याप्त बल दिया।

भारतीय जीवन की यह एक बड़ी विडंबना रही है कि हम जिसे महानता का दर्जा देते हैं, उसे एक उच्च आसन पर बैठाकर, विशेष अवसरों पर माला-फूल चढ़ाकर उसके प्रति अपने कर्तव्यों को इतिश्री समझते हैं। राम-कृष्ण, बुद्ध-गांधी सभी के साथ यही हो रहा है। जेपी भी उसके अपवाद नहीं हैं। यह देखकर दुख होता है कि जिन सामाजिक बुराइयों और कुरीतियों के खिलाफ जेपी ने आवाज

बुलंद की थी, उनके अनुयायी होने का दम भरनेवाले स्वयं उन्हीं बुराइयों को बढ़ावा दे रहे हैं।

इसमें कोई संदेह नहीं है कि अपने अंतिम दिनों में जेपी एक दुखी व्यक्ति थे। जिस जनता पार्टी को उन्होंने रोग-शैया पर पड़े-पड़े जन्म दिया था और जो इमरजेंसी के काले अध्याय को समाप्त करने का एक साधन बनी थी, उसे उन्होंने अपनी आंखों के सामने बिखरते देखा। इससे वे दुखी अवश्य थे, पर हताश नहीं थे। उनकी इतिहास-दृष्टि बड़ी पैनी थी। उन्हें युवाओं और जनता की अंतर्निहित शक्ति पर अटूट विश्वास था। इसीलिए उन्होंने युवाओं से कहा था कि वे अपना नेतृत्व स्वयं करें। 1975 में अस्पताल में पड़े-पड़े जब वे मृत्यु के कदमों की आहट सुन रहे थे, उन्होंने अपने जीवन का जो मूल्यांकन किया था, उससे अच्छा मूल्यांकन दूसरा कौन कर सकता है! उन्होंने लिखा था :

*जिसे दुनिया विफलता कहती है वे*
*खोज के चरण थे,*
*वे चरण असंख्य हैं,*
*मंजिल भी बहुत दूर है*
*मुझे कहीं रुकना नहीं है,*
*चाहे राह में कितने भी अवरोध हों।*
*मुझे अपने लिए कोई महत्त्वाकांक्षा नहीं है*
*जो कुछ है ईश्वरार्पण है*
*इसलिए मैं अपनी विफलताओं से भी संतुष्ट हूं,*
*और यह विफल जीवन सैकड़ों गुणा धन्य होगा*
*यदि वह साथ के प्रिय युवा खोजियों के कंटकाकीर्ण मार्ग को*
*कुछ आसान बना सके।*

संपूर्ण क्रांति का जेपी का सपना आज भी अधूरा है। लोकशक्ति को जाग्रत् करके ही इस सपने को साकार किया जा सकता है। जेपी के आदर्शों से अनुप्राणित युवा शक्ति को जाग्रत् करने का संकल्प ले आगे बढ़ें, यही जेपी की स्मृति को अक्षुण्ण रखने का सर्वोत्तम तरीका है। राजनीति के शुरुआती दिनों से लेकर जीवन के अंत तक युवा शक्ति की क्षमता में उनका विश्वास अडिग रहा। महात्मा गांधी के बाद जेपी ने ही हमारी जनता को नई प्रेरणा दी और उन्हें यह महसूस कराया कि वही देश के भविष्य का निर्माण करनेवाले हैं। इस देश के भविष्य का निर्माण हमारे युवक, किसान तथा कठोर परिश्रमी जनता करेगी, न

कि कुछ नेता। जेपी आत्मविश्वास के इस संदेश को सभी सहयोगियों और संपर्क में आनेवाले लोगों को देते थे। उनका पुण्य स्मरण करते हुए हम उनके विश्वास को एक बार पुनः दोहराते हैं और उम्मीद करते हैं कि युवा पीढ़ी उनके कार्यों और विचारों से प्रेरणा लेकर उनके सपनों का भारत बनाने के लिए कृत संकल्प होगी।[30]

## जेल डायरी से...

*"जेपी बीमार हैं। शायद यहीं कहीं हैं। कदाचित यहां के मेडिकल इंस्टीट्यूट में हैं। आज अचानक उनके बारे में चिंता हो गई। क्यों मन में भय-सा समा गया है कि क्या इस त्यागमय जीवन का अंत कारागार में होगा? ऐसा हुआ तो क्या होगा? हमारे समाज के लिए सर्वदा के लिए एक कलंक हो जाएगा। उनके लिए तो कोई बुरा नहीं होगा, क्योंकि उनका मानस कुछ इसी प्रकार का हो गया है; प्रभावती जी की मृत्यु के बाद से तो वे जीवन से और भी विरक्त हो गए थे। परन्तु धुन के धनी हैं। जो चाहा, कर दिखाया। वे बेजोड़ हैं, यह नकारा नहीं जा सकता।"*

***9 जुलाई, 1975***

*"यदि अचानक उन्हें कुछ हो गया तो क्या तपस्यापूर्ण जीवन का अंत इस प्रकार होगा? कहीं एक कारागार की कोठरी के कोने में? मैं इसकी कल्पना मात्र से कांप उठता हूं, मेरा अंतःकरण रो उठता है। आज की स्थिति में अगर कहीं एक जगह रखकर उनके ऊपर कुछ पाबंदी लगा दी जाए, तो क्या इससे शासन की इच्छा पूरी न होगी? उनका ध्यान रखनेवाला गुलाब अगर साथ रहे तो क्या बिगड़ जाएगा? कितने मदांध हैं ये लोग! कदाचित् राजनीति में करुणा के लिए कोई स्थान नहीं।"*

***5 अगस्त, 1975***

*"1942 में जो व्यक्तित्व देश के सामने उभरकर आया, उसे समाप्त करने का प्रयास आज की राजनीति की सबसे बड़ी 'राष्ट्रसेवा' है, इसी 'राष्ट्रसेवा' के द्वारा आज के शासकों का कृपापात्र होना सुगम है। एक बार दयादृष्टि हुई तो कोई भी उपलब्धि असंभव नहीं। आज जेपी जेल में हैं। इंदिरा गांधी का आरोप है कि उन्होंने अवांछित तत्त्वों को भारतीय राजनीति में सम्मान का स्थान दिया। आंशिक रूप में इसमें सत्यता है। मैंने भी जेपी को इसका*

*संकेत दिया था। किंतु यह आरोप इंदिरा गांधी लगाएं, इससे हास्यास्पद कुछ हो ही नहीं सकता।''*

***9 अगस्त, 1975***

*आज 11 अक्टूबर है, जेपी का जन्मदिवस। पिछले कई वर्षों से इस दिन मैं जेपी के बारे में कुछ लिखता रहा हूं। गत वर्ष 'यंग इंडियन' में जो संपादकीय मैंने लिखा था, उसको लेकर बड़ा विवाद उठ खड़ा हुआ था। कांग्रेस के बहुत-से साथी रुष्ट हुए थे। मुझसे तो खुलकर किसी ने नहीं कहा पर कानाफूसी बहुत हुई थी। आज यह बात मुझे स्मरण हो आयी कि कुछ मित्रों ने मुझे पिछले साल कुछ लिखने से मना किया था। उन दिनों सरकार के कुछ अत्यंत उत्तरदायी लोग इस बात की चर्चा चला रहे थे कि श्रीमती गांधी मुझे मंत्रिमंडल में सम्मिलित करने जा रही हैं। मुझसे यह भी कहा गया था कि मैं इस अवसर को किसी प्रकार हाथ से न निकलने दूं। इन्हीं बातों का असर मेरे कुछ मित्रों पर था और इसी कारण वे मुझे आगाह कर रहे थे कि मैं जेपी के बारे में कुछ न लिखूं। मैंने उनकी बातें सुन लीं पर लेख लिखकर छपवा दिया और उनसे मैंने साफ-साफ कह दिया कि यदि मैं ऐसा न करता तो पता नहीं दूसरे मेरे बारे में क्या सोचते, पर मैं निश्चित रूप से अपनी ही दृष्टि में गिर जाता। मेरा स्वत्व समाप्त हो जाता। मेरा आत्मविश्वास चूर हो जाता। अपनी अवसरवादिता को आदर्शों का जामा पहनाने की कला न मुझमें है और न उनमें दीक्षित होने के लिए मैं तैयार हूं। फिर यदि इस प्रकार अपने को गिराकर कोई पद मिले भी तो उसका क्या उपयोग है? सिवाय झूठी शान, कुछ सुख-सुविधा और फिर एक ऐसे जीवन की होड़ में लग जाना, जहां स्वार्थ साधने के लिए पग-पग पर समझौता करने के लिए विवश होना पड़ता है। समझौता भी उन शक्तियों से, जिनका आधार सारे मानवीय मूल्यों का निषेध है, जहां मिथ्याचार को बढ़ावा मिलता है। जहां चाटुकारिता पुरस्कृत होती है और जहां भ्रष्टाचार को सम्मानित किया जाता है। केवल यह पाने के लिए इस सीमा तक समझौता संभव नहीं। मुझे प्रसन्नता है कि मैं अपने स्थान से हिला नहीं। अपनी मान्यताओं से डिगा नहीं। इस कारागार में बैठे हुए भी कभी मेरे मन में कोई पश्चात्ताप नहीं हुआ है कि मैंने इन लोगों से समझौता क्यों नहीं कर लिया। सत्ता हथियाने की हेय होड़ में लगे हुए लोगों का चित्र यहां से मुझे और भी विकृत दिखाई पड़ता है। कितनी घिनौनी हरकतें, कितनी*

छोटी बातें और कितने संकीर्ण विचार हैं इन लोगों के!

पिछले साल मैंने लिखा था कि जेपी सत्ता हथियाने के लिए संघर्ष नहीं कर रहे हैं, इसलिए सत्ता की शक्ति के भरोसे उन्हें पराभूत नहीं किया जा सकता। आज जेपी जेल में हैं। सरकार का दावा है कि जनता ने इंदिरा गांधी को पूरा समर्थन दिया है, कहीं कोई आंदोलन नहीं तो क्या मेरा मूल्यांकन सही नहीं था? क्या सरकार अपने इस मनसूबे में कामयाब हो जाएगी? क्या जनता को कभी भी आवाज उठाने का अवसर नहीं मिलेगा? क्या तानाशाही का शिकंजा इतना मजबूत हो गया है कि इससे छुटकारा नहीं। फिर यह भी सोचने को विवश होना पड़ता है कि क्या जेपी का अंत कारागार में होगा? यदि ऐसा हुआ, तो इतिहास में वे अमर हो जाएंगे। हमारी व्यक्तिगत व्यथा जो भी हो, किंतु इतिहास इस बलिदान को स्वर्णाक्षरों में अंकित करेगा। जेपी कदाचित् इस प्रकार की मृत्यु का वरण करने के लिए बहुत प्रारंभ से ही तत्पर रहे हैं। कभी अपने निश्चय को उन्होंने बदला नहीं, न ख्याति खोने की परवाह, न कुछ पाने की चाह और स्वयं को एक निमित्त मात्र मानकर अपनी मान्यताओं को प्रतिपादित करने के लिए सर्वस्व न्यौछावर करने की अपरिमित क्षमता उनमें सदा रही है। जीवन की इस संध्या बेला में अध्यात्म के पुट से उसमें वृद्धि ही हुई है। जहां उन्हें अपनी आत्मशक्ति का सहारा है, वहीं उन्हें भगवान पर अडिग भरोसा है। इसी कारण लगभग बीस वर्ष की चुप्पी के बाद उन्होंने फिर एक बार देश की आत्मा को झकझोर दिया और सत्ताधारियों का सिंहासन हिल उठा। आज जो भी प्रचार किया जाये, किंतु एक बार बंदीगृह से बाहर आने के बाद जेपी के व्यक्तित्व द्वारा प्रेरित जनजागरण का बवंडर इन सारे आडंबरों को झकझोर देगा, जिसे बड़े यत्न से सत्ता के दुरुपयोग द्वारा खड़ा किया गया है। भ्रष्टाचार और अनर्गल प्रचार के ताने-बाने की वह काली चादर कब तक टिकेगी? प्रकाश की किरण इसे देखते-देखते समाप्त कर देगी। आंखों के आगे जो अंधेरा दिखाई देता है, वह सिमटकर कुछ लोगों के मन-अंतर में छा जाएगा। इसी कारण कोई भी निर्णय इन रणबांकुरों के लिए सुगम नहीं। ये स्वयं अपने कुकर्मों की छाया से डरते हैं और नहीं चाहते कि उनका पर्दाफाश हो। इसी कारण बौखलाहट में सब कुछ कर रहे हैं। ये किसी भी सीमा तक जा सकते हैं। कल अपने अंतर्विरोधों के कारण स्वयं ही आपसी द्वंद्व के शिकार होंगे, फिर इनका सही मुखौटा जनता के सामने आएगा, यह बात इनकी समझ में नहीं आती। मैंने हर संभव प्रयास किया,

किंतु अपने इन मित्रों को समझा नहीं सका। कभी-कभी ऐसा लगा कि कुछ रास्ता निकल आएगा, किंतु दोनों तरफ ऐसे लोगों की कमी नहीं थी जो इस मामले को और अधिक उलझाने के प्रयास में लगे रहे। इसी के कारण उनकी महत्ता थी या शायद वे ऐसा इसलिए करते थे कि उनका अपना कोई व्यक्तित्व नहीं। जिधर गये, उधर ही हां में हां मिलाने लगे। दो-तीन व्यक्ति इस कला में बड़े निपुण सिद्ध हुए। जेपी के परम स्नेही, उनके दरबार की शोभा बढ़ानेवाले और साथ ही इंदिरा गांधी के दरबारियों के एक संकेत पर ही थिरक जानेवाले। ये हैं आज की दुनिया के सफल कलाकार, जो अपने अभिनय से हर गुत्थी को उलझाने में ही अपना अस्तित्व देखते हैं, क्योंकि उसके बिना उनका अपना कोई महत्त्व नहीं रह जाता। जेपी को मैंने कई बार कहा कि उनके चारों ओर जो लोग आज चक्कर काट रहे हैं, उनके भरोसे कौन-सा नया समाज बनेगा? क्या यही लोग नया विकल्प प्रस्तुत करेंगे? कदम बहुत आगे बढ़ाने से पहले कुछ मौलिक प्रश्नों पर मन की सफाई होनी चाहिए और उसी के अनुरूप संगठन की संरचना भी। किंतु प्रवाह इतनी तेजी से उठा कि इस ओर ध्यान होते हुए भी वे कुछ कर न सके। वही हुआ जिसकी मुझे आशंका थी कि अपने अस्तित्व पर खतरा देख इंदिरा गांधी कोई दुस्साहस न कर बैठें। मैंने उन्हें भी बार-बार यह बात कही कि वे लोकशाही द्वारा शासन चलाना चाहती हैं तो जेपी से अनावश्यक विवाद खड़ा करना उनके हित में नहीं। प्रारंभ में उनकी प्रतिक्रिया अनुकूल रही, पर ज्यों-ज्यों दिन बीतते गये, उनके सलाहकारों ने उन्हें अधिक कड़ा रुख अपनाने की बात सुझाई। खेद तो इस बात का है कि जो लोग जेपी के सहयोगियों से उनके प्रयास की प्रशंसा और इंदिराजी के व्यवहार की भर्त्सना करते थे, वे ही इंदिराजी के सामने निःसंकोच ऐसा सुझाव देते थे कि इन दोनों के बीच तनाव और बढ़े। मैंने यह बात दोनों ओर के लोगों से कही थी। व्यक्तियों का नाम लेना मैं उचित नहीं मानता। मुझे आज स्मरण हो आया कि किस प्रकार जेपी के निकट के लोगों ने मेरे सारे प्रयास की यह कहकर कटु आलोचना की कि मैं बढ़ते हुए आंदोलन को रोकने का प्रयास इंदिरा गांधी के कहने पर कर रहा हूं, क्योंकि मुझे मंत्रिमंडल में कोई स्थान मिलनेवाला है। दूसरी ओर इंदिरा गांधी के सलाहकारों की जो समझ मेरे बारे में थी, उसके परिणामस्वरूप आज मैं यहां जेल में बैठा हूं। एक बार दुखी होकर मैं यह बात जेपी और इंदिरा गांधी को लिखना चाहता था। पत्र लिखा भी, पर एक बार यह सोचकर कि इसका भी उलटा अर्थ

*लगेगा, भेजा नहीं। कुछ मित्रों ने भी ऐसी सलाह दी कि ऐसे लोगों की बातों को मुझे महत्व नहीं देना चाहिए। मैंने महत्व दिया या नहीं, किंतु आज वैसे ही लोगों के क्रियाकलाप का परिणाम है कि हमारे सारे लोकतांत्रिक ढांचे पर ग्रहण लगा हुआ है। इससे तो ऐसा लगता है कि तात्कालिक विजय उन्हीं शक्तियों के हाथ है जो न भविष्य के लिए चिंतित हैं और न अतीत की उपलब्धियों को संजोने के लिए व्याकुल। उन्हें केवल आज मिली हुई राजसत्ता की शक्ति या उससे सामीप्य ही सब कुछ जान पड़ता है। आज दिन भर यही सब सोचता रहा। जेपी के बारे में लिखने की जो एक परंपरा कुछ सालों से बनाई थी, उसे पूरा करना संभव नहीं जान पड़ता। उनके व्यक्तित्व के बारे में मैं कुछ लिख सकूं, इस शक्ति का अभाव अपने में पाता हूं। पता नहीं, जेपी से कब मिल सकूंगा! कभी-कभी यह भी शंका होती है कि कहीं ऐसा न हो कि 26 जून की मुलाकात ही आखिरी मुलाकात बन जाये! इस प्रकार की आशंका अपनी निर्बलता की द्योतक है, इससे मुक्ति पाना सुगम नहीं। जिस प्रकार का व्यवहार पिछले दिनों में कुछ मान्य नेताओं ने प्रदर्शित किया है, उससे मुझे बहुत धक्का लगा है। जेपी से मतभेद एक बात है और उनकी देशभक्ति में संदेह बिलकुल दूसरी। उनकी स्तुति करनेवाले लोगों से आज जिस प्रकार की भर्त्सना मैं सुनता हूं उससे अत्यंत ग्लानि होती है। पर इसमें कोई आश्चर्य नहीं क्योंकि यदि व्यक्तियों के बारे में अपना मूल्यांकन गलत सिद्ध हो तो उसके लिए अपनी आस्था और मान्यताओं को क्यों छोड़ा जाये? व्यक्तियों के बारे में नहीं, सामाजिक शक्तियों की व्याख्या और वास्तविक निरूपण में भी भूल हो सकती है। इससे संघर्ष की शाश्वत शक्ति और शुभ की शक्तियों की अनिवार्य विजय के बारे में कोई संदेह नहीं हो सकता। मेरी दृष्टि में आज की परिस्थिति में जेपी उसके प्रतीक हैं। उनके आंदोलन में आनेवाली विकृतियों के बावजूद उनका संघर्ष एक नई दिशा की ओर संकेत है, गंतव्य उधर ही है, चाहे अवरोध कितने ही हों, मोड़ आएंगे, दुविधाएं होंगी, पर मंजिल मिलेगी ही।"*

**11 अक्टूबर, 1975**

# इंदिरा गांधी

**इंदिरा गांधी के राजनीतिक व्यक्तित्व के बारे में आपकी क्या राय है?**

राजनीति के शिखर पर आज जो चेहरे दिख रहे हैं, उनसे वे हजार गुना अच्छी थीं। लेकिन सत्ता उनकी सबसे बड़ी कमजोरी थी। पॉवर अपने हाथ में रखना चाहती थीं। इसी कारण न तो वह देश का भला कर सकीं और न ही अपना। उनकी सोच थी कि पॉवर परिवार को ही मिलना चाहिए। बेटे को ही मिलना चाहिए। जिन लोगों ने उन्हें प्रधानमंत्री बनाया था, उनकी सोच यह थी कि यह महिला कुछ नहीं कर पाएगी। और वे लोग सत्ता को अपने मन-मुताबिक चला सकेंगे। लेकिन हुआ इसके उलट। हाथ में पॉवर आने के बाद वह अपने ढंग से सत्ता चलाने लगीं। लेकिन उनकी इच्छाशक्ति बहुत दृढ़ थी।

**1971 में इंदिरा गांधी ने 'गरीबी हटाओ' का नारा दिया था। क्या किसी स्तर पर वे उस बात के प्रति गंभीर थीं?**

इंदिरा गांधी का मन और दिल पूरी तरह गरीबों के साथ था। लेकिन इंदिरा गांधी में वह क्षमता नहीं थी कि गरीबी हटाने के क्रम में जो प्रतिरोध उठता, उसका वे मुकाबला कर पातीं। राजनीतिक प्रतिरोध झेलना अलग बात है, जिसका सामना आप केवल संसद के बहुमत से कर सकते हैं, लेकिन जहां तक गरीबी हटाने की बात है, केवल संसद के समर्थन से नहीं होगा। उसमें समाज के आभिजात्य वर्ग के विरुद्ध खड़ा होना होगा। यह केवल चंद लोगों का सवाल नहीं है। समाज दो हिस्सों में बंटा हुआ है। एक वर्ग, जिससे हम लोग आते हैं और दूसरा वर्ग, जो दबा-कुचला है, तो अपने ही वर्ग का विरोध करना बड़ा कठिन काम है।

**कभी इस विषय पर इंदिरा गांधी से चर्चा हुई?**

जयपुर में एक सम्मेलन था। इंदिरा गांधी ने मुझसे कहा, क्या आप समझते हैं कि गरीबी चौबीस घंटे में मिट जाएगी? मैंने कहा कि मैं ऐसी समझ नहीं रखता। गरीबी मिटाने में बहुत समय लगेगा। लेकिन अमीरी का दिखावा 24 घंटे में मिट सकता है। अमीरी के दिखावे को मिटाने के लिए जो साहस चाहिए, वह व्यक्ति नहीं कर सकता जिसने जीवन में गरीबी को देखा या भुगता न हो। सबसे बड़ी कठिनाई यह है कि हम देश को भारत बनाना चाहते हैं–बिना भारत को समझे। भारत क्या है? भारत की समस्या क्या है? वह समस्या नहीं है जो पत्रकार लिखते हैं। वह समस्या नहीं जो राजनीति में चर्चा का विषय है। समस्या वहां है, जहां एक मूक असहाय व्यक्ति अपनी पीड़ा को भुगतता है।

**'गरीबी हटाओ' का नारा किन परिस्थितियों में निकला था?**

1971 के चुनावों में 'गरीबी हटाओ' का नारा लगाया गया। चुनाव में ज्यादातर भाषण इसी पृष्ठभूमि में किए गए। शोषित और उपेक्षित समाज की भावनाओं के अनुरूप नया समाज बनाने का संकल्प बार-बार दोहराया गया। चुनाव की सफलता के बाद इंदिरा गांधी से मेरी बात हुई। उन्होंने कहा कि अब कुछ करना चाहिए। हमने जो वादे किए हैं, उनको पूरा करने की बात मैंने उनसे कही। लेकिन वादा पूरा करना तो दूर, उन्होंने चुनावों के तुरंत बाद पूंजीपतियों के संगठन में जो भाषण दिया, वह उन नीतियों के विरुद्ध था जिनका हम लोगों ने जनता के सामने प्रचार किया था। उन्हीं दिनों मैंने 'यंग इंडियन' में एक संपादकीय लिखा, जिसमें मैंने कहा था कि अगर सरकार अपने वायदे पूरे नहीं करती तो जनतंत्र से लोगों का विश्वास हट जाएगा, स्वयं प्रधानमंत्री के प्रति अविश्वास का भाव पैदा होगा। जनता के विश्वास को तोड़ना एक खतरनाक खेल है। 1971 का चुनाव अनेक दृष्टियों से महत्त्वपूर्ण था। जो सवाल उठाए गए, वे मुद्दे काफी चर्चित हुए। कांग्रेस ने बाद में अपने वायदों को पूरा न करके एक बड़ी भूल की। 1971 का जनसमर्थन तीन वर्षों में बिखर गया। 1974 में सरकार के विरुद्ध विद्रोह की आवाज उठनी शुरू हो गई। 'गरीबी हटाओ' का नारा जहां तक मुझे स्मरण है, आई.के. गुजराल के मस्तिष्क की उपज था। इस नारे ने जनमानस को झकझोर दिया और उनके जज्बातों से जुड़ गया।

**इंदिरा गांधी कुछ करना चाहती थीं, पर परिस्थितियों ने रोक दिया?**

परिस्थितियां कभी ऐसी नहीं होतीं कि बिना प्रतिरोध के आप कोई नया काम कर

सकें। जिस देश में 50 प्रतिशत लोग भूखे हों और आप उनके पक्ष में कुछ करें और प्रतिरोध या चुनौती न मिले, यह सोचना ही गलत है। यह हम लोग नहीं कर सके।

**क्या यहां संसदीय जनतंत्र की सीमा आ गयी?**

जनतंत्र की सीमा कुछ लोगों पर नहीं लागू होती थी। संसदीय जनतंत्र की सीमा इंदिरा गांधी पर नहीं लागू होती थी। 1977 में जनता पार्टी पर वही सीमा नहीं लागू होती थी। 1947 में वह सीमा पं. जवाहरलाल नेहरू पर नहीं लागू होती थी। मैं आपको परिवर्तन के ऐसे तीन काल बताता हूं, जिसमें वह कुछ करना चाहते तो उनको कोई रोक नहीं सकता था।

**किसी भी प्रधानमंत्री का कौन-सा फैसला आपको याद है जिससे आम आदमी का आत्मविश्वास बढ़ा हो और उसको यह लगा हो कि हम देश बना सकते हैं?**

जब शुरू में इंदिरा गांधी ने सिंडिकेट को हटाया, बैंकों का राष्ट्रीयकरण किया तो बुद्धिजीवी पढ़े-लिखे तबके और नौजवानों में एक विश्वास जगा। मैं उस समय के माहौल को जब देखता हूं तो लगता है, सचमुच कोई परिवर्तन हुआ।

**जितने भी प्रधानमंत्री हुए हैं, सामान्यतः उनमें कुछ कर दिखाने का माद्दा दिखाई नहीं देता?**

कौन प्रधानमंत्री हुआ, जो अपने राजनीतिक लाभ से ऊपर उठकर देश के लोगों के लिए कुछ करने को तैयार था? हमने जिन नीतियों का निरूपण किया, उसमें जहां बाह्य रूप से लोगों के प्रति निष्ठा प्रकट कर रहे थे, वहां मन के कोने में कहीं न कहीं थी कि इससे हमको कितनी ख्याति मिल जाएगी और हम लोगों के बीच में कितने प्रसिद्ध हो जाएंगे।

**इससे अधिक नहीं?**

अधिक होगी। लेकिन असर इसी का ज्यादा होता है। एक प्रधानमंत्री के बारे में एक आदमी ने एक लेख लिखा। उस प्रधानमंत्री ने कहा कि मैंने जो काम कर दिया है, उससे मैं शांति के साथ मर सकूंगा कि देश का गरीब यह समझने लगा कि उसका भी इस देश के उत्थान या विकास में स्थान है और उसका वह भागीदार है। तो उन्होंने कहा कि वह तो शांति से मर सकेंगे, लेकिन उनके बाद जो कोई आएगा, उसे देश सौ बरस तक शांति से नहीं रहने देगा।

**वास्तव में क्या ऐसा था?**

दावा तो सभी कुछ न कुछ करते हैं। जो आदमी अपने लोगों के प्रति ईमानदार नहीं है, वह समाज के प्रति ईमानदार नहीं हो सकता। आप जो सवाल पूछ रहे हैं, उसके निहितार्थ को समझते हैं और उन व्यक्तियों के बारे में भी जानते हैं, जिनके बारे में सवाल पूछ रहे हैं। उनका सारा क्रिया-कलाप ऐसा रहा है जहां अपने को ही केंद्र में रखकर सब कुछ सोचा।

## जेल डायरी से...

*"बीजू (बीजू पटनायक) का कहना है कि चार-पांच वर्ष पहले इंदिरा गांधी ने उससे कहा था कि राजनीति में नैतिकता कुछ नहीं होती। सफलता ही सबकुछ है। उसे किसी भी प्रकार प्राप्त करना चाहिए। चुनावों के बारे में उनकी राय थी कि उसे इतना महंगा बना देना होगा कि कोई भी विरोधी पार्टी उस दौड़ में कहीं पास न पहुंच पाए। बकौल बीजू इंदिरा गांधी का यह भी कहना था कि वे वैसे ही अधिकार लेना चाहती हैं जैसे टीटो और नासिर के थे। बीजू के अनुसार इंदिरा गांधी सुनियोजित ढंग से उस दिशा में जा रही हैं। विरोधी दल अपनी आपसी लड़ाई के कारण इस वृत्ति को रोकने में असमर्थ रहे।"*

***27 जून, 1975***

*"बहुत कुछ बीजू से सहमत होने लगा हूं। कोई शक्ति नहीं जो इंदिरा गांधी को रोक सके। सर्वाधिकार लेने में कांग्रेस पार्टी में चूं नहीं होगी। समाचार पत्रों पर रोक है फिर लोग धीरे-धीरे भूल जाएंगे, वही घिसे-पिटे तर्क। मैं इनसे सहमत नहीं। इतना मैं मानता हूं कि इंदिरा गांधी की यह कोशिश कामयाब हो सकती है कि वे सब अधिकार अपने हाथ में ले लें, पर चला कैसे सकेंगी? कौन सामाजिक शक्ति उनका साथ देगी? फौज के सहारे चलाना एक बात है, पर उसमें उनका भी अंत है।"*

***4 जुलाई, 1975***

*"देश में एक बहुत बड़ा तबका था, जो यह मानता था कि कांग्रेस दल इस हद तक नहीं जाएगा कि अधिनायकवादी कदम उठाने में इंदिरा गांधी का साथ दे। मेरी स्वयं ऐसी धारणा थी कि एक सीमा के बाद कांग्रेस के अन्य नेता और साथी प्रतिरोध दिखाएंगे। इस प्रकार एक भयंकर दिशा में देश*

को ले जाने पर जोर लगाएंगे, पर जो समाचार मिल रहे हैं, उनसे तो ऐसा कुछ नहीं लगता। हर अनैतिक काम को समर्थन देना और उसके पक्ष में तर्क प्रस्तुत करना ये लोग अपना धर्म समझने लगे हैं। मुझे आश्चर्य है कि बहुत-से लोग, जिन्होंने स्वयं मुझसे कहा था कि यदि ऐसा हुआ तो बड़ा अनर्थ हो जाएगा और हम इसके सहभागी नहीं होंगे, आज इन कदमों के औचित्य को सराहने में प्रमुख प्रवक्ता की भूमिका अदा कर रहे हैं। मेरे पास कोई जानकारी नहीं थी, किंतु मुझे न जाने क्यों, इस बात का अहसास अवश्य था कि कुछ ऐसा हो सकता है। इसी कारण जिन लोगों ने मुझसे श्रीमती गांधी का समर्थन करने को कहा, उनसे मैंने एक बात अवश्य कही कि अब इस देश में एक लोकशाही के नेता के रूप में इंदिराजी के दिन समाप्त हो चुके हैं। और अपने को इस पद पर आसीन रखने के लिए उन्हें तानाशाही तरीके अपनाने होंगे। यदि ऐसी स्थिति उत्पन्न होती है, तो उसमें मेरा सहयोग या सहकार पाने की आशा करना निरर्थक है। मैंने यह भी कहा कि आज जो हो रहा है, वह तेजी से उसी रास्ते पर ले जा रहा है। इसका समर्थन मैं कैसे कर सकता हूं? क्योंकि मैं जानता हूं कि उस समय मेरा स्थान जेल में होगा। इस राज-संचालन में मैं साथी नहीं हो सकता, अपने वारंट पर स्वयं हस्ताक्षर करना कोई बुद्धिमानी नहीं है। पर मैं यह अवश्य चाहता था और मैंने प्रयास भी किया कि यह स्थिति जितनी भी टाली जा सके, उतना अच्छा है। मैंने अपनी शक्ति-भर साथियों को समझाने की कोशिश की, पर मेरी बात किसी ने सुनी नहीं। मैं तब भी जानता था कि कांग्रेस के साथ इतने दबे हुए हैं, विशेषकर संसद और विधानमंडलों के सदस्य कि उनसे कुछ ज्यादा आशा करना उचित नहीं। पर कुछ लोग अगुवाई करें। यह सही है कि असंतोष था और अब भी है। पर उसे सामने लाने का साहस नहीं है एक तो इसका आर्थिक पहलू है। चुनावों में लाखों रुपये मिलने की उम्मीद है! उसे कौन छोड़े? आपातस्थिति बनी रही, तो सदस्यता (संसदीय संस्थाएं) भी बनी रहेगी। आज सारे आर्थिक साधन सुलभ होने पर भी इन्हें जनता के बीच जाने का साहस नहीं है। गिने-चुने लोगों को छोड़कर अधिकतर लोग जनविरोध की भावना को आंककर घबरा उठते हैं। कितने लोग हैं जो आज ऊंची आवाज में बोल रहे हैं? कई लोग अपने मन का भय स्वयं मुझसे बता चुके हैं और उनके असली स्वरूप को देखने का अवसर भी मुझे मिला है। पर आज तो वे अपने को शक्ति के शिखर पर समझ रहे हैं। ऐसा मानते हैं कि प्रतिक्रियावादियों और

*राष्ट्रद्रोहियों को जेल में भेजकर अब वे धरती पर नया स्वर्ग उतारने में सफल हो जाएंगे। पता नहीं इनका यह मोह कब दूर होगा? शायद यह न मोह है, न भ्रम। यह एक ऐसी विडंबना है, जिसमें वे अपने को बहलाये रखना चाहते हैं।"*

***11 अगस्त, 1975***

*"आज सवेरे समाचारपत्र में प्रधानमंत्री का भाषण पढ़ा। कल रेडियो पर भारत सरकार के प्रवक्ता का वक्तव्य हुआ। फोर्ड के भाषण पर बड़ा रोष दिखाया गया था। मुझे लगा, मामला कुछ जोरदार है, पर आज खबर मिली कि चव्हाण साहब भारत-अमेरिकी आयोग की बैठक के लिए वाशिंगटन जा रहे हैं। भारत सरकार का यह स्वरूप कुछ हास्यास्पद-सा दिखाई देता है। मुझे ऐसा लगता है कि अमेरिकी प्रशासन जान-बूझकर अपमानित करता है या भड़काता है, अन्यथा फोर्ड को अचानक वह वक्तव्य देने की क्या आवश्यकता थी? अब तक तो कभी इतनी दिलचस्पी उन्होंने नहीं दिखाई। भाषण दिया और यह भी कह दिया कि वह भारत नहीं आ रहे हैं, यह बात भी चव्हाण और सुब्रमण्यम के वक्तव्यों के बाद अजीब लगती है। इससे तो एक ही असर मन पर होता है कि भारत सरकार हर कीमत पर अब अमेरिकी सहायता लेने के लिए लालायित है। यहां जोरदार भाषण केवल अपना मन बहलाने के लिए या जनता को इस भुलावे में रखने के लिए दिये जाते हैं कि हम तो केवल मौन पर्यवेक्षक हैं, पर जो बेचारे आकंठ इसमें घुले-मिले हैं उनके दिल पर क्या गुजरती होगी! कौन जाने, देखें ऊंट किस करवट बैठता है! इंदिरा गांधी के करिश्मों का कोई अंत नहीं।"*

***20 सितंबर, 1975***

*"इंदिरा गांधी ने आज फिर कहा है कि आपातकालीन स्थिति के बाद जो लोग पकड़े गये थे, उनमें से बहुत लोग छोड़े जा रहे हैं। यह समाचार आते ही लोग प्रसन्नता प्रकट करने मेरे पास भी आते हैं। ये समझते हैं कि बस एक-दो रोज की बात है, पर इन बेचारों को क्या मालूम कि इंदिरा गांधी जो कहती हैं और जो करती हैं, उसमें कोई तालमेल बैठा पाना बड़ा कठिन कार्य है। साधारण बुद्धि के लोग यह नहीं कर पाते। मैंने बहुत दिन पहले इसे अपने अनुभव से सीखा था। फिर भी मैं यह अस्वीकार नहीं कर सकता कि मुझे हमेशा यह आंशा बनी रही है कि वे सही काम कर सकती हैं, पर*

*अपने मन से नहीं, तब जब परिस्थितियां उन्हें विवश करें। 1971 के चुनावों की सफलता ने कांग्रेस संगठन को पूरी तरह पंगु बना दिया। विंचारों की विजय को व्यक्ति के वैभव में बदलने का प्रयास चल पड़ा, हमारे सभी साथी उसी में मिल गये। मैंने इस धारा को बदलने का असफल प्रयास किया। इतने उच्च पद पर रहते हुए वे कब क्या कहेंगी, या क्या करेंगी, इसका अनुमान लगाना असंभव है। अब तक इसमें उन्हें सफलता मिली है, शायद आगे भी मिले, पर इस आधार पर सामाजिक परिवर्तन के लिए कोई कदम आगे बढ़ेगा, ऐसा मैं नहीं समझ पाता।''*

**23 सितंबर, 1975**

*''आज मद्रास में कामराजजी का अंतिम संस्कार हुआ। अपार जनसमूह दिवंगत आत्मा को श्रद्धांजलि देने के लिए उमड़ पड़ा। तमिलनाडु सरकार ने राजकीय सम्मान देने का निर्णय कर उचित ही किया। इंदिरा गांधी ने इस अवसर पर मद्रास जाकर सराहनीय कार्य किया। न जाने इससे क्यों मुझे बड़ा संतोष हुआ। अत्यंत सुख का अनुभव हुआ। उस महान व्यक्ति के उपकारों को उन्होंने भुलाया नहीं और जनता ने अपनी श्रद्धा और स्नेह से यह सिद्ध कर दिया कि राजनीतिक सफलता या असफलता के आधार पर मनुष्य का सही मूल्यांकन नहीं किया जा सकता। जिसकी मौत लोगों को रुला सके, जिसका शव भी लाखों को घरों से बाहर खींच कर सड़क पर अश्रुपूरित नेत्रों के साथ खड़ा होने पर विवश कर दे, जिसके व्यक्तित्व का आकर्षण इस जेल की चहारदीवारियों को चीरकर भी किसी को मर्माहत बना दे और एक मूल श्रद्धांजलि देने के लिए प्रेरित कर दे, उस व्यक्तित्व का मूल्यांकन सहज ही किया जा सकता है। एक निर्धन घर में पैदा होकर, सबकुछ प्राप्त कर, अंत में एक निरीह प्राणी की भांति ही कामराज ने अंतिम क्षणों को अंगीकार किया।''*

**3 अक्टूबर, 1975**

*''आज उच्चतम न्यायालय में इंदिरा गांधी के मुकदमे की सुनवाई पूरी हो गयी। निर्णय कुछ दिनों में होगा। अच्छा हुआ, यह अध्याय समाप्त हुआ। लोगों की दृष्टि इस मुकदमे के निर्णय की ओर लगी हुई है, पर एक अजीब तरह की भावना लोग व्यक्त करते हैं। यहां जितने कैदी या कर्मचारी आते हैं, वे ऐसा समझते हैं कि मुकदमे का फैसला इंदिरा गांधी के हक में होगा।*

उनका ऐसा मत है कि उनके विरुद्ध निर्णय देने का न्यायाधीशों में साहस नहीं। उनसे जब यह कहा जाए कि आखिरकार इलाहाबाद उच्च न्यायालय के एक न्यायाधीश ने उनके विरुद्ध निर्णय दिया ही है तो सीधा उत्तर मिलता है कि उसका नतीजा तो देख ही रहे हैं। वे मानने को तैयार ही नहीं कि कोई निष्पक्ष होकर काम करेगा। वे समझते हैं, सब लोग डर गये हैं। मैं ऐसा नहीं मानता। मुझे प्रारंभ से ही ऐसा लगता है कि जिस प्रकार सब संशोधन किये गये हैं और उनका जो अभिप्राय है, उसको देखते हुए उच्चतम न्यायालय उन पर अपनी मुहर आसानी से नहीं लगाएगा। अनेक परेशानियां उनके सामने भी होंगी। उन्हें इन मौलिक प्रश्नों पर निर्णय करते हुए देश की सारी संरचना पर होनेवाले भावी कुप्रभावों को भी ध्यान में रखना होगा। यदि न्यायपालिका ने सभी पहलुओं पर विचार का साहस नहीं दिखाया तो लोकशाही के लिए जो संकट उपस्थित हो गया है, वह और घनीभूत हो जाएगा। भविष्य के बारे में कुछ भी विश्वासपूर्वक कहना कठिन हो जाएगा। कम से कम निकट भविष्य की अनिश्चितता और बढ़ जाएगी।''

**9 अक्टूबर, 1975**

''आज उच्चतम न्यायालय ने इंदिरा गांधी के चुनाव संबंधी मुकदमे का निर्णय सुना दिया। इंदिरा गांधी का चुनाव वैध मान लिया गया। राजनारायण की अपील खारिज हो गयी। न्यायालय ने जनप्रतिनिधित्व अधिनियम में किये गये संशोधनों को स्वीकार कर लिया है। इसे वैध बताया है। फिर निर्णय स्पष्ट है कि इंदिरा गांधी के पक्ष में होता, पर ऐसा लगता है कि न्यायालय ने उस संविधान संशोधन को अस्वीकृत कर दिया है जिसके द्वारा राष्ट्रपति, उपराष्ट्रपति, प्रधानमंत्री और लोकसभा के अध्यक्ष के चुनाव को अदालतों में चुनौती देने के अधिकार को समाप्त कर दिया गया था। इस संशोधन के लिए न्यायाधीशों ने सरकार की कड़ी आलोचना की है। ऑल इंडिया रेडियो के प्रसारण से तो यह कुछ अधिक स्पष्ट नहीं होता, किंतु बी.बी.सी. द्वारा इस बात का उल्लेख किया गया। स्वाभाविक ही समझना चाहिए कि इस निर्णय के तुरंत बाद प्रधानमंत्री के निवास स्थान पर भीड़ जुटाई गई और उनका भाषण हुआ। बाद में इस भाषण का प्रसारण आकाशवाणी द्वारा किया गया। मैंने उसे सुना। मुझे कुछ अजीब लगा। इस निर्णय से भी इंदिरा गांधी संतुष्ट नहीं जान पड़तीं। आज भी

उनकी आवाज में घबराहट थी जो उनके लिए स्वाभाविक नहीं जान पड़ती। कोई आशंका आज भी उनके मन में बनी हुई है। इस कारण यह कहना कठिन है कि अब विश्वासपूर्वक वह कोई ऐसा कदम उठा सकेंगी जिससे आपातकालीन स्थिति से उत्पन्न पाबंदियों में कुछ ढिलाई हो। आज उन्होंने बांग्लादेश की घटनाओं का जिक्र करते हुए कहा कि यदि भारत सरकार समय से कदम नहीं उठाती तो वही हालत हो सकती थी जो कि बांग्लादेश में हुई है। शायद वे यह भूल गयीं कि बांग्लादेश में वे सारे कदम शेख मुजीब साहब द्वारा उठाये गये थे; बल्कि कुछ और अधिक, किंतु उसके बावजूद कुछ महीनों में ही यह स्थिति उत्पन्न हो गयी। बांग्लादेश और भारत की परिस्थितियों में बहुत अंतर है, किंतु यह कहना सही नहीं होगा कि मुजीब साहब ने इस हालत से बचने के लिए अपनी शक्ति भर राजशक्ति का सहारा लिया था, फिर भी सफल न हो सके। इंदिराजी ने बड़ी चालाकी से इस परिस्थिति को एक नया मोड़ देने का प्रयास किया है—कुछ ऐसे कदम उठाकर और अनवरत प्रचार के द्वारा, जिससे साधारण जनसमाज के मन में यह विश्वास पैदा हो सके कि सरकार उसके हितों के प्रति जागरूक है। आर्थिक क्षेत्र में सफलताएं मिली हैं। यह अस्वीकार नहीं किया जा सकता किंतु उससे जनता पर क्या प्रभाव पड़ा है, यह कहना कठिन है। ये जितने कदम उठाये गये हैं, वे सब साधारण हैं और उनसे कोई बुनियादी तबदीली की उम्मीद करना नामुमकिन है। साथ ही यह भी मानना पड़ेगा कि इस सबके बावजूद जनता में सरकार और विशेष तौर पर इंदिरा गांधी के इरादों के बारे में शुबहा पैदा हुआ है। यह संदेह खतरनाक साबित हो सकता है। पता नहीं, चुनाव यदि हुए तो विरोधी दलों का क्या रवैया होगा! किंतु यदि उनको कोई भी न मिले या बहुत कम अंतर से जीत भी जाये तो वह स्थिति अवश्य बड़ी कठिन होगी। आशा करना गलत होगा। फिर ऐसी स्थिति में एक अनिश्चितता की अवस्था पैदा हो सकती है, जो बुरी बात होगी। सारे विरोधी दल किसी एक आर्थिक एवं सामाजिक कार्यक्रम पर एकमत हो जाएं, यह भी संभव नहीं जान पड़ता। फिर वह कार्यक्रम भी ऐसा होना चाहिए जो जनता में अधिक विश्वास पैदा कर सके। जो खयालात इन दलों के कुछ नेताओं के हैं, उनसे ऐसी कोई संभावना तो नहीं दीख पड़ती कि वे किसी अधिक प्रगतिशील कार्यक्रम को स्वीकार कर सकेंगे, क्रियान्वित करने की बात तो अलग है। फिर उनमें से हर कोई अपने को देश के लिए उतना ही अनिवार्य समझता है जितना

*इंदिरा गांधी, फिर इनका कोई तालमेल बैठना मुश्किल है। इस हालत में मेरे जैसे लोग चुप बैठने के अलावा और क्या कर सकते हैं? केवल कांग्रेस को हराने का संकल्प मुझे समझ में नहीं आता और न इस प्रयास के लिए मेरे अंदर से कोई प्रेरणा ही मिलती है।''*

**7 नवंबर, 1975**

*''आज इंदिरा गांधी ने अपने समाजवाद की परिभाषा दी। उन्होंने कहा कि उनका समाजवाद गरीबों के लिए है—न वामपक्ष उन्मुख है और न दक्षिणपंथी है, बल्कि मध्य मार्ग से कुछ वामपक्षीय है। यह अनूठी परिभाषा उन्होंने इस बात को साफ करने के लिए दी कि कुछ लोगों को यह भ्रम हो रहा है कि कांग्रेस दक्षिणपंथी नीति अपना रही है। जिन मित्रों ने ऐसी शंका की है, ऐसा लगता है, किसी निद्रा से जैसे जग रहे हों या सोये में ही स्वप्न देख रहे हों। सही बात कहने का साहस कौन करे? इधर-उधर बगलें झांकते हैं और अपनी चेतना को समझाने के लिए आलोचना के दो शब्द कह देते हैं। कांग्रेस का दस-सूत्री कार्यक्रम भुला दिया गया। 1971 और 1972 के चुनाव घोषणापत्रों की कोई चर्चा नहीं। बीस-सूत्री कार्यक्रमों का जाप हो रहा है। साथ में नशाबंदी के लिए कोई बारह-सूत्री योजना बनी है। सिद्धांतों के सारे सूत्र इस ऊहापोह में आंख से ओझल कर दिये गये हैं। अब तो एक ही पैगाम है, वह है तथाकथित प्रतिक्रियावादियों को पराजित करना, इसमें सबका सहयोग समान रूप से मिला हुआ है। व्यापार मंडलों के नेता भी साथ हैं। क्रांतिकारी कांग्रेसी और कम्युनिस्ट तो डफली बजाने में लगे ही हैं। कांग्रेस सम्मेलन में कुछ इने-गिने नेताओं का ही जिक्र सुनाई देता है। साधारण प्रतिनिधि मित्रों के नाम का कहीं पता नहीं। किसी ने यदि कुछ कहा भी तो समाचारपत्रों या आकाशवाणी ने उस पर ध्यान नहीं दिया। अपनी तरह का यह निराला सम्मेलन कुछ करिश्मा दिखाकर रहेगा। अपनी तो रुचि कम है।''*

**30 दिसम्बर, 1975**

*''आज इंदिरा गांधी ने इस आरोप का खंडन किया कि सरकार तानाशाही की ओर बढ़ रही है। इसका प्रमाण उन्होंने यह दिया कि यदि ऐसा होता तो क्या सदस्य संसद में इस प्रकार सरकार की आलोचना कर पाते? पर साथ ही आज राष्ट्रपति का एक और आदेश जारी किया गया जिसके द्वारा*

*संविधान की धारा 19 के अंतर्गत प्राप्त अधिकारों के बारे में कोई विवाद न्यायालयों में नहीं उठाया जा सकता। इसके द्वारा भाषण करने, संगठन बनाने, देश में निर्बाध आने-जाने और पेशा चुनने तथा संपत्ति अर्जित करने के अधिकारों पर सरकार द्वारा लगाई गई पाबंदी आपातकालीन स्थिति में सर्वमान्य होगी। कोई न्यायालय इस पर उठाई गई आपत्ति की सुनवाई नहीं कर सकता। बंबई उच्च न्यायालय ने नाथवानी के मुकदमे में जो निर्णय लिया है, उसके लिए यह आदेश हुआ होगा ताकि उच्चतम न्यायालय इसकी सुनवाई न कर सके, उच्च न्यायालय का निर्णय प्रभावहीन हो जाये। देखना है, उच्चतम न्यायालय इस पर क्या रुख अपनाता है। सरकार की ओर से नित्य-नये आदेश जारी करके जकड़ और मजबूत की जा रही है। उद्देश्य यही जान पड़ता है कि विपक्ष के पास आवाज उठाने का अवसर शेष न रह जाए।''*

***8 जनवरी, 1976***

*''प्रधानमंत्री इंदिरा गांधी ने आज मद्रास में फिर एक बार यह बात दोहराई कि कुछ बाहरी ताकतें भारत में एक कठपुतली सरकार बनाने की साजिश कर रही हैं ताकि भारत उनके इशारे पर चल सके। इसके लिए उन्होंने आंतरिक शक्तियों से सांठगांठ कर रखी है और इससे एक बड़ा खतरा पैदा हो गया है। उन्होंने जनता को इसके लिए सावधान किया है और यह भी कहा है कि वह सतर्क रहे। जोन ऑफ आर्क वाला दृढ़ निश्चय उन्होंने फिर दोहराया है कि जब तक उनके दम में दम है, वे ऐसा नहीं होने देंगी। कितनी खेदजनक स्थिति है कि राष्ट्र पर इतना गंभीर संकट छाया हो और इतनी साहसी शक्ति की पुंज प्रधानमंत्री हों, फिर भी स्पष्ट रूप से जनता को उन शक्तियों के बारे में बताने से हिचकती हों। कोई भी बाहरी राष्ट्र यदि ऐसी सरकार बनाने की कल्पना करता होगा तो उसका लक्ष्य कांग्रेस पार्टी ही होगी, जिसको वह प्रभावित कर सके। विरोधी दलों में तो ऐसी शक्ति अभी है भी नहीं। इंदिरा गांधी एक बार नहीं, अनेक बार यह भी कह चुकी हैं कि कांग्रेस पार्टी पूरी तरह उनके साथ है। उसमें फूट पड़ नहीं सकती और साथ ही यह भी कहा है कि उनका पूरा विश्वास है कि जनता उनके साथ है और यदि चुनाव हुए तो उनकी विजय निश्चित है। सेना की राष्ट्रभक्ति और वफादारी पर किसी को संदेह नहीं है और उन्होंने तो बार-बार उनकी प्रशंसा की है, फिर यह खतरा केवल काल्पनिक है या यह*

*भूत जान-बूझकर खड़ा किया जाता है ताकि सब सशंकित रहें और आवश्यकता पड़ने पर किसी को भी धर दबोचा जाए या यह अभिव्यक्ति आंतरिक भय का संकेत है जो एक बार मन में समा जाये, तो हर छाया भूत बन कर डराने लगती है? जो भी हो, यह एक अत्यन्त दुखद स्थिति है और इसमें प्रधानमंत्री अपना सारा संतुलन खो बैठी हैं। मद्रास में उन्होंने डी.एम.के. सरकार के बारे में जो कुछ कहा, उसके बारे में दो राय नहीं हो सकती हैं, किंतु यदि करुणानिधि ने केंद्रीय सरकार की आलोचना की तो उसका उत्तर देना उचित हो सकता है, किंतु पत्रकारों से यह कहना कि मुख्यमंत्री से मिलने के लिए उन्हें समय नहीं मिल सकेगा, जबकि छोटे-बड़े सभी विपक्षी दलों के प्रतिनिधिमंडलों से वे मिलीं, मर्यादा के सर्वथा विपरीत है। ऐसी बात प्रधानमंत्री को शोभा नहीं देती।''*

***14 जनवरी, 1976***

*''चुनावों के तुरंत बाद इंदिरा गांधी ने नदियाड़ में हुई घटना का जिस प्रकार जिक्र किया था, वह मुझे आज भी स्मरण है। जब किसी ने मेरे धारवाड़ में घायल होने के बारे में पूछा तो मैंने मजाक में कहा था कि गुजरात में गांधीजी की अहिंसा का अब भी असर जान पड़ता है, क्योंकि वहां जो ढेले चलते थे, वे छोटे होते थे, जबकि मैसूर में तो बड़े पत्थरों का प्रयोग किया गया। इस पर इंदिरा गांधी ने तुरंत कहा था कि आप छोटे ढेलों की बात करते हैं, नदियाड़ में तो मेरी कार पर बड़ा पत्थर पड़ा था। मैंने हंसकर कहा था कि वह वीआईपी प्रबंध होगा, हितेंद्र देसाई ने विशेष रूप से किया होगा। सब हंस पड़े थे। आज वही हितेंद्र देसाई ऐसी भाषा बोल रहे हैं जैसे राजनीति का कलुष उन्हें छू नहीं सका है। समय के साथ बदलने की क्षमता की अपने में एक बड़ी शक्ति है, यह मनुष्य में असीम साहस पैदा करती है। अपने अतीत को भुलाकर वर्तमान के अनुरूप चोला बदलना 'महान क्षमता' का परिचायक है। जिन महानुभवों में यह क्षमता है, वे कुछ भी कर सकते हैं, कुछ भी कह सकते हैं। आज ऐसे लोगों को ही इंदिरा गांधी की आवश्यकता है। इनका यह रूप मैंने बहुत पहले जान लिया था, पर कर ही क्या सकता था। अपनी पहुंच के बाहर की बात थी। इस हद तक जाने को मैं मानसिक रूप से कभी तैयार नहीं हो सकता था।''*

***3 फरवरी, 1976***

*"आज इंदिरा गांधी का भरतपुर में दिया गया भाषण आकाशवाणी से प्रसारित हो रहा था। यही बातें उन्होंने फिर दोहराईं कि वे विरोध पक्ष से अपेक्षा रखती हैं कि वे संयम से काम लें। वे उनकी जबान बंद नहीं करना चाहतीं। ये बातें उनके मुंह से कोरी प्रवंचना जान पड़ती हैं। केंद्र अधिक सुदृढ़ रहे, तभी राष्ट्र की एकता रह सकती है, इस बात को नित्य प्रधानमंत्रीजी दोहराती हैं। किंतु उनके केंद्र का अर्थ है कांग्रेस और वह भी वह कांग्रेस जो 'इंदिरा को इंडिया' समझे। केन्द्र की शक्ति की बात लोगों ने दोहरायी है। पर उनके मानस के अनुरूप उसके अर्थ में अंतर हो जाता है।"*

***8 फरवरी, 1976***

*"अधिकांश लोग आज आशा लगाये हुए थे कि इंदिरा गांधी विनोबा भावे से मिलने के बाद कुछ सुलह-समझौते की बातें करेंगी। मैं इस राय से सहमत नहीं हो पाया था। आज मेरा संदेह सही सिद्ध हुआ। विनोबा भावे से मिलने जाने से पूर्व सार्वजनिक सभा में उन्होंने विरोधी लोगों के विरुद्ध जिस प्रकार विष-वमन किया, उससे यह स्पष्ट हो जाता है कि उनका इरादा ऐसा नहीं है जिसमें कोई आपसी बातचीत की गुंजाइश हो। वे तो पूर्ण रूप से यह दिखा देने पर उतारू हैं कि जो उनकी हां में हां नहीं मिलाये, उसके लिए राजनीति में कोई स्थान नहीं। यद्यपि वे भाषण में बराबर यही कहती हैं कि विरोधी पक्ष को समाप्त करने की कोई योजना नहीं है। किंतु उसी विरोधी पक्ष को जीवित रहने का अधिकार है जो उनकी राजसत्ता को चुनौती देने का साहस न कर सके। आज विनोबा भावे से बात करने के बाद उन्होंने पत्रकारों को कोई विवरण नहीं दिया। आज के इस रुख को देखकर यह बात समझ में नहीं आती कि गोरे साहब के पत्र और उनके विनोबा भावे से मिलने की पृष्ठभूमि क्या थी? अधिक आशा इसी कारण हुई थी। एक बार मुझे भी ऐसा लगा कि कदाचित् मैं स्थिति को समझ नहीं सका हूं, किंतु मेरी यह धारणा सदैव अडिग रही है कि इंदिरा गांधी किसी भी उस व्यक्ति को, जिसका थोड़ा भी अपना स्वत्व हो, कोई श्रेय देना अपने सम्मान के विरुद्ध समझती हैं। यह बात नाना साहब गोरे पर तो लागू होती ही है, विनोबा भावे भी इसके अपवाद नहीं। जो भी हो, यह प्रकरण भी समाप्त हुआ, अब कोई नया प्रपंच खड़ा किया जाएगा, ताकि लोग फिर उस ओर आस लगाये बैठे रहें। यह भी अच्छा है, धीरे-धीरे इसी प्रकार*

सर्वाधिकार हथियाया जा सकता है। कल समाचारपत्रों में शायद कुछ और अधिक विवरण आये, पर अब विरोधी दलों के लिए तो यह सर्वथा असंभव ही है कि वे प्रधानमंत्री को यह विश्वास दिला सकें कि वे हिंसा में विश्वास नहीं रखते। उन्होंने यह भी कह दिया कि अब सत्याग्रह के लिए कोई स्थान नहीं। विरोधी पक्ष के लोगों से बातचीत करने का उनका इरादा है ही नहीं। किंतु इंदिरा गांधी के व्यक्तित्व का एक दूसरा पहलू भी है। अपनी दृढ़ता की अभिव्यक्ति के बाद तुरंत कभी-कभी अपनी उदारता की छाप जमाने का काम भी वे अत्यंत नाटकीय ढंग से करती हैं। जैसा मोरारजी भाई के अनशन के समय उन्होंने किया था। एक दिन पहले रायबरेली में इतना कठोर प्रहार किया कि सब लोग समझने लगे कि उन्हें मोरारजी भाई की जिंदगी बचाने की कोई परवाह नहीं है, किंतु दो दिन पहले मेरी जो उनसे बात हुई थी, उसके आधार पर मेरा विश्वास था कि वे समझौता करेंगी। कृष्णकांत के घर पर जेपी और अन्य लोग उनके रायबरेली के भाषण को रेडियो पर सुनकर अत्यंत चिंतित दिखाई दिये, तब भी मैं इसी राय का था कि वे एक-दो दिन में समझौता करनेवाली हैं। मुझे यह जानकर आश्चर्य हुआ था कि दूसरे दिन प्रातः ही समझौते की बात उन्होंने प्रारंभ की और सायं तक रास्ता निकल गया। कुछ अन्य अवसरों पर भी इस तरह का आचरण वे अत्यंत स्वाभाविक ढंग से करती देखी गयी हैं। मुझे इस बात से आश्चर्य नहीं होगा यदि इन सारी बातों के बावजूद प्रधानमंत्री कुछ नेताओं को रिहा कर दें ताकि जनता पर यह प्रभाव डाला जा सके कि वे किसी प्रकार की जिद पर नहीं अड़ी हैं। अब देखना है, क्या करिश्मा दिखाती हैं। एक ही परिवर्तन है, प्राप्त सूचनाओं के अनुसार अब उनका निर्णय बहुत कुछ संजय की सहमति पर निर्भर होता है। यदि इसमें सच्चाई है तो कोई भी अनुमान लगाना मेरे लिए कठिन है।''

**24 फरवरी, 1976**

''इंदिरा गांधी के राजनीतिक शिष्टाचार की यह प्रमुख धुरी है। इसी के सहारे वे लोगों को चौंका देनेवाले निर्णय लेकर राजनीति में एक असमंजस की स्थिति बनाये रखती हैं। आवश्यकता पड़ने पर नाटकीय ढंग से कोई अप्रत्याशित कदम उठा लेती हैं। ऐसा इसलिए संभव हो पाता है क्योंकि उनके सहयोगियों में कोई कुछ कहने का साहस ही नहीं करता। अनेक अवसर ऐसे आये, जब मैंने अनुभव किया कि उनकी भृकुटि को देखकर

*ये बड़े नेता या तो चुप हो जाते हैं या अपने विचार बदल देते हैं। कितनी बार अकेले होते हुए भी मैंने इसका प्रतिकार करने का प्रयास किया। किंतु सब चुपचाप सुन लेते थे। होता वही था जो इंदिरा गांधी का संकेत होता था। प्रायः उन्हें बोलने की भी आवश्यकता नहीं पड़ती थी। यह तब की बात है जब स्थिति सामान्य समझी जाती थी। अब तो आपातकालीन स्थिति है। ऐसे में कहना ही क्या?''*

***10 मई, 1976***

*''विरोधी पक्ष के लोग और जेपी ने भी सदा इस बात पर अधिक बल दिया कि इंदिरा गांधी कम्युनिस्ट पार्टी और सोवियत यूनियन के संकेत पर सब कुछ करती हैं। यह यथार्थ से परे की बात है। मैंने उस समय भी कहा था कि कम्युनिस्ट पार्टी को साथ रखने के लिए वे विवश हैं, विरोधी पक्ष के लोगों के कारण ही। अब जब सभी विरोधी एक-एक करके उन्हें चुनौती दे रहे हैं तो उन्हें भी कोई ऐसा चाहिए जो उनकी डफली पीटे। कम्युनिस्ट पार्टी इसके लिए उत्सुक है। इससे प्रगतिशीलता का दावा भी बढ़ा-चढ़ाकर किया जा सकता है। साथ ही यह भी कहने को रहेगा कि विरोधी पक्ष में भी एकता नहीं है। जो लोग इंदिरा गांधी के विरुद्ध थे, उनका यह अनुमान था कि कम्युनिस्टों के प्रति हमारे देश के एक बड़े वर्ग में जो दुराव है, उसके कारण लोग इंदिरा गांधी के भी विरुद्ध हो जाएंगे कि वे कम्युनिस्टों के हाथ की कठपुतली हैं। इंदिरा गांधी इस कमजोरी से पूरी तरह परिचित हैं। उन्होंने एक सीमा तक कम्युनिस्ट मित्रों का उपयोग किया, किंतु सदैव सचेष्ट रहीं कि कभी उनके साथ पूरी तरह एकात्म न हो सकें। बीच-बीच में कुछ कांग्रेस नेताओं को इस बात के लिए प्रोत्साहित किया जाता रहा कि वे कम्युनिस्ट मित्रों की सार्वजनिक रूप से खबर लेते रहें। अब वह बात अधिक स्पष्ट होकर सामने आ गयी है। स्वयं इंदिरा गांधी ने यह संकेत कर दिया है कि इन मित्रों को अपनी सीमा के अंदर ही रहना चाहिए। इसी कारण अब ये लोग वामपंथी एकता की ओर फिर उन्मुख होने लगे हैं। इस दिशा में इन्होंने प्रयास भी प्रारंभ कर दिया है, किंतु नंबूदरीपाद और सुरजीत सिंह ने यह स्पष्ट कर दिया है कि वे लोग अपनी नीतियों में कोई परिवर्तन नहीं करनेवाले हैं। यदि इसके बाद भी कम्युनिस्ट पार्टी सहयोग करना चाहती है तो उसका स्वागत है, क्योंकि सैद्धांतिक मतभेदों के होते हुए भी उन्होंने सहयोग की बात अपनी ओर से सदा चलायी है,*

*पर कम्युनिस्ट पार्टी ने उसे अमान्य किया है। उन्होंने उदाहरण स्वरूप यह भी कहा है कि मजदूर संघों के सम्मिलित संघर्ष की बात चलाते समय कम्युनिस्ट पार्टी ने हिंद मजदूर सभा और आईएनटीयूसी से सहयोग की अपेक्षा की है। किंतु सीआईटीयू का कोई जिक्र तक नहीं किया है। अब देखना है कि कांग्रेस की ओर से तिरस्कृत होने के बाद कम्युनिस्ट लोग क्या रुख अपनाते हैं!"*

***1 दिसम्बर, 1976***

# संघ-भाजपा

**अटल बिहारी वाजपेयी के प्रधानमंत्री काल में आपने भाजपा सरकार को गिराने का बयान क्यों दिया था?**

मैंने सिर्फ इतना ही कहा था कि जो लोग भारतीय जनता पार्टी के दर्शन से सहमत नहीं हैं, उन्हें एकजुट होकर भाजपा गठबंधन की सरकार को हटाने का प्रयास करना चाहिए। भाजपा के प्रति न तो मेरे मन में कोई कुंठा थी और न ही अटलबिहारी वाजपेयी के प्रति कोई दुराव या असम्मान। मैं जब इस सरकार को हटाने की बात करता था तो इसके पीछे कुछ ठोस तर्क थे। भारत अहिंसा और मानव संवेदनशीलता का देश रहा है। आजादी के आंदोलन के दौरान और उसके बाद पचास वर्षों में अपनी एक परंपरा स्थापित की थी। गैर-कांग्रेसवाद के नाम पर उनकी सरकार उन परंपराओं के शुभ पक्ष को तिलांजलि दे रही थी। शांति और अहिंसा की जगह वह भारतीय जन को उन्माद का पाठ पढ़ा रही थी। सुरक्षा का खतरा दिखाकर मनगढ़ंत तथ्यों के आधार पर परमाणु परीक्षण किया गया। जिस भाजपा ने अपने घोषणा-पत्र में लिखा था कि देश की सुरक्षा के लिए एक 'राष्ट्रीय सुरक्षा परिषद' का गठन किया जाएगा और उस परिषद के सुझावों के आधार पर सुरक्षा की रणनीति तैयार की जाएगी, उसी भाजपा ने परमाणु परीक्षण कर दिया। राष्ट्रीय सुरक्षा परिषद के गठन और उसके सुझावों की नौबत ही नहीं आई। जनता से एक बात कहना और फिर उससे अलग हटकर व्यवहार करना सरकार चलाने की मर्यादा के खिलाफ है। परमाणु परीक्षण की इस एक नासमझी ने हमारी शताब्दियों पुरानी परंपरा को नष्ट कर दिया। हर कोई जानता है कि परमाणु हथियार सुरक्षा नहीं, विध्वंस के अस्त्र हैं। आखिर अब हम किस मुंह से उन देशों के विरुद्ध आवाज उठाएंगे, जिनके पास परमाणु अस्त्र हैं? मैं जानता हूं कि मेरी यह बात कई लोगों को बुरी लगेगी, लेकिन मुझे इसकी परवाह नहीं है।

ठीक इसी तरह यह सरकार धर्म के सवाल पर भी उन्माद भड़काना चाहती

थी। मंदिर बनाने के सवाल पर जब चर्चा हुई तो सरकार ने कहा कि विपक्ष के लोग इसे अनावश्यक मुद्दा बना रहे हैं। इससे बड़ा मिथ्या आचरण मैंने अपने जीवन में कभी नहीं देखा। विपक्ष नहीं, खुद संघ परिवार के लोगों ने ही इस मुद्दे को उठाना शुरू किया। कहीं विश्व हिंदू परिषद तो कहीं बजरंग दल और आरएसएस के लोग मंदिर बनाने का बयान देने लगे। प्रधानमंत्री संसद में न्यायालय के फैसले को सर्वोच्च मानने का वक्तव्य देते थे और उन्हीं की पार्टी के एक प्रवक्ता मंदिर बनाने के लिए संशोधन की बात कहते थे। क्या ऐसे दोमुंहेपन वाली सरकार का बने रहना देशहित में उचित था?

**क्या भारत में लोकतांत्रिक प्रक्रिया, जो एक राजनीतिक प्रक्रिया भी है, सांप्रदायिक मुद्दों के कारण खत्म होती जा रही है?**

यह सच है। कुछ लोग इसे बर्बाद करने का प्रयास कर रहे हैं। पर सौभाग्यवश भारत के लोग इन नारों को गंभीरता से नहीं ले रहे हैं। मैं यह नहीं कहता कि इसका थोड़ा भी असर नहीं हुआ है, पर बहुत कम है। हां, कुछ राजनीतिक तत्व इस स्थिति को भुनाने की कोशिश कर रहे हैं, जिसके कारण हाल-फिलहाल में सांप्रदायिक तनाव काफी बढ़ गया था। साथ ही जातिगत घृणा भी काफी फैल गई थी, जो इस देश के लिए दुर्भाग्यपूर्ण है।

**क्या आप आडवाणी जैसे राजनीतिज्ञों और विश्व हिंदू परिषद की गतिविधियों को सांप्रदायिक भाईचारे के पतन का जिम्मेदार मानते हैं?**

मैं किसी भी व्यक्ति के कार्यकलाप पर कोई टिप्पणी नहीं करना चाहूंगा। यह आप लोगों की जिम्मेदारी है कि किसी व्यक्ति की कार्यविधि का आकलन करें। मेरे लिए यह उचित नहीं। पर जब भी कोई लोगों की धार्मिक भावनाओं के साथ खिलवाड़ करने का प्रयास करता है तो वह कट्टरवाद या इस तरह की धार्मिक मदांधता को हवा देता है जो किसी भी लोकतंत्र के लिए स्वास्थ्यकर नहीं है। चाहे वह कोई व्यक्ति हो या पार्टी, उसके विचार कितने ही महत्त्वपूर्ण या अच्छी नीयत के हों, अगर उसका मकसद इन मुद्दों के जरिये लोगों का ध्यान तत्काल अपनी ओर खींचकर राजनीतिक लाभ उठाना है तो यह लोकतंत्र के लिए स्वस्थ संकेत नहीं है।

**धार्मिक गठबंधन भारत के लिए खतरनाक स्थितियों में से एक है। यह देश को बर्बादी के रास्ते पर ले जा सकता है। आप भी ऐसा समझते हैं?**

मेरे विचार से यह सच है कि धर्म मनुष्य और ईश्वर का रिश्ता है और हर व्यक्ति

आजाद है कि वह कैसे पूजा करे या वह किस तरह से आध्यात्मिक ऊंचाइयों को प्राप्त करे। पर अगर धर्म राजनीतिक लाभ का प्रसार करे, तब यह वाकई खतरनाक चीज बन जाता है। जवाहरलाल नेहरू इस मामले में सही थे।

**राष्ट्र की एकता, अखंडता के लिए किस तरह का नजरिया उचित है?**

जब 1947 में देश बंटा, तब अधिकांश संपन्न मुसलमान पाकिस्तान चले गए। जिस देश या समाज में साधन सीमित होते हैं, वहां साधनों का उपभोग वही कर पाते हैं जो सत्ता के नजदीक होते हैं यानी सिफारिश वह कर सकता है जो समाज में ऊंचे स्थानों पर हो। उच्च वर्ग के मुसलमानों के पाकिस्तान चले जाने से उनके लिए सत्ता के दरवाजे पर सिफारिश की आवाज कम हो गई। वह पिछड़ता गया। पहले तो हम उसे यह कहकर नीचा दिखाते रहे कि तुम्हीं लोगों ने पाकिस्तान बनवाया है। आज पचपन सालों बाद एक नई पीढ़ी आ गई। वह कहती है, हमने पाकिस्तान नहीं बनवाया। उसके मन में हीन भावना नहीं है। हीन भावना न होने पर पिछड़ेपन के खिलाफ इनकी भाषा अधिक सबल, अधिक कटु और अधिक आक्रामक है। इसीलिए उसकी भाषा पर जाकर आप प्रत्युत्तर देंगे, गलत परिणाम पर पहुंचेंगे। बात भावनाओं को समझने की है। हमारे यहां भूल यही हो रही है। यहीं पर बहुमत समाज की प्रतिक्रिया वांछित नहीं है। इसी बात को कहने का हममें साहस नहीं है। आपने बाबरी मस्जिद का सवाल उठाया था। 500 साल से यह मस्जिद थी, उसके पहले क्या थी, यह मैं नहीं कह रहा। 500 साल बाद मस्जिद को मंदिर में बदलने की बात आप करेंगे और इस बात का प्रतिकार हिंदू समाज के वरिष्ठ लोग नहीं करेंगे तो इसका तार्किक परिणाम यह होगा कि आज भारत में जितने मुसलमान हैं, करीब 15-16 करोड़, उनमें से 99 फीसदी कभी-न-कभी हिंदू रहे हैं। बाहर से आए मुसलमानों के वंशज इस देश में लाख-दो लाख (वंशज) शायद हों, इन सबको भी हिंदू बनाओ। ये नारे भी सांप्रदायिक संगठन बीच-बीच में देते हैं। एक नारा दिया गया था : 'बाबर की संतान छोड़ो हिंदुस्तान'। बाबर की संतान कौन है? उसके साथ कुछ बारह हजार लोग आए थे। उसमें से कितने लड़ाई में मरे? कितने यहां (आज के भारत में) बसे? हम लोग न इतिहास समझने की कोशिश करते हैं, न जज्बात को समझने की कोशिश करते हैं। स्वयं के हितों को समझने की सामर्थ्य भी हममें नहीं है। इस दृष्टि से हिंदू समाज के एक वर्ग की प्रतिक्रिया हिंदू समाज और राष्ट्र के लिए भयंकर है, पर मुझे यह कहने में प्रसन्नता है कि हिंदू समाज का बड़ा हिस्सा इस दुष्प्रचार से प्रभावित नहीं है। दुख इस बात का है कि इससे प्रभावित वे लोग हैं, जो स्वयं

को पढ़ा-लिखा कहते हैं, जो अपने को देश बनानेवाला कहते हैं। पर गांवों में रहनेवालों या गरीबों का इनसे कोई मतलब नहीं है। इसीलिए यह राष्ट्र इस दुष्चक्र में नहीं फंसेगा।

**सांप्रदायिकता के लिए कौन लोग जिम्मेदार हैं?**

संघ परिवार ने बराबर कांग्रेस के विरुद्ध वोट के लिए मुसलमानों के प्रति तुष्टीकरण की नीति अपनाने का आरोप लगाया लेकिन अब यही आरोप स्वयं उसके विरुद्ध लगाया जा रहा है। प्रधानमंत्री अटल बिहारी वाजपेयी ने मुसलमानों के नाम एक पत्र लिखा था जिससे इस प्रकार के आरोपों को और बल मिला था। उनका यह पत्र राष्ट्रीय सहारा के उर्दू संस्करण में एक पृष्ठ के विज्ञापन के रूप में प्रकाशित हुआ। उन्होंने लिखा कि 'मुसलमानों को अपने आपको अलग नहीं समझना चाहिए। हमें एक साथ रहना है और हमारा एक ही भविष्य है।' इसके साथ उन्होंने मुसलमानों से कई वादे भी किये और कहा कि 'गुजरात में जो कुछ हुआ, वह नहीं होना चाहिए था। लेकिन अब हमें तय करना है कि गुजरात जैसी घटनाएं फिर नहीं होंगी।'

राष्ट्रीय स्वयंसेवक संघ और उसके आनुषंगिक संगठनों ने तो सत्ता जाते ही कहना शुरू कर दिया था कि अटलबिहारी वाजपेयी के नेतृत्व में भाजपा को सेकुलर बनाने की जो कवायद शुरू हुई थी, उसके कारण भाजपा का परंपरागत वोट विमुख हो गया। इसी पृष्ठभूमि में अटलबिहारी वाजपेयी ने यह फुलझड़ी छोड़ दी कि नरेंद्र मोदी के बारे में पार्टी को पुनर्विचार करना पड़ेगा और मुंबई में होनेवाली भाजपा कार्यकारिणी की बैठक में इस पर विचार किया जाएगा। भाजपा और राष्ट्रीय स्वयंसेवक संघ के जो नेता अटलजी को आगे कर बहुमत की आशा में 'दुधारू गाय की लात' सह रहे थे, उनके धैर्य का बांध टूट गया और स्वयं राष्ट्रीय स्वयंसेवक संघ से लेकर भाजपा का अधिकतर छोटा-बड़ा नेता नरेंद्र मोदी के बचाव में सामने आ गया। वहीं वेंकैया नायडू जो 'लौहपुरुष' और 'विकास पुरुष' के विवाद के बाद अटलजी से क्षमा मांगते थक नहीं रहे थे, उन्होंने यह बयान देने में कोई देरी नहीं की कि भाजपा कार्यकारिणी की मुंबई बैठक में नरेंद्र मोदी के बारे में कोई विचार नहीं किया जाएगा। संवाद सूत्रों ने यह भी बताया कि वेंकैया नायडू ने ऐसा बयान आडवाणी तथा संघ के नेताओं से विचार-विमर्श के बाद दिया था। अगले ही दिन भाजपा प्रवक्ता ने यह भी बयान दिया कि गुजरात के मामले में अब कोई विवाद नहीं है। लेकिन अटलबिहारी वाजपेयी ने इसके दूसरे दिन यह कहकर फच्चर फंसा दिया कि कार्यकारिणी की मुंबई की

बैठक में इस पर विचार किया जाएगा।

अटलबिहारी वाजपेयी आज अपनी ही पार्टी के भीतर जो अकेलापन महसूस कर रहे होंगे, उसे समझा जा सकता है। उन्होंने स्वयं स्वीकार किया कि गुजरात के दंगों के बाद वे नरेंद्र मोदी को हटाना चाहते थे। लेकिन क्योंकि अकेले उन्हीं पर निर्णय लेने की जिम्मेदारी छोड़ी गयी थी, इस कारण उन्होंने नये चुनाव का विकल्प चुना था। किसी भी नेतृत्व की परीक्षा की घड़ी संकट के दौरान ही आती है। अटलजी की दिक्कत यही रही है कि वे आम सहमति के नेता बनने के चक्कर में बराबर समझौते पर समझौते करते रहे और परिणाम सामने है। अब वही लोग उन्हें आंखें दिखा रहे हैं जो उनकी जी-हजूरी में जुटे रहते थे।

भाजपा तथा संघ परिवार का लक्ष्य देश के वातावरण को सांप्रदायिक रंग देना और धर्मनिरपेक्ष समाज के ताने-बाने को, जिसकी व्यवस्था संविधान में की गयी है, तोड़ना है। इस तरह के गर्हित उद्देश्यों के विरुद्ध जवाहरलाल नेहरू ने 1953 में ही देश को आगाह कर दिया था। उन्होंने तत्कालीन गृहमंत्री कैलाशनाथ काटजू को लिखा था, भारत का भविष्य बहुत हद तक हिंदुओं के रुख पर निर्भर करता है। अगर हिंदुओं के आज के रुख में परिवर्तन नहीं आया तो भारत का भविष्य अंधकारमय ही रहेगा। मुसलमानों का रुख, हो सकता है, और बुरा हो जाए किंतु इससे भारत के भविष्य पर अधिक असर नहीं पड़ता।

भाजपा की राष्ट्रीय कार्यकारिणी मुंबई की बैठक में विचार और निर्णय से यह सिद्ध हो गया कि भाजपा एक अलग पार्टी न होकर राष्ट्रीय स्वयंसेवक संघ का राजनीतिक अंग मात्र है। चुनाव पूर्व हमने आशंका व्यक्त की थी कि लोकसभा की पराजय भाजपा को पुराने संकीर्ण एजेंडे पर लौटने के लिए बाध्य कर सकती है। दुर्भाग्यवश हमारी आशंका सच निकली।

**पचहत्तर साल पहले से अपने देश में तीन वैचारिक धाराएं चल रही हैं। एक, राष्ट्रीय स्वयंसेवक संघ; दूसरी, वामपंथी धारा और तीसरी, गांधी की। इन तीन धाराओं विशेषकर संघ के बारे में आपका आकलन क्या है?**

ये तीन धाराएं हमारे देश में नहीं चलीं। दुनिया में पहली धारा यह चली कि आदमी धर्म, अध्यात्म और विचार के जरिये समाज को बदल सकता है। यह कहा गया कि आप अच्छे बनो, आदर्शवादी बनो, समाज वैसा बन जाएगा। यह प्रयोग चलता रहा। समाज में विषमता पैदा हुई। फिर दूसरी धारा निकली कि समाज को बदल दो और आदमी खुद बदल जाएगा। पहली बार महात्मा गांधी ने एक नई धारा बनाई। उन्होंने समन्वय का रास्ता चुना। धर्म के जो सात्त्विक तत्त्व थे, उन्हें

राजनीति से जोड़ा। उन्होंने यह भी कहा कि खुद अच्छे हो जाओ, इतना ही काफी नहीं है। समाज को भी अच्छा बनाने की कोशिश करो। समाज को अच्छा बनाने के लिए दूसरों को प्रेरित करने की जरूरत है। दूसरे को प्रेरित करने के लिए स्वयं को उससे जोड़ो जिसके लिए नया समाज बनाना चाहते हो। इस प्रक्रिया से जो परिवर्तित मनुष्य होगा, वही नया समाज बनवाएगा। उन्होंने रचना और संघर्ष का समन्वय मार्ग दिखाया।

आपने आरएसएस की बात कही तो मैं कहता हूं कि वे एक तरफ धार्मिक कुंठा से ग्रस्त थे तो दूसरी तरफ उनमें समाज को नई दिशा देने की इच्छा थी। उन्हें अवसर मिला, जब वे सत्ता में आए। मेरा मतलब है कि उनके लोग सत्ता में आए। उस सत्ता का प्रभाव व्यापक बनाने के लिए उन्हें सर्वसमावेशी होना चाहिए था। शुरू में ऐसा लगा कि वे यह करेंगे। लेकिन आरएसएस ने उलटी राह ले ली। अपनी गिरती हुई स्थिति को देखकर पुरानी जगह पर जा रहा है। जैसा बाला साहेब देवरस ने कहा था कि हम स्वेदशी के लिए आंदोलन करेंगे और मैंने उनका समर्थन किया। उस वक्त मैंने किसी को प्रसन्न करने के लिए ऐसा नहीं किया था और न किसी राजनीतिक लाभ का मेरा इरादा था। मैं जानता था कि देश कहां जा रहा है।

यह विडंबना लगेगी। लेकिन आप पूछ रहे हैं तो कह रहा हूं। मैंने वह जोखिम उठाया था। मैं पीछे नहीं हटा। स्वदेशी जागरण मंच पीछे हट गया। अगर स्वदेशी जागरण मंच के लोग उन बातों पर अड़े रहते तो सरकार को अपना रुख बदलना पड़ता। स्वदेशी जागरण मंच और आरएसएस के लोगों ने अपना रवैया बदल लिया। वे अपनी बातों से मुकर गये। लोगों के मन में पहले से यह शंका थी कि संगठन केवल सिद्धांतों का निरूपण करते हैं। उन्हें अमल में नहीं लाते। वह संदेह पुष्ट हुआ।

राष्ट्रीय स्वयंसेवक संघ की भी कुछ मान्यताएं हैं। उनके सकारात्मक पहलुओं को नजरअंदाज नहीं किया जा सकता। मैंने भी शुरू से ही संघ को समझने की बड़ी कोशिश की। संघ के स्वयंसेवकों को समझाया जाता है कि पद की इच्छा न करो, रोज-रोज की राजनीति में मत पड़ो। उनमें अंधाधुंध होड़ नहीं है कि जल्दी-जल्दी काम करके एमपी, एमएलए हो जाएं। मेरा मानना है कि लंबे दौर की लड़ाई में टिके रहने के लिए आत्मनियंत्रण का यह तरीका अच्छा है। इसलिए उन लोगों से समाज के लिए कुछ करने की उम्मीद करना गलत नहीं है। उनकी दूसरी खास बात है कि अतीत के प्रति उनमें गौरव की भावना है। कोई भी देश अगर अतीत की उपलब्धियों का अभिमान नहीं करता तो अपना सुंदरतम भविष्य

नहीं बना सकता। हमारे पांच हजार साल के इतिहास में कई बुराइयां भी आईं। लेकिन उनके कई शुभ पहलू भी हैं। उनको नकारना नहीं चाहिए। मानव के प्रति अतीत से हमारा जो दृष्टिकोण था उसका कहीं न कहीं असर इन लोगों पर भी पड़ा है। जैसे स्वदेशी का सवाल है। मैं नहीं मानता कि स्वदेशी और स्वावलंबन को जितना राजनीतिक दृष्टिकोण से भाजपा देख रही है, उसी दृष्टिकोण से आरएसएस भी देख रहा होगा। इसलिए दोनों की मानसिकता में यह अंतर साफ दिखाई पड़ता है। आरएसएस के लोगों के नित्य काम करने के तरीके से अनुशासन की बात जुड़ती है। सकारात्मक तौर पर इस अनुशासन का फायदा भी है और निषेधात्मक तौर पर नुकसान। इनके अनुशासन को सकारात्मक तौर पर इस्तेमाल करके राष्ट्र निर्माण में लंबे दौर के लिए उन्हें लगा सकते हैं। इसलिए उनकी इस ताकत को नजरअंदाज नहीं करना चाहिए।

**पिछले कुछ सालों का आरएसएस का मूल्यांकन क्या है?**

बड़ा कठिन सवाल ले आए। खैर, आरएसएस की टॉप लीडरशिप कमजोर हाथों में चली गयी है। यह संस्था मुख्य रूप से केंद्रित संस्था थी। ऑरगेनाइज्ड सेक्टर में आर्मी और राजनीतिक क्षेत्र में आरएसएस सबसे बड़ा संगठन है। केंद्र में अगर महान व्यक्ति नहीं है तो नीचे गिरावट होना स्वाभाविक है। रज्जू भैया (प्रो. राजेन्द्र सिंह) तक ठीक था। उनके बाद के लोगों को मैं जानता भी नहीं। जो बाह्य रूप से दिखाई पड़ता है, उनमें भारत जैसे देश को संचालित करने की क्षमता नहीं है। अब समस्या केवल बहस की नहीं रह गयी है। संघर्ष की हो गई है। इसमें सिर्फ परिश्रम से नहीं चलेगा, कुर्बानी करने की तैयारी होनी चाहिए। लेकिन संघ से मुझे बहुत निराशा हुई है।

एक बार साक्षात्कार में मुझसे पूछा गया कि राष्ट्र पर कोई खतरा आता है तो देश कैसे बचेगा? मैंने कहा, देश टूटेगा नहीं। उन्होंने पूछा, कौन बचाएगा? मैंने बताया कि देश की फौज का मनोबल बहुत ऊंचा है, फौज हमें हर बाहरी खतरे से बचाएं रखने में सक्षम है, वहीं दूसरी तरफ जनता के स्तर पर राष्ट्रीय स्वयंसेवक संघ के नौजवान कार्यकर्त्ता देश के लिए सबकुछ करने में समर्थ हैं। इस पर हमारी बड़ी आलोचना हुई थी। लेकिन आज भी मैं दावे के साथ कहता हूं कि राष्ट्रीय भावना से प्रभावित कुछ नौजवान बिना किसी लोभ-लालच के अपने काम को अंजाम देते रहे हैं। उनकी नीतियों व मान्यताओं से यद्यपि मेरी असहमति हो सकती है, किंतु राष्ट्र के नाम पर उनकी भावनाओं का मैं आदर करता हूं। लेकिन यह दुर्भाग्यपूर्ण है कि संघ के स्वयंसेवक भी भौतिकवाद की

चपेट में आ रहे हैं। हाल के दिनों में देखता हूं कि जो नौजवान हाथ में डंडा लेकर दरवाजे-दरवाजे अलख जगाता था, वह भी मारुति में बैठने के लिए लालायित है। यह देखकर मुझे बहुत निराशा भी होती है। कभी-कभी लगता है कि आरएसएस मिट रहा है।

**आरएसएस मिट रहा है, इस बात को जरा विस्तार से बताइए ?**

कह तो बहुत कुछ सकते हैं। जिस चीज को बदल नहीं सकते, उसको कहने से क्या लाभ? संघ की लीडरशिप बिलकुल बदल गयी है। पहले यह बात थी कि वे देश के लिए एक सोच रखते थे। हम उससे सहमत हैं या नहीं, यह अलग बात है। मतभेदों के बावजूद वे देश के हित के लिए किसी भी हद तक जाने के लिए तैयार रहते थे। आज संघ की राजनीति 'पावर पॉलिटिक्स' में हिस्सा लेने लगी है। और उसका दुखद रूप हम लोगों को देखने को मिल रहा है। अटलबिहारी वाजपेयी के हाल के रुख को देखकर तो यही लगता है कि संघ में अब कुछ बचा नहीं है।

> *"आरएसएस का जो सोचने का तरीका है, उसके मैं बिलकुल खिलाफ हूं, लेकिन कुछ मामलों पर उनकी जो पुरातन सोच है, जैसे राष्ट्रीयता और स्वदेशी के सवाल पर वे पीछे नहीं हटेंगे। हालांकि राष्ट्रीयता की उनकी व्याख्या से मैं सहमत नहीं हूं। लेकिन देश के लिए कभी कुछ करना पड़े तो पीछे नहीं हटेंगे। उनमें एक तबका ऐसा भी है जिसके लिए राजनीति में एमपी, एमएलए होना कोई मायने नहीं रखता। जैसे आजादी की लड़ाई में एक वर्ग ऐसा था जो जिंदगी भर खादी ही बेचता रहा या गो सेवा में हरिजन उद्धार में ही लगा रहा। उसी तरह आरएसएस में एक तबका ऐसा है जो इन सवालों पर हमेशा आवाज बुलंद करता रहेगा। आरएसएस की मैंने बड़ी आलोचना की है। उसमें बहुत-सी बुराइयां हैं लेकिन हमारे समाज में जहां भी शक्ति है उसे हम अस्वीकार नहीं कर सकते। एक संकट के दौर से गुजर रहे, हमारे समाज को बचाने के लिए हम राष्ट्र की पूरी शक्ति का उपयोग नहीं कर रहे। इसलिए मैं कहता हूं आरएसएस के लोग ही आने वाले समय में भाजपा के लिए मुसीबत बन जाएंगे।"*
>
> *"यह भी बता दूं कि 1977 में कुछ लोगों ने आरएसएस को कठघरे में खड़ा करने की कोशिश नहीं की होती तो आरएसएस वह आरएसएस नहीं होता जो आज है। लेकिन कुछ लोगों ने उसे कठघरे में खड़ा करने की*

*कोशिश की। थोड़े कामयाब भी हुए। वे नेता जो आरएसएस को कटघरे में खड़ा करना चाहते थे और आरएसएस के नेता दोनों ही अपनी कही गई बातों से पीछे हट गए और इसी वजह से जो 'शुभ' शक्तियां हैं, उनमें तालमेल बिठाकर राजनीति को सही दिशा देने मैं भी पूरी तरह असमर्थ रहा।"*

***(रामबहादुर राय की बातचीत, जनसत्ता, 21-26 जनवरी, 1994)***

**संघ से या नेतृत्व से निराशा हुई है?**
वही बात है। संघ के साधारण कार्यकर्ताओं से मेरा कोई सीधा संपर्क नहीं है। इसमें निःसंदेह बहुत अच्छे कार्यकर्ता भी होंगे।

**संघ की विचारधारा के प्रति आपकी क्या राय है? आज उस विचारधारा की प्रासंगिकता है?**
अगर भूमंडलीकरण की बात करें तो उसकी प्रासंगिकता है। स्वदेशी जागरण मंच बना देने से तो कुछ होता नहीं है। संघ की कमजोरी उसका आनुषंगिक संगठन विश्व हिंदू परिषद है। और उसकी शक्ति वहीं से आती है जहां से भूमंडलीकरण की आती है। भूमंडलीकरण के विरोध में जो अभियान चलाया गया, उसमें इच्छाशक्ति और पूर्ण समर्पण का अभाव था। संघ वैश्वीकरण को महत्व देता है क्योंकि यह उसके अस्तित्व के लिए महत्त्वपूर्ण है। भूमंडलीकरण का विरोध वे नहीं कर पाएंगे। स्वदेशी जागरण मंच का जोर खुद-ब-खुद खत्म हो जाएगा।

**संघ की अल्पसंख्यकों को लेकर जो सोच है, उसके बारे में आपकी क्या राय है?**
मैं तो यही कहूंगा कि अल्पसंख्यकों के सवाल को जिस तरह सेकुलरिस्ट लोग रख रहे हैं, वह भी ठीक नहीं है। वे उतना ही नुकसान कर रहे हैं जितना कि दूसरी विचारधारा के लोग कर रहे हैं। मैं यह सोच रखता हूं कि अगर लोकतांत्रिक तरीके से देश को चलाना है तो लोगों को भ्रम में नहीं रखना चाहिए। अल्पसंख्यक और बहुसंख्यक दोनों को यह समझाना होगा कि एक सीमा के अंदर रहकर ही समस्याओं का निदान हो सकता है। लेकिन यहां इसके ठीक उलट हो रहा है। यहां समझाया जा रहा है कि रामविलास पासवान और लालू यादव सेकुलर हैं और नीतीश कुमार सांप्रदायिक। सेकुलरिज्म का आधार सिर्फ धर्म नहीं है। यह तो एक विचारधारा है।

**हाल ही में अशोक सिंघल से आपकी लंबी मुलाकात हुई है। अयोध्या को लेकर कुछ चर्चा हुई है?**
अयोध्या के बारे में कुछ खास चर्चा नहीं हुई। सामान्य राजनीतिक घटनाओं के बारे में ज्यादा चर्चा हुई। मुझे ऐसा लगा कि वे बड़े दुखी हैं। अपने को छला हुआ महसूस कर रहे हैं। उनके दल में जो कुछ हो रहा है, उससे बड़े असंतुष्ट हैं। मैं अशोक सिंघल के विचारों के खिलाफ हूं। मगर उनको हालात को परखने की समझ है, इसे मैं स्वीकार करता हूं।

**आडवाणी के बारे में पहले भाजपा और संघ में यह धारणा थी कि वे विचारों के आदमी हैं?**
बेवकूफ हैं। उनके कोई विचार नहीं है। अटलबिहारी वाजपेयी के तो फिर भी विचार हैं।

**क्या आप मानते हैं कि वाजपेयी आम लोगों की अपेक्षाओं में खरे नहीं उतरे?**
वाजपेयी मेरे अच्छे मित्रों में से हैं और मैं उनका बड़ा आदर करता हूं। पर जितनी निराशा मुझे वाजपेयी से हुई, उतनी किसी और से नहीं, क्योंकि औरों से मेरी कोई अपेक्षा नहीं थी। वाजपेयी संस्कृति की उन सेवाओं से संबद्ध थे, जहां वे संस्कृति को संस्कृति बना सकते थे। पहले वे ऐसी भाषा बोलते थे, जो लीक से हटकर थी। अब लगता है, वे पूरी तरह उस दायरे के शिकंजे में आ चुके हैं। ये जो फील गुड की हवा बहा रहे थे, उन लोगों को यह अहसास ही नहीं था कि फील बैड का भी कोई अनुभव होता है। यदि गांव में बचपन गुजरता, कीचड़ में लोटे होते, तभी तो फील बैड का भी अहसास होता और तभी फील गुड की भी भावना में दम होता।

# अंतरंग

*'अंतरंग'* में चंद्रशेखर जी की एक दम आज की जिंदगी तथा उनके एकांत मन में झांकने की कोशिश की गई है। बाइपास सर्जरी के बाद उनकी जीवनचर्या में किस तरह के बदलाव आए हैं, उनके व्यक्तित्व को प्रभावित करनेवाली निर्णायक घटनाएं कौन-सी हैं तथा आधुनिक समाज और राजनीति में किस तरह के परिवर्तन आ रहे हैं, इन सवालों पर भी उन्होंने अपने विचार रखे हैं। आधुनिक भारतीय समाज जिस दिशा में जा रहा है, उसको लेकर वे बेहद चिंतित हैं। वे कहते हैं : आज राजनीति में जिस तरह के बदलाव हो रहे हैं, वे देश के लिए शुभ संकेत नहीं हैं। पहली बार हिंदुस्तान की राजनीति में विदेशी हस्तक्षेप दिखाई दे रहा है। नवउपनिवेशवादी आर्थिक साम्राज्य का विस्तार हो रहा है, वह घातक है। चिंता की बात यह है कि समाजवादी, गांधीवादी, साम्यवादी और राष्ट्रवादी लगभग सभी तरह की विचारधारा वाले लोग इस वैश्वीकरण की लहर से प्रभावित हैं। चंद्रशेखर इस दौर में राजनीति को नया रूप देना चाहते हैं। वे मूल्यों पर आधारित राजनीति का विस्तार समस्याओं पर आधारित राजनीति में करना चाहते हैं।

# अंतरंग

**कुछ समय पूर्व आपके दिल का ऑपरेशन भी हुआ। व्यक्तिगत जीवन में किस तरह का बदलाव महसूस कर रहे हैं?**

दिल का ऑपरेशन हुआ मगर उससे मेरे मन पर कोई असर नहीं हुआ है—न पहले, न बाद में। इसका कोई प्रभाव नहीं दिखता। हां, स्वास्थ्य पर असर जरूर पड़ा है। इसलिए सक्रियता जो पहले थी, अब नहीं रही। शारीरिक स्थिति ऐसी हो गयी कि कोई छोटी समस्या भी होती है तो मन में आशंका रहती है कि कहीं इसका बड़ा रूप सामने न आ जाए। ऑपरेशन से पहले कभी नहीं सोचा था कि ऐसी शल्य क्रिया से गुजरना पड़ेगा। अचानक एक दिन रक्तचाप बढ़ा और घबराहट-सी महसूस होने लगी। घरवालों ने कहा, डॉक्टर को दिखाना चाहिए। फिर उन लोगों ने कहा कि एंजियोग्राफी करानी चाहिए। डॉक्टरों ने कहा कि दिल पर कोई असर नहीं है। लेकिन रक्तचाप से पता चला है कि धमनियों में कहीं रुकावट है। डॉक्टरों ने कहा कि उम्र बढ़ रही है तो आनेवाले दिनों में दिक्कतें होंगी, इसलिए ऑपरेशन करा लेना चाहिए। मैंने उनसे कहा कि जो करना हो, अभी कर दीजिए। और इस तरह ऑपरेशन हुआ। ऑपरेशन के बाद दिल से संबंधित कोई तकलीफ तो नहीं, रह-रहकर पीठ में दर्द होता रहता है। चलने-फिरने में थोड़ी-बहुत तकलीफ होती है लेकिन राजनीतिक कार्यों में कोई दिक्कत नहीं है।

**ऑपरेशन से आपकी दिनचर्या में क्या बदलाव आए?**

जैसी दिनचर्या ऑपरेशन से पहले थी, वही आज भी है। आज भी मैं चार घंटे से ज्यादा नहीं सोता। इसका ऑपरेशन से कोई लेना-देना नहीं है। बहुत पहले से यह हमारी आदत रही है। आपातकाल में जेल में था। वहां अकेला ही रहता था। अकेलापन काटना बड़ा मुश्किल होता है, खासकर जब मजबूरी हो तब और भी कठिन हो जाता है। उस समय मैं किताबें पढ़ता था। जितनी किताबें मैंने डेढ़

वर्ष के कारावास के दौरान पढ़ी, उतनी विद्यार्थी जीवन में नहीं पढ़ी।

जेल के शुरुआती दिनों में तो कोई मिलने नहीं आता था। पटियाला की जेल में सिख धर्म से जुड़ी हुई पुस्तकें थीं। उस पुस्तकालय की ज्यादातर पुस्तकें मैं पढ़ गया। 1984 में जब स्वर्ण मंदिर में फौज गयी और मेरी जो भी प्रतिक्रियाएं रहीं, वे किन्हीं राजनीतिक कारणों से नहीं थीं; बल्कि उन किताबों के पढ़ने के कारण थीं। सिख धर्म की किताबों में लिखा है कि जो भी स्वर्ण मंदिर को किसी भी तरह से छेड़े, वह मौत का अधिकारी होता है और उसको जो मारे, वह कातिल नहीं, शहीद माना जाता है। मैंने इंदिरा गांधी से चार बार कहा था कि आप स्वर्ण मंदिर में फौज मत भेजिए। इसके अलावा मैं मार्क्स, स्तालिन की पुस्तकें और यात्रा-वृत्तांत आदि पढ़ा करता था।

**जेल डायरी आप कब लिखते थे?**

जेल डायरी लिखने का कोई समय नहीं था। मेरे लिए सबसे कठिन काम था समय बिताना। ज्यादातर समय किताबें पढ़ने में ही बीतता था। जब कुछ नहीं सूझता था तो मैं उस दिन का अनुभव लिखने बैठ जाता था। कभी एक पैराग्राफ लिख दिया। फिर कभी कुछ और लिख दिया। बादलों को देखता रहता था, चिड़ियों की चहचहाहट सुनता, इसी दौरान कुछ लिख दिया। लिखने का काम कुछ इसी तरह चलता था। उसी समय मैंने सबसे अधिक संगीत सुना। दिल्ली से मेरे एक मित्र ने ट्रांजिस्टर भिजवाया था। किताब भी पढ़ता रहता था और संगीत भी सुनता रहता था। पढ़ते-पढ़ते दो-तीन बज जाते थे और पांच-छः बजे तक जरूर उठ जाता था। अब तो मैं चाहे जितने बजे भी सोऊं, उठता पांच बजे से पहले हूं। उसके बाद खेतों पर चला जाता था। दो घंटे उधर ही बिताता था। वापस आकर जलपान करता था। फिर कुछ लोग मिलने आ जाते थे। मिलनेवालों का तांता लगा रहता था। अब यह काम मैंने बंद कर दिया है। सबेरे उठता हूं और खेतों में एक बार जरूर जाता हूं। लोगों को कुछ काम बताता हूं और वापस आकर किताब पढ़ता हूं या कोई और काम हुआ तो उसमें लग जाता हूं। आजकल ज्यादातर समय सिफारिश करने और लोगों का दुख-दर्द सुनने में ही गुजरता है।

**आज जो हिंदुस्तान की स्थिति नजर आ रही है, उसमें सामाजिक सरोकार के प्रति आपकी चिंता बढ़ी है, वेदना गहरी हुई है या फिर सबकुछ स्वाभाविक प्रक्रिया नजर आता है?**

लोगों की मिली-जुली प्रतिक्रिया रही है। कुछ लोगों के व्यवहार से तो ऐसा लगा

कि वे दूसरों के दुख में भागीदारी को अपना कर्तव्य मानते हैं। कुछ लोगों को ऐसा लगा कि इनसे कई काम होते थे, ये तो अब काम लायक रहे ही नहीं। तो कुल मिलाकर दोनों ही तरह के लोगों से सरोकार हुआ है।

**ऑपरेशन के पहले और बाद के आपके मनोबल में क्या फर्क आया है?**
मनोबल में कोई फर्क नहीं पड़ा है। ऑपरेशन के बाद तो मैं काफी ठीक महसूस कर रहा हूं। सामाजिक उद्विग्नता पहले से ज्यादा गहरी हो गयी है। क्योंकि सामाजिक चुनौतियां ज्यादा गहरी हो गयी हैं। ठोस रूप में कहूं तो मन में चिंता और दुख बढ़ा है।

**लोगों की चिंता होती होगी? अब आप समय और चिंता को जोड़कर देखते हैं तो क्या फर्क महसूस करते हैं?**
तब मुझे कोई काम असंभव नहीं लगता था। मेरे पास काफी समय था और मैं समझता था कि इन परिस्थितियों को बदल सकता हूं। उसके दो कारण थे। एक तो समय था और अपनी शक्ति पर गुमान था। दूसरा, जिन लोगों से मेरा संपर्क था, उनके बारे में बहुत आस्था और विश्वास था। मुझे लगता था कि ये लोग भी उतने ही चिंतित हैं जितना कि मैं। मुझे क्षमा करेंगे, आज उस दृष्टि से मैं अपने को अकेला पाता हूं। पहले जब संसद में कोई प्रश्न उठता था तो सभी लोग अपनी-अपनी राय देकर समस्या के समाधान की दिशा में कदम उठाते थे। आज ऐसा लगता है कि हर आदमी उसे उलझाने और बढ़ाने का काम करता है। समस्याएं तो उठती रहती हैं। लोगों के पास विवादास्पद सवाल भी होते हैं। मेरा 40-42 सालों का अनुभव बताता है कि पहले जब संसद सदस्य सवाल उठाता था तो अध्यक्ष की कुर्सी पर बैठा हुआ आदमी उसके समाधान के लिए कोई न कोई राय देने की कोशिश करता था, अपनी योग्यता और व्यक्तित्व के आधार पर किसी को पसंद आता था, किसी को नहीं। लेकिन अब ऐसा लगता है कि अध्यक्ष पद पर बैठा हुआ आदमी अपनी राय दूसरों पर लादना चाहता है। समाधान की दिशा में कोई सहयोग नहीं कर पा रहा है। परिस्थितियों को अपनी सोच के अनुरूप बदलने की कोशिश कर रहा है। यह संसद को चलाने का तरीका नहीं है।

**कौन-सी घटना को आप जिंदगी का टर्निंग प्वाइंट मानते हैं?**
कभी-कभी छोटी बातें भी जीवन में बड़ा बदलाव ला देती हैं। छोटे-से गांव में पैदा हुआ, गरीब घर से था, मध्यम वर्ग भी नहीं कह सकते। गरीबी को मैंने बहुत

करीब से देखा है। गांधी कहते थे कि अंग्रेज जब देश से बाहर हो जाएंगे तो गरीबी भी चली जाएगी। 1947 में जब देश आजाद हुआ, उस वक्त मैं इंटर का छात्र था। 15 अगस्त, 1947 को दोपहर में जुलूस निकला। मैं अपने समाजवादी मित्रों के साथ घूम रहा था। दोपहर में हम लोगों के लिए खाने का इंतजाम एक ही जगह हुआ था। काफी लोग थे। एक मुख्यमंत्री के निजी सचिव ने पैसा दिया था। उसी पैसे से खाना बना। मैं खाना खा रहा था लेकिन मेरे मस्तिष्क में कुछ और चल रहा था। मुझे यह बात अंदर ही अंदर कचोट रही थी कि आज भी हमारे जैसा आदमी खाने के लिए किसी का मोहताज है, कैसी आजादी है यह? मैं सोचता रहता कि आजादी के बाद भी गरीबों को खाना मिलेगा कि नहीं? आज भी यह प्रश्न मेरे दिमाग में घूमता रहता है कि यह कैसी आजादी है? आज भी लोग भूखे सोने के लिए मजबूर हैं। एक टर्निंग प्वाइंट तो यह था जब हमने आजादी का अर्थ केवल रोटी को समझा था। जीवन का मुख्य टर्निंग प्वाइंट एम.ए. करने के बाद आया। जब हमेशा सोचता रहता था कि क्या करूं? नौकरी करूं या बिजनेस, जिससे रोटी का जुगाड़ हो जाए और कुछ भी चलता रहे? फिर मैंने सोचा कि लेखक बन जाऊं। इस बात की प्रेरणा मुझे हिंदी भाषा से लगाव के कारण मिली। जब मैं लिखता था तो लोग बड़ी प्रशंसा करते थे।

पर यह इरादा भी छोड़ दिया। इसके बाद अध्यापक बनने का खयाल आया। इलाहाबाद छोड़ बनारस पहुंच गया। राजनीतिशास्त्र के विभाग प्रमुख मुकुट बिहारी से मिला। मैंने अपने मन की बात कही। उन्होंने पूछा कि किस विषय में थीसिस लिखोगे। मैंने तुरंत उत्तर दिया, 'इनफ्लुएंस ऑफ इकोनॉमिक डेवलपमेंट ऑन पोलिटिकल थॉट'। उन्होंने तुरंत स्वीकृति दे दी। उन्होंने मुझसे एक सीनॉपसिस बनाने को कहा। वह समय था जब कम्युनिस्ट पार्टी वाले आतंक फैला रहे थे। उस समय सोशलिस्टों की एक समिति बनी। मुकुटबिहारी लाल, राजाराम शास्त्री, आचार्य नरेंद्र देव आदि उसमें थे और समिति के अध्यक्ष अंसारी साहब बने। अंसारीजी को एक सहायक की आवश्यकता थी। राजनारायण ने मेरा नाम सुझाया। प्रो. मुकुट बिहारी ने कहा कि इनको डिस्टर्ब मत कीजिए। ये थीसिस लिखने जा रहे हैं। दो सालों में पूरा हो जाएगा। एक योगदान होगा। आचार्य जी ने कहा, चंद्रशेखर, इन प्रोफेसरों के चक्कर में मत पड़िए। इन्होंने बहुतों की जिंदगी बर्बाद की है। सोचिए, जब देश ही नहीं रहेगा तो आपकी थीसिस कौन पढ़ेगा? उन्होंने कहा, देश-निर्माण के कार्यों में लगो। उस दिन से लेकर आज तक देश बनाने के कार्यों में जुटा हूं। कितना बना, पता नहीं।

विद्यार्थी-जीवन के बाद मैं पार्टी के काम में पूरी तरह लग गया था। इलाहाबाद

यूनिवर्सिटी में उस समय सोशलिस्टों का बहुत जोर था। ज्यादातर लड़के इसके सदस्य थे। जितने भी अच्छे लड़के थे, उसमें से 70 प्रतिशत समाजवादी आंदोलन में थे। बाकी कम्युनिस्ट या आर.एस.एस. वाले गुप्त तरीके से शाखा में जाते थे। दो-चार प्रतिशत ही ऐसे थे जिनके बारे में लोग जानते थे कि वे आर.एस.एस. में हैं। 1952-53 में कम्युनिस्ट पार्टी में रणदिवे की 'लाइन' अपनी चमक खोने लगी थी। उन्हीं दिनों मैंने बलिया में सोशलिस्ट पार्टी के सेक्रेटरी की हैसियत से काम शुरू किया।

1952 के आम चुनाव में सोशलिस्ट पार्टी काफी अच्छा परिणाम दिखाएगी, यह उम्मीद थी। कम से कम बिहार में लोग यह समझते थे कि वैकल्पिक सरकार बनेगी। 1952 में हम लोगों को भी बहुत आशा थी। एक अजय कुमार बसु थे जो डीएसपी हो गए थे। वे फ्रीडम फाइटर थे। इस्तीफा देकर 1952 का चुनाव लड़ने आए। मुझे उनका प्रचार करने निकलना था। कोई और साथ नहीं था। मेरे साथ केवल एस. के. श्रीवास्तव होते थे। वे आर्डिनेंस फैक्टरी के नेता थे। उनके पास मोटर साइकिल थी। मोटर साइकिल पर एक लाल झंडा लगाकर हम दोनों जाते थे। मैं पीछे बैठता था। एस.के. श्रीवास्तव मोटर साइकिल चलाते थे। चौराहे पर इलाहाबाद में मैं नारा लगाता था, 'इन्कलाब', वे कहते थे, 'जिंदाबाद'। दूसरा नारा था, 'कमानेवाला खाएगा', 'लूटनेवाला जाएगा'। इलाहाबाद के चौराहे पर 25 से 50 तक आदमी खड़े हो जाते थे। मैं समाजवाद पर लंबा भाषण करता था। 10-15 मिनट के भाषण के बाद फिर मोटर साइकिल चल पड़ती थी दूसरे चौराहे की ओर। हम लोगों के चुनाव-प्रचार का यही तरीका था। शाम को बैठकर तय करते थे कि कल कहां चलना है। अगले दिन वहां इसी प्रकार से नुक्कड़ सभाएं करते थे।

**आपने पहला राजनीतिक भाषण कब और कहां दिया?**

मैंने अपना पहला राजनीतिक भाषण बलिया में दिया। तब मैं इंटरमीजिएट का छात्र था। वहीं के एक स्वाधीनता सेनानी थे जिन्हें 'ट्रांस्पोर्टेशन फॉर लाइफ' (काला पानी) की सजा हुई थी। उनका नाम परशुराम सिंह था। 1946 में वे छूटकर आए थे। उन्हीं के स्वागत में वह सभा हुई थी। उन दिनों छात्रों की ओर से गौरीशंकर राय ही भाषण देते थे। उस दिन गौरीशंकर राय किसी मीटिंग में लखनऊ या कहीं और गए हुए थे। अतः सभा में लोगों ने कहा कि आप ही भाषण दीजिए। फिर मैंने भाषण दिया। यह मेरा पहला सार्वजनिक भाषण था। उस सभा में बलिया के क्रांतिकारी नेता पं. महानंद मिश्रा थे। उन्होंने लोगों से कहा कि यह लड़का एक दिन बड़ा नेता होगा। इस पर ध्यान देना चाहिए। उसके बाद लगातार भाषण देने

के मौके आए। जब सतीशचंद्र कॉलेज में चुनाव हुआ, गौरीशंकर अध्यक्ष पद के लिए लड़े और मैं 'प्राइम मिनिस्टर' पद के लिए। गौरीशंकर चुनाव हार गए पर मैं जीत गया। प्राइम मिनिस्टर की हैसियत से मैंने समाजवादी विचारों के आधार पर एक नीति-वक्तव्य बनाया था। इसे काफी पसंद किया गया। वह सतीशचंद्र कॉलेज में कहीं रखा होगा।

शुरू से ही मैं अपने विचारों में बहुत स्पष्ट रहा हूं। जो तय कर लेता हूं, वह करता हूं। हालांकि अपने निश्चय का मैं कभी ढिंढोरा नहीं पीटता। अगर कुछ परेशानी भी हुई तो मन में ही रखा। रहीम की ये पंक्तियां मुझे पसंद हैं : 'रहिमन निज मन की व्यथा मन ही राखो गोय। सुनि इठलैहें लोग सब बांट न लैहें कोय।' मेरी एक और भी आदत रही है कि मैं किसी की सलाह भी नहीं लेता। इसकी वजह यह रही है कि जब मैंने किसी से सलाह ली, उसका गलत परिणाम निकला। इसलिए हमेशा ही मैंने अपने विवेक से निर्णय लिया। अपने किसी भी निर्णय के लिए मुझे अफसोस नहीं है।

**आजकल मूल्यों पर आधारित राजनीति की बात करने का बड़ा जोर है। आप स्वयं को इसमें कहां खड़ा पाते हैं?**

मूल्यों पर आधारित राजनीति की चर्चा पिछले कुछ दिनों से चल रही है, लेकिन इसमें संशय और भ्रम इस बात का है कि मूल्य कौन-से? किन मूल्यों पर आधारित राजनीति लोग चलाना चाहते हैं? युग, समय, व्यक्तियों और मान्यताओं के अनुसार मूल्य भी बदलते रहते हैं। सच बोलने और ईमानदारी की चर्चा करनेवाले ही लोगों का शोषण करते हैं। लोगों की कमाई का नाजायज फायदा उठाते हैं। हर गलत-सही काम करके ईमानदारी और मूल्यों की बात करके सत्ता और संपत्ति के अधिकारी बनना चाहते हैं। मूल्यों को मानव आवश्यकताओं से और मानव मर्यादा से जोड़ने का सवाल उठता है, तब इनकी चर्चा नहीं करते। इन पर सफाई नहीं होती। मैं कहता हूं कि मूल्यों का निरूपण होना चाहिए। मूल्य ऐसे होने चाहिए, जहां व्यक्ति-व्यक्ति के बीच अंतर मिटे, जहां मनुष्य की न्यूनतम आवश्यकताओं की पूर्ति के लिए जिसके पास अधिक है, वह कुछ कुर्बानी करने को तैयार हो, जहां जाति, धर्म और दूसरी संकीर्ण भावनाओं के आधार पर लोगों के बीच विभेद न किया जाए। लेकिन इन सवालों के ऊपर बिलकुल संकुचित राय रखनेवाले लोग भी मूल्यों की राजनीति की बात करते हैं।

मैंने कहा था कि मूल्यों पर आधारित राजनीति की चर्चा करते समय समस्या आधारित राजनीति पर भी चर्चा होनी चाहिए, मेरी यह बात कइयों को बुरी लगी

थी। आज भी मैं समझ नहीं पाया हूं कि मूल्यों पर आधारित राजनीति की चर्चा करनेवाले लोग मानव समस्याओं और साधारणजन की पीड़ा के साथ अपने को किस प्रकार जोड़ते हैं और इन सवालों पर इनकी क्या राय है? जब तक (मूल्यों की वकालत करनेवाले) यह जाहिर नहीं करते, यह सब थोथा है और इसीलिए मैं इन सबसे सहमत नहीं हो पाता क्योंकि मेरा मानना है कि मूल्यों को समस्याओं से जोड़ना होगा। अगर आपकी दृष्टि समस्याओं पर ठीक नहीं है तो मूल्यों पर आधारित राजनीति भी सही नहीं हो सकती है।

**मूल्यविहीन राजनीति को मूल्यों और ऊंचे आदर्शों में किस तरह बदला जा सकता है? आपको जेपी का 'मानस-पुत्र' कहा जाता है, अतः इसकी विशेष जिम्मेदारी आप पर आती है। आप क्या सोचते हैं?**

मैं नहीं जानता। यह कुछ इस तरह का विवादास्पद प्रश्न है, जिसका कोई उत्तर देना आसान नहीं है। क्योंकि आप एक बात याद रखिए कि जयप्रकाशजी ने राजनीति में एक कदम उठाया—सत्ता से अलग रह करके, नैतिकता के पक्ष को हरदम बढ़ाने का प्रयास किया। लेकिन हमने देखा कि जो लोग सत्ता में आ जाते हैं, वे नैतिकता के पक्षवाले लोगों की बातों की अनसुनी कर देते हैं—कुछ ऐसी ही बात महात्मा गांधी के साथ हुई। वही बात जयप्रकाशजी के साथ भी हुई। इसलिए कोई विकल्प इतना आसान नहीं दिखाई पड़ता।

कोई ऐसा व्यक्तित्व हो, जो सत्ता और नैतिकता के बीच सामंजस्य स्थापित कर सके, तभी यह संभव हो सकता है। यह बात सही है कि एक बड़ा भारी संकट हमारे सामाजिक और राजनीतिक जीवन में उत्पन्न हो गया है। मैं तो ऐसा मानता हूं कि इसकी ओर प्रयास करने के लिए वे लोग, जो सत्ता में हैं, ऊंचे पदों पर हैं, उन्हें आदर्श उपस्थित करना चाहिए। वे अपने दैनिक जीवन में और अपने व्यवहार में कुछ ऐसा परिवर्तन लाएं कि लोग यह समझ सकें कि फिर से राजनीति को नैतिकता से जोड़ने का कोई सक्रिय सच्चा प्रयास हो रहा है। लेकिन मैं ऐसा मानता हूं कि केवल नैतिक पक्ष की बार-बार दुहाई देने से और सक्रिय राजनीति या सत्ता की राजनीति से अलग हो जाने से कोई लाभ नहीं हो सकता। उससे व्यक्तित्व तो उभरकर आते हैं, लेकिन समाज नहीं बदलता।

अब जेपी का कोई वारिस होने का मैं दावा नहीं करता। न मुझमें वह क्षमता है, न शक्ति है। दोनों तरह की बातें कही जाती हैं। कुछ लोग यह समझते हैं। कुछ लोगों को मैंने देखा, जो यह भी कहते हैं कि जेपी के निकट होने का मैं दावा करता हूं, ताकि मुझे उससे कोई राजनीतिक लाभ मिले। मैंने तो कभी दावा

नहीं किया कि मैं जेपी के बहुत निकट था। दोनों तरफ से बातें कही जाती हैं। अब तो यह भविष्य में ही निश्चित हो सकेगा कि कौन-सी बात सही है। मैं इस बारे में क्या कह सकता हूं![31]

**आप राजनीति में पैसे को कितना महत्व देते हैं?**
दोहरे व्यक्तित्व वाले लोगों के लिए नैतिकता पैसों पर आधारित होती है। राजनीति में जितना भी पैसा आ रहा है, वह सब काला धन है। कौन व्यक्ति वर्तमान कर-ढांचे में 100 रुपये से ज्यादा दान कर सकता है? खोखली नैतिकता से कुछ नहीं होता। यह देखना ज्यादा जरूरी है कि आप कहीं व्यक्तिगत हित के लिए तो पैसा इकट्ठा नहीं कर रहे हैं! कई लोग मेरे बारे में गलत सोचते हैं। मैंने जब भारत-यात्रा केंद्रों को बनवाया तो लोगों को मुझसे ईर्ष्या होने लगी। क्या मैंने इन्हें अपने या अपने बच्चों के लिए बनाया है? चूंकि वे खुद कुछ नहीं करते इसलिए दूसरों के कुछ करने पर उस पर उंगली उठाते हैं।

**समाज और राजनीति में तेजी से बदलाव आ रहा है। एक वरिष्ठ राजनीतिज्ञ और चिंतक के नाते आप इस बदलाव को किस नजरिए से देखते हैं?**
देखिए, राजनीति में आज जिस तरह के बदलाव हो रहे हैं, यह देश के लिए शुभ संकेत नहीं है। यह बदलाव स्वप्रेरित बदलाव नहीं है। पहली बार हिंदुस्तान की राजनीति में विदेशी हस्तक्षेप दिखाई दे रहा है। नवउपनिवेशवादी आर्थिक साम्राज्य का जिस तरह विस्तार हो रहा है, वह घातक है। इसके लिए किसी एक पक्ष को दोष देना उचित नहीं है। समाजवादी, गांधीवादी, साम्यवादी व राष्ट्रवादी लगभग सभी तरह की विचारधारा वाले लोग इस वैश्वीकरण की लहर से प्रभावित हैं। स्वेदशी में आस्था रखनेवाले और स्वदेशी को लेकर देश में वातावरण बनानेवाले लोगों से मैंने कहा था कि इस अंध वैश्वीकरण के जिससे भारत की आत्मा को चोट पहुंचती है, खिलाफ अगर कोई संघर्ष होता है तो हम सहयोग करेंगे। इस बारे में एक बैठक भी हुई थी जिसमें राष्ट्रीय स्वयंसेवक संघ व स्वदेशी जागरण मंच के पदाधिकारी भी थे। गांधीवादी व समाजवादी भी थे। किंतु हमें अफसोस होता है कि उस बैठक में बीजेपी की ओर से कोई नहीं आया। आज की राजनीतिक दिशा और दशा बदहाल हो गई है। किसी भी राष्ट्रहित के मुद्दे पर नेताओं में मिल-बैठकर हल निकालने के कोई सार्थक प्रयास नहीं होते। मुझे याद है, जनता सरकार के दौरान दोहरी सदस्यता को लेकर असंतोष बढ़ रहा था। मैं किसी काम से बरास्ता नागपुर जा रहा था। उस समय बाला साहब देवरस संघ

प्रमुख थे। मैंने उनसे निवेदन किया कि मैं आपसे मिलना चाहता हूं और मेरी धृष्टता माफ करें लेकिन चूंकि समय का अभाव है इसलिए आप हवाई अड्डे पर आ सकें तो बड़ी कृपा होगी। बाला साहब मेरे निवेदन पर आए। बातचीत हुई। उस समय सदस्यता का विवाद हल हो सकता था, फिर भी मोरारजी देसाई की सरकार गिराई गई लेकिन मोरारजी की सरकार जनसंघ ने नहीं गिराई। इसमें समाजवादियों की भूमिका ज्यादा थी। अब वे ही समाजवादी भाजपा के साथ सत्ता का सुख भोग रहे हैं।

अब स्थिति बदल गई है। मानसिकता भी बदल गई है। जो नवयुवक है, उनमें अब राष्ट्रीय मुद्दों पर चर्चा भी नहीं होती। किसी भी चुनौती से मिलजुल कर लड़ने की संस्कृति समाप्तप्राय है। मैं आपको स्पष्ट बता दूं, राजनीतिक मतभेदों के बावजूद नेताओं में आपसी सहमति के संस्कार थे। समझौते भी सोच-समझकर किए जाते थे। लेकिन सिर्फ सत्ता में बने रहने के लिए इस तरह के समझौते किए जाएं, जो देश हित के विरुद्ध हो, यह ठीक नहीं है। मुझे याद है, जब मैं प्रधानमंत्री था तो सीमा सुरक्षा बल ने बांग्लादेश की सीमा पर 18 घुसपैठियों को मार गिराया था। बाद में अमेरिकी सीनेट एवं वहां के समाचारपत्रों ने बवाल मचाया। जब अमेरिका के उपराष्ट्रपति से मेरी बात हुई तो उन्होंने इस घटना का जिक्र किया। मैंने उन्हें दो-टूक शब्दों में जबाव दिया था कि यह देश कोई अनाथालय नहीं है। अगर जरूरत पड़ी तो 18 क्या, 1800 लोगों को भी मार गिराया जा सकता है। मेरी स्पष्ट मान्यता है कि समझौते अंततः नुकसान पहुंचाते हैं। केंद्र में मेरी सरकार थी—कांग्रेस के सहयोग से बनी हुई सरकार। स्व. राजीव गांधी ने दो पुलिसवालों पर जासूसी करने का आरोप लगाया। मैंने कहा कि जांच करवा देता हूं लेकिन उन्होंने पुलिस वालों को बर्खास्त करने को कहा। फिर कहा, चौटाला को हटा दीजिए। मैंने साफ और स्पष्ट शब्दों में कहा कि सत्ता बचाने के लिए मैं प्रधानमंत्री कार्यालय के किसी चपरासी को भी हटाने वाला नहीं हूं। सत्ता में बने रहने के लिए निरपराध लोगों की बिना पर मैं समझौता करूं, यह हो नहीं सकता क्योंकि इससे समाज में गलत संदेश जाएगा, जो हमारे लोकतंत्र को कमजोर करेगा। और मैंने इस्तीफा दे दिया। कुछ समय पूर्व मेरे जन्मदिन पर आयोजित एक समारोह में अटलबिहारी वाजपेयी ने कहा कि चंद्रशेखर जी हमारे पुराने मित्र हैं, फिर भी हमसे इस्तीफा मांगते रहते हैं। मैंने तुरंत जवाब दिया कि हालांकि आपसे पूरी तरह निराश हो गया हूं, फिर भी मैंने कभी आपसे इस्तीफा नहीं मांगा। हां, मन में कई बार आता है कि आपसे इस्तीफा मांग लूं लेकिन यह सोचकर चुप रह जाता हूं कि आपके बाद कोई और आएगा, वह कौन-सा अच्छा होगा?

आज स्थिति यह है कि हम लोगों को ज़रा भी लज्जा नहीं कि व्यवहार में

एक बात करते हैं किंतु संसद में दूसरी बात करते हैं। देश में चाहे कम्युनिस्ट हो, सोशलिस्ट हो या राष्ट्रवादी हो, किसने गांधी को याद रखा, किसने लोहिया को याद रखा, किसने जयप्रकाश को याद रखा? सब लोगों ने यह याद रखा कि सत्ता के गलियारे में कैसे पहुंचा जा सकता है।

कांग्रेस-विरोध के नाम पर कई बार राजनेता इकट्ठे हुए। लोहिया ने कांग्रेस का विरोध किया, जयप्रकाश नारायण ने विरोध किया, मैं भी विरोधी रहा हूं, लेकिन मुझे इस बात का फक्र है कि इंदिरा गांधी के कार्यकाल में अंतर्राष्ट्रीय स्तर पर कोई समझौता नहीं हुआ जिसका देश को मलाल हो। तब दुनिया हमारी अंतर्राष्ट्रीय नीति से प्रभावित थी, अब समझौतों के चलते हमारा आत्मविश्वास इतना गिर गया है कि डिप्टी सेक्रेटेरी स्तर का विदेशी अधिकारी हमारे देश में आकर हमें यह पाठ पढ़ाता है कि हमें देश-हित में क्या निर्णय लेना चाहिए।

## जेल डायरी से...

***चंद्रशेखर इन दिनों जिस शारीरिक व्याधि से गुजर रहे हैं उसके लक्षणों को जेल डायरी के ये अंश बताते हैं।***

*''आज कई दिनों की वर्षा के बाद थोड़ी धूप निकली। अस्थिरोग विशेषज्ञ डॉ. अग्रवाल और औषधि विशेषज्ञ डॉक्टर देखने आये। रक्त में हीमोग्लोबीन कम हो जाने के कारण कुछ विशेष प्रकार का सुझाव दिया। जेल अधिकारी क्या करते हैं, देखना है। मैं तो कुछ कहने वाला हूं नहीं, अपने तो प्रबंध करते ही नहीं। मेरे पैसे से भी फल इत्यादि मंगाने में इन्हें हिचक है। पता नहीं, यह इनके अपने दिमाग की उपज है या उन्हें कोई ऐसा निर्देश है। यह विश्वास तो होता नहीं कि कोई उच्च अधिकारी या राजनेता इस प्रकार का निर्देश दे कि बीमारी के समय भी मेरा ठीक से उपचार न हो। डॉक्टर लोग तो काफी दिलचस्पी लेते हैं। बहुत अधिक ध्यान देते हैं, किंतु जेल सुपरिंटेंडेंट का रुख कुछ अजीब है। उसके बारे में ज्ञानी जैल सिंह को लिखा, उसकी प्रतिलिपि इंदिरा गांधी को भेजी, ताकि भविष्य में कोई यह न कहे कि उन्हें उसका ज्ञान नहीं हुआ। किंतु उस पर भी कोई कार्यवाही तो हुई नहीं। अन्य लोगों की साधारण-सी शिकायत पर तुरंत उच्च अधिकारियों द्वारा पूछताछ होती है, निर्देश आते हैं। इससे तो यही लगता है कि मेरे ऊपर कुछ विशेष कृपा है, फिर भी मैं तो ठीक ही हूं। दवा जब से छोड़ दी, कुछ सुधार हो रहा है। आशा है, ठीक रहेगा।''*

***10 अगस्त 1976***

*"आठ-नौ महीने के बाद जेल के फाटक से बाहर निकला। दूसरे नजरबंद रोज बाहर जाने को उत्सुक रहते हैं, तरह-तरह के बहाने बनाते हैं, पर मुझे ऐसा क्यों नहीं होता? डॉक्टर लोगों के बार-बार कहने पर भी बाहर अस्पताल में जाकर कोई जांच कराने से कतराता हूं। आज एक्स-रे के लिए जाना पड़ा। कोई चारा नहीं था। डॉक्टर ने उसे अत्यावश्यक समझा, इसलिए जाना पड़ा।"*

**11 अगस्त 1976**

*"एक्स-रे से जो शंका थी, उसी की पुष्टि हुई। रीढ़ की हड्डियों में खराबी है। बात पुरानी है। कुछ शायद बढ़ गयी है। उपचार अभी तो वही होगा, यदि आराम नहीं मिला तो डॉक्टर कुछ और सोचेंगे, किंतु घबराने जैसी कोई बात नहीं। बढ़ती उम्र की ये अलामतें हैं। जिंदगी का एक-एक दिन बीत ही रहा है तो फिर शरीर के विभिन्न अवयव क्षीण होंगे, शिथिल होंगे। प्रत्येक क्षण हमें एक कदम और अंत की ओर घसीटे लिये जा रहा है। यह क्रम अपरिवर्तनीय है।"*

**11 अगस्त 1976**

*"राजेन्द्र अस्पताल से टेकनीशियन आये। उन्होंने ट्रैक्शन लगाने के लिए रस्सी-पलीता बाहर बरामदे में फिट किया। मैंने ही उन्हें वहां लगाने के लिए कहा था। मेरे साथ जो युवक कैदी राजू है, उसे इससे चिढ़ है। वह इस प्रक्रिया को कदाचित अशुभ मानता है। उसके मन में फांसी वाली बात है, साफ कहा नहीं, बार-बार यह जिद कर रहा था कि यदि इसे लगाना ही हो तो कमरे के अंदर लगवाया जाये, पर कमरे में ऊंचाई के कारण यह असुविधाजनक है। मैंने उसे समझाया, फिर जब यह बात उसकी समझ में आयी तो उसने कहा कि बरामदे में चारों ओर पर्दे लगवा दिये जाएं, ताकि जब यह फीता गले में लगा हो तो कोई देखने न पाए। उसकी इस परेशानी को देखकर मुझे हंसी भी आ रही थी। हैरानी भी हो रही थी। अपने मन की शंका से ही मनुष्य कितना भयाक्रांत हो सकता है, साथ ही शुभ-अशुभ का कैसा चित्र मनुष्य के मन में बैठ जाता है!"*

**19 अगस्त 1976**

*"आजकल दिन यों ही बीत जाता है। कड़ाके की सर्दी में हाथ-पैर काम नहीं करते। बिस्तर में बैठकर पढ़ना कठिन जान पड़ता है। शाम को छः*

*बजे से ही इस कमरे में अकेला आ बैठता हूं। बारह बजे रात तक सोता नहीं। पढ़ते-पढ़ते मन उड़ कर अतीत में खो जाता है। स्मृतियां कभी कितनी मधुर जान पड़ती है! दूसरे क्षण ही वह एकाकीपन जैसे निगल जाना चाहता है मुझे। ऐसा लगता है, जैसे समूचा व्यक्तित्व ही घुलता जा रहा हो अनंत में! एक ऐसा सूनापन, जिसका कोई अंत नहीं जान पड़ता, मन को घेर लेता है। बाहर का सारा संसार निरर्थक जान पड़ता है। कितनी बार यह भावनाओं का उतार-चढ़ाव मन को उद्वेलित करता रहता है। यह मन की निर्बलता है, इससे मुक्ति पाने का प्रयास करना चाहिए। हर बार यही सोचता हूं, फिर उन्हीं उलझनों में फंस जाता हूं। जब इस प्रकार की बातें मन में आती हैं, तो अनेक लोगों के बारे में सोचता रहता हूं। कभी उनकी विवशता की ओर ध्यान जाता है, तो कभी ऐसा लगता है कि किसको फुरसत है हम लोगों के बारे में सोचने की जिनके भविष्य के बारे में अनिश्चितता है और जिनका जीवन निर्भर करता है निरंकुश शासन की इच्छा पर। किंतु इससे परे मनुष्य में ऐसी शक्ति भी है, जिसको मिटाया नहीं जा सकता। यदि इच्छाशक्ति दृढ़ हो जाए तो इस अकेलेपन में भी अपनी आस्था और चिंतन शक्ति के सहारे मनुष्य एक सार्थक जीवन जी सकता है, भविष्य के लिए भी बहुत कुछ कर सकता है। जीवन का अल्पकालिक ठहराव भविष्य के लिए एक प्रबल गति देने में समर्थ हो सकता है। यही आशावादी पक्ष उत्साह देता है, प्रेरणा देता है।''*

***12 दिसम्बर, 1976***

*''पुस्तक लिखने का काम पूरा हो सकता है। इस समय तो और कुछ अधिक नहीं हो पाएगा। यदि यहां से मुक्ति मिल जाए, तो राजनीति में तुरंत सक्रिय हो पाना मेरे लिए कठिन जान पड़ता है। बहुत सोचने पर भी कोई स्पष्ट बात समझ में नहीं आती। कांग्रेस के साथ जाने का प्रश्न नहीं।''*

***9 जनवरी, 1977***

# अनुलग्नक

'अनुलग्नक' के अंतर्गत कुछ ऐतिहासिक दस्तावेज संकलित हैं। इन दस्तावेजों में समकालीन परिदृश्य और कुछ चर्चित प्रसंगों पर बेबाक टिप्पणियां की गई हैं। 7 नवम्बर 1990 को लोकसभा में राष्ट्रीय मोर्चा सरकार के विश्वास मत पर चंद्रशेखर का भाषण इसका एक उदाहरण है। इसमें 16 नवम्बर 1990 को जनता दल (स) की सरकार के विश्वास प्रस्ताव पर चंद्रशेखर का लोकसभा में दिया गया भाषण भी संकलित किया गया है। यह चंद्रशेखर को एक राजनेता के रूप में समझने हेतु एक महत्त्वपूर्ण दस्तावेज है। 'भारत की सामर्थ्य' डॉ. राजेन्द्र प्रसाद व्याख्यान माला में दिया गया भाषण है। इस भाषण में वे भारत को परिभाषित करते हुए कहते हैं कि भारत सिर्फ मिट्टी का नाम नहीं है। कुछ नदियों और पहाड़ों का समुच्चय नहीं है। भारत सत्य की एक सतत, शाश्वत गवेषणा का नाम है। सत्य की इस धारा से दुनिया बार-बार आलोकित होती रही है। 'क्षेत्रीय असंतुलन : एक विस्फोटक स्थिति' में देश के टूटने के खतरे की ओर संकेत किया गया है और इसे रोकने का रास्ता भी सुझाया गया है। लोकतांत्रिक मूल्यों का क्षरण हमेशा से चंद्रशेखर की चिंता का विषय रहा है।
जब-जब लोकतांत्रिक मूल्यों को कमजोर करने की कोशिश हुई है और संवैधानिक गरिमा को ठेस पहुंचाई गई है, वे सक्रिय हुए हैं। झारखंड के राज्यपाल सैयद सिब्ते रजी ने जिस तरह संवैधानिक नियमों और सरकारिया आयोग की सिफारिशों को अनदेखा करते हुए शीबू सोरेन के अल्पमत में होते हुए भी उन्हें सरकार बनाने के लिए आमंत्रित किया, उसे चंद्रशेखर ने गंभीरता से लिया। उन्होंने दो अन्य पूर्व प्रधानमंत्रियों इंद्र कुमार गुजराल और एच.डी. देवगौड़ा के साथ एक बयान दिया जो निश्चय ही खतरे की घंटी का संकेत है। बयान में कहा गया है : कुछ राज्यपालों के भेदभावपूर्ण व्यवहार और भूमिका से खतरा बढ़ गया है। यह खतरा देश के लोकतंत्र और भावी स्वतंत्रता पर है। राज्यपाल का यह व्यवहार निजी हो या बाहरी दलीय दबाव से तय हुआ हो, दोनों ही हालत में खतरे की घंटी है। पूर्व प्रधानमंत्रियों के साथ चंद्रशेखर का संयुक्त वक्तव्य अचानक नहीं है। मेरी टिप्पणी 'राजनीतिक मिलन के व्यावहारिक पहलू' में पूर्व प्रधानमंत्रियों के बीच संवाद और उनकी संयुक्त पहल की पूरी पृष्ठभूमि दी गई है।
यह टिप्पणी अप्रैल 2000 में लिखी थी। पूर्व प्रधानमंत्रियों के वैचारिक आदान-प्रदान की ऐतिहासिकता पर संतोष भारती ने भी उन्हीं दिनों एक टिप्पणी लिखी थी। उसे भी इस खंड में शामिल किया गया है।

# राष्ट्रीय मोर्चा सरकार के विश्वास मत पर भाषण

अध्यक्ष महोदय, मुझे अत्यंत दुख के साथ इस बहस में हिस्सा लेना पड़ रहा है। मैं किसी की कोई आलोचना करने के लिए खड़ा नहीं हुआ हूं। मैं इसलिए खड़ा हुआ हूं कि हम जरा अपने दिल को टटोलें कि पिछले ग्यारह महीनों में हमने क्या किया है?

जिन सिद्धांतों का सवाल आज हम सोच रहे हैं और सही सोच रहे हैं, उन सिद्धांतों को अपने जीवन में उतारने के लिए हमने क्या किया? मैं आपसे बहुत स्पष्ट शब्दों में निवेदन करना चाहता हूं कि ऐसे सवालों पर हमारा आपसे मतभेद हो सकता है। जहां तक धर्म निरपेक्षता का सवाल है, हमारे मतभेद भारतीय जनता पार्टी के साथ हैं, लेकिन मैंने जनतंत्र से यही सीखा है कि मतभेद होने के बाद भी हम एक साथ मिलकर देश को बढ़ाने की कोशिश करते हैं।

(व्यवधान के बीच)

न सुना जाए तो भी हम सुनाने की कोशिश करेंगे। मैं समझता हूं कि विभिन्न विचारों के लोगों को साथ लेकर हम आपसे इस समझौते के रास्ते से आगे बढ़ने की कोशिश करते हैं और शायद इसी कारण हम सबने मिलकर इस सरकार को भी बनाया था। चाहे वे वामपंथी पार्टी के हमारे साथी हों, चाहे जनता दल के लोग हों, हमें भूलना नहीं चाहिए कि अगर बीजेपी से समझौता किया गया था तो उस समय यह सोचा गया था कि देश संकट में है, कठिनाई में है और उस कठिनाई से निकलने के लिए सबको साथ मिलकर काम करना चाहिए। हमारे मित्रों को बहुत गुस्सा है, इस गुस्से से देश की समस्याओं का हल निकलने वाला नहीं है। जो ग्यारह महीने की हालत में देश था, आज उससे बदतर हालत में है। क्या यह सही नहीं है कि हमारे देश में आतंक बढ़ा है? क्या यह सही नहीं है कि हमारे देश में विषमता बढ़ी है? क्या यह सही नहीं है कि बेकारी, बेरोजगारी, महंगाई बढ़ी है? क्या यह सही नहीं है कि हमारे देश में सामाजिक तनाव बढ़ा

है? क्या यह सही नहीं है कि आज पंजाब पीड़ा से कराह रहा है? क्या यह सही नहीं है कि कश्मीर में आज भी वेदना है? क्या यह सही नहीं है कि असम में आतंक बढ़ रहा है? क्या यह सही नहीं है कि देश के गांव-गांव में धर्म और जाति के नाम पर आदमी-आदमी के खून का प्यासा हो रहा है? ऐसी हालत में देश को पटरी पर लाने की जिम्मेदारी किसकी है? ऐसी हालत में देश क्यों आया, क्या यह आत्म निरीक्षण कभी किया जाएगा या नहीं किया जाएगा? मैं प्रधानमंत्री से निवेदन करूंगा कि संसद को चलाना कोई ड्रामा नहीं है। सवाल यह नहीं है कि जीप चलेगी या ट्राली चलेगी। प्रधानमंत्री को निर्जीव चीजें दिखाई पड़ती हैं। न जीप चलती है न ट्राली चलती है। जीप और ट्राली को ड्राइवर चलाता है। ड्राइवर निकम्मा हो तो न जीप चलेगी, न ट्राली चलेगी। सवाल जीप और ट्राली का नहीं है। सवाल ड्राइवर का है। मुझे अफसोस के साथ कहना पड़ता है कि जो ड्राइवर न जीप चला सकता है, न ट्राली चला सकता है तो कैसे सही रास्ते पर चल सकता है? इसलिए मैं कहना चाहता हूं कि यदि सिद्धांतों का सवाल उठाते हो तो सवाल उठाओ। क्या है धर्मनिरपेक्षता? धर्मनिरपेक्षता मानव-संवेदना की पहली परख है। जिसमें मानव-संवेदना नहीं है उसमें धर्मनिरपेक्षता नहीं हो सकती। अगर हम एक-दूसरे को आदर की दृष्टि से नहीं देख सकते तो विचारों और सिद्धांतों के मतभेद होने के बावजूद धर्मनिरपेक्षता की चर्चा करना एक थोथी दलील है। मैं यह कहना चाहता हूं कि हमारे मित्र आडवाणी, आज उनके बारे में मैं क्या कहूं, आज से नहीं, बरसों से, ग्यारह महीनों से मैं पूछना चाहता हूं कि बातचीत जब हुई थी तो मैं नहीं था, बातचीत में प्रधानमंत्री, आडवाणी थे। मैं पूछना चाहूंगा कि क्या बातचीत का यही तरीका है? बाबरी मस्जिद के विवाद के लिए समिति बनाई गयी। भारत के गृहमंत्री, उत्तर प्रदेश के मुख्यमंत्री को उस समिति से इसलिए हटा दिया जाता है कि विश्व हिंदू परिषद के कुछ नेता उनकी सूरत नहीं देखना चाहते। क्या इस तरह से देश को चलाना है? क्या इस तरह से देश की बागडोर को आगे बढ़ाना है? क्यों हटाए गए मुलायम सिंह? क्यों हटाए गए मुफ्ती मोहम्मद सईद? उस दिन किसने समझौता किया था? चाहे वह समझौता विश्व हिंदू परिषद से हो, चाहे बाबरी मस्जिद सवाल पर, किसी इमाम के साथ बैठकर समझौता हो।

यह समझौता देश की हालत को रसातल में ले जाने के लिए जिम्मेदार है। मैं आपसे पूछता चाहता हूं कि अध्यादेश लाया गया, बड़े गर्व से प्रधानमंत्री ने कह दिया, हमने सोचा, शायद इसी से रास्ता निकल जाएगा! हम असफल हो सकते हैं प्रधानमंत्री जी, आपकी सरकार जा सकती है लेकिन याद रखिए जो संस्थाएं बनी हुई हैं, उनका अपमान मत कीजिए। क्या यह सही परंपरा है कि बात करने

के लिए देश में राष्ट्रपति के पद का इस्तेमाल किया जाये? शायद इतिहास में ऐसा कहीं नहीं हुआ होगा। मैं 23 वर्षों से इसको नजदीक से देख रहा हूं। कभी ऐसा नहीं हुआ कि अध्यादेश को 24 घंटे के अंदर ही वापस ले लिया जाये। मैं यह कहना चाहता हूं कि तुगलकी मिजाज इस देश को रसातल में पहुंचाने के लिए जिम्मेदार है। मैं इस तुगलकी मिजाज के खिलाफ हूं और देश को बचाने के लिए इस तुगलकी मिजाज का विरोध करना अपना राष्ट्रीय कर्तव्य मानता हूं। दोस्तों से कहा जा सकता है कि आप सिद्धांतों की चर्चा करो, सिद्धांत की चर्चा होनी चाहिए। हम भी मानते हैं कि राम कोई एक जमीन में नहीं हैं। मैं आडवाणी से कहूंगा कि इसी संसद के दूसरे सदन में हमने मैथिलीशरण गुप्त को यह कहते सुना था कि

*"मेरे राम तुम मानव हो, ईश्वर नहीं हो क्या,*
*विश्व में रमे हुए कभी नहीं हो क्या,*
*तब मैं निरीश्वर हूं, ईश्वर क्षमा करे,*
*तुम पुरुषोत्तम, तुम में रमा करे।"*

यह राम की परिभाषा है जो हमारे राष्ट्रकवि ने दी। आज उस परिभाषा को हम ध्यान में रखें तो आपसी बातचीत से कोई रास्ता निकल सकता है। हमें बातचीत का रास्ता निकालना चाहिए। मुझे यह कहने में कोई संकोच नहीं है कि जितना देश के लिए मुझमें प्रेम है उतना ही देश-प्रेम, आडवाणी और राजमाता सिंधिया में भी है। अगर हमारे विचार अलग-अलग हैं तो क्या हम आपसी बातचीत से कोई रास्ता नहीं निकाल सकते? मेरे मन में आदर सोमनाथ चटर्जी और इंद्रजीत गुप्त के प्रति भी उतना ही है जितना कि दूसरों के प्रति। लेकिन सिद्धांतों की चर्चा करने वालों से कहना चाहता हूं कि सिद्धांतों की चर्चा सरकारी पदों के गलियारों से नहीं हुआ करती है। जिसकी राजनीति सरकारी कुर्सियों से शुरू हुई, वह आदमी सिद्धांतों की चर्चा करे...(व्यवधान)

**श्री विश्वनाथ प्रताप सिंह** : इस बात को गांठ बांध लें कि सिद्धांत के चर्चे सरकारी पदों के गलियारों से नहीं गुजरते।

**श्री चंद्रशेखर** : चलिए, मुझे मालूम है। सिद्धांत संघर्षों से पलते हैं और संघर्ष करना जिसका इतिहास नहीं है वह सिद्धांतों की बात करता है...(व्यवधान मैं उन लोगों में से नहीं हूं जो कि अपनी गलती को स्वीकार ही न करें। मुझसे भी गलतियां हुई होंगी। राजनीति में बहुत-सी गलतियां हमने भी की होंगी, बहुत से गलत कदम उठाये होंगे लेकिन प्रधानमंत्रीजी, सिद्धांतों के लिए थोड़ा संघर्ष हमने भी किया है। जिस समय आप कुर्सी में चिपके रहने के लिए हर प्रकार के घिनौने

समझौते कर रहे थे उस समय संघर्ष के रास्ते पर चल कर मैं हर मुसीबत का मुकाबला कर रहा था। आप सिद्धांतों की चर्चा हम से मत करें। जैसा कि मैंने पहले भी कहा कि मुझसे भी गलतियां हुई होंगी।

*"चमन को सींचने में पत्तियां तो झड़ गई होंगी*
*यही इल्जाम मुझ पर लग रहा है बेवफाई का*
*मगर कलियों को जिसने नोंच डाला अपने हाथों से,*
*वही दावा करे है इस चमन की रहनुमाई का।"*

इस देश के करोड़ों की मुस्कान लूटने के लिए जिम्मेदार प्रधानमंत्री आज सिद्धांतों की चर्चा इस सदन में न करते और पहले ही त्यागपत्र दे देते तो इस देश की, इस राष्ट्र की, और शायद कुछ मात्रा में अपने गौरव की रक्षा कर पाते लेकिन सिद्धांत, मर्यादा, कानून, नियम आपके लिए कुछ भी नहीं। मैं बहादुरी की बातें जानता हूं। मैंने कभी इसलिए उस समय नहीं की क्योंकि दुनिया में जाना जाता है कि पार्लियामेंटरी डेमोक्रेसी में कलेक्टिव रिस्पांसिबिलिटी होती है। यह पहली बार हिंदुस्तान में सिद्धांत लागू हुआ कि प्रधानमंत्री भ्रष्ट है, वित्तमंत्री जो हस्ताक्षर करता है, वह ईमानदार है। अगर दुनिया का कोई दूसरा देश होता, जहां सिद्धांत की चर्चा होती तो ऐसे व्यक्ति को कभी राजनीति में कोई आगे उठने नहीं देता।

मैं जानता हूं, प्रधानमंत्रीजी, स्पिलिंटर ग्रुप पर सरकार चलाना मुश्किल है, लेकिन हताश, निराश, फ्रस्ट्रेटेड इंडीविजुअल के हाथों में सरकार आपने दी थी, दण्डवते साहब, मेरे मित्र शरद यादव और जार्ज फर्नांडीज और देवी लाल और अजीत सिंह, आप उनका हश्र देख रहे हैं। आपको सिद्धांत उस दिन याद नहीं आया, जब आप नेता चुने गये थे इस पार्टी के? क्या वह सिद्धांतों का चुनाव हुआ था? आज हमको चुनौती दे रहे हो, आप हमसे यह बातें कर रहे हो। धर्मनिरपेक्षता का सवाल शाश्वत सवाल है। धर्म के नाम पर आदमी आदमी का खून न बहाये, धर्म के नाम पर अल्पसंख्यकों के मन में दहशत न पैदा की जाय। अगर दहशत पैदा की जायेगी तो हम उसके खिलाफ संघर्ष करेंगे, हम उसके खिलाफ लड़ाई लड़ेंगे। अगर आडवाणी साहब के रथ को रोकना था तो उस दिन तक इंतजार क्यों करते रहे जब तक मुलायम सिंह पर मुसीबत के बादल न ढह जायें? दिल्ली में उसको क्यों नहीं रोका गया, उसको पहले क्यों नहीं रोका गया? आडवाणी ने कहा कि चार महीनों में एक बार भी उनसे कोई बातचीत नहीं हुई।

अध्यक्ष महोदय, आपको हैरानी होगी कि एक कमेटी बनी है, एक समिति है राष्ट्रीय एकता परिषद की, उसका मैं भी सदस्य हूं। एक बड़े विद्वान व्यक्ति

उसके कन्वीनर थे। उस कमेटी में मैं गया, सुलह-समझौते का रास्ता निकालने की कोशिश हुई, मुझे कहने में संकोच नहीं कि आडवाणी ने और अटलबिहारी वाजपेयी ने इसमें सहयोग किया। दूसरे दिन प्रधानमंत्री के कार्यालय से उन सारी बातों को सेबोटेज किया गया। क्या देश चलाने का यह तरीका है? क्या देश चलाने का यह रास्ता है? हमें लज्जा आती है, शर्म आती है इस पर। हम कभी मंत्री नहीं बने लेकिन, अध्यक्ष महोदय, मैं भी जानता हूं कि राजनीति की, संसदीय जनतंत्र की क्या मर्यादाएं होती हैं। आडवाणी और अटलबिहारी वाजपेयी से बातें हों, हम यह कहें कि ये बातें अखबारों में नहीं जायेंगी और उसके दूसरे दिन ये सारी बातें अखबारों में आ जायें। आप शंकराचार्य से बात करें, आप अली मियां से बात करें और बात करने के बाद चार दिन में मुकर जायें। आपने किसी को नहीं छोड़ा। चाहे आपके साथ रोज डिनर खाने वाले आडवाणी हों, चाहे आपकी प्रशंसा करने वाले अली मियां हों और शंकराचार्य हों।

अध्यक्ष महोदय, यह सब समस्याएं हमारे देश की हैं, विश्वास टूट रहा है, आस्था टूट रही है। अब आस्था और विश्वास इस सिस्टम से नहीं टूट रहा है बल्कि इस सिस्टम को, इस संस्था को, इस देश को, इस सरकार को चलाने वाले जो मुखिया हैं, उनमें लोगों की आस्था टूट गई है और इस टूटी हुई आस्था को फिर से जीवित करने के लिए हम सबसे सहयोग लेंगे।

मैं समझता हूं, आज देश एक तूफान के कगार पर खड़ा है। मैं जानता हूं कि बुराइयां की जा रही हैं। मैं यह जानता हूं, मुझे इस बात का कोई अभिमान नहीं कि हम इसी घड़ी बुराइयां ठीक कर देंगे लेकिन हम कोशिश करेंगे, इसको ठीक करने के लिए। हतोत्साहित होकर हमारे हाथ-पैर फूले नहीं हैं। हम प्रयास करेंगे। इस देश को, इस बिगड़ी घड़ी से निकालने की। बड़े घड़ियाली आंसू बहाये जा रहे हैं—गरीबों के लिए, पिछड़ों के लिए।

आपने अपने मुख्यमंत्री पद की याद दिलाई है, मैं उसका जिक्र नहीं करता। मैं इनके मुख्यमंत्री पद की जिम्मेदारी की इनको याद दिलाता लेकिन, अध्यक्ष महोदय, उस समय की विधानसभा की प्रोसीडिंग्स को उठाकर आप देख लीजिए, प्रधानमंत्री जी का, मुख्यमंत्री का वह चेहरा बड़ा काला चेहरा है, जिस पर हमारे बेगुनाह लोगों की लाशों के धब्बे लगे हुए हैं। आप हमें ये बातें याद मत दिलाइए, हम इस विवाद को इस स्तर पर नहीं लाते लेकिन आप हमको सिद्धांतों की शिक्षा दें, आप हमको कहें कि कुछ लोगों की आसानी से सरकारें मिल जाती हैं, सारे दिन आप सरकारों में रहे, कभी सरकार से बाहर आकर राजनीति करेंगे तब पता चलेगा कि राजनीति क्या होती है। सरकार के गलियारे से राजनीति करने वाले

सिद्धांत नहीं देते हैं। मैं जानता हूं कि, आप जैसे राजा कोई सिद्धांत नहीं दे सकते हैं लेकिन कोई बुद्ध दे सकता है, कोई महावीर दे सकता है, जिसने एक वर्ष नहीं, वर्षों तपस्या की हो, जिसने भूख, पीड़ा को देखा हो। वह राजा नहीं, जो केवल तिकड़म के सहारे राजनीति के हर गलियारे में खेलने को तैयार है।

मैं कहना चाहता हूं कि पिछड़ों के लिए हमारी जिम्मेदारी है। हमारा दुर्भाग्य है कि हमारे देश में जाति परंपरा है, एक बिगड़ी हुई जाति परंपरा जिसकी वजह से हमारे पिछड़े वर्गों के लोग जो गरीब हैं, निर्धन हैं...(व्यवधान)

**श्री मुफ्ती मोहम्मद सईद** (गृह मंत्री) : अध्यक्ष महोदय, चंद्रशेखर जी से मुझे एक सवाल करना है...(व्यवधान) इनसे मुझे एक बात पूछनी है...(व्यवधान) मैं एक सवाल पूछना चाहता हूं। उन्होंने प्राइनिस्टर के ऊपर इतने आरोप लगाए, जब वे मुख्यमंत्री थे, जब वे वित्तमंत्री थे, जब वे डिफेंस मंत्री थे। लेकिन मैं चंद्रशेखर जी से कहना चाहता हूं कि इन्होंने बंगलौर के सेशन में, जहां सभी पार्टियों का मिलन हुआ, क्या आपने इनको पार्टी का प्रेजीडेंट नहीं माना? कैसे दी आपने इनके हाथ में बागडोर और कैसे आंदोलन चलाया, आज ये कैसे कहते हैं? आज आप इन्हें दोषी ठहराते हो कि राजीव गांधी के कैबिनेट में...(व्यवधान) डिसीजन होता था, पार्टी का मैनीफैस्टो बना, आपस में लोगों के क्लेक्टिव रिस्पांसबिलिटी... (व्यवधान)

**अध्यक्ष महोदय** : नो प्वाइंट ऑफ ऑर्डर।

**श्री चंद्रशेखर** : अध्यक्ष महोदय, मैं इन मामलों में पड़ना नहीं चाहता हूं। जब ऐसे गृहमंत्री सवाल पूछें तो मैं व्यक्तियों को तो याद दिलाना चाहूंगा- एक माननीय दंडवते जी को और एक माननीय चौधरी देवीलाल को। इन्हें याद होगा, जब बंगलौर में बड़े नेताओं की मीटिंग हुई, उस समय मुझसे कहा गया कि आप विश्वनाथ प्रताप सिंह का नाम अध्यक्ष पद के लिए प्रस्तावित कीजिए। अजीत सिंह, आपको याद होगा, मैंने कहा, मैं केवल नाम का विरोध नहीं करूंगा, पर इस नाम का समर्थन या प्रस्ताव मैं कभी नहीं कर सकता हूं। इसलिए मैं बहुत सी बातें जानता हूं। अगर उन बातों को पूछने लगेंगे, तो आपके लिए अच्छा नहीं होगा। मैं एक बात कहना चाहता हूं, मैं इस विवाद को व्यक्तिगत स्तर पर नहीं लाना चाहता हूं। लेकिन अचानक अभिनयकर्ता के नाते जो-जो ड्रामे किये गए, आप महोदय, जानते होंगे, ड्रामे को वही पात्र पूरी तरह से अपने ऊपर आच्छादित कर ले, तो ड्रामा ड्रामा नहीं रह जाता, वह माखौल बन जाता है। मैं उस पात्र के बारे में नहीं कहना चाहता हूं। लेकिन दोस्तो, मैं आपसे यह निवेदन करूंगा कि आज देश की समस्याएं हैं गरीबी की, भूख की और प्यास की। पिछड़ों के लिए

आरक्षण है, लेकिन नौकरियां कहां है? उनको रोजी देने के लिए आपके पास क्या साधन है? क्या कभी उसके बारे में आपने सोचा? महंगाई से पीड़ित लोगों के बारे में आपने आंसू बहाए? बेगुनाह और बेबस लोगों को रोटी-कपड़ा देने के लिए क्या कभी सोचा? घोषणा पत्र में केवल यही बात नहीं थी, उस घोषणा पत्र में और अनेक बातें थीं। मैं आपसे कहता हूं, आरक्षण के नाम पर चार महीने, तीन महीने, छः महीने हम आश्वासन के नाम पर उनको जिला सकते हैं, लेकिन अगर हमारे पास साधन नहीं हैं, तो फिर हम उनको कैसे रोजी दे सकेंगे? हमारे पास क्या साधन हैं? सबसे बड़ी हमारे पास मानवशक्ति और श्रम शक्ति है तथा करोड़ों लोगों की बांहों की ताकत है, लेकिन अध्यक्ष जी, हमें उन पर भरोसा नहीं है। हमें भरोसा विदेशी पूंजीपतियों के ऊपर है और उनके सहारे हम देश को बनाना चाहते हैं...(व्यवधान) इसलिए, दोस्तो, मैं कहना चाहूंगा कि उस समय उद्योग नीति बनी। मैंने उद्योग नीति का विरोध किया। उस समय कहा गया था कि जल्दी उसकी सफाई होने वाली है। आठ महीने हो गए, सरकार चली गई, लेकिन उद्योग नीति के बारे में देश के लोगों को कुछ मालूम नहीं है। अर्थ नीति के बारे में कुछ पता नहीं चला। मैं सोमनाथ चटर्जी से निवेदन करूंगा, ये बुनियादी सवाल है, इस पर हम और आप आज से नहीं, बरसों से लड़े हैं। मैं यह जानता हूं जो दुध-मुंहे बच्चे हैं, जो थोड़े से राजनीति में आए हैं, उनकी बातों का मैं कुछ जवाब नहीं देना चाहता हूं। लेकिन मेरा भी राजनीति में काफी रिकॉर्ड है, मैं इससे बहुत घबराता नहीं हूं।

अध्यक्ष महोदय, इस बुनियादी सवालों पर चर्चा जरूर होनी चाहिए, लेकिन आज यह कहना चाहता हूं कि एक महीना पहले इसी पार्लियामेंट में कांग्रेस के लोगों से समझौता करके, विनती करके पंजाब में चुनाव टालने के लिए आपने सर्वसम्मति से या बहुमत से कांस्टीट्यूशन अमेंडमेंट किया था, अगर प्रत्येक आदमी यह समझता है कि आज अगर चुनाव होंगे तो गांव-गांव, गली-गली खून बहेगा, फिर देश टुकड़े-टुकड़े में बंट जायेगा, तो हम यह चाहते हैं कि इस समय चुनाव मत कराओ, इसके लिए किसी तरह सरकार को थोड़े दिन चलाकर किसी तरह देश में शांति बने।

**अध्यक्ष महोदय** : आप बैठ जाएं।

**श्री चंद्रशेखर** : अध्यक्ष महोदय, इन विनम्र शब्दों से मैं अपने मित्रों से कहना चाहता हूं कि सरकार के पत्र हमारे पास बहुत दिनों से आ रहे थे, मैंने नहीं लिए...(व्यवधान) जिनके जीवन में यह पद कभी देखने को नहीं मिला, उनके लिए पदों की बड़ी मान्यता है, उनको बहुत लालसा है...(व्यवधान)

अध्यक्ष महोदय, मैं आपसे कहना चाहूंगा कि अगर इस देश को बचाना है, नये रास्ते पर लाना है, अगर विपन्नता से, बेबसी, लाचारी और वेदना से इस देश को निजात देना है तो हमको प्रधानमंत्री को निजात लेना पड़ेगा। मैं चाहूंगा कि वे अब भी स्वयं चले जायें, नहीं तो इस सदन को अपनी राष्ट्रीय सभ्यता का निर्वाह करने के लिए उन्हें वहां से हटाना पड़ेगा, इसके अलावा दूसरा रास्ता नहीं है।

अध्यक्ष महोदय, एक बात मैं और कहना चाहूंगा, खास तौर से अपने भारतीय जनता पार्टी के मित्रों से, कि हम जानते हैं कि एक जरूरी काम है, वह यह कि हम सब मिलकर सद्भावना का वातावरण बनाएं। उसमें हम सहयोग चाहते हैं, लेकिन फिर भी याद रखिए कि इस प्रशासन को चलाने के लिए, सरकार को चलाने के लिए कभी-कभी अप्रिय कदम उठाने पड़ते हैं, कठोर कदम उठाने पड़ते हैं और दुख के साथ उठाने पड़ते हैं।

मैं अपने मित्र मदनलाल खुराना से कहूंगा, उसका बुरा न मानें। उत्तर प्रदेश के मुख्यमंत्री मुलायम सिंह यादव पर अनावश्यक गुस्सा करने से कोई लाभ नहीं है। हम आपको विश्वास दिलाते हैं कि वे टकराव नहीं चाहते हैं। वे नहीं चाहते हैं कि बात बढ़े। मैं यह चाहूंगा कि हम विवाद को मिटाने के लिए मिल-बैठ करके कोई रास्ता ढूंढ़े, लेकिन अगर प्रशासन में कोई कठोर कदम उठाने पड़े तो उसको आडवाणी, मजबूरी मानिएगा, इच्छा नहीं है...(व्यवधान) उसी तरह से प्रधानमंत्री जी, आपसे निवेदन करता हूं, आप मेरी बातों का बुरा न मानें। मेरे विचार आपके बारे में जो पहले थे, अब भी वही हैं, हम उसको कहना नहीं चाहते। हम आज भी नहीं कहते, अगर आप अपने को उतना ऊंचा नहीं मान लेते कि आप हमको सिद्धांत की शिक्षा दे सकें।

*(7 नवम्बर, 1990)*

# जनता दल (स) की सरकार के विश्वास प्रस्ताव पर भाषण

अध्यक्ष महोदय, मुझे इस बात का बड़ा दुख है कि मंत्रिमंडल के न बनने से हमारे कई मित्रों को बड़ा सदमा पहुंचा है और उनकी बड़ी इच्छा है कि वे मंत्रिमंडल के सभी सदस्यों के चेहरे जल्दी से जल्दी देख लें। मिनिस्टरों की तस्वीरें देखते-देखते आदत इतनी बिगड़ गई कि बिना उन्हें देखे उनको संसद निरर्थक मालूम होती है। उन्होंने हमसे कारण जानना चाहा। कई कारण हैं।

अध्यक्ष महोदय, बड़ी विनम्रता से यह काम हमने संभाला है और हमारे मित्रों ने बार-बार यह आवाज उठाई है कि संसद में हमारा कोई बहुमत नहीं है। मैं उनको इस बात के लिए कोई मौका नहीं देना चाहता था कि उनकी इच्छा के बिना या संसद की इच्छा के बिना मैं बड़े पैमाने पर मंत्रिमंडल का विस्तार करूंगा।

इसलिए एक ही कारण था कि संसद से विश्वास प्राप्त करने के बाद तुरंत मंत्रिमंडल का विस्तार किया जाएगा। मैं समझता हूं कि यह कारण उनकी समझ में पहले ही आ जाना चाहिए था। लेकिन यह कारण अगर उनकी समझ में नहीं आता तो जैसे एक खास तरह की चिड़िया होती हैं, जिसे सूरज की रोशनी में कुछ दिखाई नहीं देता। इसमें सूरज की रोशनी का कोई दोष नहीं है, चिड़िया की आंख का दोष है। इसलिए अध्यक्ष महोदय, मैं अपने जरिये सदन से निवेदन करना चाहूंगा कि हम आज कठिन परिस्थितियों से गुजर रहे हैं, देश की हालत बुरी है। एक ओर नहीं, चारों ओर हालत बुरी है। मैं यहां किसी के ऊपर आक्षेप लगाना नहीं चाहता।

मैं किसी पर आरोप नहीं लगाना चाहता और मैं इस समय कोई लंबा-चौड़ा भाषण भी नहीं देना चाहता, सिर्फ जो दो-एक सवाल उठाये गए हैं, केवल उन्हीं का जवाब देना चाहता हूं। सवाल है कि पीपुल का मैन्डेट हमें प्राप्त है या नहीं, लोगों ने जनसमर्थन दिया है या नहीं? यह सवाल अकसर उठाया जाता है और

वह बहुत जायज सवाल है, यह सवाल उचित सवाल है। जब हम पिछले चुनावों में जीते थे, जनता ने हमें सरकार बनाने के लिए समर्थन दिया था, उस समर्थन में हमारे माननीय मित्र आडवाणी थे, सोमनाथ चटर्जी भी थे, इंद्रगुप्त भी थे, उस समय हमने कहा था कि हम कांग्रेस के विरोध में सरकार बनाएंगे। उस समय जो घोषणा पत्र जारी किया गया था, आडवाणी ने अपने घोषणा-पत्र में स्पष्ट शब्दों में कहा था कि हम धारा 370 के ऊपर कोई समझौता नहीं करेंगे। उसी तरह से आडवाणी ने कुछ दूसरे सवाल भी उठाये थे, मैं उनमें जाना नहीं चाहता। हमने भी कहा था कि कुछ सवालों पर हम भी कोई समझौता नहीं करेंगे। हमारी वामपंथी पार्टियों के लोगों ने कहा था कि कुछ बिंदुओं पर हम भी कोई समझौता नहीं करेंगे।

उस समय हमने यह विश्वास दिलाया था कि हम पांच वर्ष तक उस सरकार को चलाएंगे। यह जनसमर्थन पाने का एक आधार था। अध्यक्ष महोदय, मैं अपने मित्रों से यह जानना चाहता हूं कि पिछली सरकार को गिराने में क्या मेरा कोई हाथ था? (व्यवधान)

**अध्यक्ष महोदय** : आर्डर प्लीज। आप बैठ जाइए, आप बैठ जाइए।

**श्री चंद्रेशखर** : अध्यक्ष महोदय, अभी हमारे मित्र जार्ज फर्नांडीज मुझे याद दिला रहे हैं कि हमने सरकार के खिलाफ वोट दिया था, लेकिन हमने उस सरकार के खिलाफ वोट दिया जो सरकार निष्प्राण थी? उस दिन से वह निष्प्राण हो गयी थी जिस दिन से आडवाणी ने सरकार से अपना समर्थन वापस ले लिया था। जनतंत्र के इतिहास में, संसदीय जनतंत्र में आप मुझे केवल एक उदाहरण बता दीजिए कि कोई भी प्रधानमंत्री स्पष्ट रूप से बहुमत का समर्थन खोने के बाद सदन में इस तरह से कुर्सी से चिपका रहा हो...(व्यवधान) यहां राजनीतिक नैतिकता का सवाल उठाया जाता है और मुझे कहा जा रहा है कि मैंने उस सरकार को गिराया था। मैं उस समय प्रधानमंत्री के विरोध में था, इस बात को मैंने कभी नहीं छिपाया, लेकिन सरकार को गिराने में मेरा कोई हाथ नहीं था। सरकार अगर गिरी तो उन दो मित्रों के आपसी मतभेदों की वजह से गिरी, जो आज साथ में बैठे हुए हैं। यदि पिछली सरकार चल रही थी तो उनके सहयोग की वजह से चल रही थी। सरकार अगर चल रही थी...(व्यवधान)

**अध्यक्ष महोदय** : अनिल बाबू, आप बैठ जाइए। प्लीज टेक योर सीट। बिप्लव बाबू, आप भी बैठ जाइए।

**श्री चंद्रशेखर** : अध्यक्ष महोदय, मैं तो इन सवालों को यहां उठाना नहीं चाहता था। अगर हमारे मित्र इन सवालों का जवाब चाहते थे तो सुनने के लिए भी उनको

तैयार रहना चाहिए क्योंकि ये सवाल...(व्यवधान) क्योंकि मेरी नजर में ये सवाल बुनियादी नहीं हैं। बुनियादी सवाल हैं कि देश के सामने चुनौतियां क्या हैं, सवाल यह है कि देश किस हालत में है और जो लोग बड़े जोरों से वाह-वाह के नारे लगा रहे हैं, हमारी कुछ मजबूरियां हैं, जिस तरह से देश को ग्यारह महीने तक चलाया गया है, जिस हालत में जिस अर्थव्यवस्था को छोड़ा गया है, अध्यक्ष महोदय, मैं आज यह कहने के लिए सदन में स्वतंत्र नहीं हूं, लेकिन एक बात मैं जरूर चाहूंगा सारी पार्टियों के नेताओं से कि उन सारी परिस्थितियों को मैं आपके सामने रखने को तैयार हूं। इन छह दिनों में सरकार की हालत, देश की हालत वहां नहीं पहुंची है, जो हालत हमको विरासत में मिली है। मैं इसके बारे में जिक्र नहीं करना चाहता हूं। देश की अर्थव्यवस्था को आज विनाश के कगार पर पहुंचा दिया गया है। लेकिन अध्यक्ष महोदय, मैं जानता हूं कि सारी कोशिशों के बावजूद यह देश टूटेगा नहीं। हजारों वर्षों की तहजीबोतमददुन का यह देश, हजारों-करोड़ों लोगों की जनशक्ति है इस देश को बचाने के लिए, यह देश बचेगा। पिछले ग्यारह महीने में दुनिया के सामने क्या संकेत दिये गये, क्या नीतियां रखी गयीं दुनिया के सामने, इन सबके कारण आज देश के लोगों के ऊपर, देश की अर्थव्यवस्था के ऊपर, देश के स्थायित्व के ऊपर, देश की एकता और अखंडता के ऊपर एक प्रश्नचिन्ह खड़ा हो गया है और उस प्रश्नचिन्ह को समाप्त करने का एक ही तरीका है—आज देश के करोड़ों लोगों का सहयोग और करोड़ों लोगों में तथा भारत की अर्थव्यवस्था में वह ताकत है कि बिगड़ी स्थिति को हम बना सकते हैं। सारे देशवासियों से मैं यह कहना चाहूंगा कि कठिनाई का समय है, चुनौती का समय है, लेकिन हमें उनका सहयोग चाहिए, उनकी शक्ति चाहिए। मैं सारी पार्टियों के नेताओं से आपके जरिये, अध्यक्ष महोदय, यह कहना चाहता हूं कि आप स्वयं देखें, मैं कुछ बातें कहने के लिए स्वतंत्र हूं लेकिन जितनी बातें आपके माध्यम से कही जा सकती हैं, मैं कहने के लिए तैयार हूं और जो बातें मैं आज कह रहा हूं, यदि उनमें एक प्रतिशत भी अतिशयोक्ति हो, तो न केवल प्रधानमंत्री के पद से बल्कि इस सदन की सदस्यता से हटने के लिए तैयार हूं।

अध्यक्ष महोदय, मुझे इस बारे में जानकारी थी और जानकारी को मैं आज, यहां नहीं बता रहा हूं। आडवाणी जी बैठे हुए हैं, कई महीनों से इनसे कह रहा हूं—आडवाणी, जिस रास्ते पर देश को ले जा रहे हो, वह रास्ता निराशा का रास्ता है। उस समय मैंने वामपंथी पार्टी के बड़े नेताओं से कहा था कि हम बर्बादी की ओर, विनाश की ओर जा रहे हैं। उसको रोकने के लिए हमने कोशिश की।

अध्यक्ष महोदय, यह सही है कि हमने कांग्रेस के लोगों का समर्थन लिया

और मुझे ऐसा करने में कोई ग्लानि नहीं है। मैंने समर्थन लिया है और वही समर्थन मैं चाहता हूं और मित्रों से भी, जो आज यहां शेम-शेम कर रहे हैं। इसलिए अध्यक्ष महोदय, यह सवाल किसी व्यक्ति के गौरव का नहीं है। यह सवाल किसी व्यक्ति के अभिमान का नहीं है। यह सवाल देश को बचाने का है और इस देश को बचाने के सवाल पर हम सबका एका चाहते हैं। सबकी ताकत चाहते हैं। न केवल सदस्यों से बल्कि सारे देशवासियों से।

अध्यक्ष महोदय, आपके माध्यम से मैं कहना चाहता हूं उन लोगों से, इस देश को बचाने के लिए आडवाणी जी, आपसे, यह राजनीति आपकी है, मेरी नहीं। आज वामपंथी दल के ये लोग जो ऐसा समझते हैं कि उन्हें सर्टिफिकेट देने का अधिकार मिल गया है—जिसको चाहे प्रगतिशील कह दें, जिसको चाहे प्रतिक्रियावादी कह दें, मुझे इनसे कोई सर्टिफिकेट नहीं चाहिए और अध्यक्ष महोदय, मैं बड़ी नम्रता के साथ यही कहना चाहता हूं कि मैंने भी इस देश की राजनीति में कुछ समय बिताया है। इन बड़े बहादुरों को मैंने बहुत नजदीक से देखा है। मेरे बारे में कुछ कहने से पहले वे जरा अपने दिल पर हाथ रखकर सोचें और सारे वामपंथी नेताओं, खास तौर से उन नेताओं को जिन्होंने राष्ट्रीय आंदोलन में काम किया है, जिनके पीछे एक इतिहास है, उस इतिहास के नाते, मैं उनका आदर करता हूं पर आज भी समझता हूं कि उनको शायद परिस्थितियों का ज्ञान नहीं है।

जिस हालत में आज देश पहुंच गया है, इसकी उनको जानकारी नहीं है। मैं चाहूंगा कि वे स्वयं जानकारी करें और जानकारी करके यह सोचें कि देश को बचाने के लिए सबके सहयोग और समर्थन की जरूरत है या नहीं। मैं एक बात यह भी कहना चाहूंगा, कई बार कहा जाता है, इधर से नारे लगाए जाते हैं कि प्रधानमंत्री कौन है? आज अभी आपको मालूम नहीं है, कुछ दिनों में मालूम हो जाएगा कि प्रधानमंत्री कौन है, ज्यादा अच्छी तरह से मालूम हो जाएगा।

प्रधानमंत्री कोई व्यक्ति का सवाल नहीं है, प्रधानमंत्री वह है जिसको इस संसद का समर्थन प्राप्त है, प्रधानमंत्री वह है जिसको संविधान के जरिए देश ने स्वीकार किया है। इसलिए प्रधानमंत्री की चिंता मत कीजिए, देश के भविष्य की चिंता कीजिए, देश की बिगड़ी हुई हालत को सुधारने की चिंता कीजिए, इस बात में बड़ी शक्ति है। हमारे किसानों, मजदूरों के हाथों के पौरुष से इस देश को फिर से मजबूत बनाया जा सकता है। हमारे देश के करोड़ों लोगों के मन में आज भी देश के लिए गौरव और राष्ट्रप्रेम है, मैं उनका भी सहयोग चाहूंगा। मैं उन लोगों में हूं जो विश्वास करते हैं कि देश को बचाने के लिए हमको किसी का सहारा

चाहिए, हमें देश के लोगों की शक्ति चाहिए। इसी कारण हमने यह काम शुरू किया। मुझे विश्वास है, इस बड़े काम में हमें सबका सहयोग और समर्थन मिलेगा। किसी को चुनौती देने के लिए नहीं, केवल वास्तविकता और जानकारी के लिए मैं केवल एक ही बात दोहराना चाहता हूं कि भाषण देते समय एक बात का ध्यान रखें, कहीं मजबूर होकर मुझे ऐसी बातें न कहनी पड़ें जहां फिर आप लोगों के बीच मैं भाषण देने के लायक न रहूं। इसलिए मैं आपसे कहना चाहूंगा कि इस पर स्वयं विचार करें। मैं आपके विवेक पर छोड़ता हूं। अगर आप चाहते हैं कि देश की वास्तविक स्थिति देश के सामने आए तो आप अपने ऊपर यह जिम्मेदारी लें और देश के प्रधानमंत्री के नाते मैं आपके सामने वे सारे तथ्य रखना चाहता हूं जिनके आधार पर मैंने देश की सारी ताकतों के साथ एका किया है।

देश को नई शक्ति देने के लिए, एक नई प्रेरणा देने के लिए, एक विश्वास, उत्साह देने के लिए और मुझे विश्वास है कि जिन लोगों को देश का भविष्य प्यारा है, जिन लोगों को देश की असीमता में, गौरव में आज विश्वास है, वे लोग हमारा साथ देंगे। आज जरूरत झगड़े की नहीं है, आपसी सद्भाव की है। भाई भाई का खून न बहाए, एक-एक आदमी की जिंदगी प्यारी है, एक आदमी भी यदि मरता है तो हिंदुस्तान का कोई बेटा या बेटी मरती है। मैं चाहूंगा, आज सांप्रदायिकता के सवाल पर, जात-बिरादरी के सवाल पर, गरीबी के सवाल पर हमको एकमत होकर एक ऐसी राह ढूंढ़नी चाहिए जिससे दुखी दिलों पर मरहम लगा सकें, एक नई ताकत पैदा कर सकें और नया देश बन सके। इन्हीं शब्दों के साथ मैं चाहता हूं कि यह सदन मेरे प्रस्ताव का समर्थन करे।

*(16 नवंबर, 1990)*

## विश्वास प्रस्ताव पर बहस का उत्तर

सारी बहस सुनकर मुझे दुख हुआ है। मैं अपने मित्र साठे के भाषण के बारे में एक शब्द भी नहीं कहूंगा, क्योंकि उन्होंने हमारा समर्थन किया है। मुझे इस बात की प्रसन्नता है कि हताशा और गुस्से के बावजूद मेरे कम्युनिस्ट और मार्क्सवादी मित्रों ने बहस के स्तर को ऊंचा बनाने में योगदान दिया है। मैं उनके निराधार आरोपों की चर्चा करना नहीं चाहता और न ही उनका उत्तर देना चाहता हूं, मगर उन्होंने एक महत्त्वपूर्ण मुद्दा उठाया है कि हमारी सरकार का कार्यक्रम क्या है? वे कौन से मुद्दे हैं, जिनके आधार पर हम आने वाले दिनों में राष्ट्र को चलाना चाहते हैं। आज सुबह मैंने अपने भाषण में कहा था कि व्यक्तिगत आरोपों- प्रत्यारोपों

के चक्कर में पड़ना नहीं चाहता। मैं यह महसूस करता हूं कि समय कठिन है। हम अपने इतिहास के नाजुक मोड़ पर पहुंचे हुए हैं। मैं होने वाली तबाही के बारे में कोई भविष्यवाणी नहीं करूंगा क्योंकि मैं समझता हूं कि हम अपनी सांस्कृतिक धरोहर, सभ्यता और देश की जनता की शक्ति से आने वाले सभी संकटों पर एकता और कठोर परिश्रम से काबू पा लेंगे।

हमें सहमति के क्षेत्रों को खोजना होगा—टकराव और संघर्ष के क्षेत्रों को नहीं। यह उन सभी देशों पर लागू होता है जो गरीबी, शोषण और रोगों के खिलाफ संघर्षशील हैं। यह वैसे तो सारी दुनिया के लिए सच है, मगर भारतीय उपमहाद्वीप पर यह और भी अधिक लागू होता है। इसलिए मैं कहता हूं कि हमें कुछ विशेष मुद्दों पर मिल कर काम करने के लिए तैयार होना चाहिए। मेरे दोस्त सोमनाथ चटर्जी ने मुझसे पूछा है कि हमारा घोषणा पत्र क्या होगा? मैं सभी राजनीतिक दलों के घोषणा पत्रों को अलग रखना चाहता हूं। आज क्या हम दो-तीन-चार मुद्दों पर सहमत होकर यह नहीं कह सकते हैं कि हम स्थिति को सुधारने के लिए इन पर मिलकर कार्य करेंगे? इस उद्देश्य से देश में एक नया राजनीतिक वातावरण बनाया जाना चाहिए और यह वातावरण आपसी सूझबूझ से बने। एक-दूसरे की आकांक्षाओं को समझाना चाहिए। समस्याओं पर विचार किया जाना चाहिए। एक-दूसरे को अपशब्द कहने से कोई लाभ नहीं होगा। मैं जानता हूं कि आवेश के क्षणों में हम सब क्रोधित हो जाते हैं और आपस में आरोप-प्रत्यारोप लगाए जाते हैं, मगर तैश में। इस बहस के दौरान कुछ लोग अपना संतुलन खो बैठे, इसका मुझे गहरा क्षोभ है। मगर जब हमें रोज समस्याओं का सामना करना पड़ता है, तो हम उनके समाधान में प्रत्येक व्यक्ति का सहयोग और समर्थन चाहते हैं। चटर्जी, आप यह चाहते हैं कि मैं अपने राजनीतिक दर्शन की व्याख्या करूं तो मुझे यही कहना है कि मैं कोई प्रगतिशील नहीं हूं, मैं अनुदारवादी हूं, इसलिए मैं हर रोज रंग नहीं बदलता। मेरा दर्शन भी वही है, हमारे पास संसाधन कम हैं, इसलिए हमें यह तय करना होगा कि उपलब्ध सीमित साधनों का इस्तेमाल कैसे किया जाए। हमें यह तय करना होगा कि हमारी संपत्ति क्या है? हमारी शक्ति क्या है? प्रकृति ने हमें उपजाऊ धरती, अच्छा मौसम दिया है, जिसके कारण इस देश में हर तरह के फल एवं फसलें पैदा हो सकती हैं। इस भूमि में हर प्रकार के खनिज मिलते हैं। इसके अतिरिक्त इस देश में 85 करोड़ लोग हैं। हमारे पास शक्ति है जिसके द्वारा हम राष्ट्र में खुशहाली और तरक्की ला सकते हैं। अतीत में हमारी त्रुटि यह रही है कि हम इस देश के लोगों को अवसर प्रदान नहीं कर सके हालांकि वे कड़ी मेहनत करने और उत्पादन बढ़ाने के लिए तैयार हैं। एक लोकतांत्रिक समाज में

हम उन्हें जोर-जबरदस्ती से काम करने के लिए मजबूर नहीं कर सकते हैं। हमें उनकी इच्छाशक्ति को जाग्रत् करना है। उनमें यह विश्वास जाग्रत् करना होगा कि जो उत्पादन करेंगे, उसका लाभ चुने हुए लोगों तक ही सीमित नहीं रहेगा बल्कि इससे देश की जनता की बुनियादी जरूरतों को पूरा किया जाएगा। इसलिए हमारा पूंजी निवेश उन क्षेत्रों में होना चाहिए जो हमारी जनता की बुनियादी जरूरतों को पूरा करने के लिए जरूरी है। हमें अपने साधन देश की जनता पर खर्च करने होंगे। बच्चे आज हमारी शक्ति हैं और वे आने वाले कल की आशा हैं। जो भी बच्चा पैदा होता है, उसे इस बात का हक है कि वह समाज में स्वच्छ पेयजल और स्वस्थ नागरिक बनने के लिए आवश्यक पौष्टिक आहार प्राप्त कर सके। उसे शिक्षा प्राप्त हो और स्वास्थ्य की रक्षा के लिए सुविधाएं मिलें। जब वे 18 वर्ष के हो जायें तो एक नागरिक के रूप में उससे जाति, जगत या धर्म के आधार पर किसी तरह का भेदभाव न हो। यदि आप इन पांच बातों को ही हमारा लक्ष्य मान लें तो क्या इनके बारे में सदन में कोई मतभेद हो सकता है? हम इन पर ही कार्य क्यों न शुरू करें? किन्तु यदि हम इन लक्ष्यों की प्राप्ति के लिए कमी करते हैं तो हमारी अपनी आर्थिक एवं सामाजिक समस्याओं के प्रति अपने रुख में भारी परिवर्तन करना होगा।

मैं इस बात पर बल देना चाहता हूं कि यदि संसाधन कम हैं और देश गरीब है तो सभी देशवासियों को इस गरीबी में भागीदार बनाना होगा। इसका यह अर्थ नहीं है कि श्रम करने वाली जनता, किसानों, मजदूरों को ही त्याग करने के लिए कहा जाए। पहले चार दशकों में हम इन वर्गों को त्याग और कुर्बानी करने के लिए कहते रहे हैं, मगर यह आखिर कब तक चलेगा? अब उन्हें यह अहसास करवाना होगा कि समाज के जो विशिष्ट वर्ग हैं उन्हें भी इस गरीबी में भागीदार बनाया जाय इसलिए मैं समाज के उच्च वर्ग और विशेष अधिकार प्राप्त वर्ग से भी त्याग करने का अनुरोध करता हूं। मेरे एक अन्य मित्र श्री ए.के. राय ने यह कहा है कि वे मुझे सहयोग दे रहे हैं। इससे मुझे प्रसन्नता हुई है। उन्हें भी हमारे साथ मिलकर देश के निर्धन वर्ग को प्रसन्न और खुशहाल बनाने में सहयोग देना चाहिए। हमें इसके लिए अपना रुख बदलना होगा।

श्रीमती गीता मुखर्जी ने मुझसे पूछा है कि क्या हम अपनी औद्योगिक नीति बदल रहे हैं? क्या पुरानी सरकार की कोई औद्योगिक नीति थी? कुछ मोटी रूपरेखा बतायी गयी थी। इसमें मैने कुछ आपत्ति की थी। मैं समझता हूं कि श्री सोमनाथ चटर्जी को भी वही आपत्तियां थीं। इनका आधार कोई व्यक्तिगत पूर्वग्रह नहीं था। मेरी कोई प्राथमिकताएं एवं पूर्वग्रह नहीं हैं। मगर हम इस देश में बाहरी मदद से

ही समस्याओं का समाधान नहीं कर सकते। मेरे कहने का यह अर्थ नहीं है कि हमें बाहर से सहायता लेनी ही नहीं चाहिए। आज की दुनिया में हमें बाहरी सहायता और समर्थन लेना ही होगा। महत्वपूर्ण क्षेत्रों में हमें विदेशी और आधुनिक तकनीक लेनी ही होगी ताकि तकनीकी क्षेत्र में विकास हो सके। मगर क्या हमें शृंगार सामग्री, आइसक्रीम बनाने के लिए ही विदेशी सहयोग लेना चाहिए? आप देखिए कि पहले या गत कुछ महीनों में जब हम सत्ता में आये तो किन-किन क्षेत्रों में सहयोग के लिए समझौते हुए। मुझे उदार नीति के बारे में आपत्ति नहीं है। प्रश्न चारों ओर उठाया जा रहा है। यदि उदार नीति का अर्थ यह है कि लाल फीताशाही कम हो, रुकावटें कम हों, भ्रष्टाचार कम हो नौकरशाही बाधक न बने तो यह होना ही चाहिए मगर यदि उदारवाद का अर्थ सीमित संसाधनों का कुछ मुट्ठी भर लोगों के हितों के लिए ऐश्वर्यपूर्ण जीवन के लिए इस्तेमाल करना हो तो विनम्रतापूर्वक यह कहूंगा कि यह हमारे लिए संभव नहीं। हमें अपनी सीमाओं को समझना चाहिए।

जहां तक आर्थिक क्षेत्र का संबंध है, मेरी मान्यता है कि जो लोग गरीब हैं, और जिन वर्गों की उपेक्षा की गयी है, जिनका शोषण किया गया है, उनकी ओर हमें विशेष ध्यान देना होगा। मैं जानता हूं कि लोगों के मन में कई तरह की शंकाएं हैं, मगर मैं यह स्पष्ट करना चाहता हूं कि देश की जनता को यह विश्वास दिलाना है कि भले ही अन्य क्षेत्र में कोई समझौता कर लूं, मगर अनुसूचित जातियों और आदिवासियों की गरिमा और प्रतिष्ठा के प्रश्न पर हरगिज समझौता नहीं किया जाएगा। इन वर्गों को समाज में सम्मान से जीने का अवसर देने के बारे में कभी कोई समझौता नहीं किया जाएगा।

जहां तक अल्पसंख्यकों का प्रश्न है। दुनिया भर में अल्पसंख्यकों के मन में अनेक तरह की शंकाएं होती हैं। मैं उनसे सहमत नहीं हूं जो यह कहते हैं कि बहुसंख्यकों और अल्पसंख्यकों में कोई मतभेद नहीं होना चाहिए। यदि ऐसा होता तो हमारे संविधान निर्माताओं का देश के संविधान में अल्पसंख्यकों के बारे में विशेष अनुच्छेद शामिल करने की क्या जरूरत थी? दुनिया भर में अल्पसंख्यक चाहे वह धर्म के आधार पर हों या भाषाई आधार पर, उनके मन में जोरदार प्रतिक्रिया होती है, क्योंकि उनके मन में अनेक तरह के भय और शंकाएं होती हैं। यदि हम शब्दकोश के अर्थों को ही लें तो हम सदा गलत राजनीतिक निर्णय करेंगे। हमें उनकी आशाओं और आकांक्षाओं को समझना चाहिए कि वे अपनी सुरक्षा के बारे में आश्वस्त नहीं होते। वह अपनी खुशहाली और भविष्य के बारे में भी सशंकित रहते हैं। यह राष्ट्र, सरकार और विशेष रूप से बहुसंख्यक समाज

का कर्तव्य है कि वे उनके दिलोदिमाग से ये शंकाएं और भय दूर करें। यह होना ही चाहिए। मेरा यह कहना है कि धर्म के मामले में प्रत्येक को स्वतंत्रता है। धर्मनिरपेक्षता का यह कदापि अर्थ नहीं है कि मजहब को छोड़ दिया जाए। धर्म व्यक्ति और भगवान के बीच संपर्क का साधन है। जब तक धर्म का उपयोग व्यक्ति और भगवान के बीच संपर्क के रूप में होगा, हम आपस में लड़ नहीं सकते।

हम अपनी धार्मिक विरासत के बारे में इस देश में गौरव अनुभव करते हैं। मैं एक हिंदू हूं और भगवान राम पर मुझे गर्व है। मुझे श्रीकृष्ण पर भी गर्व है। मुझे वेदों पर भी गर्व है और अपनी सभ्यता पर भी गर्व है। मगर इसी के साथ मुझे इस देश में बाहर से आए धर्मों के योगदान पर भी फख्र है। हिंदू धर्म इसलिए श्रेष्ठ है क्योंकि उसमें अन्य धर्मों के बारे में सहिष्णुता और करुणा का समावेश है। यदि सहिष्णुता और करुणा हिंदू धर्म से समाप्त हो जाए तो इससे हिंदू धर्म की ताकत और अन्य धर्मों पर श्रेष्ठता भी कम हो जाएगी।

मैं मंदिर के निर्माण के खिलाफ नहीं हूं। मैं किसी विवाद में पड़ना नहीं चाहता। मंदिर बनना चाहिए। भगवान राम की जन्मभूमि पर एक भव्य शानदार और बहुत बड़ा मंदिर होना चाहिए। मगर मैं अपने दोस्तों से अनुरोध करूंगा कि वह मंदिर बनाने के जोश में मस्जिद को तोड़ने का प्रयास न करें। इसके अतिरिक्त कोई अन्य बाधा इसमें नहीं आ सकती। आप जैसा चाहें मंदिर बना लें, हम उसमें पूरा सहयोग देंगे। यदि मैं कुछ महीनों तक प्रधानमंत्री रहा तो आडवाणी, आपको यह आश्वासन देता हूं कि मैं मंदिर के निर्माण में हर तरह का सहयोग दूंगा। मगर एक बात का आप आश्वासन दें कि मुसलमानों की प्रतिष्ठा और आत्मसम्मान को किसी तरह की क्षति नहीं पहुंचाई जाएगी।

**कुमारी उमा भारती** : विश्व हिंदू परिषद ने यह तय किया है कि यदि आप अयोध्या में हुए नरसंहार की निंदा और मुलायम सिंह यादव की प्रशंसा में कहे हुए शब्दों को वापस नहीं लेते तो अयोध्या के मामले पर विश्व हिंदू परिषद वाले आपसे किसी तरह की बातचीत नहीं करेंगे।

**श्री चंद्रशेखर** : यदि वे मुझसे वार्ता नहीं करेंगे तो भी मैं उनसे वार्ता का प्रयास करूंगा। मैं यह स्पष्ट कर देना चाहता हूं कि मैं हर भारतीय नागरिक से बातचीत करने के लिए तैयार हूं चाहे उसका रास्ता कितना भी गलत क्यों न हो। मेरी शर्त सिर्फ यह है कि उससे देश की प्रभुसत्ता, सार्वभौमिकता और एकता को ताक पर रख कर कोई समझौता नहीं किया जाएगा। यदि मेरा पुत्र या परिवार का कोई सदस्य गलती करता है तो क्या मैं उसे बिलकुल छोड़ दूंगा? मैं जानता हूं कि इस

सदन में और दूसरे सदन में कई बार मैंने लोगों को एकपक्षीय रुख अपनाते हुए देखा है। मगर संसदीय लोकतंत्र का तकाजा है कि उनसे वार्ता की जाए और उन्हें समझाया जाए। यही संसदीय प्रजातंत्र की आत्मा है।

मेरे दोस्त सोमनाथ चटर्जी ने पूछा है कि मेरी आडवाणी और भाजपा से क्या बातचीत हुई है? मैं आडवाणी को देशभक्त मानता हूं। मैं देश के सामाजिक और राजनीतिक जीवन के बारे में उनकी सोच से सहमत नहीं हूं। मैं आडवाणी और उनके सहयोगियों से अनुरोध करूंगा कि यह देश टकराव और संघर्ष नहीं चाहता। अयोध्या में जो कुछ हुआ, उसका मुझे क्षोभ है। कोई यह नहीं चाहता कि एक भी व्यक्ति मरे। मैं आपको विश्वास दिलाता हूं कि यदि देश में एक भी मर्द एवं महिला मरती है तो मुझे यह महसूस होता है कि भारत मां का कोई लाल या पुत्री मरती है। मौत तो मौत है चाहे वह चाकू-छुरे से हो या दंगे में या फिर पुलिस की गोली से। मौत में अंतर नहीं होता इसलिए मैं नहीं कहता कि दंगों में हुई मौत गलत है और पुलिस की गोली से हुई मौत सही। मगर कई बार सरकार को अप्रिय काम भी करने होते हैं। मैंने यह कभी नहीं कहा कि मुलायम सिंह यादव को यह और सख्ती से करना चाहिए था।

मेरा यही कहना है कि कई बार हजारों के जीवन को बचाने के लिए कई निर्णय करने होते हैं। लाखों को सड़क पर जाकर आपस में लड़ने-मरने से रोकने के लिए फैसले करने होते हैं। यदि कोई कार्यवाही हुई है और दुख के साथ हुई है, तो मैं खेद व्यक्त कर देता हूं। जो कुछ हुआ है, उसे नहीं होना चाहिए था। मगर इसके लिए केवल सरकार ही जिम्मेदार नहीं है, बल्कि इसके लिए भी संबंधित पक्ष भी जिम्मेदार हैं। मैं इसे झूठी प्रतिष्ठा का सवाल नहीं बनाना चाहता। जो कोई भी शांति स्थापित करने में सहायक सिद्ध होगा, मैं उसके दरवाजे पर जाऊंगा। यदि मुसलमान वहां मंदिर बनाने के लिए तैयार होते हैं जहां आज मस्जिद है, तो मुझे बड़ी खुशी होगी। मगर यह आपसी सहमति से होना चाहिए। यह उन पर थोपा नहीं जाना चाहिए, जबरन नहीं होना चाहिए। मैं हिंदू और मुसलमानों के धार्मिक नेताओं से अपील करता हूं कि वह आपस में बैठकर कोई फैसला लें। हम इस प्रश्न को राजनीतिक रंग न दें। यह मानवीय प्रश्न है। इस मामले का आने वाले इतिहास पर असर पड़ेगा।

मेरा दृष्टिकोण इस मामले पर बहुत ही स्पष्ट है। धर्म के नाम पर एक दूसरे की हत्या नहीं होनी चाहिए। यह धर्म के खिलाफ है। चाहे इस्लाम हो या हिंदू। चाहे ईसाई मत हो। किसी भी धर्म में इसे उचित नहीं ठहराया गया इसलिए मैं कहता हूं कि परंपराओं का पालन किया जाना चाहिए जब तक कि वह विकास

में बाधक न हो।

मेरे दोस्त श्री मधु दंडवते ने ऑपरेशन ब्लू स्टार के समय मेरे रुख का उल्लेख किया है। मैं उस समय दुर्भाग्यशाली लोगों में से एक था। मैंने कहा था कि यह दुर्भाग्यपूर्ण है कि हमें स्वर्ण मंदिर में सेना भेजनी पड़ी है, जितनी जल्दी उसे वहां से हटाया जाए, उतना ही अच्छा होगा। इस पर तीव्र प्रतिक्रिया हुई। समाचार पत्रों ने मेरे खिलाफ संपादकीय लिखे। राजीव गांधी को तो जाने दें। खुद श्री राजीव गांधी ने भले ही मेरे खिलाफ कार्यवाही करने की बात कही हो। पूर्व प्रधानमंत्री जिन का मैंने ग्यारह महीने तक समर्थन किया था, जब 1984 में बलिया गईं तो उन्होंने कहा, 'यह सज्जन यहां से चुनाव क्यों लड़ रहे हैं। यह तो बलिया का भिंडरावाले है। यह पंजाब में जाकर चुनाव लड़ें।' मैंने जब उनका समर्थन किया तो मैं इन व्यक्तिगत बातों पर अड़ा नहीं रहता। मैंने सोचा कि व्यक्तिगत मामले में राजनीतिक फैसलों का आधार नहीं होना चाहिए। मैंने राजीव गांधी और कांग्रेस की आलोचना की हो, तो उन्होंने मेरी आलोचना की हो, मगर इसका मतलब यह नहीं है कि जब देश पर संकट हो? मेरी यह धारणा गलत भी हो सकती है कि यदि इस समय चुनाव हों तो इससे देश में तबाही होगी। मैं पुराने प्रधानमंत्री द्वारा शुरू किए गए काम को पूरा नहीं करना चाहता, मैं यह आरोप नहीं लगाना चाहता। मैं यह निवेदन करना चाहता हूं कि मैं किसी एक व्यक्ति या किसी एक पार्टी का सहयोग नहीं चाहता। मैं हर एक का सहयोग चाहता हूं। मैं अपने दोस्त सोमनाथ चटर्जी से पूछना चाहता हूं कि जब उन्होंने हमारी सरकार का समर्थन किया था तो क्या चुनावी घोषणा पत्र पढ़ा था? पंजाब में क्या हुआ? क्या वहां स्थिति सुधरी है? कश्मीर में क्या हुआ, जब से राजीव गांधी ने उसे छोड़ा?

**सोमनाथ चटर्जी** : तो आपने क्या किया?

आप मुझे सुनें। जब राजीव गांधी ने सरकार छोड़ी तो जम्मू-कश्मीर में 25-30 प्रतिशत लोग भारत का खुलकर समर्थन करते थे। जब हमारी सरकार आई तो मुझे समाचार-पत्रों से पता चला कि श्री जगमोहन को राज्यपाल नियुक्त किया जा रहा है। मैंने एक चिट गृह मंत्री को भेजी जिसमें कहा गया कि यह विनाशकारी होगा। उन्हें राज्यपाल न बनाएं। कॉमरेड सुरजीत और फारूकी से मेरे मैत्री संबंध नहीं हैं। मैंने गृहमंत्री को समझाने का प्रयास किया कि हम सारी दुनिया में कह रहे हैं कि पाकिस्तान अधिकृत कश्मीर में तानाशाही है? जबकि हमारी निर्वाचित सरकार है। राजीव सरकार के बारे में मेरा दृढ़निश्चय था, जब वह प्रधानमंत्री थे, तो मैं उनसे कभी नहीं मिला। जब राजीव गांधी ने अपनी अच्छाइयों-बुराइयों के साथ सरकार छोड़ी तो अब हम उन भाषणें को दोहराने की

स्थिति में नहीं थे जो कि चुनाव में दिया करते थे। यह देश चलाने का तरीका नहीं है कि हम राजीव गांधी पर चुनाव में धांधलियां करने का आरोप लगाते रहें। श्री मुफ्ती को भी इस बात का पता था। जब वह कांग्रेस में थे, उन्होंने मतदान में धांधलियों की कभी कोई चर्चा नहीं की। क्या यह देश चलाने का तरीका है?

जब मैंने बोफोर्स की चर्चा की, तो मैं सोमनाथ चटर्जी को बतलाना चाहता हूं। यह मैं आज नहीं कह रहा हूं। यह विचित्र देश है जहां आप यह कह सकते हैं कि प्रधानमंत्री बेइमान था, जबकि वित्तमंत्री, जिसने सौदा तय किया था, वह ईमानदारी की प्रतिमूर्ति था।

**श्री विश्वनाथ प्रताप सिंह** : प्रधानमंत्री की जानकारी के लिए मैं यह बता देता हूं कि यदि वे फाइलें देखें तो स्वीकृति की शर्त तकनीकी, व्यापारिक स्वीकृति थी मगर इसके बाद फाइलें मेरे पास लौट कर ही नहीं आईं।

**श्री चंद्रेशखर** : मैं आपसे सहमत हूं जो आप कह रहे हैं, उसे भी मैं स्वीकार करता हूं। क्या मैं यह समझ लूं कि सौदा मंजूर होने के बाद वित्तमंत्री ने फाइलों को नहीं देखा था, उन्हें फाइलें दिखाने से इनकार कर दिया गया था? या तो प्रधानमंत्री इतना मासूम था कि उसे इस सौदे में पड़ने वाले प्रभाव के बारे में कोई जानकारी नहीं थी, वह सारे सौदे में सहभागी था। यदि वह मासूम था तो देश ऐसे वित्तमंत्री के हाथ में सुरक्षित नहीं है। बाद में तो यह सिद्ध भी हो गया है कि प्रधानमंत्री के रूप में देश उनके हाथ में सुरक्षित नहीं था। यह व्यक्तिगत मामला नहीं है। फाइलों के बारे में मत कहिए। मैंने सदन में फाइलों की चर्चा नहीं की। जब तक आप निर्देश न दें, मैं स्वयं फाइलों के बारे में रहस्य प्रकट नहीं करूंगा। मैं आपको, आडवाणी, यह आश्वासन देता हूं चाहे बोफोर्स हो या भ्रष्टाचार का कोई अन्य मामला, मैं इन मामले पर कोई समझौता नहीं करूंगा। मैं यह भी स्पष्ट रूप से बता देना चाहता हूं कि सरकार की शक्ति व्यक्तिगत बदला लेने के लिए नहीं होती। किसी के खिलाफ कुछ नहीं किया जाएगा। व्यक्तिगत पूर्वग्रह के कारण, किसी व्यक्तिगत दोस्ती के कारण, किसी को बचाने के लिए कोई कार्रवाई नहीं की जाएगी। मेरा विचार है कि यही सरकार के लिए सही रास्ता है। मैंने बोफोर्स के बारे में कहा है, कश्मीर की स्थिति के बारे में कहा है। असम में क्या स्थिति है? तमिलनाडु में कैसे हालात हैं? असम, कश्मीर और पंजाब की समस्याएं तो हमें राजीव गांधी सरकार से उत्तराधिकार में प्राप्त हुई हैं। मगर तमिलनाडु और असम में तो स्थिति बिगड़ने के लिए कौन दोषी है? मैं सदन को विश्वास दिलाता हूं कि देश की एकता और सार्वभौमिकता के सवाल पर कोई समझौता नहीं किया जाएगा चाहे इसके नतीजे कुछ भी हों। मैं असम और तमिलनाडु के मुख्यमंत्रियों

के निरंतर संपर्क में हूं। मैं उनसे चर्चा करना चाहता हूं। मैं चाहता हूं कि वहां शांति स्थापना के लिए उपयुक्त कार्रवाई करें, वरना समस्याएं अपना मार्ग खुद खोजेंगी। मैं कुछ भी गुप्त रखना नहीं चाहता क्योंकि भारत सरकार असहाय नहीं है। यदि दिल्ली में बैठी सरकार असहाय है तो हमें सत्ता में बने रहने का तनिक भी हक नहीं है। यह कर्तव्य निभाने का सवाल है। मैंने इन बातों पर प्रकाश डाला है। जहां तक आर्थिक स्थिति का सवाल है, सब कुछ घोटाला है, मगर इसके बारे में अभी कुछ और नहीं कहना चाहता। हमने अपने लोगों, उद्योगपतियों और श्रमिकों को गलत संकेत दिए हैं। लोग हताश हैं। अंतर्राष्ट्रीय समुदाय यह महसूस करता है कि भारत विघटन के कगार पर है। हमारे नागरिक विदेशों में हैं। वे यह समझते हैं कि भारत के लिए आशा की कोई किरण नहीं है।

मैं आपको आश्वासन दिलाता हूं कि आपके और इन लोगों के सहयोग से हम देश को निर्धनता के दलदल से बाहर निकाल लेंगे। हम देश के पुराने गौरव और गरिमा को बहाल करेंगे। हमें अपनी जनता, किसानों एवं मजदूरों का खुला समर्थन चाहिए।

हमें सभी भारतीयों का सहयोग चाहिए जो देश से बाहर हैं। हम सभी मित्र देशों का सहयोग चाहते हैं। मगर हम संकट पर काबू अपनी कमर कस कर ही कर सकते हैं। वचन और मितव्ययिता जरूरी है। महात्मा गांधी ने सादगी का जो नारा दिया था, वह केवल नारा नहीं था। यह हमारी अर्थव्यवस्था की नीति का अंग था। स्वदेशी और स्वावलंबन हमारी नीति का आधार है। हमारे सामने कोई विकल्प नहीं है कि हम यथासंभव स्वदेशी और स्वावलंबन का अनुसरण करें। कुछ क्षेत्रों में हमें विदेशी सहयोग लेना होगा।

यह स्थूल रूपरेखा है। जो हम प्राप्त करना चाहते हैं, यह लक्ष्य प्राप्त कर सकेंगे या नहीं, इसका उत्तर भविष्य ही दे सकेगा। मैं कोई लंबे-चौड़े दावे करना नहीं चाहता। आडवाणी, आप मुझे काफी दिनों से जानते हैं। मैं कुछ भी हो सकता हूं, मगर किसी के हाथों में कठपुतली नहीं। जो लोग मेरा समर्थन कर रहे। मैं उनकी निंदा नहीं कर सकता। मैं उनका आभारी हूं। किसी से मैं मिलता हूं तो खुले आम मिलता हूं। कुछ कहते हैं कि मैं गुप्त रूप से लोगों से मिलता हूं। मैं भला किसी से गुप्त रूप से क्यों मिलूं? राजीव को मुझसे मिलने में कुछ हिचकिचाहट हो सकती है। मगर मुझे उनसे मिलने में कोई हिचकिचाहट नहीं है। जब मैं प्रधानमंत्री बनने के बाद हर एक से मिलने उसके घर जा सकता हूं तो फिर प्रधानमंत्री को यदि जरूरत हुई तो अपने सबसे कटु आलोचक से मिलने उसके घर जाऊंगा। मगर आप चाहे मेरे आलोचक हों या समर्थक, मुझे उस रास्ते

से विचलित न करें, जिस पर मैं चल रहा हूं।

*मेरे कदम के साथ है मंजिल लगी हुई,*
*मंजिल जहां नहीं, वहां मेरे कदम नहीं।*

मुझे अपनी मंजिल का पता है। मैं अपना लक्ष्य जानता हूं। मैं किसी रास्ते पर इसलिए नहीं चलता क्योंकि कोई मेरे साथ चल रहा है।

अंत में मैं दलबदल के बारे में चर्चा करना चाहता हूं। इस संबंध में कई बातें कही गयीं। मैं उनसे उलझना नहीं चाहता। मगर जब दलबदलू विरोधी कानून पारित किया गया, यदि एक-तिहाई लोग किसी पार्टी को छोड़ देते हैं तो यह दलबदल नहीं है, यह उनके लिए कोई रियायत नहीं है जो कि पार्टी छोड़ना चाहते हैं क्योंकि यह दल बदलना नहीं है। लोगों को समझाना चाहिए कि एक अन्य शब्द है जिसे असंतोष और विरोध कहा जाता है। समाज में विकास इसी विरोध और असंतोष के कारण हुआ। यदि विरोध और असंतोष का गला घोटा जाए तो समाज अचल हो जाएगा और इसका अर्थ सीधे-सीधा हैं। जब हम यह देखते हैं कि कुछ बुनियादी तौर पर गलत हो रहा है और देश विनाश की ओर जा रहा है तो यह हमारा राष्ट्रीय कर्तव्य है कि हम उससे असहमति व्यक्त करें। हम विरोध प्रकट करें। मुझे गर्व है कि मेरे सहयोगियों ने जो इस ओर बैठे हैं, जो कुछ हो रहा था उसके प्रति विरोध व्यक्त किया। मैं इस मामले में गहराई में जाना नहीं चाहता। मैं सांसदों का ध्यान आकर्षित करना चाहता हूं, मैं आपका समर्थन चाहता हूं उस महान कार्य में जो कि हम इस देश की गरिमा और प्रतिष्ठा को बहाल करने के लिए कर रहे हैं।

सबका धन्यवाद।

*(16 नवंबर, 1990)*

# भारत की सामर्थ्य

देश के प्रथम राष्ट्रपति डॉ. राजेन्द्र प्रसाद स्मृति की व्याख्यान माला में इस बार आपने मुझे बुलाया, मैं आयोजकों का आभारी हूं। भारत-रत्न डॉ॰ राजेन्द्र प्रसाद सिद्धांतों के प्रति निष्ठा, सादा जीवन और भारतीय परंपरा के जीवंत प्रतीक के रूप में सदा याद किए जाएंगे। एक तरह से हमारी ऋषि परंपरा के वे अंतिम नेता थे। डॉ॰ राजेन्द्र प्रसाद ने भारत की शक्ति और सामर्थ्य के सूत्रों को परखा था, उन्हें आत्मसात किया था। वे सूत्र उनके व्यक्तित्व में ही पूंजीभूत थे। भारत के जनजीवन से उनका गहरा लगाव था। इसी कारण वे निष्प्राण भारत को एक नई प्रेरणा, नई शक्ति देने में समर्थ थे। इस स्मृति व्याख्यान माला की कड़ी में मुझे 'भारत की सामर्थ्य' विषय पर बोलने के लिए कहा गया है। देश के सामने आज जो चुनौतियां मौजूद हैं, उनको देखते हुए राजेन्द्र बाबू की स्मृति में होनेवाले व्याख्यान का यह सटीक विषय है। इस पर बोलने का मैं अधिकारी हूं कि नहीं, यह तो नहीं जानता, लेकिन इससे जुड़े हुए पक्षों को मैं सामने रखने की कोशिश करूंगा। 1962 के अप्रैल में संसद सदस्य होकर मैं दिल्ली आया था। कुछ ही दिनों बाद राजेन्द्र बाबू राष्ट्रपति पद की जिम्मेदारियों से मुक्त होकर पटना जा रहे थे। संसद के केंद्रीय कक्ष में उनकी विदाई के लिए समारोह था। हम एकत्रित थे। वह दृश्य मार्मिक था। मैंने देखा था और वह दृश्य मुझे आज भी याद है कि अनेक लोगों की आंखों में आंसू थे। चारों तरफ एक ही स्वर सुनाई देता था कि आज युग बदल रहा है।

आज देश का बड़ा तबका एक ऐसी व्यवस्था को अंगीकार करने के लिए बेताब दिखता है जिसका हमारी अपनी मान्यताओं और परम्परा से सरोकार नहीं। हमारी संस्कृति, हमारे मूल्य और मानक, हमारी अपनी सोच—इन सबको भूलकर यह तबका उसी होड़ में शामिल होने के लिए लालायित है, यह चिन्ताजनक है। हमारे चिन्तन की मुख्यधारा में अतीत की हमारी उपलब्धियों को जैसे पूरी तरह भुला देना हमारे लिए सामान्य बात बन गई है। निजीकरण, उदारीकरण और

वैश्वीकरण के नाम पर दुनिया को जिस तरह एक विकृत संस्कृति का शिकार बनाने का प्रयास हो रहा है, उससे स्वयं हमारी सामूहिक चेतना भ्रमित हो रही है। अपना सांस्कृतिक वैशिष्ट्य खो कर एक आकृतिविहीन भीड़ का अंग हो जाने का खतरा बन गया है। आज एक सवाल बार-बार उभरकर सामने आता है—क्या भारत कोई निराला देश है? मेरा जवाब सकारात्मक है। हां, हिंदुस्तान सचमुच दुनिया का एक निराला देश है। यह सवाल 1908 में गांधीजी से पूछा गया था। तब उनका जो जवाब था, वही आज मेरा जवाब है, "मैं मानता हूं कि जो सभ्यता हिंदुस्तान ने दिखाई, उस ऊंचाई तक दूसरा कोई नहीं पहुंच सका है। जो बीज हमारे पुरखों ने बोए हैं, उनकी बराबरी कर सकें, ऐसी कोई चीज हमारे देखने में नहीं आई।" यही तबका सवाल उठा रहा है कि जब सारी दुनिया एक राह अपना रही है, तो क्या हम उससे अलग रह कर अपने अस्तित्व को संभाले रह सकते हैं?

आजादी के आन्दोलन के दौरान भी यह सवाल उठाया था। 1928 में गांधीजी को लिखे एक पत्र में नेहरू जी ने लिखा था :

*'आपने कहीं कहा है कि भारत को पश्चिम से कुछ नहीं सीखना है। और भारत अपने पुराने दिनों में ही सभ्यता की एक सम्पूर्ण ऊंचाई पर पहुंच चुका था। मैं आपके इस विचार से असहमत हूं। मेरा मानना है कि अपनी औद्योगिक पहुंच के बल पर कुछ, किन्तु और परन्तु के साथ पश्चिम की औद्योगिक संस्कृति भारत को जीत लेगी। आपने औद्योगिकीकरण की कुछ बुराइयों को गिनाया है, पर उसकी खूबियों पर ध्यान नहीं दिया है। इन बुराइयों को सब जानते हैं और उन्हें दूर करने की कोशिशें हो रही हैं। पश्चिम में विद्वान लोग मानते हैं कि ये बुराइयां औद्योगिक व्यवस्था की नहीं, पूंजीवाद की हैं।'*

आजादी के बाद देश में कुछ इसी प्रकार की सोच रही। इस विचारधारा का आश्रय लेकर आज कुछ लोग ऐसा सोच रहे हैं कि भारत के अपने मानकों को छोड़कर हमें इस उधार की मान्यता को स्वीकार कर लेना चाहिए। वे भूल जाते हैं कि जैसे व्यक्तियों के व्यक्तित्व अलग होते हैं, वैसे ही हर राष्ट्र का एक अपना व्यक्तित्व होता है और वह सचमुच विशिष्ट होता है। जो राष्ट्र अपनी अतीत की उपलब्धियों, उसकी कल्याणकारी प्रवृत्तियों और मान्यताओं को भुला देता है, वह न तो अपनी वर्तमान समस्याओं को समझ सकता है और न एक उज्ज्वल भविष्य की रचना में समर्थ हो सकता है। आज इसी प्रकार के चिन्तन के शिकार होकर हम अपने लिए एक गम्भीर समस्या पैदा करने पर उतारू जान पड़ते हैं।

सामर्थ्य क्या है? इसे समझने के प्रयास हर मोड़ पर किए जाते रहे हैं। चाहे

सतयुग हो या आज का युग। अपनी अस्मिता में सामर्थ्य छिपा रहता है। खुद को पहचानने से शक्तिस्रोत का दर्शन हो जाता है। इसका तरीका क्या हो? आधार क्या होगा? यह ऐतिहासिक समझ से संबंधित है। हमारा साहित्य इस पर प्रकाश डालता है। उनकी सही व्याख्या से खुद को समझने में सहायता मिल सकती है। सही व्याख्या पेचीदा और विवादों से भरी है।

इसी नासमझी के कारण पहले से बने संकट निरंतर बढ़ते जा रहे हैं। हमारी समृद्धि और सामर्थ्य के आधार, किसान और मजदूर, निराश और हतप्रभ हैं। कल-कारखाने बंद हो रहे हैं। पूरी अर्थव्यवस्था संकट में है। युवा वर्ग में उत्साह नहीं, भविष्य में कोई आस्था नहीं, वे निराशा के शिकार हैं। शिक्षा-व्यवस्था को भी बाजारू बनाया जा रहा है।

लोगों के सुख-दुख से जैसे राष्ट्र-निर्माताओं का कोई वास्ता ही नहीं रहा। पूरे समाज में निराशा, अस्थिरता और असमंजस की एक अजीब-सी मानसिकता दिखाई पड़ रही है। राजनीतिक, सामाजिक तथा आर्थिक बिखराव के लक्षण बहुत साफ-साफ दिखने लगे हैं।

आलम यह है कि सत्तारूढ़ वर्ग बरसों से अर्जित देश की संपत्ति को बेचने पर आमादा है। हमारे रोजगार और व्यवसाय, उनकी नीतियां जैसे कहीं और से संचालित हो रही हैं। बैंक चलाने से लेकर बिजली के लट्टू बनाने तक का काम दूसरों के हाथ में सौंप दिया जा रहा है। निर्यात घटता जा रहा है और आयात की स्थिति यह है कि जूते-मोजे से लेकर सिर की टोपी तक बाहर से आ रही है। अब तो हालत यह है कि यहां की उत्पादन व्यवस्था नष्ट कर देने के लिए उद्योगों से लेकर खेती तक के उत्पादों को दूसरों के भरोसे छोड़ने का प्रयास हो रहा है। रोजगार और व्यवसाय के मौके कम से कम होते जा रहे हैं। समाज सांस्कृतिक हमले की चपेट में है।

देश की एक-एक संस्था को जैसे एक योजना के तहत ध्वस्त किया जा रहा है। किसान की जोत घटती जा रही है और कृषि-नीति में बड़ी-बड़ी विदेशी कंपनियों को बड़े से बड़े क्षेत्र बना लेने की छूट देने की बात चल रही है। विश्व व्यापार संगठन के कानून तेजी से थोपने के काम को ही सरकार अपनी कुशलता और सफलता मानने लगी है।

किसान अपने घर में रखा बीज भी अगले साल अपने खेत में बोना चाहे तो उसकी चाह को मिटाने के लिए नए बीज, जिनका उत्पादन अन्य के हाथों में होगा, बाजार से लेने होंगे, ऐसी असहायता का भाव पैदा करने का प्रयास हो रहा है। सत्ता का केंद्र जैसे कहीं बाहर से संचालित हो रहा हो।

देश में नए-नए संकट उभर रहे हैं। मसलन एक ओर आतंकवाद, तो दूसरे छोर पर विखंडित होते समाज का नजारा है। कभी जाति के नाम पर फसाद तो कभी संप्रदाय के नाम पर झगड़े खड़े किए जा रहे हैं। हमारी राजनीतिक व्यवस्था भी जैसे पंगु हो गई हो। हम ऐसे ही विभाजन और विखंडन की राजनीति के शिकार बनते जा रहे हैं। सत्ता-केंद्रित विचार हमारी मानसिकता पर छा गया है।

भारत की मानसिकता, उसकी प्राथमिकताएं, उसकी प्राकृतिक उपलब्धियां हमारे आज के देश चलानेवाले लोगों की सोच से बाहर हैं। वे भूल गए हैं कि दो हजार बरस से यूरोप व उसके बाद अरब लोग मुख्यतः जिस अंतर्राष्ट्रीय व्यापार पर जीवन चलाते थे, उसका आधार था शोषण और अन्य देशों की सम्पत्ति की लूट। उसी तरीके को एक नई नीति का रूप देने की कोशिश हो रही है।

हमने तो सदियों से एक दूसरी राह अपनाई। हमने अपने प्राकृतिक साधनों और श्रमशक्ति को आधार माना। अपनी आवश्यकता के साधनों को प्रचुर मात्रा में पैदा किया। उनको व्यवस्थित कर अपने यहां के सब लोगों को उपलब्ध कराया। यह हम भूल गए-से जान पड़ते हैं। इस तरह की भूलें तो हमारे यहां पिछले कुछ दिनों में तेजी से हुई हैं और अब तो हम बस पढ़े-लिखे, अच्छे पीते-खाते, किसी भी दल, संप्रदाय व वाद के हों, इन भूलों को सत्य जैसा मानने लगे हैं। हम अपने और पराये (व्यक्ति, व्यवस्था, तकनीक, विज्ञान) के भेद को भुला बैठे हैं।

मनुष्य, सभ्यता और संस्कृति का केंद्र बिंदु है। किसी देश और समाज की शक्ति और सामर्थ्य इस बात में होती है कि अपने चिन्तन को परिस्थितियों के अनुरूप वह किस तरह एक अनवरत और शाश्वत प्रवाह का रूप देता है। यह बहाव एक भरी-पूरी नदी का बहाव है जो अपने किनारों को थामे रहती है और जिसका पानी हर क्षण नया भी होता रहता है। इस सरिता की कछारें होती हैं—उसका दर्शन, उसका ज्ञान-विज्ञान, उसकी परम्पराएं, उसके रीति-रिवाज। उसकी आर्थिक, राजनीतिक, सामाजिक समृद्धि। उसके लोगों की अपनी त्याग और तपस्या की गाथा। इसके अलावा समाज की सृजनात्मकता से जो प्रवाह बनता है, वह पूरे देश और समाज को धारण करता है और उसको सम्पूर्णता देता है।

भारत सिर्फ मिट्टी का नाम नहीं। कुछ नदियों और पहाड़ों का समुच्चय नहीं। भारत सत्य की एक सतत, शाश्वत गवेषणा का नाम है। सत्य की इस धारा से यह दुनिया बार-बार आलोकित होती रही है। यह ऋषियों, सन्तों, महात्माओं, सूफियों और गुरुओं की साधना का देश है। उन्हें आस्था और शक्ति देनेवाली महान जनशक्ति का देश है। ह्वेनसांग, फाहियान, इब्नबतूता, मैक्समूलर यों ही

भारत देखने नहीं चले आए।

आइंस्टाइन ने कहा कि मानवता के विकास में भारत के योगदान को भूला नहीं जा सकता। उसने दुनिया को गिनना न सिखाया होता तो आज ये खोज और आविष्कार न हुए होते। मनुष्यता की इस अनमोल धरोहर ने दुनिया के सोचने-समझने वाले किन लोगों को अपनी ओर नहीं खींचा है! मार्क ट्वेन ने जब भारत को जाना तो उसके मुंह से केवल यही शब्द निकले :

*"मानवता भारतरूपी पालने में फली-फूली है। मनुष्य को वाणी यहीं से मिली है और मनुष्य का इतिहास भी यहीं से निकला है। गाथाओं की तो भारत दादी रहा है और परम्पराओं के मामले में दादी की भी मां। मनुष्यता की सारी रचनात्मक धरोहरें भारत में ही हैं।"*

भारत केवल गंगा और जमुना, कावेरी, सतलुज, नर्मदा, सिंधु और ब्रह्मपुत्र की घाटी तक ही सीमित नहीं रहा है, भारत एक बहुत बड़े सांस्कृतिक विस्तार का नाम है। अमेरिका में चीन के पूर्व राजदूत ह्यू शिह इस सांस्कृतिक विस्तार की अभ्यर्थना करते हुए कहते हैं :

*"भारत ने चीन में एक भी सैनिक नहीं भेजा। खून का एक भी कतरा नहीं बहाया। किसी की आंखों में आंसू की एक भी बूंद नहीं डाली। फिर भी चीन दो हजार साल तक उसके प्रभाव में रहा।"*

यह एक स्थापित तथ्य है और आप सब जानते हैं। अपने दस हजार साल के ज्ञात इतिहास में भारत ने किसी दूसरे देश पर कभी कोई हमला नहीं किया। उसने किसी दूसरे मनुष्य को दबाने के लिए कभी हाथ और पांव नहीं फटकारे। कोई हमला करने आया तो उसने उसे वहीं अपने में समेट लिया। शक, हूण, किरात, यवन—सब उसके अपने होकर रह गए। ऐसी निस्पृह संस्कृति का नाम है भारत। ईसा के जन्म से सात सौ साल पहले ही ज्ञान के संस्थागत केंद्र के रूप में भारत में तक्षशिला विश्वविद्यालय की स्थापना हो चुकी थी। यूरोप में पहला विश्वविद्यालय इसके दो हजार साल बाद बना। ईसा के जन्म से लगभग पांच सौ साल पहले आचार्य चरक और सुश्रुत ने आयुर्वेद को एक व्यवस्थित चिकित्सा-शास्त्र बना दिया था। कहा जाता है कि आचार्य सुश्रुत ने वे ऑपरेशन भी किए थे, जिन्हें आज प्लास्टिक और ब्रेन सर्जरी कहते हैं। उन्हें आनुवंशिकी और रोगों की रोकथाम के तरीकों की विधिवत् जानकारी थी। नौवहन का शास्त्र सिंध में छह हजार साल पहले ही विकसित हो गया था।

जिस नेवीगेशन शब्द का आज हम अकसर इस्तेमाल करते हैं, उसका जन्म संस्कृत के नवगतिह शब्द से हुआ है। संस्कृत समस्त यूरोपीय भाषाओं की जननी

है। आज तो विज्ञान के नवीनतम साधन कंप्यूटर के शास्त्री लोग भी मानते हैं कि कंप्यूटर के उपयोग के लिए सबसे वैज्ञानिक भाषा संस्कृत है। पृथ्वी सूरज के गिर्द एक चक्कर लगाने में ठीक-ठीक कितना समय लेती है, भास्कराचार्य ने इसकी सही-सही गणना काफी पहले ही कर दी थी, जबकि पश्चिम इसी बात को मानकर चल रहा था कि सूरज पृथ्वी के गिर्द घूमता है और कोई इसके उलट कहता तो उसकी सजा फांसी थी।

दुनिया को गिनना भारत ने सिखाया और आर्यभट्ट ने शून्य की अवधारणा दी। मिस्र और रोमन संस्कृति में सबसे बड़ी गिनती $10^6$ की हो सकती थी। जबकि भारत में ईसा के जन्म के पांच हजार साल पहले वैदिक काल में ही $10^{53}$ तक की गिनती गिनी जा चुकी थी। हर संख्या को उसका अलग-अलग विशिष्ट नाम दिया जा चुका था। यूरोप में जब गणितज्ञों का जन्म भी नहीं हुआ था तब उनके जन्म के छः सौ साल पहले ही बुद्धायन ने पाई का मूल्य ज्ञात कर लिया था। उस प्रमेय को सामने रख दिया था जिसे आज हम पाइथागोरस प्रमेय कहकर रटते और घोंटते हैं। बीजगणित, त्रिकोणमिति, ज्यामिति, कैलकुलस भारत ने ईजाद किए। दशमलव प्रणाली और अंकों का स्थान महत्त्व भारत के गणित से निकला और जब दुनिया के अधिकांश लोग खानाबदोशों की जिन्दगी जी रहे थे, तब पांच हजार साल पहले ही भारत में सिंधु घाटी में एक सम्पूर्ण संगठित सभ्यता विकसित हो गई थी। सरस्वती संस्कृति की खोज में विभिन्न राज्यों में जो उत्खनन हो रहे हैं, वे एक बहुत ही परिपूर्ण सभ्यता के होने के सबूत दे रहे हैं। जब दुनिया स्वर से परिचित तक नहीं थी, इस देश में सामवेद के गीत गाए जाते थे।

जब लोगों ने बांध और झील के उपयोग के बारे में भी नहीं सोचा था तब भारत में चंद्रगुप्त मौर्य के जमाने में ही शक राजा रूद्र दामन ने राई वाटक की पहाड़ियों पर सुदर्शन जैसी बड़ी झील बनवाकर आसपास के इलाकों के लिए कभी न सूखनेवाले पानी के स्रोतों का इंतजाम कर दिया था। जनतंत्र के जिस राजतंत्र को आज हम मानवता की सबसे बड़ी धरोहर मानते हैं, उसका उदय भारत में ईसा के जन्म से पहले ही हो चुका था। फ्रांस के अनन्य विद्वान रोम्यां रोला को यूरोप से कम प्यार नहीं था, पर जब उन्होंने भारत को देखा, जाना और समझा तो उनके मुंह से निकला : मनुष्य ने जिस दिन से सपने देखने शुरू किए, वे सपने कहीं जन्मे, फले और फूले तो दुनिया में वह केवल एक जगह है—भारत। भारत।

मैंने भारत के गौरव की बातें विरुदावली गाने के लिए नहीं कही और न ही अपना सीना फुलाने के लिए कही हैं कि हम ऐसी महान उपलब्धियों वाले देश के वासी हैं। ये बातें मैंने उस स्रोत की तलाश के लिए प्रेरित करने के लिए कही

हैं जिसे भारत कहा जाता है और जहां से भारत की शक्ति और सामर्थ्य निकलती है। यह अकस्मात् नहीं हो सकता था कि कभी किसी बुद्ध का जन्म हो गया और कभी कहीं कोई कबीर पैदा हो गए। ये उपलब्धियां जीवंत सामाजिक-सांस्कृतिक व्यवस्था की देन थीं।

भारत में तैंतीस करोड़ देवताओं और छप्पन करोड़ देवियों की पूजा अंधविश्वास नहीं है, मानवशक्ति में अटूट आस्था का प्रतीक है। और यह अनायास नहीं हुआ कि अरब, यूनान, रोम जैसी सभ्यताओं के मुंह यदि भारत की ओर थे तो यूरोप से जो जहाजी बेड़े निकले, उनकी पालों और पतवारों का रुख भी भारत की ओर था। यह जो पूरी नई दुनिया खोजी गई है, वह सोने की चिड़िया कहे जाने वाले भारत की खोज में ही किए जाने वाले प्रयास का परिणाम थी।

सच तो यह है कि सत्रहवीं सदी में अंग्रेजों के आने के पहले तक भारत दुनिया का सबसे समृद्ध देश था। उसके ज्ञान-विज्ञान की, कल-कारखानों की, रीति-रिवाज की एक-एक संस्था को गुलामी के दिनों में ध्वस्त किया गया। अगर किसी एक का इस सिलसिले में नाम लेना जरूरी है तो मैं ईस्ट इंडिया कंपनी को चिह्नित करता हूं। उस दौर में भारत की लूट के दो हिस्से हैं। पहले कंपनी ने हमारी संपदा बटोरी। व्यापार का काम चलाया। औद्योगिक क्रांति के बाद पूंजीवाद की प्रारंभिक अवस्था में कच्चा माल ढोया जाने लगा और उसके यहां का पक्का माल यहां बिके इसलिए हमारे देश को कृषिप्रधान बनाकर साजिश की गई। विद्वानों ने जो जाना और पाया है, उसके मुताबिक सत्रहवीं सदी तक के हमारे देश में चिकित्सा, शिक्षा, धातु-विज्ञान, गणित आदि की विधिवत विकसित प्रणालियां थीं। अन्न के क्षेत्र थे। अन्न के भंडार थे। इस्पात तक बनाने का अपने यहां कौशल था। अनेक संस्थाओं ने अपनी खोजों से इस बात को साबित किया है। इस तरह के तथ्य अंग्रेज प्रशासकों के रिकॉर्ड में भी दर्ज हैं।

गांधी और अंग्रेज प्रोफेसर फिलिप हरटोग के बीच तो इस बारे में नौ साल लंबी बहस चली थी और उन्हें लिखे एक पत्र में 1931 में गांधीजी ने बहुत साफ कहा था :

"मुझे यह कहने में कोई हिचक नहीं कि भारत में आज जितनी अशिक्षा है, सौ साल पहले उतनी अशिक्षा नहीं थी। जो चीजें जहां थीं, वहां से उन्हें सहेजने और संभालने के बदले अंग्रेज प्रशासकों ने पहले उनकी जड़ें खोदकर देखना शुरू किया। उन्होंने मिट्टी हटा ली। जड़ों को नंगा छोड़ दिया। और भारत नाम का एक अति सुंदर वृक्ष सूख गया।"

इतिहासकार धर्मपाल ने 'द ब्यूटीफुल ट्री' में डब्ल्यू लिलिएंडन का एक

उद्धरण दिया है :

"1830 के आसपास बंगाल और बिहार में एक लाख के आसपास स्कूल थे। और बंबई प्रेसीडेंसी में 1820 तक कोई भी ऐसा गांव नहीं था जहां एक स्कूल न हो। बड़े गांवों में तो एक से अधिक स्कूल थे।"

जी.एल. प्रेंडरजेस्ट ने भी कहा है कि पंजाब में भी 1850 तक शिक्षा के प्रसार की यही हालत थी। इन धर्मपाल ने यहां आए अंग्रेज प्रशासकों के लिखे-पढ़े का जो अध्ययन किया है उसके मुताबिक 17वीं सदी तक देश के तकरीबन हर गांव गें एक स्कूल था, अपने हाट-बाजार थे, अपनी न्याय और प्रशासन की व्यवस्था थी, कला-कौशल और उद्योगों को संभालने और बढ़ाने के अपने इंतजाम थे। 17वीं सदी तक सारी आपदाओं के बावजूद हमारी उत्पादन व्यवस्था मजबूत थी। वह स्वावलम्बी थी। जरूरत इस बात की थी कि उसी कड़ी से राष्ट्र-निर्माण की प्रक्रिया शुरू हो। वहां से जुड़े। वहीं से ही आधुनिकीकरण का अगला कदम उठे। यह नहीं हुआ। यह जानना जरूरी है कि क्यों?

गांधी को जाननेवाले मानते हैं कि इस अति सुंदर वृक्ष की जड़ों को सुखाकर उसकी जगह पर बिना जड़ की विदेश प्रणाली को बैठा देना ही हमारी मौजूदा दुर्दशा का कारण रहा है। एक तो इससे शिक्षा, ज्ञान-विज्ञान, कला-कौशल की प्रणाली बिगड़ी। यही वजह है कि साक्षरता और सबको शिक्षा देने के हमारे आज के प्रयास भी सफल नहीं हो पा रहे हैं। दूसरे, इससे सामाजिक संतुलन चौपट हुआ। यह सामाजिक संतुलन था तो समाज का हर वर्ग अपनी जरूरत भर की शिक्षा का इंतजाम कर लेता था और उसका हर आदमी स्थानीय स्तर पर समाज के सामाजिक-सांस्कृतिक जीवन में साधिकार और ससम्मान भागीदारी ले सकता था। इससे बड़े समाज में भी उसकी भागीदारी के रास्ते खुले थे। शिक्षा-व्यवस्था और आर्थिक संरचना के अँट जाने से किसानों के लिए जमीनी स्तर के रास्ते खुले थे। कारीगरों, दस्तकारों, उद्योग-धन्धे करनेवाले लोगों की सामाजिक और आर्थिक हैसियत में कमी आ गई। आज जिन्हें हम दलित और पिछड़े कहते हैं और जिनकी सामाजिक और आर्थिक गिरावट जगजाहिर है, उनकी दुर्दशा का असल कारण यह है।

सोचना, सीखना, चीजों को अपने कौशल से अपने हिसाब का बना लेना और उनमें प्राण फूंक देना हमारे समाज की विशिष्टता रही है। लेकिन इस विशिष्टता का मनमाने ढंग से इस्तेमाल भी किया गया है।

सभ्यता क्या है, इसे लेकर गांधीजी ने कहा है—

"सभ्यता वह आचरण है जिससे आदमी अपना फर्ज अदा करता है। फर्ज

अदा करने के माने हैं नीति का पालन करना। नीति के पालन का मतलब है अपने मन और इंद्रियों को वश में रखना। ऐसा करते हुए हम अपने को (अपनी असलियत को) पहचानते हैं। यही सभ्यता है। इससे जो उलटा है, वह बिगाड़ करनेवाला है।

''हमने देखा है कि मनुष्य की वृत्तियां चंचल हैं। उसका मन बेकार की दौड़-धूप किया करता है। उसका शरीर जैसे-जैसे ज्यादा दिया जाए, वैसे-वैसे ज्यादा मांगता है। ज्यादा लेकर भी वह सुखी नहीं होता। भोग भोगने से भोग की इच्छा बढ़ती जाती है। इसलिए हमारे पुरखों ने भोग की हद बांध दी है। बहुत सोचकर उन्होंने देखा कि सुख-दुख तो मन के कारण हैं। अमीर अपनी अमीरी की वजह से सुखी नहीं है, गरीब अपनी गरीबी के कारण सुखी नहीं है। अमीर दुखी देखने में आता है और गरीब सुखी देखने में आता है। करोड़ों लोग तो गरीब ही रहेंगे। ऐसा देखकर उन्होंने भोग की वासना छुड़वाई। हजारों साल पहले जो हल काम में लिया जाता था, उससे हमने काम चलाया। हजारों साल पहले जैसे झोंपड़े थे, उन्हें हमने कायम रखा। हजारों साल पहले जैसी हमारी शिक्षा थी, वही चलती आई। हमने नाशकारक होड़ को समाज में जगह नहीं दी; सब अपना-अपना धंधा करते रहे। उसमें उन्होंने दस्तूर के मुताबिक दाम लिए। ऐसा नहीं था कि हम यंत्र वगैरह के झंझट में पड़ेंगे, तो गुलाम ही बनेंगे और अपनी नीति को छोड़ देंगे। उन्होंने सोच-समझकर कहा कि हमें अपने हाथ-पैरों से जो काम हो सके, वही करना चाहिए। हाथ-पैरों का इस्तेमाल करने में ही सच्चा सुख है, उसी में तंदुरुस्ती है।

''उन्होंने सोचा कि बड़े शहर खड़े करना बेकार की झंझट है। उसमें लोग सुखी नहीं होंगे। उनमें धूर्तों की टोलियां और वेश्याओं की गलियां पैदा होंगी; गरीब अमीरों से लूटे जाएंगे। इसलिए उन्होंने छोटे देहातों में संतोष माना।

''उन्होंने देखा कि राजाओं और उनकी तलवार के बनिस्बत नीति का बल ज्यादा बलवान है। इसलिए उन्होंने राजाओं को नीतिवान पुरुष ऋषियों और फकीरों से कम दर्जे का माना।

''ऐसा जिस राष्ट्र का गठन है, वह राष्ट्र दूसरों को सिखाने लायक है; वह दूसरों से सीखने लायक नहीं है।''

पश्चिम में शक्ति का स्रोत आर्थिक और राजनीतिक सत्ता रही है। इसी में उसका परमानंद है। उनका दृष्टिकोण मनुष्य और प्रकृति के बीच टकराव का है और वहां औद्योगिकीकरण, उनकी संस्कृति, उनका रहन-सहन, उनकी सोच इसी से निकली है। वहां भौतिकवाद प्रबल रहा है।

भारत में मनुष्य और प्रकृति के बीच सहयोग और समन्वय का रिश्ता है। हमारी संस्कृति और सभ्यता के सूत्र यहां से निकले हैं। और उनका निचोड़ बहुत रोचक रहा है। ये निचोड़ थे—समाज के रूप में एक ऐसा बहुरंगी चमन, जिसमें हर बयार और हर बहार में फूल खिले हों। सत्ता और अर्थ-संरचना की ऐसी विकेंद्रित इकाइयां, जहां गांव अर्थव्यवस्था की आत्मनिर्भर इकाइयां हों और वहां उनका स्वशासन हो। व्यवस्था और न्याय की रचना और अनुपालन के लिए सामूहिक या सामुदायिक पंचायतें। ऐसे समाज को न राजा की बहुत जरूरत थी और न प्रजा की। यह एक ऐसी व्यवस्था थी जहां हर हाथ के लिए काम था और मुंह के लिए निवाला। कच्चा माल इधर-उधर से आता तो उसे अपने यहां ही ठोंक-पीटकर लोहा बना लिया जाता। जन-जन तक फैले इस भारत प्रभु के अनंत हाथ थे और अनंत मेधा थी। इसी स्वपूरित भारत से उठकर कोई कृष्ण कह सकता था कि देखो, सारा ब्रह्मांड मेरे अंदर लीन है। हमारा परमानंद यह था। इस परमानंद में राज्य, समाज, धर्म और अर्थ—इन चारों ही व्यवस्थाओं को सहज स्वाभाविक रूप से विकेंद्रीकृत होना था। हमारा यंत्र रहा—विकेंद्रीकृत व्यवस्था से शक्ति-संचय। हम उसी व्यवस्था से सत्रहवीं सदी तक दुनिया के सबसे समृद्ध देश थे। महान रोमन साम्राज्य को भी कानून बनाना पड़ा था कि भारत के कपड़े की खरीद न की जाए। यह स्वपूरित भारत ही कह सकता था कि मेरे पास जो कुछ है, वह समस्त मानवता का है—त्वदीयं वस्तु गोविन्दम्, तुभ्यमेव समर्पयेम्। वैश्वीकरण तो यह है—भोग का नहीं, त्याग का वैश्वीकरण। उपभोग का नहीं, कृतज्ञता का वैश्वीकरण। मनुष्यता का वैश्वीकरण। जहां-जहां तक सूरज की रोशनी जाती है और जहां-जहां तक नहीं भी जाती है, वहां मेरी अपनी मौजूदगी का वैश्वीकरण।

अंदर-बाहर के न्यस्त स्वार्थों ने भारत की शक्ति और सामर्थ्य को बार-बार झकझोरा है। जाति, वर्ग, संप्रदाय, समूह, धर्म, भाषा, बोली, रंग आदि-आदि के नाम पर हमारी इस अंतःचेतना को कुंद करने की जाने कितनी कोशिशें हुई हैं। इस देश में जो नौ ऋषि हुए, उनकी कोई सजाति नहीं है। हमारी चेतना किसी एक जाति और धर्म से नहीं निकली है। जिन्हें हम पिछड़े और दलित कहते हैं, वाल्मीकि से लेकर संत रैदास तक जाने कितने महात्मा हुए, जिन्होंने इस भारत को साधा। लेकिन गुण और कर्म आधारित एक चल व्यवस्था को रूढ़ कर दिया गया। ऊंच-नीच, छूत-अछूत और छोटे-बड़े बना दिए गए। न्यस्त स्वार्थों ने कर्मकांडों को आडंबर बना दिया। इस संप्रदाय या उस संप्रदाय को वर्चस्व देने की कोशिशें की गईं। समाज को इसका बार-बार और बहुत बार खामियाजा भी उठाना पड़ा। लेकिन इतिहास गवाह है कि न यहां किसी राजा की सत्ता चली और न

किसी सांप्रदायिक की मनमानी चली। यहां विचार की वही धारा समय और काल से जूझ सकी है जो मनुष्य को उसकी संपूर्णता में पोषित करती है। उसके प्रस्फुटन के हजार रास्ते खोलती है।

आज के वैश्वीकरण के सूत्र भारत के समाज को विखंडन के रास्ते पर ले जा रहे हैं। इसलिए यह कोई संयोग नहीं है कि जाति और संप्रदाय के नाम पर हमारे समाज को बांटनेवाली ताकतों ने वैश्वीकरण को अपने गले में हार की तरह पहन लिया है। वे पश्चिम के अंधानुकरण का लगातार ढोल पीट रहे हैं।

हमारी शक्ति के सूत्र हैं हमारे किसान और मजदूर। हमारे गांव-गांव और हाथ-हाथ तक फैल सकनेवाले लघु और कुटीर उद्योग। स्थानीय सामग्री, कौशल और प्रतिभा को उत्पादन में बदलनेवाले छोटे कल और कारखाने। जमीनी स्तर की अपनी दरकारों को लेकर गठित पंचायतें। उनकी राजनीतिक और वैधानिक व्यवस्थाएं। हमारी परिवार-व्यवस्था हमारी नदियां। हमारे पहाड़। और हमारा मनुष्य और मनुष्यता को पोषित करनेवाला संपूर्ण जीवन-दर्शन। भारत का जो नक्शा बनेगा, वह इसी के इर्द-गिर्द बनेगा। वह जो बनेगा, उसे गांधी ने 'हिंद स्वराज' में इस रूप में देखा है :

"इस राष्ट्र में अदालतें थीं, वकील थे, डॉक्टर-वैद्य थे। लेकिन वे सब ठीक ढंग से नियम के मुताबिक चलते थे; वे तो लोगों के आश्रित थे। वे लोगों के मालिक बनकर नहीं रहते थे। इंसाफ काफी अच्छा होता था। अदालतों में न जाना, यह लोगों का ध्येय था। उन्हें भरमाने वाले स्वार्थी लोग नहीं थे। इतनी सड़न भी सिर्फ राजा और राजधानी के आसपास ही थी। यों (आम) प्रजा तो उससे स्वतंत्र रहकर अपने खेत का मालिकाना हक भोगती थी। उसके पास सच्चा स्वराज था।

"और जहां यह चांडाल सभ्यता नहीं पहुंची है, वहां हिंदुस्तान आज भी वैसा ही है। उसके सामने आप अपने नए ढोंगों की बात करेंगे तो वह आपकी हंसी उड़ाएगा। उस पर न तो अंग्रेज राज करते हैं, न आप कर सकेंगे।

"जिन लोगों के नाम पर हम बात करते हैं, उन्हें हम पहचानते नहीं हैं, न वे हमें पहचानते हैं। आपको और दूसरों को, जिनमें देशप्रेम है, मेरी सलाह है कि आप देश में—जहां रेल की बाढ़ नहीं फैली है, उस भाग में, छः माह के लिए घूम आएं और बाद में देश की लगन लगाएं, बाद में स्वराज्य की बात करें।"

आज राजेन्द्र बाबू का स्मृति-दिन है। राजेन्द्र बाबू उस मिट्टी से निकले थे जिसे भारत कहा जाता है । उनकी जीवनी पढ़ने पर पता चलता है कि एक बात जीवन-भर उनके जेहन में घूमती रही है कि इस देश को भारत कैसे बनाया जाए। गांधी के चंपारण आंदोलन से उन्होंने एक बार जो समाजसेवा की शुरुआत की

तो उन्होंने फिर पीछे मुड़कर नहीं देखा। उन्होंने जब वकालत छोड़ी तो उनकी जेब में कुल पंद्रह रुपये थे। वे जीवनधारा से जुड़े हुए थे और राष्ट्रपति बनने के बाद भी उन्होंने इस जीवनधारा को नहीं बदला। सत्ता-व्यवस्था से इस बात को लेकर उनके कई बार टकराव भी हुए लेकिन राजेन्द्र बाबू अपनी मर्यादाओं के भीतर अपने रास्ते पर चलते रहे। उनके जमाने में राष्ट्रपति भवन में विदेशी मेहमानों के लिए भले ही अंग्रेजी ढंग से खाना परोस दिया जाता रहा हो लेकिन भारत के राष्ट्रपति खुद भारतीय ढंग से थाली में परोसा खाना ही खाते रहे। बाहर से आए मेहमानों ने उनकी इस भारतीय पद्धति का सत्कार ही किया। राष्ट्रपति खुद घोड़ागाड़ी पर सुबह टहलने निकल जाते थे और लोगों से उनके दुख-दर्द का हाल पूछते थे। पश्चिमपरक सत्ता-व्यवस्था ने बड़ा विरोध करके इस परंपरा को बंद कराया। इसी तरह का विरोध तब हुआ जब उन्होंने बनारस में पंडितों की पादपूजा और पाद-प्रच्छालन किया। राष्ट्रपति ने प्रधानमंत्री को लिखे पत्र में कहा :

"हमारी संस्कृति में विद्वान का स्थान राजा से भी बड़ा होता है। विद्वानों का सम्मान करके हम अपना ही सम्मान करते हैं।"

राजेन्द्र बाबू 1950 में जब अंतरिम राष्ट्रपति बने तो एक वर्ग ने इस बात का कड़ा विरोध किया। अंग्रेजी पद्धति को स्वीकार न करनेवाला राष्ट्रपति इस देश में कैसे चलेगा? 1952 और 1957 में उनके चुनाव के समय फिर व्यवस्था ने यही सवाल उठाए। उन्हें सत्तालोलुप और धार्मिक पुनर्जागरणवादी कहकर उनका तिरस्कार करने की कोशिशें भी हुईं। लेकिन राजेन्द्र बाबू अडिग रहे और उन्होंने पश्चिमपरक मान्यताओं से जूझते रहने का रास्ता चुना। चाहे हिंदू कोड बिल का सवाल हो, चाहे केरल में राष्ट्रपति शासन लगाने का सवाल हो, चाहे सोमनाथ मंदिर के उद्घाटन में जाने का सवाल हो, राजेन्द्र बाबू दृढ़तापूर्वक अपनी मर्यादाओं पर अडिग रहे। ईमानदारी से अपनी बात कहते रहे और व्यवस्था को समझाते रहे कि इस देश का कल्याण भारतीयता के रास्ते पर चलने में ही है। तब देश इतना नहीं हारा था, जितना कि आज है।

1957 में जब उन्हें हटाकर किसी और को राष्ट्रपति बनाने की बात चली तो मौलाना आजाद ने जवाहरलाल नेहरू को लिखा :

"हमारी आजादी के जद्दोजहद में जिसने अपने-आपको मिटा दिया और दूसरे, जिसे विदेशी सरकार के हाथों सर का खिताब कबूल करने में कोई झिझक नहीं हुई, जमीन-आसमान का फर्क है और इस फर्क का अहसास आपको करना ही होगा।"

इसी तरह सरदार पटेल की मृत्यु पर व्यवस्था के साथ विरोध के बावजूद वे

उनकी अंत्येष्टि में शरीक होने गए। ज्ञानवती दरबार को उन्होंने जो चिट्ठियां लिखाई हैं, उनमें एक बात बहुत साफ है कि राष्ट्रपति इस बात को लेकर बहुत चिंतित थे कि भारत पश्चिम के जिस रास्ते पर चल पड़ा है उसका नतीजा क्या होगा। वे जहां भी जाते, भारत की परंपरा और उसकी समृद्धि की एक तरह से खोज ही करते रहते।

ये वे राष्ट्रपति थे जो देश की सीमाओं की रक्षा के लिए शहीद सैनिकों की स्मृति में उन्हें शौर्य पुरस्कार देने जाते तो उनकी आंखों से आंसू झर रहे होते थे। उन्हें इस बात की भी लगातार चिंता रहती थी कि सार्वजनिक जीवन का क्षरण हो रहा है और उसका नतीजा क्या होगा। इसलिए वे गांधीजी की इस बात को कि आजादी के बाद कांग्रेस को राजनीतिक दल के बदले सेवा के एक संगठन में बदल दिया जाए, बार-बार याद करते थे। और गांधी पर उनकी इतनी निष्ठा थी कि वे हाथ में पेंसिल और कागज लेकर बैठे तो उस कागज पर गांधीजी की मृत्यु के बाद भी उनका संदेश लिख उठा।

ये वे राष्ट्रपति थे जिन्होंने 30 जनवरी, 1959 को लिखा : "हमने गांधीजी की 11 साल पहले हत्या कर दी थी लेकिन क्या इतनी ही बात है? गांधीजी की तो हम रोज-रोज हत्या कर रहे हैं।"

13 मई, 1959 को उन्होंने लिखा :

"आज जिस भारत का नक्शा हम देख रहे हैं, वह सरदार पटेल के प्रयासों से बना है। लेकिन दिल्ली में उनका एक भी स्मृति-चिन्ह नहीं। हम उन्हें महत्त्व नहीं देना चाहते तो इसका मतलब यह नहीं है कि देश के लिए उनकी सेवाएं कम थीं।"

परम्परागत संस्थाओं को वे बहुत महत्त्व देते थे। 8 मई, 1960 को उन्होंने लिखा :

"यह कहां तक सही है कि लोगों को केवल उनकी अपनी बौद्धिक और शारीरिक शक्ति के भरोसे छोड़ दिया जाए? परिवार उसके हर सदस्य के लिए बीमा का काम करते थे। मैं मानता हूं कि परिवार-व्यवस्था हमारी बहुत ही मानवीय व्यवस्था रही है।"

लेकिन व्यवस्था ने इस बात की पूरी कोशिश की कि राष्ट्रपति यदि मरें तो गांधीजी के राजघाट के आसपास उनकी कोई समाधि न बनने पाए। इसके लिए दूर की एक जगह तलाशी गई थी, जहां बाद में लालबहादुर शास्त्री की समाधि बनी। राजेन्द्र बाबू गांधी के उस चंपारण सत्याग्रह आंदोलन से निकले थे जो गांधी का इस भारत के नजदीक जाने का प्रयोग था। जमीन से शक्ति संचित करने का

प्रयोग था। क्या आज का वक्त गांधी और राजेन्द्र प्रसाद जैसे लोगों को फिर खींचकर एक साथ खड़ा कर देने का नहीं है? भारत को यही प्रयोग बचाएगा।

मुझे लगता है कि हमारे देश की शक्ति और सामर्थ्य फिर से तभी जिंदा होगी जब हजारों लोग एक साथ मिलकर अपने देश को, अपनी संस्कृति के कल्याणकारी पक्ष को परखें, ज्ञान-विज्ञान को परिस्थिति के अनुरूप निखारें, अपनी सामर्थ्य की आस्था के आधार पर चलने की कोशिश करें। भारत संपूर्ण मानवता के लिए एक बहुत बड़ी आशा है। आज पूरी दुनिया भारत की ओर देख रही है, इस आशा से कि वह पूरी दुनिया को कौन-सा रास्ता दिखाता है। राजेन्द्र बाबू ने इस सामर्थ्य को समझा था, उसे अपने जीवन में उतारा था, अपनी निष्ठा और संकल्प-शक्ति के सहारे उस राह पर चले थे। आज वे हमारे प्रेरणा के स्रोत हैं व गांधी की आभा से अनुप्राणित उनकी जिंदगी एक ऐसा प्रकाश स्तंभ है जो आज के फैले अंधेरे में हमें एक नया प्रकाश देगी, जिससे न केवल सही राह पर स्वयं चलने में सक्षम होंगे वरन् सारी मानवता को एक नई रोशनी देने में समर्थ होंगे। उस महामानव देशरत्न की स्मृति को मेरा प्रणाम्।

*('डॉ. राजेन्द्र प्रसाद स्मारक व्याख्यानमाला, 2000' के तहत ऑल इंडिया रेडियो से दिया गया भाषण)*

# क्षेत्रीय असंतुलन : एक विस्फोटक स्थिति

आजादी के पचास वर्ष के बाद देश में एक खतरनाक विभाजन होता दिखाई दे रहा है, लेकिन यह विभाजन सांप्रदायिक आधार पर न होकर वैभव और दरिद्रता के बीच हो रहा है। एक भारत जो अल्पमत में है, दुनिया के विकसित देशों से होड़ लेने के लिए कमर कसे हुए है और दूसरी ओर हमारे देश की बहुसंख्या गरीबी और बेबसी के गर्त में डूब रही है। देश में जो विपन्न हैं, एक अंधेरे कोने में ढकेले जा रहे हैं, जबकि देश का एक छोटा-सा भाग दूसरों की कीमत पर विकास की रोशनी में उभारा जा रहा है।

दिल्ली इस असंतुलन की सिर्फ जन्मदात्री ही नहीं है, बल्कि इसका लाभ भी उठा रही है। दिल्ली में प्रति व्यक्ति आय 19,779 रुपये हैं और अगर इसके आसपास के गरीब इलाकों को इससे अलग कर दिया जाए तो यह आंकड़ा और भी ऊपर चला जाएगा। बिहार में प्रति व्यक्ति आय 3,835 रुपया है। अगर विकास सूचकांक के और कारकों—मसलन साक्षरता, बिजली के उपभोग, टेलीफोन लाइनों और अस्पताल संबंधी सुविधाओं को दृष्टि में रखकर देखा जाए तो बिहार की हालत दिल्ली से सात गुना बुरी है। यह ऐसा विभेद है जो अभूतपूर्व टकराव के रूप में फूट सकता है।

देश में उत्तर प्रदेश दूसरा सबसे गरीब और सबसे कम विकसित राज्य है। यद्यपि बिहार के मुकाबले इसकी प्रति व्यक्ति आय करीब दोगुनी (6,733 रुपये) है, फिर भी विकास सूचकांक में जहां दिल्ली 100 पर है, वहीं उत्तर प्रदेश 14 पर। देश के सबसे गरीब सात राज्य—बिहार, उत्तर प्रदेश, असम, मध्य प्रदेश, उड़ीसा, जम्मू-कश्मीर और त्रिपुरा हैं। अकेले दिल्ली इनमें छः से सात गुना अधिक समृद्ध हैं। राजस्थान, मणिपुर व मेघालय इन गरीब राज्यों से थोड़ी ही अच्छी हालत में हैं। आंध्र प्रदेश और पश्चिम बंगाल को इस सूचकांक में 20 और 21 अंक मिलते हैं और ये दिल्ली से पांच गुना बुरी हालत में हैं।

गंगा और यमुना के आसपास का भूभाग हरिद्वार से लेकर हुगली तक एक विस्फोटक स्थिति से गुजर रहा है। उत्तर प्रदेश, बिहार, मध्य प्रदेश, आंध्र प्रदेश, बंगाल, उड़ीसा, राजस्थान और पूर्वोत्तर भारत ऐसा क्षेत्र है जिसमें देश की 70 प्रतिशत से अधिक आबादी निवास करती है और यही क्षेत्र देश के सबसे गरीब इलाकों में हैं। जो समृद्ध भारत समझा जाता है, उसमें भी आपस में असंतुलन है। राज्य विकास सूचकांक में महाराष्ट्र के 52 अंक हैं, जबकि दिल्ली के 100 अंक हैं। इसमें यह भी ध्यान रखने की जरूरत है कि महाराष्ट्र को प्राप्त इस अंक में मुम्बई की दौलत भी शामिल है। महाराष्ट्र के इस सूचकांक से जो तस्वीर उभरती है, उसके मुकाबले ग्रामीण महाराष्ट्र बहुत ही विपन्न है। सीधे विदेशी निवेश (एफडीआई) की जो सरकारी नीति है, उसके कारण विदेशी निवेश पश्चिम और दक्षिण के राज्यों में हो रहा है।

इससे पश्चिम व दक्षिण के राज्यों तथा उत्तर-पूर्वी राज्यों के बीच जो असमानता है, वह और भी बढ़ेगी। जरूरत इस बात की है कि देश के आर्थिक नियोजन को इस तरह पुनर्नियोजित किया जाए ताकि इस खाई को पाटा जा सके। चाहे सरकार किसी भी दल की रही हो, केंद्र सरकार का हर फैसला इस खाई को और बढ़ानेवाला सिद्ध हुआ है। भारत सरकार के लिए दिल्ली की सीमा से शुरू होकर अरब सागर और बंगाल की खाड़ी के बीच बंगाल से लेकर आंध्र प्रदेश तक फैली हुए मानवीय त्रासदी के मुकाबले स्टाक एक्सचेंज का महत्व ज्यादा है। गांगेय क्षेत्र के संकट या त्रासदी से बाहर निकलने का सिर्फ एक रास्ता है कि लोगों के हाथ में शक्ति दी जाए, उन्हें शिक्षित किया जाए, नई दृष्टि दी जाए और उस क्षेत्र में अधिकाधिक निवेश किया जाए। जरूरत इस बात की है कि भारत का वह हिस्सा जिसे भुला दिया गया, उसे संपन्न हिस्सों के बराबर करने के लिए सरकार दखल दे। किसी भी जनतांत्रिक सरकार का, जो सभी नागरिकों की समानता का दावा करती है, यह पहला कर्तव्य है। ऐसा नहीं हो सकता है कि आप सिद्धांत में समानता की बात करें और व्यवहार में असमानता बढ़ाएं। यह भी नहीं हो सकता कि संविधान में आप समानता की व्यवस्था करें और बाजार में खुले शोषण की छूट दें।

सरकार को चाहिए कि वह विपन्न भारत के लिए सामाजिक सेवाओं और उसके जीवन स्तर को उठाने के लिए खुद निवेश करे तथा दूसरों को निवेश करने के लिए मजबूर करे। शिक्षा और टेक्नोलॉजी ही ऐसी सीढ़ियां हैं जो राष्ट्र के भीतर पिछड़े हुए तबकों को ऊपर ले जा सकती हैं। इसमें टेक्नोलॉजी शिक्षा के पहले नहीं आ सकती है। असमानता का सीधा परीक्षण इस बात से ही किया जा सकता है कि सॉफ्टवेयर

क्षेत्र में गांगेय क्षेत्र, राजस्थान, उड़ीसा, मध्य प्रदेश और पूर्वोत्तर के कितने युवक काम कर रहे हैं। केवल इस बात से ही आप इस तथ्य को आसानी से समझ सकते हैं कि हमारे देश के जो विकसित क्षेत्र हैं, उनके और इन राज्यों के बीच कितनी असमानता है। पश्चिम बंगाल इसका एकमात्र अपवाद है, क्योंकि वहां शिक्षा के क्षेत्र में काफी निवेश हुआ है। नग्न सत्य तो यह है कि शिक्षा और स्वास्थ्य जैसे क्षेत्रों में संस्थागत खर्च बढ़ने की बजाय घटा है। देश के गरीब हिस्सों पर दोहरी मार पड़ रही है, क्योंकि वहां एक ओर तो साधनों की कमी है और दूसरी ओर राजनीतिक प्रबंधन भी ठीक नहीं है।

विपन्न लोगों की पहचान बहुत आसानी से की जा सकती है। दलित, पिछड़े, अल्पसंख्यक और जनजातीय लोग इसके दायरे में आते हैं। गरीबी के साथ एक निराशा का भाव भी उन्हें घेरे हुए है। उन्हें ऐसा लगता है कि देश उनके साथ एक समान नागरिक के रूप में व्यवहार करने की इच्छा नहीं रखता। उनके भीतर गुस्से का एक लावा भीतर-ही-भीतर उबल रहा है और अगर समय रहते कोई उपाय नहीं किया गया तो यह किसी भी क्षण फूट सकता है। जैसे साठ और सत्तर के दशक में नक्सलवादी आंदोलन ने सामाजिक शांति को खतरे में डाल दिया था, वैसी ही स्थिति बड़े पैमाने पर पैदा हो सकती है।

यह संभव है कि भारत आज तीस वर्ष पहले के मुकाबले अधिक संपन्न हुआ हो, लेकिन उसी के साथ यह भी सत्य है कि आज हमारा राष्ट्र अधिक खतरों से घिरा हुआ है। बहुत तेजी से हम ऐसे राष्ट्र बन रहे हैं, जिसमें सामाजिक संवेदनशीलता का अभाव है। आज देश में जो विभाजन दिखाई दे रहा है, उसमें एक ओर एक जनसंख्या के विभिन्न वर्गों के बीच है और दूसरी ओर जहां तक भौगोलिक स्थिति का सवाल है, वह बिलकुल सीधी रेखा में है। जो भौगोलिक विभाजन है, वह कुछ उसी तरह की भावनाओं को उभार सकता है जैसाकि हमने साठ के दशक के भाषायी आंदोलन के दौरान देखा धा, जबकि दक्षिण और उत्तर एक-दूसरे के विरुद्ध खड़े दिखाई दे रहे थे। एक महान पीढ़ी के नेताओं ने अपनी बुद्धिमत्ता से देश के भीतर किसी तरह जनतांत्रिक एकता स्थापित की, परंतु ऐसा लगता है कि आज जिस बुद्धिमत्ता की आवश्यकता उस संकट को टालने के लिए जरूरी है, जो संभवतः आजादी के बाद का सबसे भयंकर खतरा हो सकता है, उसका अभाव दिखाई दे रहा है। इस वक्त जरूरत इस बात की है कि उत्तरी और पूर्वी राज्यों में आधारभूत ढांचे को विकसित करने के लिए अधिकाधिक निवेश किया जाए ताकि देश के ये हिस्से भी दूसरे विकसित हिस्सों के साथ विकास कर सकें।

*(प्रभात खबर, 12 अप्रैल, 2000)*

# राजनीतिक मिलन के व्यावहारिक पहलू

एक अटपटे सवाल से इस राजनीतिक घटना को समझने की कोशिश हो सकती है। सवाल यह है कि चार पूर्व प्रधानमंत्री राजनीतिक मसलों पर बातचीत के लिए एक बार मिलें तो क्या यही अपने-आप में बड़ी राजनीतिक घटना मानी जानी चाहिए? कुछ लोग इस मिलन मेले को ऐतिहासिक घटना बता रहे हैं। इन पूर्व प्रधानमंत्रियों का एक मकसद से मिलना सिर्फ शुरुआत मानी जा सकती है। मिलना मात्र कोई पहल नहीं है। लेकिन बार-बार मिलना एक उम्मीद जगाता है। करीब डेढ़ महीने पहले यह शुरुआत हुई। चंद्रशेखर के निवास पर पूर्व प्रधानमंत्रियों की पहली मुलाकात अचानक और बिना प्रचार के संभव हो गई। दो मार्च की सुबह चंद्रशेखर ने सभी पूर्व प्रधानमंत्रियों को फोन करके चाय पर बुलाया। इसकी भूमिका कुछ दिन पहले ही बनी थी। पूर्व प्रधानमंत्रियों को जोड़ने का प्रयास पूर्व सांसद रहे एक पत्रकार ने किया। 'लग रहा था कि ये कभी मिलेंगे नहीं।' पूर्व प्रधानमंत्रियों के आपसी राजनीतिक और निजी संबंध जैसे रहे हैं, इसे देखते हुए इनका राजनीतिक मिलन असंभव लग रहा था।

लेकिन ये लोग मामूली प्रयास के बाद फटाफट एक जगह आने और बात करने के लिए तैयार हो गए। शुरुआत इंद्र कुमार गुजराल से हुई। वे तैयार हो गए। कहा जा सकता है कि वे इस अवसर का इंतजार कर रहे थे। उनके बाद चंद्रशेखर को टटोलने का प्रयास हुआ। वे बातचीत के लिए हमेशा अपना दरवाजा खुला रखते हैं। पूर्व प्रधानमंत्रियों के जमघट का उनकी ओर से स्वागत था। पर उन्हें इससे बहुत उम्मीद नहीं नजर आती। इन अनुकूल प्रतिक्रियाओं के बाद एच. डी. देवगौड़ा के दरवाजे पर दस्तक देने से पता चला कि वे पूरी तरह तैयार हैं। 'अगर यह (पूर्व प्रधानमंत्रियों का मिलना) हो सके तो सबसे बड़ा काम यही है।' बातचीत का यह हिस्सा साफ तौर पर बयान करता है कि कोई प्रयास करे, इसकी जरूरत वे अरसे से महसूस कर रहे थे। उन्हीं सज्जन ने आखिर में डायलिसिस

के दौरान विश्वनाथ प्रताप सिंह से बात की। अधिकारपूर्वक कहा कि आप मना नहीं करेंगे। विश्वनाथ प्रताप सिंह ने ऐसे प्रयासों की बाधाओं को गिनाया। वे यह जानते हैं कि आमतौर पर इन चार पूर्व प्रधानमंत्रियों के मुद्दे पर मतभेद ज्यादा नहीं हैं। दृष्टिकोण में फर्क अवश्य है। यहीं बातचीत की जरूरत बनती है।

पूर्व प्रधानमंत्रियों को मिलाने का 'होमवर्क' उबाऊ नहीं रहा। फटाफट होता गया। आखिर के दो दिन में ही बात ऐसे बनी जिसकी उम्मीद कम थी। प्रारंभिक सहमति के बाद चंद्रशेखर की भूमिका शुरू हुई। वे पूर्व प्रधानमंत्रियों को फोन करें, इससे पहले एक सवाल खड़ा हुआ कि क्या इस जमात में पी.वी. नरसिंह राव को भी शामिल किया जाना चाहिए? यह सवाल थोड़ा टेढ़ा था। राजनीतिक मकसद अगर एकजुट होना है तो पी.वी. नरसिंह राव को निमंत्रण देना उचित नहीं होगा। इस तरह की एक राय थी जो बहुत गहरे मायने रखती है। दूसरी राय भी थी कि उन्हें निमंत्रण दिया ही जाना चाहिए। पी.वी. नरसिंह राव इस जमात में बने रहना चाहते हैं। वे भले ही न आएं पर निमंत्रण का हक नहीं छोड़ना चाहते। उन्हें भी फोन पर चंद्रशेखर ने बुलाया। दो मार्च को खब़रों की दुनिया में दोपहर बाद तक किसी को भनक तक नहीं थी कि चार पूर्व प्रधानमंत्री जमा हो रहे हैं। थोड़े ही लोग इसे जान पाए। इसी वजह से मीडिया का भीड़-भड़क्का तीन साउथ एवेन्यू पर जमा नहीं हो सका। लेकिन पूर्व प्रधानमंत्रियों ने दो घंटे बात की। देश की दिशा-दशा पर बात की। अपने सरोकार सामने रखे। इनको सुनने के बाद महसूस किया जा सकता था कि मौजूदा हालात से वे बेहद चिंतित हैं।

इस वर्णन से एक बात उभरती है। पूर्व प्रधानमंत्रियों का मिलन स्वयंप्रेरित नहीं है। परिस्थितियों को देख-समझ कर ये अपनी पहल पर इकट्ठे नहीं हुए। इन्हें देश की साझा चिंता ने जोड़ा पर इसके लिए किसी उत्प्रेरक तत्त्व की आवश्यकता पड़ी। उत्प्रेरणा स्वरूप जब ये एकत्र हुए तो इनका साझा सरोकार सामने आया। जो लोग इनका मिलन असंभव मान रहे थे, वे आश्चर्यचकित रह गए। ऐसा नहीं है कि ये लोग पूर्व प्रधानमंत्री के रूप में पहली बार एक जगह मिले हों। अनेक अवसरों पर इनकी साझा तस्वीरें छपी हैं। साल में तीन-चार मौके आते हैं। एक मौका इनकी सुरक्षा का जिम्मा संभाल रही एसपीजी का सालाना जलसा होता है। ऐसे और भी मौके गिनाए जा सकते हैं। इन अवसरों पर मिलना राजनीतिक मायने नहीं रखता। भले ही किसी की नेक सलाह पर ये लोग एक जगह इकट्ठे आए। इसे सराहनीय कदम समझा गया है। जिन लोगों को आश्चर्य हुआ, वे इन पूर्व प्रधानमंत्रियों के अतीत को याद कर रहे थे। हमेशा इस तरह के अवसरों पर आश्चर्य प्रकट करना पहली प्रतिक्रिया हुआ करती है। किसी घटना

को दर्ज करने की इससे शुरुआत होती है। समाज अगर आश्चर्य प्रकट करता है तो समझिए, वह चौंकने जा रहा है। यह बढ़िया लक्षण है। इसके बाद ही समझने का प्रयास प्रारंभ होता है। इस बात की खोज शुरू होती है कि इस घटना के मायने क्या है? इसमें कोई सिद्धांत भी है या नहीं? इसकी खोज भी तत्क्षण शुरू हो जाती है। ऐसी घटनाओं पर समाज की गहरी नजर उसकी अपनी उत्सुकता से पैदा होती है। जब-जब इस तरह की घटना हो और समाज आश्चर्य से उसे देखे तो समझना चाहिए कि उसकी उदासीनता टूट रही है।

पूर्व प्रधानमंत्रियों की जमात पर समाज ने अपनी खोजपरक नजर गड़ा दी है। लोग इनके अगले कदम का इंतजार कर रहे हैं। आशंकाएं खड़ी की जा रही हैं। सवाल उठ रहे हैं कि पी.वी. नरसिंहा राव इस जमात में कब शामिल होंगे? वैसे यह मामूली-सा सवाल है। इससे ही संभावनाओं की आहट का पता चलता है। देश की राजधानी में पूर्व प्रधानमंत्रियों का जमावड़ा कई बार हो चुका है। पहली मुलाकात के बाद पूर्व प्रधानमंत्री इंद्र कुमार गुजराल अमेरिका चले गए। लौटकर जब आए तो इस जमात में अनेक सवाल थे। अट्ठाईस मार्च को इस जमात ने एक बयान जारी किया। उसे ग्यारह-सूत्री कार्यक्रम माना जा रहा है। इस बयान से दूसरा कदम इन लोगों ने आगे बढ़ाया है। इनका बयान मौजूदा राजनीति पर सख्त टिप्पणी है। इनके इरादे का इजहार है। उससे कुछ मुद्दे उभरते हैं। यह नहीं कहा जा सकता कि इन मुद्दों ने ठोस शक्ल ले ली है। हो सकता है कि पूर्व प्रधानमंत्रियों को यह बात खल जाए लेकिन है यह हकीकत। ये लोग मौजूदा चुनौतियों पर अपनी प्रतिक्रियाएं व्यक्त कर रहे हैं। समाधान का रास्ता दिखाने का प्रयास नहीं कर रहे हैं। तीन पूर्व प्रधानमंत्रियों के बयान छपे हैं। इन बयानों से समझ में आता है कि विश्वनाथ प्रताप सिंह चाहते हैं कि देश की ज्वलंत समस्याओं पर चर्चा हो। वे सरकार को केंद्र में रखकर बहस छेड़ने से परहेज कर रहे हैं। सरकार के विरोध या समर्थन से ऊपर उठकर बहस हो। चंद्रशेखर का तेवर सरकार के खिलाफ तीखा है। मुद्दे की सफाई उसमें दिखती है। वे सरकार के जनविरोधी कामों को रोकने में अपनी ताकत लगाना चाहते हैं। आर्थिक मुद्दे उनके एजेंडे पर सबसे पहले हैं।

इस जमात में इंद्र कुमार गुजराल सबसे कमजोर कड़ी हैं। पिछले दिनों आशंका जाहिर की जा रही थी कि वे अपना नाता इस समूह से तोड़ने जा रहे हैं। एक मायने में वे छुई-मुई व्यक्तित्व वाले राजनेता हैं। मीडिया उनका रास्ता रोक लेता है या बदलवा देता है। इस जमात की हलचलों पर सरकारपरस्त अखबारों ने आलोचना की झड़ी लगा दी है। इनका सबसे अधिक असर गुजराल

पर पड़ा। चंद्रशेखर को एक बैठक में कहना पड़ा कि मीडिया हमारे साथ था कब? उसकी परवाह करेंगे तो एक कदम भी उठाना मुश्किल हो जाएगा। केवल मीडिया ही गुजराल की मनोदशा को प्रभावित नहीं करता, और भी बातें हैं। वे स्वभाव से सरकारपरस्त व्यक्ति हैं। इसका प्रमाण ढूंढ़ने की जरूरत नहीं है। काफी हैं। अमेरिका यात्रा के बाद वे विश्व-यात्रा पर निकलने वाले हैं। अटल बिहारी वाजपेयी की सरकार उनको बाहर देश का प्रतिनिधि बनाकर जगह-जगह भेजने की योजना तैयार कर रही है। पता नहीं, कितना सच है लेकिन यह चर्चा आम है कि प्रधानमंत्री अटल बिहारी वाजपेयी ने इंद्र कुमार गुजराल से एक दिन कहा कि अपने क्लब में छठे की भी जगह रखिए। जाहिर है कि वे इस जमात में अपनी जगह भी बनाए रखना चाहते हैं। प्रधानमंत्री इस जमात को क्लब में बदल देने का संकेत दे रहे हैं। इससे यह भी जाहिर होता है कि प्रधानमंत्री अटल बिहारी वाजपेयी इस जमात की राजनीतिक संभावनाओं को पूरी तरह समझ रहे हैं।

पूर्व प्रधानमंत्रियों में उद्देश्य की एकता का अभाव दिखाई पड़ रहा है। विश्वनाथ प्रताप सिंह इस जमात के बनने से पहले ही अपना कार्यक्रम शुरू कर चुके हैं। झुग्गी-झोंपड़ियों में रहने वाले लोगों को उनका अधिकार दिलाने वे निकल पड़े हैं। शब्दों के मदारी विश्वनाथ प्रताप सिंह ने अपने आंदोलन को नई पहचान दी है। इसे वे राशन कार्ड का आंदोलन नहीं कह रहे हैं। झुग्गी-झोंपड़ी इलाके को वे मजदूर बस्ती बता रहे हैं। कह रहे हैं कि महानगरों का यह सर्विस सेक्टर है। महानगर को अगर साफ-सुथरा रहना है तो इस सेक्टर की देखभाल करनी पड़ेगी। उनके इस तरह के तर्क में काफी बल है। सवाल नई जमात के अभियान का है। पूर्व प्रधानमंत्रियों का अभियान कब से शुरू होगा? कुछ दिन पहले गाजियाबाद में एक मंच पर इन्हें एकत्रित होना था। वहां विश्वनाथ प्रताप सिंह के साथ एच. डी. देवगौड़ा भी आए। चंद्रशेखर नहीं आए क्योंकि आंख के ऑपरेशन की वजह से उन्हें अभी कुछ दिनों तक धूप से परहेज रखना है। अगर चंद्रशेखर और इंद्र कुमार गुजराल इस मंच पर पहुंचते तो साझा अभियान में ताकत आ जाती। उनकी अनुपस्थिति से लगता है कि विश्वनाथ प्रताप सिंह अपना समानांतर कार्यक्रम चला रहे हैं। डेढ़ महीने गुजर गए हैं। साझा अभियान की रूपरेखा दिखाई नहीं पड़ रही है।

पूर्व प्रधानमंत्रियों का एक मंच पर राजनीतिक मकसद से एकत्र होना इस बात का परिचायक है कि अटल बिहारी वाजपेयी प्रधानमंत्री के तौर पर लोगों को जल्दी निराश करने लगे हैं। सरकार से नाराजगी बढ़ रही है। उसकी रफ्तार दिनोंदिन तूफानी हो रही है। विपक्ष अपनी भूमिका सही ढंग से निभा सकता होता

तो पूर्व प्रधानमंत्रियों को अभियान का इरादा बनाने की जरूरत नहीं पड़ती। सोनिया गांधी के नेतृत्व में विपक्ष निरीह हो गया है। सरकार का वह हिस्सा, जैसा माना जा रहा है, सरकार से बढ़ती नाराजगी और विपक्ष से नाउम्मीदी ने वह मैदान खाली कर दिया है जहां से राजनीति की तकदीर तय होती है। उसी मैदान पर निगाह विश्वनाथ प्रताप सिंह की टिकी है। लेकिन उनको भ्रम है कि वे नए अभियान का नेतृत्व कर सकते हैं। उनकी विश्वसनीयता संदेह के दायरे में है। वे अपना रोल समझ लें तो अभियान सही मायने में शुरू हो सकता है। पूर्व प्रधानमंत्रियों की जमात में सरकार विरोधी अभियान का नेतृत्व चंद्रशेखर ही कर सकते हैं। इस जमात को विश्वसनीयता थोड़ी-बहुत उनके कारण हासिल हुई है। इसे विकल्प की मंजिल तक ले जाने के लिए जो शुरुआत होनी चाहिए, वह अब तक नहीं हुई है।

*(रामबहादुर राय, जनसत्ता, 15 अप्रैल, 2000)*

# इतिहास पुरुष बनेंगे या अंधेरे में खो जाएंगे

चार भूतपूर्व प्रधानमंत्रियों का मिलना, फिर बात करना तथा पुनः मिलना और देश में निकलने का निर्णय करना अपने-आपमें ऐतिहासिक घटना है। अब तक कभी भी भूतपूर्व प्रधानमंत्री राजनीतिक व आर्थिक स्तर पर विचार करने के लिए एक साथ नहीं बैठे थे। कोई कल्पना ही नहीं कर सकता था कि कभी चारों एक साथ बैठ भी सकते हैं। लोगों में यह धारणा फैली हुई थी कि विश्वनाथ प्रताप सिंह व चंद्रशेखर कभी साथ बैठकर बातें कर ही नहीं सकते तथा देवगौड़ा तो इंद्र कुमार गुजराल की सूरत भी देखना पसंद नहीं करते। लेकिन जब एक पत्रकार ने चारों से अलग-अलग बात की तो उसे लगा कि ऊपर से असंभव दिखाई देने वाला कार्य संभव है। विश्वनाथ प्रताप सिंह, चंद्रशेखर, देवगौड़ा व गुजराल अपने पूर्वग्रह छोड़ते उसे दिखाई दिये। चंद्रशेखर ने कहीं भी जाकर बात करने की इच्छा दर्शाई लेकिन वी.पी. सिंह ने कहा कि चंद्रशेखर के पैर में चोट है, अतः उन्हीं के यहां बैठना अच्छा होगा। चंद्रशेखर ने सभी को फोन किया तथा तीनों भूतपूर्व प्रधानमंत्री उनके घर शाम साढ़े चार बजे आ गये। दिन दो मार्च का था। चंद्रशेखर ने पांचवें भूतपूर्व प्रधानमंत्री नरसिंह राव को भी आमंत्रित किया था, पर उस दिन वे अदालती कार्यों में फंसे थे। उन्होंने चंद्रशेखर से कहा कि वे उद्देश्य से सहमत हैं तथा जनता के बीच जाकर बात करने का समर्थन करते हैं।

यह बैठक इतनी गुप्त थी कि इन भूतपूर्व प्रधानमंत्रियों के घरवालों को भी पता नहीं था कि क्या होने वाला है। मीडिया को भी शाम तीन बजे पता चला। बैठक समाप्त होने के बाद ही जब कई टुकड़ों में पत्रकार चंद्रशेखर के घर पहुंचे तो उन्हें भी विश्वास नहीं हुआ कि कुछ अति गंभीर होनेवाला है। रात में इसका पता राष्ट्रीय स्वयंसेवक संघ को लगा, तभी कांग्रेस हाईकमान भी चौंका। सरकार की खुफिया एजेंसी असफल रही जिसका नोट गृह मंत्रालय ने लिया। प्रतिक्रिया मिश्रित थी। कुछ का मानना था कि भविष्य की राजनीति मोड़ ले सकती है तथा

कुछ का मानना था कि यह चारों की चाय पार्टी के अलावा कोई महत्व नहीं रखती, पर एक वरिष्ठ पत्रकार का कहना था कि यदि यह केवल चाय पार्टी ही थी तो यह आगे कई लोगों की चाय का स्वाद बेमजा करने की ताकत रखती है।

यह घटना ऐसे नाजुक समय में हुई है, जब हाल में हुए चुनावों में एक ओर भाजपा का आधार घटा है तथा दूसरी ओर कांग्रेस का भी आधार घटा है। महंगाई तेजी से बढ़ी रही है। आर्थिक नीतियों के कारण गरीबी का दायरा तेजी से बढ़ रहा है। हम अपने देश में गरीबी की रेखा के नीचे पैंतीस प्रतिशत लोगों को मानते हैं लेकिन विश्व संगठन इसे साठ प्रतिशत के लगभग आंकते हैं। आतंकवाद तेजी से बढ़ रहा है तथा रोजगार के अवसर तेजी से घटते जा रहे हैं। गांवों से शहरों में पलायन चरम सीमा पर है। राज्य सरकारें दीवालिया होने की कगार पर है। लेकिन फिर भी देश पर राज करनेवाले आगामी दिनों की भयंकरता का एहसास नहीं कर रहे। उलटे ऐसे सवालों को उठाने की कोशिश में लगे हैं जिनका संबंध भावना से है, पेट से नहीं।

आज देश में आस्था का कोई केंद्र नहीं है। बिगड़ती स्थितियों के खिलाफ चेतावनी देनेवाली कोई आवाज ही नहीं बची है। अलग-अलग लोग हैं जो मान बैठे हैं कि अब विनाश ही एकमात्र विकल्प नजर आ रहा है। देश की ताकत, स्वाभिमान, लोकतंत्र—किसी की चिंता का विषय ही नहीं बनता नजर आ रहा है। ऐसे समय चार भूतपूर्व प्रधानमंत्रियों का मिलना-बैठना व देश की हालत पर बोलने का निर्णय लेना देश के संवेदनशील लोगों को अंधेरे में हलकी रोशनी का अहसास दिला रहा है।

इन भूतपूर्व प्रधानमंत्रियों की गतिविधियों को क्या भविष्य में शुरू होनेवाले पुनर्जागरण आंदोलन की पूर्वभूमिका माना जा सकता है? इसका उत्तर तलाशना हो तो अट्ठाईस मार्च को जारी इनके एजेंडे को देखना होगा, जो संकेत कर रहा है कि भविष्य की राजनीति को वे इसके इर्द-गिर्द घुमाने की कोशिश करेंगे। ग्यारह-सूत्री एजेंडा जहां लोकतंत्र की रक्षा की बात करता है वहीं गरीबों को देश की अर्थव्यवस्था का मुख्य केंद्र बनाने पर जोर देता है।

आर्थिक नीतियों के कारण बेरोजगारी का बढ़ना, मध्यम उद्योग-धंधों का नष्ट होना, ऐसी चीजों का आयात करना जो देश में आवश्यकता से अधिक पैदा होती हैं तथा शिक्षा व स्वास्थ्य के क्षेत्र में बाजार-ताकतों का घुसना इनकी चिंता का विषय बना है। इन्हें लगता है कि हालात यदि ऐसे ही रहे तो देश में टूट होगी तथा देश दिनोंदिन लैटिन अमेरिकी देशों की तरह न केवल आर्थिक तौर पर, बल्कि राजनीतिक व सैनिक तौर पर भी गुलामी की ओर बढ़ने लगेगा। इसका

परिणाम होगा—देश के टुकड़े-टुकड़े होना। इस एजेंडे की अहमियत का अंदाजा इस बात से हो रहा है कि इसे आधार बनाकर वे लोग अपने यहां इन्हें बुलाने की मांग कर रहे हैं जो राजनीतिक दलों से जुड़े नहीं हैं। विभिन्न सामाजिक वर्गों के लोग नये सिरे से खड़े होने की हिम्मत जुटाने लगे हैं। एक मुख्यमंत्री ने मुझसे कहा कि ऐसा लग रहा है कि जनता को सही लोगों का नेतृत्व मिलने जा रहा है।

एक और महत्त्वपूर्ण बात हुई है। राष्ट्रीय स्वयंसेवक संघ के सरसंघ चालक ने अपने वक्तव्य में देश में हिंदुओं को गैरहिंदुओं के साथ महाभारत की बात कही है। देश के अल्पसंख्यकों में इससे चिंता की लहर फैल गई है। साथ ही साथ संविधान की समीक्षा के लिए एक समिति का निर्माण भी कई संकेत दे गया है। गरीबी, बेरोजगारी व आर्थिक नीतियों के कारण खिसकते जनाधार को हिंदू व गैरहिंदू के बंटवारे के हथियार से पुनः समेटने की कोशिश ने उस बहुसंख्यक संवेदनशील जनता को चौंका दिया है जो मानवीय मूल्यों में भरोसा करती है।

इन भूतपूर्व प्रधानमंत्रियों की इस बात को देश में जबर्दस्त समर्थन मिला है कि यदि संविधान के बारे में विचार करना है तो वह जनप्रतिनिधियों द्वारा किया जाना चाहिए। लोकसभा का उचित फोरम है। देश के किसानों में भी चेतना का नया संचार हुआ है। गरीब, नौजवान तथा विभिन्न सामाजिक वर्ग अपने 'आप इन चारों की मुहिम से जुड़ते दिखाई दे रहे हैं। कई सालों के बाद वंचित वर्ग में उत्पन्न हुई आशा एक खतरा भी पैदा कर रही है। वह यह कि इस पैदा हुई आशा की गंभीरता को ये चारों भी महसूस कर रहे हैं या नहीं।

इन चारों ने कदम बड़ी सावधानीपूर्वक तय किये हैं। इन्होंने किसी राजनीतिक अभियान का श्रीगणेश नहीं किया है और न ही किसी संगठन या राजनीतिक दल को बनाने की घोषणा की है। इन्होंने देश की जनता से संवाद करने की योजना बनाई है, जिसके तहत ये अपनी बात रखेंगे भी और जनता की बात सुनेंगे भी। वी.पी. सिंह, चंद्रशेखर व देवगौड़ा सारे देश में घूमने की योजना को अंतिम रूप दे रहे हैं। देवगौड़ा का कहना है कि कमरे में बैठकर महीने में एक बार राय दे देना जनता की समस्या का मजाक उड़ाना है। अतः हमें सारे देश में घूमकर जनता की तकलीफों के साथ खुद को जोड़ना चाहिए। उन्होंने ही चंद्रशेखर व वी.पी. सिंह को इस बात के लिए तैयार किया है।

दरअसल, इन चारों को इस बात का एहसास नहीं है कि उनके कदमों के प्रति देश में कितनी जिज्ञासा पैदा हुई है। विभिन्न जगहों पर बहस प्रारंभ हो चुकी है कि इनके इस अभियान का क्या-क्या परिणाम निकल सकते हैं। कइयों का

मानना है कि तीसरी ताकत फिर इकट्ठी हो सकती है तो कुछ का मानना है कि नया राजनीतिक दल बन सकता है। अटकलें लगानेवालों का तो यह तक मानना है कि इससे व्यवस्था के प्रति विद्रोह का भी सूत्रपात हो सकता है। संसद के केंद्रीय हॉल में सांसदों ने बातचीत में कहा कि अगर चारों एक महीने तक साथ रह सके तो सांसद स्वयं इनके पास जाएंगे, किसी को कोशिश ही नहीं करनी पड़ेगी। जो सवाल वायुमंडल में घूम रहा है, वह यह कि क्या ये चारों एक साथ रह पाएंगे?

इस सवाल का जवाब आसान नहीं है। चारों के सोच के मुद्दे तो एक जैसे हैं पर किन पर जोर देना है, इस बारे में अलग-अलग राय है। इंद्रकुमार गुजराल अखबारों में छपी राय से ज्यादा प्रभावित होते हैं तथा उन्हें लगता है कि अखबारों की प्रतिक्रिया ही दिशा-निर्देशक संकेत है। वे सरकार की आलोचना से भी घबराते हैं। देवगौड़ा किसानों की समस्याओं को सबसे ज्यादा महत्त्वपूर्ण मानते हैं। चंद्रशेखर को डर है कि अभियान का परिणाम कहीं बड़े असंतोष का कारण न बन जाए। तब वे इसे कैसे संभालेंगे? विश्वनाथ प्रताप सिंह ने इन दिनों झुग्गी-झोंपड़ी में रहने वालों को राशन कार्ड दिलाने का अभियान चलाया है जिसने शहरी गरीब वर्ग को आंदोलित कर दिया है। गुजराल को डर है कि जनता कहीं उनसे सवाल न करना प्रारंभ कर दे कि वे भी तो प्रधानमंत्री थे, तब इन समस्याओं पर उन्होंने क्या किया? इस मामले में चंद्रशेखर की स्पष्ट राय है कि मीडिया कभी हमारे साथ नहीं रहा, हमें किसी संपादकीय से डरना नहीं चाहिए। अगर डरना है तो इस बात से कि जनता की निराशा नहीं टूटी तो देश का क्या होगा!

लेकिन चारों के बीच कोई बड़ी खाई भी नहीं है। अगर मुसाहिब, दरबारी और चारण संस्कृति से चारों बच पाये तो देश में एक नया पुनर्जागरण आंदोलन अवश्य खड़ा हो जाएगा। अखबारों में पहले दौर में इनके खिलाफ बातें आई हैं कि चारों बेकार बैठे थे, अब कोई काम तलाश रहे हैं। दरअसल लिखनेवाले न तो देश की हालत से परिचित हैं और न ही इनके व्यक्तित्व से। सरकार से दिशा संकेत लेने वाले पत्रकार अभी और भी लिखेंगे तथा इन चारों के बीच मतभेद पैदा करने की सक्रिय कोशिश करेंगे, चारों के बीच व्यक्तित्व व नेतृत्व की लड़ाई खड़ी करने का प्रयास करेंगे। अभी तो विभिन्न राजनीतिक दलों की प्रतिक्रिया आना बाकी है। ऐसे नेता जो कद में छोटे हैं, समझ में बौने हैं, अपनी सारी ताकत इनके विरोध में लगा सकते हैं। उनके लिए जाति, धर्म व संप्रदाय प्रमुख है, देश की समस्याएं नहीं। उनकी राजनीति के लिए इन चारों का घूमना खतरनाक साबित हो सकता है। अतः ये कोशिश करेंगे कि इनका अभियान प्रारंभ ही न हो पाये। कानाफूसियां

शुरू भी हो गई हैं कि चार शून्य मिलकर भी शून्य का निर्माण करेंगे।

यहीं इनकी परीक्षा भी है। अगर ये इन मानवीव अवरोधों को अनदेखा कर गये तो शायद जनता की ताकत के निर्माण का आधार बना दें। विश्वनाथ प्रताप सिंह ने इस डर का अंत कर दिया है कि जनता साथ आएगी या नहीं। आज दिल्ली में वे बड़ी ताकत के रूप में उभरे हैं। उन्होंने अमीरी-गरीबी की लड़ाई को भाषा दी है। झुग्गी-झोंपड़ियों को उन्होंने मजदूरी बस्ती कहा है। उनका कहना है कि यह मजदूर वर्ग ही दिल्ली की सेवाओं को चला रहा है, अगर हटाना ही है तो पहले अमीरों की अनधिकृत बस्तियों को तोड़ो, फिर गरीबों की। गरीबों के सवाल को वे राजनीतिक चर्चा में ले आये हैं। आज मुम्बई, कलकत्ता, जयपुर, चेन्नई तक से उनके पास गरीबों के संकेत आ रहे हैं। इससे यह पता चलता है कि यदि सही नेतृत्व मिले तो अभी भी गरीब खड़ा हो सकता है। अगर इन भूतपूर्व प्रधानमंत्रियों को अपनी ताकत का अहसास हो जाए तो देश में एक नई आशा की किरण दिखाई दे सकती है।

इनके कदमों से राजनीतिक दलों का चौकन्ना होना तथा कुछ अखबारों में विपरीत टिप्पणियां आना ही इनके कदमों की मजबूती को दर्शाता है। संसद में इनसे जुड़े रहे सांसदों की संख्या इस समय तीन सौ के आसपास है। ओमप्रकाश चौटाला, नवीन पटनायक, चंद्रबाबू नायडू व करुणानिधि इनसे जुड़े रहे मुख्यमंत्री हैं। केंद्र में इनके अलावा समता पार्टी भी समाजवादी विचारधारा की पोषक है। कांग्रेस और भाजपा के भीतर उपज रहे डर के पीछे यही कारण है कि यदि ये घूमे, देश की जनता इनके साथ आई, तो कहीं राजनीतिक संगठन न इनके साथ जुड़ जाएं।

यह अभियान अगर प्रारंभ होता है तो यह इन चारों के जीवन का अंतिम सर्वाधिक महत्त्वपूर्ण अभियान होगा। इन सभी को देश का सर्वोच्च पद मिल चुका है। लौकिक भाषा में कहें तो पद की इच्छाएं पूरी हो चुकी हैं। अब इन्हें अपना राष्ट्रीय कर्तव्य निभाना है। अपने इस कर्तव्य के तहत इन्हें देश में घूमकर अंतिम निर्णायक को सत्य से अवगत कराना होगा। रास्ते में आनेवाले मोह, ममता, लगाव व विरोध का सामना करते हुए उस कर्ज को उतारने के लिए निकलना होगा जो इन्हें जनता ने अपने विश्वास के रूप में दिया है तथा जिसकी परिणतिस्वरूप ये प्रधानमंत्री के पद तक पहुंच पाये हैं। अपने जीवन के आखिरी अलख को ये मानवीय कमजोरियों के ऊपर उठकर जगाएं, यही रास्ता इनके पास शेष है। इन्हें इतिहास पुरुष बनना है या इतिहास के अंधेरे में खो जाना है, इसका फैसला किसी और के हाथ में नहीं, केवल इन्हीं के हाथ में है।

*(संतोष भारती, राष्ट्रीय सहारा, 8 अप्रैल, 2000)*

# क्या करेंगे चार पूर्व प्रधानमंत्री

देश में पिछले एक दशक से चल रही भूमंडलीकरण-उदारीकरण की प्रक्रिया के पक्ष-विपक्ष में लगातार बहस भी चल रही है। यह अलग बात है कि उसके नियामक (अगर उन्हें नियामक कहा जा सके) और पक्षधर सर्वानुमति का दावा करते हैं। आर्थिक सुधारों का दूसरा दौर शुरू हो चुका है और वित्तमंत्री दुखी हैं कि अब उन्हें लेकर पहले जैसी सर्वानुमति नहीं बची है। बहरहाल, भूमंडलीकरण-उदारीकरण के पक्षधर इसे देश की सभी नहीं तो कम से कम आर्थिक समस्याओं के निवारण का एकमात्र रास्ता मान कर चल रहे हैं। उनका कहना है कि अब कोई दूसरा रास्ता नहीं बचा है और पूरे देश में इस रास्ते पर सर्वानुमति है या होनी चाहिए। हालांकि नीति-निर्धारकों का दावा है कि वे गरीब भारत की दशा सुधारने के लिए यह सब कर रहे हैं। लेकिन समर्थन उन्हें सिर्फ मध्य और उच्च वर्गों का हासिल हो रहा है। दरअसल यह कोई विरोधाभास नहीं है, अमेरिकी जीवनशैली की लालसा नई आर्थिक नीतियों के नतीजे में पूरी हो रही है। दूसरी ओर विरोधी इस सारी प्रक्रिया को अनीति बता रहे हैं। उनका मानना है कि भूमंडलीकरण-उदारीकरण से न केवल देश का आर्थिक संकट और अधिक गहरा हो रहा है, उसके चलते अन्य कई तरह के सामाजिक-सांस्कृतिक संकट पैदा हो रहे हैं। उनका यह भी मानना है कि भूमंडलीकरण-उदारीकरण का रास्ता अमेरिकी वर्चस्व तले उसी के हित में काम करने वाली आर्थिक संस्थाओं के हुक्म के तहत अपनाया गया है और अपनाने वालों ने देश की संवैधानिक राजनीतिक संप्रभुता और राष्ट्रीय सम्मान को गिरवी रख दिया है।

भूमंडलीकरण-उदारीकरण के विरोध की चेतना की अभिव्यक्ति विभिन्न गांधीवादी, समाजवादी, मार्क्सवादी, पर्यावरणवादी, मानवाधिकारवादी समूहों की प्रतिरोधी कार्रवाइयों में देखी जा सकती है। यहां तक कि मौजूदा सरकार का सरपरस्त राष्ट्रीय स्वयंसेवक संघ भी नई आर्थिक नीतियों को राष्ट्र विरोधी कहते

हुए उनके विरोध की मुद्रा अपना रहा है। यह अलग बात है कि उसका विरोध बार-बार छद्म साबित होता है। किसानों और मजदूरों के मोर्चों पर भी इस प्रक्रिया का खासा विरोध होता रहा है। इधर सार्वजनिक क्षेत्र के उद्यमों में काम करने वाले सफेद-कॉलर बाबू लोग भी आंदोलित हुए हैं। नई आर्थिक नीतियों के विरोध को लेकर गौर करने की एक बात यह है कि दलित विचारक और नेता उनका मुखर विरोध करते नहीं पाए जाते। कुछ दलित समूहों ने मौजूदा सरकार के संविधान समीक्षा के निर्णय पर अपना तीखा विरोध जताया है। लेकिन उनका विरोध बाबा साहब अंबेडकर के प्रति श्रद्धा की भावना के चलते ज्यादा है, संविधान की प्रस्तावना और नीति-निर्देशक तत्त्वों में संकल्पित एक समतामूलक समाज के निर्माण की प्रतिबद्धता के पक्ष में उतना नहीं।

देश की मुख्य धारा राजनीति में सक्रिय कुछ राजनीतिक पार्टियां भी भूमंडलीकरण-उदारीकरण का विरोध करती हैं। यहां तक कि उसकी शुरुआत करने वाली कांग्रेस भी अब ऊहापोह की स्थिति में नजर आती है। हालांकि इन पार्टियों का विरोध ज्यादातर जबानी जमा खर्च तक ही सीमित है। यह जबानी जमा-खर्च नई आर्थिक नीतियों के जनक तत्कालीन प्रधानमंत्री नरसिंह राव और वित्तमंत्री मनमोहन सिंह भी करने लगे हैं। लेकिन ऐसा नहीं लगता कि उनका ताजा रुख गरीब भारत की दुर्दशा या परिधीय जनांदोलनों से प्रभावित होकर बना हो। उसके पीछे चुनावी राजनीति की मजबूरियां और खुद विकसित देशों में उठे विरोधी स्वरों की भूमिका ही ज्यादा लगती है। जो भी हो, देश में भूमंडलीकरण-उदारीकरण के विरोध का एक माहौल तैयार हो रहा है जिसमें देश के चार पूर्व प्रधानमंत्री चंद्रशेखर, विश्वनाथ प्रताप सिंह, इंद्र कुमार गुजराल, देवगौड़ा भी शामिल हो गए हैं। अगर यह विरोध सशक्त होता है और भारतीय संविधान की संकल्पना के अनुरूप समतामूलक आर्थिक विकास की एक वैकल्पिक रूपरेखा बना पाता है तो इसे गरीब भारत के लिए एक शुभ संकेत माना जा सकता है।

इस संभावना से इनकार नहीं किया जा सकता है कि उदारीकरण-भूमंडलीकरण का विरोध करते हुए राजनीति की छिटकी हुई तीसरी ताकत का गठजोड़ एक बार फिर सत्ता में आ जाए। मौजूदा वाजपेयी सरकार भी तथाकथित तीसरी ताकत के नेताओं के सहयोग पर ही चल रही है। तीसरी ताकत को सत्ता तो मिल सकती है लेकिन भूमंडलीकरण-उदारीकरण के पुरोधा अमेरिका और संपन्न यूरोपीय देशों से लेकर अपने देश के राजनीतिक-बौद्धिक अभिजन तक उसका जो पुख्ता तंत्र बना हुआ है उसे सत्ता की फुटकर राजनीति करने वाले तीसरी ताकत के नेतृत्व से कोई मुकम्मल चुनौती नहीं मिल सकती। यही वह केंद्रबिंदु है जहां देश के

चार पूर्व प्रधानमंत्री की भूमिका का महत्व बनता है। यानी आने वाले समय में भूमंडलीकरण-उदारीकरण के मुद्दे पर यदि तीसरी ताकत के पक्ष में सत्ता परिवर्तन होता है तो उसे व्यवस्था परिवर्तन की दिशा में संयोजित करने में उन्हें अपनी भूमिका निभानी चाहिए।

चार पूर्व प्रधानमंत्रियों ने भूमंडलीकरण या उदारीकरण के चलते पैदा होने वाले 'चौतरफा' संकट के प्रति लोगों को जागृत करने के लिए एक अभियान की घोषणा और शुरुआत की है। इसकी इस पहल को लेकर मीडिया की फोरी प्रतिक्रिया नकारात्मक रूप में सामने आई है। ज्यादातर प्रिंट और इलेक्ट्रॉनिक मीडिया नई आर्थिक नीतियों का पक्षधर है अतः उसकी नकारात्मक प्रतिक्रिया समझ में आती है लेकिन अगर दैनिक अखबारों में छपने वाले पाठकों के पत्रों पर ध्यान दें तो पता चलता है कि आम लोगों का भी उनके प्रयास की गंभीरता में फिलहाल विश्वास नहीं है। आम तौर पर यही कहा जा रहा है कि ये चारों नेता मीडिया की बहती गंगा में हाथ धोने निकले हैं। ऐसे माहौल में इन नेताओं की ही सबसे पहले यह जिम्मेदारी बनती है कि वे अपनी अभियान के प्रति ज्यादा से ज्यादा लोगों में विश्वास की भावना पैदा करें। जाहिर है, विश्वास पैदा करने के लिए उन्हें न केवल उद्देश्य के प्रति निष्ठा बनाए रखनी होगी, उद्देश्य की प्राप्ति के लिए एक सतत और दीर्घावधि आंदोलन का निर्वाह भी करना होगा।

चारों नेताओं के अभी तक व्यक्त विचारों और सक्रियता का दरपेश संकट के बरक्स रखकर देखने पर उनके अभियान में फिलहाल अपेक्षित गंभीरता नजर नहीं आती। पहले विश्वनाथ प्रसाद सिंह को लें, जो चुनावी राजनीति के कौशल के लिए जाने जाते हैं। खुद चंद्रशेखर उनके इस कौशल से कभी पार नहीं पा सके। वी.पी. सिंह सत्ता परिवर्तन को ही व्यवस्था परिवर्तन का नाम देने वाले राजनीतिक सिद्धांतकार हैं। उनके मुताबिक देश की संसद और विधानसभाओं में पिछड़ों और दलितों विशेषकर पिछड़ों की संख्या और नेतृत्व बढ़ना चाहिए, चाहे वे किसी भी पार्टी में हों। पिछड़ा और दलित नेतृत्व देश के सामने दरपेश जातिवाद, संप्रदायवाद और बाजारवाद की गंभीर समस्याओं को चुनौती देता है या उनका पोषण करता है, यह उनकी चिंता का विषय नहीं बनता। कहना न होगा कि चुनावी राजनीति लोकतंत्र का प्राण है। वी.पी. सिंह ने चुनावी प्रक्रिया में जातीय समीकरणों को उभारकर लोकतंत्र में नई प्राणप्रतिष्ठा की। लेकिन इस प्राणप्रतिष्ठा से एक नई राजनीतिक संस्कृति भी संभव हो, इसकी परवाह वी.पी. सिंह नहीं करते। दरअसल उन्होंने लोहिया के राजनीतिक-सामाजिक दर्शन के एक हिस्से का आधा-अधूरा इस्तेमाल किया।

जहां तक गुजराल का सवाल है, सीधे कहा जा सकता है कि मौजूदा संकट के बरक्स उनके वक्तव्यों में गभीरता नजर नहीं आती। एक बानगी देखी जा सकती है : 'हमने बीजेपी के बारे में कुछ नहीं कहा है। यहां तक कि हमने उसके बारे में विचार-विमर्श भी नहीं किया है। हम किसी पर हमला नहीं कर रहे हैं। न ही हम किसी के पक्ष में अपनी बात कह रहे हैं। हम मुद्दों पर बोल रहे हैं। निस्संदेह, सबके अपने-अपने दृष्टिकोण हैं। लेकिन हमने कोई ग्रुप या पार्टी गठित नहीं की है और हमारा वैसा कोई इरादा भी नहीं है। हमने यह भी फैसला नहीं किया है कि हर चीज पर सब साथ सक्रिय होंगे। उदाहरण के लिए वी.पी. सिंह केरल गए हैं जबकि बाकी हम नहीं।' जाहिर है, गुजराल 'ना काहू से दोस्ती, ना काहू से बैर' वाली मुद्रा अपनाकर चल रहे हैं। साथ ही उन्होंने खुद अपने प्रयासों के फुटकर होने की स्वीकारोक्ति की है। क्या इस तरह की अनीयत अवस्थिति से 'नियति' की तरह अड़े संकट को चुनौती दी जा सकती है? देवगौड़ा तो खैर अपनी खोई राजनीतिक जमीन को फिर से हासिल करने की कोशिश में लगे हैं।

चंद्रशेखर इस अभियान के सूत्रधार हैं। संकट को व्याख्यायित करते हुए वे कहते हैं कि 'संकट चौतरफा है। हर मोर्चे पर स्थिति भयावह होती जा रही है। लेकिन सबसे गंभीर चुनौती आर्थिक मोर्चे पर है। दशक भर के उदारीकरण के प्रयोगों के परिणाम सामने हैं। अगर हम उदारीकरण वाले नब्बे के दशक की तुलना इसके पहले के गैर-उदारीकरण वाले अस्सी के दशक से करें तो हमारी राष्ट्रीय आय की विकास दर में कोई वृद्धि नहीं दिखती। विडंबना यह है कि सभी बुनियादी क्षेत्रों में अर्थव्यवस्था की विफलता की स्वीकारोक्ति के बावजूद यह कुतर्क किया जा रहा है कि हमें आर्थिक सुधारों के दूसरे चरण को और तेजी से शुरू करना चाहिए।

जाहिर है, चंद्रशेखर समस्या की नब्ज पहचानते हैं। अभियान की पहल उन्होंने ही की है और वे पहले भी इस दिशा में छिटपुट प्रयास करते रहे हैं। दरअसल चारों नेताओं में चंद्रशेखर ही अकेले ऐसे नेता हैं जो शुरू से ही नई आर्थिक नीतियों के कट्टर आलोचक रहे हैं। चाहे विचार के स्तर पर ही, नई आर्थिक नीतियों से देश की गरीब आबादी पर पड़ने वाले दुष्प्रभावों को वे स्पष्टता और निर्भीकता से व्यक्त करते रहे हैं। अपना विरोध जताने के लिए एक समय उन्होंने संघ के स्वदेशी जागरण मंच के कार्यक्रमों में भी शिरकत की है। बाकी तीन पूर्व प्रधानमंत्रियों के साथ पांचवें पूर्व प्रधानमंत्री नरसिंह राव के नई आर्थिक नीतियों के बारे में विचारों में आए परिवर्तन की गारंटी भी वे ले रहे हैं। उन्होंने यह भी घोषणा की है कि उनका उद्देश्य सत्ता परिवर्तन नहीं, व्यवस्था परिवर्तन है।

यानी वे इस अभियान को चुनावी राजनीति के ऊपर मानते हैं। ऐसे में कहा जा सकता है कि अभियान को विश्वसनीय और हो सके तो सफल बनाने की जिम्मेदारी सबसे ज्यादा उन्हीं पर आयद होती है। चंद्रशेखर ने भारतीय राजनीति में एक उम्मीद के रूप में नाम कमाया है पर इस उम्मीद की सीमाएं बार-बार प्रकट होकर सामने आ जाती रही हैं। वे बार-बार चांद-सूरज जैसी रोशनी पैदा करने के लिए हुमकते हैं लेकिन खद्योत के समान टिमक कर रह जाते हैं। क्या यह कहा जा सकता है कि समाजवादी चंद्रेशखर का राजनीतिक आचरण में व्यक्तिवादी होना उनके चरित्र का एक ऐसा मूलभूत अंतर्विरोध है जो उनके वैचारिक विजन को चरितार्थ नहीं होने देता? अगर चंद्रशेखर सहित चारों पूर्व प्रधानमंत्री अपने इन स्वाभाविक साथियों से संवाद और सहयोग बनाते हैं तो उन्हें भूमंडलीकरण-उदारीकरण के संकट को हल करने की दिशा में कुछ न कुछ सफलता मिल सकती है।

*(प्रेम सिंह, जनसत्ता, 01 मई, 2000)*

# जनअसंतोष व्रिदोह का रूप ले सकता है

**आप चारों पूर्व प्रधानमंत्रियों के बीच आपस में बैठने का सिलसिला कैसे शुरू हुआ? इसके माध्यम से आप लोग देश की जनता को क्या संदेश देना चाहते हैं?**

आपस में बैठने की शुरुआत तो बहुत सामान्य परिस्थितियों में हुई। पिछले दिनों मैं बीमार था। लोग हमसे मिलने आते थे। उसी क्रम में हमने महसूस किया कि कुछ ऐसी चीजें हैं जो हमें सामूहिक रूप से व्यथित कर रही हैं। हमें लगा कि हाल के दिनों में कुछ नये सवाल उठ खड़े हुए हैं जिनकी तरफ देश का ध्यान खींचना हम लोगों का कर्तव्य है। मैंने कहा कि इन मुद्दों पर हम लोग एक साथ रहें और कहें कि देश की राजनीति और समाज पर इसका क्या असर पड़नेवाला है। एक साथ कहने का फायदा यह हो सकता है कि शायद जनमत आकर्षित हो और इस वजह से सरकार के जनविरोधी क्रियाकलापों पर रोक लग सके।

**वे कौन-से सवाल हैं जिनकी तरफ आप लोग देश की जनता का ध्यान आकर्षित करना चाहते हैं?**

फिलहाल वे मुख्यतः आर्थिक मुद्दे हैं जिनके प्रति हम देश की जनता को सचेत करना चाहते हैं। अभी जो हो रहा है, उसके तहत सरकार कृषि उत्पादों को बाहर से आयात कर रही है। आश्चर्य की बात यह है कि सरकार न सिर्फ उनका आयात कर रही है बल्कि उसके पक्ष में सरकारी मीडिया से प्रचार भी करवा रही है। हो सकता है, विश्व व्यापार संगठन के समझौतों के तहत हमारी कुछ बाध्यता हो लेकिन उसने यह तो नहीं कहा है कि प्रधानमंत्री कहें कि अपनी वस्तुओं का इस्तेमाल बंद कर दें या हमारी संस्थाएं विदेशी वस्तुओं के प्रचार करने में संलग्न हो जाएं।

अभी हाल ही में प्रधानमंत्री ने बयान दिया है कि हम सार्वजनिक क्षेत्र के उद्योग-धंधों को अंधाधुंध नहीं बेचेंगे। हम सोच-समझकर कठोर निर्णय लेंगे। लेकिन

सवाल है कि वह कठोर निर्णय किसके लिए होगा? इस संदर्भ में एक उदाहरण मैं आपको दूं। अभी हाल में सरकार ने 'मॉडर्न बेकरी' को लीवर ब्रदर्स (हिंदुस्तान लीवर्स) को दे दिया। आप दांतों तले उंगली दबा लेंगे कि सरकार ने महज 135 करोड़ रुपये में इसको बेच दिया। जबकि खुद मॉडर्न बेकरी ने अपनी संपत्ति की कुल कीमत के बारे में 2000 करोड़ रुपये का आकलन किया है। आप सिर्फ इसी से समझ सकते हैं कि यह कठोर निर्णय किसके पक्ष में है। 'मॉडर्न बेकरी' तो किसी एक व्यक्ति की संपत्ति थी नहीं कि उसे औने-पौने मूल्य पर बेच दिया जाए, यह सारे देश की संपत्ति थी लेकिन प्रधानमंत्री और वित्तमंत्री ने अपनी संपत्ति समझकर औने-पौने दाम में उसे बेच दिया। इतना तो तय है कि किसी भी हालत में 'मॉडर्न बेकरी' 135 करोड़ रुपये से बहुत ज्यादा की है। यह किस आधार पर इतने कम में बेचा गया? महज दो-चार लोगों से टेंडर मांग लिया और शेयर मूल्य पर इसको बेच दिया गया। मॉडर्न बेकरी की 16 एकड़ जमीन तो दिल्ली के रिंग रोड पर है, 30 एकड़ जमीन राष्ट्रीय राजमार्ग फरीदाबाद पर है। इसके अलावा देश के किसी राज्य की राजधानी में आप जाएं, वहां मॉडर्न बेकरी की जमीन मौजूद है। तकरीबन सभी जगहों पर इसके मकान और गेस्ट हाउस बने हुए हैं और इसका मूल्य सरकार ने लगाया मात्र 135 करोड़ रुपये, जबकि इसकी जमीन ही इस कीमत से काफी ज्यादा की है। अन्य परिसंपत्तियों की बात तो अलग है।

**इस पर आपने प्रधानमंत्री से कुछ कहा या नहीं?**

प्रधानमंत्री मिलें तब तो कहें। अब मैं प्रधानमंत्री के दरवाजे पर जाकर कहनेवाला नहीं हूं। मैं वह भी नहीं हूं कि और लोगों की तरह झुग्गी-झोंपड़ी के लिए जाकर धरना दूं और उनके यहां याचिका डालूं।

**लेकिन जब आप कहेंगे नहीं और खुद सोचते रहेंगे तो क्या आप यह अपेक्षा करते हैं कि प्रधानमंत्री आपसे आकर विचार-विमर्श करेंगे?**

नहीं, यह बात भी नहीं है। यह चंद्रशेखर और प्रधानमंत्री के बीच का कोई निजी झगड़ा या विवाद नहीं है। यह सार्वजनिक मामला है और सार्वजनिक मामले पर बात-विचार की जो परंपरा है, उसके बारे में मुझे लगा कि प्रधानमंत्री संवेदनशील नहीं हैं।

पिछले साल जनवरी (1999) में मैंने प्रधानमंत्री को एक खत लिखा और कहा कि उदारीकरण के 9-10 वर्ष गुजर चुके हैं। उस समय काफी आशाएं जगाई गई थीं। अब जब इतना समय बीत गया है तो इसका मूल्यांकन होना चाहिए कि उन आशाओं के अनुरूप यह कितना खरा उतर पाया है तथा हमने क्या खोया

और क्या पाया है। उन्होंने जवाब में मुझसे फोन करके कहा कि बहुत अच्छी बात है, इस विषय पर चर्चा होनी चाहिए। उन्होंने कहा कि आइए, इस पर बात हो लेकिन जब हमने समय मांगा तो दस दिन तक उन्हें फुर्सत नहीं मिली। एक वर्ष से ज्यादा गुजर गया, अभी तक उन्हें कभी फुर्सत नहीं मिली है। इतनी उम्र गुजर गयी, मैंने कभी किसी प्रधानमंत्री से समय लेने के लिए सिफारिश नहीं की तो अब 'आखिरी वक्त में क्या खाक मुसलमां होंगे'!

**आखिर क्या वजह है कि लोग आर्थिक सुधारों और उदारीकरण पर विचार के लिए तैयार नहीं होते?**

वजह यह है कि इनके पास कोई तर्क नहीं है। मैं यह नहीं कहता कि इसी सरकार की वजह से यह हो रहा है। इसमें सिर्फ अटल बिहारी वाजपेयी ही नहीं, बहुत शामिल रहे हैं। उदारीकरण की शुरुआत उस समय हुई जब राजीव गांधी प्रधानमंत्री थे। उनके बाद हमारे मित्र विश्वनाथ प्रताप सिंह प्रधानमंत्री बने थे। उस समय अजित सिंह उद्योगमंत्री थे जिन्होंने नई औद्योगिक नीति का मसौदा संसद में पेश किया और अकेले मैंने उसका विरोध किया था। उसके बाद जो भी सरकारें आईं, सबने वही किया। मनमोहन सिंह हों, चिदंबरम हों या यशवंत सिन्हा, इनके विचारों में कोई फर्क नहीं दिखा।

**सरकार कह रही है कि हमारे पास देश में लगाने के लिए पूंजी नहीं है। इसी वजह से हमें बाहर से पूंजी निवेश कराने की जरूरत पड़ी है?**

आप इसी का अगर मूल्यांकन करें तो पता चलेगा कि हमारे देश में आशा के विपरीत बहुत कम पूंजी आई और जो आई, उसमें 52 फीसदी पूंजी देश के सिर्फ चार राज्यों में गई। इसकी वजह से भारत में एक नया विभाजन शुरू हो गया है—पूरब-पश्चिम का और उत्तर-दक्षिण का। आज स्थिति यह है कि देश में बाहर से आनेवाली अधिकांश पूंजी चार राज्यों महाराष्ट्र, गुजरात, आंध्र और कर्नाटक में लग रही है और इसमें बाकी राज्यों का कोई महत्व नहीं है, जबकि इन्हीं राज्यों में सबसे ज्यादा गरीबी है।

**तो क्या नई आर्थिक नीतियों की वजह से नये तरह की क्षेत्रीय विषमता उत्पन्न होने के आसार हैं?**

आप खुद देखिए। यह आज की बात नहीं है। सन् 1950 में पंडित नेहरू ने योजना आयोग का उद्घाटन किया था। उसी समय उन्होंने कहा था कि अगर हम

संतुलित विकास के रास्ते पर नहीं चले तो आंचलिक विषमता एक दिन हमारे लिए खतरनाक बन जाएगी। अफ्रीका के देशों का उदाहरण हमारे सामने है। उपनिवेशवाद की गुलामी से जब वे आजाद हुए, तो उन्हें धनी देशों द्वारा सब्जबाग दिखाया गया कि अनाज की खेती की क्या जरूरत है? वह तो हम दे देंगे। आप कोको की खेती करो। बस, ये कोको में लग गये। फैक्टरियां लगाई गयीं। कुछ दिनों तक उन्हें काफी पैसा मिला। फिर अचानक धनी देशों ने उनका कोको खरीदना बंद कर दिया और वे पुरानी खेती पर लौट नहीं पाये। नतीजतन, आज दुनिया में सबसे ज्यादा भुखमरी अगर कहीं है तो उनके यहां है। इसका मतलब यह हुआ कि गरीब देश अगर अपनी मूलभूत आवश्यकताओं के लिए विदेशों पर निर्भर रहे, तो वे कभी भी संकट में फंस सकते हैं।

**तो क्या आप चार पूर्व प्रधानमंत्रियों के बीच इन मुद्दों पर मोटे तौर पर सहमति है?**
हां, इस बात पर पूर्ण सहमति है। लेकिन सवाल है कि सारे लोग इसे कितनी प्रमुखता के साथ महसूस करते हैं और कितनी हिम्मत के साथ लोगों के बीच रखते हैं। जहां तक मेरी बात है तो मैंने गांव की दरिद्रता से लेकर शहर की संपन्नता सब कुछ देखा है और उसी आधार पर मेरी धारणा बनी है कि उदारीकरण की चपेट में विश्व नागरिक बनने की ललक हमें गंभीर संकट में डालेगी। मेरा मानना है कि उदारीकरण और वैश्वीकरण का विरोध हमारे अस्तित्व का सवाल है। 1991 में उदारीकरण के सवाल पर संसद में प्रस्ताव लाया गया था, उस समय मैंने कहा था कि आर्थिक मामलों में हस्तक्षेप को अगर आप आमंत्रित करेंगे तो राजनीतिक मामलों में हस्तक्षेप को आप नहीं रोक सकते।

**तो क्या क्लिंटन की यात्रा को भी आप इसी संदर्भ में देख रहे हैं?**
बिलकुल! आप क्लिंटन के भाषण के एक वाक्य को लें जिसमें उन्होंने कहा कि आप कहते हैं कि भारत-पाकिस्तान के बीच किसी मामले में हस्तक्षेप नहीं होना चाहिए, लेकिन अमेरिका के कहने पर ही पाकिस्तानी सेना कारगिल छोड़कर वापस गई। इससे ज्यादा अपमान भारत जैसे किसी देश का नहीं हो सकता है। साथ ही, जिस तरह हमारे संसद सदस्य क्लिंटन से हाथ मिलाने के लिए बेताब थे, उसने संसदीय मर्यादाओं की सारी सीमा को खत्म कर दिया।

**क्लिंटन यात्रा के समय राष्ट्रपति के भाषण पर आपकी क्या प्रतिक्रिया है?**
मैं तो मानता हूं कि राष्ट्रपति ने देश की लाज रख ली। मैं उनका अभिनंदन करता

हूं कि उन्होंने कम से कम भारत की गरिमा की रक्षा करने का एक विनम्र प्रयास तो किया।

**विदेशी सहायता के मामले में अन्य सरकारों के रुख कैसे रहे हैं?**
यह कटु सत्य है कि उदारीकरण की शुरुआत के बाद देश की तकरीबन सभी सरकारों ने उन्हीं नीतियों का अनुपालन किया है जो विश्व बैंक द्वारा अनुशंसित रहे हैं। जिस समय विश्वनाथ प्रताप सिंह प्रधानमंत्री थे, उस समय विश्व बैंक की एक रिपोर्ट आयी थी। उसी समय उद्योगपति अजित सिंह ने देश की उद्योग-नीति घोषित की। अगर आप दोनों को पढ़ेंगे तो उन दोनों में आपको अद्भुत समानता नजर आएगी। बाद में जब नरसिंह राव जी प्रधानमंत्री हुए तो उसी रिपोर्ट के आधार पर देश की आर्थिक नीतियों की घोषणा हुई। आश्चर्य की बात यह है कि मुझसे वह रिपोर्ट छिपाई गई। चुनाव के दौरान जब मुझे पता चला कि कोई ऐसी रिपोर्ट है तो मैंने उसे मंगाकर देखा। उस समय यह भी पता चला कि मात्र 12-15 की संख्या में वह रिपोर्ट भारत आयी थी और उन्हीं लोगों को दी गयी थी जो किसी न किसी तरह विश्व बैंक या अंतर्राष्ट्रीय मुद्राकोष से संबंधित थे। मेरे कार्यालय में भी सिर्फ एक सज्जन को वह रिपोर्ट मिली थी, जिन्होंने अंतिम समय तक वह रिपोर्ट मुझसे छिपाये रखी।

**तो क्या वे तीनों भूतपूर्व प्रधानमंत्री आपकी इस बात से सहमत हैं कि अंतर्राष्ट्रीय मुद्राकोष और विश्व बैंक देश की आर्थिक नीतियों को चला रहे हैं या निर्देशित कर रहे हैं?**
इस बात पर सहमति का कोई सवाल नहीं उठता, क्योंकि हम चारों में से तीन लोगों ने तो किसी न किसी तरह उसमें अपना योगदान दिया है। हालांकि हम चारों के बीच आज इस बात पर कोई असहमति नहीं है कि आज इसके नतीजे बुरे निकल रहे हैं।

**तो क्या इस तरह की असहमति के बीच आप एक होकर कुछ कर सकते हैं?**
पुरानी बातों पर अगर जाएं तो हम निश्चित तौर पर कुछ नहीं कर सकते, क्योंकि पिछले समय अन्य कई मुद्दों पर भी हमारे बीच मतभेद मौजूद थे। परमाणु बम के मामले को ही ले लें, तो अन्य तीनों मित्र पोखरण विस्फोट के पक्ष में थे जबकि मैं अकेला था जिसने इसका विरोध किया। लेकिन अभी सवाल तात्कालिक परिस्थिति का है इसलिए हम एक-दूसरे को पुरानी बातों के आधार पर नहीं

देखेंगे। अब तो घर में आग लग गयी है। सामान्य हालत में घर के डिजाइन पर मतभेद हो सकता है लेकिन जब आग लग जाए, तब मतभेद की कहां गुंजाइश रहती है! उस समय तो बस आग बुझाना ही आवश्यक होता है।

**लेकिन लोग कह रहे हैं कि आपकी तरफ से कुछ हिचकिचाहट है?**
एक तो अभी कुछ शारीरिक कारणों से डॉक्टर ने 15-20 दिनों तक मुझे बाहर निकलने से मना किया है। लेकिन कुछ दूसरी बातें भी हैं जिनसे मैं थोड़ा घबराता हूं, जैसे हमारे कुछ मित्र अखबार में कोई प्रतिकूल संपादकीय लिखे जाने से घबरा जाते हैं। अब मेरे स्वभाव में यह नहीं है कि किसी के कुछ कह देने से मैं डर जाऊं। लेकिन ऐसे में एक बात लगती है कि इस तरह हम कितने दिन तक साथ चल सकते हैं?

**क्या अन्य राजनीतिक दलों के नेताओं से इस संदर्भ में कोई बातचीत हुई है?**
नहीं, मेरी तो नहीं हुई है। लेकिन मैंने सुना है कि ए.बी. वर्धन और सुरजीत से वीपी ने कुछ बातचीत की है।

**एक आम धारणा है कि जो पार्टी विपक्ष में रहती है, वह तो विरोध में बोलती है। लेकिन जैसे ही वह सत्ता में आती है, वही करने लगती है?**
यह उन लोगों से पूछिए, जिन्होंने ऐसा किया है। मैंने ऐसा कुछ नहीं किया।

**संविधान समीक्षा के सवाल पर आपकी क्या राय है?**
मैं यह नहीं कहता कि संविधान समीक्षा गलत है या सही है। लेकिन मैं यह अवश्य मानता हूं कि अगर उन्होंने संविधान समीक्षा की जरूरत महसूस की थी तो उसे संसद के सामने रखकर पारित करवाना चाहिए था। हमारे देश के संविधान को विशेषज्ञों ने नहीं बनाया है, बल्कि जनता के जनप्रतिनिधियों ने बनाया है। जनप्रतिनिधियों को दरकिनार कर संविधान समीक्षा की बात करना मैं गलत मानता हूं। साथ ही राष्ट्रपति की इस बात से मैं सहमत हूं कि हमें विचार करना चाहिए कि देश में संविधान विफल हुआ है या हमने संविधान को विफल किया है।

**एक तरह आर्थिक सुधार, दूसरी तरफ संविधान समीक्षा, आखिर सरकार करना क्या चाहती है?**
सबसे पहली बात तो मैं यह मानता हूं कि यह सरकार अपने होने का सबूत नहीं

दे रही है। इसकी तो स्थिति यह है कि इसे जो चाहे, झुका देता है। ये एक निर्णय लेतें हैं, गठबंधन के अन्य दल उसे खारिज कर देते हैं। विश्व व्यापार संगठन के साथ समझौते में इन्हें सन् 2003 तक आयात प्रतिबंध लगाने की छूट है। ये विदेशी दबाव में सन् 2000 में ही अपने दरवाजे विदेशी सामान के लिए खोल देते हैं। आरएसएस भी इनसे जो चाहे, करवा लेता है। मैं तो मानता हूं कि सरकार या तो होती है या नहीं होती है। सरकार के न होने और नहीं होने दोनों में मैं विश्वास नहीं करता। मैं तो भाजपा को पार्टी ही नहीं मानता। आरएसएस अपने उद्देश्यों के लिए इसका इस्तेमाल-भर कर रहा है।

**इस स्थिति का देश पर क्या असर पड़ेगा?**
मुझे तो लग रहा है कि अगले एक-दो वर्षों में देश में भयानक तूफान आनेवाला है। जनअसंतोष विद्रोह का रूप ले सकता है। कोई संगठन नहीं है जो जनता के असंतोष को ठीक दिशा में ले जाए। ऐसे में अराजकता की स्थिति भी उत्पन्न हो सकती है।

**आप लोगों का यह अभियान इस दिशा में क्या करेगा?**
अभी तो यह कोई अभियान नहीं है, सिर्फ कुछ मुद्दों पर बातचीत हुई है। आगे देखना यह है कि यह कौन-सा रूप लेता है!

*(अखिलेश सुमन की बातचीत, राष्ट्रीय सहारा, 8 अप्रैल, 2000)*

# पूर्व प्रधानमंत्री चंद्रशेखर, इंद्रकुमार गुजराल और एचडी देवगौड़ा का बयान

देश के विभिन्न हिस्सों में घटी हाल की राजनीतिक घटनाओं में संवैधानिक पदों पर बैठे व्यक्तियों के आचरण से उन लोगों को गहरा अवसाद हुआ है जो भारतीय जनजीवन में लोकतांत्रिक मूल्य और संवैधानिक संस्कृति में यकीन करते हैं। सत्ता की आपा-धापी में विभिन्न राजनीतिक दलों की रुचि और सत्ता हथियाने की होड़ में कोई हर्ज नहीं है। इसमें यह भी समझ में आता है कि आत्मकेंद्रित कुछ नेताओं की सत्ता के लिए सौदेबाजी और अधिक कीमत वसूल करने का प्रयास एक राजनीतिक वास्तविकता का रूप है, भले ही यह सराहनीय न हो। जो सबसे अधिक चिंताजनक पहलू है वह है शासन के ऊंचे पदों पर बैठे कुछ लोगों का राजनीतिकरण और उनमें आयी गिरावट।

कुछ राज्यपालों के भेदभावपरक व्यवहार और सिद्धांतहीन भूमिका से खतरा बढ़ गया है। यह खतरा देश के लोकतंत्र और भावी स्वतंत्रता पर है। उनका यह व्यवहार निजी हो या बाहरी दलीय दबाव से तय हुआ हो—दोनों हालत में खतरे की घंटी है। हम यह महसूस करते हैं कि गोवा और झारखण्ड पर छिड़ी बहस को दलीय दायरे से बाहर रखा जाना चाहिए। हमें अपने संचित राजनीतिक जीवन के मूल्यों को बचाने के लिए दलीय मतभेदों, निजी हितों और अपनी पसंद-नापसंद से उपर उठना चाहिए।

मौजूदा संकट में दो मुद्दे दिखते हैं। उनका संबंध राज्यपाल की नियुक्ति से है और मुख्यमंत्री के चयन में बरती जाने वाली एहतियातों से है, जब कोई एक दल या चुनाव पूर्व का गठबंधन स्पष्ट बहुमत में न आया हो।

सरकारिया आयोग और संविधान समीक्षा आयोग दोनों ने राज्यपालों के चयन के लिए उचित मानक सुझाए हैं कि ऐसे ही लोग राज्यपाल बनाए जाएं जो दलीय

राजनीति से उपर उठ सकें और जनजीवन में जिनका सम्मान हो। ऐसी सलाह का सत्ताधीशों पर रंचमात्र भी असर होता नहीं दिख रहा है, चाहे सत्ता में जो भी हो। हर दल इसके लिए समान रूप से दोषी है। इसका परिणाम यह हुआ है कि राज्यपाल के पद का दुरुपयोग केंद्र सरकार तो कर ही रही है, खुद राज्यपाल भी इससे पीछे नहीं है।

राज्यपाल के विवेक की कड़ी परीक्षा उस समय होती है जब विधानसभा त्रिशंकु हो। जब तक पूरी सावधानी न बरती जाये और हर बात की नाप-तौल न कर ली जाये तब तक किसी भी उस फैसले से राज्यपाल अतुलनीय राजनीतिक विवाद का शिकार हो सकता है जो वह जल्दी में करता है। ऐसे मामलों में कुछ राज्यपालों के दुर्भाग्यपूर्ण रुख से विधायकों का मोल-तोल और खरीद-फरोख्त को इस कदर बढ़ावा मिला है कि सरकारों की स्थिरता खतरे में पड़ गयी है।

सरकारिया आयोग, बोम्मई के मामले में सुप्रीम कोर्ट और संविधान समीक्षा आयोग—इन सबने सिफारिश की है कि बहुमत का फैसला सदन पटल पर होना चाहिए। राज्यपाल पुलिस का काम नहीं कर सकता। उसका यह काम नहीं है कि वह विधायकों की गिनती करे, उनके दस्तखत की पहचान करे और उनके समर्थकों का फैसला करे।

सरकारिया आयोग ने सिफारिश की थी और संविधान समीक्षा आयोग ने उस पर अपनी मोहर लगायी कि जब किसी एक दल को बहुमत न हो तो राज्यपाल को इस क्रम में अपने फैसले करने चाहिए—एक, चुनाव पूर्व उस गठबंधन के नेता को सरकार बनाने के लिए निमंत्रित करना चाहिए जो सबसे बड़ा समूह हो। दो, सबसे बड़े दल का नेता हो। तीन, चुनाव बाद के सबसे बड़े समूह का जो नेता हो। चार, उस समूह के नेता को जिसे सरकार बनाने पर बाहर से समर्थन का दलीय आश्वासन हो। पांच, राज्यपाल के अपने फैसले में जो नेता बहुमत हासिल करने लायक हो।

यह स्पष्ट है कि झारखण्ड में इनमें से किसी मानक सिद्धांत को ध्यान में नहीं रखा गया और हर संवैधानिक मर्यादाओं का वहां उल्लंघन हुआ। राज्यपाल ने चुनाव पूर्व गठबंधन के नेता को बुलाने के बजाय ऐसे व्यक्ति को मुख्यमंत्री मनोनीत किया जो इन कसौटियों पर कहीं भी खरा नहीं उतरता। चुनाव पूर्व गठबंधन का नेता वहां सबसे बड़े दल का भी नेता है। राज्यपाल ने इसकी पूरी तरह अनदेखी की।

हमें उम्मीद है कि राष्ट्रपति ने जो पहल की है, उससे हो गये नुकसान में कुछ कमी आएगी। राष्ट्रपति की नेक सलाह से परिस्थिति संभल सकती है, नहीं

तो वह बदतर होगी। राष्ट्रपति राज्यपाल और जरूरी होने पर प्रधानमंत्री को हालात सुधारने के लिए सलाह दे सकते हैं। इस समय बिना किसी पर लांछन लगाये इतना तो किया ही जा सकता है कि विधानसभा एक-दो दिन में ही बुला ली जाये जहां नेता का निर्णय हो सके।

विवाद से परे रहने के लिए राज्यपाल अनुच्छेद 175 (2) के तहत सदन को यह संदेश दे सकते हैं कि वह अपना नेता उसी तरह चुने जैसे अध्यक्ष चुना जाता है। इस पद्धति से चुना गया व्यक्ति मुख्यमंत्री मनोनीत किया जा सकता है। इस तरीके से बहुमत का फैसला सदन में होगा, विधायकों की खरीद-फरोख्त का खतरा कम होगा। निर्वाचित नेता जब मुख्यमंत्री बन जाये तब वह सदन का पुनः विश्वास प्राप्त करे। जब बहुमत का निर्णय विवादास्पद हो तो सदन ही वह उचित स्थान है जहां उसका फैसला होना चाहिए।

हम यह महसूस करते हैं कि एक बार जब संवैधानिक संस्कृति और लोकतांत्रिक मर्यादाएं त्याग दी जाती हैं तब एक दुष्चक्र प्रारंभ हो जाता है। और एक भूल को उचित ठहराने के लिए उससे बड़ी भयंकर भूल करने का सिलसिला चल पड़ता है। ऐसा ही एक उदाहरण संसद के प्रति रवैये का है। संसद को चलने नहीं दिया जा रहा है। संसद संवाद का मंच है। वहां बहस होनी चाहिए और फैसले होने चाहिए। दलों के मतभेद और सत्ता के लिए संघर्ष को इस धरातल पर हम नहीं उतारें जहां संवाद के लिए कोई गुंजाइश न बचे। अगर ऐसा होता रहा तो तानाशाही के लिए रास्ता साफ होगा जहां सरकार मनमानी फैसले करती है। स्वतंत्रता और लोकतंत्र-रूपी पौधे अभी हमारे यहां कोमल अवस्था में हैं इसलिए बहुत सावधानी से उनका संरक्षण और संवर्धन किया जाना चाहिए, नहीं तो उनके नष्ट हो जाने का खतरा जल्दी ही उपस्थित हो सकता है। हम उम्मीद और यकीन करते हैं कि भारत की जनता ऐसा कभी नहीं होने देगी।

*(2 मार्च, 2005)*

**परिशिष्ट**

# बिहार आंदोलन : कुछ अनजाने प्रसंग

**जेपी और इंदिरा गांधी में आपने मेल-मिलाप और समझौता कराने के प्रयास किए। क्यों वह सफल नहीं हो सका?**

**चन्द्रशेखर :** जेपी पर तब ऐसा दबाव डालने की कोशिश की गई कि वे समझ जाएँ कि इस तरह के आंदोलन से कुछ नहीं होने वाला है। जेपी बिहार-आंदोलन का नेतृत्व सँभाल चुके थे, लेकिन मुश्किल यह थी कि श्रीमती गांधी जेपी के व्यक्तित्व को समझ नहीं सकीं। जेपी की यह प्रवृत्ति थी कि उनको जितना दबाने की कोशिश की जाती थी, वे इस संकल्प के साथ उतना ही उभरकर आते थे। उस समय मैंने एक संपादकीय में लिखा था : जेपी इज नॉट फाइटिंग फॉर पोलिटिकल पावर, सो ही कैन नॉट बी डिफीटेड बाई यूज ऑफ स्टेट पावर (जेपी राजनीतिक ताकत के लिए नहीं लड़ रहे हैं, इसलिए उन्हें राज्य की शक्ति का प्रयोग करके नहीं हराया जा सकता)। चंडीगढ़ में मैंने उस समय बयान दिया कि जेपी की मॉरल अथॉरिटी और इंदिरा गांधी की राजनीतिक शक्ति का संयुक्त उपयोग हो तो देश को वर्तमान संकट से निकाला जा सकता है। कांग्रेस में उसकी बड़ी आलोचना हुई। इंदिरा जी ने मुझसे कुछ नहीं कहा। इसी बीच पटना में लाठीचार्ज हो गया। मैं इस लाठीचार्ज के बाद जेपी से मिलने पटना गया। वहीं अस्पताल में पहली बार नानाजी देशमुख से मुलाकात हुई। उन्हें जेपी को पुलिस की लाठी से बचाने में चोटें आईं थीं। जेपी के लिए जो पुलिस अंगरक्षक सरकार की ओर से मिला था, उसकी पीठ पर अनेक काले निशान लाठी की चोट के थे।

मेरे मन में यह बात आई कि जेपी विद्यार्थी-आंदोलन के बारे में ही बात करेंगे, क्यों न इंदिरा जी से पूछ लूँ कि वे कोई समझौता करना चाहती हैं या नहीं। मैंने इंदिरा जी के यहाँ डेढ़-दो बजे उनसे मिलने के लिए फोन किया। उनके निजी सचिव ने कहा, कल सवेरे का टाइम दे दूँ? मैंने कहा : चार बजे प्लेन है, तो हँसने लगे और बोले, 'जब आइए, टाइम क्या लेना!' मैं गया। मैंने इंदिरा जी से कहा : मैं जेपी से मिलने जा रहा हूँ। पता नहीं वे क्या बात करेंगे! आपका क्या रुख है? आप उनसे कोई बात करेंगी या उनसे लड़ाई ही रहेगी? उन्होंने पूछा : जेपी बात करेंगे? मैंने कहा, मैं जानता नहीं हूँ। मैंने बात नहीं की है, लेकिन जेपी से मिलने से पहले मैं आपके विचार जान लेना चाहता था। उन्होंने कहा, आप बात कीजिए। अगर जेपी चाहते हों तो मैं बात करूँगी।

मैं जेपी के पास गया। उनसे बहुत लंबी बात हुई। जब बात हो ही रही थी तभी वहाँ सीताराम केसरी आ गए। वे भी बैठ गए। सीताराम केसरी की उपस्थिति में मैंने कहा : जेपी, रामनाथ गोयनका बहुत निम्न श्रेणी के आदमी हैं। वे फालतू बातें बहुत करते हैं। जेपी ने कहा कि आप उनके प्रति पूर्वग्रह रखते हैं। मैंने कहा : मुझे कोई पूर्वग्रह नहीं है, लेकिन पिछली बार उन्होंने काफी अशोभनीय बातें की थीं।

गोयनका इंदिरा गांधी के बारे में भी बुरी बातें करते थे। उनके लिए जिस भाषा का वे प्रयोग करते थे, वे आपत्तिजनक थे। लेकिन इंदिरा जी ने इसके प्रति कभी कोई प्रतिक्रिया नहीं दिखाई। मेरी राय थी कि एक महिला देश की प्रधानमंत्री है। उसके बारे में इस तरह की हल्की बातें नहीं करनी चाहिए, हालांकि उन्हीं रामनाथ जी ने जनता पार्टी के राज में इंदिरा जी के बारे में अपने विचार बदल लिए।

मैं दूसरी बार जेपी से मिलने गया तो मैंने उनसे कुछ साफ बातें कीं। उनसे कहा : आपका और इंदिरा जी का लड़ना देश के लिए दुर्भाग्यपूर्ण है। बाद में जेपी ने कहा : देखिए, इंदिरा जी ने 'हिन्दू' में हमारे खिलाफ यह कह दिया है कि मैं पूँजीपतियों से पैसा लेता हूँ, लेकिन यह आरोप मेरे ऊपर अब तक कोई नहीं लगा सका। मैंने कहा, अगर यह गलती हो गई, तो उसके बाद आप दोनों में बातचीत करने की कोई गुंजाइश नहीं बचती। इस पर उन्होंने कहा : मैं किसी भी समय बात करने को तैयार हूँ।

मैं दिल्ली लौटकर इंदिरा जी से मिला। मुझे इंदिरा जी ने अपने साउथ ब्लाक के ऑफिस में बुलाया था। लेकिन मैं जानता ही नहीं था कि प्रधानमंत्री का ऑफिस कहाँ है? मैं साउथ ब्लाक पहुँचा तो वहाँ सिक्योरिटी का केवल एक ही आदमी था। वह इंटेलीजेंस विभाग का था। मुझे देखा तो उसने कहा : आप जाइए। मैंने पूछा : कहाँ जाऊँ? वह बोला : लगता है, आप पहली बार आए हैं। फिर वही मुझे लेकर गया।

मैंने इंदिरा जी से कहा, आप जेपी को चिट्ठी लिखिए, बात शुरू हो जाएगी। उन्होंने चलते-चलते एक बार फिर पूछा, क्या आपकी निश्चित राय है कि उसका अच्छा असर होगा? मैंने कहा, यही मेरी राय है। इंदिरा जी ने जेपी को बहुत अच्छा पत्र लिखा। यह मुझे बताया गया, मैंने वह पत्र देखा नहीं। उन्होंने पत्र तो अच्छा लिखा लेकिन अपने भुवनेश्वर के उस बयान की चर्चा ही नहीं की जिसमें उन्होंने कहा था कि जेपी पूँजीपतियों से पैसा लेते हैं। जिस समय इंदिरा जी ने पत्र भेजा, उसी समय उमाशंकर दीक्षित ने एक वक्तव्य दिया कि 'जेपी इज ए ग्रेट नेशनल लीडर, नो बडी कैन डाउट हिज इंटेग्रिटी'। यह भी कहा कि वे बेहद ईमानदार और त्यागी हैं। जेपी उससे भी संतुष्ट थे। लेकिन वहाँ जेपी के उस समय के सलाहकार रामनाथ गोयनका और गंगा बाबू मौजूद थे। उन लोगों ने उनसे कहा कि देखिए, सब कुछ लिखा, लेकिन पूँजीपतियों से पैसा लेनेवाली बात की चर्चा नहीं की। सिर्फ दीक्षित जी से प्रशंसा करवा दी। दीक्षित जी कोई साधारण व्यक्ति नहीं थे। वे गृहमंत्री थे। लेकिन इस बात से जेपी का मन खट्टा

हो गया। जेपी थोड़े दिन के बाद पटना लौटे। उस समय बिहार-आंदोलन तेजी पर था। जेपी का बहुत जोर-शोर से स्वागत हुआ और समझौते की सारी बातचीत को धक्का लगा।

## जेपी की चाय-पार्टी

उन्हीं दिनों मैंने जेपी को चाय पर बुलाया था जिसकी बहुत चर्चा की जाती है। संसद के पाँच-सात सदस्य जेपी से मिलना चाहते थे इसलिए मैंने जेपी के लिए अपने घर 3, साउथ एवेन्यू लेन में चाय का इंतजाम किया। 20-25 लोगों को मैंने कहा था कि आप लोग आ जाइए। मेरे घर में एक छोटा-सा हॉल है। उसी हॉल में हम लोग बैठे थे। 25 आदमियों को बुलाया था, आए करीब 100 लोग। इनमें सिद्धार्थ शंकर रे की पत्नी श्रीमती माया रे भी थीं। ऐसे लोगों की संख्या ज्यादा थी, जिनको बुलाया नहीं गया था। बहुत लोग अपने-आप आ गए थे। प्रेसवाले भी आ गए। फोटोग्राफर भी आ गए।

हरिकिशोर जी ने कहा : 'जेपी, आप कुछ कहिए।' तब जेपी ने कहा : नहीं, मैं केवल चाय के लिए आया हूँ। मुझे कुछ नहीं कहना है। जब लोग बहुत जोर देने लगे तब जेपी ने कहा : मुझे जो कुछ कहना है, वह कहता ही रहता हूँ। यहाँ कहने का अवसर नहीं है। लेकिन वे लोग माने नहीं। मैं चाय आदि के इंतजाम में था, क्योंकि अप्रत्याशित लोग आ गए थे। वहाँ के सारे टेबुल और सोफे निकाले गए। उस वक्त ऊँट के बालों की दरी संसद सदस्यों के घर के हाल में होती थी। वही उस समय बिछी हुई थी। सारे लोग उस पर बैठ गए। केवल जेपी के लिए एक कुर्सी थी। माया रे आईं तब तक हाल भर गया था। वे चौखट पर बैठीं। दरवाजे के बाहर एक कुर्सी रखी थी। मैंने उनसे कहा, माया, चौखट पर बैठना ठीक नहीं। माया ने कहा : मै ऐसे ही ठीक हूँ। इसे सब अखबारवालों ने कई कोणों से छापा था। उसके बाद हल्ला मच गया कि चंद्रशेखर जी ने जेपी के लिए बड़ा भारी 'रिसेप्शन' आयोजित किया। असल बात यह है कि ऐसी कोई न मेरी नीयत थी, न ही ऐसा कोई कार्यक्रम। सात-आठ लोग थे जो जेपी से बात करना चाहते थे। 15-20 और लोगों को भी बुला लिया था। लेकिन उम्मीद से ज्यादा लोग आ गए। बाद में जब यह मामला उछला तो उमाशंकर दीक्षित जी ने वहाँ मौजूद लोगों को बुला-बुलाकर पूछना शुरू किया कि आप लोग वहाँ कैसे गए? सबने कह दिया कि हम लोगों को मालूम नहीं था कि जेपी आ रहे हैं। हम लोग तो गलती से चले गए। कुछ लोग ऐसे भी थे कि वे सोच-समझकर आए थे। मुझसे किसी ने नहीं पूछा, न इंदिरा जी ने, न दीक्षित जी ने। लेकिन कुछ समय बाद बुलंदशहर जिले के नरौरा में कांग्रेस कैंप हुआ। नरौरा में जेपी की चाय-पार्टी की गूँज छाई रही। जब मैं कैंप के लिए वहाँ पहुँचा तो पहले दिन का अधिवेशन खत्म हो रहा था। सब लोग अपने-अपने टेंट में बैठे थे। एक टेंट में मैं था और मेरे साथ थे मध्य प्रदेश के मुख्यमंत्री

पी.सी. सेठी। दूसरे टेंट में गुजराल और ज्ञानी जैल सिंह थे। सवेरे गुजराल ने मुझसे कहा : अरे! तुम ज्ञानी जी से पूछो कि कल सारा भाषण तुम्हारी ही चाय-पार्टी के बारे में क्यों हुआ ? तुम्हारे खिलाफ बहुत भाषण हुए और ज्यादातर भाषण देनेवाले पंजाब के लोग थे। इसलिए ज्ञानी जी से जानकारी ले लो कि क्या बात है। मैंने ज्ञानी जी से मजाक में कहा : 'कहिए ज्ञानी जी, 'की गल' है?' उन्होंने कहा : तुम नहीं समझोगे। उन्होंने बताया कि जब वे सवेरे इंदिरा जी से मिलकर निकले थे तो आर.के. धवन ने उनसे कहा था कि आज चंद्रशेखर की चाय पार्टी की आलोचना हो।

मैंने कह दिया, सभी उस पर बोल रहे हैं और कोई बात नहीं। दूसरे दिन भी वही क्रम चलता रहा। मैं चुपचाप बैठा सोचता रहा कि इन बातों से मुझे क्या मतलब है? अचानक सिद्धार्थ शंकर रे ने अंग्रेजी में बोलना शुरू किया। उन्होंने कहा : राजनीति में गरिमा होनी चाहिए। मेरी पत्नी उस पार्टी में गई थीं। उसे नहीं बताया गया था कि यह चाय-पार्टी जेपी के लिए रखी गई है। राजनीति में नैतिकता और गरिमा की आवश्यकता है, उसे निभाया जाना चाहिए। इतनी ईमानदारी तो होनी ही चाहिए कि किसी को गलतफहमी में इस प्रकार न बुलाया जाए। अब मेरे लिए बोलना जरूरी हो गया। मैंने सिद्धार्थ शंकर रे से कहा : जरा सोचकर बोलिए। आप क्या हैं, यह मुझे पता है। अगर आप अपनी पत्नी को काबू में नहीं रख सकते तो व्यर्थ मुझ पर गुस्सा क्यों करते हैं ? ठीक है, आपकी पत्नी को नहीं मालूम था कि चाय-पार्टी में जेपी आ रहे हैं, लेकिन जब उन्हें पता चल गया तो वे वहाँ से बाहर क्यों नहीं निकल गईं? उनको किसी ने वहाँ गिरफ्तार नहीं कर लिया था। वे दरवाजे के पास चौखट पर बैठी थीं। मेरे यह कहने के बाद सिद्धार्थ चुप हो गए।

बाद में मुझे पता चला कि उनका गुस्सा इस बात से था कि बंगाल विधानसभा में विरोध पक्ष की ओर से उन्हें टोका गया, जब वे जेपी-आंदोलन के विरुद्ध कुछ बोल रहे थे। सिद्धार्थ से मेरे अच्छे संबंध थे, पर सवाल केंद्र सरकार की नाराजगी का था। वे इसे कैसे मोल लेते? माया रे इस प्रकार की बातों की चिंता नहीं करती थीं। वे मेरे प्रशंसकों में से थीं। इधर बहुत दिनों से नहीं मिलीं। बाद में उमाशंकर दीक्षित जी ने मुझे संबोधित करके कहा : चंद्रशेखर जी, बहुत-से सदस्यों ने मुझसे कहा है कि उन्हें मालूम नहीं था कि जेपी वहाँ आ रहे हैं। किसी गलतफहमी में वे चले गए। उनके बोलने के बाद मैंने कांग्रेस अध्यक्ष देवकांत बरुआ जी से चंद मिनट बोलने की इजाजत माँगी। उस समय सारी चर्चा अंग्रेजी भाषा में चल रही थी। आजादी के बाद यह जेहनियत कुछ अधिक प्रबल हो गई है। हम लोग भावुकता-भरे गुस्से में अंग्रेजी बोलने लगते हैं। शायद मन के कोने में कहीं यह धारणा रहती है कि इसका असर कुछ ज्यादा होगा। मैंने भी अंग्रेजी में ही बोलना प्रारंभ किया और पहले ही वाक्य में मैने यह कहा कि दीक्षित जी, आप पिछले पंद्रह-बीस वर्षों से मुझे जानते हैं। मुझमें और बहुत सारी

कमी हो सकती हैं पर साहस की कमी नहीं है और इस देश में कोई ऐसा व्यक्ति नहीं जिसको अपने घर बुलाने के लिए मैं झूठ का सहारा लूँ। जब मैं यह कह रहा हूँ तो मेरा तात्पर्य यहाँ बैठे हुए लोगों को मिलाकर है। मैंने फिर विस्तार से उस चाय-पार्टी के बारे में बात की। उसके बाद कोई चर्चा नहीं हुई और औपचारिक धन्यवाद-ज्ञापन के बाद शिविर की कार्यवाही समाप्त हो गई। इस सारे प्रकरण में इंदिरा जी ने मुझसे कुछ नहीं कहा और बाद में भी कभी कोई शिकायत नहीं की।

शिविर समाप्त होने के बाद देवकांत बरुआ मुझसे मिले। मैंने उनसे कहा कि यदि इस प्रकार की चर्चा की प्रतिक्रिया में मैं आपसे हुई कल की बात प्रेस के लोगों को बुलाकर कह दूँ तो फिर कांग्रेस अध्यक्ष की क्या प्रतिष्ठा रह जाएगी? अपने स्वभाव के अनुरूप उन्होंने मुझसे कहा कि इस प्रकार की आलोचना से आपको प्रभावित नहीं होना चाहिए। मैंने तुरंत उत्तर दिया कि इस चर्चा से मुझे कोई दुख नहीं, पर दो दिनों तक इस प्रकार की बात होती रही। आपने अध्यक्षता की और एक शब्द भी नहीं बोले। कम से कम आप तो मेरे विचार जानते हैं, मैं किसी प्रकार उस संकट को टालने के पक्ष में हूँ जो जेपी और इंदिरा जी के आपसी विवाद से देश के लिए उत्पन्न होने वाला है। उन्होंने जो कुछ कहा, वह अब यहाँ कहना किसी भी प्रकार उचित नहीं, पर एक-दो दिन पहले मेरी उनकी जो बात हुई थी, उसको स्पष्ट कर देना आवश्यक है।

जेपी ने कुछ दिन पूर्व कहीं से एक वक्तव्य दिया था कि वे इंदिरा जी के विरुद्ध कोई और आंदोलन नहीं चलाएँगे और बिहार-आंदोलन को राष्ट्रव्यापी बनाने का उनका कोई इरादा नहीं है। जब यह समाचार आया कि जेपी दिल्ली आ रहे हैं और आते ही समाचारपत्र प्रतिनिधियों से बात करेंगे तो बरुआ जी ने मुझे फोन करके कहा कि वे मुझसे मिलना चाहते हैं। मैंने उनके यहाँ जाकर मिलने का वादा किया, पर कुछ ऐसी व्यस्तता थी कि ग्यारह बजे रात तक मैं उनसे न मिल सका। फिर उन्होंने मेरे यहाँ ही आने की बात कही। यह मुझे अत्यंत अशोभनीय लगा और मैं तुरंत उनके घर गया। वहाँ बरुआ जी ने मुझसे कहा कि जेपी ने जो वक्तव्य कुछ दिन पहले दिया है, यदि उसे ही कल के प्रेस-सम्मेलन में दोहरा दें तो बहुत अच्छा रहेगा। मैंने कहा कि इसमें कोई कठिनाई नहीं होनी चाहिए। किसी पत्रकार से वही सवाल पुछवा दें और जेपी वही उत्तर दोहरा देंगे, यह मेरा विश्वास है। पर बरुआ जी इस बारे में पूरी तरह आश्वस्त होना चाहते थे और उनका कहना था कि मैं जाकर जेपी से बात कर लूँ। मेरे लिए यह तभी संभव था जब मैं उनसे हवाईअड्डे पर ही मिलता क्योंकि वे वहाँ से सीधे प्रेस-सम्मेलन में ही जा रहे थे। इसमें मेरे लिए कठिनाई थी। वहाँ प्रेस के लोग होंगे, मेरा चित्र लेंगे, कोई कहानी बनाएँगे, इसमें मेरी कोई दिलचस्पी नहीं थी।

मैं इस प्रकार के विवाद से बचना चाहता था। पर बरुआ जी की बात को टालना भी अशोभनीय था। मैंने बचने का रास्ता ढूँढ़ा। मैंने बरुआ जी से कहा कि आप सवाल

पुछवाएँ, मैं यह सुनिश्चित करूँगा कि जेपी वही उत्तर दें जो आप चाहते हैं। मैंने प्राण सब्बरवाल से कहा कि आप हवाईअड्डे जाएँ। जेपी के साथ चौधरी ब्रह्मप्रकाश जी आ रहे हैं। उनसे कहा कि मैं हवाईअड्डे के रेस्त्रां में उनकी प्रतीक्षा कर रहा हूँ। मुझसे दो मिनट बात कर लें। प्राण ने यही किया। ब्रह्मप्रकाश जी को मैंने अपनी बातें बताईं और जेपी से यह अनुरोध करने को कहा कि मेरी यह राय है कि जो वक्तव्य उन्होंने कुछ दिन पहले दिया है, उसे यदि कोई पत्र-प्रतिनिधि पूछे तो उसी प्रकार का उत्तर देने की कृपा करें। ब्रह्मप्रकाश जी के सौजन्य से यह काम उसी प्रकार हुआ। जिस जेपी का सर्टिफिकेट लेने के लिए इतनी बेचैनी थी, उन्हीं को चाय पिलाने पर इतनी बौखलाहट ! आज जब इन बातों की याद आती है तो ऐसा लगता है कि हमारे यहाँ के स्वतंत्रता संग्राम सेनानी वयोवृद्ध जगन्नाथ सिंह जो राजनीति की परिभाषा करते थे, वह शायद सदा के लिए सत्य है। सार्वजनिक सभा में भी वे अलंकृत भाषा का प्रयोग करते थे। तिलक जी के समर्थक थे, उग्र विचारों के प्रतिपादक। पुरानी यादें और आज के अनुभव इस कथन को सत्य प्रमाणित करने के लिए पर्याप्त हैं कि राजनीति नितान्त सत्य के आधार पर नहीं चल सकती।

## जेपी और इंदिरा जी की मुलाकात

जेपी-आंदोलन जब तेजी पर था, अचानक एक दिन जयप्रकाश जी दिल्ली आए। साधारणतः जब वे आते थे तो उनके यहाँ से मुझे खबर आती थी। इस बार खबर नहीं आई। किसी ने कहा कि जयप्रकाश जी आ गए हैं। मैं मिलने गया। वे गांधी शान्ति प्रतिष्ठान में ठहरे थे। मेरे पहुँचने के बाद और लोग कमरे से बाहर चले गए। जेपी ने भोजपुरी में कहा कि एक बात आपसे कहना चाहता हूँ लेकिन मुझसे कहा गया है कि इसकी किसी से चर्चा नहीं करनी है। विशेष रूप से कहा गया कि चंद्रशेखर जी को यह बात नहीं मालूम होनी चाहिए। मैंने कहा : आप कहना चाहते हैं तो कहिए यदि कोई विशेष बात हो तो मुझसे कहना आवश्यक नहीं। इस पर उन्होंने कहा, मैं यह बात आपसे छिपाए नहीं रह सकता, और बताया कि इंदिरा जी ने आज उन्हें बिहार- आंदोलन के बारे में बात करने के लिए बुलाया है। इसके लिए उन्होंने एक ड्राफ्ट भेजा है। इसके आधार पर मुझसे बात करना चाहती हैं। मैं समझ नहीं पाया कि ड्राफ्ट आपके द्वारा क्यों नहीं भेजा? आश्चर्य की बात यह है कि यह क्यों कहा गया कि यह बात चंद्रशेखर जी को न मालूम हो? उन्होंने मुझे ड्राफ्ट दिखाया। मैंने पढ़ा और कहा, यह ड्राफ्ट बिलकुल ठीक है। इस आधार पर आप समझौता कर लें। मेरी यह राय है। ड्राफ्ट विस्तारपूर्वक हर पहलू पर विचार करके लिखा गया था। जेपी ने कहा : समस्या यह है कि इंदिरा जी से आपके संबंध अच्छे हैं। वे भली भाँति जानती हैं कि मुझसे भी आपके निकट के संबंध हैं। फिर इसे आपसे छिपाए रखने को क्यों कहा गया? मैंने उनसे कहा

कि यदि आप यह बताएँ कि यह ड्राफ्ट आपके पास लेकर कौन गया था तो मैं इसका कारण बता सकता हूँ। वे जरा झिझके, फिर थोड़ी देर के बाद बोले : मेरे पास श्याम नंदन मिश्र बाबू और दिनेश सिंह आए थे। मैंने कहा कि इसके आधार पर आपसे समझौता नहीं होगा। इसका प्रयोजन केवल इतना है कि यह लोगों को मालूम होना चाहिए कि आपसे बात हो रही है। मुझसे यह ड्राफ्ट गोपनीय रखने का कारण स्पष्ट है। अगर मेरी जानकारी में यह ड्राफ्ट होता और मेरे द्वारा भेजा जाता तो मैं इस बात पर जोर देता कि एक बार सहमति हो जाने के बाद प्रधानमंत्री इसे स्वीकार करें। अगर नहीं मानतीं तो इसको सार्वजनिक रूप से कहता। उस ड्राफ्ट में वे सारे मुद्दे थे जिनको लेकर आंदोलन चल रहा था। बिहार विधानसभा तुरंत निलंबित करने का प्रस्ताव था और थोड़े दिनों के बाद उसे भंग करने की बात थी। जेपी रात के नौ बजे प्रधानमंत्री से मिलने गए। जेपी के बैठते ही इंदिरा जी ने कहा : बाबू जगजीवन राम को भी बुला लें। जेपी को क्या आपत्ति हो सकती थी? जगजीवन राम उनकी बातों के समर्थक हैं, उन्होंने ऐसा जेपी से कहा था। ड्राफ्ट पढ़ने के बाद जगजीवन राम ने कहा : यह कैसे हो सकता है? विधानसभा निलंबित करने तक की बात ठीक है लेकिन ड्राफ्ट में विधानसभा भंग करने की बात क्यों है? इसके बारे में अभी से वादा क्यों किया जाए? इंदिरा जी चुप थीं। जेपी सारी बातें खामोशी से सुन रहे थे। वे यह तो कह नहीं सकते थे कि मुझे बुलाया क्यों? भले आदमी थे। अंत तक चुपचाप बैठे रहे। 5-10 मिनट बाद अंततः उठकर चले आए।

कुछ लोग कहते हैं कि जेपी की चाय-पार्टी के बाद से इंदिरा जी और मेरे बीच दूरी बढ़ गई थी लेकिन इंदिरा जी ने कभी मुझसे यह बात नहीं कही। 26 जून, 1975 को आपातकाल लागू हुआ। उससे पहले कुछ वरिष्ठ लोगों को छोड़कर इंदिरा जी के निकट के प्रायः सभी मंत्रियों ने मुझसे कहा था कि एक बार मैं इंदिरा जी से मिल लूँ, लेकिन मैं उनसे नहीं मिला। क्योंकि अगर मैं उनसे मिलता तो यही कहता कि इलाहाबाद हाईकोर्ट के फैसले के बाद अब आपको इस्तीफा दे देना चाहिए। हाईकोर्ट के निर्णय के बाद इस्तीफा देना इसलिए जरूरी था क्योंकि यह परम्परा रही है। मैं उन्हें यह भी सलाह देता कि वे अपने किसी विश्वासपात्र को प्रधानमंत्री बना दें और यदि निर्णय उनके पक्ष में उच्चतम न्यायालय कर देता है तो वे पुनः अपना पद ग्रहण कर लें। मैं जानता था, यह बात उन्हें अच्छी नहीं लगेगी क्योंकि प्रायः सभी लोग उन्हें इस पद पर बनाए रखने के लिए उतारू हैं। अपने संबंध को देखते हुए मैं उनसे यह बात कहने नहीं गया। मैंने कोई बयान भी नहीं दिया क्योंकि बयान में मैं उनसे इस्तीफे की माँग करता। मोहन धारिया ने एक बयान दे दिया। मैंने धारिया से कहा कि बयान देना था तो पार्टी से इस्तीफा देकर देना चाहिए था। पार्टी का सदस्य रहते हुए नेता के विरुद्ध बयान देना उचित नहीं। बाबू जी रामधन आदि से कह रहे थे कि वे श्रीमती गांधी से

इस्तीफे की माँग करें। मोहन धारिया से भी किसी ने कहा होगा कि श्रीमती गांधी पर इस्तीफे के लिए दबाव डाला जाए। मुझे जब यह पता चला तो मैंने जगजीवन बाबू को फोन किया। मैंने कहा : जगजीवन बाबू, इन लोगों के बयान देने से कुछ नहीं होगा। आप इस आशय का एक बयान लिखिए, दस्तखत कीजिए और मैं भी उस पर दस्तखत करता हूँ। जगजीवन बाबू ऐसा नहीं चाहते, उन्होंने मुझसे कहा।

जेपी की इंदिरा जी से बातचीत सफल नहीं हुई। इसका कारण यह रहा होगा कि इंदिरा जी सही दिशा में सोचती थीं और उसके अनुसार कदम उठाती थीं। फिर उनके कुछ सलाहकार उसके विपरीत बात करके उनके निर्णय को बदलवाने में सफल हो जाते थे। ऐसे लोगों का प्रभाव स्थायी नहीं होता था पर उससे समस्या उलझ जाती थी। जेपी से समझौते का ड्राफ्ट तैयार करते समय उनके मन में उस पर अमल करने की तैयारी रही होगी। बाद में कुछ लोगों ने उसे अपने हित में न देखकर उन्हें दूसरी सलाह दी होगी। जेपी से समझौते की बात समाप्त कराने में जगजीवन राम का उपयोग इसलिए भी हो सकता है कि उनका सही रूप उजागर करने के लिए यह काम किया गया हो! 1971 के बाद इंदिरा जी जनता की मानसिकता में छाई हुई थीं। जेपी ने पहली बार उनको चुनौती दी। जनभावना को उनके विरुद्ध उद्वेलित किया। जयप्रकाश जी और इंदिरा जी के चारों तरफ कुछ लोग भी ऐसे थे जो उनके बीच टकराव को बढ़ाना चाहते थे। इसका परिणाम भयावह हुआ। एक बार मैंने जयप्रकाश जी से कहा भी था कि इस आंदोलन को ज्यादा तीव्र न बनाइए। लेकिन इंदिरा जी इमरजेंसी जैसा कदम उठाएँगी, इसे मैं नहीं जानता था। पर मुझे यह मालूम था कि वे कुछ कठोर कदम अवश्य उठाएँगी, जिसमें कोई कुछ बोलने लायक नहीं रहेगा। जब पटना में लाठी चली तो उसके बाद इंदिरा जी ने सुरक्षा से संबंधित अधिकारियों की मीटिंग बुलाई। वह एक अनौपचारिक बैठक थी। उसमें उन्होंने पूछा कि यदि जेपी को गिरफ्तार किया जाए तो क्या परिणाम होंगे? वहाँ मौजूद अफसरों में से दो-तीन को छोड़कर सबने यही कहा, कुछ नहीं होगा। 18 मार्च को पटना में काफी तोड़फोड़ हुई। कुछ लोगों का आरोप है कि कांग्रेस के एक धड़े ने इसमें मदद की। मुझे अधिक जानकारी नहीं है पर हो सकता है, उन्होंने उकसाया हो! लेकिन इतना जरूर था कि उस समय लड़कों में इतना जोश और उत्साह था कि घटना स्वतः घटी होगी, किसी के प्रोत्साहन की आवश्यकता नहीं थी।

उस वक्त कुछ शक्तियाँ थीं जो नया सिद्धांत लागू करके इस देश में कम्युनिज्म धीरे-धीरे सरकारी तंत्र का उपयोग करके लाना चाहती थीं। उन्होंने ही इमरजेंसी के लिए इंदिरा जी को सलाह दी और उनका साथ भी दिया। उसमें सबसे बड़ी भूमिका पीएन हक्सर जी की थी। वे अत्यंत गंभीर स्वभाव के व्यक्ति थे; पर अपने उद्देश्य के प्रति अटल हक्सर का असर केवल सरकार पर ही नहीं कांग्रेस संगठन पर भी था। दिल्ली में अखिल भारतीय कांग्रेस कमेटी का एक अधिवेशन हुआ। उसमें कांग्रेस की कार्यसमिति

का चुनाव हुआ। मेरे मित्रों ने मुझसे चुनाव लड़ने को कहा। मैंने कहा कि मैं कांग्रेस में नया आया हूँ, किसी पुराने व्यक्ति को हम लोग चुनाव लड़ाएँ। पर सबकी जिद थी, इसलिए मैंने चुनाव लड़ने का फैसला किया। जगजीवन राम जी और फखरुद्दीन साहब ने मुझसे चुनाव न लड़ने की बात की। मैंने उनकी बात नहीं मानी, फिर उन लोगों ने मोहन धारिया और कृष्णकान्त से बात की और उन्हें आश्वासन दिया कि मुझे बाद में कार्यसमिति में मनोनीत कर लिया जाएगा। मैंने उन मित्रों से कहा कि यह आश्वासन पूरा नहीं होगा, पर यदि आप लोगों की राय है तो इसे बिना शर्त स्वीकार कर लिया जाए। पर वे लोग अपनी बात पर अड़े रहे। मैं चुनाव नहीं लड़ा। सर्वसम्मति से चुनाव हो गया। उसके बाद कार्यसमिति की घोषणा हुई, उसमें चंद्रजीत यादव, के आर गणेश और नंदिनी सतपथी जी सदस्य बनीं। मुझे और महाराजा बड़ौदा को आमंत्रित सदस्य बनाया गया। कृष्णकांत और मोहन धारिया बहुत नाराज हुए। मुझसे कहा कि मैं उसे स्वीकार न करूँ। मैंने उनकी बात नहीं मानी। मैंने जब उन्हें आगाह किया था तब वे मेरी बात सुनने को तैयार नहीं थे, यदि अब मैं आमंत्रित सदस्य की हैसियत से सम्मिलित न होऊँ तो ऐसा लगेगा कि मैं सदस्य बनने के लिए आतुर था। मैं समिति में गया। समाचार-पत्रों ने मुझे और महाराजा बड़ौदा को संगठन में समान अवसर देने पर टिप्पणी भी की।

आपातकाल की घोषणा होने के कुछ दिन पहले कांग्रेस कार्यसमिति में एक प्रस्ताव आया, जिसमें जेपी का नाम लेकर उनकी आलोचना की गई थी। मैंने उसका विरोध किया। सवेरे बैठक तीन-चार घण्टे चली। मैं अकेला था। कार्यसमिति के अन्य सदस्यों की एक राय थी। लगभग एक बजे मैंने कहा कि इंदिरा जी, मैं एक बात स्पष्ट कर देना चाहता हूँ, जो प्रस्ताव लाया गया है उसका मैं विरोध करूँगा। यदि प्रस्ताव स्वीकृत कर लिया गया तो इस प्रस्ताव की सार्वजनिक रूप से निंदा करूँगा। इसका नतीजा यह होगा कि आप मुझे पार्टी से निकालने के लिए विवश होंगी। मुझे इसकी कोई चिंता नहीं है, पर इसे स्पष्ट कर देना अपना कर्तव्य समझता हूँ। इंदिरा जी ने कहा कि यदि चंद्रशेखर जी इस प्रकार महसूस करते हैं तो इस प्रस्ताव को फिर से देखना चाहिए। प्रस्ताव से जेपी का नाम हटा दिया गया?

प्रस्ताव को ठीक करने का काम रजनी पटेल, सिद्धार्थ शंकर रे, डी.पी. धर आदि ने किया था। प्रस्ताव दोपहर बाद की बैठक में पेश हुआ और स्वीकृत कर लिया गया। बैठक से पहले मेरी पी.सी. सेठी से नोकझोंक चल रही थी। पी.सी. सेठी मेरे अच्छे दोस्त रहे थे। वे मुझे शेख जी कहते थे, मैं उनको सेठ जी कहता था। हम लोग यों ही बहस कर रहे थे। हँसी-मजाक चल रहा था। इसी बीच डी पी मिश्र ने कहा : चंद्रशेखर क्या बात है? मैंने पंडित जी से कहा कि आपने किस 'नालायक' को अपना वारिस बना दिया? यह हमको डरा रहा है, धमका रहा है। कह रहा है कि इस प्रस्ताव का विरोध

मत करो। उन्होंने कहा : सेठी, चंद्रशेखर को डराने की कोशिश मत करना। जब इसको मैं देखता हूँ तो कबीर का दोहा याद आता है–'चाह गई चिंता गई मनुवा बेपरवाह, जा को कछु न चाहिए, वह शाहन को शाह।' उन्होंने कहा कि चंद्रशेखर, एक दोहा तुम सदा याद रखना–'खुल खेलो संसार में बांधि सके नहिं कोय, घाट जकाती क्या करे जो सिर बोझ न होय।' यह कह कर वे अपनी सीट पर जाकर बैठ गए।

इंदिरा जी की एक खास कार्यशैली थी। कोई परिवर्तन कराना होता तो कहतीं, बाबू जी, जरा इसको देख लीजिए। बाबू जी ने उसे देखा। उसमें कुछ आपत्तिजनक तो था नहीं, लेकिन उन्हें कुछ तो संशोधन करना ही था। कलम निकाली और प्रस्ताव पर सर्वोदय लीडर की जगह लिख दिया–'सो काल्ड सर्वोदय लीडर।' जगजीवन बाबू के इस संशोधन के बाद इंदिरा जी मेरी ओर देखकर मुस्कुराईं। मैंने कहा कि इंदिरा जी, यदि इस संशोधन से जगजीवन बाबू को सन्तोष होता है तो मुझे कोई आपत्ति नहीं है। मैं जेपी की इज्जत सर्वोदय नेता के रूप में नहीं, 1942 के हीरो के रूप में करता हूँ। उसी बैठक में मुझे याद है कि रजनी पटेल ने कहा : 'इंदिरा जी, चंद्रशेखर इज ए वैरी गुड फ्रेंड। दी ओनली प्राब्लम विद हिम इज दैट ही सपोर्ट्स रांग परसन एण्ड रांग कॉज फॉर ए लांग टाइम।' मैंने कहा : 'व्हैदर आई एम सपोर्टिंग ए रांग परसन एण्ड रांग कॉज फॉर ए लांग टाइम, ऑर यू आर डूइंग, ओनली हिस्ट्री विल टेल।' इमरजेंसी में रजनी पटेल बहुत तिरस्कृत हुए, दुखी हुए। मेरी मित्रता उनसे बनी रही, दूसरों की मदद करने वाला उन जैसा मैंने नहीं देखा। जब तक जीवित रहे, मुझसे कहते रहे कि मैं सही था। मैंने जेपी से इन बातों का जिक्र कभी नहीं किया, क्योंकि उन्हें बहुत दुख होता जगजीवन बाबू की बात सुनकर। उन्होंने जेपी से निरंतर दूसरे प्रकार की बात की थी। चव्हाण की राय इस मामले में भिन्न थी। उन्होंने कहा : 'चंद्रशेखर, मैं तुम्हारी तरह जेपी के लिए किसी का खुला विरोध नहीं कर सकता लेकिन आई एम नॉट ए कांग्रेस मैन ऑफ गांधी एरा, आई एम ए कांग्रेस मैन ऑफ जेपी एरा। जयप्रकाश के खिलाफ एक शब्द कह नहीं सकता।' उनके शब्द हैं : 'मैं जेपी आंदोलन को कभी उस तरह समर्थन नहीं दे रहा था, जैसे जेपी-आंदोलन के समर्थक लोग दे रहे थे। इस बारे में मैं बिलकुल स्पष्ट था कि जेपी-आंदोलन की परिणति वह नहीं होगी जो जेपी का उद्देश्य है।'

## आपातकाल

जिस तरह की परिस्थितियाँ बनती जा रही थीं, उससे मुझे लगा था कि श्रीमती गांधी जल्द ही कठोर कदम उठा सकती हैं। 25 जून को मेरे यहाँ शैलजा आचार्य और वीपी कोइराला आए। उनका सिनेमा जाने का कार्यक्रम था। मुझे भी साथ ले गए। हम लोग फिल्म देखने गए। शायद 'शोले' फिल्म लगी थी कनॉट प्लेस के रीगल सिनेमा हॉल में। उसे लोग बहुत देखना चाहते थे। हमने भी देखी। खाना बाहर ही खाया। जब

मैं फिल्म देखकर बाहर निकला तो मेरी जेब खाली थी। मैंने पहले ही कहा कि कहीं से पैसे का इंतजाम कर लें, तब चलें। इस पर वीपी बोले, नहीं, नहीं, मेरे पास पैसे हैं। शैलजा ने मुझे उसी समय 100 रुपये दिए।

घर आया तो मुझे दयानन्द सहाय ने कहा कि आज तो जेपी ने अपने भाषण में कमाल कर दिया। दिल्ली के रामलीला मैदान में जो भाषण दिया था, उसका सारांश बताया। मैंने सुनते ही कहा : यह आखिरी भाषण है। रात में 12 बजे हम लोग सोए। साढ़े तीन बजे भोर में हमारे पास अचानक फोन आया कि जेपी को गिरफ्तार करने के लिए पुलिस गांधी शांति प्रतिष्ठान पहुँच गई है। मैंने दयानन्द से कहा : जरा बाहर देखो, यहाँ तो कोई पुलिस नहीं है। वह बाहर गया, लौटकर सूचना दी कि कोई पुलिस नहीं है। तब हम लोग टैक्सी लेकर गांधी शांति प्रतिष्ठान पहुँचे। वहाँ जेपी ने कहा कि पुलिस आ गई है। वे गाड़ी में बैठे तो हम भी टैक्सी में पीछे-पीछे साथ-साथ चले। जब पार्लियामेंट स्ट्रीट थाने में आए तो वे लोग जेपी को अन्दर ले गए। मैं साथ जा रहा था तो एक दरोगा जी ने मुझे रोक दिया। मैं बाहर खड़ा था। उसी समय कोई डी.एस.पी. या कोई डिप्टी कमिश्नर आया। उसने कहा : सर, आप यहाँ कैसे खड़े हैं? मैंने कहा : आपके दरोगा जी ने कहा है। उन्होंने मुझे कहा कि मैं अन्दर जाऊँ। अन्दर जाकर 15 मिनट या आधा घंटा बैठा रहा कि एस.पी. इंटेलीजेंस आए। उन्होंने वहाँ के स्थानीय एस.पी. से कान में कुछ कहा : उन्होंने मुझसे कहा कि वे मुझसे अलग से बात करना चाहते हैं। बाहर जाकर उन्होंने कहा कि जेपी के लिए गाड़ी आ गई है। मेरी हिम्मत नहीं होती यह कहने की। आप उनसे कहिए। आपको तो दूसरी जगह जाना है। मैं समझ नहीं पाया। उन्होंने दोबारा जब मेरे दूसरी जगह जाने वाली बात कही तो मैंने पूछा कि क्या मुझ पर भी वारंट है? उसने कहा, 'हाँ। पुलिस आपके घर गई है।'

उसी समय यूएनआई के अरुण कुमार भी आ गए। जेपी से मैंने कहा : आप तो जाइए, आपकी गाड़ी आ गई है। मुझे दूसरी जगह जाना है। उन्होंने कहा : आप लोग भी गिरफ्तार हैं? मैंने कहा, 'हाँ।' तभी उन्होंने थाने से बाहर निकलते हुए कहा : 'विनाश काले विपरीत बुद्धि।' उसी समय पुलिस की गाड़ियाँ आ गईं। मैंने कहा : चलो, कहाँ चलना है? दयानन्द को मैंने पहले ही भेज दिया था कि मेरा सामान लेकर आए। बताया गया कि कैंटोनमेंट पुलिस स्टेशन चलना है। गाड़ी में पुलिस के जो अधिकारी थे, उन्होंने इंदिरा जी को भली-बुरी सुनाई और मुझसे कहा कि सर, आप चलिए घर। जिस-जिसको फोन करना है, कर लीजिए। मैं घर गया। दो-एक जगह फोन किया। बीपी कोइराला को भी फोन पर बताया। सिनेमा देखने के बाद शैलजा ने जो पैसे दिए थे, वही 100 रुपये मेरे पास थे। शंकर दयाल सिंह ने ट्रेन में आते समय मुझे एक छोटी-सी किताब दी थी। वह मेरे बैग में पड़ी थी, वह भी मैंने रख ली। कैंटोनमेंट में दयानन्द और कृपाशंकर को उदास देखकर मुझे दुःख हुआ।

थाने में जाकर देखा तो वहाँ राजनारायण, पीलू मोदी, बीजू पटनायक, रामधन, सिकन्दर बख्त, मलकानी और अशोक मेहता मौजूद थे। जब हम थाने से निकले तो आगे और पीछे अनेक जीपें चल रही थीं। बीच में हम एक वैन में बैठे थे। पीलू और राजनारायण ने रास्ते में बहुत हँसाया। हम लोग रोहतक पहुँचे। अपनी जेल डायरी में मैंने लिखा भी है कि सबसे अधिक नारे मेरे लिए लग रहे थे। इस बात से मैं आश्चर्यचकित था।

अपनी डायरी में मैंने यह भी लिखा था कि यह विडम्बना ही है कि जिनको सरकार में पहुँचाने के लिए मैंने कोशिश की, वही मुझे जेल भेज रहे हैं और जिनको हराने के लिए कोशिश की, वे मेरी जय-जयकार बोल रहे हैं। मैंने चुनावों में कांग्रेस को विजयी बनाने के लिए पूरी कोशिश की थी और जिन विरोधी पार्टियों को हराने के लिए काम किया, वे कारागार में मेरे साथ हैं। रोहतक में प्रबंध पहले से था। मैं वहाँ 5-7 दिन रहा। आदमी का सही रूप तो जेल में ही दिखाई देता है। मैं कपड़े बहुत अच्छा धोता हूँ, इसलिए सबके कपड़े धोता था। पीलू कहते थे, मेरे कपड़े भी धो दो। बीजू ने भी यही कहा। मैंने कहा : तुम लोगों से आठ-आठ आने लूँगा, एक कपड़े का, जेल से छूटने के बाद हिसाब होगा। मैंने अशोक मेहता से कहा कि आपके कपड़े भी धो दूँगा। उन्होंने कहा कि क्यों धोओगे? मै भी कैदी हूँ, सबको अपना काम स्वयं करना चाहिए और उन्होंने स्वयं इसे निभाया। जेल जाने के तीन-चार दिन बाद जेल सुपरिंटेंडेंट आए। कहने लगे : एम. पी. साहब, आपको मिलने के लिए कलेक्टर साहब आए हैं। मैंने कहा : क्या बात है? वहाँ 4-5 डॉक्टर मौजूद थे। उन्होंने मेरे स्वास्थ्य की जाँच की। कोई कहता : मेरे चेस्ट में पेन है। कोई कहता : मुझे ब्लड प्रेशर है। किसी की राय थी कि मुझे साँस की बीमारी है। मैंने कहा : मुझे कुछ नहीं है। उस समय हरियाणा कांग्रेस के अध्यक्ष सुल्तान सिंह साथ थे। उन्होंने मुझसे अलग से बात की। इंदिरा जी से अपनी नाराजगी जाहिर की और कहा कि बंसीलाल जी ने भेजा है। उनका निर्देश है कि बीमारी बताकर मुझे गेस्ट हाउस में एयर कंडीशन कमरे में रखा जाए, जैसे मोरारजी को रखा है। मैंने उनसे कहा कि बंसीलाल जी को मेरा धन्यवाद कहिए और कह दीजिएगा कि जेल से यदि कभी छूटा तो मित्रता का निर्वाह कीजिएगा। बाद में कलेक्टर भी आ गए। उन्होंने कहा कि कुछ करने का आदेश दीजिए। मैने कहा कि यहाँ पीलू मोदी हैं, गर्मी से उनकी हालत खराब है। उनके लिए सम्भव हो सके तो एयर कण्डीशनर का प्रबंध करा दीजिए। उन्होंने कहा कि यदि वे अपना एयर कंडीशनर मँगा दें तो तुरंत लगवा दूँगा। यदि सरकार से प्रबंध कराना होगा तो उसमें समय लग जाएगा। मैंने यह बात पीलू को बता दी। उसने घर से एयरकण्डीशनर मँगा भी लिया पर उसे लगाने की इजाजत नहीं मिली। किसी ने दिल्ली सरकार को खबर कर दी होगी। अजब थे वे दिन और अजब थी उन दिनों सत्ता में बैठे लोगों की जेहनियत।

उसी बीच में मुझे वहाँ से ट्रांसफर करने का आदेश आ गया। रोहतक में साढ़े 11 बजे रात को सुपरिंटेंडेंट आए। उन्होंने कहा, आपका ट्रांसफर है। मैंने कहा, रात को ट्रांसफर! मुझे थोड़ा बुखार था। मैंने कहा कि कल सवेरे जहाँ जाना होगा, जाऊँगा। इस समय मैं नहीं जा सकूँगा। उन्होंने कहा कि पुलिस की गाड़ी आ गई है। मैंने कहा : कुछ भी आ गया हो, मैं इस समय नहीं जाऊँगा। इस पर उसने कहा : जाना पड़ेगा। बगल में सोए हुए राजनारायण जग गए थे। अपने स्वभाव के अनुरूप उन्होंने कहा, 'जरा लाओ तो हमारा डण्डा।' बंधु के इस कथन को सुनकर जेल सुपरिंटेंडेंट वहाँ से भागा। हम लोग हँसते-हँसते सो गए। दूसरे दिन सवेरे 7 बजे पुलिस आ गई। उस समय आतंक का माहौल था। दो-चार लोग मुझे जेल के गेट तक छोड़ने के लिए गए। लोगों ने पूछा, कहाँ ले जा रहे हैं? कुछ भी मालूम नहीं था, किसी ने कुछ बताया नहीं। बाहर एक जीप थी, उसमें कुछ अधिकारी बैठे थे। वैन में पूरी आर्म्ड पुलिस थी और बीच में मैं था। गर्मी के दिन थे। अम्बाला के पास इंस्पेक्टर ने कहा : साहब, प्यास लगी होगी। मैंने कहा : हाँ, पानी जरूर पिला दें। हम शहर में नहीं जा सकते थे। अम्बला कैंट स्टेशन पर रेस्त्रां में ले जाकर मुझे पानी या कोई ठंडा पेय पीने को मिला। चंडीगढ़ पहुँचने पर स्वागत में अधिकारियों की जमात थी। कम से कम 15-16 गाड़ियाँ थीं। काफी लोग थे। रोहतक जेल से कुछ देर बाद ही पुलिस अधिकारी ने बता दिया था कि मैं चंडीगढ़ जा रहा हूँ।

चंड़ीगढ़ जेल में दो-तीन बैरक हैं। वहाँ जगह नहीं थी। सुपरिंटेंडेंट का कमरा खाली कराकर उसमें मुझे रखा गया। उसी बैरक में चंडीगढ़ के एक वकील साहब थे जो अब नहीं रहे। मेरे लिए सुपरिंटेडेंट का ऑफिस खाली करा दिया गया। कालीन बिछा कर कूलर लगा दिया। मैंने खाना खाया और सो गया। चार बजे उठा। प्यास लगी थी। पानी देखा तो कमरे में नहीं था। आगे गया तो दरवाजा बाहर से बन्द था। दरवाजा खटखटाया। वार्डर से मैंने कहा, पानी लाओ। तब मुझे आदत नहीं थी कूलर में सोने की। मेरी तबियत खराब हो जाती थी। मैंने कहा : मैं इस कमरे में नहीं सोऊँगा। मैं बाहर सोने का आदी हूँ। जेल-अधीक्षक एक भले व्यक्ति थे। उन्होंने कहा कि आप ऐसा मत कहिए। जेपी को यहाँ शिफ्ट करना है। जेपी ने कहा है कि उनके साथ कोई एक आदमी होना चाहिए। उनकी सेवा करने वाले गुलाब का नाम उन्होंने लिया। सरकार की ओर से कहा गया कि उसे कैदी की तरह रहना होगा, तो जेपी ने कहा, उसको कैदी की हैसियत से नहीं रखना है। उनसे पूछा गया कि किसी कैदी का नाम बताइए जो उनके साथ रह सके। जेपी ने आपका नाम लिया है। इसीलिए आप लाए गए हैं। थोड़े दिन में कमरा तैयार हो जाएगा। मैं जाकर जेपी से कह चुका हूँ कि आप आ गए हैं। मुझे मालूम नहीं, उसने आगे क्या किया।

उसी समय एस.टी.डी. सेवा शुरू हुई थी। चंडीगढ़ से एस.टी.डी. पर फोन करके मेरे दिल्ली निवास पर किसी ने कहा कि मैं आगरा से बोल रहा हूँ, चंद्रशेखर जी चंडीगढ़ जेल में हैं। इसी बीच जेपी की बीमारी बढ़ गई। डॉक्टरों ने कहा कि इनको जेल में शिफ्ट करना ठीक नहीं है। उन्होंने जब यह रिपोर्ट दी, तब मुझे वहाँ से पटियाला भेज दिया गया। फिर अन्त तक मैं पटियाला में ही रहा। मुझे प्रारंभ में जेल में कोई जानकारी नहीं मिलती थी। तीन महीने पटियाला जेल में कोई किताब भी नहीं मिली। किसी से मुलाकात भी नहीं हुई। अखबार नहीं मिलते थे, रेडियो की भी सुविधा नहीं थी। स्वाधीनता सेनानी सरदार सेवा सिंह टिकरी वाले के लिए महाराजा पटियाला ने एक स्पेशल वार्ड बनाया था। वह पुराने किस्म का कमरा था। वही ऊँचे गेस्ट हाउस जैसा। चारों तरफ खिड़कियाँ थीं। सामने एक बरामदा। बरामदे में बड़ी-बड़ी छड़ें लगी हुई थीं। उसी में मुझे रखा गया लेकिन उसकी सफाई करने के नाम पर उसे पीली मिट्टी से रंग दिया गया था।

सम्भवतः इसे रामरज कहते हैं। ऐसा लगता था कि मुझे वह पीला रंग चारों ओर से घेरता चला आ रहा है। मैंने दूसरे दिन सुपरिंटेंडेंट से कहा कि इन पीली दीवारों पर सफेदी करवा दीजिए। कुछ समय बाद जेल में पढ़ने के लिए किताबें मिलने लगीं। तीन महीने तक मैंने सिर्फ सिक्ख धर्म का इतिहास पढ़ा। जेल के पुस्तकालय में हिन्दी, अंग्रेजी में काफी किताबें थीं पर अधिकांश सिख धर्म पर ही थीं।

जेल में जाते ही थोड़े दिनों के अन्दर ही मैं बीमार पड़ गया। मैं बाग में फावड़ा चला रहा था, मुझे स्लिप डिस्क हो गया। पहले मुझे पता नहीं चला लेकिन जब तेज दर्द हुआ तो डाक्टर को बुलाया गया। उसने दर्द दूर करने की दवा दी। कुछ आराम हुआ पर लगभग दो घण्टे बाद दर्द फिर होने लगा। उसे फिर बुलाया। वह समझा, मैं घबरा रहा हूँ। मुझसे कहने लगा : सर, घबराइए मत, कुछ नहीं है। मैंने कहा : साहबजादे, मुझे धीरज मत दो। मुझे दर्द हो रहा है। मैं चौकी पर सो गया। मेरे वार्ड में दो कैदी थे, वे मेरी बहुत सेवा करते थे। मेरे पैर दबाते रहे पर कुछ आराम नहीं मिला। एक मुंशीराम था, छोटा-सा। एक दिन मैंने मुंशीराम से कहा कि तुम मेरी पीठ पर चलकर दबाओ, उसने पीठ पर चलकर दबाया। शायद कोई नस दबी। मुझे नींद आ गई। सवेरे डाक्टर आए। अस्पताल ले गए। अस्पताल में हंगामा हो गया। उस समय मैंने बाल बढ़ा लिए थे। गेरुए वस्त्र पहने हुए था। मेरे साथ पुलिस के लोग थे। एक्सरे रूम में रेडियोलॉजी विभाग की अध्यक्ष कोई महिला थी। उसके रूम में एक नए डाक्टर थे। वे बिगड़े। पुलिस को कहा : आप लोग कैसे आ गए? फिर मुझे देखकर कहा : अच्छा, तो इनके साथ आए हैं। ससुराल में आए होंगे। मैंने सोचा कि कोई झगड़ा न खड़ा कर दें।

मैंने कहा : इनका कोई दोष नहीं है। मेरा नाम चंद्रशेखर है और ये लोग मेरे साथ हैं।

मेरे गेरुआ वस्त्र पहनने का भी एक किस्सा है। रोहतक जेल में मेरे साथ आर्यसमाजी इंद्रवेश जी थे। इंद्रवेश गेरुआ वस्त्र में रहते थे। मैंने महसूस किया कि रोज जेल में कपड़ा धोना कष्टकारी है। इसलिए एक प्रकार से मजाक में मैंने इंद्रवेश से कहा : मेरे लिए भी अपने जैसे ही गेरुआ कपड़े मँगवा दें। दो-तीन दिन के अन्दर ही इंद्रवेश ने मेरे लिए गेरूआ लुंगी, कुर्ता मँगवा दिया। फिर एक दिन मैंने गेरुआ वस्त्र धारण कर लिया। राजनारायण, पीलू मोदी और अशोक मेहता ने हंगामा खड़ा कर दिया–उतारो इसको। फिर जब मैं यहाँ पटियाला के सोलिटरी कन्फाइनमेंट में आया तो मैंने उसे पहन लिया कि यहाँ तो कोई मिलने वाला है नहीं। इस पटियाला जेल में हफ्ते में तीन बार आई. बी. के लोग आते थे। उन्होंने कोई रिपोर्ट कर दी कि मैंने बाल, दाढी बढ़ा लिए हैं और संन्यासी हो गया।

अधिकारियों के व्यवहार से मुझे अक्सर ऐसा लगा कि नौकरशाह आमतौर पर इमरजेंसी के विरोध में थे। एक-दो बदमाशों को छोड़ दें तो 18 महीनों की कैद के दौरान मैंने यही महसूस किया। ब्यूरोक्रैट्स में मेरे प्रति व्यक्तिगत सम्मान का भाव काफी था। पटियाला जेल में मैं एकांत कारावास में था। फाँसी कोठी उसके बगल में थी। फाँसी कोठी और मेरे कमरे के बीच में केवल एक दीवार थी। मेरे रहते हुए उसके चार व्यक्तियों को फाँसी हुई। मेरे कमरे में पानी भी नहीं पहुँचता था। एक हौज बना दिया गया था। इसमें मैं दिन भर में पानी भरता था। उसमें चिड़िया आकर पानी पीती थीं। बीट करती थीं। पास में एक हैण्ड पम्प था, मैं वहीं स्नान करता था। एक बार वहाँ जेल के आई.जी. आए। वह डेपुटेशन पर आए थे–वैसे वे थे पुलिस अधिकारी, कहने लगे कि एम.पी. साहब, आपने तो इसको बिलकुल बदल दिया। यहाँ पहले बी क्लास के सजायाफ्ता कैदी रखे जाते थे। यह तो बड़ा साफ हो गया। मैंने कहा कि यह पूरी तरह साफ नहीं हो सकता, क्योंकि यहाँ नीम के पुराने पेड़ हैं, गन्दगी गिरती रहती है, गिलहरी और तोते काफी संख्या में हैं। उनकी वजह से भी गन्दगी होती है।

यहाँ पौधों के विकसित होने की सम्भावना नहीं है हालाँकि मैं पौधे लगाने की कोशिश कर रहा हूँ।

उसने पूछा, तो फिर इन पुराने पेड़ों को कटवा क्यों नहीं देते।

मैंने कहा : 'सुपरिंटेंडेंट साहब कहते हैं कि इन्हें काट नहीं सकते। इसके लिए परमीशन नहीं है।

'इसका क्या मतलब है?'

सुपरिंटेंडेंट साहब ने कहा, 'सरकार का आदेश चाहिए।' आई. जी. ने कहा, कौन सरकार है? मैं सरकार हूँ। अगर एम पी साहब चाहते हैं तो सारे पेड़ कटवा दो।' सेंट्रल जेल में तो एक से एक महारथी होते हैं। एक ही दिन में पेड़ की लकड़ी-पत्ते कहाँ चले गए, कुछ पता ही नहीं। 4-5 दिन में आसपास की जगह पूरी तरह, साफ कर दी गई।

उसी अधिकारी ने पूछा : यह कोने में बना हौज क्या है, मैंने कहा, यह मेरे स्नान का स्थान है। उसकी त्योरी चढ़ गई। उसने बाहर जाकर सुपरिंटेंडेंट को बुरी तरह डाँटा। उसने कहा : यह बाथरूम बनाया है? पानी नहीं आता। अभी 24 घण्टे के अन्दर डायरेक्ट पाइप लाइन लगाओ। रात भर में पाइप लाइन लग गई।

दिसम्बर, 1976 के मध्य में एक विचित्र घटना घटी, जिसे भुला पाना सम्भव नहीं है। मैं जिस जेल में था, वहीं सरदार बुलकार सिंह आजीवन कारावास की सजा भुगत रहे थे। गाँव के झगड़े में कई लोगों की मौत होने के कारण उन्हें मृत्युदंड मिला था। बाद में हाईकोर्ट ने उसे आजीवन कारावास में बदल दिया। पिछले पाँच वर्षों से वे सजा भुगत रहे थे। भक्त स्वभाव के आदमी थे। कुशल कारीगर थे। भवन बनाने और बढ़ई के काम में उनकी महारत थी। पिछले एक साल से वे प्रायः रोज उसी वार्ड में काम करते थे जिसमें मैं रहता था। एक दिन वे मेरे पास आए। अनायास ही उन्होंने कहा कि एम.पी. साहब, जल्दी ही रिहा होने वाले हैं और आपकी सरकार बनने वाली है। हम लोगों का खयाल रखिएगा। मैंने यूँ ही मजाक में पूछा कि क्या आप ज्योतिषी हो गए हैं? उन्होंने तुरंत उत्तर दिया कि उन्हें ज्योतिष का ज्ञान नहीं है, पर जो सपने में आभास होता है, वह प्रायः सच होता है। मैंने इस बात को टाल दिया।

दिसम्बर के अन्तिम सप्ताह में मैंने स्वयं एक सपना देखा कि मेरे एक मित्र कह रहे हैं, मैं दूसरे दिन जेल से रिहा हो जाऊँगा। मुझे जहाँ तक स्मरण है, यह बात 28 दिसम्बर 1976 की है। उसके बाद ही सपने में मेरी पत्नी ने कहा कि कल नहीं, परसों आप जेल से रिहा होंगे। कुछ दिन पूर्व इस प्रकार सपने में भगवान अवधूत राम को बात करते मैंने देखा था। उन दिनों यह चर्चा भी थी कि कुछ लोगों ने सरकार के पास माफीनामा भेजा है। उनमें कुछ बड़े नेताओं का नाम भी लिया जाता था। बाद में मुझे जो सूचना मिली, उससे एक सदमा लगा कि यदि इंदिरा जी आपातकालीन स्थिति को समाप्त नहीं करतीं और चुनाव की घोषणा नहीं होती तो बहुत-से लोग किसी प्रकार मुक्त होना चाहते थे। कितनी निर्बल थी इन मित्रों की संकल्पशक्ति! आज उन्हीं में से कुछ अपने शौर्य और साहस का बखान करते नहीं थकते। यह सुनकर यही भाव मन में आता है कि किस प्रकार अपने को धोखे में रखने में ये लोग तनिक भी नहीं सकुचाते और समाज भी उन्हें किस प्रकार मान्यता देता है! ऐसे लोगों के बारे में मौन रह जाना ही श्रेयस्कर है। ऐसे लोगों पर तरस आता है और इन कर्णधारों को स्वीकार कर राष्ट्र किस प्रकार अपने भविष्य के साथ अनजाने में अन्याय कर रहा है! यही है इतिहास को भ्रमित करने की राह। इसके पहले कुछ लोगों को सरकार ने रिहा किया था लेकिन मेरे बारे में कोई सूचना नहीं थी। 30 दिसम्बर को प्रातः मैं सोकर उठा ही था कि जेल-अधिकारी, जो मेरे अहाते के इंचार्ज थे, उन्होंने आते ही कहा : सरकार का आज ही आदेश मिला है कि आपकी नजरबन्दी का स्थान पटियाला केंद्रीय कार्यालय

से बदलकर 3, साउथ एवेन्यू लेन, नई दिल्ली किया गया है। आपको पटियाला से दिल्ली ले जाने के लिए दिल्ली पुलिस के लोग आएँगे। मैं सोचता ही रह गया कि क्या इस तरह सपने भी सच हो सकते हैं, पर इस यथार्थ को न भुला सका, न झुठला सका।

दिल्ली से पुलिस देर में आई। उधर पटियाला के जिला अधिकारियों ने कारागार के लोगों से पहले ही कह रखा था कि मुझे यदि कहीं स्थानांतरित किया जाए या रिहा किया जाए तो उन्हें पूर्व सूचना दी जाए ताकि वे आकर विदा कर सकें। उनसे सम्पर्क करने और सूचना देने में देर हुई और मैं दोपहर बाद पटियाला से दिल्ली के लिए चला। साउथ एवेन्यू लेन पहुँचते-पहुँचते रात हो गई थी, पर वहाँ का माहौल बदला हुआ था। लोगों का आना-जाना लगा था। भीड़भाड़ का आलम था। इसकी सूचना सबसे पहले किशोर लाल जी ने दी थी। पिंटू ने लोगों को देखकर कहा था कि जब चाचा जी नहीं थे तो कोई नहीं आता था। अब सब भीड़ लगाने लगे हैं। यह थी एक छोटे बच्चे की प्रतिक्रिया।

जब मैं साउथ एवेन्यू पहुँचा तो वहाँ पुलिस का प्रबंध नहीं था। जो पुलिस के अधिकारी मुझे पटियाला से लाए थे, वे हैरान थे कि क्या करें? बाद में वे मेरे पास आए। वे चाहते थे कि मैं यह लिखकर उन्हें दे दूँ कि मैं सकुशल साउथ एवेन्यू लेन में पहुँच गया हूँ। मेरे यह लिखकर देने के बाद वे आश्वस्त हो गए और मैं लोगों से मिलने लगा। लगभग 12 बजे रात को लोगों का तांता समाप्त हुआ और जब मैं अंत में कुछ लोगों को छोड़ने के लिए कमरे से बाहर आया तो देखा कि पुलिस का कड़ा प्रबंध मेरे घर के चारों ओर था। जो लोग मेरे साथ बाहर आए थे, उनमें से अधिकांश की हालत खराब हो रही थी क्योंकि वे यह सोचकर आए थे कि मैं रिहा हो गया हूँ लेकिन इस प्रकार की पुलिस तैनाती इमरजेंसी के बीच भयभीत करने के लिए पर्याप्त थी। जब तक मैं पूरी तरह से रिहा नहीं हो गया, मुझे उनमें से बहुत-से मित्र तो फिर कभी मिले ही नहीं।

लोगों में दहशत बनी हुई थी, पर ऐसा कोई कारण मुझे नहीं दिखाई दिया। उन दिनों कुछ ही लोगों ने ही मेरे परिवार से सम्पर्क रखा। इनमें किशोरलाल जी और उनका परिवार और प्राण सब्बरवाल का पूरा परिवार था। मेरठ के सरयू प्रसाद त्यागी आते और लखनऊ के पुलिस अधिकारी पं. पारसनाथ मिश्र उस पूरी अवधि में 3 साउथ एवेन्यू लेन में ही रुके। अत्यंत निकट के मेरे संबंधी भी इधर झाँकने नहीं आते थे। 31 दिसम्बर को लगभग चार-पाँच बजे तक मैं घर पर रहा। मैं उस समय अशोक मेहता और पटियाला की महारानी राजेन्द्र कौर से बात कर रहा था। तभी पुलिस के एक अधिकारी आए और उन्होंने सूचना दी कि मुझे अब राउज एवेन्यू (पं. दीनदयाल उपाध्याय मार्ग) के एक बंगले में रखने का आदेश हुआ है। मैं थोड़ी देर बाद वहाँ के लिए चल पड़ा। दिसम्बर का महीना, कड़ाके की सर्दी, एक पुराना बंगला, जो बहुत दिनों से शायद खाली

पड़ा था, उसकी चूनाकली की गई थी। फर्श की गन्दगी धोने के लिए प्रयोग किए गए पानी के कारण चारों तरफ अब भी सीलन थी। उस बंगले में जाते ही कँपकँपी का अहसास हुआ। मैंने वहाँ मौजूद एक उच्च अधिकारी से कहा कि कमरे में जहाँ आग जलाने की चिमनी बनी है, उसमें लकड़ी जलवा दें। उन्होंने तुरंत यह काम किया। इससे सर्दी का अहसास कम हुआ।

दूसरे दिन तो पूरी साजसज्जा—कालीन, फर्नीचर, बिस्तर, सब कुछ बदला हुआ था। कितना बदल गया था वहाँ का माहौल! सरकार की नजर बदल गई, अधिकारियों का व्यवहार बदल गया। यों तो पूरी जेल की अवधि में मैं जहाँ भी रहा, जेल और जिले के अधिकारियों का व्यवहार मेरे प्रति अत्यंत सौहार्दपूर्ण रहा। तीन-चार दिन बाद मोहन धारिया वहाँ आ गए। वे नासिक जेल से वहाँ लाए गए थे। केवल एक ही दिन हम दोनों अगल-बगल के बंगलों में साथ रहे, साथ खाना खाया, एक दूसरे को आपबीती सुनाई है। उसी बीच उन्होंने मुझे बताया कि उन्होंने इंदिरा जी को एक पत्र लिखा है। इस पर मुझे न कोई उत्सुकता हुई और न मैंने पूछा कि पत्र में क्या लिखा है। उसके बाद ही एक नया प्रयास शुरू हुआ और मुझे यह अहसास हुआ कि मुझे वहाँ क्यों लाया गया है। बाद में गुजरात के गृहमंत्री जसवंत मेहता मिलने आए। मेरे अत्यंत निकट के मित्र जस्सू देर तक इधर-उधर की बात करते रहे, फिर जाने से पहले मुझसे कहने लगे कि पास के बंगले में मोहन धारिया हैं उनसे भी मिल लूँ। मैंने कहा : अवश्य मिलिए। इस बीच दोनों बंगलों के बीच 12 फीट ऊँची कनात लगा दी गई थी, ताकि हम लोग आपस में मिल न सकें। मोहन ने आपत्ति की। उन्होंने कहा कि यदि हम लोग मिल नहीं सकते तो हम लोगों के भोजन का प्रबंध भी अलग होना चाहिए। बिना विलम्ब के सब कुछ हो गया। खाना बनाने के लिए अच्छे रसोइए तथा सब प्रकार की सुविधा अलग-अलग। परिवार के लोगों से मिलने की पूरी छूट। अब कारागार का केवल नाम मात्र का बंधन था। मेरे लिए तो पूरी मुक्ति का अहसास। न एकाकीपन, न पीड़ा और न समय बिताने की समस्या। मोहन से मिलकर जाते समय जस्सू मेरे यहाँ फिर आए और उन्होंने मुझसे पूछा कि मोहन धारिया ने इंदिरा जी को जो पत्र लिखा है, क्या उसे मैंने पढ़ा है? मैंने कहा कि उन्होंने कुछ ऐसा कहा था पर मुझे पढ़ने की कोई उत्सुकता नहीं थी और न मैंने पूछा ही कि उस पत्र में उन्होंने क्या लिखा है।

दूसरे दिन जस्सू फिर आए। आते ही उन्होंने कहा कि 'यस्टरडे आई वाज ऑन ए सोशल कॉल, टुडे आई एम ऑन ए पोलिटकल मिशन।' मेरे बिना कुछ पूछे उन्होंने मोहन के पत्र की प्रतिलिपि दी और मोहन से मिलने दूसरे बंगले में चले गए। लगभग एक घण्टे बाद वे लौटकर आए और मुझसे पूछा कि 'हैव यू रेड मोहन धारियाज लेटर, व्हाट इज योर रिएक्शन?' मैंने अंग्रेजी में ही जवाब दिया, 'द लेटर डज नॉट एग्जिस्ट फार मी।' फिर उन्होंने पूछा, 'व्हाई?' मैंने कहा, 'बिकॉज इट हैज बीन रिटेन बाए ए

फ्रेण्ड एण्ड ही इज ए प्रीजनर विद मी, बट आई हैव नॉट बीन एबल टू अंडरस्टैंड द परपज ऑफ दिस लेटर।' सो आई हैव नो कमेण्ट टू मेक।'

इसके बाद वे चले गए और फिर दूसरे या तीसरे दिन आए और उन्होंने कहा कि इंदिरा जी मुझसे मिलना चाहती हैं। मैंने कहा : मैं मजबूर हूँ। मैं एक कैदी हूँ। मैं जा नहीं सकता। अगर वे मिलना चाहती हैं तो आ जाएँ। मुझे मिलने में कोई आपत्ति नहीं है।

वे एक बार फिर आए और फिर यही बात दुहराई कि इंदिरा जी मुझसे बात करना चाहती हैं। मैंने पूछा कि किस विषय में? उन्होंने कहा कि मोहन धारिया के पत्र के बारे में। मैंने उनसे कहा कि जिसने पत्र लिखा है, इंदिरा जी उसी से बात करें। बात आगे नहीं बढ़ी। 11 जनवरी, 1977 को सवेरे दस बजे फिर जस्सू आए और उन्होंने मुझसे कहा कि आज आप रिहा हो रहे हैं। मैंने कहा कि मुझे मालूम है, गुप्तचर विभाग के लोगों ने मुझे सवेरे ही बता दिया था। औपचारिकता पूरी होने में दस बज गए। लगभग ग्यारह बजे हम लोगों की रिहाई का आदेश आया। सबसे पहले रामनाथ गोयनका और गांधी शान्ति प्रतिष्ठान के राधाकृष्ण जी आए। जब मैं बाहर निकलकर आया तो जस्सू फिर सरकारी गाड़ी लिए बाहर खड़े मिले। उन्होंने मुझसे कहा, चलिए इंदिरा जी के यहाँ, वे मिलने के लिए प्रतीक्षा कर रही हैं। मैंने कहा : जस्सू तुम भी अजीब हो! जेल से छूट कर पहले मैं अपने घर जाऊँ या इंदिरा जी के? जस्सू निरुत्तर हो गए। उस दिन रात को ग्यारह बजे फिर वही कहने के लिए आए। मुझे कुछ अजीब लगा और मैंने यह कहा कि इतनी जल्दी क्या है? मित्र के नाते जस्सू ने पूछ ही लिया कि क्या इंदिरा जी से कभी नहीं मिलोगे? मैंने कहा : एक बार तो अवश्य मिलूँगा, कम से कम यह पूछने के लिए कि यह सब उन्होंने क्यों किया।

मेरी यह धारणा है कि गलत सलाह और अनुमान के कारण श्रीमती गांधी ने इमरजेंसी लगाई। वैसे वे जनतांत्रिक परम्पराओं को तोड़ना नहीं चाहती थीं। वे यह समझती थीं कि थोड़ा-बहुत नियंत्रण करके वे अपनी शक्ति को बढ़ा लेंगी और फिर धीरे-धीरे जनता का विश्वास उन्हें मिल जाएगा, क्योंकि बार-बार बीजू पटनायक मुझे कहा करते थे कि एक बार इंदिरा जी ने उनको कहा था कि वे वैसे ही अधिकार चाहती हैं जैसे मार्शल टीटो और नासिर को मिले हुए थे। वे यह भूल जाती थीं कि भारत मिस्र या यूगोस्लाविया नहीं हैं। यहाँ की कुछ अलग परम्पराएँ हैं। उन लोगों ने जो अधिकार हासिल किए थे, उनके पहले के जो शासक थे, वे ज्यादातर तानाशाह थे। लेकिन भारत में हमेशा जनतांत्रिक पद्धति रही है। आजादी के बाद चाहे उनके पिता जी रहे हों, चाहे लालबहादुर शास्त्री रहे हों, सबने उस परम्परा का पालन किया है। लेकिन अचानक उस इतिहास को भुला देना सम्भव नहीं था। भारत के अतीत का इतिहास भी कुछ ऐसा ही रहा है। अतीत से लेकर आज तक देख लीजिए, जब-तब किसी ने निरंकुश होने की कोशिश की तो इतिहास ने उसको समाप्त कर दिया। इंदिरा जी को समय रहते

समझ आ गई। मुझे यह कहने में बिलकुल भी संकोच नहीं है कि अगर मैं यह जानता कि भारत की राजनीति में इस तरह का मोड़ आ जाएगा जो आज अनुभव करने को मिल रहा है तो मैं उस स्थिति को आने से रोकने के लिए और अधिक प्रयास करता। मैं अगर अधिक सक्रिय होता तो जयप्रकाश जी और इंदिरा जी का झगड़ा इस हद तक नहीं पहुँचता। मैं अकेले इंदिरा जी को दोष नहीं देता। जयप्रकाश जी के कारण भी देश को इमरजेंसी की तरफ धकेल दिया गया। जब मैं जेल से छूटकर आया तब तो मैं तुरंत इंदिरा जी से नहीं मिला। जब जनता पार्टी की सरकार बन गई तो मैं इंदिरा जी से मिलने गया। मैं उनसे एक बात पूछना चाहता था कि वे आखिर इस हद तक क्यों गई ? जब हम लोग मिले तो थोड़ी देर चुप्पी छाई रही। मैंने चुप्पी तोड़ते हुए पूछा : इंदिरा जी, आप कैसी हैं? उन्होंने कहा, ठीक हूँ। फिर उन्होंने कहा : आप कैसे है? मैंने भी 'ठीक हूँ' का औपचारिक उत्तर दिया। मैंने उसके बाद पूछ ही लिया कि आप इस हद तक कैसे चली गईं? उनका जवाब था : चंद्रशेखर जी, लोगों ने मुझे गलतफहमी में डाल दिया। इसीलिए उन्होंने आर. के. धवन के द्वारा दिए पत्र मुझे दिखाए, जिनमें उन्हें गलत सलाह दी गई थी। पत्र दिखाने के पीछे मैं समझता हूँ कि यही कारण रहा होगा। फिर उन्होंने अपनी परेशानियाँ बतानी शुरू कीं, जैसे उन्हें अब सिक्योरिटी नहीं दी जाएगी। मकान नहीं मिलेगा। मैंने कहा कि आपको मकान कौन नहीं देगा? उन्होंने कहा : मोरारजी भाई नहीं देंगे। मैंने कहा : मोरारजी ऐसा नहीं करेंगे। उन्होंने कहा मैं मोरारजी से मिलकर आई हूँ। मैं इस बात से सहमत नहीं हूँ कि श्रीमती गांधी ने मुझे इसलिए जेल भेजा कि मेरे बाहर रहने से पार्टी टूट जाती। वैसे इतना मैं कह सकता हूँ कि अगर मैं बाहर रहता तो इंदिरा जी इस सीमा तक नहीं जातीं।

18 जनवरी, 1977 को आम चुनाव की घोषणा के बाद अपने को श्रीमती गांधी के विश्वस्त कहने वाले जगजीवन बाबू ने भी श्रीमती गांधी का साथ छोड़ दिया। असल में जगजीवन राम उच्चपद पर आसीन होना चाहते थे। जगजीवन राम के बारे में इंदिरा जी की राय कभी ठीक नहीं रही। इंदिरा जी हमेशा उन्हें इस्तेमाल करती थीं। जगजीवन राम को भी यह बात मालूम थी। उनको इस बात के लिए भी विवश किया गया कि वे इमरजेंसी का प्रस्ताव रखें। ये सब बातें उन्हें याद थीं। वे उदारतावश या जयप्रकाश नारायण के प्रति ममतावश नए दल का गठन करके हम लोगों के साथ नहीं आ गए।

# अनुक्रमणिका


अशोक मेहता–31, 34, 65
अशोक सिंघल–242, 265
अयोध्या–171
अन्तर्राष्ट्रीय मुद्राकोष–152
अन्ना डी.एम.के. 79
अटलबिहारी वाजेपयी–62, 63, 93, 97, 115, 126, 129, 169, 234, 237, 238, 243, 255, 302
अमेरिका–154, 185, 223
अजित सिंह–93, 96, 154, 261
आर्यभट्ट–287
आडवाणी–72, 97, 99, 115, 118, 130, 235, 237, 243, 261, 269
औद्योगिकरण–156, 163
ऑपरेशन ब्लूस्टार–278
आइंस्टाइन–286
आकाशवाणी–37, 46, 47, 76, 225, 729
आपातकाल–32, 67, 133, 136, 173, 177, 210, 246
आर. वेंकटरमण–97
आर.एस.एस.–27, 59, 62, 63, 64, 74, 158, 235, 237, 240, 241, 242, 250, 304
आर.के. धवन–177
अरुणा आसफ अली–413
आचार्य नरेन्द्रदेव–29, 30, 207, 250
आचार्य कृपालानी–59
ओम प्रकाश चौटाला–308
ओमप्रकाश श्रीवास्तव–91
ओमप्रकाश त्यागी–62
आले हसन–28
अवधूत भगवान राम–91
अजय कुमार बसु–250
अजीज इमाम–37
इन्द्रकुमार गुजराल–34, 299, 301
इंदू-भाई–86, 92
इन्दिरा गांधी–32, 34, 35, 36, 37, 38, 40, 41, 44, 45, 47, 48, 53, 56, 57, 67, 70, 77, 78, 115, 125, 130, 173, 174, 176, 177, 213, 225, 230, 231, 232,
इतिहास–41, 42
इलस्ट्रेटड वीकली–145
इलाहाबाद विश्वविद्यालय–25, 26, 205
इलाहाबाद28, 249
ईस्ट इंडिया–151
उच्च न्यायालय–38, 39, 41
उच्चतम न्यायालय–38, 39, 74, 75, 225

उमा भारती–276
उमाशंकर दीक्षित–175
उदारीकरण–156, 166, 167
एयर इंडिया–164
एडमिरल भागवत–105
एम.पी. सिन्हा–28
एस.के. पाटिल–96
एच.एन. शर्मा–90
एच.डी. देवेगौड़ा–294, 304
एन.टी. रामाराव–93
एनडीए–74, 109, 118, 131, 133,169, 170
एल.एम. गोयल–90
करुणानिधि–129, 138, 229
कश्मीर–64, 184, 185
कम्युनिस्ट पार्टी–37, 44, 46, 174, 201, 232
कैलाशनाथ काटजू–238
कन्याकुमारी–82, 86
कमलनाथ–156
कटरा–249
कर्पूरी ठाकुर–62, 68
कांचीमठ–134
कांग्रेस पार्टी–32, 34, 35, 36, 38, 40, 100, 101, 102, 118, 154, 169, 170, 171, 219, 221, 237
कांग्रेस-स–92
कामनवेल्थ ह्यूमन राइट्स–183
कुलदीप नैयर–76
के. कामराज–224
के.के. बिडला–40
के.के. दत्त शर्मा–55
के.पी. उन्नीकृष्णन–92
केन्द्रीय जाँच ब्यूरो–102
केरल युवक कांग्रेस–47
केरल–79, 84
कर्नाटक–79, 83, 84
कलकता–29
कृष्णकान्त–53, 62, 174, 231
कृष्णाचारी–126
खुफिया एजेंसी–183
गंगाशरण सिंह–126, 174
गरीबी हटाओ–51, 115, 219
गौरीशंकर राय–26, 255
गोरखपुर–55-56
गोरखनाथ चौबे–26
गुरुपद स्वामी–34
गुजरात–158, 237, 238
गेन्दा सिंह–27
चितरंजन सिंह–91
चन्द्रशेखर–54, 57, 72, 88, 90, 91, 300, 301, 302
चन्द्रभानु गुप्त–65, 96
चन्द्रबाबू नायडू–115
चन्द्रास्वामी–102
चन्द्रजीत यादव–95
चन्द्रगुप्त मौर्य–287
चंडीगढ़–45, 53
चर्चिल–48
चीन–156, 197
चरण सिंह–54, 55, 60, 62, 65, 68, 70, 71, 73
चौदहवीं लोकसभा–114, 116, 117, 118, 123
चुनाव आयोग–114
जिनेवा–156

जयपुर–219
जयप्रकाश नारायण–28, 32, 53, 54, 57, 58, 59, 67, 68, 71, 72, 73, 77, 82, 94, 131, 153, 173, 174, 175, 176, 205 207, 208, 209, 210, 255
जयललिता–138
जम्मू–186
जैन कमीशन–88
जर्मनी–156
जाकिर हुसैन–196
जाति तोड़ो आन्दोलन–50
जोगिन्दर सिंह–107
जार्ज फर्नाडीस–121, 145, 266, 269
जसवन्त मेहता–145, 178
जसवन्त सिंह–107, 186
जवाहरलाल नेहरू–31, 48, 58, 68, 104, 137, 173, 196, 197, 198, 200, 201, 202, 203, 204, 207, 238, 293
जेल डयरी–247
जनमोर्चा–92
जनरल इरशाद–176
जनसंघ–55, 59, 62, 63, 64, 66, 73, 74
जनता पार्टी–32, 37, 51, 53, 55, 57, 59, 64, 65, 66, 68, 70, 71, 72, 79, 93, 94, 96, 207, 210
जनता दल–92, 93, 96
जगन्नाथ शास्त्री–26
जगदीश त्रिवेदी–55
जगदीश जोशी–145
जगजीवन राम–41, 54, 65, 70, 71, 72, 73, 176
झारखंड–142
टॉलवोट–185
डी.एम.के.–79, 114, 229
डॉ. केश्वर बलिराम हेडगेवार–55
डॉ. राजेन्द्र प्रसाद, 204, 282, 292, 294, 295
तमिल ईलम–114
तमिलनाडु–79, 82
तानाशाही–187
तक्षशिला विश्वविद्यालय–286
थाईलैंड–156
दादा वसन्तराव पाटिल–145
देवकान्त बरुआ–37, 39, 41, 44, 46, 179
देवीलाल–92, 93, 96, 97, 98, 99, 104, 265
देवगौडा–126
दिल्ली यूनिवर्सिटी–99
दिल्ली–64, 87
दिनेश सिंह–43, 176, 196
दिनेश गोस्वामी–93
धर्मनिरपेक्षता–185, 199, 260, 261, 263
धर्मपाल–289
नम्बूदरीपाद–46, 232
नटवर सिंह–186
नीतिश कुमार–242
नरसिंह राव–154
नरेन्द्र मोदी–237, 238
नाथपै–196
नौकरशाही–138, 141, 166
नारायणदत्त तिवारी–145
नागालैंड–181
नागेश्वर शाही–145
नव साम्राज्यवाद–194-195
नव उपनिवेशवाद–253
नवीन पटनायक–308

नवाज शरीफ–176, 184, 185
नेशनल कांफ्रेंस–64
नेल्सन मंडेला–194
नेपाल कांग्रेस–188
नेपाल–147, 182, 185, 187, 188, 189
न्यूयॉर्क–154
निजीकरण–162
पटना–42, 44
पृथ्वीनाथ–27
पंकज–84
पंडित केशदेव मालवीय–41
पंचायती राज–140
पंजाब मेल–29
पंजाब–51, 56, 184
पश्चिम बंगाल–64
पटियाला–53, 85
पी. उपेन्द्र–93
पी.डी. टंडन–29
पी.सी. सेन–65
पी.वी. नरसिंह राव–300, 304
परशुराम सिंह–251
परमाणु परीक्षण–234
परवेज मुशर्रफ–176
पाकिस्तान अधिकृत कश्मीर–279
पाकिस्तान–184, 236
पेरिस–153
पूंजीवाद–194
प्रभावती–205
प्रोफेसर राजेन्द्र सिंह–70, 240
प्रतापसिंह कैरों–196
प्रतापगढ़–30
प्रजा सोशलिस्ट पार्टी–30, 31, 32, 34, 35, 86 145, 196
प्रधानमन्त्री कार्यालय–155
पिथौरागढ़–182
भिंडरावाला–278
फिलीप हरतोग–288
फ्रीमैन–47
फ्रांस–156
फ्रेंको–48
फ्रेंच रेवोल्यूशन–156
फ्लोरिकल्चर–156
बक्सर–29, 30
बड़ौदा डाइनामाइट कांड–145
बंग्लादेश–226
बलिया–25, 26, 28, 29, 115, 153, 206, 251
बहुराष्ट्रीय कम्पनी–159
बी.एल. शंकर–83, 84
बी.बी.सी–225
बीस-सूत्री कार्यक्रम–48
बीजू पटनायक–93, 211
बाबरी मस्जिद–118, 159, 236, 261
बाबर–236
बोम्मई–128
बोफोर्स–107, 279
बाला साहब देवरस–70, ,239, 254
बुलन्दशहर–94
बेनी प्रसाद माधव–94
बेनजीर–176
बनारसीदास–94
बनारस–249
ब्रह्मानन्द रेड्डी–72, 144
बस्ती–27
बालाजी देशमुख–65, 71
बिहार–60

ब्रिटेन–103, 187,
भैरोसिंह शेखावत–55
भरतपुर–47
भाई वैद्य–82, 184
भारत यात्रा केन्द्र–82, 85, 86, 88, 90
भारत यात्रा–79, 82, 85, 86
भारत पेट्रोलियम कारपोरेशन लिमिटेड–165
भारतीय मजदूर संघ–64
भारतीय जनता पार्टी–52, 73, 74, 93, 95, 98, 105, 120, 125, 128, 137, 158, 169, 236, 260, 337
भारत–85, 187, 188, 193, 194, 201, 211, 219, 234, 285
भोड़सी–82, 89, 247
भानुप्रताप सिंह–65
भूपेश गुप्ता–126
भगवाकरण–150
मैथिलीशरण गुप्त–126
मंडल आयोग–97, 98, 100
मंगलदेव विशारद समिति–41
मणिपुर–51, 56
महर्षि अरविंद–193
महात्मा बुद्ध–155
महात्मा गांधी–50, 58, 68, 89, 115, 131, 137, 140, 151, 154, 192, 249, 255, 207, 209, 211, 212, 283
महावीर प्रसाद–104
महानन्द मिश्र–204, 251
मायावती–131
मार्क्स–247, 208
मास्को–64
मिजोरम–181
मिलापचन्द्र जैन आयोग–114
मौलाना आजाद–58, 293
मॉडर्न फूड इंस्ट्रीज लिमिटेड–164
मार्टिन लूथर किंग–194
मोहन धारिया–154
मोरारजी देसाई–54, 57, 58, 61, 64, 65, 71, 73, 96, 231
मोरासोली मारन–93
माओवादी–182, 187
मदनलाल खुराना–267
मुकुट बिहारी–249, 250
मुरलीधर राव–158
मुसोलिनी–48
मुलायम सिंह–98, 261, 276
मुफ्ती मोहम्मद सईद–261, 265
मनमोहन सिंह–133
मधु लिमये–62, 73
मधु दंडवते–92, 96, 97, 265, 278
यशपाल–157
यशवन्त सिन्हा–193
योजना आयोग–31, 32, 157
युवा कांग्रेस–47
युवातुर्क–35, 36
यूएनओ–186
यूपीए–131, 133, 167, 169, 170, 171
यूरोप–286
रणदिवे–250
रथयात्रा–98
रमेश चन्द्रा–43
रविराम–60
राष्ट्रीय एकता परिषद–264
राष्ट्रीय मोर्चा–93, 97
राष्ट्रीय सुरक्षा परिषद्–234
राष्ट्रीयता–242

राष्ट्र–48
राय बहादुर सुदर्शन सिंह–29
राय बरेली–231
राज्यसभा–131
रॉ–183
राम मनोहर लोहिया–28, 29, 30, 34, 55, 207, 255
रामविलास पासवान–242
रामनिवास मिर्धा–104
रामाकान्त खलप–107
रामजन्म भूमि–159
रामनाथ गोयनका–54, 174
रामकृष्ण हेगडे–92, 95, 128
रामधन–93, 104
राजशाही–187
राजघाट–294
राजमंगल मिश्र–95
राजीव गांधी–69, 101, 103, 104, 125, 126, 129, 255, 265, 278
राजाराम शास्त्री–250
राजेश्वर राव–40
राजेन्द्र अस्पताल–256
राजनारायण–55, 56, 59, 60, 62, 73, 250, 225
रिजर्व बैंक–43
रुजवेल्ट–48
लघु उद्योग–167
लक्ष्मीमल्ल सिंघवी–104
ललित नारायण नगर–42
ललितनारायण मिश्र–45
लोकसभा–114, 123
लोकदल-ब–92
लोकदल-अजित–92
लालबहादुर शास्त्री–44, 206
लालू यादव–124, 242
लेनिन–211
लेह-लद्दाख–186
व्हाइट हाउस–185
विश्व बैंक–152, 154
विश्व हिन्दू परिषद–234, 261, 276
विश्वनाथ तिवारी–26
विश्वनाथ प्रताप सिंह–57, 93, 96, 97, 98, 99, 100, 101, 107, 154, 265, 301
वियतनाम–156
विनिवेश आयोग–163, 164, 165
विजय कुमार मल्होत्रा–154
विजय राघवन–82, 84
विनोबा भावे–230
विद्यार्थी परिषद्–64
विद्याचरण शुक्ल–46, 104
वैश्वीकरण–152, 154, 159
वैंकया नायडू–237
वी.एल. वढेरा–88
वी.पी. कोईराला–50
वीरेन्द्र सिंह–158
वाई.वी. चव्हाण–126
वामपन्थी–45, 105
वाशिंगटन कासेंसस–152, 154
वाशिंगटन–154, 223
शंकर दयाल शर्मा–37
शंकराचार्य जयेन्द्र सरस्वती–134, 264
शरद यादव–263
शरद पवार–92
शिबू सोरेन–118, 119, 122, 123
शिमला समझौता–186
शिवकाशी–82

शिवसेना–138
शेषन–174
शेख मुजीबुर रहमान–226
शेख अब्दुल्ला–65
श्यामनन्दन मिश्र–71, 176
सिताब दियरा–205
सम्पूर्ण क्रान्ति–50, 53, 55, 58, 67, 208, 212
सत्याग्रह–143
सत्येन्द्र बाबू–95
सैयद शहाबुद्दीन–94
संयुक्त मोर्चा–77
संविधान–41
संसद–37, 39
संजय गांधी–45, 46, 231
संजीव रेड्डी–71
समाजवाद–25, 27,69,208, 211, 227
समता पार्टी–308
सच्चिदानन्द–72
सीपीएम–64
सीताराम केसरी–44, 130
सरकारिया आयोग–322
सरदार पटेल–58, 68, 202, 203, 204, 293
साम्प्रदायिकता–237
सार्क सम्मेलन–184
साउथ एवेन्यू–102
सोशलिस्ट पार्टी–26, 27, 28, 31
सोमनाथ मन्दिर–293
सोमनाथ चटर्जी–121, 267, 269, 273
सोवियत संघ–31, 44, 156, 208, 232
सोनिया गांधी–114, 129, 176
सुबोधकान्त सहाय–87
सुब्रह्मण्यम स्वामी–87, 94, 223
सुकेतु शाह–79
सुरेन्द्र मोहन–62, 72
सुरजीत सिंह–129, 232
सुधीन्द्र भदौरिया–79
सतीशचन्द्र खाँ–27, 28
सतीशचन्द्र कॉलेज–25, 251
सनत मेहता–48, 152
सूर्यदेव सिंह–95
स्टालिन–48, 247
स्पीकर–120-121
स्पेन–48
स्वर्ण मन्दिर–247, 278
स्वर्ण सिंह समिति–38
स्वामी अग्निवेश–93
स्वदेशी जागरण मंच–158, 239
स्वदेशी–137, 150, 156, 194, 239
हिन्द स्वराज–193
हिन्दुस्तान पेट्रोलियम कारपोरेशन लिमिटेड–165
हिन्दुस्तान–30, 141, 153, 247
हिन्दुत्व–185
हिटलर–48
हितेन्द्र देसाई–48, 104, 229
हरियाणा पुलिस–103
हरियाणा–51, 90
हरित क्रान्ति–156
हवाना–43
हेमवती नन्दन बहुगुणा–41, 65, 92, 95

❍❍❍